让我们 一起追寻

Imprudent King: A New Life of Philip II
© 2014 by Noel Geoffrey Parker
Originally published by Yale University Press. All rights reserved.
Simplified Chinese edition copyright © 2022 by Social Sciences Academic Press (China)
封底有甲骨文防伪标签者为正版授权

Imprudent King

腓力二世传

A New Life of Philip II

〔英〕杰弗里·帕克 — 著
(Geoffrey Parker)

陆大鹏 刘晓晖 — 译

社会科学文献出版社
SOCIAL SCIENCES ACADEMIC PRESS (CHINA)

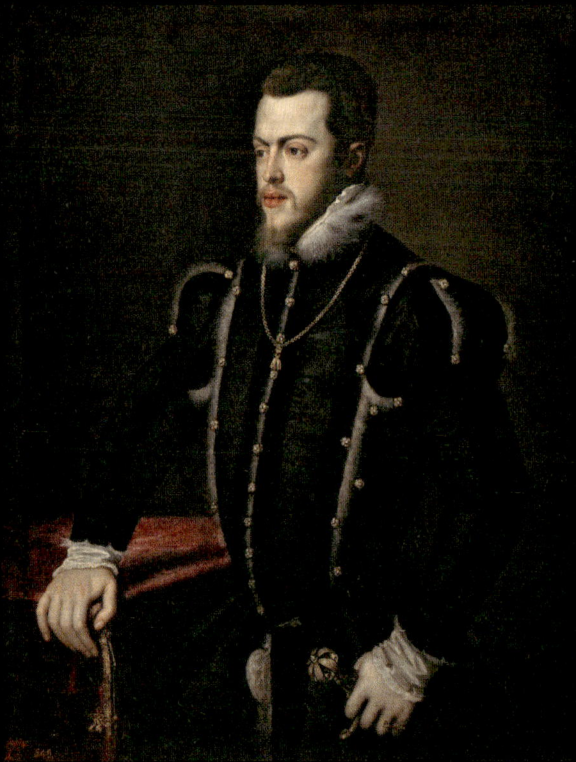

本书获誉

英语世界中没有一位历史学家比杰弗里·帕克更懂腓力二世。在这部精彩绝伦的新传记里,帕克以生动的笔触和客观公正的态度,描摹了这个16世纪欧洲最有权势的人……如果你想要的是一部得到毕生学术研究支撑的高水准传记,这本书一定能满足你。在我看来,这是一本年度最佳历史传记。

——乔纳森·赖特,《先驱报》

帕克是全世界研究腓力二世和他的宫廷、难题与悲剧的顶尖历史学家……《腓力二世传》的可读性很强,视野广阔,学术水准很高……帕克给了我们一部真正精彩的传记……对读者来说极有教益。

——休·托马斯,《旁观者》

完美无比的帝王传记;一位处于技艺巅峰的大师级历史学家,对他最熟悉的主题做的成熟思考。

——保罗·洛克哈特,《军事历史季刊》

这部对旧观点做了精彩修正的权威传记,必将成为关于腓力二世的主要参考书。

——伊恩·芬雷森,《泰晤士报》

历史传记的大师之作。

——《旁观者》

献给约翰·埃利奥特爵士

目 录

图表清单　/ Ⅰ
关于术语　/ Ⅱ
引　言　/ Ⅳ

第一部　权力的门槛

第一章　学徒生涯，1527~1543年　/ 3
第二章　一位文艺复兴时代的王子，1543~1551年　/ 37
第三章　变革中的帝国，1551~1558年　/ 60

第二部　国王与他的世界

第四章　勤政的国王　/ 91
第五章　国王与上帝　/ 119
第六章　国王的娱乐　/ 151

第三部　统治的最初十年

第七章　握紧权柄，1558~1561年　/ 183

第八章 "我宁愿自己死掉十万次": 捍卫信仰,
　　　　1562~1567 年　/ 212
第九章　家庭生活与死亡　/ 236
第十章　堂卡洛斯之谜　/ 265

第四部　胜利的国王

第十一章　十字军圣战的岁月, 1568~1572 年　/ 291
第十二章　灾祸的年代, 1573~1576 年　/ 319
第十三章　统治的危机, 1576~1577 年　/ 342
第十四章　最丑恶的谋杀?　/ 370
第十五章　胜利的年代, 1578~1585 年　/ 395
第十六章　"基督教世界最强大的君主"　/ 423

第五部　失败的国王

第十七章　"英格兰大业", 1585~1588 年　/ 455
第十八章　腓力二世进退维谷, 1589~1592 年　/ 483
第十九章　坟墓与遗产, 1593~1603 年　/ 508
尾　声　/ 542

缩略词　/ 561
关于史料　/ 565
注　释　/ 582
参考书目　/ 610
鸣　谢　/ 620
译名对照表　/ 626

图表清单

图 1 巅峰时期的西班牙君主国，1585 年。
图 2 查理五世的家族。
图 3 腓力的书籍，1535～1547 年。Gonzalo Sánchez-Molero, *La Librería Rica*', 55.
图 4 腓力于 1548～1549 年去尼德兰，以及 1550～1551 年返回西班牙的旅程。Based on Calvete de Estrella, *El felicíssimo viaje del muy alto y muy poderoso Príncipe don Phelippe* and Gachard, *Voyages des souverains des Pays-Bas*, Ⅳ, 4-7.
图 5 腓力在 1549 年周游尼德兰。Based on Calvete de Estrella, *El felicíssimo viaje*, 'Itinerario breue del príncipe'.
图 6 1555～1558 年在英格兰以火刑处死异端分子的数量。Duffy, *Fires of faith*, 129, based on data collected by the John Foxe Project.
图 7 腓力二世的历次战争。
图 8 腓力二世的各个议事会和委员会（及其设立的年份）。
图 9 腓力二世的乡间别墅。
图 10 腓力二世的家庭。
图 11 堂卡洛斯和他的祖先。
表 1 腓力二世的生育能力有限。
表 2 1571～1577 年两线作战的开销。
图 12 西曼卡斯档案馆收到的索取文献副本的申请书，1548～1599 年。Rodríguez de Diego, 'Un archivo', graph 6.

关于术语

对于外国的地名，如果有约定俗成的英文说法，我就用英文说法，比如 Antwerp（安特卫普）、Corunna（拉科鲁尼亚）、Geneva（日内瓦）、The Hague（海牙）、Vienna（维也纳）。否则，我倾向于使用该地在现代本族语中的名字，比如用 Mechelen（梅赫伦）而非 Malines；Aachen（亚琛）而非 Aix-la-Chapelle。同样，对于人的称号和头衔，如果有约定俗成的英文说法，我就用英文说法，比如 William of Orange（奥兰治亲王威廉）和 Don John of Austria（奥地利的堂胡安），否则我倾向于"名从主人"，即用某人对自己的名字的说法。有一个例外是安托万·佩勒诺·德·格朗韦勒（Antoine Perrenot de Granvelle，1517~1586）。在 1540 年至 1562 年他用的头衔是"阿拉斯主教"，之后则称"枢机主教格朗韦勒"。但在本书中，我始终将他称为"格朗韦勒"。

为了避免混乱，也是为了帮助比较币值，本书提到的金钱全部以西班牙杜卡特为单位。在 16 世纪末，1 西班牙杜卡特大致相当于 1 埃斯库多（或克朗），或 2 弗洛林。大约 4 杜卡特相当于 1 英镑。

1582 年 2 月 24 日，教宗格列高利十三世命令所有基督徒把他们的日历往后推十天，但不同国家是在不同时间采纳"新历"①的：在西班牙，1582 年 10 月 4 日之后紧接着就是

---

① 这就是今天在全世界通行的公历。（除特别说明外，本书脚注均为译者注。）

10月15日;在反叛腓力二世的尼德兰的绝大多数省份,1582年12月14日之后紧接着是12月25日;在"忠诚"的尼德兰各省,1583年2月11日之后紧接着是2月22日;诸如此类。除非另有说明,本书中出现的1582年10月4日之后的所有日期都遵循新历法,即便对于拒绝接受格列高利历的国家(比如英格兰),我也这样处理。在全书中,我都设定每一年从1月1日开始(而不是像旧历即儒略历那样,从3月25日开始)。

引　言

我的朋友和同事玛丽亚·何塞·罗德里格斯－萨尔加多[①]（我与她相识三十五年了）曾写道："我在腓力二世那里度过的时间，超过了我与其他任何一个人相伴的时间。可以说我把自己最好的年华都奉献给了他。"[1] 我也可以这么说。早在20世纪60年代，我就开始做文献研究，准备为腓力二世国王写一本传记。我采用的核心史料是腓力二世与他的几位主要谋臣交换的亲笔备忘录，也就是所谓"阿尔塔米拉藏品"中的文献。不过这些文献如今被分散保存在纽约、马德里、日内瓦和伦敦。1978年，波士顿的利特尔与布朗出版社在他们的"世界传记文库"中出版了我写的《腓力二世》，而在那之后，成千上万份曾经收藏在阿尔塔米拉伯爵档案中的腓力二世亲笔备忘录进入了公共领域。因为继承者间的纠纷，存放在马德里萨瓦尔武鲁图书馆的文献在1987年之前都不对研究者开放；而纽约的美国西班牙学会地下室里存放的那批文献，在腓力二世的秘书将其归档之后就一直无人阅读，直到2012年这批文献才得到辨认和编目。

阿尔塔米拉文献是独一无二的。腓力二世尽可能通过书面形式处理政务，所以他给高级大臣的书信（往往在大臣发来的报告的页边潦草地写下）涉及从世界各地送到国王办公桌

[①] 玛丽亚·何塞·罗德里格斯－萨尔加多（1955~　）是伦敦政经学院的历史学教授，研究领域为16世纪和17世纪的欧洲、腓力二世、查理五世、英格兰与西班牙关系等。

上的信息、请愿和问题。对有些事务，国王能在一份文件里做决定，有的则需要花几天时间、来来回回地交流好几趟，还有些事务在一天之内就要沟通好几次。有时腓力二世极其话痨，这不仅揭示了他的决策背后的思考过程，还能让我们了解他的私生活的细节，比如他在何时、何地吃饭和睡觉；他刚刚读过什么；他想在御花园里种植什么品种的树木和花卉（以及种在何处）；他的眼睛、腿或手腕出了什么问题，以及感冒或头痛耽误了他多少案牍工作。很多书信涉及的话题偏偏是大臣们轻蔑地称为"琐屑末节"（menudencias）的东西，大臣们认为无须对这样的事情做任何决定。比如，是否应当把一个自称能占卜寻水的摩里斯科①少年送到花园缺水的帕尔多宫？（国王的决定是：可以，但这个少年只有一次机会。）埃斯科里亚尔的卫生间（necesarias）应当建在什么地方？（国王的决定是："建在厨房工作人员闻不到气味的地方"，但"为了做出正确决定，我想看看那里供水管道的布局图"。)[2]

国王对"琐屑末节"的执着让大臣们很恼火，有时甚至让他们暴跳如雷，这部分是因为，在关于占卜寻水师或给卫生间选址的同一份文件里，国王还可能做出了对整个君主国的命运具有关键意义的决定：比如，如何说服奥地利的堂胡安去尼德兰，担任那里的总督；是否与奥斯曼苏丹签订停战协定；何时、如何入侵英格兰（这三个例子都出自 1576 年）。在绝大多数御旨中，国王都会出人意料地在公事和私事之间切换自如，笔随心走。所以，劳累过度的大臣必须仔细阅读他写下的

---

① 指改宗基督教的西班牙穆斯林及其后裔。"摩里斯科"在西班牙语中的字面意思是"小摩尔人"，有轻蔑和贬低的意思。

每一个字。历史学家也必须如此。

即便有了浩如烟海的材料,为腓力二世立传仍然很困难。他曾吹嘘:"我从1543年开始治国。"也就是他的父亲查理五世皇帝任命他为卡斯蒂利亚和阿拉贡摄政者的那一年。从1554年到1556年,他先后成为那不勒斯国王和英格兰国王、尼德兰统治者,以及西班牙、西西里和西属美洲的君主。1565年,腓力二世的臣民开始征服菲律宾,并用他的名字给这个国度取名。从1580年到1583年,他还获得了葡萄牙及其全部海外领地。从此以后,他就统治着历史上第一个真正的全球帝国,直到1598年驾崩,享年七十一岁。

腓力二世统治的君主国幅员辽阔,再加上他在位的时间如此漫长,这就给为他立传的作者带来了第一种"阐释的障碍"(这样的困难共有四种,见下文):资料过多。在19世纪中叶,卓越的西班牙历史学者帕斯夸尔·德·加扬戈斯抄录腓力二世写下和读过的数十万份文献时曾说:"可以说腓力二世的历史就是世界历史。"加扬戈斯抄录那些文献是为了帮助历史学家威廉·希克林·普雷斯科特,而普雷斯科特在他那本研究腓力二世的三卷本著作的开头写道:"腓力二世的历史就是16世纪下半叶欧洲的历史。"这种说法只比加扬戈斯的说法低调一点点。尽管加扬戈斯和其他人为普雷斯科特编纂了超过15卷厚厚的文献,但这些还只是存世文献的一小部分:腓力二世有一次说自己一上午就签发了400封信;一位消息灵通的大使说,有时国王的办公桌上每天要流转2000份公文。普雷斯科特说自己研究腓力二世的工作是"腓力式劳动",而腓力二世的确是以毕生精力在艰苦劳动。[3]

为腓力二世立传的传记家面对的第二种"阐释的障碍"

似乎与第一种困难矛盾。即便一位勤奋的历史学家研读了存世的全部相关文献，腓力二世的很多决策仍然令人费解。尽管腓力二世比其他统治者更多地将自己的思考和决定付诸笔端，但他有意识地对某些方面讳莫如深，并且他始终敦促大臣在办事时"严格保密、做好伪装"（con secreto y dissimulación，这是他的口头禅之一）。有时他刻意放下笔，因为"此事只能口头说，不能写下来"；有时他为了掩盖自己做的事情及其背后的原因，还会试图消灭所有书面证据。此外，正如腓力二世的父亲曾告诫他的那样，有些政治决策"极其晦涩并且具有不确定性，我都不知道如何向你描述"，因为"它们充满了自相矛盾和含糊之处，要么是因为事情的状况本身，要么是因为良心"。[4] 和父亲一样，腓力二世做某些决定的原因是他和他最宠信的谋臣都不能完全解释清楚的。例如在1571年，腓力二世一门心思要"杀死或抓捕"伊丽莎白·都铎，他对这个完全不切实际的计划如此热情，让谋臣百思不得其解。"国王陛下对入侵英格兰的事情如此专注和投入，真是令人称奇"，非常务实的马丁·德·贝拉斯科博士（为国王效力二十多年的法律专家）这样写道，而且"［伊丽莎白］女王已经对他的计划了如指掌，这也没能让国王的热情冷却下来"，同样令贝拉斯科感到匪夷所思。所以贝拉斯科的结论是："国王陛下对此事如此热衷，似乎这是上帝的事业。"所以，其他所有人都必须放下自己的质疑，去"辅佐和推进如此神圣的决心"。[5]

如果某些事情对当事人来说都是"极其晦涩并且具有不确定性"的，那么现代历史学家如何能理解这些事情呢？也许可以依靠当时观察腓力二世及其宫廷的人留下的证词？但在这里，我们就遇到了第三种"阐释的障碍"。法国知识分子伏尔泰在

18世纪中叶对其做过令人难忘的描述:"要理解腓力二世,我们必须再三强调,我们绝不能信任同时代人对他的描述,因为这样的描述几乎总是受到阿谀奉承或仇恨的驱动。"另外,如罗伯特·沃森(伏尔泰的同时代人,也是第一个为腓力二世立传的苏格兰人)所说:"没有一个历史人物像腓力二世那样,在不同的历史学家笔下呈现截然相反的模样。"6 但有一个重要的例外:常驻西班牙宫廷的数十位外国大使发回本国的报告。这些大使花费了大量时间、金钱和精力,试图揭开腓力二世用来掩盖自己决策与计划的"严格保密、做好伪装"的面纱。为后世留下重要史料的外交官包括鲁伊·戈麦斯·德·席尔瓦(腓力二世的葡萄牙籍宠臣,经常与他的舅舅、葡萄牙大使弗朗西斯科·佩雷拉分享国家机密),还有伊莎贝拉王后的法国侏儒(除了法国大使之外,所有人都忘了,这个侏儒几乎时时刻刻陪伴在王后身边,能够旁听到各种机密)。这样的消息灵通人士的外交报告能够帮助我们很好地理解腓力二世的决策。

理解腓力二世的最后一种障碍是最难克服的:他的崇高地位。曾有一位大胆的修士如此逗弄国王:"'哦,陛下,很少有国王能升天堂。'这句话让所有听见的人都目瞪口呆。然后国王问:'为什么会这样呢,神父?'他答道:'因为国王的数量本来就很少!'"到了21世纪,国王就更少了,所以我们更难对君主产生共情,尤其是腓力二世这样长时间处于作战状态的君主:他在位几十年,只有六个月没有在打仗,并且经常同时在好几条战线作战。埃利奥特·科恩[①]在他那部卓越的著作

[①] 埃利奥特·科恩(1956~)是美国政治学家,曾担任美国国务院顾问,曾任约翰·霍普金斯大学高级国际研究院院长。

《最高统帅部》中强调了"作家很难设身处地地想象战时的政治领袖（不管是国王还是平民）的处境"，因为那些领袖承担着"千斤重担和多重责任"，很少有历史学家有过那样的经验。科恩认为，这就是"历史学家恰当地理解战时领导者的最大障碍"。[7]

亨利·卡门在1997年出版的那部著名传记《西班牙的腓力二世》中绕过了这个问题。他认为，腓力二世设法逃避了"多重责任"。"腓力二世在任何时间点都没有能够很好地掌控局势，也不能掌控自己的诸王国，甚至掌控不了自己的命运，"卡门写道，"正因为此，在他的统治时期最终发生的事情，只有一小部分是我们可以要求他负责的……他'被囚禁在自己的命运里，能够发挥的作用很有限'。他能做的，仅仅是投掷自己手里领到的骰子。"[8] 我不同意这种极端的决定论。的确，有些"事件"，甚至有些"王国"，偶尔会脱离腓力二世的掌控，正如每一位战时领导人都会偶尔失去控制力。但腓力二世在其漫长人生的几乎每一天都在决策，要么是为了保住主动权，要么是为了夺取主动权。1557年的一个夜晚，他"凌晨1点"还在亲笔起草命令；1565年，他在办公桌前辛勤工作，尽管"我忙得不可开交，严重缺乏睡眠，因为白天太忙，所以很多文件只能在晚上批阅。为此我刚刚开始读你的信，现在已经过了午夜"。1575年的一个夜里，"已经10点了，我精疲力竭，饿得要死"。1583年的一天，"我花了整个白天批阅公文，并且做了其他很多需要今天处理的事情，但都是文牍工作。所以我在晚上10点之后才开始写这封信，我累坏了，并且饥肠辘辘"。[9]

腓力二世在漫长的白天和夜晚独自坐在办公桌前，做出了很多影响深远的决定。1566年,他拒绝延长父亲在四十年前向格拉纳达的摩里斯科人(摩尔人①血统的基督徒)做的妥协,决定强迫摩里斯科人统一服从天主教会的教导,结果引发了一场内战,导致约9万西班牙人(有基督徒也有穆斯林)死亡,约8万摩里斯科人被强制搬迁。腓力二世在1571年决心"杀死或抓捕"伊丽莎白·都铎,导致她在统治英格兰的余下时间里成为西班牙的不共戴天之敌,给腓力二世的臣民造成了严重的损失,并且严重损害了他的威望。腓力二世的一个代价更昂贵的决定是于1577年在尼德兰重启战端,这引发了持续30年的战争,导致成千上万人死亡,包括妇孺,经济代价超过1亿杜卡特。在这些案例,以及其他不计其数的案例当中,腓力二世肯定是"掌控着局势",也掌控着"他自己的命运",因为他原本可以选择别的方案:延长对摩里斯科人的妥协;不要招惹伊丽莎白·都铎;维持刚刚在尼德兰缔结的和约。但他没有这么做。

1599年,安东尼奥·德·埃雷拉·托尔德西利亚斯完成了腓力二世请他撰写的以近期历史为主题的著作的初稿。埃雷拉表示,因为"全世界的所有国王,尤其是卡斯蒂利亚和阿拉贡的国王",都有自己的称号(比如"天主教国王"或"睿智的"),所以他向御前会议提议了一些他认为适合已故腓力二世的称号:"善良的、谨慎的、诚实的、公正的、虔诚的、谦逊的、坚定不移的"。他还提供了与其中一个称号相符合的英雄形象。[10]得到御前会议的批准之后,埃雷拉就把他的书取

---

① 在中世纪,北非、伊比利亚半岛、西西里岛和马耳他岛等地的穆斯林被欧洲基督徒称为"摩尔人"。摩尔人并非单一民族,而是包括阿拉伯人、柏柏尔人和皈依伊斯兰教的欧洲人等。"摩尔人"也被用来泛指穆斯林。

名为《谨慎的国王腓力二世时代的世界通史》，从此腓力二世的"谨慎"之名就家喻户晓了。

尽管本书的观点是，埃雷拉对国王称号的选择是错误的，但我同意圣奥古斯丁的观点："只有通过友谊，你才能真正了解一个人"（Nemo nisi per amicitiam cognoscitur）。这并不是说传记家应当毫无保留地信任自己的传主。恰恰相反，我们要做好思想准备，因为传主（无论是在世的还是已经去世的）随时可能误导传记家，有时是刻意误导（通过窜改或销毁对自己不利的文献），有时是无意误导（传记家自己的才能有限，无法理解传主所在的世界，或者掺入了太多的马后炮思维）。但圣奥古斯丁的教导要求传记家不抱成见地看待传主，随时倾听他们，就像对待自己的朋友一样。亲爱的读者诸君，正是本着这样的精神，我将会尽可能使用腓力二世自己的言辞来描摹他的漫长一生，从他的母亲于1526年8月在格拉纳达的阿尔罕布拉宫①怀上他，一直写到1603年9月，也就是他驾崩的五年之后，哈拉马河畔帕拉库埃略斯村附近的一群人惊愕地观察到国王的灵魂从炼狱升向天堂。

---

① "阿尔罕布拉"的意思是"红色城堡"或"红宫"，位于西班牙南部的格拉纳达，是古代清真寺、宫殿和城堡建筑群。宫殿为格拉纳达摩尔人国王所建，现在则是一处穆斯林建筑与文化博物馆。该宫殿是伊斯兰教世俗建筑与园林建造技艺完美结合的建筑名作，是阿拉伯式宫殿庭院建筑的优秀代表，1984年被选入联合国教科文组织《世界文化遗产名录》。

第一部
权力的门槛

第一章 学徒生涯，1527～1543 年

1526 年 3 月 10 日，神圣罗马皇帝查理五世（同时也是西班牙、墨西哥、尼德兰、意大利很大一部分的统治者）首次骑马进入熙熙攘攘的塞维利亚城。风尘仆仆的皇帝在王宫庭院下马，然后大步流星地走进他的表妹葡萄牙公主伊莎贝拉正在等候的房间。教宗已经发来了诏书，批准这对表兄妹在大斋节结婚。双方的代表已经签署了结婚协议。查理五世与这位素未谋面的未婚妻寒暄了十五分钟之后，换上华服，参加了婚礼弥撒，然后跳舞。凌晨 2 点，新婚夫妇进入洞房，享受鱼水之欢。

皇帝夫妇新婚宴尔的几周是一段琴瑟和谐的美好时光。他们每天上午"直到 11 点或 12 点才起床"，出现在大家面前的时候显得"情意绵绵，非常幸福"。[1] 不久之后，他们带着随从缓缓地前往格拉纳达，向长眠在格拉纳达大教堂的共同祖先致敬，打算随后庄严地前往巴塞罗那。查理五世计划从巴塞罗那启程，领导一次讨伐奥斯曼人的十字军东征，而把妻子留下治理西班牙。但这时消息传来：法国国王弗朗索瓦一世向查理五世宣战了。所以皇帝暂时不能离开西班牙。于是他和妻子在格拉纳达继续居住了六个月，希望国际形势能够有所改善。正是在雄踞于格拉纳达城之上的阿尔罕布拉宫，皇后怀上了未来的腓力二世。英格兰大使是第一个向外界报告这个消息的。他在

1526年9月30日写道："皇后怀孕了,所有人都十分喜悦。"这是已知的第一例关于未来的腓力二世的文献记录。皇后留在格拉纳达休息,于次年年初缓缓地前往巴利亚多利德(当时是卡斯蒂利亚的行政首都),与丈夫团圆。[2]

头胎的生产往往不是很顺利,皇后煎熬了许多个钟头才分娩。她让人用面纱盖住她的脸,以免让别人看见她痛苦的样子。一位产婆劝她不要压抑自己,大声喊痛也没关系,但皇后严肃地回答:"那我还不如死了算了。不要这样跟我说话。我宁愿死,也不哭喊。"腓力于1527年5月21日下午大约4点来到人世。很多西班牙人期待小王子会得到伊比利亚半岛几个王朝的传统名字,比如费尔南多或胡安,但查理五世坚持用自己父亲的名字给这个孩子取名。所以,在两周后的洗礼仪式上,王室传令官三次高呼:"蒙上帝洪恩的西班牙王子腓力!"但腓力远远不只是西班牙的继承人。[3]

家大业大

王朝兴替与继承的偶然性,让查理五世成为四个独立国家的统治者。从祖父马克西米利安一世皇帝那里,查理五世继承了哈布斯堡家族在中欧的祖传领地;从祖母勃艮第的玛丽那里,他继承了尼德兰和勃艮第弗朗什-孔泰的许多公国、伯国与领地;从外祖母天主教女王伊莎贝拉那里,他继承了卡斯蒂利亚及其在北非、加勒比海和中美洲的属地;从外祖父天主教国王斐迪南那里,他继承了阿拉贡及其在那不勒斯、西西里岛和撒丁岛的属地。不久之后,在这些引人注目的祖传领地之外,查理五世继续开疆拓土:通过条约获得了尼德兰的几个省份;意大利的伦巴第公国的本土统治家族绝嗣后,查理五世获得了该公国；他还征服了北非的突尼斯。最辉煌的成果是，他的大约2000名西班牙臣民在美洲摧毁了阿兹特克帝国，占领了面积相当于卡斯蒂利亚八倍的土地；而不到200名西班牙人还开始征服秘鲁的印加帝国。1535年，查理五世进入西西里的墨西拿城时第一次看见铭文A SOLIS ORTU AD OCCASUM（"从日出之地，到日落之处"，出自《旧约·诗篇》第113章第3节），或如查理五世的"公关专家"所说，就是"日不落帝国"。

历史上还不曾有一位欧洲统治者控制如此广袤的领土。没有可供参考的先例，这也许能解释西班牙哈布斯堡王朝的决策为什么显得杂乱无章：他们别无选择，只能随机应变、不断试验，一边治理国家一边测试不同的统治手段，通过试验（有时是试错）来学习。并且，旧的经验可能也不会有什么帮助，因为查理五世在其统治的绝大部分时间里面对着史无前例的敌对力量的组合：两个宗教敌人（新教徒和教廷）和两个政治敌人（法国和奥斯曼帝国）。

马克西米利安一世于1519年1月驾崩，留下了两件亟待解决的大事，各路敌人趁机纷纷发难。首先，已故的皇帝未能封住马丁·路德博士的口。路德是萨克森维滕贝格大学的教授，写了很多小册子和演讲稿，主张教廷腐化不堪且急需改革，争取到了许多人的支持。马克西米利安一世留下的另一个问题是，他在生前未能把查理五世确认为下一代神圣罗马皇帝（德意志的最高统治者）。在1519年春夏，查理五世和弗朗索瓦一世向负责选举"罗马人国王"（即当选的皇帝，但还需要教宗加冕才能正式算作皇帝）的七大选帝侯大肆行贿。最终，查理五世赢得帝位，所以他的领土从北、东、南三面包围了法

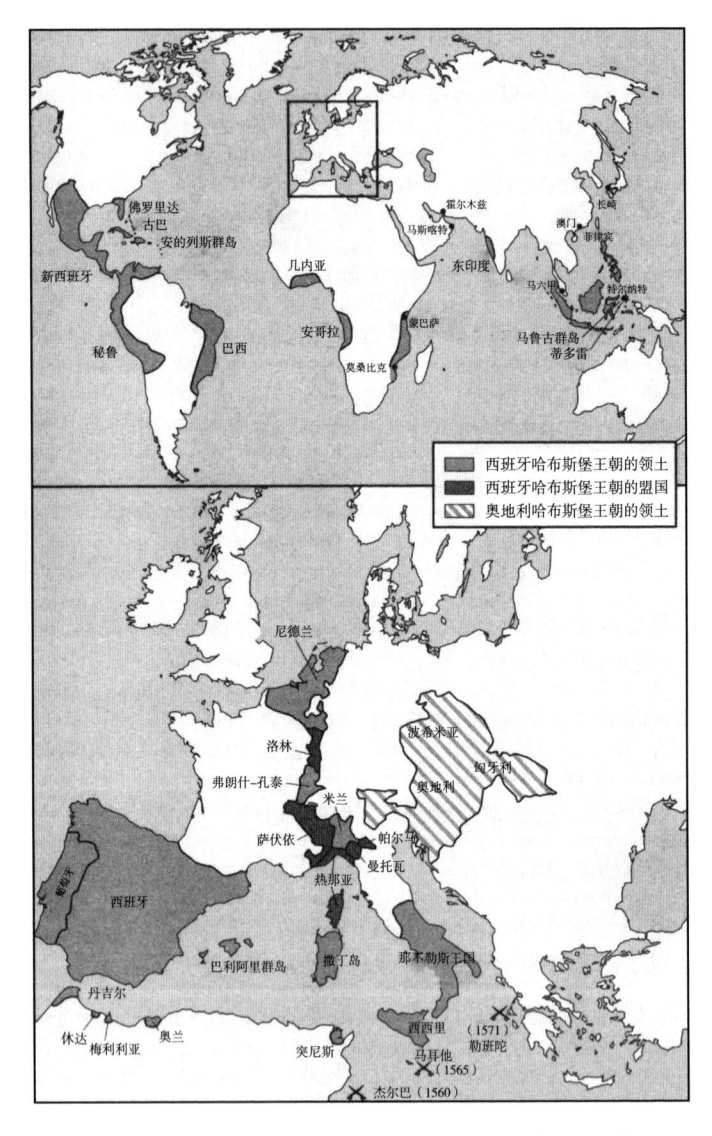

图1 巅峰时期的西班牙君主国，1585年。吞并葡萄牙及其海外领地之后，腓力二世成为史上第一个全球帝国的统治者。尽管他的帝国的核心仍然在伊比利亚半岛，但涉及非洲、亚洲和美洲事务的公文不断涌向腓力二世的办公桌，需要他做出不计其数的决策。

国。1521年，弗朗索瓦一世向查理五世宣战。在随后的一个多世纪里，多位法国国王将会努力终结（在他们眼中）哈布斯堡家族各领地对法国的战略包围。这些领地有的是查理五世继承的，有的是他新近获取的。

教宗们也感到自己受到了威胁，因为查理五世如今不仅统治着教廷国西面的撒丁岛和西班牙、南面的那不勒斯和西西里，还统治着北面的神圣罗马帝国（1535年之后还有米兰）。此外，罗马依赖于从西西里进口粮食，而教廷国在海陆两路的商贸都受到周围的哈布斯堡基地的钳制。因此，对于查理五世针对穆斯林和新教徒发动的"十字军圣战"，教廷只会为其提供三心二意的支持，因为如果皇帝取得更大的胜利，哈布斯堡家族就会进一步加强对罗马的钳制。奥斯曼苏丹也把查理五世视为死敌。苏莱曼大帝在他漫长的统治时期（1520～1566）里将会五次御驾亲征，沿着多瑙河大举进攻，每一次都从哈布斯堡家族或其盟友手中夺得新领土。仅仅因为苏莱曼大帝自己也要对付国内外敌人，才没有进一步进攻。

查理五世也不时地受到国内敌人的袭扰。首先，他的外祖父阿拉贡国王斐迪南于1516年驾崩，留下了有争议的遗产。尽管斐迪南与卡斯蒂利亚女王伊莎贝拉的婚姻缔造了两个王朝的联合，但他们的每一块领土（卡斯蒂利亚、阿拉贡、加泰罗尼亚、巴伦西亚，以及斐迪南在1512年吞并的纳瓦拉①）

---

① 历史上的纳瓦拉王国是一个巴斯克人的国家，横跨比利牛斯山，其领土分属今天的法国和西班牙，历史上长期被阿拉贡王国和法国争夺。1512年，阿拉贡国王斐迪南征服了纳瓦拉的南部，它后来成为统一的西班牙王国的一部分。北部仍然是一个独立国家，直到1589年纳瓦拉王国的亨利三世继承法国王位，成为法国国王亨利四世（开创了波旁王朝），使得纳瓦拉王国与法国成为共主联邦，1620年纳瓦拉王国被正式并入法国。

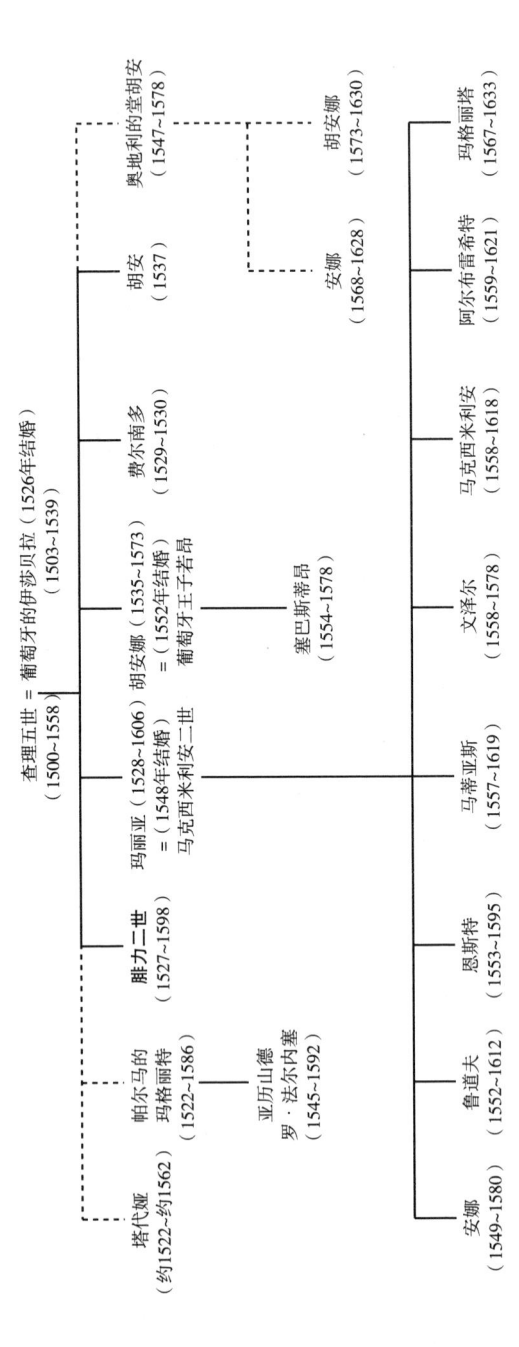

图 2 查理五世的家族。哈布斯堡家族的成员要么儿孙满堂，要么完全没有子嗣。例如，查理五世的女儿玛丽亚有十五个儿女（为了节约空间，本图只展示了八个），却只有安娜生了孩子，而她的孩子当中只有一个人，也就是后来的腓力三世，有自己的子女。其余的人要么结婚太晚，要么终身未婚（图中的虚线表示私生子）。

都有自己的完整的政府机构、法律、货币和司法体系。王室在每个地区的权力和政策也各不相同。尤其是，当伊莎贝拉女王在世时，斐迪南是卡斯蒂利亚的王夫，但她于1504年驾崩后，斐迪南就失去了这个头衔，卡斯蒂利亚王冠被传给了他和伊莎贝拉的长女胡安娜及其丈夫——尼德兰统治者哈布斯堡的腓力。胡安娜和腓力就是查理五世的父母。

胡安娜和母亲不同，对统治国家没有兴趣，也没有治国的才干，于是斐迪南和腓力争夺卡斯蒂利亚的控制权。腓力虽然获胜，但没过多久就去世了，于是斐迪南将女婿任命的官员免职，这些人（后来被称为"腓力党人"）大多逃往年轻的查理五世在尼德兰的宫廷，在那里花了十年时间谋划复仇。尽管胡安娜是"卡斯蒂利亚的主人和女王"，但斐迪南把她软禁起来，自己担任卡斯蒂利亚的"总督"。斐迪南在遗嘱中指定查理五世为自己的唯一继承人。1517年，年轻的查理五世带着"腓力党人"从尼德兰来到西班牙，执掌权柄。两年后，查理五世当选为神圣罗马皇帝，于是他不得不返回欧洲北部，去德意志恢复秩序。在他不在西班牙期间，马略卡、西西里、巴伦西亚，特别是卡斯蒂利亚，爆发了反对哈布斯堡家族的大规模起义，即所谓"公社起义"。起义者希望让胡安娜成为名副其实的女王。皇帝于1522年返回西班牙，恢复了那里的秩序，但四年后，哈布斯堡家族的军力和财力未能阻止苏莱曼大帝攻入匈牙利。十万火急之中，查理五世同意宽容德意志路德派，换取他们提供军事支持去对抗土耳其人。于是，无论在德意志境内还是境外，新教思想加速传播，星火燎原。

"小腓力"

查理五世没有办法阻止新教的扩张,因为他与法国和意大利好几个国家的战争迫使他留在西班牙坐镇。他举办了一些喜庆的活动来庆祝腓力皮托("小腓力",这是皇帝的弄臣对这孩子的称呼)的出世。据一位大使说,"皇帝心情极佳,喜气洋洋,对自己的新生儿子很骄傲,所以他不问政事,只是命令举行庆祝活动"。腓力皮托当然不知道这一切,也不知道,在1528年,马德里举行了一场典礼,他的未来臣民向这位卡斯蒂利亚王子宣誓效忠。小婴儿的注意力则集中在照料他的那些人身上。[4]

查理五世和伊莎贝拉继续以"世间最幸福的夫妇"的形象在公开场合露面。尽管皇后很爱丈夫,但他主要是把妻子视为帮助他治理国家的摄政者和生儿育女的机器。[5]因为有奶妈照料婴儿,皇后在产后很快恢复了生育力。腓力王子降生三个月后,皇后又怀孕了。查理五世留下怀孕的妻子,让她担任卡斯蒂利亚摄政者,自己去了阿拉贡,接见那里的议会议员,打算随后去巴塞罗那,从那里乘船去意大利。西班牙与法国的战争又一次爆发,阻止了他的行程,于是他去了巴伦西亚,而没有回到妻子身边。所以伊莎贝拉于1528年6月生下他们的第二个孩子玛丽亚的时候,查理五世不在她身边。他于几周后返回,但九个月后又离开了,再一次让妻子(又怀孕了)担任摄政者。这一回,查理五世与敌人达成了比较有利的和约,于是他得以乘船横穿地中海去意大利。他的第二个儿子费尔南多不幸夭折,而皇帝在随后四年里都没有回去看望妻子和另外两个孩子。

因此，在腓力皮托婴儿时代的大部分时间里，父亲都不在他身边。他两岁断奶，次年就和妹妹"比赛看谁的衣服多"。一个谄媚的廷臣告诉查理五世，小王子"和他的弩弓对鹿群构成了极大的威胁，我担心陛下返回［西班牙］的时候，已经没有鹿可以猎杀了"。和所有的小孩一样，腓力王子的生活也不是事事顺心。1531年，他"组织宫廷的孩子们""用点燃的蜡烛当作长枪"来比武，大家看了都哈哈大笑。腓力有一次劝说一名廷臣收下他的一名侍童，"因为他已经有很多侍童了"。廷臣拒绝了，王子又"要把这个侍童送给妹妹，因为她一个侍童也没有。他们答道，侍童可不是那么容易找到的。王子怒道：'那就再找一个王子，大街上到处都是王子'"（这是腓力第一段被记录在案的对话）。但有的时候，"王子殿下吃不到自己想吃的东西就大发脾气。他撒泼打滚"，以致母后"大动肝火，有时会扇他耳光"。[6]

腓力四岁时有一次不肯和母亲同乘马车，而是"想要让公主［玛丽亚］与他同乘，因为他非常喜欢和她待在一起。这说明他将来会很讨女士们喜欢"。王子在骑骡子的时候也不肯坐侧鞍，"只肯两脚踩在马镫上骑"。[7]1531年的圣雅各瞻礼日，王子要去一家女修院参加三名年轻女子出家的仪式。为了这趟出行，腓力没有穿当时的幼童（不分男女）常穿的长袍，第一次穿上了只有男孩子会穿的短上衣和裤子。从此之后，虽然不管走到哪里都会由母亲、她的侍从女官和他的妹妹陪伴，但小王子开始观看比武、节日庆典，并参加其他公共活动。他开始从私人圈子走向公共舞台。

腓力第一次穿上男孩子的衣服是为了参加女修院的仪式，这是皇后决定的。这不仅反映了皇后的虔诚，也反映了另外两名照料小王子的女性的宗教热忱。她们是伊内丝·曼里克·德·拉腊女士和莱昂诺尔·德·马斯卡伦尼亚斯女士。伊内丝女士出身于一个显赫的卡斯蒂利亚家庭，曾侍奉过天主教女王伊莎贝拉，后来隐居到一家女修院。在那里，她那种堪称楷模的虔诚为她赢得了圣女（beata）的美誉。无疑是出于这个原因，皇后让伊内丝女士到宫廷来，担任小王子的保姆（aya），负责王子的身体健康和道德品质。莱昂诺尔女士的年纪比伊内丝女士小很多，是和皇后一起从葡萄牙来到卡斯蒂利亚的，也享有圣女的声望。她虽然没有正式的头衔，但担任了王子的非正式保姆。这两名女性的宗教热忱和皇后的很相似：脚踏实地、清心寡欲、对宗教无比热情。伊莎贝拉在怀上腓力之前曾命令举行特殊的弥撒来求子，并向塞维利亚的老圣马利亚教堂许愿：她每怀上一个孩子，就向教堂奉献一个儿童的白银雕像来还愿（她的遗嘱规定，制作五个白银雕像并送给这座教堂）。她分娩的时候周围环绕着她从葡萄牙带来的圣物，手里还攥着"圣以利沙伯的腰带"，传说施洗约翰的母亲圣以利沙伯在生产时就拿过它；后来皇后把儿子在洗礼之前和之后穿过的衣服拿去请另一位圣女祝福，这位圣女送回了她自己的一些衣服。一位编年史家说："应当用这些衣服制作王子的褟褥，这样就能保护他免受魔鬼的毒害。"[8]

腓力不仅躲过了"魔鬼的毒害"，还避开了童年的一些常见的风险。有一天，他走到了宫殿上层边缘的栏杆之外。这样的危险，再加上次子费尔南多夭折，对伊莎贝拉产生了极深的影响。从此之后，她看到孩子们，尤其是腓力稍有闪失就会惊慌失措；每当查理五世不在身边的时候，她就精神抑郁。据一位外国大使说，"她的抑郁是因为失去了小王子［费尔南多］，他已经在享受上帝的荣光；还因为王子［腓力］的疾病；但最重要的原因是丈夫不在身边"。[9] 1533年春季，消息传来，查理五世将会到巴塞罗那，于是伊莎贝拉带着两个孩子去见他。此时腓力已经个子够高、身体够壮，能够骑马了，但他的智力发育比较滞后：他还没有学会识字，主要通过口头形式来了解文化知识。他经常听《熙德之歌》，把一部分熟记于心。有一天，一个伙伴纠缠他，腓力答道："你真是把我惹恼了，但明天你就会吻我的手。"这句责备显然是从那部中世纪史诗里学来的。在《熙德之歌》中，阿方索国王告诉熙德：

你真是把我惹恼了，罗德里戈；罗德里戈，你对我很不好，
但明天你就会向我宣誓效忠，然后你会吻我的手。[10]

皇帝回到西班牙之后，决定给七岁的儿子寻找合适的教师。1534年，皇帝任命胡安·马丁内斯·德·吉哈罗（一般用他的姓氏的拉丁文形式"西利塞奥"来称呼他）为王子的教师。西利塞奥是一位四十八岁的神父，出身卑微，曾在巴黎大学读书，出版过关于哲学和数学的书，后来成为萨拉曼卡大学的哲学教授。在随后五年里，在西利塞奥的教导下，腓力王子努力学习马里内奥·西库罗的《简明语法》（应当是王子拥有的第一本书）和萨克森的鲁道夫（被称为"加尔都西会士"）的宗教书籍。

1535年3月，查理五世再次离开儿子和怀孕的妻子。三个月后，她生下了又一个女儿，取名为胡安娜。不久之后，查

理五世决定让王子脱离"女流的控制",为腓力设立了单独的内廷,并任命堂胡安·德·苏尼加·阿韦利亚内达为内廷总管。此人是腓力党人,为皇帝效力已经将近三十年了。值得注意的是,查理五世希望儿子得到和自己的舅舅一样的教养和侍奉,也就是特拉斯塔马拉王朝的胡安王子,即天主教双王斐迪南与伊莎贝拉的儿子与继承人。1535年,腓力得到单独的内廷,此后他的随从人员就只有男性仆人(皇帝任命了大约四十人)。苏尼加(或其副手)晚上睡在腓力的房间内,白天也时刻密切监护他。苏尼加向查理五世保证,"只有在我写信给陛下的时候",或者王子"在学习,或者与他的母亲在一起、我不能打扰的时候","我才不在王子身边"。[11] 腓力的世界将会与之前大不相同。

西班牙王子

苏尼加在王子学习的时候不能陪在旁边,这反映了卡斯蒂利亚的传统,即"应当有两人教王子不同的东西:一位文化教师 [maestro] 教他读书写字和良好的习惯,还有一位教师 [ayo] 教他武艺和宫廷规矩"。[12] 所以西利塞奥单独负责教王子及其主要侍童读书写字和祈祷,不过学生的进步较慢。1535年11月,查理五世得知,王子因为生病,"两个月没有学习写字和读书";三个月后,西利塞奥禀报查理五世,他要把王子的拉丁文学习暂停一些日子,"因为开头太困难"。难怪王子十三岁时才"刚刚开始学写拉丁文"。[13]

相比之下,腓力在宗教方面表现出早熟。性格严峻而虔诚的苏尼加说:"王子自然而然地敬畏上帝,我还从来没见过他这个年纪的孩子如此虔诚。"苏尼加继续说,腓力"一旦出了学校就学得很好"，并调皮地补充道，"在这方面，他很像他父亲当年的样子"。王子内廷经常购买弩弓、箭和标枪，也表明腓力越来越擅长在王家园林内狩猎。最终查理五世不得不规定腓力每周最多可以杀死每一种动物的限额。[14] 为了弥补这种缺憾，王子的贴身男仆"每个月得到三十杜卡特，用来购买王子殿下喜欢的东西"。其中包括"一个全副甲胄的白银骑士人偶，配有一匹白银的马"；"一门青铜大炮玩具，装在玩具马车上"；"六门非常小的镀金大炮玩具"。这些都是用来培养王子的尚武精神的。其他玩具则只是"供王子殿下娱乐"，比如"一只从美洲送来的铃铛，声音悦耳"。腓力还拥有一副纸牌，他和苏尼加的长子堂路易斯·德·雷克森斯"花了一整天时间，用纸牌搭建教堂"。王子还喜欢笼中鸟，有的鸟被刻意弄瞎，因为人们相信盲眼的鸟儿唱得更好听。年代最早的存世图像之一显示小王子在玩一只拴着绳子的鸟（见彩图3）。他后来得到了别的宠物，包括一只狗（睡在王子的卧室内）、一只猴子、六只豚鼠和一只长尾小鹦鹉。[15]

腓力还学习在公共场合的正确行为举止。他与妹妹跳舞，在斗牛和比武大会开始之前的游行队伍中行进。1535年，他首次身穿铠甲在公共场合露面，参加了一次骑士竞技的开幕式。皇帝很少在儿子身边。他于1535年3月离开西班牙，直到1537年1月才回来。皇后再次怀孕之后，查理五世立刻前往阿拉贡。皇后在没有丈夫陪伴的情况下生下又一个男孩，取名为胡安（用的是查理五世的特拉斯塔马拉舅舅的名字）。这个孩子不久之后也夭折了。皇帝赶紧返回西班牙，也许是因为担心妻子的生育年龄快结束了，而他现在只有一个继承人。不久之后，伊莎贝拉第五次怀孕，但她又流产了。1539年3月的一幅绘画表现了皇帝一家人在全神贯注地观看骑士竞技,但他们的幸福不会持续多久:皇后又生下一个死胎,随后病倒,于1539年5月1日去世,此时距离腓力王子的十二岁生日还有三周。

腓力二世一辈子将自己与母亲一起度过的时光铭记在心。1570年,他的新任妻子奥地利的安娜的宫廷大总管问,她的内廷应当遵循什么样的规矩?国王简单粗暴地回答:"一切按照我母亲在的时候的规矩办。"出现具体问题的时候,他又一次命令参考"我记忆中母亲在世时的习惯"。腓力二世也始终记得自己幼年时代的事件和人物。1594年,他六十七岁高龄的时候,有一次读了一封提议宗教裁判所主裁判官人选的信,这时童年时代的记忆涌上他的心头。腓力二世思忖道,几十年前枢机主教胡安·德·塔韦拉担任过这个职位,"自1534年,也就是堂阿隆索·德·丰塞卡去世的那一年,塔韦拉就担任托莱多大主教。我当时就认识丰塞卡,在他去世的前一夜还见过他,当时我们刚刚抵达埃纳雷斯堡,他是那一夜去世的"。随后国王回忆了自己第一次见到主裁判官职位候选人之一的父亲时的情景:"那是1533年初,我的母亲,即已经在天堂享受荣光的皇后,带我去巴塞罗那,在那里等待皇帝。"他还补充道:"那年,我在巴塞罗那过了六岁生日。"[16]

父与子,1539~1543年

妻子去世后,皇帝退隐到一家修道院,在那里哀悼了七个星期。他还命令两个女儿搬到阿雷瓦洛镇,她们可以在这个远离宫廷尘嚣的地方长大成人,但不能接近她们的哥哥腓力。所以在皇后的葬礼(举办地点是托莱多的王家圣约翰教堂)上,只有腓力一个人以孩子的身份主持仪式,这是他第一次单独主持公开活动。

结束在修道院的哀悼之后,查理五世决心亲自掌管对继承人的培养,所以大幅增加了腓力内廷的人手,把苏尼加提升为内廷大总管(mayordomo),同时让他继续担任王子的教师。但不久之后就传来消息:尼德兰发生了抗税反叛。查理五世及其谋臣进退维谷,因为卡斯蒂利亚的纳税人似乎也蠢蠢欲动。1538年,聚集在卡斯蒂利亚议会的贵族拒绝再为皇帝的战争拨款,于是他愤怒地斥责他们,把他们解散。因此,对查理五世来说,离开西班牙的风险很大:大家都记得,查理五世上一次没有指定有王族血统的人为摄政者就离开西班牙的时候,公社起义差一点推翻了他的王座。现在,没有皇后坐镇大后方,他没有一个成年亲属能够代他治理西班牙。但他不敢继续留在西班牙,因为,按照他在尼德兰的摄政者的说法,"陛下在这里是当主人还是仆人,已经成了问题"。[17]

1539年11月,查理五世动身前往尼德兰,把腓力留下担任名义上的西班牙摄政者,但把行政权力交给枢机主教塔韦拉(西班牙首席主教和宗教裁判所主裁判官),并让弗朗西斯科·德·洛斯·科沃斯(卡斯蒂利亚行政与财政官僚机构的实际首脑)协助塔韦拉。查理五世还任命洛斯·科沃斯为腓力的秘书。在离开西班牙之前,查理五世准备了两份指示。第一份是写给大臣的,详细规定了他们的行政职责和义务(既有对皇帝的义务,也有互相之间的义务)。第二份是写给腓力的,涉及国家政策。皇帝写了这份指示,以防在皇帝还没有达成自己的政策目标之前"上帝就把我召唤到他身边","腓力王子能够通过这些指示知道我的计划",做好准备,采纳正确的宗教策略、王朝策略和政治策略,"从而安享太平与繁荣"。这是皇帝给儿子的许多建议书当中最早的一篇,这些建议书将会决定性地塑造腓力的政治观。腓力将在余生始终努力追寻父皇定下的目标。[18]

皇帝先是告诫腓力要热爱上帝、保卫教会,然后敦促他要仰仗自己的亲人:

> [腓力]应当与我的弟弟罗马人国王[斐迪南]及其子女,即我的侄子和侄女们;与法国王后[皇帝的姐姐埃莉诺]和匈牙利王后[皇帝的妹妹玛丽];与葡萄牙国王和王后[皇帝的妹妹卡塔利娜]及其子女,以及与葡萄牙国王的兄弟……建立并维持良好、真诚、完美的友谊与谅解……延续我与他们之间现有的友谊与谅解,因为血浓于水,你必须这么做。

随后查理五世谈了如何处理三个争议话题的最佳方式:法国、尼德兰和米兰。他认为这三个问题是一体的,因为尽管目前他与法王处于和平状态,但和平的前提是,双方能够同意"顺利解决"涉及尼德兰和米兰的"所有争端与利益冲突",并用"联姻"来敲定相应的条约。皇帝透露,他已经向法王弗朗索瓦一世承诺,把玛丽亚公主(皇帝的长女)嫁给法王的次子,并用米兰作嫁妆。尽管有这样的承诺,但查理五世和皇后在遗嘱里都规定,"如果除了腓力王子之外我们没有别的儿子",那么玛丽亚将会嫁给斐迪南(查理五世的弟弟)的儿子之一,然后这对夫妇将统治尼德兰。尼德兰的问题已经变得非常关键,因为尼德兰发生了"骚乱和反叛"。皇帝担心,"尼德兰有许多居民和教派反对我们的神圣信仰与教会,他们表面上是要争取自由和自治,但这不仅会导致我们的王朝失去尼德兰,还会导致我们的神圣信仰与教会失去尼德兰"。所以,皇帝打算背弃之前的一切协议(无论是与弗朗索瓦一世的协议,还是与斐迪南的),而把尼德兰"传给我们的儿子,即腓力王子"。不过,他向腓力警示,由于这么做的风险非常大,所以他也许最终还是会"将尼德兰册封给我的女儿[玛丽亚]及其未来的丈夫,这是为了避免上述的风险,也是为了基督教世界的福祉和我儿子的好处,为了他将要继承的诸王国与其他领地的利益"。

随后,皇帝指示腓力,针对另外三个国家——葡萄牙、萨伏依和英格兰必须采纳以下政策:皇帝的女儿胡安娜必须嫁给葡萄牙的王位继承人若昂王子;法国人必须从萨伏依撤军,并将其归还给萨伏依公爵(他是查理五世的连襟①);在英格兰方面,腓力必须"小心谨慎,不能粗心大意地同意可能损害我们的[天主教]信仰的条件",因为那样可能会让新教取得进展。另外,家庭关系要求腓力"照料"他的表姑玛丽·都铎②,并"在对你方便的前提下尽可能帮助她,支持她"。

通过这份不寻常的文件,查理五世把自己不曾向任何人吐露的秘密告诉了儿子,这表明他对儿子非常信任;但因为腓力

---

① 当时的萨伏依公爵卡洛三世(1486~1553)娶了葡萄牙公主贝亚特丽斯,她的姐姐伊莎贝拉就是查理五世的妻子。
② 玛丽·都铎(即后来的英格兰女王玛丽一世)是亨利八世与阿拉贡的凯瑟琳的女儿,查理五世是疯女胡安娜的儿子,疯女胡安娜和凯瑟琳是姐妹,所以查理五世和玛丽·都铎是表兄妹,那么玛丽·都铎和腓力二世就是表姑和表侄的关系了。

年纪太小，不能执行其中的政策，所以我们必须考虑一下，这份指示究竟是写给谁看的。因为保存至今的写给塔韦拉的指示不包括外交政策，而且给腓力的文件没说要保密（皇帝后来的几份指示会要求保密），所以查理五世肯定是希望儿子将其与塔韦拉、科沃斯和苏尼加分享。假如查理五世在海外去世，那么这三位重臣将会指导腓力王子的一举一动。

因为查理五世活过了这个关头，所以这些指示都没有执行，但这两份文件揭示了将在16世纪余下时间里主宰西班牙外交政策的几大问题：与哈布斯堡家族的奥地利分支维持友好关系的极端重要性；与葡萄牙王室联姻的极端重要性；放弃米兰或尼德兰的可能性；恢复萨伏依公爵地位的责任；捍卫天主教信仰和保护英格兰王位的天主教徒继承人的义务。给腓力的指示还体现了三个将在随后一个世纪里损害西班牙外交政策的缺陷：行事过于隐秘；不信守曾经做出的庄严承诺；不肯放弃任何领土。所以，查理五世在1539年的指示以惊人的方式凸显了他的独生子将要继承的这个君主国的长处与短处。

在随后两年里，苏尼加独掌教养腓力的大权。通过他给皇帝的详细报告，我们能了解王子的进步。首先，他的宗教生活发生了天翻地覆的变化。母亲去世后，王子越来越崇拜与他同名的圣腓力。1533年，在这位圣徒的瞻礼日，腓力被册封为金羊毛骑士；在1536年的圣腓力瞻礼日，他的天花痊愈。这些事件似乎表明，这位圣徒在"庇护"他。1539年的圣腓力瞻礼日，他的母亲去世了，这个巧合让腓力巩固了对圣腓力的崇拜，因为在他看来，是这位圣徒引领他母亲升上天堂的。此后，他就把庆祝圣腓力瞻礼日与纪念亡故的母亲结合起来。1541年，腓力第一次领圣餐。苏尼加自豪地对皇帝说："陛下应当为自己拥有一个虔诚的儿子而感谢天主。陛下的儿子不仅虔诚,而且品德高尚、聪慧过人。"作为腓力虔诚的证据,苏尼加指出,腓力在每个月得到的"用来购买王子殿下喜欢的东西"的三十个杜卡特当中,会把"十五个献给上帝"。[19]

王子还很擅长户外活动。1541年,他开始放鹰打猎。苏尼加报告称:"他非常喜欢使用弩弓射击,如果不能做的话,就放鹰打猎,玩得很开心。所有的户外活动他都喜欢。"腓力还学习了武艺。他的内廷财务主管买了"两把练习击剑用的剑"和"四支长枪,让王子殿下练习竞技"。1543年,苏尼加宣称,"王子殿下是本宫廷的第一剑士",不久之后补充说,"他无论徒步还是骑马,都武艺高强"。[20]

但苏尼加对王子的文化成绩就不那么乐观了。1541年6月,苏尼加写道:"在过去两个月里,我比之前乐观了一些,觉得他会喜欢拉丁文,这让我非常高兴,因为我相信,要想成为一位贤君,就必须精通拉丁文,那样才能懂得如何自治和治人。"但"两个月"这个词不是随便说说的。[21]在苏尼加的提议下,这年早些时候,查理五世免去了西利塞奥的教师职务,改为任命阿拉贡的人文主义学者胡安·克里斯托瓦尔·卡尔韦特·德·埃斯特雷利亚,他不仅"学识渊博",而且"血统纯净",意思是他没有犹太人或穆斯林祖先。查理五世指示卡尔韦特"向王子当前和未来的所有侍童传授语法"。这位新教师立刻向弟子们介绍了当时最先进的学术成果。[22]

尽管西利塞奥鄙视人文主义,但他没能完全阻止腓力受到人文主义的影响。例如,1540年1月,在埃纳雷斯堡狩猎的时候,枢机主教塔韦拉指示腓力王子应当访问康普顿斯大学。于是腓力花了三个小时参观这所大学的教室,聆听拉丁文的讲课,并观摩了一名神学学士的毕业典礼。但直到卡尔韦特接管王子的教育之后,王子才真正全方位地接触新学术。不久之后,王子还得到了几位新教师:奥诺拉托·胡安负责教王子数学和建筑学;胡安·希内斯·德·塞普尔韦达教历史和地理;弗朗西斯科·德·巴尔加斯·梅西亚教神学。这四位教师都曾在西班牙之外游历极广,眼界广阔,能够开拓王子及其学伴的视野。

卡尔韦特从一开始就遵循清晰明确的教育思想。1541年,他为王子购买了140种图书,并命人为其做了特殊的装订,把他的藏书数量增加了一倍还不止。这些书几乎全是拉丁文的,要么是古典作者(比如恺撒、西塞罗、普劳图斯、塞内卡、泰伦提乌斯、维吉尔)的著作,要么是当代人文主义学者的作品,包括伊拉斯谟的《谚语集》和《基督教骑士手册》、胡安·路易斯·比韦斯的《论灵魂与生活》,令人意外的是还有路德的主要副手菲利普·梅兰希通的《论演说的艺术》。另外,尽管大多数书籍是拉丁文的,但腓力后来成为第一个能够阅读希腊文的西班牙君主(他后来能阅读古希腊文原版的《荷马史诗》),还学会了一些希伯来文和阿拉米文①,所以能够用《圣经》的原始语言来研读经文。他还得到一本阿拉伯语的语法书和"一本关于《古兰经》的书,是王子殿下命令采购的"。[23]腓力是在1542年访问巴伦西亚的时候得到这本关于《古兰经》的书的,也许是因为奥诺拉托·胡安(巴伦西亚人)觉得这本书可以帮助他的学生理解他的摩里斯科臣民。

---

① 阿拉米语是古代叙利亚地区使用的闪族语言,在近东和中东地区一度非常兴盛,享有通用语的地位。耶稣的语言就是阿拉米语,《圣经·旧约》的很大一部分最早也是用阿拉米语写成的。

这次访问是一次"壮游"的一部分，皇帝带儿子去了纳瓦拉、阿拉贡、加泰罗尼亚和巴伦西亚。此行的主要目的是确保每一个王国都认可腓力为"当然继承人"。卡尔韦特、胡安和塞普尔韦达都陪伴腓力旅行，途中抓住每一个机会向腓力传授他未来的臣民的不同语言、文化和历史。法国人在攻打佩皮尼昂（加泰罗尼亚的第二大城市）的消息传来后，塞普尔韦达领导廷臣们讨论了援助佩皮尼昂的最佳方案，这是腓力第一次接触军事策略。

大家返回卡斯蒂利亚之后，卡尔韦特购买了更多拉丁文书籍来支持他的雄心勃勃的教育策略。品种数量最多的一个门类是历史书，有的是古典作者写的，有的是当代人文主义学者的作品，1535～1545年采购的全部书籍的25%是历史书；第二多的类别是神学书（15%）；但绝大多数学科都有涉及。腓力读完每一卷之后，卡尔韦特就给书单做个标记，然后让他读别的书。腓力的正式教育于1545年结束时，他已经读过涉及面极广的数百本书。卡尔韦特还用别的方式让腓力接触学术。曾在美洲生活几十年的巴尔托洛梅·德·拉斯·卡萨斯修士向腓力献上他的《西印度毁灭述略》的一份有专门献词的抄本。1543年访问萨拉曼卡时，十六岁的腓力抵达的第一个下午就"参观了当地大学的教室，听了一位教授的讲课"。次日，"王子殿下聆听了其他每一位教授的讲课，还旁听了法律系的一次口试……他很晚才离开"。[24]

不过，卡尔韦特的教育计划也留下了相当多的空白。王子的藏书里关于法律或战争的书籍很少，西班牙语之外的现代语言的书籍就更少了。而且，王子没有学法语、意大利语或者他的臣民说的其他任何一种语言。这个重要的空白是有意为之

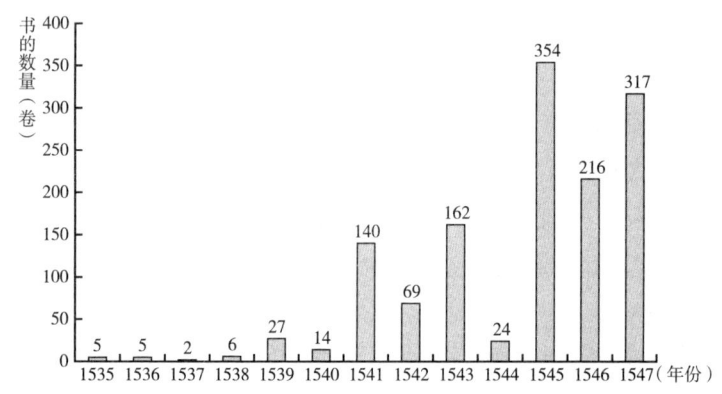

图3 腓力的书籍，1535～1547年。腓力王子的内廷财务主管记载了他的主公购买（或者别人为其购买）的每一本书的书名和购买时间。从买书的节奏可以看出胡安·克里斯托瓦尔·卡尔韦特·德·埃斯特雷利亚于1540年末成为王子的主要教师之后立刻产生了影响。

的。苏尼加相信，既然拉丁语是通用语言，所以"最好精通这门语言，这样就无须学习其他语言"。皇帝也同意。他在1543年提醒儿子：

> 看到你将来必须统治多少领土，那里又有多少地区，它们互相之间的距离是多么遥远，居民说的语言又是多么五花八门，所以你必须理解他们所有人，也要让他们所有人理解你。为了达到这个目的，没有什么比拉丁文是更必需的、更普世的。所以我强烈建议你努力学习拉丁语，免得将来不敢说。懂一些法语对你也没坏处，但我不希望你为了学法语而耽误了学拉丁语。[25]

结果就是，腓力始终没有完全掌握法语。他很少说法语。1576

年法国大使向腓力宣读了法王写的一封信,腓力在事后向一位大臣承认,"说实话,我几乎完全没有听懂",因为"我的法语不好"。[26]不过,腓力对人文主义学术很熟悉,对其理解也相当深刻,所以他不仅精通拉丁文,而且在用西班牙文写作时的文风也极其雄健,并且他在讨论几乎所有学科时都自信满满(甚至可以说是傲慢自负):他能和建筑师讨论建筑学,与大臣和学者讨论地理和历史,甚至与教宗切磋神学。

到了青春期,王子开始参加比以往更复杂的娱乐活动。他的内廷账目里有购买象棋、纸牌和"打西班牙回力球〔一种早期形式的网球〕用的手套"的记录。他还很喜欢弄臣与小丑的幽默:从1537年到1540年,王子的财务主管向王子的第一位弄臣"土耳其人赫罗尼莫"付了好几笔酬金。1542年,财务主管买了两根蜡烛,"以替换王子殿下室内被小丑佩里科弄坏的两根蜡烛"。[27]腓力还喜欢音乐。他的礼拜堂有一个唱诗班,其中有两名最高声部歌手、两名假声男高音歌手、两名男高音歌手、四名男低音歌手和两名管风琴手。1540年,他命人修理他的礼拜堂内的管风琴,并且在旅行时始终带着这套管风琴。王子酷爱盲眼的管风琴手安东尼奥·卡韦松的作曲和表演,所以1548~1551年去欧洲北部的时候还带着卡韦松。他还聘用了作曲家路易斯·德·纳瓦埃斯。纳瓦埃斯曾教腓力及其两个妹妹演奏比维拉琴。[28]腓力的内廷有一名舞蹈教师,他教导王室的所有孩子;还有一名画家,他指导王子"画满了一册大开本的画册,王子殿下就是用这本画册来作画的"。腓力的一些早期画作后来被留在他自己的一本著作的边缘,时间或许可以追溯到1540~1541年,也就是他得到"大开本的画册"的时候。[29]因为有这些丰富多彩的活动,王子内廷的开销从1540年到1543年几乎翻了一倍。在1543年，王子内廷已经有大约240人，每当腓力在马德里、托莱多、阿兰胡埃斯、塞哥维亚和巴利亚多利德的各处王宫之间转移的时候，就需要27头骡子和6辆大车来搬运王子的财产。

不管腓力走到哪里，前面都有人举着他的大旗，这凸显了他与众不同的崇高身份。他还有自己的纹章和印章（他的书籍的豪华皮革外封上可以清楚地看到他的纹章和印章）。他还有自己的座右铭："不抱希望，也无畏惧"（Nec spe nec metu）。1541年3月，他第一次穿戴甲胄，率领五名骑士"参加比武大会"，王子"戴着面罩，尽管参加比赛的人很多，但他轻松成为冠军"。五个月后，苏尼加报告称，"王子殿下的状态极佳，如果能得到他父亲的允许，他渴望参加"皇帝针对阿尔及尔的登陆作战（查理五世没有允许）。[30]三个月后，皇帝宣布，他的儿子将会迎娶葡萄牙公主玛丽亚·曼努埃拉。她是查理五世的妹妹与伊莎贝拉皇后的哥哥的女儿，所以与腓力的父母都有血缘关系。

腓力王子早在八岁时就考虑过生儿育女。当他的教师的妻子埃斯特法尼娅·德·雷克森斯夫人生下一个女儿时，腓力告诉埃斯特法尼娅，他希望她的所有女儿都"成为他的妻子的侍从女官"。[31]皇后去世后，查理五世开始更多地和儿子相伴，一边带着他巡视阿拉贡王国，一边教导他治国理政的艺术。他们回到马德里之后，皇帝继续教导儿子。皇帝无疑想把这样的教导常规化，但当弗朗索瓦一世于1543年再次宣战时，查理五世不得不离开西班牙，去亲自指挥作战。这一次与1539年的情况不同，尽管王国的法律规定，王子在年满20岁之前不能执政，但查理五世还是无视了相关法律：

根据我自己的深思熟虑、意志和绝对王权（在此事中，我打算作为国王和君主运用王权，不承认世间有比我更优越的力量），我选择、提名和任命腓力王子为我的副手与［西班牙］诸王国和诸领地的总督。[32]

权力的门槛

查理五世要去欧洲北部指挥作战，不能继续亲自教导腓力王子，于是在离开西班牙之前，他又撰写了三份指示，来帮助儿子承担繁重的新职责。一份签署时间为1543年5月1日的《一般指示》列举了腓力作为卡斯蒂利亚总督的权力和职责。它要求腓力在公开场合做礼拜；"在公开场合用餐；每天保留一些时间，专门用来聆听前来与他交谈的人；并接受那些人呈交的请愿书和备忘录"。这份文件还规定，王子只有在得到塔韦拉、科沃斯和费尔南多·德·巴尔德斯（卡斯蒂利亚议事会主席）三人同时批准的情况下才可以做决定。同一天，皇帝还签署了另一份题为《关于王子权力的限制》的文件，其中列出了腓力不可以自行决定的诸多事务，尽管《一般指示》貌似给了他全权。腓力不可以自行决定的事务大多与王室的荫庇有关："你不可以颁发将神职人员的子女合法化的文书"；"教会职务空缺所带来的问题由我负责"。但有些事务的涉及面更广："不要承诺给别人奖赏，因为我不会这么做"；"如果没有我的明确批准，不可以向任何人授予针对美洲土著的司法权"。[33]

5月4日，查理五世给儿子准备了更为私密的第三份指示，亲笔写下"根据我的知识和理解，你治理这些王国的正确方式"。皇帝在文件开头写道:"尽管你要承担如此艰巨的使命,而且年纪太小,但曾经有年纪不比你大,却表现出绝佳的勇气、美德与良好判断力的人。他们尽管年轻、缺乏经验,却取得了惊人的成就。"他继续写道:

> 最重要的是,你必须在两件事情上保持坚定。首先,也是最重要的是,永远不要忘了上帝,要把你面对的所有使命与担忧都托付给上帝,并把你自己奉献给上帝。为此要时刻准备着。其次,相信并接受一切良策。这两样能够帮助你克服年轻和缺乏经验所造成的困难,能让你很快就形成足够的能力、积攒足够的经验来妥善并睿智地治理国家。

随后查理五世提供了一系列具体的告诫:"绝不在动怒或者有所偏袒的时候处理司法事务,尤其是刑事问题。""尽量避免发怒,发怒时不做任何事情。""小心谨慎,不要对别人做任何承诺,无论是口头的还是书面的承诺,也不要提高别人对未来的期望。""收到觐见的请求时就接见对方,答话时要和蔼可亲,聆听时要耐心,并规定固定的时间,让人们可以来拜见你,与你谈话。"[34]

皇帝随后转向私人事务,语调也变得严厉了一些。"你需要改变自己的生活方式和待人接物的方式。"他直言不讳地写道:

> 就像我在马德里时和你说的那样[指的是父子之前一次私密的谈话],你不应当认为学习意味着你的童年延长了。恰恰相反,学习会增加你的荣耀与声

望，让你虽然年纪尚小，却在世人眼中成为真正的男子汉。要想早点成长起来，光有意愿是不够的，也不是说身体成熟了就算长大了，而是要有男子汉的判断力和知识，让你能够成为睿智、稳健、善良和正派的男人。要想成长，每个人都需要教育、良好的榜样和交流。

皇帝不留情面地继续写道：

> 迄今为止，你的伙伴都是孩子，你的娱乐也都是在孩子当中进行的。从今往后，你把那些人留在身边的唯一目的应当是告诉他们如何侍奉你。你的主要伙伴应当是品德高尚、擅长辞令、仪态端正的成年男子；你的娱乐应当与这样的人一起进行，并且要有节制，因为上帝创造了你，不是为了让你在世间享乐。

在具体的层面，查理五世责备儿子"花了太多时间与弄臣待在一起"，并命令他"少花点时间在小丑身上"（腓力要么是不能，要么是不愿意服从父皇的这道命令）。

最后，皇帝谈到了性的话题，警示道：

> 你很快要结婚了。因为你年纪还小，而且我只有你一个儿子，我也不想再要别的儿子，所以你必须节制自己的欲望，不要在年纪这么小的时候就在那件事情上过多费力，因为它有危害性，对身体的发育和力

量可能是危险的事情，可能造成身体虚弱，影响生育能力，甚至导致死亡。[特拉斯塔马拉王朝的]胡安王子就是这样死去的，所以我才继承了这些王国。

和当时的很多人一样，皇帝相信天主教双王斐迪南和伊莎贝拉的继承人胡安王子（他在其他方面都应当是腓力的楷模）是因为与年轻的妻子性生活过频而死亡的（这是一种错误的观念），所以他不希望腓力步其后尘。查理五世已经确认儿子还是处男，并要求儿子承诺在婚前保持贞洁："我确信你对于自己的过去说的是实话，你信守了对我的诺言[即在结婚前守贞]。"现在他要求王子在婚后表现出同样的克制。

你在妻子身边必须非常克制。这么做很困难，所以解决办法就是让你尽可能远离她。所以我要求你在圆房之后称病，尽量远离你的妻子，不要很快再次去见她，也不要经常去。你与她相聚的时候，也不要久留。

为了确保腓力服从这道不寻常的命令，查理五世还命令大臣们监督腓力夫妇。

为了确保此事不出纰漏，尽管你已经不再需要教师，但在这件事情上，我已经命令堂胡安[·德·苏尼加]继续监督你。按照我当着他的面给你的指示，在这件事情上，你必须绝对服从他。我命令他直言不讳、放心大胆地确保你服从我的指示，尽管这可能会激怒你。

为了确保万无一失,查理五世还命令甘迪亚公爵(后来被封圣,称为圣弗朗西斯科·博吉亚)让腓力未来的妻子"与你[腓力]保持距离,除了你的健康状况能够承受的时候"。皇帝的这一系列操作,显然在十五岁少年的心中制造了对性的复杂情结。

1543年11月12日,腓力"全身穿白,看上去像只白鸽",见到了未婚妻。他们跳了几个小时的舞,一起用膳;随后他们休息到凌晨4点,直到塔韦拉为他们举行婚礼。然后这对新婚夫妇才进入公主的房间,但他们厮守不了多久。"他们在一起两个半小时之后,堂胡安·德·苏尼加就走进房间,把王子带到他自己房间的另一张床上。"随后一周里,新婚夫妇能够待在一起的时间也是精心安排好的。一周后,他们就前往巴利亚多利德,分别睡在不同房间。在那里"分床睡了几天之后,王子殿下生了皮疹,疼痛难忍"。苏尼加不断地巡视,所以"腓力没办法与妻子同床",而且"皮疹一直不好,他之前从未有过这种疾病",令人担忧。皮疹缓解之后,腓力对自己的新娘表现得很冷淡(有人说是厌恶):"他们在一起的时候,王子殿下表现得仿佛他是被迫的。她刚坐下,他就起身离开。"[35]查理五世和苏尼加都为了这事责备过王子。他们倒是没想到,恰恰是他们对玛丽亚·曼努埃拉强加的具有侮辱性的措施,才让王子对妻子避之不及,仿佛她是什么极端危险的武器。

查理五世5月4日的指示被发送给腓力的方式,也让儿子更加窘困:"堂胡安·德·苏尼加会把这份文件交给你。你要当着他的面阅读该文件,好让他觉得有必要的时候就提醒你文件的内容。"皇帝还建议儿子把文件拿给西利塞奥看(皇帝赞扬过西利塞奥的判断力和经验)。查理五世坚持要求这么做,应当不是为了羞辱儿子(尽管腓力必然会感到受辱),而是为了欺骗两位大臣，让他们觉得皇帝对他们敞开了心扉，像信任儿子一样信任他们。实际上，查理五世还有更多指示要传达给儿子。5月6日，他签署了又一封给儿子的亲笔信："我写下并发送给你的这份机密文件，仅供你一人阅读。所以你必须严格保密，将其小心保管，让任何人都看不到，连你的妻子也不行。"这是由一位近代早期统治者亲笔起草的最重要的政治建议书。

这一次，查理五世先道歉："我很抱歉，把我将来要传给你的诸王国与领地置于如此极端危险的处境。"更糟糕的是，如果他有不测，"我的财政会处于不理想的状态，你会遇到许多困难，你会看到我如今的收入是多么少，负担又是多么重"。不过，皇帝义正词严地补充道："请谨记于心，我做的一切都是为了捍卫我的荣誉，因为如果没了荣誉，我就无法维持自己的地位，能够传给你的产业也就会更少。"腓力从父亲那里学到的第一节秘密课程就是，"荣誉和声望"比金钱重要得多。查理五世慷慨激昂地表示，如果他为了保卫这些王国与领地而献出生命，"我会心满意足，因为我是为了履行自己的职责和帮助你而死的"。随后，皇帝与儿子分享了他打算执行的针对法国及其盟友的军事策略，以及他打算在何处部署部队和资源，这样的话，"如果我在此次旅途中被俘或被扣押"，儿子就能够知道接下来要做什么。[36]

查理五世认识到，政治事务"极其晦涩并且具有不确定性，我都不知道如何向你描述"，因为"它们充满了自相矛盾和含糊之处，要么是因为事情的状况本身，要么是因为良心"。所以，在一切政策问题上，腓力"必须始终把握最确定的一点，那就是上帝"。随后是一段极不寻常的文字，在它之前皇帝又告诫儿子："仅供你一人阅读,你必须对其严格保密。"然后,皇帝入木三分地审视了辅佐腓力的每一位大臣的长处和短处。"如果上帝在我这趟旅途中召唤我的话",王子将不得不仰仗这些人的意见。

皇帝又一次提醒儿子,"我在马德里的时候告诉过你","我的大臣们互相之间的敌意或结盟,以及他们当中正在形成或已经形成的密谋集团",但皇帝现在向腓力介绍了更多细节,因为尽管他的每一位高级大臣都是"一个派系的领导人,但我仍然希望他们通力合作,这样你就不会被其中任何一人左右"。因此,查理五世坚持要求"永远不要被任何一个人单独掌控。你应当始终和许多人讨论你的事务,而不是过于依赖和仰仗其中的个别人。那样固然可以节约时间,却不符合你的利益"。随后,他审视了每一位大臣的长处和短处,从堂费尔南多·阿尔瓦雷斯·德·托莱多(阿尔瓦公爵)开始。尽管皇帝认为,在军事和外交领域,阿尔瓦公爵"是我们在这些王国拥有的最优秀人才",但皇帝刻意把他排除在王子的亲信谋臣圈子之外——

> 因为最好不要让大贵族[①]参与王国的治理,所以我不希望阿尔瓦公爵成为你的亲信谋臣,这让他有点

---

① 此处的"大贵族",英文为 Grandee,西班牙文为 Grande,指西班牙的一种高级贵族头衔,拥有超出其他贵族的地位和特权,比如在国王面前无须脱帽、被国王称呼为"我的堂亲"等。西班牙的所有公爵都自动算是大贵族,但其他衔级(侯爵到男爵)就只有少数算作大贵族。无头衔的人也可能有大贵族的身份。如果两名贵族的衔级相同,比如都是伯爵,那么有大贵族身份的伯爵高于无大贵族身份的伯爵。有大贵族身份的男爵的地位高于无大贵族身份的侯爵。

> 愤愤不平。自从我认识他以来，我就觉得他野心勃勃，企图获得尽可能多的权力，尽管他表面上奴颜婢膝，表现得非常谦卑和谦虚；而你更年轻，所以你可以想象，他在你面前会是什么模样！你不可以让他或其他大贵族进入政府的内部圈子，因为他们会想方设法地占你的便宜，这在将来会让你付出沉重的代价。

腓力二世在整个统治时期都遵循了这条建议，始终没有让阿尔瓦公爵或其他大贵族进入"政府的内部圈子"。

随后皇帝评价了他委托辅佐王子的其他几位大臣。科沃斯"不像过去那样勤奋了"，查理五世哀叹道，不过，"他对我的所有事务都经验丰富，相关的知识非常渊博"。因此，"你最好像我一样与他交往，永远不和他单独接触，永远不让他的权限超出你给他的具体指示"。皇帝花了好几页的篇幅来评价科沃斯，还提供了一些关于如何"管理"他的具体建议，比如如何奖赏他，但是让他永远渴望更多奖赏。然后皇帝开始谈苏尼加。查理五世告诫儿子，尽管苏尼加"可能会让你觉得有些严苛"，但"不要因此敌视他"。

> 你必须认识到，因为在过去和现在围绕在你身边的人都对你很宽纵，都想讨好你，所以你也许会觉得堂胡安很严苛。如果他像其他人一样，那么你一定事事如意，但这对任何人都没有好处，甚至对老资格的人也没有好处，更不要说缺乏知识或自制力的青年了。知识和自制力都是通过年龄增长和经验积累才能获得的。

但是，皇帝继续写道，人无完人。"我对堂胡安有两个担忧。首先是他有偏见，主要是针对科沃斯，但也针对阿尔瓦公爵……他的另一个缺点是有些贪婪。"不过，皇帝总结道："你不会找到比这两人［科沃斯和苏尼加］更有能力辅佐你，也更让我满意的人。"

查理五世对另外几位辅佐王子的大臣的评价就不那么正面了。例如，他现在对西利塞奥没有什么好评价，这与皇帝两天前写的东西互相矛盾："我们都知道他是个好人，但他肯定不是最适合教导你的人，因为他过于热情地想要讨好你。"目前"他是你的告解神父。他已经在你的教育方面宽纵了你，如果他在道德方面再宽纵你的话，不是好事"。"目前还没什么问题，"查理五世继续写道，"但将来会有很大的问题。"因此皇帝建议儿子"任命一位优秀的修士当你的告解神父"。

查理五世的亲笔指示如此直言不讳，笔调如此私密，看问题如此深刻，对儿子产生了极其深远的影响。1559 年，腓力二世拒绝向一位请愿者承诺在将来提携他，并告诉一位谋臣："我记得皇帝陛下［查理五世］在很多年前教导过我的东西。当我遵循他的教导时，我就一帆风顺；当我违背他的教导时，我就举步维艰。"这里指的显然是十六年前查理五世给他的建议："小心谨慎，不要对别人做任何承诺，无论是口头的还是书面的承诺，也不要提高别人对未来的期望。"1560 年，宗教裁判所向腓力二世问话时，他明确引用了"我的主公，即已经在天堂享福的皇帝陛下在 1543 年离开这些国度时给我的指示，他命令我确保高级教士都居住在各自的教区"。1574 年，腓力二世打算离开西班牙并让妻子担任摄政者的时候，需要起草给王后的指示。一位大臣建议参考腓力二世二十年前动身去英格兰时起草的指示，但国王选择了"我刚开始执政的时候，也就是1543年"从皇帝那里得到的指示，因为"皇帝当时亲笔写给我的建议书"包含了大量有用的信息。[37]

苏尼加在1543年6月向皇帝报告："王子殿下已经收到了陛下给他的指示，已经开始在自己需要做的一切事务当中谨慎并勤勉地遵照陛下的指示。"塔韦拉则向皇帝保证："王子已经开始行使陛下交给他的权力。目前来看，他处理公务时的认真与专业让人难以相信他还这么年轻。"尽管查理五世原打算仅仅让儿子在"涉及他自己的内廷的命令与令状"上签名，但苏尼加发现"[特拉斯塔马拉王朝的]胡安王子在处置自己的事务和签署其他文件时会签下'我，王子'[Yo el príncipe]"。苏尼加还向科沃斯展示了胡安王子签名的许多文件，以证明"这是卡斯蒂利亚王子的惯用签名方式"。因此，两位大臣不等皇帝的批准，就决定让腓力"从此之后也这么签名"。[38]腓力皮托长大成人了。

第二章　一位文艺复兴时代的王子，1543～1551年

西班牙总督

在担任"西班牙总督"期间，腓力收到远在海外的父亲发来的潮水般的书信，信中尽是命令和恳求。比如在1543年10月，在一封指示儿子送钱给他以维持对法作战的信中，查理五世亲笔在末尾添加了一段，其内容简直是情感勒索："我儿，我坚信不疑，等你读到这段话并看到它对我的影响有多大的时候，你作为孝子一定会竭尽全力，不会把父亲抛弃在这样的窘境里……你一定要按照我的要求，给我送来士兵和金钱，不得有误。"不到两周后，皇帝再次提笔，继续向儿子施压。在花费大量笔墨向西班牙索要援兵和金钱之后，皇帝温情地写道："我儿，我再一次请求你表现自己的孝心。"[1]

但王子不为所动。他的西班牙谋臣担心财政的压力会引发骚乱，所以在他们的鼓励下，王子运用了哈布斯堡君主国每一个地方的官僚都遵循的经典法则："我服从，但不执行"（obedezco pero no cumplo）。王子先是拖延搪塞，有时收到父亲的信好几周之后才回信，"因为我需要征询各个议事会以及其他谋臣的意见"，让父亲任命的谋臣"当着我的面"讨论最佳对策。腓力最终回复皇帝在1543年10月的请求（见上一段）时，已经过了四个月，并且他在这封信中第一次违抗父亲：

> 我无比真诚地恳求陛下理解我写这封信的本意。我并不是想限制陛下的宏图大略（它是陛下的勇气的果实），而是想提醒您，当前局势不妙，基督教世界处于悲苦之中，您的诸王国山穷水尽。无论多么合理合法，大规模战争必然会带来严重的破坏，而且我们自己处于危险之中，敌人的舰队虎视眈眈，我们没有足够的资源抵抗敌人。

腓力大胆地强调，"如果陛下希望避免不可逆转的灾难的话"，在各条战线上议和才是唯一务实的策略。[2]

这封大胆的信送抵的时候，查理五世已经开始执行他那"雄心勃勃的计划"，率军入侵法国，并在几个月内取得了大大超过预期的辉煌胜利：到 1544 年 9 月，他的军队已经进攻到距离巴黎只有五十英里的地方，迫使弗朗索瓦一世匆忙求和。皇帝在春风得意的时候很慷慨：为了获得永久和平，他提议把导致两国冲突的两块领土之一割让给法国。他向法国国王承诺，法王的次子奥尔良公爵可以娶斐迪南的女儿，以米兰为嫁妆；或者娶腓力的妹妹玛丽亚，以尼德兰为嫁妆。查理五世还请儿子与玛丽亚和西班牙谋臣讨论，哪一种方案更好。

王子身处的位置让他很适合参加这两轮谈判。不久前，科沃斯在一封给皇帝的信中赞扬了王子的行政与外交技艺，"他的知识和能力都提升了"，所以腓力取得了——

> 对别人来说或许是不可能的成就，因为他的理解力很强。他的时间全部用于辛勤工作，以及处理陛下的诸王国的重要事务。他无时无刻不在思考和探讨治

理与司法的问题,绝不给偏袒、懒惰、奉承或任何恶行留下空间。他通常的工作和谈话都集中于公务,并且是与成熟的谋臣磋商。

科沃斯继续写道,腓力也没有让"成熟的谋臣"左右他。例如,在一次会议上,他"问了阿尔瓦公爵一个关于对法战争的问题,公爵带着他惯常的莽撞答道,只要他和皇帝还在世,他们很快就会搞定法国"。听了这话,腓力(无疑是想起了父亲的建议,即永远不要让阿尔瓦公爵占上风)"一下子安静下来,随后无比威严地对阿尔瓦公爵说:'除了皇帝之外,我不会屈居任何人之下。在我看来,谁要是不明白这一点,还当着我的面吹牛,他要么是不了解我,要么是企图冒犯我。'说完之后,王子殿下转过身去,背对阿尔瓦公爵"。[3]公爵不敢说话了。

收到父皇的命令,即讨论割让米兰还是尼德兰的问题之后,腓力立刻牢牢掌控了父皇与妹妹之间的交流渠道,因为,如腓力志得意满地说道:"她的心里话只和我一个人说。"接下来的两周里,他单独与妹妹讨论。随后他召开国务会议,并在会上采纳"分而治之"的策略,这将成为他后来的行政风格的标志性特点——"我命令会上的所有人各抒己见"。[4]五位大臣(包括苏尼加)主张保留尼德兰,提出了经济、战略,尤其是王朝政策方面的理由:因为尼德兰是查理五世继承的遗产的一部分,而米兰公国是前不久才获得的,所以查理五世不能割让尼德兰;奥尔良公爵应当娶斐迪南的女儿,并统治米兰。另外五位大臣(包括阿尔瓦公爵和科沃斯)的意见相反:"米兰公国不仅对防御和保卫那不勒斯与西西里至关重要,而且对西班牙诸王国的安全与太平也具有核心意义。有了米兰，皇帝陛下才能安全地从西班牙去德意志和尼德兰，并从西班牙和德意志输送军队和其他资源"去保卫哈布斯堡君主国其他遭到攻击的部分。这些大臣认为米兰是帝国的枢纽和心脏，他们说服了王子。他敦促父皇牺牲尼德兰，让奥尔良公爵娶他的妹妹。最终，查理五世否定了儿子的建议，宣布让奥尔良公爵娶斐迪南的女儿，将米兰册封给奥尔良公爵。但几个月后奥尔良公爵去世，查理五世得以避免做出这样的让步，于是他的帝国的尴尬局面（过于广袤和分散，皇帝的力量不足，难以控制所有地区）继续长期维持下去。[5]

尽管在这件事情上没有遂愿，但腓力很快就在重要性略低的事务上确立了自己的独立性。1543 年，皇帝离开西班牙还不到三个月之后，腓力的教师就报告称，王子的"拉丁文阅读能力已经很好了，不过他的学习进展放慢了，既是因为陛下把许多行政任务委托给他，也是因为他花了很多时间在军事训练和马术练习上"。也许就是因为较早停止接受正式教育，腓力的书法才显得不成熟：他最早的书信的笔迹很正规，但不好看。[6] 在军事训练和马术练习方面，他遭遇了一些挫折。1544 年春，王子和一群伙伴去了巴利亚多利德附近皮苏埃加河上的一个小岛，计划参加一场比武大会。这次比武是以流行的骑士小说《高卢的阿玛迪斯》的一个情节为蓝本的。但是，运载比武选手的船被武士们身穿的甲胄压沉了。尽管船重新浮起，落水的武士们又一次尝试前往小岛，但船又沉了，比武大会被迫取消。两年后，他们在瓜达拉哈拉附近的一个岛上再次尝试重演阿玛迪斯的冒险，结果腓力在战斗中双腿负伤，有一段时间不得不拄着拐杖。用他的一位比武伙伴的话说："说到骑马的仪态,没有人能超越我的主公腓力国王。"但这人又刻薄地说:"但他从来没有打断过[对手的]许多长枪。"[7]

尽管腓力花了很多时间在行政工作和骑士比武上,但他也饱读诗书。他的内廷财务主管不得不专门"为王子殿下的寓所购买额外的蜡烛,因为他在那里刻苦读书","经常刻苦地秉烛夜读"。[8]财务主管重复了"刻苦"(apretadamente)这个词,是为了给购买蜡烛的高额开销辩解,这也能佐证王子对读书的极大热情。腓力购买了大量书籍,涉及面极广,包括马基雅维里的政治和军事论著(这些书后来都被打上了"被教廷禁止"的标记)与一些卓越的欧洲人文主义学者的著作,如皮科·德拉·米兰多拉关于灵魂不朽的作品、马尔西利奥·费奇诺关于信仰的作品和约翰内斯·罗伊希林关于卡巴拉①的作品。另外,还有一些作者向腓力敬献自己的作品,所以王子的藏书在 1548 年超过了 800 卷,包括西欧各地的人们撰写和出版的图书。

青年逆反期

儿子的早慧和渊博受到的赞扬让父亲很高兴,但查理五世还是在 1544 年写信给苏尼加,警惕地表示:"你没有告诉我,我儿子除了这些之外还做什么。如果是因为无事可报的话,我会很高兴;但如果是因为你担心我会觉得沉闷无趣,那就大可不必,请放心大胆地告诉我一切我应当知道的东西,以及我应

---

① 卡巴拉(Kabbalah,字面意思是"接受"或"传承")是一种犹太教神秘主义的思想和学科。卡巴拉旨在界定宇宙和人类的本质、存在的本质,以及其他各种本体论问题。它也提供方法来帮助理解这些概念和精神,从而达到精神上的实现。

当如何纠正。"⁹皇帝的要求似乎引发了雪崩般的针对腓力的抱怨，因为两个月后查理五世给苏尼加发去一封长信，说"我不在西班牙期间，有些小事开始萌芽"。皇帝睿智地决定忽略某些"小事"。但"他［腓力］最好不要在外出打猎时这么晚才回来"，也不要荒废学业，"我知道他已经结婚了，又忙于国家大事，并且已经过了听得进劝告的年龄，所以在我看来，应当允许他自行其是。我不应当对他唠叨，那样他会对一切都感到恼火"。不过皇帝还是对四件"小事"唠叨起来，比如"他的糟糕习惯，他起床和上床睡觉、穿衣和脱衣都浪费了很多时间"；"在祈祷和告解时不够全神贯注"；"在公开场合对妻子很冷淡"；尤其是在王子的弄臣佩雷洪家中"发生了某些事情"，以及"深夜外出"。查理五世命令，如果"这种情况变得严重"，苏尼加应当立刻禀报。¹⁰

何塞·路易斯·贡萨洛·桑切斯-莫莱罗①在他那部研究腓力二世早期岁月的精彩著作中提出了一种令人信服的解释：让查理五世和苏尼加烦恼的那些"小事"，是年轻的王子对他们的粗暴干涉和具有侮辱性的控制的反抗。例如，卡斯蒂利亚的法律明确规定，人在结婚之后就获得了独立性，脱离了父辈的控制。查理五世却强迫儿子不仅远离妻子，还远离他心爱的妹妹。皇帝的努力适得其反，因为王子恰恰在这个时期与伊莎贝拉·奥索里奥发生了婚外恋。她起初是腓力母亲的侍从女官，后来成为他妹妹的侍从女官。¹¹

在消息灵通的廷臣路易斯·卡布雷拉·德·科尔多瓦撰写

---

① 何塞·路易斯·贡萨洛·桑切斯-莫莱罗为当代的西班牙文献学家和图书馆学家，为马德里康普顿斯大学的教授。他研究过16世纪西班牙宫廷藏书、西班牙的伊拉斯谟思想、塞万提斯生平等。

的腓力二世时代编年史中，1589年的部分写道："这一年，自称是腓力二世国王之妻的伊莎贝拉·奥索里奥女士去世了。"若干年后，另一位消息灵通的廷臣撰写的一部政治著作赞扬了腓力二世最信任的谋臣鲁伊·戈麦斯·德·席尔瓦，说"他费了很大力气，帮助国王摆脱伊莎贝拉·奥索里奥女士的爱情"，并结束了这段关系。[12]腓力肯定向伊莎贝拉女士表现了相当程度的恩宠（她的祖先当中有一位是犹太教拉比，还有一位是重要的公社起义者，所以腓力的恩宠更显得不一般）。在他统治的早期岁月，他签署了好几份令状，赐给她金钱和珠宝。伊莎贝拉·奥索里奥女士在去世前拥有高达六万杜卡特的财富。最重要的是，腓力把布尔戈斯（她的家乡）附近的一些属于王室的村庄以低价卖给了她，她把这些村庄改成了一座大庄园，取名为萨尔达努艾拉，并在那里建造了一座美丽的宫殿，当地人称之为"婊子之家"（la casa de la puta），这么说肯定不是出于偶然。宫殿的每一副对外的窗框上都有表现腓力凝视伊莎贝拉的图像。所以，存世的证据表明她与王子有过私情，可能是从1545年开始的，至少持续到他于1548年离开西班牙时。

尽管发生了这样的事情，尽管查理五世抱怨儿子对妻子"冷淡"，但玛丽亚·曼努埃拉还是在1545年7月生下了一个儿子，取名为卡洛斯，以纪念孩子的祖父。① 四天后，她去世了。腓力伤心欲绝，退隐到一家修道院去哀悼。他整整一个月没有给父亲写信，"因为如此惨痛的损失带来的悲恸与懊悔让我无法提笔"。他告诉查理五世，他重返公共生活的唯一理由是"免得荒废了陛下托付给我的这些王国的事务"。即便如

---

① "卡洛斯"是"查理"的西班牙文形式。

此，"当我返回宫殿之后，我仍然尽量独处，不过总是会处理亟待处理的公务"。我们没有理由怀疑腓力的"悲恸与懊悔"的深度：他的妻子只有十七岁，而且是为了生他的孩子而死的。生孩子是性生活的直接结果，而父亲曾敦促他对性生活要有节制。他的唯一慰藉是："我发现婴儿［堂卡洛斯］身体健康，并且一天比一天好。"[13]

腓力的处境也"一天比一天好"，因为父皇派来指导他的"老成长辈们"逐渐退场了。高级谋臣塔韦拉于1546年8月去世，十个月后，苏尼加（腓力最"忠实的谋臣"，也是督促他节欲的人）也去世了。阿尔瓦公爵前往德意志，与皇帝会合，而科沃斯因为重病缠身而退隐到自己的庄园，后来在那里去世。1546年6月，查理五世正式认可了迟早要发生的事情：作为册封腓力为米兰公爵（米兰是神圣罗马帝国的附庸）的序曲，他签署了一份宣言，宣布从此之后他的儿子"获得独立，不再受我作为家长的控制"。[14]

腓力立刻开始享受自己的"独立"。他给查理五世的信变得更加直言不讳。例如，在1546年12月，他告诉父亲，卡斯蒂利亚在未来四年的全部财政收入已经被消耗殆尽，所以"我们已经山穷水尽。我们不知道从何处以及如何筹款。这个问题让我们都陷入了严重的焦虑，比您能够想象的要严重得多"。[15]腓力还开始组建自己的官僚队伍，用他认识的人来填补空缺，尽管他这么做就在中央政府制造了紧张气氛，因为有的人首先要效忠于皇帝，有的人则是腓力的亲信，拥有的一切都要感谢腓力的恩典。王子还在制度上做了一个重要的创新：他在西曼卡斯城堡（巴利亚多利德附近的一座王室要塞）设立了卡斯蒂利亚王国的档案馆，并命令把属于他的王室祖先的所有书籍都转移到那里。他显然打算在那里建立一座王室图书馆。他的"年轻人的反抗"结束了。

帝国的蓝图

1547年，腓力返回阿拉贡，在那里花了六个月时间主持加泰罗尼亚、巴伦西亚和阿拉贡的议会。因为这三个地区的议会是分开的，所以王子需要从一个会议地点去往另一个，聆听大家的申诉，并向每一个议会索要税款。他就这么忙到了圣诞节。据他身边的一位随从说："我看见王子殿下整夜不睡，坚持工作，直到办完了所有事项。"[16]议会闭幕后，皇帝决定让他的长子腓力和长女玛丽亚离开西班牙，到德意志与他会合。皇帝口授了一份长篇文件（后来被称为他的"政治遗嘱"），内容就是他对于腓力在旅行途中将会经过的每个国家及其统治者的思考，以及这些统治者在哈布斯堡世界里的位置。这就为王子提供了一份货真价实的帝国蓝图。与腓力在五年前收到的指示一样，腓力对这份文件也是言听计从，终身都努力追寻父皇为他设定的目标。

就像1539年和1543年的建议书一样，在这份文件的开头，皇帝敦促腓力"将自己的全部意愿和行动置于上帝的意志之下"，并将保卫天主教信仰视为自己的主要责任。然后他表示懊悔，为了保卫帝国，"我不得不在许多地方打了许多场战争"，造成了极大的开销。不过他自鸣得意地写道："在上帝的佑助下（感谢上帝），我坚持下来，保卫了自己的领土，并获得了一些优质的、重要的新领土。"因此，腓力的主要需求是确保一段时间的和平，让臣民能够休养生息。

> 但是，希望避免和遏制战争的人，未必总是能成功……尤其是像我这样的统治者，拥有极其广袤的领土和极多的国度，其分布又特别零散。上帝仁慈地把这些领土和国度给了我，如果他愿意的话，我会把它们都传给你。和平与否，取决于邻国和其他国家的善意或者恶意。

所以腓力必须保持警惕，时刻准备作战，保住自己的领土。

随后，查理五世概览了当前的国际形势，把重点放在儿子可能遇到的挑战上。他写道：

> 常识和经验告诉我们，你必须认真观察，并花费力气去理解其他国家与统治者的行动，并在所有地区维持自己的朋友和线人，否则就难以（或者根本不可能）维持和平，也难以避开、抵制或制衡敌人对你或你的领土的图谋……尤其是因为（如我之前所说）你的领地是分散的，并且招人嫉妒。

因此，"你最好的朋友、最值得信赖的伙伴"必然是查理五世的弟弟斐迪南，他已经被确定为下一任神圣罗马皇帝。一方面，斐迪南叔叔能为腓力出谋划策；另一方面，身为皇帝，他的支持对腓力控制意大利北部和尼德兰（都是神圣罗马帝国的附庸），以及保障这两地之间的通畅交通，具有至关重要的意义。

其次，腓力必须始终与教宗保持良好关系。不过，就像皇帝在之前的建议书当中写过的那样，他也知道这一点说起来容易,做起来难。查理五世抱怨道:"你已经知道当前的教宗保罗三世是怎么对待我的。"虽然他表示,也许换了教宗之后局势会改善,但他指出,有两个问题会继续制造冲突:教宗自称对那不勒斯和西西里拥有宗主权;西班牙王室对西班牙教会职位具有任免权。因此他建议儿子"以忠顺的教会之子的身份服从"未来的教宗,"不要给他们对你不满的理由,但也不能损害你的诸王国的显赫地位、繁荣与太平"。也就是说,腓力不可以放弃自己的任何领土,哪怕是割让给天主教会的最高领袖也不行。

和之前的几份建议书一样,查理五世认为法国是最大的潜在威胁,并表示,尽管他始终努力与法王和平共处,法王"与我缔结和约或停战协定,却从不遵守(这是众所周知的),除非他们无力再战,或者想等机会对我放冷箭"。皇帝通过之前的几项条约,已经迫使法国人放弃了一些领土和权益(在尼德兰和意大利),他相信法国人一定会尝试将其收回。腓力必须保持坚定。皇帝只能找到一个长期性的解决方案:腓力必须娶一位法国公主,换取法国放弃对所有争议领土的主张权,并撤离他们之前占领的所有土地,包括属于腓力的盟友(特别是萨伏依公爵)的土地。

说到西班牙的海外殖民帝国,查理五世重述了他的担忧,即美洲土著受到西班牙征服者的残酷压迫。他敦促儿子在"你的帝王光辉与美洲土著的最高利益"之间找到平衡。最后,查理五世承认自己不知道该如何处置尼德兰:他应当把尼德兰连同西班牙一起留给儿子,还是把尼德兰交给玛丽亚和她未来的丈夫马克西米利安(查理五世的弟弟斐迪南的儿子)?皇帝向腓力承诺,"在你抵达这里、亲自查看这个国家之前",

他不会做最终的决定。

查理五世对另外一个相关的问题保持沉默。尽管他就如何对待王朝的其他成员给了腓力许多指示,却只字不提,腓力还有一个弟弟。1546年,皇帝与雷根斯堡一名市政官员的女儿芭芭拉·布隆贝格发生了私情。这个与腓力同龄的少女为皇帝生下了一个儿子。皇帝的部下用钱封住了布隆贝格的口,把孩子带走,孩子则由养父母秘密地抚养长大。但腓力直到皇帝驾崩之后才知道这一切(见第七章)。

就在腓力阅读和消化这份复杂文件的同时,他的父亲修改了计划的一个关键方面。尽管"我已经决定让玛丽亚公主与你一同前来[尼德兰]",他向儿子解释,但皇帝现在认为"最好的办法是让我的侄子马克西米利安王子去西班牙,按照已经敲定的协议正式[与玛丽亚]结婚并圆房",然后留在西班牙,担任摄政者。在马克西米利安抵达之前,腓力必须留在西班牙,然后"向他[马克西米利安]介绍你认为他应当知道的事情……向他介绍权贵们和其他来到宫廷的绅士,以及他必须与之打交道的议会成员和大臣"。换句话说,腓力必须把自己五年前从皇帝那里接受的秘密指示传授给马克西米利安。[17]

壮　游

1548年10月,向新妹夫介绍了西班牙政府的机密之后,腓力终于可以自由地离开西班牙了。这是他第一次出国。他当然不会独自旅行:他的随行队伍当中包括很多后来在他的统治的前半段发挥重要作用的人。有些年纪较长的人士,比如阿尔瓦公爵,已经扬名立威,但其他一些人属于更年轻的一代,现在开始崭露头角：塞萨公爵，他将治理米兰并指挥地中海舰队；奥利瓦雷斯伯爵，后来成为西班牙驻罗马大使，又成为那不勒斯与西西里副王；费里亚伯爵，后来成为西班牙驻英格兰大使，是腓力在英格兰事务方面的主要谋臣；还有卢纳伯爵，后来成为西班牙驻神圣罗马帝国大使和驻特伦托大公会议的大使。在一同周游欧洲的过程中，这些人互相之间缔结了坚实的纽带，也与腓力结下了深情厚谊；其中很多人还成为鲁伊·戈麦斯正在构建的荫庇网络的一部分。鲁伊·戈麦斯是一位葡萄牙绅士，出生于1516年，曾担任皇后的侍童，后来成为（按照同时代人的说法）"世界史上地位最高的宠臣"，"最终他将总揽一切战争与和平的事务"。[18]

因为天气恶劣，腓力的行程耽搁了不少时间。1548年11月1日，腓力王子和他那些显赫的随从（一共将近500人）乘坐一队桨帆船，从加泰罗尼亚启航。卡尔韦特·德·埃斯特雷利亚陪同王子旅行，后来还写了一份详细记录，题为《最幸运的旅行》。根据卡尔韦特的说法，腓力第一次航海就证明自己是"优秀的水手"。这趟航程耗时一个月，最后腓力和精疲力竭的随从在热那亚附近登陆。现在所有人的目光都注视着腓力。曼托瓦公爵的大使写道："他无论是走路、吃喝还是说话，都受到所有人的密切关注，并被记录下来。"起初腓力的习惯给大家留下了不良印象。王子沉默寡言，而且讲话时细声细语，很少有人听得清他说了什么。更糟糕的是，当他威风凛凛地骑马穿过热那亚的大街小巷、去当地大教堂做礼拜时，本地最显赫的贵妇小姐们精心打扮，拥挤在沿途房屋的阳台上，向他挥手和行礼，"但王子殿下给大家留下了很差的印象，因为他既没有抬起帽子向女士们回礼，也没有按照当地风俗点头致意"。就连一贯阿谀奉承的比森特·阿尔瓦雷斯（王子内廷的成员，也写了一部描述此次壮游的记录）都注意到，王子在意大利北部旅行期间的举止"令当地人十分不满"，所以"王子殿下太拘谨、太沉默寡言"的说法很快就流传开来。[19]

腓力抵达特伦托之后，给大家留下的印象有所改善。特伦托是意大利和德意志边境上的一个小小的城邦，当地的采邑主教前不久主办了一次天主教会的大公会议。尽管奉命向腓力请安的德意志代表团当中有很多路德派人士（这是腓力第一次见到新教徒），但他没有表现出不安，而是在随后五天与路德派教徒和天主教徒一起吃喝享乐，然后跳舞，一跳就是好几个钟头。不过，比森特·阿尔瓦雷斯假正经地写道："王子的行为不像奥格斯堡枢机主教和特伦托枢机主教那样放纵，这两位与好几位女士跳舞跳得不亦乐乎。"这是一个令人难忘的时刻：尽管腓力在这之后还有五十年的寿命，在这期间见过罗马天主教会的绝大多数最显赫的高级教士，包括五六位未来的教宗，但腓力再也不会看到两位枢机主教"与好几位女士跳舞跳得不亦乐乎"的景象。[20]

尼德兰问题

王子和伙伴们现在匆匆赶往布鲁塞尔。1549 年 4 月 1 日，皇帝在那里与六年未曾相见的儿子团圆。尽管查理五世曾向儿子承诺，关于尼德兰大统传承的问题，"在你抵达这里、亲自查看这个国家之前"，他不会做最终的决定，但皇帝在等待儿子前来的时间里已经改变了尼德兰的政体。他说服了神圣罗马帝国的帝国会议，认可他统治下的尼德兰十七省（有的是他继承的，有的是他以别的方式获取的）为一个单独的帝国行政圈①。这项措施在三个重要的方面加强了布鲁塞尔中央政府的权力：除了尼德兰东部省份的几个半自治的小领地之外，尼德兰无须遵守帝国的法律；尼德兰无须遵守帝国关于宗教妥协的法律（正是这样的法律允许路德派在德意志快速发展壮大）；如果尼德兰遭到攻击，帝国会议的德意志成员有责任保卫尼德兰。把他的全部尼德兰土地统一起来之后，查理五世做出了一项重要决定（后来的事实证明这也是灾难性的决定），即腓力除了继承西班牙之外，还将继承尼德兰。

腓力于1549年4月抵达布鲁塞尔之后，当地举行了一些游行庆典和比武大会，腓力亲自参加，不过遇到了一些不愉快。有一次，他与自己曾经的侍童堂路易斯·德·雷克森斯比武，对方在"混战中没有认出自己的主公。王子身上穿的衬垫很少，所以被打翻在地"。查理五世心急如焚地跑到儿子身边，"他们为他脱去甲胄，发现他没有受伤，于是把他带到床上休息"。经过短暂的休息，腓力回到混战中。[21]玩乐之后就要办正事：皇帝说服了尼德兰每个省的代表会议认可他的儿子为继承人，并同意，尽管各省都有自己的特权，但它们从今往后将会遵守同一套继承法规，选择同一位君主，从而确保十七个省永远统一。为了巩固这种新制度，查理五世和腓力视察了尼德兰最富庶的几个省：佛兰德、阿图瓦、埃诺和布拉班特。当

---

① 帝国行政圈（Reichskreis）是近代早期神圣罗马帝国的行政组织体系，主要用于国防和收税。1500年，奥格斯堡帝国会议开始设置行政圈。从1512年到帝国解体，帝国共分为十个行政圈。也有一些领土没有被划入任何一个行政圈，比如波希米亚王国、旧瑞士邦联等。

着皇帝和他的妹妹匈牙利王后玛丽（此时担任尼德兰摄政者）的面，这些省份的地方政府都庄严宣誓，接受腓力为他们的下一任君主。王室一行不论走到哪里，都受到热情洋溢的欢迎，人们为他们举办盛大的娱乐活动，腓力还多次在骑士竞技中大显身手。

人们用具有象征意义的凯旋门和戏剧来欢迎皇帝和腓力。有人把他们比作大卫和所罗门，或者阿特拉斯①和赫拉克勒斯。有人强调，尽管父子俩被强敌包围，但神圣的武器和世俗的武器一定能帮助他们克敌制胜。甚至有一个戏剧场景表现的是——

> 王子跪在天父面前（被描绘得很有真实感），天父拿来正义之剑，将其放在腓力的右手，然后由一名天使把权杖交给腓力。然后，天父将一顶饰有富丽堂皇的珍珠和宝石的黄金王冠戴在王子头上。王子从上帝手中得到这些馈赠之后非常开心，站起身来，向上帝表达永恒的感激。[22]

对年仅二十一岁的腓力来说，这真是令人心醉神迷。

---

① 阿特拉斯是希腊神话里的泰坦巨神之一，被宙斯降罪，不得不用双肩支撑苍天。"大西洋"（Atlantic）一词即出自他的名字（Atlas）。英雄赫拉克勒斯奉命前往赫斯珀里得斯（阿特拉斯的女儿）守护的圣园盗取金苹果的时候，向阿特拉斯求助，并答应在阿特拉斯离开的时间里代替他背负天空。摘得金苹果后，阿特拉斯却不愿再把赫拉克勒斯肩上的天空接过去，于是赫拉克勒斯假装同意，但是要求阿特拉斯在他去找一副垫肩时，也替他扛一会儿。等阿特拉斯把天空举到自己的肩上，赫拉克勒斯便捡起金苹果逃之夭夭，阿特拉斯只好继续肩负擎天的重任。

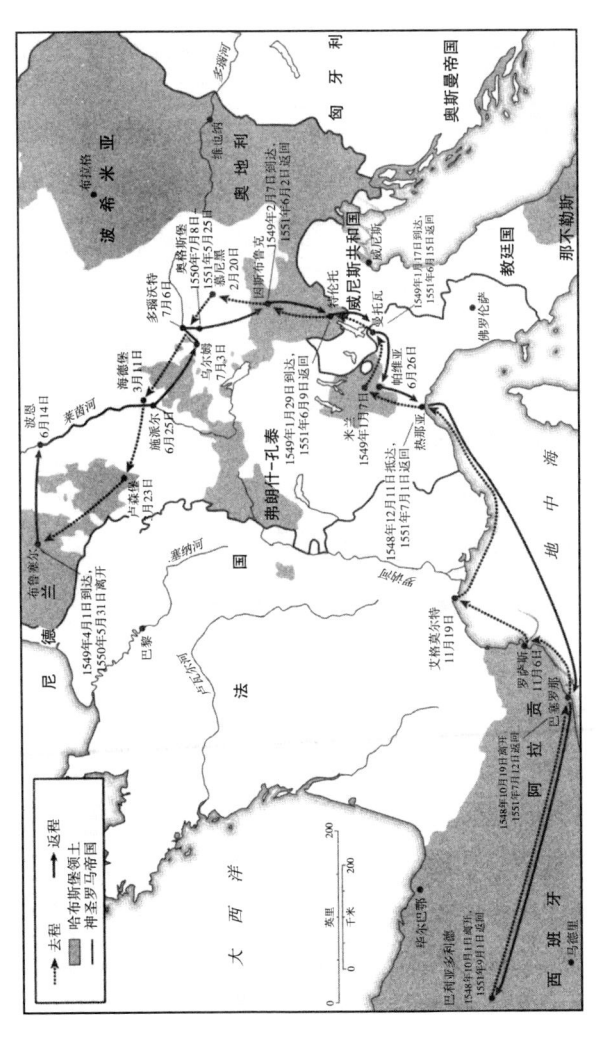

图 4 腓力于 1548~1549 年去尼德兰，以及 1550~1551 年返回西班牙的旅程。查理五世于 1547 年 12 月签发命令，让儿子到他身边。但腓力在西班牙逗留了十个月，然后坐桨帆船优哉游哉地去了意大利北部，翻越阿尔卑斯山去奥地利和德意志南部，直到 1549 年 4 月才来到父亲身边。王子在尼德兰待了一年多，然后与父亲一起去奥格斯堡，在那里又生活了十个月，最后返回西班牙。

长时间的庆祝活动让查理五世很疲惫，于是他返回布鲁塞尔休息，但王子在随后两个月里巡视了尼德兰的北方各省，包括荷兰、乌得勒支、上艾瑟尔和海尔德①。他从一座城市旅行到下一座，见到了成百上千的未来臣民，并且持续不断地观光。在鹿特丹，王子一行参观了伊拉斯谟故居（卡尔韦特写道："值得一看，毕竟如此优秀的学者就出生在这里。"），欣赏了这位伟大的人文主义学者的木雕像（1557年，腓力二世出资将其换成彩色石雕）。在"最幸运的旅行"的这个阶段，一直陪伴王子的不仅有阿尔瓦公爵、费里亚伯爵、鲁伊·戈麦斯和其他从西班牙来的熟悉的廷臣，还有一些重要的新面孔：奥兰治亲王威廉②、贝亨侯爵、埃格蒙特伯爵、霍恩伯爵，还有阿拉斯主教安托万·佩勒诺·德·格朗韦勒。尼德兰起义初始阶段的几乎所有主要参与者都在1549年夏天一起周游尼德兰，熟悉了他们的王子和他未来的臣民，互相之间也有了了解。

---

① 海尔德是神圣罗马帝国的一个诸侯国（起初为伯国，后升级为公国），其绝大部分在今天的荷兰境内，少部分在德国的北莱茵-威斯特法伦州。
② 奥兰治亲王威廉一世（1533~1584），即著名的"沉默者"威廉。他原本为德意志的拿骚-迪伦堡伯爵，1544年继承了堂兄勒内·德·沙龙的奥兰治亲王头衔，建立了奥兰治-拿骚家族。
威廉在匈牙利王后玛丽（西属尼德兰摄政者，查理五世的妹妹）的宫廷长大，得到玛丽和查理五世的宠信，为哈布斯堡家族效力，后来在西属尼德兰摄政者帕尔马的玛格丽特（查理五世的私生女）的宫廷服务。
后来，腓力二世加强中央集权，剥夺尼德兰当地人的政治权利并迫害新教徒，激起了尼德兰人的反抗。威廉成为尼德兰起义（也叫尼德兰革命或八十年战争）的主要领袖，对抗他曾经的主公西班牙国王。他被推举为尼德兰联省共和国的第一执政，被尼德兰人誉为"祖国之父"。他的后代是尼德兰共和国的世袭统治者，后来成为荷兰国王。

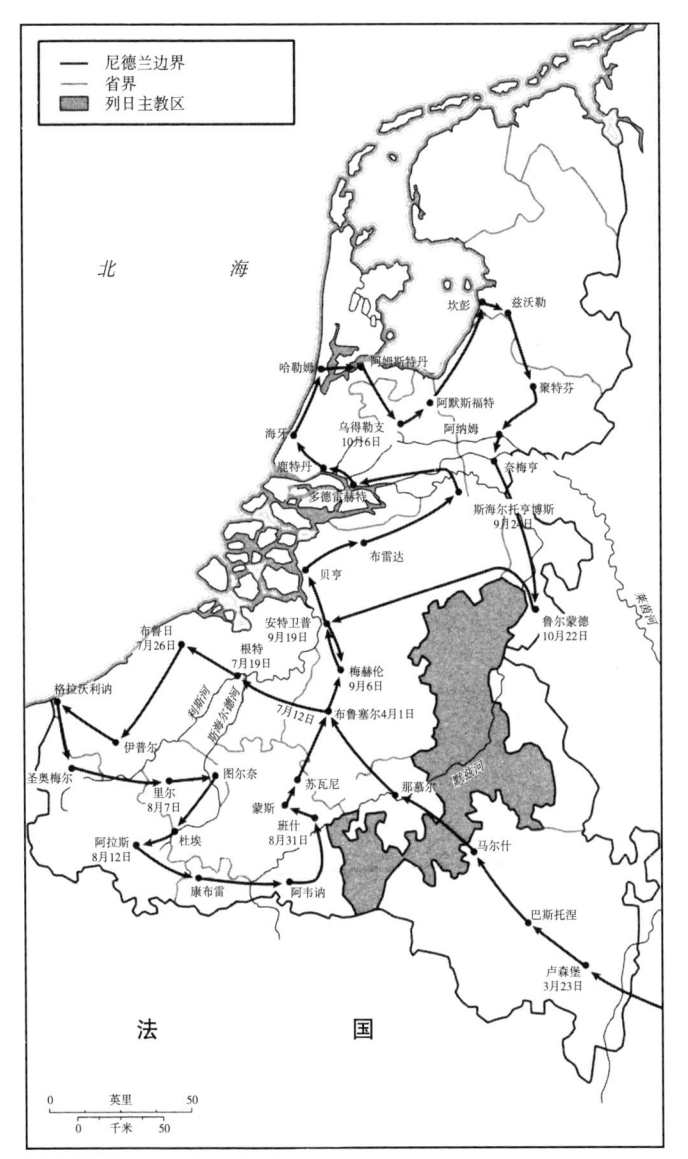

图 5　腓力在 1549 年周游尼德兰。1549 年 7 月和 8 月，腓力王子和父亲查理五世一起视察了尼德兰南部各省，来自哈布斯堡君主国各地的廷臣陪同他们；9 月和 10 月，尼德兰北部各省向腓力宣誓效忠，认可他为下一任统治者。

1549～1550年冬天，腓力待在布鲁塞尔，从父亲那里学习如何有效地统治国家，并参加飨宴、舞会、狩猎和骑士竞技。他还有时间去欣赏尼德兰高雅的生活方式。他的父亲、匈牙利王后玛丽和格朗韦勒都收藏了大量引人注目的艺术品。玛丽拥有好几处宫殿，王子在那里参观了她的图书馆、壁毯和她的家庭肖像（由著名的意大利和尼德兰艺术家创作），以及她收藏的其他艺术品（腓力将会继承所有这些藏品）。格朗韦勒在这个时期还没有足够的资源去收藏如此之多的高级艺术品，但他向腓力引见了他赞助和提携的一些艺术家，包括安东尼斯·莫尔（西班牙语名字是安东尼奥·莫罗）。腓力在1549年向莫尔支付了200杜卡特，也许是为了购买他当时正在创作的那幅风流倜傥的腓力肖像。四年后，腓力想要一幅玛丽·都铎的肖像，于是派遣莫尔去创作。1559年腓力返回西班牙时把莫尔也带去了。

1550年5月1日，查理五世和腓力庄严地纪念了皇后逝世十一周年。5月底，他们离开布鲁塞尔，去参加在奥格斯堡召开的帝国会议，并与他们的亲戚讨论重要的继承问题。查理五世认识到，以西班牙为基地的统治者永远没有办法有效地保卫尼德兰（哪怕是已经统一的尼德兰），所以他决定为腓力争取帝位，于是要求斐迪南指定腓力为他的继承人。这真是非常不公平，因为查理五世曾多次向斐迪南保证，斐迪南的儿子马克西米利安将会成为下一任罗马人国王（也就是皇位继承人）。斐迪南对如此蛮横的要求感到很受伤，但又不愿意冒犯他非常尊重的兄长，于是建议让腓力及其继承人担任帝国驻意大利的摄政者。这是一个很理智的提议，给腓力的东西比他最终得到的要多得多，但查理五世拒绝了，并重复自己的要求，即斐迪南必须指定腓力,而不是马克西米利安,为自己的继承人。

1550年11月的一天晚上,大家为了这事发生了激烈的争吵。斐迪南的固执令查理五世大怒:"我们得搞清楚,谁才是皇帝,是你还是我。"[23]随后几周里,兄弟俩互不理睬。直到马克西米利安和匈牙利王后玛丽抵达,才打破了僵局。马克西米利安从西班牙赶来,索取自己的皇位继承权,把怀孕的妻子玛丽亚留在西班牙担任唯一摄政者;而匈牙利王后玛丽是查理五世召唤来劝斐迪南改变主意的。1551年3月,经过好几周的激烈争论,玛丽从中斡旋,促成了各方之间的一项协议:帝位将在家族的两个分支之间轮流,斐迪南将继承帝位,但承诺将帝国在意大利的统治权交给腓力,并安排选举腓力为罗马人国王;腓力当上皇帝之后,将确保选举马克西米利安为他的继承人。腓力还承诺支持斐迪南和马克西米利安在帝国与匈牙利的事业,不干预帝国事务(除非受到斐迪南请求),并迎娶斐迪南的女儿之一。马克西米利安不情愿地口头同意这项"继承契约",但拒绝签字。斐迪南签署了该协议,但仍然满腹怨恨。

腓力似乎对这些紧张的气氛一无所知,也许是因为查理五世和他的弟弟妹妹是用法语交流的,腓力听不懂。将近四十年后,一位秘书给他送来一份赞扬已故的斐迪南多么虔诚的文件,"因为我觉得陛下会想读这份文件"。国王热情洋溢地答道:"我认识斐迪南皇帝。1551年我和他在德意志的奥格斯堡一起待了差不多一年,我的父皇也在,我经常见到斐迪南皇帝,因为我们相处得很愉快。"[24]腓力没说,他当时也"经常见到"德意志新教徒,因为帝国会议召开期间,奥格斯堡的大街小巷随处可见新教徒。在 1551 年的差不多一年里，腓力吃喝玩乐，跳舞，比武，狩猎，与路德派教徒交谈。留存至今的他在这个时期写给路德派统治者的书信流露出相当程度的热情。

直到 1551 年 5 月，王子才动身回西班牙，大体上是原路返回。6 月，他抵达特伦托，在那里见到了参加第二轮大公会议的人士。那里有很多西班牙代表，其中很多人后来为腓力效力：马丁·德·贝拉斯科博士后来成为腓力的主要法律与财政顾问；阿尔瓦罗·德·拉·夸德拉主教成为西班牙驻神圣罗马帝国和英格兰的大使；两位神学家阿隆索·德·卡斯特罗修士和巴尔托洛梅·卡兰萨修士帮助他在英格兰重新推行天主教；迭戈·德·查韦斯修士将担任腓力的妻子、长子，最终还有腓力自己的告解神父。

现在，腓力旅行穿过意大利（他以后再也不会见到这片土地），于 1551 年 7 月与妹夫马克西米利安一起登上一艘桨帆船，前往西班牙。马克西米利安匆匆赶去与妻子玛丽亚（此前担任西班牙的唯一摄政者）团圆，而腓力在巴塞罗那待了三周，然后到萨拉戈萨与玛丽亚、马克西米利安和他们的孩子们（包括他们的女儿安娜，当时还是个蹒跚学步的婴儿，后来成为腓力的第四任妻子）一起待了两周。随后，玛丽亚和马克西米利安返回德意志，而腓力前往托罗，与阔别近三年的妹妹胡安娜、六岁的儿子堂卡洛斯团聚，也许还见了伊莎贝拉·奥索里奥女士。

腓力在三年的旅行当中习惯了安逸享乐，现在渴望继续过那样的生活。他从托罗写信给马克西米利安："我想在这里放松八到十天，然后再去马德里工作。"不久之后，他吹嘘道：

"为了避免闲散无聊，我们决定举办一次比武大会。"于是在1551年9月27日举行了骑士竞技，每一队有60名骑士，然后是盛大的宴会。但腓力没有参加竞技，因为他刚刚收到两个噩耗：奥斯曼舰队占领了的黎波里（基督徒在北非仅有的几个前哨据点之一），法国向哈布斯堡家族宣战。所以他再也找不到时间"放松八到十天"了。[25]

第三章 变革中的帝国，1551～1558年

死　敌

　　腓力王子于1551年返回西班牙、重新接管政府时，与过去相比有了更多的经验和权威。查理五世提名某个人代表他去参加特伦托大公会议，这人不愿意去，于是腓力淡然地通知父亲："我已经考虑了替换的人选，将向陛下禀报我的决定。"父亲写信来索要更多军队和金钱时，王子先是拖延搪塞，然后直接拒绝，理由是"这里［西班牙］已经民穷国敝"。他甚至责备皇帝浪费金钱："我无比谦卑地恳求陛下妥善处置您的事务，从而削减开销，因为我们实在没有办法满足您的要求。"父子之间权力平衡的变化当然引起了别人的注意。一位西班牙廷臣在1552年给腓力的一封信中直白地说："我恳求殿下授权，对我在马德里给您的备忘录做出回应，因为我们都知道您可以直接处理所有事务，无须等待德意志方面的批准。"也就是说，无须征求查理五世的意见。[1]

　　1551～1552年冬季的大部分时间，王子待在马德里。此时的他已经更喜欢把马德里而不是巴利亚多利德当作自己的办公地点。他在马德里与卡斯蒂利亚议会谈判，索要保卫西班牙和西属意大利所需的军费。但在1552年4月，法王亨利二世入侵了洛林，占领了三座帝国自由城市（梅斯、图勒和凡尔登）；与此同时，一支新教徒军队在德意志挑战查理五世的权

威。斐迪南和马克西米利安因为前一年在奥格斯堡遭到皇帝欺凌，对皇帝的怒气还没消，所以宣布中立。于是，查理五世陷入了非常危险的茕茕孑立的状态，没有军队，也没有金钱。他绝望地恳求儿子"一刻都不要耽搁"，尽快给他送去尽可能多的西班牙部队。他补充道："最重要的是，还要送来金钱，因为你知道这对我的荣誉和声望会产生怎样的影响，而且这对保住上帝赐予我们的土地是多么重要。"他用"我们"这个词，又一次巧妙地提醒腓力：查理五世失去的东西，等于是腓力也失去了。[2]

皇帝的请求似乎让腓力感到震惊，也许还感到羞愧。他写道，"既然这些事态让陛下非常需要西班牙军队，去做您必须做的事情"，那么他（腓力）自当招兵买马，筹集金钱，尽管他前不久还说没有办法办到。腓力派遣阿尔瓦公爵率领军队从西班牙去德意志支援皇帝。并且，就像1541年阿尔及尔战役期间（见第一章）那样，腓力再次恳求父亲让自己在最危急的时刻到他身边去。他恳求道："我想去陛下身边，在本次战役中为您分忧。"他还命令运载阿尔瓦公爵军队的桨帆船在完成任务后立即返回西班牙，好让他能乘坐，"因为在这样的时刻置陛下于不顾是不对的，也会损害我的荣誉"。[3]

在等待查理五世回复的时候，腓力向妹妹胡安娜道别了。她要嫁给自己的表弟、葡萄牙王储若昂。随后，腓力来到阿拉贡，以便靠地中海海岸更近一些，在那里等待父亲批准他上前线。他很快就"陷入了前所未有的迷茫，因为我很长时间没有收到陛下的来信了，得不到陛下的命令，我不知道如何是好"。最终皇帝的信送到了。查理五世虽然赞扬了腓力的热忱和支持，但不准他离开西班牙；腓力的任务是筹集军费并将其送到前方，从而支持阿尔瓦公爵的军队收复梅斯，即被法军占领的三座帝国自由城市当中最大的一座。[4]

尽管查理五世和阿尔瓦公爵一度拥兵55000之众（可能是16世纪欧洲集结起来的最强大的一支军队），但梅斯城岿然不动。1552年圣诞节前不久，皇帝决定放弃围城，然后撤回布鲁塞尔。在那里，他心力交瘁，一连三个月闭门谢客，不肯在公共场合露面，也不肯签署文件。匈牙利王后玛丽掌管了君主国的日常政务，而腓力继续治理西班牙，斐迪南治理德意志。这种局面是不可能长久的。1553年4月，（在玛丽的敦促下）查理五世传唤腓力回到布鲁塞尔，但有一个条件：

> 你不仅非来不可，而且必须带一大笔钱来，必须足以恰当地维持这些省份的运转。这是挽救时局的唯一办法，也是……避免你刚到尼德兰就向各省索取新的赋税的唯一办法。这些省份已经财力枯竭，所以如果你要求征税，不仅会丧失他们的好感，还会导致他们加倍怨恨你（正如他们经常做的那样）。

查理五世还提议，等腓力带着钱抵达尼德兰之后，他（查理五世）就返回西班牙，从而保证"在当前的局势中，你我当中应当至少有一人在尼德兰坐镇"。[5]

这样的要求是完全不现实的。腓力提醒父亲，为了保卫意大利、西班牙和地中海，并从德意志敌人手中解救查理五世，卡斯蒂利亚刚刚贡献了史无前例的超过450万杜卡特巨款；现在卡斯蒂利亚王国捉襟见肘，尤其是因为一支法国与土耳其联合舰队刚刚从热那亚人手中夺取了科西嘉，所以西班牙和意大利之间的航道受到了威胁。腓力没有征询父亲的意见，立刻调拨 3000 名士兵（以及所需的军费）去收复科西嘉，并命令采取其他一些防御性措施，所以能给查理五世的钱就更少了。

"英格兰婚事"

不久之后，英格兰与爱尔兰国王爱德华六世于 1553 年 7 月 6 日驾崩，这改变了外交局势。经过悬而未决的几天之后，爱德华六世的同父异母姐姐、37 岁的老姑娘玛丽·都铎登上王位，并向自己的表哥查理五世征询意见。皇帝非常清楚如何利用这个天赐良机：他建议她与他的儿子腓力结婚。查理五世仔细计算了这样一门婚事对双方的好处。与英格兰女王结婚后，腓力即便当不上神圣罗马皇帝，也能够更加稳健地统治西班牙和尼德兰。玛丽女王则能得到"一个丈夫，他在战时能够掌管军队，并履行其他一些不适合女性承担的职责"，比如组织入侵苏格兰，将其"变成英格兰王国的臣属"；还能建立一个新的英格兰-尼德兰国家，由腓力和玛丽的继承人统治。这将永久性地巩固哈布斯堡家族对英吉利海峡和北海的主宰，从而"遏制法国人，迫使他们通情达理"。尽管查理五世令人难以信服地说"我只是想把这个想法摆在你面前，让你自己斟酌并把你的意见尽快告诉我"，但实际上查理五世已经做了决定。他写道，这门"英格兰婚事"的好处"极大并且显而易见"，所以无须解释。[6]

即便有整整一个王国当嫁妆，腓力对娶比自己年长 12 岁的表姑还是缺乏热情。但对于不可避免的事情，他也只能接受。他写信告诉查理五世："陛下已经知道，我是您最忠顺的孝子，我的意愿与您完全一致，尤其是在如此重要的事情上。"他授予父亲全权"代表我谈判"，去敲定这门"英格兰婚事"。玛丽及其枢密院为一方，查理五世的使者（以西蒙·勒纳尔和埃格蒙特伯爵拉莫拉尔为首）为另一方，展开了激烈的讨价还价。第一个问题是，这门婚姻是否应当像查理五世希望的那样，通过代理人来举行婚礼，这样的话婚姻也算立即生效；还是（按照英格兰人的想法）"夫妻都能亲自参加婚礼"。于是查理五世要求儿子发来"两份代理授权书，参照所附草稿的格式，这样我就能根据具体形势选择其一，而无须浪费时间"。[7]王子又一次服从了。

但是，玛丽的大臣为了维护英格兰的独立，给婚姻协议添加了一些条件，查理五世及其谋臣向腓力隐瞒了这些条件：除非有特殊情况，女王不可以离开她的世袭领地；女王和腓力的孩子将会继承英格兰和爱尔兰王位，还将继承尼德兰；如果玛丽比丈夫先去世而没有留下子嗣，腓力在英格兰的权威就结束了。另外，尽管协议规定，腓力在"与他的妻子，即最尊贵的女王陛下的婚姻存续期间将和女王共同享有［她的］国度的君主头衔、荣誉及称号"，并"协助"妻子治理英格兰，但协议坚持要求，"高贵的王子将容许和接受他的妻子，即最尊贵的女王，完全掌控上述国度与领地的全部圣职与官职、土地、收入与收益的支配权。这些圣职与官职、土地、收入与收益将被授予在英格兰及其领地出生的人士"。也就是说，腓力无权将英格兰的任何产业"授予"他在别的国家的臣民。仿佛这些限制条件对腓力的侮辱还不够，玛丽的谋臣还规定，"英格兰王国不会因为这门婚姻而直接或间接地卷入最成功的皇帝陛下（即上述王子的父亲）与法国国王亨利二世之间的战争；腓力王子应当尽其所能地确保英格兰与法国之间维持和平，不得有误"。[8]

尽管帝国的谈判代表在给腓力的信中隐瞒了这些条件，或者对其轻描淡写，但腓力已经都知道了。1554年1月4日，也就是在皇帝的代表签署婚姻协议之前，腓力在一位公证人面前签署了一份文件，声明他会"批准、授权和宣誓遵守相应条款，从而让他与最高贵的英格兰女王结婚，但这不会约束或迫使他或他的领地或他的继承人去执行或批准任何条款"。[9]这种两面三刀的精神成为腓力的行政风格的核心部分：当被迫采取自己不喜欢的行动时，他就事先在公证人面前声明，他认为自己在强迫之下做出的让步是无效的。

尽管父亲和匈牙利王后玛丽都发来了警示，腓力还是在西班牙又逗留了六个月。玛丽写道："我可以向你保证，如果尼德兰得不到救援，你就会失去这些领地。"[10]腓力之所以逗留这么久，部分原因是，他要娶血缘如此之近的亲戚（起初腓力将自己的未婚妻称为"我亲爱的、敬爱的姑姑"，因为她的母亲是查理五世的母亲的妹妹），缺少教宗的批准。教宗的批准文件于1554年3月送抵。于是，得到腓力的批准之后，埃格蒙特伯爵代表他参加婚礼，站在玛丽·都铎身旁，英格兰的大法官祝福了这门婚姻。

但王子仍然留在西班牙。他没有去拉科鲁尼亚（那里有一支舰队在等候，准备送他去英格兰），而是骑马去了葡萄牙边境，与妹妹胡安娜（已经成了寡妇）见面。他说服胡安娜在他不在西班牙期间担任摄政者。就像之前向玛丽亚和马克西米利安面授机宜一样，腓力亲自向胡安娜详细指示了她应当如何摄政。他还完成了另一项重要使命。父亲发来密信，请他帮助选择退隐之地。腓力推荐了埃斯特雷马杜拉地区格雷多山脚下的尤斯特，那里有圣哲罗姆会建造的一所修道院。圣哲罗姆会专注于祈祷，所以过去那些想要退隐的西班牙王室成员都喜欢圣哲罗姆会。腓力于1554年6月视察尤斯特之后，签署命令，拨款在那里的修道院隔壁建造一座朴素的宫殿。

现在腓力去了拉科鲁尼亚，在那里等候有利于去英格兰的风向。在等待期间，他签署了给摄政政府的最后一批命令。根据腓力的命令，在他出国期间，胡安娜及其大臣必须把他们与查理五世的所有通信抄送给腓力；她在做任何关涉到西班牙、西属意大利或西属美洲的决定之前，必须征求腓力的意见。尽管腓力说自己的指示反映了"皇帝陛下和我的意愿"，但实际上他忽略或者推翻了父亲之前的安排。[11]保障了自己的领地之后，腓力指挥着一支强大的舰队（足以威慑企图拦截他的法国人），于1554年7月13日启航离开西班牙，去迎娶英格兰女王。

"我于星期五离开拉科鲁尼亚，"王子写道，"那一天我晕船很严重，卧床三天才恢复。"[12]对他来说幸运的是，从西班牙去英格兰的这趟航程仅仅花了七天（这是一个幸运的偶然，也许让腓力对航海产生了误解，在三十年后决定入侵英格兰时误以为这样的航行很容易）。舰队在南安普敦靠岸，英格兰和尼德兰两国使者都在那里恭候。英格兰使者带来了腓力的新娘的问候和礼物。尼德兰使者则带来了查理五世的一份声明：他放弃那不勒斯国王的头衔，让位给儿子，于是腓力在结婚前夕成了一位名正言顺的国王。查理五世的这个姿态非常优雅。但随后的消息就不那么优雅了。查理五世原本希望儿子在英格兰仅做短暂停留，圆房后就到尼德兰接管前线的指挥权，好让皇帝能够返回西班牙。但是现在，他命令腓力把兵员和军费送去即可，自己不必来，因为皇帝已经决定御驾亲征，又一次让儿子扮演辅助的角色。

这一年英格兰夏季的天气也不作美：腓力及其随从进入温切斯特的时候被瓢泼大雨浇成了落汤鸡。在这座城市，夫妇俩第一次正式见面。据腓力的随从胡安·德·巴拉奥纳说："王子殿下对女王非常客气，谈了一个多钟头，他说西班牙语，她说法语。他俩就是这么交流的。"然后腓力说了一句英语，这也是我们知道的他说过的唯一一句英语："晚安，诸位大人。" 7月25日，腓力和玛丽在温切斯特大教堂举行婚礼。婚宴后，"西班牙的公爵和贵族们"与"最美丽的英格兰少女"跳舞，跳到晚上9点。随后"国王与女王进入洞房。至于当夜的余下时间"，巴拉奥纳写道，"曾经忍受过那种情况的人可以自行评判"。看样子巴拉奥纳和他的主公一样缺乏热情。[13]

玛丽的第一次性体验把她搞得精疲力竭。据腓力的贴身男仆安德烈斯·穆尼奥斯说，"那之后，她四天没有在公开场合露面"。[14]在她恢复元气的同时，新郎带着一大群随从去狩猎和观光，随从当中不仅包括阿尔瓦公爵、费里亚伯爵和鲁伊·戈麦斯等地位稳固的老臣，还有一些很快会平步青云的人，包括梅迪纳塞利公爵、钦琼伯爵、奥利瓦雷斯伯爵、贝尔纳多·德·弗雷斯内达修士、巴尔托洛梅·卡兰萨修士，以及两位秘书佩德罗·德·奥约和加布里埃尔·德·萨亚斯。这些西班牙人当中很少有人喜欢英格兰的生活。"尽管我们来到了一个美丽的国家，但我们生活在世界上最恶劣的人当中，"穆尼奥斯写道，"英格兰人是西班牙民族的死敌。"[15]

那么，腓力如何看待他的新娘呢？鲁伊·戈麦斯在婚礼次日向一位同僚透露："女王是个非常好的人，不过比我们之前听说的更老。"同一周晚些时候，戈麦斯的态度变得强硬了：腓力"努力向［玛丽］表达"他的爱，"尽心尽责地履行丈夫的义务"，但"跟你实话实说，要想忍受这一切，非得是一位伟大的神不可"。鲁伊·戈麦斯总结道，好在腓力"很清楚，这门婚姻不是为了让他享受鱼水之欢，而是为了挽救这个陷入混乱的王国，并保住尼德兰"。玛丽去世后，西班牙人对她的评价变得更加苛刻。1559 年腓力再婚时，一位大臣不厚道地写道，这一次，与年轻的法国公主伊莎贝拉结婚，"国王陛下不会有理由抱怨说自己被强迫与一个丑陋的老太婆结婚"。[16]

1554 年 11 月，女王说感到腹中有"胎动"。12 月，她告诉查理五世："我相信我腹中的孩子是活的。"夫妻俩搬到汉普顿宫，"准备让女王在那里生孩子"，并把接生婆召集到那里，准备了一个"非常豪华、装饰精美的"摇篮，还找来一名奶妈。与此同时，文书人员准备了多份宣布王子或公主降生的文件，只是把日期和婴儿的性别先空出来。[17]

尽管玛丽体验到了正常妊娠通常会有的许多迹象，比如腹部和乳房变大及分泌乳汁，但她始终没有生下孩子，于是召集来的育婴人员散去了。此时，查理五世敦促儿子去见他，于是腓力在 8 月末把妻子留在格林尼治村，登上了一艘战舰。腓力乘船在泰晤士河顺流而下的时候，站在"船尾楼甲板上，向女王挥舞帽子，表达爱意"，但心烦意乱的玛丽坐在窗前，号啕大哭。两位君主"不仅每天，甚至每个钟头"都鸿雁传书，直到腓力于 9 月 3 日渡过英吉利海峡。[18]

不过，新国王还是继续"协助"妻子治理国家。玛丽的枢密院在婚礼两天后颁布了一道命令，绕过了婚姻协议中限制腓力参政的条款。所以，关于枢密院讨论的"一切国家大事的短信,用拉丁文或西班牙文写成",被"送到国王陛下指定来接收的人手中。还下了命令,凡是以国王和女王的名义发出的公文,必须有他们两人的签名"。[19]所以,腓力尽管不懂英文,却能积极参与英格兰事务。他动身前往尼德兰之后就用拉丁文或西班牙文写信给玛丽或她的主要谋臣雷金纳德·波尔枢机主教,表达自己的意愿。腓力启程三天之后,波尔禀报称,玛丽很高兴"写信给陛下,并阅读陛下的来信",也很想了解"国王的意图和命令是什么"。两周后,波尔报告称:"女王在上午祈祷,就像圣母马利亚一样;下午则像马大①一样忙碌,敦促她的谋臣都要勤勤恳恳地……执行她的丈夫制定的大政方针。"[20]国王还在出发前组建了一个新的行政机关——"专责委员会"(由英格兰大臣组成),之后就通过它来表达自己选择的"大政方针"是什么。"专责委员会"一周开好几次会,商讨重要的内政外交事务,每一次会议结束后都用拉丁文撰写奏章,发给腓力,请他批阅。在大多数情况下,腓力都会批准这些建议,但有时在页边批注,表示反对。比如1555年9月,"专责委员会"报告称,英格兰皇家海军绝大多数舰船的适航性都很差,应当被送到泰晤士河船坞维修,但腓力表示反对:

> 国王深知,英格兰的主要防御依赖于它的海军始终处于战备状态,能够随时保卫王国,抵御外敌,所

---

① 伯达尼的马大(Martha of Bethany)是《圣经·新约》中的人物。她是伯达尼的马利亚和拉撒路的姐姐,居住在犹太地区耶路撒冷附近的伯达尼城。她是耶稣复活拉撒路事件的见证人。根据《路加福音》第10章,耶稣来到马大和马利亚家时,马利亚在耶稣脚前坐着听他讲道,而马大"伺候的事多,心里忙乱"。

> 以海军舰船不仅应当有很好的适航性，还要随时可供调拨。但因为从泰晤士河出海不太容易，所以应当将舰船调往朴次茅斯，在那里可以比较轻松地调动它们。

"专责委员会"执行了国王的指示。[21]

通过任命一些高官，腓力还对英格兰政策施加了影响。在这项工作当中，腓力得到了陪伴他旅行的西班牙教士，尤其是卡兰萨的辅佐。比如，在大法官（英格兰的最高级大臣）去世后，卡兰萨建议任命虔诚的约克大主教为大法官，腓力就写了一封信，让玛丽"把这个官职交给这位大主教"。玛丽照办了。英格兰廷臣们立刻认识到了腓力在此事中发挥的决定性作用。一位廷臣记载道："是国王陛下任命约克大主教为大法官的。"[22]

腓力还对宗教问题有着浓厚的兴趣。据卡兰萨说，从1555年2月到1558年11月，王室官员囚禁了超过450名英格兰异端分子，并将其处以火刑；另有至少600人逃往海外。一位著名的现代历史学家认为，腓力和玛丽领导了"16世纪整个欧洲最激烈的宗教镇压行动"。[23]腓力在至少一起异端案件中公开干预。1555年复活节，曾为僧人、后来却结了婚的威廉·弗劳尔在一名多明我会修士唱弥撒时将他刺死。卡兰萨（此时担任多明我会英格兰分支的"总长"）对这种亵渎行为感到震怒，于是敦促腓力和玛丽——

> 立刻严惩罪犯，以儆效尤，并说必须如此，因为任何耽搁都会引发丑闻。国王陛下答应这么办。三天之后果然处理了。犯人用来犯罪的右手被砍掉，然后他被活活烧死。

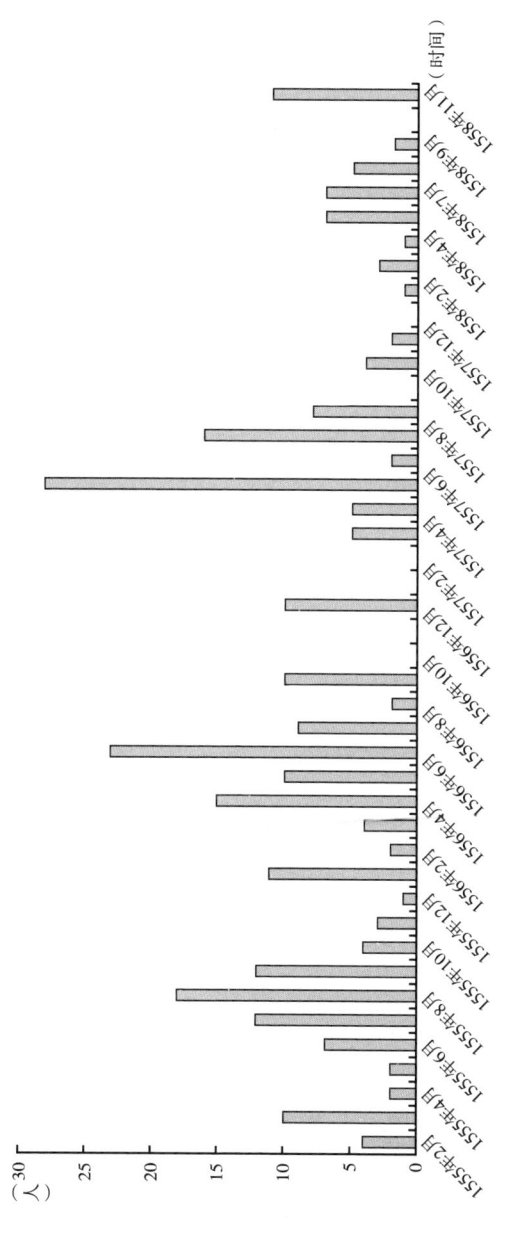

图 6 1555~1558 年在英格兰以火刑处死异端分子的数量。菲力二世担任英格兰国王期间,从 1555 年 2 月开始,至少有 284 名新教徒(其中 56 人为女性)因为宗教信仰的问题而被处以火刑。国王本人在不在英格兰似乎没有影响处决的节奏,但英格兰枢密院主持了这项政策,并将其决议的副本发给菲力二世,所以他能随时了解处决的总数,一直到他担任英格兰国王的最后一个月。

国王对此毫无悔意。他后来吹嘘道,在他统治英格兰期间,"烧死了很多异端分子,让很多人皈依天主教"。例如,坎特伯雷大主教托马斯·克兰麦于1556年被处以火刑。[24]

权力交接

与此同时,在1555年5月,查理五世父子的不共戴天之敌吉安·彼得罗·卡拉法当选为教宗,称号为保罗四世。他立即开始谋划,让法国、土耳其人和几个同情教宗的意大利邦国联合向查理五世发动进攻。这迫使"国王与王子"(Rey Príncipe,腓力在这个时期的自称)采取两项先发制人的措施:为了拉拢他的奥地利亲戚,腓力正式宣布放弃对帝位的一切主张权(见第二章);他还从父亲手中接管了权力。

查理五世在1554年夏季保卫尼德兰的努力让他自己心力交瘁。法军撤退后,他立刻退隐到布鲁塞尔王家园林的一座小屋,除了少数亲信家仆之外不见任何人。有人画了这一时期的皇帝的素描像,画中的皇帝显得形容枯槁,牙齿掉光,秃顶,双目无神,空洞地凝视远方(见彩图4)。1555年10月25日,查理五世缓步走入布鲁塞尔宫殿的大厅,拄着拐杖,奥兰治亲王威廉搀扶着他。匈牙利王后玛丽和腓力跟在他后面。

在这场退位仪式的开头,一位谋臣解释了皇帝为什么决定退位并返回西班牙(主要是因为"酷寒的天气严重损害了"他的健康)。紧接着,查理五世摇摇晃晃地起身,"戴上眼镜,宣读了自己手中一页纸上的文字",然后非常雄辩、非常动容地提醒听众,他以他们的名义完成了多少事业。随后,他督促大家坚守天主教信仰,将其视为唯一的宗教。[25]他讲完之后,腓力双膝跪下,用西班牙语恳求父亲再留一段时间,再统治一段时间，好让他"从父亲那里学习治国的经验"。然后腓力坐下，转向与会者，说了一句法语（世人只听他说过这么一次法语）："先生们，虽然我听得懂法语，但说得还不流利。所以请阿拉斯主教［格朗韦勒］代表我向你们发言。"和在英格兰的情况一样，腓力没有掌握他的臣民的语言，并且他在发言期间坐着，而不是按照勃艮第的礼仪规矩站着，这都引起了一些原本不必产生的失望。不过格朗韦勒抚慰大家，代表腓力向听众保证，新统治者会尽可能久地待在欧洲北部，以确保尼德兰的太平与繁荣；在那之后，只要尼德兰有需求，腓力随时可以回来（这是一个睿智的承诺，但腓力后来食言了）。[26]

尽管仪式很隆重，也很煽情，但其实仅仅代表了皇帝将在尼德兰的领地和头衔移交给腓力。查理五世原打算先返回西班牙，然后再放弃对卡斯蒂利亚、阿拉贡和海外领地（美洲、撒丁岛和西西里）的权利，但是他没有钱支付内廷人员的薪水，也没钱集结一支舰队送他去西班牙。于是他于1556年1月在布鲁塞尔将他的西班牙诸王国以及"天主教国王"的头衔都移交给儿子，从此腓力的称号就是腓力二世。根据斐迪南的要求，查理五世还起草并签署了放弃帝位的秘密文件，让斐迪南自己选择最佳时机去召开选帝侯大会，让他们认可他成为皇帝。与此同时，查理五世任命腓力二世为帝国在意大利的摄政者。

一直到签署每一份庄严的退位书之前，查理五世都在继续发布命令和任命官员。例如，在布鲁塞尔退位仪式的三天前，查理五世狡猾地在尼德兰任命了一大批教会和文武官员，并且这些任命都是不可撤销的，以此剥夺了儿子任命自己的亲信的机会。父子俩似乎只在一件事情上有过认真的磋商：谁将接替匈牙利王后玛丽，成为尼德兰摄政者。尽管他们都同意任命萨伏依的埃马努埃莱·菲利贝托①，但只要两位君主还在尼德兰，建立第三个权力核心就只会增加混乱，让下属不知道究竟谁说了算，也搞不清楚如何分配为数不多的国防经费。

这种局面是不可能维持下去的。负责防御西属意大利的阿尔瓦公爵直言不讳地说："我们需要金钱或者和平，二者必须有其一，否则一切都会土崩瓦解。"[27]1556年2月，腓力二世没有资金继续打仗，于是忍气吞声地与法王亨利二世签署了《沃塞勒停战协定》。因为双方都仍然占据着之前征服的土地，所以大家都知道，这次停火不可能维持很长时间。于是，腓力二世决定留在布鲁塞尔，而他父亲乘船前往西班牙。腓力二世希望父亲在西班牙积极主政，但皇帝的计划不是这样的。他径直前往自己在尤斯特的新宫殿，在那里甚至不见自己的亲人（就连他的女儿胡安娜也没有得到去拜访他的许可），并且坚决拒绝讨论公事。但是，树欲静而风不止，皇帝不想理睬外界，外界却不放过他。1556年7月，保罗四世绝罚了查理五世父子，并对他们的领土施加"禁止圣事"②的处罚。

腓力二世对于让英格兰重新归顺罗马教廷贡献良多，所以现在愤恨地抱怨教宗的行动——

> 毫无道理，无理由，无原因。这是众所周知的，

---

① 即萨伏依公爵卡洛三世的儿子和继承人。前面说过，卡洛三世是查理五世的连襟，所以埃马努埃莱·菲利贝托可以算是查理五世的外甥。

② 禁止圣事是一种严酷的惩罚，它的形式是教堂被关闭。通常某个统治者与罗马教廷闹翻的时候，教廷会施加这样的惩罚。只有教宗或他的直接代表有权解除禁止圣事的惩罚。

因为我不仅没有给他这么做的理由,而且圣父还理应恩宠我、给我荣耀,因为我忠心耿耿地侍奉并尊崇他和教廷。是我让英格兰重归信仰,还为教廷做了许多事情。[28]

腓力二世不只是抱怨,还命令胡安娜召集一个由西班牙神学家与律师组成的特别委员会,商讨如何应对教宗的宣战。该委员会提出了一个极端的方案,建议"在西班牙举行本国的宗教会议,改革宗教事务"。委员会甚至提议,"应当为陛下的全部领土以及陛下的盟友的领土举行宗教会议",换句话说,也就是要动员半个天主教世界,与教宗分庭抗礼。[29]

同时与教宗、法国、土耳其人和多个意大利邦国作战的负担似乎撼动了国王的自信心。他派遣鲁伊·戈麦斯去劝说查理五世离开尤斯特并再一次掌管西班牙。

> 我无比谦卑而坚持地恳求陛下,不仅用您的建议和意见(这是我能够得到的最宝贵资产)帮助我、协助我,还请您离开修道院,去对您的健康最有裨益、最适合处理政务的地方居住,运用您的权威。

此外,他还指示鲁伊·戈麦斯"请陛下就战争的问题给我提供意见,以及,为了获得最好的结果,我应当在何处、如何开展和参加本次战役"。[30]

武士国王

腓力二世焦急地等待父亲回复的同时,努力推动英格兰对法国宣战。他与玛丽的婚姻协议明确禁止国王把英格兰臣民卷入查理五世与法国的战争，但腓力二世现在提出，保罗四世发动的是一场全新的冲突。为了向英格兰臣民兜售这个观点，他于 1557 年 3 月返回英格兰，在那里待了三个月。随后他返回布鲁塞尔，去指挥作战。

尽管腓力二世擅长徒步和骑马的比武与骑士竞技，但还从来没有亲临火线的经验。他希望 1557 年的战役能够改变这种情况。从一开始，他就牢牢掌控战略、军事行动和后勤。7 月底，他从布鲁塞尔通知负责指挥野战军的萨伏依的埃马努埃莱·菲利贝托："我决定让你于星期四出发，攻打圣康坦。"他还补充道，"我会径直前往康布雷，希望在星期六抵达。我在星期六肯定能到康布雷"（这么啰唆有些奇怪，也许说明他不自信）。他最后写道，他将在康布雷"于星期二与你会师"。星期二是 8 月 3 日。[31]

如此微观的操控，只能说明腓力二世缺乏军事经验。当埃马努埃莱·菲利贝托的士兵在圣康坦周围挖掘堑壕的时候，国王和攻城武器仍然滞留在圣康坦以北 25 英里处的康布雷，无法动弹，只能等待他的妻子派遣的 7000 名英格兰士兵抵达并护送他们。他在 8 月 6 日写信给埃马努埃莱·菲利贝托："我很抱歉，今天不能按原计划出发。"在次日的一封亲笔信中，他又一次哀叹："我非常恼火，我还是不能出发，因为英格兰人告诉我，他们要到星期二［8 月 10 日］才能抵达，尽管我已经催他们加快速度了。"英格兰部队到 8 月 9 日还没有影子，腓力二世心急如焚，担心战斗在没有他到场的情况下开始，于是前言不搭后语地敦促埃马努埃莱·菲利贝托：

如果在我抵达之前你无法避免战斗（我再次向你强调，我一定会到的，绝不会有问题，因为你可以看到，对我来说，最重要的事情就是战局按照我想要的方式发展），我请你派遣三或四名信使快马加鞭地向我禀报，让我有时间和机会及时赶到。我知道你不会希望我在这样的情况下缺席，你也知道这对我是多么重要，所以我不想再强调了，尽管我很想向你详细解释这一点。[32]

腓力二世的愿望没能实现。次日，8月10日，即圣洛伦索瞻礼日，法军试图为圣康坦解围，埃马努埃莱·菲利贝托与其交锋。战斗中，法军有大约五千人阵亡，还有数千人被俘，包括许多贵族。此时在布鲁塞尔的卡兰萨惊叹道："我们忙着把法国公爵和伯爵们押解到当地的许多城堡。"他又补充道："前天，有三百名法军战俘经过这里，还有许多运载战俘的大车不断抵达。"十四年后，腓力二世的谋臣之一仍然扬扬得意地记得"我们狠揍法国人"的那一天。[33]

为了纪念西班牙军队在圣康坦的辉煌胜利，未能亲临前线的国王做了两件事情。首先，他命人为豪达①的圣约翰教堂制作了一扇精美绝伦的彩色玻璃窗，以示纪念。有几位在此役中领兵的人士也请人制作了彩色玻璃窗（见彩图5）。然后，他在马德里西北的埃斯科里亚尔村建造了一座修道院和陵园，献给圣洛伦索，因为"他认识到，他的统治开始得如此光辉璀璨，是因为这位圣徒的恩典，因为圣洛伦索在天堂为他美言"。[34]这是

---

① 豪达城在今天荷兰的西部，在鹿特丹和乌得勒支之间。

后来的事情。战役结束几天之后，国王率领英格兰部队进入圣康坦城下的堑壕，并亲自指挥作战。这些英格兰官兵当中包括好几个急于赢得国王信任的流亡者和曾经的反叛者（罗伯特·达德利勋爵，即后来伊丽莎白女王的宠臣，就在其中）。一位目击者写道："国王陛下骑着马，手持指挥棒。"在安东尼斯·莫尔那幅著名的肖像里，国王就是这个模样（见彩图6）。西班牙和英格兰军队对圣康坦城的城墙"猛轰"了两周，"国王陛下身先士卒"，随时准备带兵发动强攻，但他又决心"等一等，看看城内的法国守军会不会因为处境困难而主动投降"。守军没有投降。根据腓力二世自己的记述，次日发动又一轮炮击后，"我们从四面八方杀入圣康坦，在第一轮强攻当中见人就杀"。"上帝在我的统治开始几天之内就赐予我这些胜利，"他在给妹妹胡安娜的信中得意扬扬地写道，"还给了我莫大的荣誉与声望［reputación］。"[35]

国王还企图事无巨细地操控阿尔瓦公爵在意大利的作战。阿尔瓦公爵迫使法军从那不勒斯撤退之后，于1557年8月28日（也就是腓力二世的军队洗劫圣康坦的同一天）开始炮击罗马城墙，他的士兵们期待着"劫掠一番"。但公爵约束他们，"因为国王禁止他进入"罗马城，"命令他只要让敌人畏惧即可，不要破坏罗马城"。[36]这种策略奏效了：两周之后，教宗保罗四世庄严宣誓，再也不会向腓力二世开战，也不会帮助与腓力二世为敌的人，并且永远不会修复阿尔瓦公爵曾经占领、现在又归还的城镇内被拆毁的城墙。教宗灰溜溜地投降，让西班牙得以主宰整个意大利。保罗四世那些莽撞的意大利盟友纷纷向腓力二世求和，争取尽可能宽大的条件。

但是，这些辉煌的胜利让西班牙付出了昂贵的代价。1557

年5月，腓力二世下旨，强行将朝廷尚未偿付的短期贷款（计划用卡斯蒂利亚的税收来偿还）转化为固定利息为7.14%的债券。这是西班牙历史上第一次出现政府无力偿还国债的情况。在一段时间里，腓力二世从若干企业那里获取了更多资金：国王允许这些企业不受上述圣旨的影响，条件是它们需向朝廷借贷更多款项。他还利用父亲对圣康坦大捷的自豪感来再次"无比恳切地"请求父亲"帮助我筹资"。这一次，已经离群索居将近一年的查理五世口授并签署了一系列措辞强硬的信给他曾经的大臣们，敦促他们立刻帮助他的儿子。[37]有了新的军费，腓力二世和他的军队得以占领并洗劫好几座法国城镇。他于1557年10月返回布鲁塞尔，请求尼德兰等级会议提供更多军费，但他们拒绝了。腓力二世向埃马努埃莱·菲利贝托解释道："到这个月底，我们就不得不解散这支军队，因为钱到月底就花完了。军队的规模扩大了，开销比我预期的要多。我找不到办法继续维持军队。"[38]与此同时，亨利二世从意大利半岛召回自己的军队。

在遥远的尤斯特，上述事态的内在危险性引起了经验丰富的皇帝的担忧。他在11月警示儿子："如果敌人发现你解散了军队，他可能会决定集中兵力，尝试在今年冬季收复他之前丢失的一些地方，或者征服新领土。"因此，皇帝建议腓力二世在梅斯附近维持一支强大的军队，"这样你就可以比较放心大胆地挑战敌人，阻止他达成自己的目标"。皇帝总结道，这不仅会加强腓力二世自己的兵力，还能让他"支援你的盟友"。皇帝这话是在暗示，需要保护加来。但腓力二世根本没有读到这封信！他在这之前已经决定，自己无须理睬父亲数量众多、啰唆并且往往以自我为中心的书信，所以只读了秘书弗朗西斯科·德·埃拉索对皇帝书信的摘要。而埃拉索完全忽略了"皇帝向陛下提起的几点"当中的战略洞见,给这封信的标注是"无须回复"。[39]

没过多久,事实就证明皇帝的警示是多么明智。1557年12月31日,大约三万法军入侵了英格兰的飞地加来,夺取了多个前哨据点。在布鲁塞尔,腓力二世察觉到危险,于是告诉加来的英格兰指挥官:"如果你需要我的支援来增强你们的安全和防御,不必客气,我们很乐意帮忙。"[40]法军在三周之内就占领了整个加来,战略形势为之大变。对西班牙来说,"这个局势给我们的事务造成了极大的混乱,因为就在我们以为战争已经结束的时候,战火却再度燃烧起来了"。局势对英格兰来说更为严重,玛丽极其沮丧。根据一个民间传说,她表示,等她死的时候,"加来"这个词会"镌刻在她的心上"。[41]此时她唯一的慰藉就是,她怀孕了。

枢机主教波尔于1558年1月把女王怀孕的喜讯禀报腓力二世。国王回复说,他的"喜悦和高兴是笔墨难以形容的,因为这是整个世界上他最想要的,因为这对我们的信仰和国家的福祉至关重要"。玛丽对自己怀孕坚信不疑,"考虑到所有妇女生产时必将蒙受极大的危险",因此她在3月30日立下了新遗嘱,指定腓力二世在"我的继承人成年之前"担任摄政者。她还命令皇家海军在多佛尔待命,并"装饰从这里到海岸的所有住宿地",准备迎接她的"高贵的西班牙国王重返英格兰"。腓力二世在女王身边的私人代表费里亚伯爵告诉他的主公:"她一心只想着陛下何时归来。"[42]

腓力二世认为,未来的关键在于,已经四十二岁的玛丽究竟有没有怀孕。早在1558年2月,他就哀叹:"女王在信中只字不提怀孕的事情，我觉得这不是好兆头。"一个月后，他重复道："在女王生孩子的事情上，最好还是相信亲眼看见的人。在那之前，我们不要抱太高的期望。"4月，也就是他离开英格兰九个月之后，"仍然没有得到女王分娩的消息，所以看来这一次我们又搞错了"。这让他心情抑郁，"我现在不想和任何人说话，不想给任何人写信，我没什么可说的"。[43]

不管玛丽有没有怀孕，她都期望丈夫会再次来到她身边，这种期望绝非妄想。布鲁塞尔和伦敦之间的路程只需四天，廷臣们经常在这两地之间穿梭，腓力二世本人有一次仅用了两个半小时就穿过了英吉利海峡。但他始终没有去女王身边。首先是因为国王病了。1558年2月，他发了高烧，"导致我的身体十分虚弱和疲倦"，"现在我什么都吃不下"；更糟糕的是，"我的胸口堵得难受，夜里睡不着觉"。费里亚伯爵肯定把这些情况都禀报了女王，以解释他为什么不能到她身边。随后一周里，国王身上出现了新的症状。"我的胸部还是很难受，我的状态很差，现在还不敢"离开宫殿。后来，"我骑马走了一段时间"，"出去的时候和回来的时候都不得不停下来休息两三次"。[44]

在一封签署时间为1558年5月1日的信中，费里亚伯爵禀报他的主公，就连玛丽自己也接受了现实，她并没有怀孕，而且"她严重失眠，因为抑郁和疾病而身体虚弱"。所以腓力二世必须"写信给"妻子，讨论确立她的同父异母妹妹伊丽莎白为英格兰王位继承人。腓力二世同意了。他告诉费里亚伯爵，"我在写信给女王，赞扬伊丽莎白的行为举止"，并补充说，女王"一定认识到了，如果她死了，她留下的将是一个非常敌视我的王国"。[45]为了避免这种情况，他决定火速去拜访一下妻子和小姨子。但在最后关头,他放弃了这个计划,因为法军发动了偷袭。所以腓力二世错失了良机,没能见到妻子最后一面,也没能卖个人情给她的继承人,让伊丽莎白感到腓力二世对她有恩。如果腓力二世说服玛丽认可伊丽莎白的继承权,就能极大地增强他在英格兰的影响力。

但是腓力二世没有这么做,而是将注意力集中于组织军队,抵抗入侵佛兰德的法军。法军占领了好几座港口,但在1558年7月13日,埃格蒙特伯爵在格拉沃利讷①城外伏击侵略者,杀死或俘虏了绝大多数敌人,一举扭转了战局。两周后,腓力二世("看上去喜气洋洋")视察了部队,向埃格蒙特伯爵道贺,并在随后两个月里率领军队再次入侵法国。他自己没有参加任何军事行动,而是把指挥权交给萨伏依公爵埃马努埃莱·菲利贝托,但他定期召开会议来决定策略。有时腓力二世传唤埃马努埃莱·菲利贝托当面汇报,"因为对于这种事情,面谈比写信更容易理解";有时他亲自去公爵的指挥部,听文武官员讨论下一步如何行动。1558年9月,作战季节快结束时,在他的主要大臣(有尼德兰人、意大利人和西班牙人)的一次特别会议上,大家达成共识,支持格朗韦勒的建议:腓力二世应当与法国停火,让西班牙和尼德兰部队控制法国北部的大部分地区,并利用这个优势来谈判,从而获取长期的和平。[46]

起初,这个目标似乎是不可能达成的,因为法国想得到那

---

① 格拉沃利讷在今天法国的北部,在敦刻尔克西南24千米处,在近代早期处于法国与西属尼德兰的边境,所以有大量防御工事。

不勒斯和米兰；英格兰人坚持要求法国归还加来；萨伏依公爵希望收回全部失地；而腓力二世要求得到勃艮第[①]和皮卡第[②]。法国人提出，解决所有争端的最有效办法，就是让腓力二世的儿子堂卡洛斯迎娶亨利二世的长女伊莎贝拉。但法国人坚持首先解决英法争端。腓力二世狡黠地警示英格兰谈判代表："你们无疑也知道，法国人的天性和习惯是开始的时候严苛而固执，但他们渐渐会变得老实和通情达理。"他慷慨地表示，他会"索要加来，作为伊莎贝拉公主的嫁妆"，并答应得到加来之后立刻将其移交给英格兰。但英格兰人愤怒地（后来事实证明是愚蠢地）拒绝了国王的提议，因为这会让人对加来地

---

① 这里介绍一下中世纪的勃艮第公国的来龙去脉，以及勃艮第公爵如何失去了勃艮第公国：
勃艮第公国建于918年，是法兰西王国的一部分。1032年，法王亨利一世将勃艮第公国册封给弟弟罗贝尔一世。他就是勃艮第家族（法国王室卡佩王朝的幼支）的祖先。
与此同时，还有另一个国家叫勃艮第伯国，属于神圣罗马帝国。1335年，勃艮第公国和勃艮第伯国通过联姻，联合成一个政治实体。
1361年，勃艮第公爵家族绝嗣，公国被法国王室（瓦卢瓦王朝）收回。1363年，法王约翰二世将勃艮第册封给自己的幼子——勇敢的腓力。勃艮第的瓦卢瓦家族就这样建立了。勇敢的腓力与佛兰德女伯爵结婚，于是勃艮第和佛兰德联合起来，勃艮第国家的势力向北扩张，随后又获得了荷兰、卢森堡等领地。勃艮第成为欧洲最强大的国家之一，相对于法国的独立性越来越强。勇敢的腓力的儿子无畏的约翰和孙子好人腓力在英法百年战争期间支持英格兰，反对法国。不过，好人腓力最终与法国王室和解。
好人腓力的儿子大胆查理在1477年死于战争，只留下一个女继承人玛丽，她嫁给了哈布斯堡家族的马克西米利安一世皇帝，于是勃艮第成为哈布斯堡家族的领地。与此同时，勃艮第公国在法国的领土被法国王室收回，只有在尼德兰的领土被马克西米利安一世继承。马克西米利安一世和他的儿孙虽然仍然用勃艮第公爵的头衔，但他们实际上已经不再控制勃艮第。从此法国稳稳地控制了勃艮第。腓力二世是马克西米利安一世的曾孙，勃艮第是他的"祖产"，所以他希望收复勃艮第。

② 皮卡第地区在今天法国的北部。

区的主权归属存疑。直到玛丽·都铎于 1558 年 11 月 17 日驾崩的消息传来，僵局才算打破。[47]

曾经的英格兰国王

关于女王身体有恙的传闻已经流传一段时间了，所以腓力二世与谋臣们讨论过，如果玛丽去世，该如何确保英格兰信仰天主教。1558 年 10 月，得知女王"生命垂危"时，他命令费里亚伯爵"去见伊丽莎白公主，把她当作我的亲妹妹一样对待，确保她能顺利继承王位，不要节外生枝"。但已经太晚了：玛丽的谋臣们已经说服她认可伊丽莎白为王位继承人。玛丽于一周后去世，她的丈夫的"英格兰、爱尔兰与法兰西国王"的头衔也就废止了。[48]

腓力二世在英格兰取得了很多成就，尤其是在宗教方面。1554 年 10 月，也就是腓力二世与玛丽结婚三个月后，一名西班牙访客哀叹道："[从西班牙]到这里来的修士总是待在修道院里，只有唱弥撒时才出去。如果没有许多西班牙人陪伴，修士就不敢上街，因为他们会被人用石块打。"而在五年之后，形势已经大变，就连新教徒也不情愿地对腓力二世的成功发出惊叹：

> 我们的各所大学都被毁了，在牛津大学几乎找不到两个思想与我们一致的人，就连与我们一致的人也垂头丧气，毫无斗志，所以什么都做不了。[一些]可鄙的修士……把我主的葡萄园变成了荒野。在如此之短的时间里，发生了如此严重的破坏，真是令人难以置信。[49]

伊丽莎白登基不久之后，不得不更换牛津大学几乎所有学院的院长、几乎全部主教和曾为她姐姐效力的全部教长与官员的三分之二，因为这些人都继续忠于教宗。埃蒙·达菲[①]说得对，腓力二世和玛丽重建的天主教英格兰之所以消失，仅仅是因为"女王的驾崩，而不是因为英格兰天主教会有任何失败感、迷失方向或者缺乏决心"。如果玛丽·都铎能够像她父亲亨利八世那样活到五十六岁，或者甚至像她的妹妹伊丽莎白（同样没有子嗣）一样活到七十岁，那么即便玛丽·都铎与腓力二世没有孩子，英格兰也很可能永久性成为天主教国家。但是，玛丽年仅四十二岁就去世了。

此时腓力二世要哀悼的亲人不只是玛丽·都铎。1558年11月1日，他得知，父亲于六周前在尤斯特去世了。这个噩耗让腓力二世悲痛欲绝，于是他立刻退隐到布鲁塞尔附近的格勒嫩达尔修道院。十二天后，埃马努埃莱·菲利贝托去那里拜见国王并办一些紧急要务时，"我发现他非常悲伤"。腓力二世得知匈牙利王后玛丽也去世了的时候，向妹妹胡安娜哀叹道：

> 对我来说，在同一个时间，整个世界都垮了。让我们为了上帝做的事情而赞颂他吧，因为我无话可说，只能接受上帝的意志，恳求他对迄今发生的事情满意……这些人的辞世只会给我造成困难，让我对如何治理这些省份、如何处置英格兰（取决于女王的

---

① 埃蒙·达菲（1947~ ）是爱尔兰历史学家，为剑桥大学基督教史的教授，专攻15~17世纪英国的宗教史。

生死）做一些思考。

最后他顾影自怜地写道："我甚至都不想说自己是什么感觉，因为那是最不重要的事情。"[50]

12月7日，他最担心的事情成真了：他得知，不仅玛丽·都铎，枢机主教波尔也去世了。四天后，他的告解神父说："国王陛下为了他父亲和其他一些人的去世而心情郁闷，非常痛苦，所以暂时不想见任何人。"三周后，仍然在格勒嫩达尔离群索居的腓力二世对自己所处的局势做了悲观的描述：

> 要做的事情太多，我却没有钱去做。所以，仅仅靠尼德兰的资源，我没办法维持下去。要去西班牙，就必须先议和，因为如果我不议和就走了，就很不好看，会让尼德兰各省灰心丧气，尽管我待在这里也无助于拉拢尼德兰人，反而会疏远他们。

他甚至悲哀地思忖道："我觉得，除了我之外，任何人当他们的君主，他们都会高兴。"[51]

自十五年前开始治理国家以来，腓力二世一直渴望得到独立和尊重，而且为了自己似乎没有得到这两样而怨恨。匈牙利王后玛丽在1558年春季给"王子殿下"写过一封盛气凌人的信，他恼怒地在信的背面潦草地写道：

> 从这封信里，你可以看到，王后显然懂得如何表达自己的观点，她身边也肯定有谋臣告诉她，怎样对她最好。她对我却不曾表现出我应得的尊重，因为他

们不想承认我的地位。除了皇帝陛下［查理五世］之外，我不希望任何人在我的这些国度凌驾于我之上。[52]

现在，玛丽和"皇帝陛下"都去世了，腓力二世的愿望实现了。经历了漫长的学徒生涯，现在他已经三十而立，终于可以凭借"我自己的深思熟虑、意志和绝对王权"发号施令。"我作为国王和君主，不承认世间有比我更优越的力量"。[53]除了尊重和权威，他现在还得到了个人生活当中的绝对自由：他可以按照自己的心愿，在任何时间起床和睡觉，剃须和穿衣的时候想花多长时间都可以，来去自由，在任何地方、任何时间都可以说话或者保持沉默，并且随心所欲地与弄臣和小丑一起嬉戏。他将如何利用自己刚刚获得的自由呢？

第二部
国王与他的世界

第四章　勤政的国王[1]

"暴风雪般的难题"

"我发现这位君主非常专注于朝政：他一个钟头都不会浪费，整天忙着批阅公文。"一位法国大使在1559年这样描述腓力二世。十五年后，一位威尼斯外交官对国王的勤奋肃然起敬："国王极其勤奋，没有任何娱乐。世界上没有一位大臣在勤奋上可以与国王陛下媲美。"在1598年腓力二世葬礼的布道当中，一位宫廷布道者宣称："世界上从来没有过像他这样勤奋的人。他不曾度过一个闲散的钟头，而是始终忙着处理公文、备忘录和朝政。就连在树林和花园里的时候，他也带着许多文件，一刻不停地书写和理政。"[2]

国王也觉得自己很勤政，并且经常提醒大臣们注意，他工作起来多么刻苦。1558年，在一封"已经过了午夜"时写下的信中，腓力二世抱怨道，"我白天忙得要死，夜间精疲力竭"，所以"如果我忘了什么事情，就得怪我起床太早、睡眠不足"。七年后，他又一次抱怨："我肩负的担子太重了，累得我都不知道自己在做什么、说什么。"但他还是继续批阅公文，直到"凌晨1点，我周围的人都睡着了"。1577年的一天，国王从办公桌前抬眼望去，发现"现在已经是晚上10点了，我累坏了，饿得要死"。一年后，他告诉秘书："送来了一大批文件，我忙了一整天，一刻也没闲着，但今晚还是处理不完。我真的不知道他们[写文件的人]是怎么看我的，他们是不是以为我是铁人或者石头人？尽管我对此保持低调，我还是太累了，他们很快会发现，我只不过是肉体凡胎而已，和其他所有人一样。"³

"一大批文件"。那么文件是从哪里来的呢？他的帝国的疆域从菲律宾延伸到墨西哥和秘鲁，然后是西班牙、尼德兰和半个意大利，臣民总人口超过5000万人。治理如此广袤的领土，尤其是保卫这些领土，必然产生海量的公文。从1556年（腓力二世登基的年份）到1598年（他驾崩的年份），他经常与法国打仗；在1576年之前，他与奥斯曼帝国交战；1568年之后，除了1577年的六个月之外，他的军队一直在努力镇压尼德兰起义者及其盟友（尤其是1585年之后的英格兰）。① 他经常在多条战线上同时作战，在海上和陆上同时打仗；为了给这些形形色色的战争提供军费，用近期一篇文章的话说，他"管理着自罗马帝国的鼎盛时期以来还从未有过的规模庞大的国家预算"。⁴

战争会给所有的统治者施加极大的压力。他们不仅需要可能很难获得的资源，还需要把注意力从其他问题上转移走。但有时，其他方面的问题会转移统治者的注意力，让他们没法专注于打赢战争。在20世纪60年代任美国国防部部长的罗伯特·麦克纳马拉在回忆录中精炼地阐述了这种永恒的困境：

> 肯尼迪和约翰逊的政府未能以井井有条的、理性的方式处理越南的基本问题，原因之一是，我们当时

---

① 原文的年份表述有误，已修改。

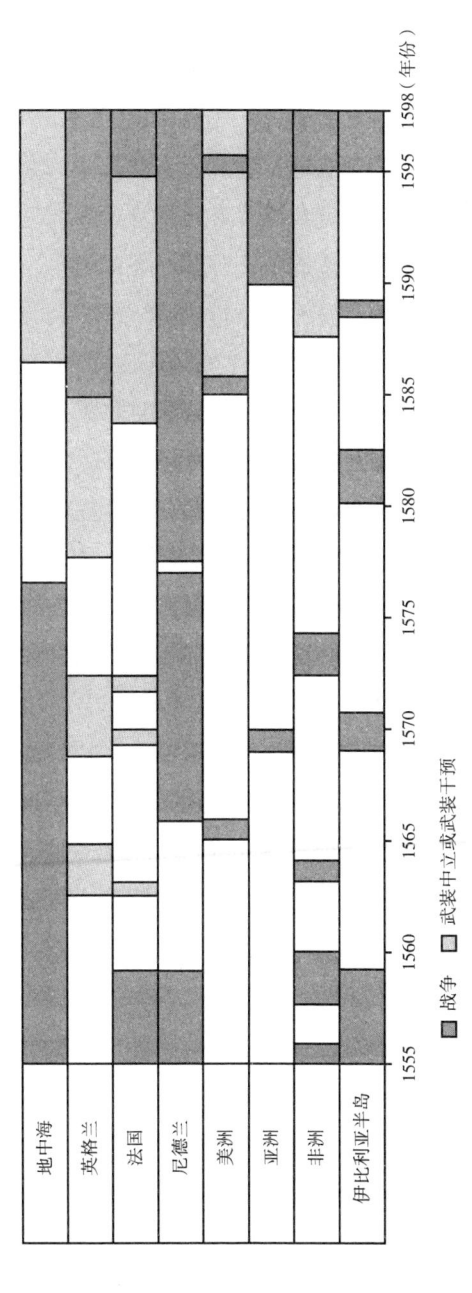

图 7 腓力二世的历次战争。腓力二世的君主国只享受了六个月的和平,即 1577 年 2~9 月。1577 年 9 月,尼德兰和地中海都再度燃起战火。在那之后,尽管国王再也没有与土耳其人开战,但尼德兰又发生战争(持续到 1609 年),并且他与英格兰发生了战争(公开的武装冲突从 1585 年持续到 1603 年)。1589 年法王亨利三世遇刺身亡之后,腓力二世加大力度去干预法国的宗教战争,直到 1598 年缔结《韦尔万和约》。在海外,葡萄牙在非洲和南亚的前哨据点参与了一系列战争:首先是针对当地的敌人,然后是针对荷兰人,荷兰人在 1594 年之后开始派遣武装到牙齿的舰队进入印度洋。

> 面对着种类繁多、错综复杂的其他方面的问题。简而言之，我们遇到了暴风雪般的难题，而每天只有24个小时，我们往往没有时间深思熟虑。这种困境不是我曾为之服务的政府特有的，也不是美国特有的。在每一个时代，在绝大多数国家，都存在这种困境……当组织政府的时候，就有必要认清这个问题，并未雨绸缪。[5]

腓力二世和他的大臣们面对的困境，正是麦克纳马拉和其他领导全球帝国作战的领导人面对的那种困境。他们需要时间来"深思熟虑"什么才是最佳政策，但他们通常没有办法找到最佳政策。有一天，腓力二世抱怨道，尽管"我很想处置"一些至关重要的事务，但"要办的其他事情实在太多了。我最懊恼的事情，就是太多工作拖慢了我的手脚"，而且"如果我尝试处理所有事务，就一件事情都办不成"。[6]

腓力二世努力以书面形式处理他面对的"暴风雪般的难题"。一位英格兰外交官在1575年说："这位国王非常睿智，理政时极其勤奋，城府极深……他本人起草和发送的书信（据说）比他所有的秘书处理的书信都要多。"十年后，一位威尼斯大使对这位"勤政的君主"做了更详细的描述：

> 他每天亲笔书写的备忘录、意见书和命令要花费超过20页的纸张。这些文件被发送给谋臣、法官、秘书和大臣们。他签署信件、授权书、令状，以及处理其他荫庇或司法事务所消耗的时间，更是令人难以置信。有时他一天要处理2000份文件。

1592年，据一名英格兰间谍说，书写仍然是腓力二世的"最主要活动，他发出的文件数量超过三名秘书的工作量；从这个角度，的确可以说他的笔和钱包统治着世界"。[7]

但是，这些观察者还是低估了腓力二世以书面形式处理的公务的体量，因为他和大臣们有意识地销毁了许多重要文件。比如在1579年，卡斯蒂利亚议事会主席禀报国王，他的办公桌上"除了我已经烧掉的文件"，还有一些"文件"涉及某件敏感事务，"因为那件事情现在已经办妥，如果陛下同意的话，我就把剩余的文件也烧掉"。国王同意了。他和大臣有时还拒绝把某些事务写到纸上，"你已经知道我可能会对这事说什么，以及可能会对世界上发生的其他一些事情说什么，它们都不可以被写下来"（1552年）。"等陛下愿意的时候，我就与您谈谈这个人，因为这件事情不可以付诸笔端"（1572年）。"我们将来要谈谈此事，因为最好是口头讨论，不能落笔"（1577年）。"这件事情不可以写下来"（1579年）。"［这］不应当写下来，所以我会和你面谈"（1588年）。[8]

议事会制度

在腓力二世统治时期，绝大多数需要国王裁定的事务，都是由十三个常设议事会和一个常设委员会（公共工程与林业委员会）之一呈送给他的。其中五个议事会是腓力二世的外曾祖父母斐迪南和伊莎贝拉设立的，还有五个议事会以及公共工程与林业委员会是他父亲设立的，最后三个议事会是他自己建立的。1561年，马德里成为中央政府的永久性办公地点；在这之后，每个议事会或委员会都在固定时间定期开会，地点是王宫，并以持续不断的、稳健的节奏来办公，即便君主不在时也是如此。每个议事会（包括一名主席、一名秘书和若干成员）执行两种主要职能：在其负责的领域内，维护王室的权益与权力；讨论与其负责的领域有关的书信和备忘录，然后向国王建议采取何种措施。整个君主国各地的政府官员都通过相应的中央机构把报告呈送国王。比如，西班牙在意大利的每一块领地的副王都奉命将关涉到"行政、司法、领地与财政、其他日常事务和荫庇"的书信发给意大利议事会；战争与和平、与其他统治者的关系等事务被送交国务议事会；涉及阿拉贡王国和宗教裁判所的事务被送交到相应的中央机构。[9]

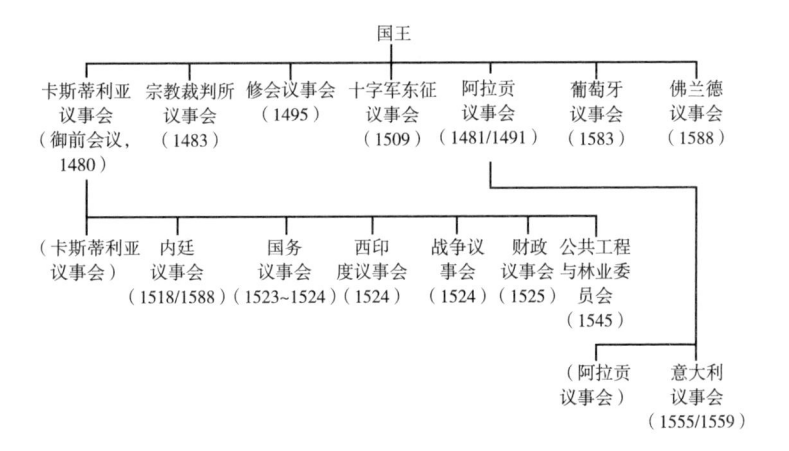

```
                              国王
  ┌──────┬──────┬──────┬──────┼──────┬──────┬──────┐
卡斯蒂利亚  宗教裁判所  修会议事会  十字军东征  阿拉贡      葡萄牙    佛兰德
议事会    议事会    （1495）   议事会    议事会     议事会    议事会
（御前会议， （1483）           （1509）  （1481/1491）（1583）  （1588）
 1480）
  │                            │
（卡斯蒂利亚 内廷    国务    西印度   战争议   财政    公共工程
 议事会）  议事会   议事会   议事会   事会    议事会   与林业委
        （1518/1588）（1523~1524）（1524） （1524） （1525）  员会
                                              （1545）
                                     （阿拉贡   意大利
                                      议事会）  议事会
                                              （1555/1559）
```

图 8 腓力二世的各个议事会和委员会（及其设立的年份）。到腓力二世于 1598 年驾崩时，有十四个中央议事会或常设委员会（每个都相当于现代政府的一个部）为他出谋划策。其中有十一个机构是他继承的，只有三个是他自己设立的：16 世纪 50 年代设立意大利议事会，80 年代设立葡萄牙议事会和佛兰德议事会。

在括号内重复议事会的名字，意思是这个议事会在国王将其部分职能移交新机构之后继续工作。如果有两个设立年份，意思是国王后来大幅改变了该机构的职能，所以可以说它有两个"生日"。

腓力二世在统治的初期会亲自主持国务议事会的会议，但他于 1559 年返回西班牙几个月之后，就不再参加了，理由是，他不在场的话，大家可以更自由地辩论。此后，只要他参会，就意味着即将做出重大的政策性决定。除了卡斯蒂利亚议事会（遵照传统，每周开一次会，国王亲自主持）之外，每个议事会的秘书会把一大堆意见书（该议事会就国王征询意见的每一封信或其他文件给出的建议）送到御书房的前厅，然后国王的贴身男仆将意见书按照顺序送到国王的办公桌上。腓力二世会阅读意见书，然后在其边缘写下自己的决定（意见书的页边会特意为此留下很大的空白）。他的有些回复很简短（"同意""可""照办"等），有时也会洋洋洒洒地写满意见书的段落之间，溢出来，甚至写到邻近的段落，所以需要用一道线条标注一条评论在何处结束，下一条从何处开始。腓力二世写下自己的决定（不管是长还是短）之后，文件被送回相应议事会的秘书手中，他会起草恰当的回复，然后送给国王，请他签名。

国王对每一天的工作日程都有一丝不苟的计划。如果有些大臣是他非见不可的，他就通知他们"明天晚上来"或"明天我吃完午餐后来"，或者"明天午餐时间告诉我情况如何，我会告诉你何时可以听你汇报"。腓力二世尽可能提前一周制订自己的工作计划。1578 年的一个星期一，宗教裁判所主裁判官加斯帕尔·德·基罗加请求与国王面谈，国王答道："我会很高兴见你，但我已经计划好了整整一周的工作，至少安排到了星期六。"但到了星期六那天，他又告诉基罗加，还得再等一天："明天是星期天，你可以在下午 3 点之后来。我今天没法见你。"[10] 如果有意想不到的紧急公文送抵，国王会很恼火。他有一次抱怨道,"这些'特殊文件'会毁了我",因为"有了它们,我就没办法完成工作计划,没办法办完今天原本要处理的事情"。还有一次,他阅读一名大臣送来的意见书时,信使突然送来了另一份文件,但国王拒绝接收,并批示:"我明天才能看,因为今天我已经制订了计划,今夜要处理其他许多事情。如果现在看你的文件,我的计划就会被打乱。"[11]

腓力二世总会认真阅读大臣送来的文件,然后才签字。尽管他后来用一个橡皮图章(estampilla)来处理常规的命令,但他仍然会先看一看,有时会在誊清的文件上涂涂画画,要么是因为他发现了行政上的不合常规之处("我没签字的那些令状好像有问题,因为那些涉及阿拉贡联合王国下属的三个王国,尤其是阿拉贡王国本身的令状,是不会有人遵守的,并且违背了当地的风俗[fueros]");要么是因为他不喜欢文件的语调("给葡萄牙国王和热那亚共和国的信的语气很放肆,读起来简直像是发号施令");要么是因为文字不清楚("重写一份,删掉我划掉的词句,因为没人看得懂它们");或者是因为他发现了错误("我觉得应当是 7 月 31 日,不是[8 月 1 日]。查查加密文件里有没有写错,因为我的书信里不应当有错误")。有时,大臣们希望向国王隐瞒某些文件,他就坚持要亲眼看看("我想亲自看看那些信")。处理一些比较敏感的事务时,国王可能会费心费力地修改文字或者亲笔添加附言;他给教宗和宗亲写信的时候就全部亲笔写,给高级大臣写信谈及敏感事务时也会亲笔写。[12]

国王很少承认自己缺乏做出决策的能力。1562 年,有人询问他对某些神学观点是否正统的看法时,他拒绝回答,因为"国王不是神学家";二十五年后,当他的秘书问应当如何处置一名宣讲末世降临的布道者时,国王愤怒地答道:"我又不是律师,我不知道该说什么。"[13]只有一个话题让腓力二世坦然地(并且经常地)承认自己无知,那就是财政。有时他完全看不懂谋臣送来的文件,就会发脾气:"这份文件的作者肯定比我更懂行,因为我完全看不懂";"你知道,我不懂什么样算是好的备忘录,什么样是坏的。现在这份备忘录来了之后,我不想为了它而绞尽脑汁,因为我完全不懂这方面,一辈子也从来没有搞清楚过";"我始终没弄明白贷款和利息的事情";"我告诉过你,我对这种事情知之甚少,这一次我肯定是基本上完全没看懂这份文件,虽然已经读了不止两次"。[14]谋臣们意见有分歧的时候,他也会发怒。1573年的一天,他抱怨道:"我对这件事情完全摸不着头脑,所以有这么多互相矛盾的意见真是糟糕。我没有办法和财政议事会讨论众多的提案,因为我不懂财政,所以除了他们告诉我应当做的之外,我什么都做不了。"[15]

虽然感到很挫折,但腓力二世明白,财政事务"极其繁杂,又特别重要,所以我为自己不懂财政而感到沮丧。做正确的决定实在太重要了"。他通常会尽其所能地去琢磨胡安·费尔南德斯·德·埃斯皮诺萨(银行家,担任财政大臣)提交的备忘录。"我读了胡安·费尔南德斯的这份文件,但没读其余部分,因为我完全看不懂",但有时,即便是胡安·费尔南德斯的提案,也让国王大感困惑。他就其中一份提案抱怨道:

坦率地讲,我一个字也没看懂。我不知道该怎么办:我应当把文件交给别人评价吗?应当交给谁呢?时间在流逝。或者,我是不是应当见一见文件的作者

(不过我担心，面谈的话我还是听不懂)？也许我把文件摆在自己面前的时候，也不是那么糟糕。

国王不情愿地同意在次日接见费尔南德斯，但条件是"他把文件带来，拿在手里向我讲解"。[16]

保住主动权

腓力二世坚持以书面形式处理大部分朝政，于是负责处理公文的一小群大臣就获得了极大的权力。例如，各议事会的秘书负责筛选哪些书信和文件是国王需要全文阅读的，哪些国王只需要阅读摘要，还有哪些文件是国王不需要看的（这一类文件不多）。1574年，尼德兰的战争进入关键阶段的时候，国王的宫廷神父和私人秘书马特奥·巴斯克斯决定把一份与战争无关的文件呈送国王，并附上一封短信："尽管我知道陛下集中注意力于尼德兰战事，那里的问题让陛下无暇兼顾其他事务，但我还是想提醒您注意所附的堂迭戈·德·门多萨的信件。"1586年，国王的一位远亲感谢了巴斯克斯，因为巴斯克斯确保腓力二世读到他的请愿书，"尽管国王陛下会尽其所能地帮助我，但他日理万机，有时忙不过来"。[17]同一年，巴斯克斯秘密地向一位同事退回了一份文件，"这是我在收到的信中发现的，我相信陛下不应当读"。1577年，国务秘书安东尼奥·佩雷斯通知西班牙驻巴黎大使（佩雷斯的好友），他的信"让我们的主公大为满意。他都读了。我的意思是，他应当读的那些，他都读了"。十年后，佩雷斯的继任者堂胡安·德·伊迪亚克斯也扣留了梅迪纳-西多尼亚公爵给国王的一封信，因为公爵在这封信里拒绝遵照国王的旨意担任西班牙无敌舰队的司令官，并对远征英格兰提出了强烈的质疑。伊迪亚克斯和他的同事堂克里斯托瓦尔·德·莫拉向公爵表示："我们不敢把您这封信给陛下看。"最后，在1595年，莫拉收到财政议事会主席的一份意见书后冷淡地回复，"我不想把这件事情告诉国王陛下"，因为莫拉觉得腓力二世不会高兴。[18]

除非公文送来的时候已经附有某个议事会的建议，腓力二世一般都要首先征询某位亲信大臣的意见，然后才对送到他办公桌上的公文做一个决定。例如，在1578年，他收到一份关于经济问题的备忘录后询问秘书："考虑一下，能不能找别人看看这个，以及找谁看，因为我看不懂。"二十年后，罗马教廷大使卡米洛·卡埃塔尼（一位目光如炬的观察家）证实，腓力二世"始终会征询谋臣的意见"。不过，卡埃塔尼在下文写道："为了保密，他对很多事情秘而不宣，往往只和少数几个人分享机密，但这些人并非都有能力处理如此众多和繁杂的事务。"[19]

这种行政制度在国王信赖的"少数几个人"当中造成了激烈的明争暗斗。查理五世在1543年的指示曾向腓力警示"我的大臣们互相之间的敌意或结盟，以及他们当中正在形成或已经形成的密谋集团"。正如皇帝预测的那样，党争愈演愈烈。内廷最重要的两位大员鲁伊·戈麦斯·德·席尔瓦（侍酒官）和阿尔瓦公爵（宫廷大总管）之间的争斗最终迫使几乎每一位大臣都在两人之间站队。此外，得到圣宠的人还会努力为其亲属（包括远亲）谋求官职，比如鲁伊·戈麦斯提携了胡安·德·埃斯科韦多，他是鲁伊·戈麦斯的妻子的亲戚，后来成为腓力二世的弟弟奥地利的堂胡安的私人秘书。裙带关系让许多大家族权势日盛，比如托莱多家族（阿尔瓦公爵是其中的高级成员）和门多萨家族（鲁伊·戈麦斯的妻子是其成员）。他们获得了许多官职，于是在政府从高到低的每个层级都有两个家族的成员在互相争斗，因为"整个门多萨家族都憎恨托莱多家族"。[20]大臣们还与有可能帮助自己达成目标的同僚结盟。比如安东尼奥·佩雷斯先是帮助加斯帕尔·德·基罗加成为托莱多大主教，后来帮助他成为枢机主教；基罗加说服国王任命他的同党安东尼奥·毛里尼奥·德·帕索斯为卡斯蒂利亚议事会主席，帕索斯则投桃报李，在国王面前赞美佩雷斯。乡谊也可能会加剧朋党纷争。卡斯蒂利亚议事会的成员迭戈·德·西曼卡斯努力去搞清楚为什么国王任命帕索斯（而不是西曼卡斯自己）为议事会主席的时候回忆："几个月前，基罗加在家中吹嘘，下一任议事会主席不是他自己就是他想推荐的人。"但西曼卡斯还是想知道，基罗加为什么看中了帕索斯。他认为原因在于地理："基罗加是加利西亚人，帕索斯也是加利西亚人。"所以基罗加大主教照顾了自己的老乡："他把帕索斯安排成阿维拉主教，然后告诉国王，帕索斯比他更有资格当托莱多大主教，所以国王可以并且应当在国家大事上仰仗帕索斯。"西曼卡斯总结道，基罗加通过提携一个其实资质不够的老乡，"卖了个人情给他，将来就比较容易控制他"。[21]

为了防止受到大臣的蒙蔽，腓力二世做了一项重要的革新。在他统治的早期，他指示一些高级大臣："你们还可以在信封上写'国王亲启'，因为我已经下令，不要开封这样的信，而是直接送到我手中。我读了之后，就可以做最妥善的安排。"难免会有一些大臣滥用这种"密奏"制度，但滥用不了多长时间。例如在1586年，一名副王坚持用密奏把太多事务直接呈送御前，令国王大发脾气："太多的'国王亲启'的密奏对我来说已经变成了可怕的负担，因为我往往连拆封的时间都没有。密奏只会拖慢我的工作节奏，因为我收到这两封信已经好几天了，刚刚才有时间拆封。"[22] 但是如果哪个秘书偶然拆封了"国王亲启"的密奏，就要倒霉了！1594 年，腓力二世的私人秘书战战兢兢地报告："在拆封刚刚送抵的包裹时，我不小心拆了这封标着'国王亲启'的密奏，是[卡斯蒂利亚议事会]主席写的。我把信封拆了之后才意识到自己犯了错误。但我向陛下发誓，我绝对没有看到其中的一个字！"国王大发雷霆："将来一定要更小心，下不为例。"[23]

但是，国王也会偷拆别人的信，包括写给驻马德里的外国外交官的信，甚至会破译"不是写给我的"加密文件，然后将原件重新封印，寄给收件人。腓力二世有一次命令马特奥·巴斯克斯秘密抄录一些文件，"不准任何人看见或知道"，并开玩笑地说："你我必须像告解神父一样。"他还不时地命令巴斯克斯秘密写信给一位大臣去讨论另一位大臣的行为。[24] 这种鬼鬼祟祟的行为促使威尼斯大使莱奥纳尔多·多纳警示他的上级："[腓力二世] 天生谨小慎微，疑心极重。"在 1573 年完成出使西班牙的使命之后，多纳在向威尼斯元老院提交的"述职报告"中说，腓力二世从来不会完全信赖任何一个人："国王和他的父亲一样，疑心极重。"[25]

1565 年，拥有四十年行政经验的国务秘书贡萨洛·佩雷斯愤恨地向一位同事抱怨，称他们的主公的行政风格有一个重大缺陷。"国王陛下在很多事情上经常犯错误，也将会继续犯错误，因为他和不同的人一起处理这些事情，有时和一个人合作，有时和另一个人一起办；向一位大臣隐瞒某些事情，向另一位大臣揭示某些事情。所以国王发布大相径庭甚至自相矛盾的命令，就在所难免了。"两年后，佩雷斯的继任者加布里埃尔·德·萨亚斯把话说得更重。他向阿尔瓦公爵抱怨道："国王让很多要事经过太多渠道，这就造成了混乱。"[26]国王注意到了这一点，于是为了确保"要事"不会经过"太多渠道"，他任命同一批大臣到好几个议事会。同一个人同时在国务议事会和战争议事会工作，或者同时为西印度议事会与财政议事会效力，是司空见惯的事情。同一个人同时在国务、战争和财政议事会工作也不是闻所未闻的，所以至少部分大臣知道其他的议事会里正在发生什么，至少在理论上能够把各项工作协调起来。为腓力二世和他的父亲服务三十年之久的弗朗西斯科·德·埃拉索到1559年已经成为多达六个议事会的秘书，还是另外两个议事会的成员。如法国大使所说，在国王及其随从离开尼德兰之前，"几乎全部工作都被托付给"埃拉索，"因为他的主公尊重他，仰仗他"。[27]国王的"尊重"维持到1565年，因为这一年有人检举埃拉索贪腐，于是国王命令对他的行为开展正式调查（visita）。一年后，腓力二世对埃拉索罚款12000杜卡特，将他从绝大部分岗位停职一年，并免去了他在财政系统的所有职务。

在这之后，腓力二世几乎立刻开始重用迭戈·德·埃斯皮诺萨，此人出身于穷乡绅家庭，在萨拉曼卡大学学习过民法和教会法，后来国王任命他为塞维利亚检审庭（Audiencia）的法官。在这个职位上，埃斯皮诺萨得到了耶稣会士弗朗西斯科·德·博吉亚的器重。博吉亚向国王推荐埃斯皮诺萨，赞扬他是"知识渊博、道德高尚和谨慎的人"，可以委以重任。于是腓力二世先后任命埃斯皮诺萨为国务议事会成员、卡斯蒂利亚议事会主席和宗教裁判所主裁判官。到 1565 年，埃斯皮诺萨已经成为"整个西班牙最受国王信任的人，也是国王与之讨论朝政最多的人，无论是内政还是外交事务"。"一切工作，无论是教会的还是世俗的，都要经过他的手"。简而言之，如一位感到惊愕的外国大使所说，腓力二世已经让埃斯皮诺萨成为"这个朝廷的另一位国王"。[28]

尽管把权力集中在一个人手里，能够让腓力二世政府的政策具有令人艳羡的连贯性和一致性，但这也造成了决策者意见一致的假象，一方面不鼓励别人发表不同意见，另一方面又用尽可能减少分歧的方式来引导讨论。后来人们会把这种现象称为"团体迷思"。在埃斯皮诺萨主政的时代，朝廷几乎没有任何政策辩论，这能够解释朝廷为什么采纳了那些缺乏变通的僵化政策，引发了尼德兰起义和格拉纳达摩里斯科人的起义（见第八章和第十一章）。这也能解释为什么在埃斯皮诺萨于 1572 年 9 月突然去世后，国王没有任命一位继任者来"承担曾经托付给埃斯皮诺萨枢机主教的军务、国务和财务，以及处理意见书和其他全部公务的重任"。[29]"我当时相信，把朝政托付给枢机主教是正确的，"腓力二世告诉接替埃斯皮诺萨担任卡斯蒂利亚议事会主席的人，"也许，那么做在当时有很好的理由。但经验告诉我们，这不是好事。尽管有了他打理朝政，我就可以更轻松一些，工作量可以减轻，但我觉得不应当继续这样下去。"腓力二世逐渐领会到了父亲在差不多三十年前给他的建议是多么睿智："永远不要被任何一个人单独掌控。那样固然可以节约时间，却不符合你的利益。"[30]

委员会制度

埃斯皮诺萨去世后，腓力二世不再允许任何大臣成为"这个朝廷的另一位国王"（不过腓力二世的继任者会这么做，并且公开任命自己的宠臣），而是依靠由非正式的委员会（juntas）组成的网络，并由一名"幕僚长"来协调这些委员会。"幕僚长"就是马特奥·巴斯克斯，他是个出身卑微（孤儿，可能是私生子）的神父，曾担任埃斯皮诺萨的秘书。埃斯皮诺萨去世后，巴斯克斯向腓力二世提议了一种减轻其工作负担的简单办法。巴斯克斯谨慎地写道："陛下似乎缺少一位私人秘书，所以您无法避免阅读和书写大量材料，我担心这种工作负担会损害您的健康。"[31] 巴斯克斯于1573年4月1日宣誓成为御前秘书，腓力二世把两项主要工作托付给他：处理所有"国王亲启"的密奏；协调埃斯皮诺萨设立的多个非正式的委员会，并担任其秘书。巴斯克斯和国王一同决定谁应当成为哪一个委员会的委员（以及何时将谁从委员会中撤下），以及委员会的开会时间和日程。巴斯克斯还负责做会议纪要，向各委员会传达国王的指示，并将委员会的建议呈送国王。巴斯克斯后来还承担起另外两项任务：起草国王对意见书给出的决定（"国王陛下的命令如下……"）；担任腓力二世与各议事会的秘书之间的中间人（"国王陛下给了我一些高级教士写的关于军火贸易的信件，命令我将其发给卡斯蒂利亚议事会，尽管这件事情表面上看应当由战争议事会负责"或者"国王陛下命令我向西印度议事会主席发送两封信，尽管它们是美洲的宗教裁判所发来的"）。巴斯克斯一直干到1591年去世，所以他一度"或许是西班牙帝国第二有权势的人"。[32]

但巴斯克斯为了自己的位高权重付出了高昂的代价。他必须随时待命，听候国王的传唤，经常不得不停下手边正在做的事情，立刻去处理另外一件完全不相干的事情。"给你写信之后，又发生了一些事情，我必须在今天和你谈。所以做好准备，随时听我传唤。我会尽快传唤你"（1574 年）；"立刻誊写这份文件，同时我会书写和处理其他事情，然后用午膳"（1577 年）；"在我吃饭和午睡的时候，你看看这个，然后把你的建议发来，好让我醒来之后立刻能读到并做决定"（1579 年）。[33]

即便是巴斯克斯的专注和勤奋，也无法阻止公务如雪崩般涌向国王的办公桌。在他统治的初期，西印度议事会每天上午开三个小时的会，但在 1571 年之后，它除了每天上午的会之外，每周还要开三个下午的会；财政议事会在过去每周只开两次会，但到了 1580 年就每天上午办公三到四个小时，有时要一直忙到下午。所以，送到国王办公桌上的意见书也就越来越多了。例如，战争议事会在 16 世纪 60 年代每年顶多只产生两捆文件，但在 90 年代每年产生超过 30 捆，是之前的 15 倍。而战争议事会的秘书每年要起草将近 2000 封关于陆海军事务的信，供国王审阅和签字。中央政府其他机构的工作量也同样大幅增加了。从 1572 年 3 月到 1573 年 3 月，腓力二世有 161 天不在都城。在这期间，信使将超过 500 个装满信件和意见书的包裹从马德里送到国王手中。大多数包裹（70%）是各议事会的秘书发来的；拉德拉达侯爵（王后及其子女的宫廷大总管）一个人就发送了将近 5% 的包裹；而另外四名大臣一共发送了 10%。[34] 信使还会送来大量由个人发送给国王的请愿书，都是希望从国王那里得到些什么，比如年金或赦免、民政或教会官职、支付拖欠的薪水或印刷某书所需的执照、某个骑士团的骑士身份或者册封贵族的诏书。例如在1571年3月，有超过1250份发自个人的备忘录被送到国王手中，请他裁决，平均每天超过40份。

每一份备忘录，就像意见书一样，都需要国王做决定。有些比较容易，"读过全文之后，我决定……"或者"他们说得对，按照他们建议的时间和方式来办"。但有的事情很难决定。比如在1575年，腓力二世花了一天时间，绞尽脑汁地处理圣地亚哥骑士团①的事情（因为他是这个骑士团的大团长），"有12个空缺职位，却有117名有资格的申请人，所以我大伤脑筋"。他决定三天之后再决定，但三天之后他发现这个问题更困难了，因为"申请的人太多，最后得到职位的人太少，所以绝大多数人会不满意；为了这个原因，以及其他的原因，我得说当国王真是太难了"。填充教会、王室内廷与政府的空缺同样消耗了他的大量时间。对于每一个空缺，都有很多合格的申请者，其中绝大多数都在国王身边有强大的靠山，而国王必须小心选择，有时觉得自己有必要"躲起来，昨天和前天就是这么做的，因为如果不躲起来的话我就什么都做不了"。[35]

即便如此，由于国王和中央政府的勤奋与机变，他们还是能够相当高效地处理日不落帝国产生的海量的常规政务。在1571年至1576年负责处理国王通信的安东尼奥·格拉西安·

---

① 圣地亚哥骑士团（或称圣雅各骑士团）是西班牙的一个始建于12世纪的宗教和军事修会，得名自西班牙的主保圣人圣雅各，最初的使命是捍卫基督教、保护圣雅各朝圣之路上的朝圣者，后来在"收复失地运动"中发挥了很大作用。1523年起，始终由西班牙国王担任圣地亚哥骑士团的大团长。

唐蒂斯科的日记显示了腓力二世在做很多决定时是多么神速："［财政大臣］埃斯科韦多发来的包裹于早晨送抵，信使在下午6点就带着国王的答复回去了"；"晚上8点半又来了一名信使，带来了［卡斯蒂利亚议事会］主席的信件，半个小时之后信使就带着国王的答复回去了"；"晚上10点来了一名信使，送来了［胡安娜］公主的一个小包裹，需要立刻送给国王，信使在11点带着国王的答复回去了"。有一天，腓力二世把一堆文件退还给格拉西安的继任者马特奥·巴斯克斯，并附了一封得意扬扬的短信："今天送来的信都处理好了。"但国王又充满憧憬地补充道："要是每天都这样顺利就好了。"[36] 1573年，枢机主教格朗韦勒在担任那不勒斯副王时，有一次急于收到国王的命令，向一位同事开玩笑说："如果他必须等待死神，那么他希望死神从西班牙来，因为那样的话死神就永远不会抵达了。"三年后在罗马，格朗韦勒又一次抱怨道：

> 我在这里无事可做，等着看会发生什么，仿佛在窗前观看全世界的公牛搏斗。当然了，我有的时候想冷静下来，向它们投掷木棍，催促它们，因为我们的行进速度太慢，对公事造成了极大的损害。[37]

枢机主教很了解自己说的情况。1560年，当他担任腓力二世在尼德兰的主要谋臣时，他收到了贡萨洛·佩雷斯的抱怨。佩雷斯在努力协调整个君主国的外交政策："我病了好几天，但仍然准时处理公务，因为决策速度太慢，就连瘸子也跟得上。"几年后，格朗韦勒的兄弟（一位资深的大使）苦等国王的指示而不得，于是暴躁地说："至于我们的主公，他的所有事情都被推到明天。他对每一件事情做的主要决定，就是永远不做决定。"[38]

外国的观察者表示同意。1560 年，一位法国大使说，腓力二世想要"同时当主公、大臣和秘书，这是极好的，但这造成了严重的耽搁和混乱，所以居住在这里的人若是想得到什么，都会绝望"。十年后，另一位法国大使抱怨道："西班牙朝廷的决策非常不靠谱，并且耗时极长，所以那些以为自己一周内能得到消息的人一个月也得不到。"1577 年，教廷国务卿①焦急地等待腓力二世投入资源去入侵爱尔兰，结果却是白等，于是怒道："如此拖延的唯一原因就是国王陛下优柔寡断。"[39]

为腓力二世服务三十年之久的廷臣堂迭戈·德·科尔多瓦在这个话题上特别直言不讳。1560 年，他懊恼地说："要办的事情太多，我们整天把脑袋埋在文件堆里。如果休息一天，回来的时候就要付出七倍的代价。"十年后，他说，宫廷的生活已经变成了"文件和更多文件，文件的数量每天都在增加"，因为国王"每个钟头都在写备忘录，就连起床、用膳或准备就寝的时候［他的贴身男仆］也会送文件进来，而且这些文件说到底一钱不值"。1574 年，堂迭戈发表了对这个话题的最令人难忘的评论："国王陛下最近在批阅和起草公文上花的时间比以往更多了，简直可以说拉稀拉的都是公文（请阁下原谅我这么说）……因为星期六凌晨 3 点，他患了严重的痢疾。"[40]

---

① 教廷国务卿是圣座国务院的最高首长，执行教廷和梵蒂冈城所有的内政和外交功能，有点像教宗的首相。一般来讲，担任国务卿的人必须有枢机主教的身份。

文牍工作如此繁重，在一定程度上可以说是不可避免的，因为国王坚持把中央政府严格划分成互不干涉的多个部门，坚持以书面形式处理一切事务，并且事必躬亲。这就导致（借用堂迭戈的比喻）国王极其话痨，快速地发出大量文件，如同拉稀。比如在1565年的一天，腓力二世已经给秘书佩德罗·德·奥约写了两封信，然后突然又想到了别的事："我在今天给你的两封短信里想说什么，现在马上就告诉你，但我老是忘，尽管事情已经到了嘴边，还是又忘了。"那么，这条紧急信息究竟是什么？原来是他决定不要把某个版本的《圣经》送往埃斯科里亚尔，因为那里的图书馆已经有一册了。两年后，"尽管我面前有10万份文件"，但腓力二世还是停下手头的工作，提醒奥约，为了完成埃斯科里亚尔礼拜堂工程的某个阶段，"我们还缺一些石料"，并且"田园之家"（马德里郊外的一座王家园林）"正在施工的小池塘""需要赶紧修完"。[41]

我们也许可以辩解说，国王的很大一部分时间是在他的乡间别墅度过的，所以他花费很大精力来关注这些别墅是理所应当的，但其他一些消耗他大量精力的事情就十分惊人了。格拉西安的登记簿里经常提到"琐屑末节"，而腓力二世坚持在这些事情上花费大量时间。从格拉西安在1573年6月2日（也就是尼德兰和地中海两个战区战事的关键时刻）的记载当中，我们可以体会到他是多么恼火。"我午餐前收到国王陛下的传唤，于是去了圣哲罗姆修道院"，在那里"浪费了一整天"（真是传神的概括！）"来开会讨论把［堂卡洛斯］王子和［伊莎贝拉］王后的遗骸转移到埃斯科里亚尔的事情"。[42]次年，腓力二世是这样给宗教裁判所主裁判官回信的："对你说的事情，我就做一个简短的回复吧，因为我没时间写太多。"然后他把三页纸的空白处写满了。1575年的一天夜里，腓力二世给一位大臣写了一封长信，开头是这样的："现在是晚上11点，我还在等待你让胡安·巴斯克斯［负责教会职务任免的秘书］拿给我的包裹。但我不能再等了，因为我的视线已经模糊，头脑也昏昏沉沉，而且我明天还要去教堂参加弥撒。"但他在就寝前还是写了两页纸，谈的事情（如堂迭戈·德·科尔多瓦所说）"说到底一钱不值"。[43]国王热情洋溢地想要知晓一切、事必躬亲，一位大臣企图用讽刺来抑制国王的这种热情："我很抱歉用如此鸡毛蒜皮的小事劳烦陛下。"国王不以为意地答道："这种事情不会让我感到劳累，反而让我高兴！"至少有一次，国王承认，他之所以写信，就是因为想写。他用好几页的篇幅高谈阔论之后，告诉马特奥·巴斯克斯："你不必回复。我告诉你这些，只是为了放松自己。"居然是为了放松自己！[44]

"全世界最强的大脑"

上面这样的话能够支撑科尔多瓦等批评者的观点，即国王浪费时间在鸡毛蒜皮的小事上，却不花时间去处理决定整个君主国命运的关键大事。1574年，威尼斯大使说："国王花费大量时间在细碎无聊的小事上，所以没有时间处理更重要的事情。"十年后，格朗韦勒愤愤地抱怨道：

> 我看到一切事务都受到拖延和耽搁。这对我们自己的事务，包括头等重要的事务，都极其有害。因为耽搁太久，连最重要的事情都被忘记了。原因就是国王陛下想包揽一切，却不信任任何人，自己忙于处理

细枝末节，所以没有时间处理最要紧的事情。

过了一段时间，罗马教廷驻西班牙大使抱怨道："国王陛下事无巨细，一切事情都要自己看、自己做。即便他有十只手、十个头，这也是不可能办到的。"[45]对腓力二世拒绝将权力下放的最全面控诉，是堂胡安·德·席尔瓦在1589年做出的。他以侍童、军人、大使和谋臣的不同身份为腓力二世效力超过半个世纪。席尔瓦写道："国王陛下对最细枝末节的事情也投入那么多的精力，这是非常令人遗憾的，因为当一个人为了逃避工作而找事情做的时候，这叫消遣；但他为了找事情做而工作，我都不知道该管这叫什么。"他继续写道：

> 国王陛下肯定拥有全世界最强的大脑，但他毕竟只是凡人，不可能把自己的千千万万件事务都安排得井井有条。他必须区分哪些事情是他可以自己处理的，哪些事情必须委托他人。国王陛下却不做这样的区分……他什么都要管，从所有人手中接管原本应当委托下属的事情（涉及个人和细节），他不能集中注意力于大局和重要的事情，因为他觉得那些太令人疲惫。[46]

这些批评者说得有道理吗？毕竟其中有些人是在愤怒和受挫的时候发出上述批评的：到1584年，格朗韦勒已经是个满腹怨恨的老人，两次被粗暴地从权力中心排挤出去；1589年，席尔瓦在自己的庄园生闷气，因为他觉得国王给他的奖赏不够。而多纳和罗马教廷大使如此恼怒的真正原因是，国王没有集中注意力于他们眼中的头等大事。不过，批评者说得有一定道理。尽管腓力二世有时抱怨"手头的太多任务和重要事务"让他无暇处理自己想做的事情，但是同一批史料表明，只要是他感兴趣的事情，哪怕是"琐屑末节"，他也会抽出时间去做。比如在1572年8月，努力镇压尼德兰起义并且担心法国可能对他宣战的时候，腓力二世收到了埃斯科里亚尔的圣洛伦索修道院的院长写来的信。院长在信中抱怨道，僧侣们拒绝接受院长对宿舍的分配方案，所以"我恳求陛下像往常一样帮助我们，因为一旦大家知道这是陛下的决定，所有人都会心悦诚服地接受"。国王这时就把"手头的太多任务和重要事务"抛在脑后，立刻开始办理此事。他亲笔给院长回信："我接受分配宿舍的任务，因为我已经把修道院的布局图熟记于心。不过我需要一份所有修士的名单，按照年资和职责来排列。"名单送来之后，基督教世界最强大的君主就坐下来给修士们分配宿舍。我们知道他是亲自处理此事的，因为两周后院长又写来信说，"我收到了陛下决定的宿舍分配方案"，"因为它是陛下亲笔写的，所有人都觉得自己得到了特别的恩典与爱护"。[47]我们不禁要问，用来分配僧侣宿舍的时间，是不是用来考虑如何应对尼德兰急剧恶化的局势比较好？

觐见的诅咒

国王自己不这么看。他认为，朝政耽搁太多的主要原因是，大臣和外国大使都不断要求觐见；每次觐见都要花许多个钟头，完事之后他既没有时间也没有精力投入等候着的文牍之海。理论上，只要腓力二世在马德里，就会于"每天上午9点到10点和下午5点到6点"接见外臣。除此之外，他在去教堂做弥撒和回来的路上都会特意走得很慢，这样他的臣民就有机会与他说话或者面呈请愿书。但实际上，觐见消耗的时间比这多得多。[48] 1577 年的一天，有人建议让国王的财政顾问胡安·费尔南德斯·德·埃斯皮诺萨于下午 2 点来见国王，腓力二世激烈地抗议道：

> 让他 3 点半来吧，因为现在已经 2 点了，除了现在，我没有时间去见王后和她的孩子们。告诉埃斯皮诺萨，他在 4 点必须离开，因为那之后我还要接见很多人，尽管今天已经接见了三十人。另外，考虑到这个，你看看我会积压多少待处理的事务吧。

六年后，财政议事会成员恳求国王每周接见他们一次，却收到了国王的严厉斥责："我很愿意接见每一个人"，但是"我的时间太少，要做的事情却太多，所以你们最好不要浪费我的时间"。[49]

腓力二世想要限制觐见的数量，这是很明智的。首先，每一位行政管理者都会发现，会开起来总是没完没了。1576 年的一天，腓力二世抱怨道，葡萄牙大使"来了，和我谈了很长时间，浪费了我整个上午，我到现在还没有办法弥补浪费掉的时间"。几个月后，"法国大使和其他人刚刚来见我，浪费了我一整天"。有一次国王绝望地说："觐见和文案工作是互相抵触的。"[50]

有些会议拖得太久，要怪腓力二世自己。1588 年，他接见了耶稣会士何塞·德·阿科斯塔，讨论西班牙的耶稣会面临的问题。国王读了阿科斯塔提出的每一个问题，然后阿科斯塔给出解释，但有时国王还会提问。阿科斯塔记述道："谈到博吉亚神父的秘书时，国王打断了我的话头，问：'哪一个博吉亚神父？'我说：'就是曾担任我们会长的那位。'国王说：'你指的是弗朗西斯科神父。'我说：'是的，陛下，就是我们的会长弗朗西斯科·德·博吉亚神父。'"这次觐见持续了至少一个钟头。[51] 接见外国大使的时间可能同样长，并且在任何一个时间点都有多达十四位外国使节常驻西班牙宫廷，每一位都不断地寻找机会向国王当面解释某项政策，或者希望摸清国王的意图，或者抗议国王的某个举动。腓力二世可能会拖延，尽量推迟接见大使，但最终不得不接见每一位大使，聆听他们的话语，不过（除了几个例外之外）他对大使很少有话说。莱奥纳尔多·多纳记录了每次觐见时国王说的每一个字，但他说的话很少超过一句。（"不过，和往常一样，他的言辞非常优雅和客气。"[52]）

有时国王在接见外臣时似乎"神游"到不知哪里去了。1576年，一位英格兰使节想向腓力二世"面禀"某事，国务秘书萨亚斯答道："国王要处理的重大事务不计其数，所以他不大可能记得别人向他当面禀报的每一件事。"国王自己也不否认这一点。在这不久前，一位大臣请求马特奥·巴斯克斯安排他觐见国王时，腓力二世承认："我会很高兴见他，但是我实在没有时间，而且接见的时候我听到的东西很少能留在我脑子里。不要把这个告诉任何人。我是说在绝大多数接见时，不是所有的。"但有时国王听得全神贯注。在1573年的一次觐见中，多纳告诉他，威尼斯背弃了与西班牙的盟约，与土耳其人单独媾和，腓力二世面无表情地听了和约的条件。但是据多纳记载，"他［腓力二世］的嘴做了一个细微的、充满讽刺意味的动作，浅浅地冷笑"。不过，沉默掩盖着国王睚眦必报的怒火。当天晚些时候，他向一位大臣抱怨威尼斯人"与土耳其人议和"时恶毒地说："但愿上帝让他们从这项和约里吃大亏。"[53]

如果腓力二世离开马德里、去了他的诸多乡间别墅之一，想要觐见的人就会备感挫折。迭戈·德·西曼卡斯那部怒气冲冲的自传里满是关于国王的逸闻，其中之一是这样的：西曼卡斯说自己之所以去马德里，就是为了"向国王致敬"，但腓力二世"出人意料地去了埃斯科里亚尔。我想去那里，但有人告诉我，我不应当浪费时间，因为国王很快就要回来了。结果他在埃斯科里亚尔待了整整一个月。这就是为什么他们说，'国王的离去是可预测的，什么时候回来就只有天知道了'"。1586 年，罗马教廷大使抱怨道："这真是太恼人了，国王就住在不远处［埃斯科里亚尔］，而且并没有忙什么要紧的事情［non ocupato in cosa d'importanza］，而我一连四个月都没法见他一面，给他发了那么多备忘录，却一个回复也没收到（或者收到的回复极少）。"[54]

最终，大臣和外国外交官都学会了尊重国王的选择。比如法国大使富尔科沃虽然收到了巴黎发来的明确命令，要求他立刻求见腓力二世，但富尔科沃有意识地没有遵守巴黎的命令，因为他知道腓力二世"居住在乡间别墅的时候，更喜欢大使们通过书信与他交流，而不是面谈"。一个类似的例子是，当一名特使从威尼斯赶到马德里向腓力二世祝贺勒班陀大捷时，多纳命令特使等国王从埃斯科里亚尔回到马德里之后再求见，因为"国王陛下不希望大使们跑到那里烦扰他"。[55]有些大使甚至能够理解国王为什么这么做：多纳的继任者报告称，尽管腓力二世"大部分时间不在宫廷，部分是为了逃避令人疲倦的觐见，部分是为了更好地处理朝政，但他始终在阅读和书写"。在埃斯科里亚尔观察国王二十五年之久的何塞·德·西根萨修士表示同意："在埃斯科里亚尔的生活很宁静，所以他在这里一天的工作成果比在马德里的四倍还多。"[56]但是"生活很宁静"只是腓力二世在他建造的修道院度过那么多时间的原因之一。他在那里还可以花更多时间与上帝交流，并思考如何应对纠缠着他的"暴风雪般的难题"，无论大小。

第五章 国王与上帝

坚守信仰

路易斯·卡布雷拉·德·科尔多瓦的《西班牙国王腓力二世史》是亲身认识腓力二世的人写得最好的一部传记。这本书的卷首插图引人注目：国王身披铠甲，利剑出鞘，他是阻挡一大群全副武装的人攻击圣母马利亚的唯一屏障，国王的斗篷遮盖着圣母马利亚的胳膊，圣母一手拿着十字架，另一只手拿着圣杯。插图文字是"宗教乃第一要务"（Suma ratio pro religione）。这幅图是卡布雷拉·德·科尔多瓦全书的缩影。在书中，虔诚的腓力二世是天主教会的唯一捍卫者，始终将保卫信仰置于世俗目标之前。但在现实中，宗教在腓力二世的政治生涯与私生活中占据的位置比这复杂得多。

国王在童年时代养成的宗教习惯伴随了他一生。1568年，奥地利的堂胡安以舰队总司令的身份离开宫廷时，腓力二世"给我弟弟的指示"的开头和二十五年前查理五世皇帝给腓力二世的指示（见第一章）一模一样，首先谈宗教责任。"首先，因为一切事务与一切良策的根基和源泉都在上帝那里，所以我严格命令你，你应当做一名虔诚的好基督徒，把上帝当作你做的一切事情的源泉与根基；你要把自己的一切事务与思考都托付给上帝。"随后，国王告诫堂胡安必须"千万小心，注意告解，尤其是在复活节和其他宗教节日，如果条件许可的话就领圣餐；你在陆地上的时候应当每天听弥撒；每当有闲暇的时候，哪怕是短暂的时刻，也要祈祷并做你私人的礼拜"。[1]

国王自己的宗教实践就是这样的。他每天听弥撒，每周至少听一次布道，每年四次做告解和领圣餐。他还花了大量时间在祈祷上。他的贴身男仆让·莱尔米特称，"自从我认识他、侍奉他"（也就是从1590年开始），"国王每天都花很长时间""冥思或默祷"。莱尔米特还注意到，"他的卧室每个角落都有某位圣徒的圣像或者耶稣受难像，他总是全神贯注地凝视这些图像，这时他的精神就会升上天堂"。另一位贴身男仆胡安·鲁伊斯·德·贝拉斯科会向国王呈上"他的祈祷书，并在他面前打开一个他总是带在身边的便携式礼拜台"，"上面有白银浅浮雕的耶稣受难像和圣母像，还附有'全大赦'[①]的赎罪券。国王陛下会花好几个钟头思考这些神圣的、属灵的事务"。[2]

在埃斯科里亚尔，国王的床边就是书柜，里面塞满了宗教书籍，包括一些他在幼年得到的书，比如加尔都西会士萨克森的鲁道夫的《基督传》。还有一些书籍反映了西班牙的反宗教改革的教会那种生机勃勃的灵性，比如阿维拉的胡安[②]、阿维

[①] "全大赦"（plenary indulgence）是天主教会的"大赦"（indulgence）的种类之一。信徒在告解后，虽然罪过已获得赦免，但仍然会受制于罪过遗留下的思想或行为，这称为"暂罚"，这时候必须通过教会颁布大赦，信徒的暂罚才得以在神前获得免除。大赦分为"全大赦"和"限大赦"两种，"全大赦"赦免人因罪应得的全部暂罚，而"限大赦"只赦免部分暂罚。根据天主教法典，只有教宗拥有颁赐大赦的权力，他人只有在得到教宗允许或受法律委托的情况下才能颁赐。

[②] 阿维拉的胡安（1499~1569）是西班牙神父和宗教神秘主义者，被天主教会封为圣徒。他因为在安达卢西亚传教，被称为"安达卢西亚的使徒"。

拉的德兰①（国王藏书中的唯一女性作者）和格拉纳达的路易斯②的《全集》。国王还收藏了一部《罗马殉道录》③、一部迭戈·德·阿尔卡拉④的传记，以及若干圣徒日历。关于瓜达卢佩、蒙塞拉特和罗雷托的圣母龛的书籍佐证了腓力二世对圣母马利亚和圣徒的虔敬；好几部关于礼拜仪式的书（一部每日祈祷书、一部弥撒书和一部《多语种圣经》，都是安特卫普的普朗坦印刷所的特殊敬献版）无疑有助于他在卧室内遵循礼拜仪式的规矩。1597年，七十高龄的国王向女儿伊莎贝拉·克拉拉·欧亨妮亚馈赠了"一幅圣母和圣子像"，"我听说这幅圣像最初属于我的外曾祖母，即天主教女王［伊莎贝拉］"。他还说，是他的母亲，即皇后，将这幅圣像送给他的，"自1535年我就一直带着它"。3

国王会定期搁置政府工作，集中精力祈祷。除了定期的祈祷之外，在圣周⑤和精神压力特别大的时候（比如亲人去世之后），他还会"静修"。1572年6月，一天深夜，一名信使送来了好几个议事会的文件，包括一份关于尼德兰起义快速蔓延的文件，然而"国王陛下命令等到次日上午再把文件送给他，

---

① 阿维拉的德兰（1515~1582），又称耶稣的德兰，华人天主教会称为大德兰，是西班牙的修女、教会改革家和神学家，被天主教会封为圣徒。她的宗教著作《灵心城堡》（或译《七宝楼台》）对西班牙文艺复兴时期的文学和基督教神秘主义影响很大。
② 格拉纳达的路易斯（1504~1588）是西班牙多明我会修士、神学家和作家。
③ 《罗马殉道录》是天主教会的重要资料，列举了教会承认的大部分圣徒。该书首版于1583年，后来不断修订。
④ 迭戈·德·阿尔卡拉（？~1463）是西班牙传教士，是最早向新征服的加那利群岛传教的人之一，被天主教会封为圣徒。
⑤ 复活节前的一周。

因为这一晚他已经做了告解，次日清晨要领圣餐"。[4] 五年后，大臣们在神圣星期六①给他发文件，国王大怒道："马德里那边的人是不是以为我们在埃斯科里亚尔没有圣周、复活节、告解和圣餐？""我今天做了告解，还有其他很多事情要做，所以我现在不能看这些文件。"[5] 每当国王做礼拜或听布道的时候（"我们今天有布道，所以今晚不能给你发去更多文件了"），公务就会耽搁（"我觉得明天我做不了这个，因为明天要做晨祷和晚祷"）。[6]

这些为数众多的宗教活动肯定能让国王暂时摆脱决策的持续压力，稍事休息，恢复处理更广泛问题的能力。1579 年，颇具洞察力的威尼斯驻马德里大使詹弗朗切斯科·莫罗西尼在努力理解国王为什么下令逮捕国务秘书安东尼奥·佩雷斯的时候，注意到了国王这次的行为与十一年前一次类似危机的惊人相似之处：

> 国王陛下似乎深思熟虑过此事，因为他于前一天上午在王家礼拜堂做了告解，领了圣餐，尽管这天并非宗教节日，而且他已经很多年没有这样私下里领圣餐了。但是［1568 年］他决定逮捕儿子堂卡洛斯的时候做过相同的事情，这个巧合让我相信，在做决定的时候，他想把最重要的事情首先托付给上帝。

何塞·德·西根萨修士也推测，腓力二世"独自祈祷"的

---

① 神圣星期六是耶稣受难日的隔天，复活节的前一天，圣周的最后一天。它是纪念耶稣死后，尸体放在墓穴的那一天。

时候，肯定在"向他真正的主人和君王敞开心胸；这么做的时候，上帝无疑会秘密地启发他，他就能想出下一步该怎么办"。[7]

这位谄媚的修士说得略微夸张。在1571年圣洛伦索瞻礼日的前夕，当埃斯科里亚尔的僧侣开展各种庆祝活动的时候，一位大臣告诉一名同事："国王陛下参加了所有这些活动，不过晨祷期间他写了这封短信给你。"三个月后，国王将一份档案退还马特奥·巴斯克斯，并承认："我都读过了，不过读得很匆忙，而且大部分是在晚祷期间读的。"1584年，在埃斯科里亚尔度圣周的时候，尽管他"听了我一辈子听过的最长的两篇布道"，但他向女儿承认，"在那期间我睡着了"。[8]即便是清醒的时候，腓力二世对细节的强迫症般的关注也会妨碍他的宗教活动。例如，在埃斯科里亚尔的宗座圣殿①第一次举行弥撒期间，一名僧侣注意到"天主教国王，一切礼拜仪式的专家""在看自己的弥撒书，以确保我们遵循了那里的指示。如果他发现有什么不合规矩的地方，就立即传话过来"。这位僧人尖刻地补充道："国王比教堂司事更精通，也更关心仪式的准确性。"[9]

国王还会动员其他人的信仰力量来增强其个人信仰的效果。他经常命令国内每一位高级教士为他认为重要的事情组织

---

① 原文为Basilica，本是古罗马的一种公共建筑形式，译为"会堂"，其特点是正面呈长方形，外侧有一圈柱廊，主入口在长边，短边有耳室。Basilica这个词源于希腊语，原意是"王者之厅"。在古罗马的城市，会堂一般作为法庭或大商场的豪华建筑。基督教沿用了罗马会堂的建筑布局来建造教堂。随着历史的变迁，会堂这个词的意义也发生了变化。今天在天主教中，有特殊地位的教堂被赋予Basilica的称号，中文的说法是"宗座圣殿"。

公共祈祷。在 16 世纪 60 年代，他眼中的大事包括教会的团结、特伦托大公会议的成功、打败土耳其人、镇压尼德兰起义、王后的健康、瘟疫早日结束和打败阿普哈拉斯的摩里斯科人。70 年代，国王在卡斯蒂利亚全境组织了大规模的祈祷活动，以寻求上帝的引导与佑护，并指示高级教士们动员"那些最虔诚、祈祷最有可能被上帝接受的人"。[10]

腓力二世不仅努力强调积极的一面，还尽量消灭消极的一面。他担心，如果他的臣民不过圣洁的生活，他就可能失去上帝的支持，所以他定期指示教士们教导民众改善自己的行为。1577 年，关于在尼德兰是战是和，他犹豫不决，此时他指示所有主教"特别注意消灭和惩罚罪孽，集中注意力于教士犯下的错误，惩罚他们"。他还指示全体世俗法官铲除他的臣民当中的罪孽，因为"我们都需要安抚我们的主，因为有证据表明，我主对我们的错误很愤怒"。[11]

需要做出关涉到复杂的道德判断的决定时，腓力二世经常征询一个由神学家组成的特别委员会（juntas de teólogos）的建议，比如，如何从卡斯蒂利亚教士那里征税以用于军费；被教宗保罗四世绝罚时如何应对；如何规划特伦托大公会议；对尼德兰的异端采取何种政策；是否对葡萄牙王位提出主张。不过，他通常会向告解神父征询宗教方面的意见。腓力二世会向告解神父发出潮水般的问题，比如他能否"良心安稳地"批准大臣建议的某项政策。尽管他的最后遗嘱命令烧毁他与告解神父的全部通信，但还是有一些与迭戈·德·查韦斯修士（1578~1592 年担任御前告解神父）的书信留存至今，这些书信都很简练但具有决定性，其中很多涉及财政。比如，国王在一封信里问，给国王的债务规定新还款方案的草案是否"符合良心的要求"，查韦斯在当天回信："在这个案例里，我认为是正当的。如需要，我可解释。"六年后，腓力二世给查韦斯发去一份新西班牙①空缺主教职位的候选名单，查韦斯也在当天就把回信送到了国王的办公桌上，对每一名候选人做了评价，还给出了建议。国王接受了查韦斯的建议，"因为我必须任命最好的人选"，并稍显不安地补充道："如果我没有选出最好的人，我至少尽力了。"[12]

查韦斯还不时主动地提醒国王注意良心的问题。1588年，他"不仅以神学家的身份，还以您的告解神父的身份"责备腓力二世对某件有争议的事情优柔寡断。四年后，他严词拒绝给国王赎罪，除非国王听从自己的某项建议。腓力二世非常看重查韦斯的威胁，派遣宫廷总管去了解更多情况。

> 这是给迭戈修士的文件……今天送去给他，今晚把他的回复送回来。努力让他冷静一点，好让我本周能过好复活节……如果他固执己见，你就告诉他，你会禀报我，并请他暂时搁置此事，等我过完复活节。

查韦斯果然固执己见。他抱怨道，国王不任命卡斯蒂利亚议事会的主席（该王国的高级司法官员），这就让臣民得不到公平正义；然后又抨击国王对待宫廷的罪人的方式：

---

① 新西班牙是西班牙帝国的一个副王辖区，1521年设立，延续到1821年墨西哥和中美洲独立时期；管辖范围非常广袤，包括今天的墨西哥、美国的一部分、古巴、加拿大的一部分、危地马拉、洪都拉斯、菲律宾等国家和地区，首府为墨西哥城。

> 我是陛下的告解神父，我不能再多说什么了，上帝也不会让我说更多。在阿尔门特罗斯法官［负责宫中刑赏之法的行政长官］面前控诉陛下，不是我的工作。但是，上帝要求我，在陛下听从我的建议之前，不要给陛下圣餐。

腓力二世屈服了：查韦斯认可的那个候选人很快成为卡斯蒂利亚议事会的主席。所以国王在遗嘱里命令烧毁自己与告解神父的通信，是不难理解的。[13]

腓力二世在调动超自然力量支持自己的事业的时候，不会单纯依赖活人，还会寻求已故圣徒的支持。用西根萨的话说，国王对圣物表现出"神圣的贪婪"。这可以追溯到1550年他在壮游途中经过科隆时，在那里发现了"大量头骨和骨骼"，据说是圣徒的遗骨。腓力二世及其随从买下了很多这样的骨骼，带回西班牙。七年后，他的军队从法国人手中夺取圣康坦城之后，国王将"很多圣物"置于自己的亲自保护之下，包括"圣康坦的遗骸和圣安得烈的头骨"，并"毕恭毕敬地"将其放置在军营中"他的礼拜堂的祭坛上"，然后将其运回西班牙。[14] 1567年，根据腓力二世的请求，教宗准许他按照自己的心愿搜集圣物。在随后三十年里，腓力二世在埃斯科里亚尔收集了数千件宗教物品，其中有多位圣徒的12具完整遗骨、144个头骨和360根肢体骨头，共计7422件圣物，其中很多附有国王亲笔写的标签。[15]

腓力二世引人注目的虔诚，以及他坚信自己与上帝有着特殊关系的信念，还通过其他方式表现出来。在每个圣诞节，他都像《圣经》中的东方三博士①一样，向教会敬献装着黄金、乳香和没药的镀金杯子；他经常说自己是臣民的"父亲和牧者"；他的书信和文件里满是对上帝的指涉。比如在1559年，他拿不准自己应当返回西班牙还是留在尼德兰的时候，就向主要谋臣格朗韦勒透露："因为这完全取决于上帝的意志，所以我只能等待上帝的指示；因为他曾经从我的道路上铲除更严重的障碍，所以我希望他也会铲除当前的障碍。"他返回伊比利亚半岛不久之后，告诉格朗韦勒："头等大事是，我要把宗教问题托付给你，因为你明白宗教是多么必需，而世间能够保卫宗教的人是多么罕有。所以我们这些保卫宗教的少数人必须小心翼翼地照料基督教世界。如有必要，为了做这件我们必须做的事，我们愿意牺牲一切。"1565年，他敦促一名谋臣："对于每一件事情，请你都告诉我，据你所知，怎么做对于侍奉上帝最为有利，因为侍奉上帝是我的主要目标，所以对上帝最好的也就是对我最好的。"[16]

一方面，腓力二世把自己的每一次胜利都归功于上帝的神力和恩宠。他告诉大臣们："这是上帝的功劳。"1562年，他的儿子和王储堂卡洛斯命悬一线的时候，似乎因为触碰了迭戈·德·阿尔卡拉修士的遗骨而得救，国王认为这是一个神迹，于是向教宗施压，要求将迭戈修士封圣。国王的这个心愿在1588年得到满足。另一方面，对于每一次失败，腓力二世都解释为上帝在考验他，看他的信仰是否坚定。1578年春季卡斯蒂利亚大旱，国王是这么想的："我们的主一定对我们大

---

① 典出《新约·马太福音》第2章第1~12节的记载，在耶稣基督出生时，有来自东方的"博士"或"国王"或"术士"朝拜初生的耶稣。"博士"指的很可能是来自帕提亚帝国的琐罗亚斯德教占星家。

怒了，因为我们非常需要雨水，他却不给。"他宠爱的外甥文策尔在几个月后去世，他却超然地表示："这肯定是悲剧，但这是上帝的旨意，上帝一定有自己的目的。"[17]国王期望上帝不仅"奖赏"他的坚定信仰，还希望上帝让他达成自己的目标，若有必要，就通过神迹来达成。比如在 1574 年，噩耗纷至沓来，腓力二世向私人秘书和宫廷神父马特奥·巴斯克斯哀叹道："我们有罪，所以不配得到上帝的神迹。但如果没有神迹，我们就不可能维持几个月，更不要说几年了。"更多的挫折没有让他重新斟酌自己的失败政策，反而让他更加期待神迹："愿上帝赐我们一个神迹。我告诉你，我们实在太需要神迹了，所以我觉得上帝肯定会给我们的，因为如果不发生神迹的话，我觉得所有事情都不堪设想。"[18]

腓力二世认为，他自己的利益和上帝的利益是一回事。1573 年，他以惊人的自负安慰一位患病的大臣："我希望上帝赐给你健康长寿，因为你为上帝服务，也为我服务，这是一样的。"三年后，听说另一名官员病倒之后，他写道："我相信上帝会赐给他力量与健康，来处置那些给上帝和我带来麻烦的事情。"二十年后，他仍然采用相同的话术，呼吁宗教裁判所议事会继续做"对上帝和我以及宗教裁判所最为有利的工作，因为侍奉上帝和侍奉我是密不可分的"。[19]

强制执行宗教政策

腓力二世坚信自己很清楚上帝的旨意是什么。他积极地惩罚异端，恰恰就是这种信念的最著名（或者说最臭名昭著）的体现。1555～1558 年，他积极支持对英格兰的大约 300 名新教徒处以火刑，1556～1565 年在尼德兰还命令处决了 300

名新教徒（见第三章和第八章）。他于1559年返回西班牙不久之后，参加了巴利亚多利德的一次大规模的信仰审判①，在仪式期间拔出剑（就像卡布雷拉·德·科尔多瓦的史书的卷首插图那样），宣誓永远捍卫宗教裁判所的权威（见第七章）。此言不虚。他后来又参加了四次信仰审判，经常（像在巴利亚多利德那次一样）带着王室的其他成员，并且经常在涉及面广泛的诸多问题上征询宗教裁判所主裁判官（都是钦点的）的意见。1577年，枢机主教加斯帕尔·德·基罗加向他保证："耶稣的德兰②是个好修女，品行高尚，堪称楷模，始终全心全意地侍奉上帝。"腓力二世承诺："我会按照你的建议，写信给阿维拉的行政长官［corregidor］。"他命令保护这位后来被封圣的修女以及"她的修女们"，使其免受竞争对手的迫害。1578年，基罗加搬进了"我已故的弟弟堂胡安的套房"（在马德里王宫内），从此可以几乎随时见到国王。[20]

腓力二世经常敦促其他天主教统治者坚守信仰。1572年，他听说法王查理九世听了他的建议、命令屠杀法国新教徒，于是说："这是我一生中最愉快的时刻之一。"法国大使在觐见时介绍了这场大屠杀③的一些细节，腓力二世听了"哈哈大笑，心花怒放，心满意足"，并说查理九世"无论在勇气还是谨慎方面"都无与伦比（大使油腔滑调、喜滋滋地说，法国国王"很好地报答了自己学徒时期的老师"）。[21]腓力二世还支

---

① 信仰审判（Auto-da-fé），字面意思是"信仰的行动"，是西班牙、葡萄牙和后来的墨西哥宗教裁判所时期异端分子的仪式性公开忏悔，随后异端分子一般会被处以火刑。
② 即前文提到的阿维拉的德兰。
③ 即圣巴托罗缪大屠杀，详见下文。

持那些可能结束天主教徒与新教徒之间分裂的计划。他经常命令"为了基督教的团结"举行公共祈祷；1562年，教宗庇护四世同意重启特伦托大公会议，腓力二世热情欢迎这个决定，因为这似乎是"解决基督教世界的弊端与分裂的最后机会"。国王甚至宣称："如果条件许可，如果我的朝政许可的话，我很想亲自参会。"虽然他最终留在西班牙，没有去特伦托参会，但他投入了大量心血，确保自己的领地内有尽可能多的高级教士和神学家去参加。[22]并且，在特伦托大公会议期间，他向教宗发去连珠炮般的建议，谈及他觉得需要多加关注的方面；他还试图延长会议直到问题解决，但是失败了。他还给派驻特伦托的大使发去潮水般的指示，要他把某些特定话题从议程中排除出去，因为他担心这些话题会导致宗教分裂永久化（事实也的确如此）。特伦托大公会议结束后，腓力二世立刻敦促大使，坚决反对任何将会议决议呈送教宗批准的企图（不过，"为了避免引起怨恨或怀疑，你必须尽可能伪装自己的意图，要办得巧妙"）。[23]

国王如此焦虑，有两方面原因：他担心庇护四世会修改会议的决议，或者干脆不批准；他还担心教宗可能把特伦托大公会议的决议当作借口，来干涉西班牙国王对西班牙教会职位的任免权。所以，庇护四世在1564年1月口头同意特伦托大公会议的决议之后，腓力二世立刻降旨，说从今往后，他的各领地必须遵守和执行特伦托大公会议的决议。他是第一个这么做的君主。但他的宣言只字不提教宗的批准，而是自豪地宣称：

既然圣父已经给我送来了特伦托大公会议的决议原文，我作为天主教国王［nos, como Rey Católico］……

希望在我的诸王国遵守、服从和执行该决议……我命令所有大主教、主教和其他高级教士，各修会的会长、省级长官、修道院长和守护者，以及他们的所有上级，立刻在各自的教堂、教区和主教辖区以及其他任何方便的地点公布、遵守、服从和执行该决议。[24]

在给高级教士发送这份宣言时，腓力二世还附上一封信，明确表示，虽然国王已经全面批准特伦托大公会议的决议，"作为整个基督教世界的榜样"，但"部分决议的执行可能会给教会财产以及国王陛下的权益与地位造成不便或损害"。所以，他要求收信人静候更多的指示，后来也分批发出了指示。7月，腓力二世得知一些大教堂的管理委员会派人去罗马请求免除特伦托大公会议决议的某些方面，于是命令，如果在将来对特伦托大公会议的决议有任何困惑或请愿，必须仅向国王一人提出。9月，他得知一些高级教士对特伦托大公会议的决议做了自己的缩略或注释，并发布了自己的版本，于是命令他们召回所有这些版本：在将来，只有得到国王批准的版本可以传播。12月，他下令："如果圣父发来任何圣谕或诏书……谈及特伦托大公会议的决议，应立即发送给我，不得擅自使用。这样的话，我就可以通知和建议圣父，需要做什么事情。"[25]

1565年4月，腓力二世采取最后一项措施，来确保自己对特伦托改革的掌控：他命令西班牙的每一位大主教按照特伦托大公会议的要求，尽早"召集、集合和召开"一次省级宗教会议。在这封要求召开会议的信里，他又一次表示自己想参加，但补充说，"无须我本人到会，因为我可以"通过派遣特派员（都是俗士）来达到相同的效果。特派员向每一个宗教会议发送了国王的详细指示。在这些指示里，国王修改了特伦托大公会议决议里自己不喜欢的部分，从而"澄清"该决议（"国王陛下希望，关于主教居住地的规定，要比特伦托大公会议决议规定得宽松一些"）。国王禁止讨论特伦托大公会议决议里与本国法律相抵触的改革（比如决议"似乎授权宗教法官去处罚俗士，没收其财产并扣押其人身，这是我国法律不允许的，也不应当允许"）。国王还再次强调，不准向罗马寻求解释或支持。国王的这些措施确保了特伦托大公会议的决议不会威胁国王自己的利益，也不会威胁他的法律。一位王室特派员用生动的语言概括道，国王"把特伦托大公会议的决议翻译成了西班牙文"。[26]

庇护四世不理睬腓力二世提出的关于什么才是改革天主教会的最好办法的建议，于是国王指示他在罗马的代表提醒教宗，"因为上帝把我安排到这样的位置，有很多事情会影响我的良心；我还必须关注我的诸王国的宗教"，并且"作为我的臣民的父亲和牧者，我必须时刻保持警惕"。下一任教宗庇护五世仍然不理睬腓力二世的请求，于是国王指示他的驻罗马大使请求单独觐见教宗，向教宗指出，"圣父拒绝相信我、不肯采取行动而造成的损害，都请他后果自负。我的良心是坦荡的"。这话很有"被动攻击型人格"①的意思，既有恳求，也有威胁。腓力二世和教宗的很多交流都是这样的。[27]

除了亲自支持特伦托大公会议之外，腓力二世还慷慨大方

---

① 被动攻击型人格指的是，以消极被动的方式表现强烈的攻击倾向。这种人格固执，内心充满愤怒和不满，但又不直接将负面情绪表现出来，而是表面服从，暗地敷衍、拖延、不合作，常私下抱怨，却又相当依赖权威。

地出资赞助旨在"重新团结我们的基督教信仰"的另一项工程,并为其提供详细的编辑建议。那就是1569年至1573年在安特卫普出版的八卷本豪华版《多语种圣经》。他委托著名的人文主义学者贝尼托·阿里亚斯·蒙塔诺来领导这项工程,并指示他与路德派和其他"可疑的"教派的圣经学者合作,因为国王希望通过同时提供希伯来文、希腊文、阿拉米文和拉丁文(武加大译本)的得到普遍接受的经文,以及专门从希腊文和阿拉米文翻译的额外的拉丁文文本,除了吸引天主教徒之外,还能吸引新教徒和东正教徒。这项出版工程遵循的箴言是"虔敬之和谐"(PIETATIS CONCORDIAE),书名页显眼地写道,这套书是"天主教国王腓力二世为了神圣教会的虔诚与精研"而下令编纂的。为了让人们正确理解这条讯息,第二页就画着一个女性形象(象征宗教),一手拿着一本新版《圣经》,一手拿着一面盾牌,上有腓力二世的纹章;她脚下的柱基上有一段文字,重申了国王为全体基督徒创造这套新工具的决心。

腓力二世与教廷

腓力二世为了改革和团结教会而做的单方面努力冒犯和疏远了教廷,这也不足为奇。格列高利十三世(1572~1585年在位)宣布,将来任何俗家人士都不能主持宗教会议。当腓力二世仍然我行我素地派遣俗士身份的特派员去向一系列教士会议传达自己的意愿时,格列高利十三世否决了所有呈送给他批准的相关文书,于是双方之间出现了令人难堪的僵局:在随后三个世纪里,除了一个例外,不会有一场宗教会议在西班牙举行。教宗如此固执,让腓力二世大感不解。1581年,他向格朗韦勒发泄道:

> 我是唯一真正尊崇教廷的统治者，然而教宗们非但不感谢我，还利用我的善意，企图篡夺我的权威，这真是不可思议！要知道，上帝把政府托付给我，为了妥善治理，我需要这样的权威，这对侍奉上帝也有益处。那些敌视教宗的人，教宗反倒对他们客客气气！[28]

腓力二世的困惑出自两方面：首先，他坚信自己比任何人都更有能力阐释上帝的旨意，而且在神学问题上的造诣不亚于任何教士；其次，他还相信自己是"我们的祖先，西班牙列王"的继承者，而西班牙列王曾以"国王兼祭司"（Rex et sacerdos）自居。腓力二世经常大言不惭地提醒教宗们，他拥有多么强大的宗教权力和相关责任。庇护四世当选仅仅四天之后，西班牙大使弗朗西斯科·德·巴尔加斯觐见教宗时发出了严正警告："您不应当掺和国王陛下要办的事情。"如果教宗不听警告，执意"掺和"的话，腓力二世就运用敲诈和威胁的手段去阻止他们。三十年后，腓力二世请教宗西克斯图斯五世派遣一个委员会调查西班牙的耶稣会，被教宗拒绝，于是腓力二世命令西班牙大使发出威胁，如果教宗不同意，国王就自己去调查。

> 如果圣父听了你的话并且审阅了相关文件之后仍然不同意，并且拒绝让一名［国王任命的］主教负责调查，你就告诉他，我不会再次请求他，而是自行采取恰当的措施，以防范我担心可能发生的危险。[29]

"西班牙没有教宗"

与一直到1976年为止的所有西班牙统治者一样，腓力二世享有极其广泛的宗教权力和特权。他亲自挑选西班牙、西属美洲、西西里和那不勒斯的主教和修道院长（这种权力被称为"国王的教士任免权"，patronato real）。他继承葡萄牙王位之后，还获得了葡萄牙帝国的教士任免权。每当他的领地内有高级的教会职位出现空缺时，国王就以"教会的庇护者"的身份指示自己的大使向教宗推荐候选人，赞扬其美德，请求教宗确认这个任命，如此一来相应的教区"将由此人引导和治理，我的良心也会得到满足"。他恳求教宗信任大使的推荐，"如同您信任我"。[30]但高级职位的任命只是腓力二世的教士任免权的一小部分：每当一个主教职位空缺出来，他就利用该主教辖区的收入，向其他教士分发大笔年金；仅在卡斯蒂利亚，他每年就挑选多达一百名教士、教长、修道院长和随行神职人员。因为腓力二世在位时间很久，而且统治的领土极其广袤，所以他任命圣职的数量比近代早期的任何一位统治者（无论是天主教徒还是新教徒）都多得多。

那么，他选择的是什么样的人呢？腓力二世有一次向教宗吹嘘说，他作为教会庇护者，"不是[用圣职]奖赏为我服务的人，而是亲自到五湖四海寻找最适合侍奉上帝的臣民"。但是我们拥有的证据不能支持这种说法。恰恰相反，我们发现，腓力二世任命的人当中有很多是他自己的臣仆或其亲属。在他提名的194名西班牙主教当中，45人曾担任宗教法官，44人曾是为国王效力的法官或谋臣。腓力二世在提名教会年金获得者时，也会照顾自己的雇员。比如，1578年提交教宗批准的名单当中,有一个人是一名主教的私生子,而那名主教是马克西米利安一世皇帝(腓力二世的曾祖父)的私生子;还有五名法官;六名宗教法官;十四人是大臣的子侄或兄弟;二十四人是王室礼拜堂的神父,四人是王室礼拜堂的唱诗班领唱者;一人是御医,六人是内廷医务官员的儿子;十三人是王室内廷其他人员的儿子,包括御用鞋匠和王后的蜡烛工匠的儿子。尽管腓力二世吹嘘自己"到五湖四海寻找最适合侍奉上帝的臣民",但他实际上利用教士任免权来给自己的雇员增加收入。[31]

腓力二世效仿"我们的祖先,西班牙列王"行使"国王兼祭司"权力的另一个方面,涉及宗教审批权,也就是说,如果教宗的某些行动是西班牙王室不认可的,那么王室有权不遵守。王室官僚会利用这种权力将教宗的某些圣谕和诏书扣押不发数年之久,并将其退回罗马,要求修改。庇护五世为了给全体天主教徒提供统一的礼拜仪式,颁布了新的教义问答、弥撒书和每日祈祷书。但教宗的这些新措施遭到了马德里方面的激烈反对。1566 年,新的教义问答(包含特伦托大公会议批准的一些信条)送抵西班牙,教宗还允许将其翻译为西班牙文。但腓力二世的神学家们仔细研究了新的教义问答,说在里面发现了隐藏的新教思想。于是西班牙宗教裁判所查抄了该文本,禁止使用。修改版的拉丁文教义问答直到 1577 年才出现在西班牙,而它的第一个西班牙文译本(普通西班牙人只能使用西班牙文版本)直到 1777 年才问世。

腓力二世在其统治期间一直努力把教宗特使从他的领地排挤出去。庇护五世于 1566 年当选教宗不久之后,决定派遣调查委员会去天主教世界的各地,但腓力二世不准委员会进入西班牙和尼德兰。随后,庇护五世听说美洲的神职人员当中有很多陋习,感到警觉,于是考虑任命一名罗马教廷大使去新大陆。为了应对这种威胁,腓力二世设立了自己的特别委员会,去寻找办法改善美洲的宗教事务。庇护五世的回应是设立了一个枢机主教委员会来提议解决方案,并热情洋溢地将该委员会的建议发送到西班牙。但是腓力二世断然拒绝接受。马德里方面仍然牢牢地掌控着美洲教会,滴水不漏。在腓力二世治下的其他地方,情况大体也是这样。据西班牙驻罗马大使说,庇护五世发牢骚道:"他在西西里能做的也不比在德意志更多,因为每当他决定做什么的时候,就会迎头撞上国王任命的另一个庇护五世,所以教宗没办法取得任何进展。"腓力二世对教宗的抱怨无动于衷。国王直言不讳地告诉庇护五世:"我拥有的权力,以及我的前任传给我的权力,都不会有任何变化。"有一次讨论教会管辖权限的时候,卡斯蒂利亚议事会主席说过一句令人难忘的话:"西班牙没有教宗。"[32]

弥赛亚式帝国主义

罗马与马德里之间为了相对较小的事情发生这样无休止的争斗,说明双方的世界观是互相抵触的。尽管腓力二世显然很虔诚,但教宗们很有理由害怕他。1527年5月,也就是他出生的那个月,他父亲的军队洗劫了罗马城,俘虏了教宗;三十年后,腓力二世的军队入侵了教廷领地,炮轰圣城。尽管这次腓力二世的军队在议和之后就撤退了,但他仍然对罗马有着强大的影响力。他向对他友好的枢机主教们提供西班牙的圣职和丰厚的年金(到1591年,七十位枢机主教当中有四十七位领取了西班牙提供的年金),还从西西里为罗马城提供粮食与葡萄酒。根据教宗的请求，他提供桨帆船去清剿海盗，有一次还出动军队帮助教宗镇压抗税的暴动。从1559年保罗四世去世时开始，腓力二世还努力阻止"讨厌的或者对我们不利的"枢机主教成为教宗。保罗四世去世之后，一连四个月，巴尔加斯大使都在努力安排一位亲西班牙的（或者至少是不亲法的）枢机主教当选为教宗。在这之后直到1590~1592年，腓力二世都没有直接干预教宗的选举。但在1590~1592年，他威胁停止从西西里向罗马输送粮食，并调动军队和桨帆船去教廷国的边境，对选举教宗的会议施压。

有的教宗会奋起反击。保罗四世将腓力二世绝罚并向他宣战（见第三章），而格列高利十三世试图阻止西班牙与葡萄牙联合，国王因此大发雷霆：

> 没有人比圣父更清楚，我对您是多么热爱和尊重；您在位期间，我的领地遇到的挫折也是世人皆知的，绝大多数挫折都是因为我肩负起了保卫教会、铲除异端的重任。然而我遇到的挫折越多，您似乎却越是对它们视若无睹，这让我无比震惊。[33]

教宗继续对西班牙遇到的"挫折""视若无睹"。16世纪90年代，腓力二世代表他的女儿伊莎贝拉·克拉拉·欧亨妮亚对法国王位提出主张，但克雷芒八世不理睬他，而是支持他的死对头纳瓦拉的亨利①。在尼德兰方面，腓力二世（不无道理地）抱怨教廷对他收复反叛省份并将其重新天主教化的努力无动于

---

① 即后来的法国波旁王朝的第一个国王亨利四世。

衷，甚至抱有敌意。如他对格朗韦勒所说（"为了让你看清大局"），教宗的漠然——

> 让我非常疲乏，我快要失去耐心了……我相信，如果尼德兰属于其他人，他一定会使出浑身解数阻止尼德兰成为新教国家；但因为尼德兰属于我，我相信他会袖手旁观，看着我失去尼德兰。[34]

这个观点很精明，表达得也很巧妙，但忽略了这样的事实：腓力二世的领地从南北两面包围了教廷国，对教宗的权威构成了政治威胁，而且腓力二世那种弥赛亚式的话术也挑战了教宗的意识形态。

腓力二世的弥赛亚思想表现出的很多特点，在近代早期是司空见惯的，那个时代有很多强烈的宗教信念，比如：关于基督教世界统一之前要先经历全球大乱的预言；把腓力二世的帝国描绘成世界历史上第一次出现的崭新事物的"奠基神话"；时间的终结迫在眉睫，所以必须立刻采取行动来实现自己的全部目标的猜想；以及"弥赛亚"既能够看清上帝对世界的计划，也能比别人更好地采取恰当政策来实现上帝的目标。腓力二世于1549年对尼德兰的巡视就包含了很多弥赛亚式的时刻（见第二章），他成为英格兰国王之后还会经历更多这样的时刻。比如，荷兰的豪达圣约翰教堂内，为了纪念圣康坦大捷，腓力二世命人制作精美的彩色玻璃窗，窗户的上半部分就描绘了所罗门在圣殿的落成典礼上祈祷，上帝的声音回答他："我已听了你的祷告……你若在我面前效法你父大卫所行的……我就必坚固你的国位……你的子孙必不断人作以色列的王。"[1] 在彩色玻璃窗的中部，基督在主持最后晚餐，并与他的使徒腓力谈话，而腓力的手放在与他同名的腓力二世的肩膀上，以示保护。腓力二世则与妻子玛丽·都铎一起跪着，崇敬地仰望（见彩图5）。

这种弥赛亚思维产生了极其深远的影响。最重要的是，腓力二世坚信不疑，自己在为上帝效劳，这就让他在政治层面显得非常不切实际。他经常不愿意制订紧急预案，理由是，既然上帝已经站在西班牙这边，那么如果国王为可能的失败制订预案的话，就意味着他对上帝缺乏信仰。出于类似的原因，如果部下说国王的计划不切实际，他会不以为然，因为他相信，这些水平较低的凡人不明白，假如有需要的话，上帝自然会帮助他。

腓力二世以信仰为基础的策略，在他与英格兰打交道的时候表现得最明显。他吹嘘道："上帝已经赐福于我们，通过我的干预和我的手，把英格兰王国重新带回天主教会。"这就让他更不愿意聆听别的策略。比如在1570年，腓力二世命令阿尔瓦公爵（当时担任尼德兰总督）准备发动并指挥一场入侵，去废黜伊丽莎白·都铎，并以她的天主教徒表侄女玛丽·斯图亚特取而代之。国王认识到——

> 尽管凡人的谨慎会告诉我们有很多不便和困难之处，并让我们产生世俗的畏惧，但基督徒的坚定信念和我们对上帝事业的信念，必然会帮助我们铲除障碍，并启迪我们、给我们力量，去战胜一切困难。如

---

[1] 出自《旧约·历代志下》第7章第12~18节。

果我辜负那位女王［玛丽·斯图亚特］和那些天主教徒，或者说，如果我辜负了信仰，导致那些天主教徒遭受磨难，而她遭受毁灭，那么我们的灵魂必然逃不过极大的负罪感和深重的悔恨。

阿尔瓦公爵抗议说，这将是一场在错误的时间、错误的地点进行的错误的战争，并挖苦道："正如陛下非常高尚、非常虔诚地指出的那样，主要的手段必然是上帝赐予的，但因为上帝通常会借助他赐给凡人的资源来行事，所以我们有必要检查一下，要满足您的心愿，我们需要什么样的资源。"阿尔瓦公爵说，西班牙完全拿不出所需的"资源"。[35]

于是国王消停了一段时间，但他于1571年夏季再次长期居住在埃斯科里亚尔的时候，又想起了攻打英格兰的计划。他通知阿尔瓦公爵，因为玛丽·斯图亚特是英格兰王位的"真正且合法的继承人"，"而暴君伊丽莎白霸占着王位"，所以只要从尼德兰出动6000人的军队，由阿尔瓦公爵亲自率领，就足以"轻松地杀死或抓捕伊丽莎白，解放苏格兰女王，并占领英格兰王国"。腓力二世肯定意识到，自己的部下一定还会觉得这个计划不切实际，于是说："因为这是上帝的事业，所以上帝会用他无比强大的手和臂膊启迪、帮助和佑护我们，让我们取得胜利。"[36]

国王的宗教狂热甚至让那些在他身边工作了多年的谋臣也感到震惊。其中一名写信给同事："国王陛下对入侵英格兰的事情如此专注和投入，真是令人称奇。［伊丽莎白］女王已经对他的计划了如指掌，［阿尔瓦］公爵则对国王的计划没信心，这也没能让国王的热情冷却下来。"几天后,这位大臣又补充道:"我从未见过国王对其他任何事情如此上心。"就连费里亚伯爵(他曾担任腓力二世驻英格兰的大使,所以是流亡到西班牙宫廷的英格兰天主教徒的捍卫者)也表示难以置信:"国王陛下对入侵英格兰这件事情实在太热情了,与他相比,我的态度都只能算不温不火了。"[37]腓力二世的狂热甚至让他试图用又一套弥赛亚式话术来诱导阿尔瓦公爵。"无人否认,此事的困难很多,也很大,而且如果失利的话,我们将蒙受相当大的风险。"他承认道。

> 但是,我对此事抱有极大的渴望,并且对我主上帝完全信任,毕竟这件事情就是为上帝服务(因为我在此事中绝对没有个人的野心),所以上帝一定会引导和佑助我们的事业。我坚信不疑,是上帝命令我这么做的,我的决心无比坚定,我决心尽快启动并亲自参加此事,尽我所能地推动和支持此事。

阿尔瓦公爵又一次用潮水般的务实层面的反对意见来对抗国王的精神勒索,最后不客气地说:"如我已经禀报陛下的那样,我还没有开始任何准备工作。"[38]这真是鸡同鸭讲。直到阿尔瓦公爵发现伊丽莎白已经派人严密看押玛丽·斯图亚特并逮捕她主要的英格兰支持者,腓力二世才作罢。

但这次失败并没有改变腓力二世那种弥赛亚式的制定策略的方式。他继续用道德绑架来说服部下:不管局势多么令人绝望,上帝一定会保佑他们的。比如在1585年,他告诉帕尔马公爵(接替阿尔瓦公爵,担任尼德兰总督):

这场［尼德兰］战争已经造成了大量的生命和财产损失。不过这场战争是为了上帝而打的，所以我希望上帝……会妥善安排，要么通过战争，要么通过谈判，赐给我们幸福的结局，让全世界都知道，信上帝就会得到报偿，所以我们必须始终坚定信仰。但是如果因为我们的罪孽，上帝要给我们另外一种结局，那么我们最好是把一切都用于他的事业，用于侍奉他，而不要为了任何原因而动摇自己的信仰。

两年后，腓力二世提议在隆冬腊月向英格兰发动远征，他的主要海军将领抱怨了这个愚蠢且危险的计划。国王心平气和地答道："我很清楚，在冬季派遣大规模舰队穿过英吉利海峡，是风险很大的事情，但……因为这是为了上帝的事业，所以上帝一定会赐给我们好天气。"九个月后，无敌舰队的一些舰船因为风暴而损坏，一些舰船撤回拉科鲁尼亚，其余的则被风暴吹散。即便在这时，国王仍然向灰心丧气的指挥官保证：

如果这是一场非正义的战争，这场风暴的确可以算是上帝的警告，要我们停止冒犯他；但这是一场正义的战争，所以我们无法相信上帝想要停止这场战争。上帝一定会赐予比我们能够期望的更多的恩典……我将这项事业献给上帝。那么，大家继续各自努力吧！[39]

国王的计划所遭受的灾难性失败偶尔会让他的自信心动摇。

1588年11月他刚刚得知无敌舰队的失败是多么惨重时,向秘书吐露了心迹:"要不了多久,我们就会陷入灾难的深渊,让我们恨不得自己从来没有出生过。至少我会那样希望,以免亲眼看见灾难。如果上帝不赐给我们一个神迹(我希望他会),我希望在灾难降临之前死掉,去见上帝。我为此祈祷,宁愿死了也不愿看到那么多的灾祸与耻辱。"但是他很少对"侍奉上帝和为我服务"的一致性产生这样的怀疑,而且这种怀疑很短暂。在16世纪90年代,腓力二世宣称,"我不能,也不会放弃"针对尼德兰、英格兰和法国新教徒的代价昂贵的战争,"因为我对上帝和世界负有特殊的责任,要去处置他们"。几个月后,一名大臣苦苦哀求削减在法国、尼德兰和大西洋的军事开支,腓力二世却提醒对方:"这些事情都是不可以放弃的……因为它们涉及宗教事业,而宗教是压倒一切的头等大事。"[40]

将腓力二世的弥赛亚思想置于历史语境中

腓力二世的绝大多数臣民也拥有与国王几乎完全一致的弥赛亚思想。在他统治的初期,一名宫廷神学家的著作强调了国王与教士之间的联系:

> 君王拥有治愈灵魂创伤的能力。这意味着,君王不仅要统治和治理国家,使其安享太平,还负有特殊的责任,努力劝臣民向善……君王在辞世时和审判日必须向上帝做一个交代,不仅要对自己负责,还要对他的所有领地负责,对因为他的软弱与疏忽而发生的损害负责。[41]

诗人们也赋予腓力二世的事业一种神圣性。16世纪70年代，费尔南多·德·埃雷拉的《勒班陀大捷颂》把此次胜利与法老的军队溺死于红海联系起来；胡安·鲁福的《奥地利颂》（*La Austriada*，1584年）歌颂国王是"上帝在人间的牧者"；埃尔南多·德·阿库尼亚在1591年发表的十四行诗《赞颂国王，我们的主公》中写道：

> 那光荣的日子，陛下，要么指日可待，
> 要么已经降临，就是上苍预言的日子，
> 世上只有一群羔羊，一位牧者……
> 为了大地的和谐，宣示
> 一位君主、一个帝国和一把宝剑。[42]

天主教艺术家们也明确地将国王的成就归功于他享有的神恩。很多在腓力二世健在时创作的艺术品描绘了他与上帝之间的直接联系。在提香的《腓力二世的敬献》（1573年）中，国王夸耀地将自己的新生儿献给上帝，以表达对勒班陀大捷的感激（见彩图7）；在格列柯①的《腓力二世之梦》（1579年）中，国王双膝跪下，自信满怀地等待自己在审判日的命运；在1585年的一幅尼德兰雕版画中，耶稣直接将权力的符号赐予腓力二世，而教宗在一旁嫉妒地观看。在索福尼斯巴·安圭索拉那幅腓力二世肖像（也许是他最有名的一幅肖像）中，国王手里拿着一串念珠，仿佛画家是在国王做祈祷时突然开始为

---

① 格列柯原名多米尼柯·狄奥托科普洛（1541~1614），是西班牙绘画艺术的第一位大师。"格列柯"在西班牙语中意为"希腊人"，因为他出生于克里特岛。他的画作数量惊人，最著名的有《奥尔加斯伯爵下葬》等。

他画像的（见彩图8）；而蓬佩奥·莱昂尼①那座超过真人尺寸的雕像显示腓力二世及其家人在埃斯科里亚尔宗座圣殿的大祭坛旁祷告（见彩图9）。

至少有三位作曲家创作了歌颂腓力二世的弥赛亚思想的宗教音乐。在16世纪50年代，巴尔托洛梅·德·埃斯科韦多创作了一首六声部的弥撒曲，从头到尾将"西班牙国王腓力"（PHILIPPUS REX HISPANIAE）这个短语与常规的唱词并置：

> 荣耀属于天堂的上帝，
> 在人间，和平属于善心的人们。
> 我们赞美你，我们祝福你，
> 西班牙国王腓力……
> 以上帝之名前来的人，有福了。
> 西班牙国王腓力。

1596年，王室礼拜堂主管菲利普·罗希尔在他的四声部或六声部《西班牙国王腓力二世弥撒曲》（*Missa Philippus Secundus Rex Hispaniae*）中如法炮制；而费尔南多·德·拉斯·因凡塔斯创作了一首六声部的经文歌②，恳求圣哲罗姆佑助"他最虔诚的仆人"腓力二世（以及王室的其他成员）。[43]

最后，腓力二世的弥赛亚世界观也得到了他的亲人与绝大多数大臣的认同和支持。他的妹妹胡安娜宣誓守贫、守贞和服

---

① 蓬佩奥·莱昂尼（约1533~1608）是著名的意大利雕塑家。他的父亲莱昂内·莱昂尼（约1509~1590）也是著名的雕塑家，他为神圣罗马皇帝查理五世及其儿子腓力二世创作的雕像非常有名。
② 经文歌（motet）是中世纪到文艺复兴时期的一种宗教音乐体裁。

从，加入了耶稣会（见第九章）；他的弟弟、身为武士的奥地利的堂胡安也经常恳求上帝的佑助，频繁程度出人意料。1576年，在动身前往尼德兰的前夕，在给同父异母姐姐帕尔马的玛格丽特的一封信中，堂胡安希望上帝"用一些神迹帮助我，因为如果他不创造神迹的话，我不知道如何能起死回生"。[44] 备受信赖的谋臣鲁伊·戈麦斯·德·席尔瓦（也是胡安娜和堂胡安的盟友）在1559年告诉耶稣会的总会长："我对你们的修会是多么眷顾，所以我希望在梅利托建一家［耶稣会］学院。"梅利托是鲁伊·戈麦斯新近获得的一处采邑，在那不勒斯。十年后，鲁伊·戈麦斯和他的妻子埃博利亲王夫人"热烈欢迎"阿维拉的德兰，因为她根据他们的请求，要在他们的主要居住地"帕斯特拉纳建一家修道院和一家女修院"。[45] 1568年，腓力二世的驻法国大使堂弗兰塞斯·德·阿拉瓦抗议道："如果要我把人事置于天意之上，那我希望上帝把我从这个世界带走。"1572年的圣巴托罗缪大屠杀甚至让阿尔瓦公爵也相信，这清楚地表明上帝在推进自己的事业和西班牙的事业。他兴高采烈地告诉一位同僚：

> 巴黎乃至法国的事情真是太美妙了，确实表明上帝在改造和重新安排人间的局面，在努力保全真正的教会、推进上帝的事业与荣耀。除此之外，在当前局势下，这些事件发生的时机对我们的主公国王陛下极其有利，所以我们必须对上帝的恩典感激涕零。[46]

就连因为生活放荡而臭名远扬的大臣安东尼奥·佩雷斯也在1575年去朝圣。次年，他安排奥地利的堂胡安从意大利去尼德兰的行程时喜悦地说："对侍奉上帝和为陛下服务（这两样是一回事）都特别重要的一件事情，进展得十分顺利。"1584年，卡斯蒂利亚议事会主席表达了希望，"为上帝和国王陛下服务，将会优先于"公共事务中的其他任何事情。三年后，国务秘书堂胡安·德·伊迪亚克斯敦促他的主公坚持落实入侵英格兰的计划，不惜一切代价：

> 这将是对我主上帝极其有利的事业，所以上帝不可能不伸出援手帮助我们，并通过陛下及其事业来显示，他将会奖赏忠心耿耿为他效力的人。我相信，每一个人都有义务尽其所能地侍奉上帝，因为上帝给了人力量，也能把人的力量拿走。上帝赐给陛下如此多的权力与恩典，所以我们可以坚信不疑，我们为了上帝做的任何事情都会让他高兴。[47]

国王麾下的众多神职人员当然也会表达类似的观点。1574年，马特奥·巴斯克斯这样安慰因为尼德兰的严重局势而沮丧的国王：

> 上帝会永远照料陛下，在您处境最危急的时刻赐予您最大的恩典，比如圣康坦战役、针对基督教世界之敌的勒班陀大捷、格拉纳达的战争……这些事例让我们充满期待，因为陛下是在为上帝的事业而战，所以上帝一定会像往常那样，为陛下的利益而战。

四年后，葡萄牙国王塞巴斯蒂昂（腓力二世的外甥）兵败身亡的消息传来，巴斯克斯坚持说，要不了多久，"上帝就会回来捍卫自己的事业,并赐予陛下长寿,因为上帝把您视为捍卫他的事业的工具。陛下很清楚,往往是在严峻的挑战和严重的磨难当中,上帝会赐予我们伟大的胜利"。[48]神父、宗教法官和西印度议事会主席胡安·德·奥万多也有同感。当国王问,任命他为财务议事会主席是否会让他过于疲惫时,他用与国王的言辞相似的话答道:"我会为了侍奉陛下而献出自己的精力与健康,一定能克服困难,因为侍奉陛下和侍奉上帝是一样的。"1583年,特塞拉岛海战大捷的喜讯传来,枢机主教格朗韦勒呼喊道:"仁慈的上帝给了我们如此之多的优势与恩典,我们必须努力推进他的事业,并努力从魔鬼[新教徒]的枷锁中解放尽可能多的灵魂,无论是在尼德兰还是其他地方。因为侍奉上帝和从事我们自己的事业是一致的。"[49]

所以,在弥赛亚式思想上的高度一致,将腓力二世同为他效力的军人、艺术家、音乐家和大臣紧密联系起来。这自然而然地加强了国王的自信,让他不愿意考虑替代的、更灵活的策略。但他真的有别的策略可选吗?腓力二世继承的领地在地理分布上过于分散(西班牙、意大利的很大一部分、美洲和尼德兰),实际上是没有办法防守的。1565年之后,他获得菲律宾;1580年之后,他获得了整个葡萄牙帝国。这都让他在战略上越发"力不从心"。如敏锐的政治观察家托马索·康帕内拉[①]在腓力二世驾崩不久之后所说:"西班牙君主国建立在玄

---

① 托马索·康帕内拉(1568~1639)是意大利的多明我会修士、哲学家、神学家、占星学家和诗人。康帕内拉的宗教思想较为激进,曾多次被捕,前后在狱中度过近三十年。他最著名的著作是《太阳城》。这本书借助航海家与招待所管理员的对话,描绘了一个完全废除私有制的社会,启发了后来空想社会主义的众多理论与实践。

奥的天意，而不是谨慎或者机会主义的基础之上。"康帕内拉和其他很多人一样，将西班牙历史视为一种英雄主义的前进过程：随着西班牙曲折但凭借神力朝世界帝国的地位前进，神迹将与灾祸相抵消。[50] 的确，在无敌舰队之前，西班牙的每一次失败似乎都会被一次辉煌胜利抵消：1570～1571年推翻伊丽莎白的计划泡汤之后，腓力二世赢得了勒班陀大捷（此役似乎结束了土耳其人的威胁），法国还发生了圣巴托罗缪大屠杀（此事似乎对法国的新教施加了致命打击）。腓力二世在尼德兰蒙受了沉重损失，在尼德兰收复失地的战争也失败了，但他获得了葡萄牙及其海外领地，这就不仅弥补了尼德兰的损失，还让他收益甚多，建立了历史上第一个"日不落帝国"。

但是，如同卡尔·冯·克劳塞维茨在他那部19世纪的名著《战争论》中所写的那样，一切战争都是由人来打的，"哪怕是最不重要的人也有可能造成延误，或者把事情搞砸"。为了解释陆海军指挥官遇到的困难，克劳塞维茨从物理学中借用了"阻力"的概念，来概括所有那些使命令得不到顺利执行的因素。"不计其数的、绝对预想不到的微型偶然事件，加起来就会降低作战的普遍水平，所以人们总是无法达成原定目标。"[51] 但腓力二世的弥赛亚式帝国主义思想既不承认人类事务总是有变得混乱的倾向，也不承认人类事务会随机地偏离预定轨道，所以需要持续的修正。每当腓力二世的"宗教乃第一要务"哲学定下了无法达成的目标和超出自己实力的战略时，国王总是选择逃避现实：他要么思考如何能"说服"上帝创造一个神迹，要么一头扎进自己在宫廷创造的世俗娱乐当中，回避残酷的现实。

第六章　国王的娱乐

马特奥·巴斯克斯有双重身份，既是宫廷神父，也是国王的秘书，所以巴斯克斯拥有独一无二的位置，能够观察主公的所思所想和情绪。有一次，巴斯克斯提醒一位同事："国王和其他人一样，有自己的享乐和欲望。但有一个不同：与臣民和附庸相比，国王拥有强大得多的权力去追求享乐。而且，如同很多事情每天都会变化，国王的享乐和欲望也会不断变化。"[1]腓力二世的权力毫无疑问是极大的，而他于1559年返回西班牙之后追寻的那些享乐和爱好，竟然成为他毕生的追求，除此之外几乎没有任何新爱好，这就格外引人注目了。

欲罢不能的旅行者

尽管腓力二世于1561年确定马德里为永久的行政首都，但他的人生只有不到一半是在那里度过的。1563～1564年和1585～1586年，他居住在阿拉贡，1592年又在那里短暂停留。1570年，他巡视了安达卢西亚；1580年，他前往葡萄牙，离开马德里三年之久。特奥菲洛·鲁伊斯①在《国王的旅行》中强调了国王这些漫长而缓慢的旅行需要多么复杂的准备工作，所经过的城市要举行多么奢华的表演，经常令国王精疲力竭，以及每一次旅行"都同权力的行使与体验密不可分地联系在

---

① 特奥菲洛·鲁伊斯（1943～ ）是古巴裔美国历史学家，目前任教于洛杉矶加州大学，于2012年获得奥巴马总统颁发的"国家人文奖章"。

一起"。[2]在其他时候,国王会以非正式的方式轻装简行,带着一小群随从,在他的几处乡间别墅之间快速穿梭;有时为了逃避宫廷的喧嚣,他甚至会单人独骑,因为如威尼斯大使在1565年所说,"安宁"是"国王陛下最重要的娱乐和休闲"。1571年,该威尼斯大使的继任人说,"国王陛下最喜欢的就是独处",而国王在他的"乡间别墅度过的时光能给他的灵魂带来无穷无尽的满足"。[3]

国王有四座乡间别墅可以安顿大队随从:帕尔多宫(国王定期去那里狩猎,尤其是在秋季);阿兰胡埃斯(国王每年春季去那里欣赏壮美的园林);塞哥维亚森林(也叫瓦尔萨因,那里有绝佳的狩猎和捕鱼场所,并且在夏季相对凉爽);以及埃斯科里亚尔的圣洛伦索王家修道院,国王在1557年圣康坦大捷之后立誓要建造一座大型建筑来纪念圣洛伦索,因为圣康坦战役是在这位圣徒的瞻礼日进行并且获胜的(见第三章),于是就有了这座修道院。埃斯科里亚尔的建筑群最终成为西班牙王家陵园、修道院、神学院、图书馆和宫殿的综合体。1571年之后,腓力二世越来越多地在那里居住。

国王在各处宅邸之间的旅行变得有章可循,所以他的宫廷里有人(据说就是他那个任性的儿子堂卡洛斯)写了一本小书,题为《腓力二世国王伟大而高贵的旅行》,每一页的旅行路线都是相同的:"从马德里去埃斯科里亚尔,从埃斯科里亚尔去帕尔多宫,从帕尔多宫去阿兰胡埃斯,从这座王宫返回都城。"[4]这种嘲讽忽视了国王在旅行途中要处理多少公务。御前秘书安东尼奥·格拉西安在1572年10月3日的日记显示,在埃斯科里亚尔待了几天之后,"国王陛下于午餐后起驾,我们在拉德斯波尔纳达[沿途的一个小站]过夜"。次日,"一名

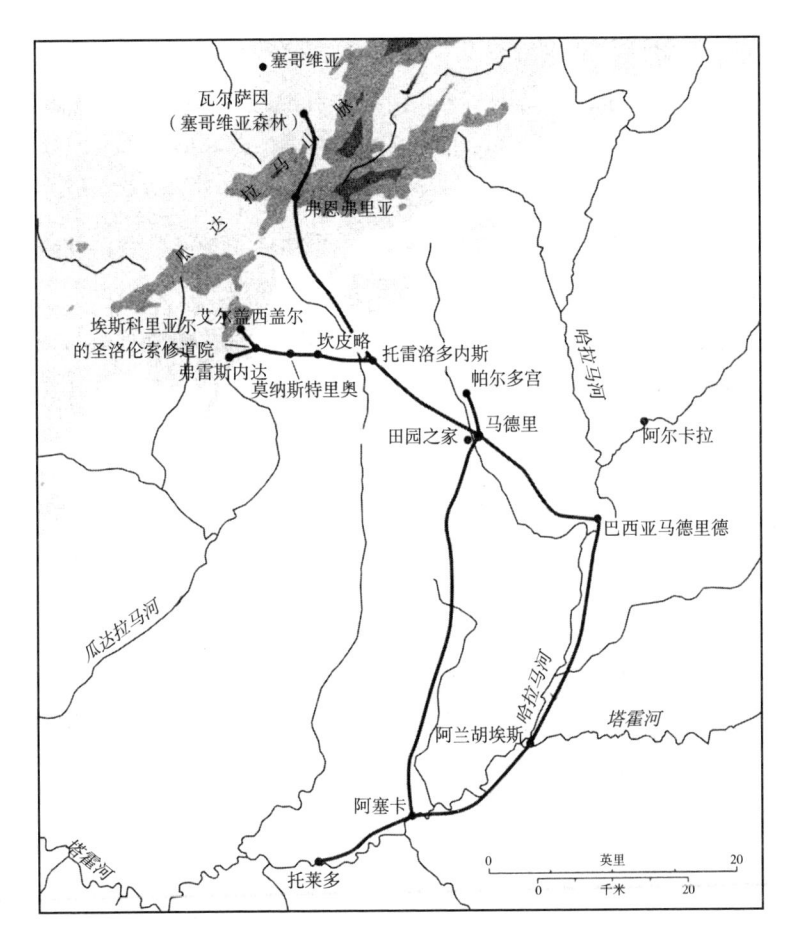

图9 腓力二世的乡间别墅。腓力二世在马德里和他的几座主要乡间别墅之间的半途修建了歇脚的小站：去托莱多的路上有阿塞卡；去阿兰胡埃斯的路上有巴西亚马德里德；去塞哥维亚森林的路上有托雷洛多内斯和弗恩弗里亚。

信使抵达拉德斯波尔纳达，送来了萨亚斯［负责北欧事务的国务秘书］的报告、加斯特卢［修会议事会的秘书］的两份报告，以及安东尼奥·佩雷斯［负责南欧事务的国务秘书］

和埃拉索［西印度议事会的秘书］的报告……今夜，国王陛下驾临帕尔多宫，派遣一名信使将他对上述所有报告的回复送回"。腓力二世随后两天待在帕尔多宫，接收并回复了八名大臣发来的报告，然后返回马德里。[5]

为了创造一个由乡村别墅构成的网络，国王经常生活在建筑工地当中，这是他有意为之的。在他统治期间，腓力二世亲自过问了超过一百项建筑工程，这反映在1556~1598年公共工程部的八卷厚厚的档案记载的成千上万道御旨当中。尽管国王缺乏一个全面的建设计划，但他实际上亲自做了无数需要随机应变的决定，从而牢牢地掌管所有工程。

我们说国王缺乏全面的工程计划，并不是说他不懂建筑工程。腓力二世在年轻时受过教师奥诺拉托·胡安的谆谆教导，并且认真学习过图书馆中维特鲁威①、塞利奥②和其他人的著作（都包含意大利建筑，尤其是罗马建筑的精美绘图），所以他对建筑学原则有一定的掌握；他在意大利、德意志和尼德兰的旅行也让他见识到许多特色各异的建筑风格。这一切都让他拥有一种高度的自信，去改良建筑师提交的图纸。1551年他返回西班牙之后，立刻发布命令，打算将卡斯蒂利亚的多座王宫及其园林改为"佛兰德风格"，建造红砖的墙壁、黑色板岩的屋顶，周围是整洁、翠绿的花园，还有溪流和湖泊。他于1559年离开佛兰德之后，命令格朗韦勒从尼德兰派遣石板瓦

---

① 马尔库斯·维特鲁威·波利奥（约公元前80或前70~前15年之后）是古罗马的作家、建筑师和工程师。他曾在恺撒的军中服役，可能是负责制作和指挥攻城器械的工程师。维特鲁威著有《建筑十书》，为建筑制定了三个主要标准：持久、实用、美观。
② 塞巴斯蒂亚诺·塞利奥（1475~约1554）是意大利建筑师，参加了法国枫丹白露宫的建造。

工和石匠去西班牙，建造佛兰德风格的建筑；他派遣水利工程师去营造尼德兰风格的人工溪流和湖泊；派遣园艺师去照料从尼德兰进口的植物。

国王在尼德兰的时候，还做了一个对创建统一的"腓力二世风格"来说很关键的决定。1559年，他邀请胡安·包蒂斯塔·德·托莱多（曾与米开朗琪罗合作，设计罗马的圣彼得大教堂）到西班牙。两年后，国王宣布："从今往后，你将终身担任我的御用建筑师。"这个职位是新设立的。腓力二世的前任们都为每一项工程单独任命建筑师，而从今往后，所有建筑师和工匠都要听命于托莱多。国王命令他在宫廷居住，"为我的所有建筑工程制作图纸和模型，并完成与御用建筑师的职位相关的其他任务"。为了完成自己的使命，托莱多在马德里王宫设立了一个特殊的"工作室"，在那里培训一群绘图员来从事技术制图。但国王对托莱多不是完全信任，所以经常亲自查看工程进度。例如，1564年5月，腓力二世在阿拉贡待了好几个月之后返回卡斯蒂利亚，"在每个地方停留的时间都不超过两天，而是带着非常少的随从去视察［马德里］周边的各处宫殿"。[6]

但国王做了一个对他的工程不利的决定：他还给了托莱多另外几个职位，即埃斯科里亚尔、阿兰胡埃斯、帕尔多宫和马德里王宫的工程总管，并命令他为这些工程，以及其他一些工程绘制图纸。由于任务过于繁重，托莱多难免赶不上进度。1565年，腓力二世表示："他耽误了工作，纯粹是因为偷懒、软弱和怠惰，而不是出于恶意，因为当他想做什么事情的时候，总是知道如何能做好。"国王还恼火地补充道："如果他不加紧干，我就不会让他做这么多事情了。"[7]托莱多越来越赶不上进度,于是国王越来越恼怒。他暴跳如雷地说:"这一点都不好!他没有按照我期望和命令的那样完成工作……目前为止进度还不到一半,这简直是对我的侮辱。"但托莱多不以为然。"建筑就像植物,"他低声说,"只有浇了水,它们才会生长。建筑需要的水就是钱。"这让国王平静了一些。"你这话说得很有哲学意味。"他一边不情愿地评论,一边拨款给托莱多。[8]

国王与托莱多之间的分歧一直延续到1567年托莱多去世时。在这之后,腓力二世做了一个不寻常的决定:他把御用建筑师和各项工程的总管的职位空出来,然后起用了一个绘图技术精湛但没有建筑设计经验的人:胡安·德·埃雷拉。1563年,腓力二世曾指派埃雷拉去协助托莱多。他们一起准备了马德里、托莱多和塞哥维亚的王宫,格拉纳达的阿尔罕布拉宫以及埃斯科里亚尔的建筑图纸。其中埃斯科里亚尔是"腓力二世风格"最大胆也最雄心勃勃的体现,也是该风格唯一完整地保存至今的建筑群。

"世界第八大奇迹"

腓力二世在圣康坦大捷之后立誓要大兴土木来纪念圣洛伦索。起初他打算扩建圣哲罗姆会(就是那个"祈祷的修道会",他的父亲晚年就在圣哲罗姆会的尤斯特修道院找到了慰藉)经营的一座现有的王家修道院。查理五世在遗嘱中明确规定,要把他安葬在格拉纳达的王家修道院,在妻子身边长眠。虽然查理五世后来给遗嘱增添了一条附录,允许儿子为他选择别的安葬之地,只要是在皇后身边就可以,但腓力二世得知父亲驾崩后还是立刻命令他在西班牙的摄政者胡安娜将他们父亲的遗骸送往格拉纳达。可能是因为缺钱，胡安娜没有照办。腓力二世在离开尼德兰前不久命令她将查理五世的遗体留在尤斯特，这样他返回西班牙之后可以"带着我想要的权威与尊重"，亲自监督将父亲遗体重新安葬的工作。腓力二世在此时似乎已经决定对纪念圣洛伦索的计划做一个重要修改：为王室建造一座全新的陵园。[9]

腓力二世花十八个月编制了一份清单，列举了建造一座新修道院来安葬父亲（以及王室其他逝世的成员）的合适地点。这座新修道院将被取名为"胜利的圣洛伦索修道院"。1561年4月，他通知圣哲罗姆会的总会长："我打算在近期回来视察我已经看过并且讨论过的地点，以决定在哪一个地点破土动工。"国王在两个月后做了决定：他计划在埃斯科里亚尔村（马德里西北约三十英里处）附近的瓜达拉马山脉脚下建造"他的"圣哲罗姆会修道院。这个地点距离都城足够远，所以能够成为一个隐修之地。他请求总会长批准，而总会长只建议做一处改动：新修道院的名字不用"胜利的圣洛伦索修道院"，而应当叫作"圣洛伦索王家修道院"。国王同意了。[10]

1562年，腓力二世两次在托莱多陪同下视察了预计的施工地点。托莱多"已经设计了建筑主要部分的平面图"：这将是一座独栋建筑，围绕着十二座天井，也许是为了模仿圣洛伦索殉道时所在的烤架。[①] 尽管国王与他的建筑师和这个新的僧侣团体的领导人发生了许多分歧，但这个设计最终被采纳，给

---

① 圣洛伦索（或译圣老楞佐、圣罗伦斯、圣劳伦斯等，225~258）是早期罗马教会的人物，是教宗西克斯图斯二世在位期间的七位执事之一，负责管理教会的财产并周济穷人。258年，圣洛伦索在罗马皇帝瓦勒良针对基督徒的迫害中殉道，他被放置在烤架上熏烤而死。

了这座当时最大的建筑一种独特的形态：一个单一的四边形建筑群，尺寸为207.20米×156.80米，宗座圣殿附近有一间朴素的王室套房，建筑群周围环绕着园林与田野（最终占地面积达到30平方英里），再外一层是围墙。托莱多开始监管对施工地点的清理和平整工作。1563年8月20日（特地选的吉日），腓力二世见证了宗座圣殿的奠基。

据负责监督日常施工的安东尼奥·德·比利亚卡斯廷修士说，"从那一天开始，遵照腓力二世国王的御旨，施工急速进行"；但不久之后，"急速"施工就停下来了，因为腓力二世给设计做了两个重要的改动：添加一座负责培训神父的神学院；将居住在这里的僧侣人数从五十人增加到一百人。这些改动就要求增添整整一层。为了确保这些改动以及后来的更多改动得到落实，腓力二世给了一名秘书"修道院的设计图纸最终版"，并指示他"确保胡安·包蒂斯塔［·德·托莱多］将这些图纸复制多份，附上手写的修改，不得做任何改动；他必须复制多份，因为每一层都需要三份图纸，一份给僧侣，一份给胡安·包蒂斯塔，第三份给我。确保他本周就复制图纸"。[11]国王坚持这种微观操控，造成了严重的耽搁，开支也大幅超出预算。1569年，腓力二世发布了一道言辞激烈的指示，禁止施工承包商未经他的明确批准对设计做任何改动（"我命令你们在做任何改动之前必须征求我的同意"），甚至不准承包商自行雇用劳动力。国王一般是通过胡安·德·埃雷拉与施工所需的各方面专业人士直接谈合同，然后向受聘的专业人士提供决定版的图纸，以及精确到十六分之一英尺的说明书。这种不寻常的施工制度产生了一系列流水线工人，他们都遵循相同的规章制度，这样腓力二世就能控制施工过程的每一个方面。这能解释埃斯科里亚尔的视觉风格为什么惊人地统一。[12]

1576年,僧侣们与施工承包商之间发生了"严重分歧",于是腓力二世决定亲自视察工地,"亲眼看看是怎么回事。为了解决问题,他首先视察了采石场,看看他们如何操作石料",然后他回来——

> 检查宗座圣殿的施工,观察和评估工人对切割好的石料与未切割的石料的操作方式,并计算每一个流程消耗的时间。他最后认定,在采石场把石料切割好然后运到工地是更好的办法,更为有利,因为国王陛下计算得出,这样做更节约时间和金钱。

据比利亚卡斯廷说,在这之后,"十八台起重机同时工作,仅仅参加宗座圣殿施工的监管人员和工人的月薪就达到一万杜卡特"。这样的开销一直持续到1584年宗座圣殿落成典礼上国王公开哭泣时。[13]如凯瑟琳·威尔金森·泽纳①所说,幸亏有了国王的亲自干预,虽然"工地上有许多组工人在劳动,但完全看不出他们的操作有什么差别。埃斯科里亚尔的施工在技术上几乎完美地统一,是一项令人惊叹的成就"。[14]

与此同时,修道生活也如火如荼地展开了。1571年,圣哲罗姆会的修士们第一次在新教堂内唱弥撒,国王在俯瞰祭坛的套房窗户后观看。不久之后,从马德里来的新僧和从瓜达卢佩的圣哲罗姆会修道院来的僧人"两人一组,秩序井然,在

---

① 凯瑟琳·威尔金森·泽纳为当代美国历史学家、布朗大学教授,研究西班牙近代早期历史,尤其是腓力二世时代的西班牙建筑。

两名骑马的向导带领下"抵达了。随后是"弥撒；今天下午举行了庄严的晚祷，纪念圣洛伦索。国王陛下参加了所有活动"。一位大臣写道："你可以想象，国王陛下看到一切进展顺利，该是多么高兴。"[15]

腓力二世还安排将他的几位亲人的遗体从西班牙各地的安葬地转移到埃斯科里亚尔，重新下葬。为了在新的宗座圣殿竖立合适的葬礼雕像，他花了不少心思。1572年，他批准了这样的设计：两组超过真人尺寸的雕像跪在主祭坛两侧，仿佛他们在和僧侣一起做永恒的祈祷。查理五世衣冠冢内七座雕像（包括他的两个夭折的儿子的雕像）的制作也开始了。腓力二世可能打算把妹妹胡安娜与玛丽亚的雕像放到他自己的家庭的群像当中，但（也许是为了让雕塑工作尽快完成）他把每一群的雕像数量都减少为五座。他在1598年去世前不久观赏了蓬佩奥·莱昂尼创作的令人惊艳的雕像（腓力二世的父母和三个姑姑的雕像），还参观了莱昂尼的工作室，批准了他自己和几位亲人的雕像的石膏模型（1600年完成，见彩图9）。如罗斯玛丽·马尔卡希①所说，这些雕像是"欧洲艺术中最了不起的王室葬礼雕像"。[16]

埃斯科里亚尔修道院的威严气派让所有人都肃然起敬。1593年，英格兰访客约翰·埃利奥特认为它是"全欧洲最壮观的宫殿"，也是"我一生中见过的最美丽的建筑"。三十年后，威尔士旅行家詹姆斯·豪厄尔"昨天去了埃斯科里亚尔，参观了圣洛伦索修道院，它是世界第八大奇迹"。在那里，豪

---

① 罗斯玛丽·马尔卡希（1942~2012）是一名爱尔兰学者，研究领域为16世纪和17世纪西班牙艺术与西班牙文艺复兴。

厄尔观赏了"巧妙的选址、庄严的建筑和对称的结构"。豪厄尔思考了是什么"促使腓力二世国王在这座建筑上一掷千金",并记述道:"那里有100名僧侣,每一名都有自己的仆人和骡子,还有一大群官员;除此之外还有三座图书馆,满是各学科最精美的书籍……如果要参观那里的每一个房间,总路程会达到十英里。"他总结道:"这是一个精彩纷呈的世界,令我心醉神迷。腓力二世虽然身材矮小,却有恢宏的思想。他留下了这座雄伟的纪念建筑让后人欣赏,也让后人缅怀他。"[17]

要想在埃斯科里亚尔实现国王的"恢宏的思想",开销也是极其惊人的。比利亚卡斯廷估计,在长达35年的施工期间,国王一共花费了650万杜卡特,这个数字超过了卡斯蒂利亚一年的财政总收入。让·莱尔米特(比利亚卡斯廷向他提供了这个详细的估算值)写道,"大家一般认为这个估算的数字太低了,如果用别的计算方法","得出的结果是1400万"。莱尔米特自己认为,"如果把各项开销都算进来,得出一个总数的话,成本应该是900万到1000万",然后立刻补充道:"我听说,国王陛下本人不希望任何人知道准确的开销。"[18]

豪厄尔、比利亚卡斯廷和莱尔米特在估算这项庞大工程的"准确的开销"时,都忘记了"机会成本":腓力二世在这项工程上花的大量时间,原本可以用于其他事务。例如,在1571年11月,他回复了圣洛伦索修道院长的一封信。院长先是表示需要一名新的布道者,并请求国王解决圣器收藏室的一个建筑难题,然后宣布:"今天我们开除了一名来自圣巴托罗缪修道院的新僧,因为……"信中解释"开除"原因的半行字被仔细地用剪刀剪掉了。为了防止负责回复修道院长的秘书感到奇怪,国王在边缘写道:"此处无碍。我自己剪的。"[19]也许这位新僧（几个月前，新僧们在圣洛伦索瞻礼日抵达修道院的时候，曾让国王激动不已）犯了某种严重的罪行，比如鸡奸，而国王想抹去相关的文字，免得玷污他的文件和事业。

国王亲自裁剪（真是戏剧性的、独一无二的举动）的这份文件，只不过是送到他办公桌上的成千上万封关涉到圣洛伦索修道院的书信之一。这些成千上万的信几乎每一封都需要国王亲自做决定。而且，与国王的朴素习惯（以书面形式处理所有公务）不同，涉及圣洛伦索修道院的时候，国王经常亲自视察，花很多时间与具体办事的人商谈，然后才做决定。例如在1575年6月，一名僧人注意到，国王来到了"他的修道院"，因为"他还有很多重要事情要决定"。但是这些"重要事情"并不是打赢尼德兰战争、保卫地中海或者为破产法令的冲击早做准备（1575年的人们肯定会把这些事情当作"重要事情"），而是与修道院长、比利亚卡斯廷和工程承包商讨论施工，因为那些人"若没有国王陛下的批准，就什么都决定不了"。[20]涉及埃斯科里亚尔的时候，国王事无巨细，一丝不苟。为了决定唱诗班座位的最佳设计，国王花钱让人制作"唱诗班座位的模型"并将其送到他当时的居住地巴达霍斯，这样他能够亲自审视和批准设计方案（1580年）。他甚至花了许多时间来决定卫生间的选址："不知道这些坑洞会不会飘出卫生间的臭气。为了做出正确决定，我想看看那里供水管道的布局图。"腓力二世考虑的不只是王室套房："把卫生间建在厨房工作人员闻不到气味的地方。"[21]不知道当时的其他统治者当中，有多少人会为了厨房工作人员会不会闻到粪臭而纠结。

园丁国王

腓力二世花在园林建设上的时间和用于建造宫殿的时间几乎一样多。埃斯科里亚尔的一名圣哲罗姆会修士甚至猜测,国王希望建筑工程与园林工程同步进行。腓力二世给他的公共工程大臣的一封典型的亲笔回信(这样的回信有数百封留存至今)不仅能揭示他个人对鸟类与园林的浓厚兴趣,还表达了他对"所有户外活动"的喜好与热情。他在童年时代就喜欢户外生活(见第一章)。

> 看看"田园之家"的雉鸡怎么样了,是否还需要为它们做点什么,将其全部立刻释放是否更好,或者只释放一部分更好,或者是否应当将它们全部圈养。把这些都禀报给我,并告诉我,帕尔多宫有没有开始修墙,那里的工程进度如何。另请写信给阿兰胡埃斯方面,问他们那里的工程进展如何,树篱怎么样了,在那里能不能听见雉鸡鸣叫……

在这方面,国王也想仿造他在西班牙之外的旅行途中见到的东西。他派遣园艺师和建筑师去欧洲北部寻找灵感。他的总园艺师去世后,腓力二世就赶紧派人去接管他手中的"果园和喷泉的设计图纸和绘图,法国、英格兰、尼德兰和其他地方的园林的绘图,以及我命令他做的其他东西"。[22]

不过,并非一切都是学习外国的。1561年,腓力二世告诉公共工程大臣:"我想立刻从巴伦西亚弄一些桃金娘到这里,今年在这里种植;还要种一种叫作刺槐的树,它们非常美丽。"大臣不仅要安排送交这些花和树,还要聘请一名经验丰富的园丁来种植它们,并"研究一下,从哪里能找到橘树,送到帕尔多宫"。[23]国王命人大量栽培树木,所以他去世时阿兰胡埃斯的园林已经拥有将近22.3万棵树,都是在国王的亲自监督之下栽培的。据凯瑟琳·威尔金森·泽纳说,"阿兰胡埃斯是凡尔赛宫建成之前世界上最大的人工园林,它的设计独一无二"。[24]

腓力二世喜欢在河流和池塘中钓鱼,并且通常会采取措施,确保自己能大丰收。首先,他用严酷的法律排除了一切竞争对手:任何人胆敢在王室的池塘捕鱼,初犯者将被鞭笞一百下,第二次被抓到就要被送去当桨帆船的划桨苦力。然后,国王会作弊。1566年的一天,他命令"为了让我能自由地去帕尔多宫……今夜给小池塘排水,降低水位,这样明天水位就更低了,我就能在那里捕鱼"。几年后,他和一些廷臣想在埃斯科里亚尔附近的"拉弗雷斯内达的大池塘捕鱼"的时候,采取了相同的措施:他的一名工程师"给池塘排水",于是"他们捕到很多鱼"。[25]在这样一位厚颜无耻、坚定果决的钓鱼者面前,王家的鱼儿哪里有机会逃脱呢?

腓力二世还做了一件有异国情调的事情:他建立了两座动物园。一座在"田园之家",有大象、犀牛和狮子,但那里的安保工作做得不够好。1563名,一头母狮子逃走,差点把一名廷臣活活咬死,而国王一家坐在马车上目睹这惨景,束手无策。阿兰胡埃斯的动物园比较小,起初有四头骆驼,都是从非洲弄来的。因为骆驼可以在建筑工地上当役畜,所以人们鼓励它们繁殖,于是到1600年就有了大约40头。1584年,国王从非洲弄来了鸵鸟,并且为了避免在设计鸵鸟房的时候犯错误,命令做了两套不同的设计："一套只适合鸵鸟，造价500杜卡特；另一套还可以容纳别的鸟类，造价3000杜卡特"。腓力二世选择了便宜的方案，但这么做引发了麻烦：一天，一只"野鸵鸟"逃走，攻击了一名园丁，导致他身负重伤，好几周不能工作。[26]

艺术与科学的赞助者

腓力二世热衷于收藏艺术珍宝。他去世前一共拥有超过5000个钱币和奖章，都存放在特殊的陈列柜里；他拥有许多珠宝首饰和金银制成的艺术品；他拥有137只星盘和怀表；他收藏乐器、小装饰品、宝石和113尊青铜或大理石的名人雕像。这些藏品的庞大数量，就像他的7422件圣物（见第五章）一样，表明他对获取新事物有一种执着。但腓力二世确实有着几乎无穷无尽的好奇心。例如在1583年，他特地去了一趟塞哥维亚，去参观那里刚刚安装好的"奥地利大公发明的绝佳的铸币机器"。四年后，让·莱尔米特从安特卫普带来了一双冰鞋，国王安排在"田园之家"的冰封湖面上做了一次溜冰的演示，并带着孩子们乘坐一辆暖和的马车观看。随后他传唤莱尔米特到他面前，"因为他想仔细观察我［莱尔米特］的冰鞋，于是我向他做了展示"。湖面继续冰封了三个星期，于是王室来了好几次，观看莱尔米特"在冰面中央做了三四次大胆的单脚尖旋转"。[27]

国王雇用了另一个佛兰德人弗朗西斯·霍尔贝克，"他负责在阿兰胡埃斯宫蒸馏香水"。霍尔贝克在那里建立了一座植物园，提炼植物的"精华"，作为医药。这种做法遵循了据说由拉蒙·柳利①提出的理论（腓力二世系统性地收集了柳利的著作，收藏到埃斯科里亚尔的图书馆）。霍尔贝克的项目在1569年已经在大张旗鼓地进行。这一年，塞维利亚大学的医学教授弗朗西斯科·佛朗哥赞扬国王派遣"一名勤奋的草药学家带着草药清单，到安达卢西亚各地搜寻每一种草药，然后带回阿兰胡埃斯"，并且"国王陛下在那里建造了大规模的植物园，种植有医疗功效的各种植物"。[28]次年，腓力二世扩大了自己的搜索范围，命令他的主医官（protomédico）弗朗西斯科·埃尔南德斯乘船前往美洲，寻找药用植物。在随后七年里，埃尔南德斯记录了大约3000种植物，将其中超过800种精心做成标本，送回国王手中，然后将其装订成册，配上图画和评论。

腓力二世建立药用植物园并收集美洲植物，其实有一个隐秘的动机。1585年，他在埃斯科里亚尔开始了一项工程，计划修建"七八个房间"，配有特殊烟囱和火炉，当作实验室，"在那里可以看到奇异的蒸馏方式和新型的蒸馏器，有的蒸馏器是金属的，有的是玻璃的。他们用这些器材做了成千上万次试验"。1588年，大约400个玻璃蒸馏器被送到实验室（另有100个在运输途中损坏），人们将很多蒸馏器与将近七米高的黄铜"哲学家塔"连接起来，每天能生产90千克的"精华"。[29]

腓力二世对自然世界的其他许多方面都充满了好奇心。1562年，帕尔多宫殿的施工因为缺水而暂停，于是他接受了

---

① 拉蒙·柳利（约1232~约1315）是出生于西班牙马略卡岛的数学家、博物学者、哲学家、作家和神秘主义者。他创作了加泰罗尼亚语文学的第一部重要作品，促进了加泰罗尼亚语的发展。

一名占卜寻水师（zahorí）的服务。这是一个摩里斯科男孩，"大约八岁"，自称能找到"地下水，不管它在很深的地下还是在浅层，但他只有在阳光明媚的日子才能'看见'地下水"。腓力二世命令这个男孩"在第一个阳光明媚的日子运用自己的技能"，并决定亲自去观察他："我想让你今天把那个男孩带来，因为今天的天气似乎不错。"男孩的预测帮助人们在24英尺深的地下找到了水，于是腓力二世安排他去埃斯科里亚尔工作。[30]

国王还鼓励了一些在今天更受到尊重的科学知识。从1561年到1610年，西班牙好几座城市的印刷厂出版了74种新版和57种重印版的科学著作（与之对比，从1521年到1560年，这两个数字分别为65种和40种）。有的著作，比如何塞·德·阿科斯塔的《西印度自然史与道德史》（1589年在萨拉曼卡首次出版，用的是拉丁文），在西班牙和海外都取得了极大的商业成功，但大多数出版项目都依赖王室的赞助。例如，佩德罗·安布罗西奥·翁代里斯翻译的欧几里得《几何原本》第十一卷和第十二卷豪华插图精装本于1585年出版，若没有王室赞助的700杜卡特，怕是很难问世；而国王赞助的300杜卡特对堂迭戈·德·苏尼加在1584年出版拉丁文《〈约伯记〉评论》发挥了关键作用，这部书是近代早期西班牙唯一明确支持哥白尼日心说的著作。[31]

腓力二世还赞助了许多非科学领域的作家，尤其是那些歌颂他的家族的作家，以及将自己的著作献给他的作家，比如诗人胡安·鲁福为出版《奥地利颂》（一部关于奥地利的堂胡安的史诗）而得到了500杜卡特的赞助。但得到最多赞助的是写国王认同的宗教题材作品的作家。他一共向安特卫普的普朗坦印刷所提供了超过一万杜卡特，用于出版八卷本的《钦定本圣经》；他还出资在罗马出版了三卷大开本的《阐释以西结书以及耶路撒冷城与圣殿》。1590年，国王接见了这部雄心勃勃的著作的两名作者。这部书包含大量奢华的雕版画，展现了所罗门圣殿可能是什么样子。国王坚持要求两位作者对设计做一些修改，然后给他们拨款8000杜卡特，用于制作和印刷2000套（不过国王把这笔钱算作未来销售的预付金，相信"我的国库在这个项目上花的钱将来都会收回的"）。[32]

出于好奇，腓力二世还启动了好几个项目，旨在让他更好地了解自己统治的诸王国。他于1559年返回西班牙不久前，聘请了佛兰德地图绘制师雅各布·范·德芬特，让他去"参观、测量［尼德兰］各省的所有城镇，以及它们之间的所有河流与村庄、边境出入口与山口，并绘制地图。所有作品将被制作成一本书，包含每个省的全景图，然后是每个城镇的地图"。[33]到1575年范·德芬特去世时，他已经完成了超过250幅俯瞰型的地图。他的工作取得了独一无二的地图学成就：在16世纪，除了尼德兰之外没有一个地区拥有如此正确、统一和精准的城镇地图系列。范·德芬特在尼德兰辛勤工作的同时，腓力二世邀请了另一位佛兰德地图绘制师安东·范·登·韦恩加德（安东尼奥·德·拉斯·比尼亚斯），来为西班牙各城镇绘制类似的地图。韦恩加德使用的技术与范·德芬特不同，因为他用的是比较高的视角，绘制的是全景图，而不是俯瞰图。但韦恩加德的成就也非常了不起。如今有韦恩加德绘制的56座西班牙城市的地图存世，还有另外一些图的草稿。

除了这些城市地图之外，腓力二世还在1566年命令进行勘察，从而为伊比利亚半岛绘制一幅规模空前的地图。负责这项工作的是一个专业团队，起初的领导人是康普顿斯大学的数学教授佩德罗·德·埃斯基韦尔，然后是"御用宇宙学家"胡安·洛佩斯·德·贝拉斯科。该团队制作了一部地图册（始终未出版），其中有伊比利亚半岛的全图，还有20幅比例尺为1∶430000的详细的区域地图，与今天使用的标准航空地图类似。这是当时欧洲最大的以详细地面勘测为基础的地图。

16世纪70年代，腓力二世还命人向卡斯蒂利亚的每一个定居点发送了一系列调查问卷（后来被称为"地形学报告"），旨在了解当地的地理、历史、经济、人口和"文物"。这是为了写一部该王国的详尽的"描述和历史"。国王还随调查问卷发去一封信，解释他为何需要每一个社区完成问卷，"因为如果我派人去搜集所需信息的话，就没办法像我希望的那样快速完成"。[34]洛佩斯·德·贝拉斯科在美洲启动了类似的调查。他以国王的名义向新西班牙和秘鲁的各社区发出调查问卷，询问该地是由谁发现、谁殖民的，当地的气候、地理和人口情况如何（以及在历史上发生了怎样的变化，又是为什么）。当地生活着哪些土著民族，他们的生活方式是什么样的，他们吃什么？当地有什么样的世俗建筑和宗教建筑？洛佩斯·德·贝拉斯科还索要地图，不过在这方面他失算了，因为很多殖民社区缺少西班牙地图绘制师，所以发回的地图是土著艺术家用他们的传统习惯绘制的。

国王将这些调查项目所得的结果全部发送到埃斯科里亚尔，希望这里还能成为研究中心。他在1567年颁布了埃斯科里亚尔修道院奠基特许状，设想在这里建立一家有24名学生的学院，学科有神学和艺术，还要设立一家可容纳30名圣职候选人的神学院。此外，他在请一位驻外大使购买书籍时解释道，"我已经下令搜集大量书籍"到修道院图书馆，因为这是"我们能够留给后人的主要财富之一，既是为了帮助将来居住在修道院的僧侣，也是为了将来所有前来阅读的学者"。[35]到他去世时，修道院图书馆已经拥有14000卷书籍（包括卡尔韦特·德·埃斯特雷利亚购买的那些书）。

腓力二世在马德里也建立了一个研究中心。1582年圣诞节，腓力二世"一心挂念着我的臣民的福祉，并且希望我的诸王国能够拥有一些数学、建筑学和相关学科的专家"，于是在都城建立了一家新的数学学院，并任命了三位教授作为该学院的奠基者。其中之一，胡安·包蒂斯塔·拉瓦尼亚是一位葡萄牙地图绘制师，他的年薪是400杜卡特，任务是"在我的宫廷工作和研究，负责宇宙学、地理学与地形学，以及数学"。三位学者都向胡安·德·埃雷拉直接汇报，埃雷拉则签署了一份证书，确认三位学者的工作都令人满意，所以他们能够领取薪水。他们的薪水很丰厚，比大学教授多得多。这是国王有意为之。1584年，埃雷拉发布了对这家新学院的指示，其中强调了两点：学生地位的高贵，其精英主义的教学思想。教授们必须每天上午在王宫的天井内用卡斯蒂利亚语（而不是拉丁语）授课，这主要是为了——

> 让国王陛下的宫廷的贵族们能够学习宫廷礼节与礼貌的语言，这样等他们离开宫廷去打仗或者当官的时候，能够拥有值得赞扬的、高尚的生活方式，而不是因为缺乏言谈举止的技艺和热情而浪费时间在年轻人的懒惰所滋长的无聊之事上。

简而言之，这所学院的目标就是培养适合为国王效力的行政管理者。[36]

腓力二世生命中的一天

腓力二世的兴趣极其广泛，并且他极其专注于工作和祈祷，所以读者也许会问，他如何能做这么多事情。他毕竟是肉体凡胎，一天只有二十四小时，一周只有七天。无论他居住在马德里、里斯本还是某座乡间别墅，他每天的生活都遵循着大体一致的规律。他通常单独睡到早晨8点，在那之前不会起床。一天晚上他告诉公共工程大臣："确保早晨8点之前不要有敲击或其他噪声。"由理发师为他修面、由近侍为他穿衣之后，国王就开始工作，签署秘书在前一天准备好的文件。他曾说："我正在签署送来的文件，因为这总是第一件要办的事情。"签署文件可能要花很多时间：一天早晨，他抱怨道，他的诸多成就当中"最不重要的，就是一口气签将近四百封信"。[37]随后，国王去"听弥撒，向上帝解释自己的事务"。据巴勃罗·德·门多萨修士（他在1583年为国王提议了一份详细的日程表）说："陛下在这方面可以花一个半小时。"[38]弥撒之后，腓力二世要么接见外臣（当他在马德里的时候），要么工作到上午11点，然后用每天的两餐之一，通常是单独吃饭。然后他睡个午觉，与此同时大臣们继续工作。午睡之后，国王开始每天的主要工作，男仆将各个议事会的潮水般的意见书，以及"国王亲启"的备忘录和密奏送到国王的办公桌上，请腓力二世阅读然后写下他的决定。我们知道国王是右撇子，因为每当他的右手或右腕受到关节炎困扰的时候，他就抱怨说自己什么都不能签了。我们还知道，他的视力越来越差，所以他不能长时间在烛光下工作。他经常为了这个发牢骚："天色已晚，我的眼睛都模糊了，几乎什么都看不见。"或者"我没有时间，而且我的视力在晚上非常差"，或者"我半闭着双眼写字"。[39]

到 1580 年，为了减轻手腕的负担，他开始使用带有他的签名的图章。他的眼睛也得到了意料之外的支援，因为英格兰的眼镜制作技术很先进。国务秘书加布里埃尔·德·萨亚斯恳求一位生活在伦敦的西班牙商人给他寄一副眼镜，因为"尽管我自己不需要眼镜（感谢上帝），但我想帮助阿尔瓦公爵和其他需要眼镜的同事"。没过多久，腓力二世工作时也戴上了眼镜，不过他在公开场合尽量不戴眼镜。他在 1586 年承认，"我的视力不如以前了，所以我不能在马车上阅读"，但"我不好意思在外面戴眼镜"。[40]

更好的钟表也能帮助提升国王的工作效率。莱尔米特详细描述了"国王陛下在他的套房内通常使用的"两台钟。其中一台是自鸣钟，两台都配了油灯，"取代蜡烛，作为夜灯"，"国王陛下需要读文件的时候就用这两盏油灯，而不需要其他的照明"。莱尔米特继续写道，这两台钟"给人留下了不寻常的、深刻的印象"。

> 我们可以说，没有一样物品或者家具比这两台钟更受国王的看重和喜爱，或者对他来说更有帮助。他不分昼夜都在两台钟前。总结起来，我们可以说，它们完全掌控着我们的贤君的生活，因为它们管理和度量他的生活，把他的生活分成许多分钟，决定他每天的行动与工作。[41]

天气晴朗的时候,腓力二世有时会逃脱钟表的支配,但很少能躲得过公文。1577年春季的一天,他告诉秘书:"目前为止我还没有办法处理完这些魔鬼,也就是我的公文,今夜还有一些公文要读,尽管我带了一批文件到乡下读。我现在就要去乡下了。"[42]有时,为了在户外放松身心,他会搁置手头的一切。在他统治的最初几年,在尼德兰的时候,他在布鲁塞尔猎鸟("我们用遮光的灯笼把喜鹊赶进网里,夜幕降临之前我们杀死了十四只"),还在姑姑玛丽位于班什①的宫殿狩猎("那里非常适合狩猎。我去那里也是为了锻炼身体和享受户外的新鲜空气")。[43]返回西班牙之后,腓力二世在若干年里继续参加骑士竞技和比武大会,五十多岁的时候还继续骑马旅行和打猎。大臣们在主公放松休闲的时候往往感到怨恨。例如,1576年在塞哥维亚森林,马特奥·巴斯克斯在一封关于"陛下去钓鱼时"发生的事情的短信里隐晦地批评国王,但腓力二世不予理睬。他后来告诉巴斯克斯:"因为我已经安排好了要和王后外出,所以今天不需要你。"[44]

国王喜欢观看各种表演,尤其是和亲人一起看。1584年,在埃斯科里亚尔度基督圣体节的时候,腓力二世和孩子们花了三个小时观看"一出关于圣佩拉吉娅皈依的戏剧"。十年后,在马德里,在大斋节前不久,他们一起观看两名意大利杂技演员在王宫前走钢丝,在音乐的伴奏下跳舞和玩杂耍,"逗得大家哈哈大笑"。国王还喜欢看斗牛,比如1582年他在里斯本观看了五天的斗牛,以庆祝阻止了法国人向亚速尔群岛的进攻。他还在一封信里向女儿们详细描述了这次斗牛的精彩之处。[45]

---

① 班什位于今天比利时南部的埃诺省,属于法语区。

1586年，他很期待参加在托莱多举行的一次信仰审判，并告诉秘书："如果你没看过的话，第一次看会很震撼的。"尽管他这一次大失所望，但五年后如愿以偿，和孩子们一起来到这座城市，观看了信仰审判。他在给女儿卡塔利娜（正在遥远的都灵）的信中说，他唯一的遗憾就是"你从来没有看过"信仰审判。[46]

在室内，腓力二世主要的休闲方式是与弄臣、小丑和侏儒逗乐打趣。他还是个孩子的时候就喜欢这种娱乐。除了佩雷洪（见第一章）之外，最有名的弄臣是玛格达莱娜·鲁伊斯，她于1568年开始为国王服务，于1605年在埃斯科里亚尔去世。玛格达莱娜患有癫痫，经常酗酒和暴食（尤其喜欢吃草莓），直到病倒。每当她出现在公共场合的时候，人群就吟唱"鞭笞她，鞭笞她"，希望激怒或吓唬她。国王把她带去了葡萄牙，在给女儿们的信中经常写到她的事情和缺点。"玛格达莱娜对我很生气，"国王在1581年告诉女儿们，"她说她想走，还说我们要害死她；但我相信到明天她就把这话忘光了。"她不仅会发脾气，有时还很粗鲁。1584年，腓力二世在一次短途旅行之后写道："我骑马去，但乘马车回来。因为我没有骑马回来，玛格达莱娜说我想变回一个小婴儿。"[47]玛格达莱娜经常出现在国王给子女的信中，这表明他每天都会见到她。

回到办公桌前之后，腓力二世通常工作到晚上9点，然后吃晚餐（几乎总是独自吃），不过他通常在餐前短暂地散步。1578年的一天，他向巴斯克斯承认（当然是以书面形式），"今天我很粗心"，因为男仆给他送来两份文件，"我把它们放在一张桌子上，那里还摆着其他文件，我打算稍晚再看。但因为我接见了很多人，还处理了其他很多文件，还有之前签署的文件，所以我把那两份文件忘记了。到了今晚我们交谈的时候……我才想起来，但是已经是晚上 9 点了"。不过国王随后又交了好运："我刚刚命令准备晚餐，然后在散步的时候走近了那张桌子，偶然发现了那两份文件，于是读了起来。"在处理他觉得不能等的事务时，国王可能会把晚餐推迟一个钟头甚至更久。"现在是晚上 10 点了，我还没有吃饭，一整天都埋头办公，" 1588 年他在为了无敌舰队而纠结的时候向巴斯克斯抱怨道，"你从我退给你的文件的数量就看得出来。"但"我现在眼睛累了，也集中不了注意力"，所以"明天再把剩余的文件送来吧"。[48]

他吃的饭菜的量很大，但是千篇一律。每天的午餐和晚餐，腓力二世可以选择油炸或烘烤的鸡；鹧鸪或者一块野味；一扇鹿肉或牛肉（通常大约两千克）。每顿饭都有汤和白面包，午餐配水果，晚餐配沙拉。但是从内廷的账簿来看，国王很少吃水果或蔬菜。在 1585 年之前，他每个周五吃鱼，但在这一年，他从教宗那里得到了每天都吃肉的许可，在大斋节期间也是这样，因为"我不想冒险改变自己的饮食习惯"。在那之后，他只有在耶稣受难日不吃肉。[49]

晚餐之后，国王继续处理公文，直到晚上 11 点，但很少比那更晚。1572 年的一天，在埃斯科里亚尔，安东尼奥·格拉西安收到了马德里来的一封信，"有人敦促我在国王就寝之前把信送给他。我立刻把信发出，但那时已经快 11 点了，国王陛下已经就寝，所以信没办法送交"。十年后，有一次马特奥·巴斯克斯在国王就寝的时间送文件过去，受到国王的责备："昨夜我都已经上床了，结果你的文件来了。你知道，御医不希望我吃完饭之后再看文件。"有时，国王回顾自己的一天，觉得自己仿佛除了处理公文之外什么都没做。有一天晚上在埃斯科里亚尔，他写信给女儿们（在马德里），抱怨道："我一整天都在读写"，"这封信是我在晚上10点之后写的，我很累，也很饿"。[50]

只有把腓力二世的许多优点（吃苦耐劳，能够长时间工作，聪明，记忆力强，定期锻炼身体，对任何事情都有节制）结合起来，才能解释他为什么可以在当政的五十五年里对极其繁杂的事务做出不计其数的决定。但是，超强的工作能力也掩盖了一种出乎意料的缺点：他在选择集中注意力于什么事情的时候，常常随心所欲。例如，他批阅了关于埃斯科里亚尔和圣职任命的海量文件，不管涉及的事务是多么鸡毛蒜皮，而很多关涉到国家安全的文件却吸引不了国王的兴趣。堂迭戈·德·科尔多瓦、堂胡安·德·席尔瓦和其他人抱怨过这一点（见第四章）。国王并非不知道自己的问题。1566年3月，地中海激战正酣，墨西哥险些发生叛乱，尼德兰形势严峻，在这个时候，秘书佩德罗·德·奥约为了自己用关于王宫的"琐屑末节"烦扰国王而道歉："我看到陛下要忙的工作极多，有时不敢用那些可以往后拖而不至于造成损害的事情来打扰您。"国王答道："那些工作我已经放弃了。虽然现在要处理的事情太多，但我偶尔做一做别的事情，也能放松放松。"[51] 每一个执掌过权力的人都会理解国王的这句话：在危急时刻，解决一些不重要的小问题可以带来暂时的满足感，甚至可以帮助人放松心情，于是那些大问题也显得不是那么令人生畏了。但是科尔多瓦、席尔瓦和其他人仍然认为，腓力二世并不只是"偶尔""做一做别的事情"来"放松"。他们抱怨道，他经常这么干，所以他的"放松"其实是逃避。

宫中的性生活？

有人提出,国王的"放松"方式包括婚外情。亨利·卡门在1997年的传记《西班牙的腓力二世》中提出,腓力二世"好色,这是显而易见的(他只对[第四任妻子]安娜保持忠贞)"。具体来讲,"腓力二世于1555年去尼德兰的时候,立刻与至少两位女士有了私情";尽管他与法国公主伊莎贝拉结了婚,但"腓力二世继续在别的地方风流"。卡门神秘兮兮地补充道:"他可能还有别的情人,但没有文献证据留存下来。"[52]似乎只有一位女士留下了关于国王婚外情的直接证词。据马格达伦·戴克女士①的告解神父和颂词作者说,在1554年或1555年的某个时间——

> 当她在宫廷担任侍女的时候,那时腓力二世国王已经娶了玛丽女王,有一次马格达伦在洗脸,国王突然调皮地推开窗户,把胳膊伸进来。其他人若是得到国王的青睐,也许会觉得这是莫大的荣耀,会因此兴高采烈……她却抄起附近的一根木棍,狠狠地打了国王的胳膊。

告解神父把这个故事写在题为"她的贞洁"的一章里,神父相信腓力二世肯定脑子里想着"淫荡的事情",所以为戴克女士"拒绝了国王"而高兴。如果不是动了坏心思,已婚的国

---

① 马格达伦·戴克,即蒙泰古子爵夫人(1538~1608)是英格兰的贵族女子,在玛丽一世与腓力二世的婚礼上担任伴娘。虽然马格达伦是虔诚的天主教徒,但后来也得到伊丽莎白一世的恩宠。

王为什么会"调皮地推开窗户"去摸索正在洗脸的侍女呢？[53]但是其他关于腓力二世婚外情的故事都建立在间接证据之上，而且大多数故事仅涉及两位女士。第一位是伊莎贝拉·奥索里奥，国王与她的私情似乎是可信的（见第一章）；第二位是欧弗拉西娅·德·古斯曼女士，她与国王的故事不太令人信服。当然，威尼斯大使乔万尼·索兰佐在1565年说，腓力二世与欧弗拉西娅（和奥索里奥一样，她也是胡安娜公主的侍从女官）生了个孩子，就是阿斯库里亲王。但索兰佐是唯一提及此事的外国大使，而且他是在回到威尼斯之后才说到这一点的，在西班牙的时候，他写给威尼斯政府的报告里从来没有提及过。鲁伊·戈麦斯因为担任内廷近侍，需要睡在国王的卧室里，他的一句话间接地驳斥了索兰佐。1564年10月，鲁伊·戈麦斯向法国大使提供了"关于国王曾经的爱情关系的一些细节，那些关系现在都已经结束了，而且都发生在宫外。现在国王与王后［法国公主伊莎贝拉］的关系极好，琴瑟和谐"。法国大使向查理九世国王报告鲁伊·戈麦斯的话时，没有提到欧弗拉西娅女士或其他任何人。因为西班牙王后是查理九世的姐姐，所以如果腓力二世还有什么私情的话，或者如果他有私生子的话，法国大使一定会向查理九世禀报。[54]

即便如此，仍然有人嚼舌根。1578年，西班牙驻罗马大使堂胡安·德·苏尼加报告了"近期流传甚广的一则谣言，说陛下可能有一个私生子"（可能是阿斯库里亲王），还说国王即将把军事修会的一些土地册封给这个私生子，这就需要教宗的批准。苏尼加继续写道："如果的确有一个儿子，那么最好预先请求教宗批准将土地册封给他，尽管这孩子不是合法的。"这封信的引人注目之处是，"从腓力二世还是个孩子的时候"就熟悉他的苏尼加（他在同一封信里表示过这一点）居然对"陛下可能有一个私生子"丝毫不感到惊讶。[55]几年后，还是在罗马，一位枢机主教询问他在马德里的代表，腓力二世是否有一个私生女。这位代表做了仔细的调查，然后回复："目前为止，我还没有听到任何关于国王陛下有私生女的消息。"尽管"我听说几位王公自称是他的儿子"，但他不相信，"因为国王陛下并没有认可他们是自己的儿子"。[56]但是有很多人很轻信。伊丽莎白女王的主要谋臣伯利勋爵威廉·塞西尔（曾经是腓力二世和玛丽女王的大臣）在1588年5月读了聚集在西班牙无敌舰队中的绅士冒险家的名单，发现其中有"阿斯库里亲王"的名字，于是添加了一个注释："西班牙国王的私生子"。一个类似的例子是，十年后，一份为伊丽莎白女王的宠臣埃塞克斯伯爵准备的题为《对西班牙的分析》的英文手稿，花了一页的篇幅探讨腓力二世与欧弗拉西娅女士的"乱伦通奸"。[57]伯利勋爵和埃塞克斯伯爵这样一贯理智的政治家，为什么会凭空捏造腓力二世的通奸故事呢？答案就是腓力二世在欧洲北部实行咄咄逼人的外交政策，这促使他的敌人想尽一切办法去攻击他。

第三部
统治的最初十年

第七章　握紧权柄，1558～1561年

再一次成为不情愿的求婚者

1558年11月，得知玛丽·都铎驾崩两天后，腓力二世下令删去他的印章和称号中的"英格兰、爱尔兰与法兰西"字样。他还放弃了罗马教廷赐给英格兰君主的"信仰捍卫者"的称号。在布鲁塞尔附近的格勒嫩达尔修道院（他曾在这里哀悼父亲），噩耗纷至沓来，令国王十分抑郁。就连比较小的挫折，比如他的驻英格兰代表——费里亚伯爵的兄弟患病，也让腓力二世顾影自怜。他在给费里亚伯爵的信中阴郁地写道："我希望上帝恢复令弟的健康。"但国王还是花了很多时间去构思未来。在费里亚伯爵最后一次启程前往伦敦之前，腓力二世命令，如果费里亚伯爵抵达的时候玛丽还活着，伯爵应当建议伊丽莎白（腓力二世的妻妹）与萨伏依的埃马努埃莱·菲利贝托结婚；但如果玛丽已经去世，费里亚伯爵应当立即建议伊丽莎白与刚刚丧偶的腓力二世结婚。这种建议真是麻木不仁，令人惊愕。[1]

费里亚伯爵的下一封信是在玛丽去世四天后写的，给国王传递了三条坏消息。首先，腓力二世在英格兰已经非常不得民心。

> 英格兰人非常怨恨已故的女王给陛下送去了大笔资金……并认为英格兰王国面临的问题是陛下的错；

他们失去了加来，是陛下的错；还有，陛下没有见已故的女王最后一面，所以她是伤心而死的。

其次，玛丽的固执和腓力二世自己的拖延，使他没能在伊丽莎白继位的过程中发挥作用："新的女王及其臣民认为自己与陛下没有任何瓜葛。"最后，英格兰目前似乎处于天下大乱的边缘："换了君主，换了大臣，十分混乱和喧嚣，以至于父亲都快不认识自己的孩子了。"[2]

虽然遇到这些挫折，但费里亚伯爵还是请求按照之前的指示，去向伊丽莎白转达腓力二世的结婚提议。但国王现在有了别的想法。他写道："从你描述的情况来看，我觉得要实现我的意愿，障碍太多。"所以，在确定她是否会接受求婚之前，"我不会写信给伊丽莎白"。不久之后，新女王派来的特使带来了一些宽慰。伊丽莎白不仅表达了对她"最亲爱的姐姐，即他的妻子，已故女王""去了上帝身边"感到的"悲痛与哀愁"，还表示，"我非常热切且真挚地希望继续两国之间历史悠久、完美的和睦与友好"。她在吊唁信中的签名是："你的妹妹和永远的盟友"。[3]费里亚伯爵的乐观也有所恢复，因为正如他告诉腓力二世的那样，天主教在英格兰的命运"取决于这个女人选择的丈夫。如果她尽了自己的职责，那么我们的信仰就会繁荣昌盛，英格兰王国仍将是陛下的朋友；如果她乱来，一切就全完了"。费里亚伯爵还具体解释道："如果她决定嫁给一个外国人，一定会倾向于陛下。"并赤裸裸地补充道："陛下迎娶已故的女王时，法国人非常怨恨。如今如果陛下娶了当今女王，法国人也会怨恨，因为当今女王无论在年龄还是品格上都远胜于已故的女王。"12月14日，也就是玛丽去世不到一个月后，费里亚伯爵正式向伊丽莎白提议与腓力二世结婚。女王礼貌地询问，她曾经的姐夫如今愿意提出什么样的条件？[4]

这就让国王陷入两难的境地。这体现在他写于1558年12月27日的两封亲笔信当中。其中一封是写给费里亚伯爵的，要求拖延时间。国王实际上命令费里亚伯爵争取时间，等待国王拿定主意，是否再次缔结一门"英格兰婚事"：

> 关于伊丽莎白的问题，即我对这门婚姻的意愿是什么，我目前能告诉你的是：兹事体大，你肯定记得，尽管我当着你的面讨论过此事，但我还希望更多地研究和斟酌。与此同时，你必须小心地与女王打交道，既不能提高她的期望，也不能粉碎她的希望，而是把此事一直拖到我拿定主意为止。

腓力二世的第二封亲笔信是写给伊丽莎白本人的，内容就不那么含糊不清了。这实际上是他唯一一次向与自己同龄的老姑娘示爱。因为"我始终希望让你幸福和自如"，他向她保证，"你是我挚爱的妹妹，所以我会像照料自己的事务一样照料你的事务"。[5]

在随后三个月里，国王口授了好几封给伊丽莎白的信，在其中始终称她为"最尊贵的伊丽莎白，英格兰、法兰西与爱尔兰女王，信仰捍卫者，我最亲爱的妹妹和亲人"，并提及"陛下的御体与产业"。这些表面上看来很常规的套话其实很重要，因为它们揭示了，腓力二世与已故的妻子（以及很多天主教徒，包括教宗）不同，对伊丽莎白的合法性没有疑问，而且他仍然相信他的"最亲爱的妹妹和亲人"是天主教徒。[6]

国王的信主要涉及三件事情：在边境城镇勒卡托－康布雷西①举行的和谈上，如何从法国人那里获得最有利的和平条件；如何阻止教宗以伊丽莎白缺乏合法性或尚未向罗马臣服为理由废黜她；如何抵制苏格兰女王玛丽·斯图亚特（嫁给了法国王太子）对英格兰王位的主张②。但腓力二世和伊丽莎白都小心翼翼地回避婚姻的问题。

腓力二世的优柔寡断让费里亚伯爵大为恼火。"陛下必须认真对待此事，"他警示道，"立刻采取措施，确保法国国王不会在这方面获得立足点，并防止陛下种下的葡萄被毁。"[7] 这些责备发挥了效力。1559 年 1 月 10 日，腓力二世回信道："我认真斟酌和思考了此事，尽管我看到仍然有许多难以克服的障碍"（然后详尽描述了这些障碍，详细到令人头昏脑涨），"但我已经下定决心，为我主上帝服务"，也就是说要"迎娶英格兰女王，为了达成这个目标而采取一切恰当的措施，前提是能够用我下面告诉你的条件来完成"。国王列出了三个不可变通的条件。"第一个，也是最重要的条件是，你必须让女王承诺，她将会坚守与我相同的宗教，并将在她的王国继续捍卫和支持该宗教。"第二，"我与已故女王的婚姻协议规定，尼德兰将和英格兰联合起来，由我与她的儿子继承。但这会造成严重的问题，现在还可能导致更严重的后果，因为我的儿子［堂卡洛斯］长大了"。因此，"我绝不会同意尼德兰与英格兰联合"。第三，"因为我有急事，必须尽快回西班牙，所以我

---

① 勒卡托－康布雷西位于今天法国北部，靠近法国与比利时的边境。
② 苏格兰女王玛丽·斯图亚特（1542~1587）之所以对英格兰王位有主张权，是因为她的祖母是亨利七世的女儿。伊丽莎白女王是玛丽·斯图亚特的表姑。玛丽·斯图亚特的第一任丈夫是法国国王弗朗索瓦二世。

已经决定,如果这门婚事谈成了,我会去英格兰处理必要的事务……即便女王没有很快怀孕,我也不会在英格兰久留,因为她还年轻,还可以等我下次到英格兰的时候生儿育女"。腓力二世很清楚,第三个条件是非常无理的,所以他提醒费里亚伯爵,"尽管我已经下了决心,并且这样做最符合我的利益,即我将在下一个夏季返回西班牙,哪怕要乘小艇去",但是"最好先不要把这个告诉女王,而是要等待'合适的时机'",或者甚至"等结婚之后再告诉她"。[8]

如果这封信显得国王不情不愿的话,那么他在当天亲笔写给费里亚伯爵的第二封信就显得冷若冰霜了:

> 本来,我绝对不会落实你[在前一封信里]看到的决定[即向伊丽莎白求婚]。我之所以这么说,是为了测试[伊丽莎白]女士会不会对宗教问题做一些变革,从而更好地侍奉上帝。如果你能摸清她在宗教方面的打算,就再好不过了,因为我不想处于悬念之中。不管怎么样,我都非常想去西班牙。

他总结道:"把发生的事情都一五一十地告诉我,因为我觉得自己就像个囚犯,不知道自己的命运将会如何。并且,请相信我,不管婚事是否能谈成,我都会很高兴,因为我已经将自己托付给上帝,我相信上帝会引导我做对他更有利的事情。"提出自己的结婚条件两周后,腓力二世又一次向费里亚伯爵发泄:"相信我,如果不是为了侍奉上帝的话,我才不会向女王求婚呢,哪怕与她结婚能让我成为世界之王。"他愤怒地写道:"若不是我清楚地知道,我与女王结婚就能把[英格兰]

王国拉回到天主教信仰这边,我是绝对不会向她求婚的。"[9]

腓力二世是不情愿的求婚者,而伊丽莎白对这门婚事同样缺乏热情。只要双方还在谈他的有条件的求婚,腓力二世就有义务保护伊丽莎白,帮助她抵抗她的法国和苏格兰敌人,不论她的政策是什么。所以尽管她在正式书信中称呼腓力二世为她"最亲爱的兄长、亲人和盟友",但她拒绝让英格兰再次臣服于罗马,也不肯听弥撒。这毫无疑问地表明,她不打算满足腓力二世的第一个不可变通的条件,即她必须信仰天主教,并且让英格兰成为天主教国家。直到1559年3月,她才对腓力二世的求婚做出回应。费里亚伯爵禀报主公,她首先表示"她不想结婚";然后"尽管她可以清楚地看到,这门婚事能够维护国王的荣誉并保卫他的领地,但如果她与陛下维持密切的友好关系,也能达成同样的目标";"最后,很多人告诉她,陛下与她结婚后会立刻返回西班牙"。[10]

听了女王这些话,费里亚伯爵嘟嘟囔囔地说此事"可以改天再商量",就离开了御前。他给腓力二世的报告粗略地提议了让伊丽莎白回心转意的几种潜在的策略。但腓力二世对伊丽莎白的拒绝早有预料。"我刚刚得知女王对我们的婚姻的决定,"他收到费里亚伯爵的报告之后这样回复,并(显然言不由衷地)继续写道,"我非常渴望的事情没办法办成,这让我难免感到遗憾。但只要她开心,我就开心。"[11]他没有告诉费里亚伯爵,他感到特别"开心"的原因是,他现在可以自由地迎娶另一个伊丽莎白①了。

---

① 腓力二世的第三任妻子是法王亨利二世之女,法语名字是伊丽莎白,西班牙语名字是伊莎贝拉。

玛丽·都铎的去世给腓力二世带来了损失，但也带来了收益。最重要的是，他与法国进行和谈的一个主要障碍消失了，那就是加来。格拉沃利讷大捷（见第三章）已经证明，即便英格兰不再控制加来，他也能成功地保卫尼德兰；现在，他无须讨好他的英格兰妻子和英格兰臣民，"所以为了区区一座城镇而放弃与法国议和，是毫无道理的；让法国保留加来更好"。[12]此外，法王亨利二世还提议把自己的长女伊莎贝拉（伊丽莎白）嫁给堂卡洛斯，从而保障两个王朝之间的和平。但现在腓力二世又成了单身汉，法国谈判代表坚持要求他自己迎娶伊莎贝拉。1559年3月23日，也就是腓力二世得知伊丽莎白·都铎拒绝他的求婚的当天，他的特命全权大使通知法国人："国王陛下希望迎娶法国国王的长女，条件参照之前为他儿子（即王子）的婚约谈妥的条件。"[13]

1559年4月3日法西两国在勒卡托-康布雷西签订的条约，让腓力二世达成了查理五世在十年前给儿子的"政治遗嘱"（见第二章）中规定的全部目标。当然，亨利二世从该条约也得到一些好处，不过不是从腓力二世手中获得的。亨利二世从英格兰手中获得了加来；保留了1552年占领的神圣罗马帝国位于洛林的三块飞地；还获得了在萨伏依公爵的意大利领土的若干基地驻军的权利。尽管双方都交还了各自在尼德兰占领的土地，但亨利二世不仅放弃了腓力二世主张的在意大利的所有权益与领土，还同意从西班牙的主要意大利盟友（萨伏依、曼托瓦和热那亚）的领土撤军。

西班牙还是英格兰？

尽管《勒卡托-康布雷西和约》大大巩固了腓力二世在

欧洲大陆的地位,但它削弱了他对英格兰事务,尤其是宗教事务的影响力。腓力二世认识到,如果新教在英格兰取得胜利,就会危及他对尼德兰的控制。于是他在签署和约不久前,在给费里亚伯爵的一封亲笔信中表达了自己对下一步如何是好的迷惘。在信的开头,他说"这肯定是我一辈子遇到的最困难的决定"(后来他经常这么说)。

> 看到那里〔英格兰〕发生的事情,我虽然很想采取措施阻止,却束手无策,而我能够采取的措施又远远不足以应对那里的邪恶,这让我很是悲痛……那个王国正在发生的邪恶之事让我极为愤怒,备感挫折……但我相信,当下我们必须享受〔一段时间〕和平的福祉,所以必须设法应对英格兰的情况,而不能让我或我的任何臣民卷入战争。

他补充说"我的唯一目标是把事情办妥〔azertar〕"(这是国王的又一句口头禅),然后又开始顾影自怜:"但愿上帝让局势按照我想要的方式去发展,但我的运气很差,所以每当我非常想要某样东西的时候,往往事与愿违。世界就是这个样子。"[14]

伊丽莎白与罗马公开决裂之后,腓力二世对她的态度更加强硬了。保罗四世表示完全支持腓力二世去入侵英格兰、推翻伊丽莎白,说这是"完全配得上一位'天主教国王'的事业",并承诺,一旦入侵成功,就将他加冕为英格兰国王。[15]但是腓力二世能够接受吗?他的西班牙大臣纷纷发出警示,说如果他不尽快返回西班牙,他们可能会被各项挑战压垮。他向费里亚伯爵透露："如果我不尽快动身，就再也回不到西班牙了。所以我们必须考虑我们在这里的事务。"面对多个互相抵触的选择，国王无比纠结，因为压力太大而精疲力竭。1559年6月底，他告诉格朗韦勒，"如果有紧急的信件抵达，你可以拆阅"（国王很少这样下放权力），并在布鲁塞尔附近的修道院（就是腓力二世哀悼父亲和妻子的地方）"写信给我"，"我明天会去那里，去处理其他一些我在这里无法处理的事情，并调养身体，因为我很担心自己的身体会垮掉。最近我的身体不好"。[16]

在腓力二世漫长的统治期间，每当遇到危机的时候，他经常独处，从而"处理其他一些我在这里无法处理的事情"，有时与世隔绝好几个星期；但这一次，他刚刚开始"闭关"，就有惊人的消息传来，迫使他"出关"。亨利二世在参加骑士竞技时头部负了重伤，于1559年7月10日伤重不治身亡。他的儿子弗朗索瓦原本因为娶了玛丽·斯图亚特而成为苏格兰国王，现在又成为法国国王，称号为弗朗索瓦二世。腓力二世和他的大臣们考虑了这个戏剧性事态的后果。格朗韦勒向一位在西班牙的同僚指出，腓力二世如果在此时离开欧洲北部，就可能引发"一些事态，对国王陛下及其继承人造成无法弥补的伤害。现在英格兰的局势很糟糕，我们与法国的关系又没有安定下来，现在让国王陛下离开尼德兰，不可能是好事。我不认为西班牙的需求比尼德兰的需求更大"。几天后，驻腓力二世宫廷的英格兰大使更具体地描述了国王的困境："如果国王离开了尼德兰，那么当他努力让西班牙保持纯净、阻止新教思想在西班牙扎根的同时，他也许会发现异端思想在佛兰德星火燎原。"[17]

西班牙摄政者胡安娜及其谋臣发来了一封言辞激烈的信，很快就让国王下定了决心。她报告称，"新教思想"已经在塞维利亚、巴利亚多利德和西班牙的其他几座城市扎根了。胡安娜公主还指出，由于赋税过重、贸易被扰乱和农业歉收，西班牙全境的气氛已经非常紧张，而阿拉贡的部分地区已经处于公开叛乱的边缘。胡安娜坚称，最重要的是，1557年已宣布国家财政破产（见第三章），卡斯蒂利亚的国库空空如也。她在信中附上一份详细的备忘录，其中揭示卡斯蒂利亚的岁入为150万杜卡特（1559年、1560年全年以及1561年的部分收入都已经花完了），而近期必须支出的国防经费和国债利息加起来超过了400万杜卡特（债务总额为2500万杜卡特）。所以，胡安娜不依不饶地继续写道：

> 陛下说您需要的巨额资金，西班牙是拿不出来的，并且连最小的金额都拿不出来。这些王国必需的常规开支，我们也负担不起。陛下最需要做的，是尽快返回这些王国。我已经多次提醒您这一点。我希望等陛下回来之后，上帝的支持和您的亲自坐镇能够恢复秩序，为尼德兰提供支援，并挽救这里的局势。如果您不回来，我们毫无办法。

腓力二世读了这些连珠炮般的责备之后，肯定脸红了，因为他匆匆给秘书写了一封信："不能让议事会看到这封信，你也不可以把这封信拿给任何人看。"他继续写道，他们对他的财政窘境"一定捧腹大笑"，然后愤恨地总结道，"我不想处理这些事情。我想做我知道对自己最好的事情，那就是动身前往"

西班牙。[18]

现在，腓力二世集中力量准备自己的旅行。他派遣自己最信任的两名谋臣去西班牙，送去一份紧急问题的清单：改善西班牙国防的最好办法是什么（桨帆船、防御工事和弹药）；哪些公共工程（"比如港口和码头、桥梁和道路"，以及公共粮仓）正在施工或者筹划（每座城镇都必须发来列表）；如何改善"内河航运和灌溉"；如何提高工业产出（尤其是纺织品）；如何通过增加生产国货来阻止"亚麻布、纸张和其他商品的进口"；以及如何增加财政收入和减少债务。胡安娜必须设立一个专家委员会来讨论这些事务，"而且考虑到兹事体大，必须秘密讨论。绝不可以泄露给公众"。另外，该专家委员会必须立刻开始商讨，"以便我抵达的时候能够立刻拿到他们的建议"，从而采取相应的措施。[19]

但是，重组尼德兰的政府就困难得多了，尽管他从父亲那里得到了一些有价值的建议。皇帝的亲信路易斯·基哈达将皇帝临终前留给儿子的建议（关于"国王陛下离开尼德兰之前"应当做什么）送到了腓力二世手中：

> 您应当设立一个由最合适和对尼德兰的战争最有经验的人员组成的议事会。应当让萨伏依公爵在这个议事会的辅佐之下治理，就像皇帝陛下［查理五世］当年在尼德兰任命摄政者时那样。不过皇帝还说，您必须好好考虑这个议事会的人员构成，因为他觉得其中有些人可能会造成麻烦。[20]

腓力二世尽可能地遵循了父亲留下的建议。他遇到的第一个障碍是，埃马努埃莱·菲利贝托拒绝留在尼德兰当摄政者。因为根据《勒卡托－康布雷西和约》，法国人撤出了萨伏依，所以这位萨伏依公爵自然而然地想回家。腓力二世需要任命另一位近亲。最终他选择了帕尔马公爵夫人玛格丽特，即查理五世的私生女，尽管她缺乏政治或行政管理方面的专业技能。腓力二世努力用三种办法弥补她的不足。首先，就像五年前他任命胡安娜为西班牙摄政者时（见第二章）一样，他花了好几个星期亲自指导玛格丽特，解释自己的总体目标是什么，她如何能帮助他达成这些目标。其次，同样像当初任命胡安娜一样，腓力二世发布了详细的指示，没有给玛格丽特留下多少自由行动的空间，并要求玛格丽特将所有重要事务通知他，做任何决定之前都要先征询他的意见。他还给了她一个候选人名单，让她严格按照候选人的资历，将其填补到教会的空缺职位上（如果出现空缺的话）。最后，腓力二世遵照查理五世的建议，设立了一个"由最合适和对尼德兰的战争最有经验的人员组成的议事会"。因为皇帝还没来得及解释哪些谋臣"可能会造成麻烦"就去世了，所以腓力二世挑选了一些互相之间有竞争关系但也有互补性的人。格拉沃利讷战役的胜利者埃格蒙特伯爵拉莫拉尔拥有崇高的军事威望，并且和奥兰治亲王威廉一样，既有外交专长，在国际上也有非常好的人脉（埃格蒙特伯爵曾在英格兰和西班牙生活，参加过腓力二世与玛丽·都铎的婚姻谈判；奥兰治亲王参加了《勒卡托－康布雷西和约》的谈判；这两人在德意志都有很多亲友）。最重要的人物是格朗韦勒，他在之前的十五年里一直为哈布斯堡家族筹划和执行敏感的外交和行政工作。在离开尼德兰之前，腓力二世每天都就方方面面的政事咨询格朗韦勒，在这之后的数年里，他也通过格朗韦勒而不是玛格丽特来传达一些重要的命令。

1559年7月,在根特,腓力二世首次行使他作为金羊毛骑士团大团长的权力,召开了全体骑士的会议。在这期间,浮现出玛格丽特和格朗韦勒在国王离开尼德兰之后可能遇到的一些问题。金羊毛骑士团的全体会议通常很喧闹,大团长和每一位骑士都会正式地批判其他每一个人自上一次全体会议以来的行为。但根据腓力二世自己的记述,这一次他引发了骚动,因为他请求骑士们做三件事情:"首先,他们只能选举天主教徒进入骑士团;其次,从今往后,他们应当认真惩罚各自领地内的所有异端分子;最后,他们应当每天都听弥撒。"尽管几乎所有骑士都接受了第一条,但好几名骑士反对第二条(理由是,现行的法律就足够了,所以国王专门要求金羊毛骑士惩罚异端,意味着国王怀疑他们的虔诚),"他们甚至更加激烈地反对第三条,说他们都是基督徒,所以本来就要听弥撒的"。[21]最终,腓力二世放弃了这场斗争,动身去泽兰①,那里有一支舰队已经集结完毕,要送他回西班牙。

在等待有利风向的时候,腓力二世的心情好了一些。他告诉格朗韦勒:"我心情很好,并且我到了这里之后心情就好了,因为我可以在这些岛屿周围旅行,有更多锻炼的机会。"但是焦虑和痛苦仍然潜伏在他的好心情之下。

> 一再耽搁,迟迟不能启程,这对我来说很危险,但因为这完全取决于上帝的意志,所以我只能等待上

---

① 泽兰(Zeeland)为尼德兰的一个省。新西兰(New Zealand)即得名自泽兰。

> 帝的指示；因为他曾经从我的道路上铲除更严重的障碍，所以我希望他也会铲除当前的障碍，给我力量去掌控我的领地，不要让我因为缺乏手段而失去这些领地。如果失去了，那对我来说将是最悲哀的事情，会让我悔恨终身。如果我在战争中失去了这些领地，那么我会更加悔恨。我告诉你，我启程的时候对前途忧心忡忡。

次日，即1559年8月25日，他从尼德兰启航，前往西班牙。在他的余生，他再也不会回到尼德兰。[22]

闭关锁国的西班牙

让腓力二世"忧心忡忡"的事情有很多，其中之一就是，有无可辩驳的证据表明，新教异端已经在西班牙生根发芽。1558年5月，宗教裁判所主裁判官费尔南多·德·巴尔德斯详细汇报了"自陛下离开这些王国"（这样的措辞肯定大有深意）以来西班牙的宗教形势发生了哪些变化。巴尔德斯在报告的开头哀叹道，在萨拉曼卡"以及这些王国的其他许多城镇"发现了"大量《圣经》和经文的其他篇章，都受到了路德宗材料的污染。有的在私人手中，有的在修道院和大学"。随后他描述了西班牙其他地方伊斯兰教和犹太教信仰的复苏，然后又说，在塞维利亚、巴利亚多利德、萨拉曼卡和其他许多城镇逮捕了"大量路德派教徒"。[23]

腓力二世远在尼德兰的时候显然没有意识到西班牙事态的严重性。他拖了六个月才给巴尔德斯回信。他"从军营"写信给巴尔德斯，敦促他"以严刑峻法处置狱中的异端分子，铁面无情地惩罚罪人,从而阻止邪恶之事的传播"。他补充道,"我在领兵作战时,如果你要征求我的意见,可能会发生耽搁,为了防止耽误时间",宗教裁判所主裁判官必须"将这些事务完整地禀报皇帝陛下[查理五世],因为我知道他一定会愿意聆听、决断,并按照形势采取措施"。[24]

巴尔德斯不打算从尤斯特接受命令。他努力说服摄政者胡安娜,因为"在危险的时刻,宗教裁判所始终是信仰和西班牙君主国的靠山",所以他现在需要广泛的权力。巴尔德斯还向教宗保罗四世解释了局势的严重性,详细描述自己成功地发现了"一大群路德派教徒",并请求教宗下诏,允许宗教法官追踪和起诉所有嫌疑人。巴尔德斯把写给教宗的信托付给自己的侄子,命令他只能在单独觐见教宗的时候亲自将信送到教宗手中。巴尔德斯和胡安娜都没有把这封信的副本发给腓力二世,也没有揭示,巴尔德斯索要的教宗诏书之一将会授权宗教裁判所调查"居住在西班牙的所有主教、大主教、宗主教和首席主教",从而搜集关于异端嫌疑人的情报,并逮捕和拘禁任何企图"逃离或者以其他方式离开西班牙"的人。[25]

巴尔德斯和胡安娜已经找到了一个潜在的嫌疑人:巴尔托洛梅·德·卡兰萨修士。他是将英格兰重新天主教化的领导者,国王刚刚任命他为托莱多大主教(所以也就是西班牙的首席主教)。巴尔德斯不知道的是,国王还指定,如果他去世了,那么卡兰萨将成为西班牙摄政者和堂卡洛斯的教师。[26]等待教宗下诏的时候,巴尔德斯命令审讯所有在押的"路德派教徒",问他们卡兰萨的情况,为了获得卡兰萨的黑材料,如有必要可以动刑。他还命令一些精心挑选的主教与神学家阅读和评估卡兰萨的著作是否符合正统,尤其是他在这一年早些时候为了拉拢英格兰新教徒而发表的教义问答。

直到1558年12月，腓力二世才直接干预卡兰萨案件。他让胡安娜敦促宗教裁判所的最高议事会（Suprema）"彻底地、严厉地惩罚我听说西班牙各地都有的异端分子，为了达成这个目标不要忽略任何事情，不管涉案的是什么人，哪怕是王子"。[27]但国王也很清楚，有些关于异端的指控和反指控，其实是不同派系之间的政治斗争，也就是查理五世曾警示儿子的"我的大臣们……当中正在形成或已经形成的密谋集团"（见第一章）。1559年4月，国王单独接见了卡兰萨的私人使者埃尔南多·德·圣安布罗西奥修士。随后圣安布罗西奥向卡兰萨汇报说，腓力二世"向我表明了他是多么热爱您，有些人通过书面或口头向他提出的指控并没有改变他对您的崇高敬意"。不过，埃尔南多修士代表卡兰萨为向教宗求助而请求许可时，国王拒绝了。但不久之后，国王就写信给卡兰萨，向这位首席主教保证一切都好，并"非常强烈地"督促他"不要对您目前为止做的事情做出任何改变，并且只向我一人寻求帮助"。[28]尽管腓力二世擅长伪装，但这封信的热情和亲切佐证了他给埃尔南多修士留下的印象，即在这个阶段国王对首席主教仍然抱有"崇高敬意"。

但是卡兰萨依然如坐针毡。他告诉国王，他担心巴尔德斯"会运用宗教裁判所的权力，将宗教裁判所变成达到他的目标或者为他自己报仇的工具"，并补充说，"他如果做得到的话，会指控我是异端分子"。[29]卡兰萨猜得对：几天后，巴尔德斯就收到了教宗的诏书，授权他调查任何被怀疑有异端思想的高级教士。巴尔德斯立刻召开了宗教裁判所最高议事会的会议，和一些王室法律专家一同"审阅和斟酌"对卡兰萨不利的证据。

与会者同意"遵照教宗诏书,开始对卡兰萨大主教采取措施",然后起草了一封措辞非常狡猾的信给腓力二世,获取他的批准。宗教法官们指出,那些已经因路德宗思想而被定罪的人当中,就有卡兰萨的朋友和弟子,其中好几人检举了卡兰萨,而卡兰萨没有谴责过这些异端分子。他们还说,大主教撰写的教义问答当中包括很多新教的理念和措辞。为了防止国王仍然有疑虑,宗教法官们还诉诸赤裸裸的敲诈,利用了腓力二世最焦虑的两个方面:他的良心和权威。他们说,如果国王不批准逮捕卡兰萨,卡兰萨就可能会"说服其他人追随他的错误的、异端的思想,那样的话,我们就不知道陛下的良心和声望如何保持白璧无瑕了。何况,如果此事最终落到了教宗手里,就会损害陛下的权威,因为我们不知道教宗会如何应对此事,也不知道此事的结局会是什么"。宗教裁判所的最高议事会最后耍了一个狡猾的计谋:给卡兰萨发一封信,"以陛下或者[胡安娜]公主的名义催他进宫",他来了之后就立即将他软禁。[30]

宗教裁判所最高议事会的这封信让国王陷入了极其难堪的处境:他要么支持宗教裁判所的权威,要么挽救卡兰萨,但二者不能兼得。他于1559年6月26日发出的回信表明宗教法官们的敲诈成功了。腓力二世授权宗教裁判所的最高议事会"以必需的严肃态度处理此事和其他事情,除了侍奉我主上帝、保护上帝托付于我的国度的福祉以及维护我的良心清白之外,不必多虑"。他还批准了诱骗卡兰萨进宫的计谋。[31]信是以胡安娜的名义发出的,要求卡兰萨见信后"为了侍奉上帝和国王,立即到巴利亚多利德城来,我有极其重要的事务与你分享",并补充道,"如果你立即前来,我会很高兴,即便你需要轻装简行。我会为你提供合适的住宿"。但是大主教仍然拖延,于是宗教裁判所派人包围了卡兰萨正在睡觉的房屋,在黎明前闯进他的卧室,宣布:"你被宗教裁判所逮捕了。"卡兰萨被押解到巴利亚多利德之后,才发现胡安娜为他提供"合适的住宿"是什么意思:宗教法官将他囚禁在两个小房间内。并且,仿佛是为了让大家对他的最终命运不存疑问,他们还在城市广场上拍卖了他的私人财产。[32]

尽管腓力二世批准逮捕卡兰萨,但他可能没有意识到,这只不过是巴尔德斯设计的旨在控制西班牙智识生活的全面计划的一小部分。1559年4月,宗教裁判所主裁判官下令,从今往后,"任何个人、大学或学院"都不可以"在事先没有征求宗教裁判所议事会意见的情况下,发布关于任何书籍或话题的评判或意见";他还宣布自己打算查禁"我们命令编纂的禁书目录"中的将近700种图书。[33]六个月后,国王参观了巴利亚多利德的一次信仰审判。一位目击者说:"这场审判非常肃穆,因为我们的主公即国王陛下也在场,威风凛凛。他站立着,脱下帽子,在宗教裁判所主裁判官面前宣誓将会支持天主教会的事业和官员。"大约40名贵族和20万名群众观看了国王的宣誓,聆听了犯人受到的宣判,并观看其中一些犯人被押走,被处以火刑。据编年史家路易斯·卡布雷拉·德·科尔多瓦说,其中一名死囚责备国王竟允许他被活活烧死时,腓力二世答道:"如果我的儿子像你一样邪恶,我会亲自送柴火来烧死他。"[34]

1559年11月,国王签署了巴尔德斯起草的旨在铲除异端的最后一道法令:禁止所有西班牙人"到国外去学习,教学,学艺,就读于任何大学、学校或学院,或者在任何大学、学校或学院居住"。目前在国外的学生和教师必须在四个月内回国，否则将被剥夺圣职（对教士而言）或财产（对俗士而言）。将来在国外上学的人的"学位和学历"将"永远得不到西班牙的承认"。[35]

1558～1559年，由巴尔德斯构思、腓力二世及其妹妹执行的各项措施的整体影响是极其深远的。这些措施肯定阻止了新教在西班牙的实践，西班牙此后不会再有"路德派小团体"，异端书籍也很少传播。但是，让天主教国王的领地远离异端的措施，使西班牙付出了高昂的代价。1559年之后，西班牙实际上与世界的其余部分隔绝了：如果没有宗教裁判所的明确批准，任何思想都不能进入西班牙，任何学者都不能离开西班牙。另外，在西班牙境内，大规模的检举和逮捕意味着，任何人，无论是教士还是俗士，都不敢发表关于宗教的任何观点。如费里亚伯爵（仍在国外）所说："西班牙的局势在走下坡路，因为我们已经到了这样的阶段：说不清谁是基督徒，谁是异端分子。"所以，他认为，牵涉到宗教的时候"最好保持沉默"。[36]但有的时候，保持沉默是不可能的：1560～1562年，超过一百名西班牙精英阶层的成员，包括费里亚伯爵，收到了传票，要向负责审判卡兰萨的宗教法官提供宣誓证词。就连国王也不得不去作证，而且去了两次。

世纪审判

1559年9月4日，也就是卡兰萨被押解到巴利亚多利德一周之后（腓力二世返回该城四天之前），巴尔德斯召见了卡兰萨，要求他全面认罪。令巴尔德斯吃惊的是，首席主教首先指出，在宗教裁判所逮捕他之前，教宗保罗四世已经去世，所以他的诏书已经失效；然后指出，宗教裁判所的办事程序需要一位"不偏不倚、没有任何疑点"的法官执行。因为巴尔德斯"是我的不共戴天之敌……所以根据法律，他应当回避本案，不能担任审理我的法官"。卡兰萨后来提出了二十五项指控，证明不仅宗教裁判所主裁判官，而且宗教裁判所最高议事会的另外两名成员"敌视我"，所以应当回避本案。被告一下子成了原告。[37]

卡兰萨的记忆力超群，能够准确地回忆自己的过去：时间、地点、主题；观点、演讲和布道；以及与西班牙、特伦托、英格兰和尼德兰的数量极多的人的关系。尽管他有时语焉不详、有意回避（毕竟他是在为自己的性命搏斗），但他以惊人的准确性还原了自己一直到被捕时的全部经历。并且，他曾为宗教裁判所工作二十五年之久，所以懂得如何利用它的标准操作流程来保护自己。第一，尽管宗教法官隐瞒了指控者的身份（从而让卡兰萨无法要求那些人也回避），但他能够证明某个指控者是他的"死敌"，从而打击对方证词的公信力，表明大家不应当相信那些证词。他给出的证词还推翻了另外三十多人的指控（我们现在知道，这些人几乎都作证反对他）。宗教裁判所允许所有被告使用的第二种法律工具是，允许被告提供证据来驳斥具体的异端指控，或者为自己的可疑言辞提供一个无辜的语境。第三种工具是，大主教（和所有被告一样）可以提供证据，证明自己在人生每个阶段做过的善事：他的虔诚、清贫和谦卑；他的施舍和慈善活动；尤其是他在英格兰和尼德兰坚决地、充满热忱地镇压异端的记录。在上述三个方面，卡兰萨都提出了大量问题，并指定宗教法官必须质询哪些人。在好几件事情上，卡兰萨"传唤的证人是我们的主公，即腓力二世国王"。[38]

1560年1月，两名宗教法官及其秘书来到王宫，请求国王回答五个问题，来判定巴尔德斯是否仇恨卡兰萨。这很可能是自腓力二世在少年时代被父亲盘问过性生活方面（见第一章）之后第一次受到"审问"。他选择独自研究那些问题，并给出书面答复。他含糊其词地答复道："我不知道这两人之间是否存在仇恨或敌意，因为即便存在的话，也在他们的脑子里，其他人不可能确定地知道或者做出判断。"[39]两年后，宗教法官又来质询国王本人，问他在布鲁塞尔的时候是否曾在王家礼拜堂听过卡兰萨的某些布道，以及"他宣讲的教义是否正确，是否符合天主教正统"。腓力二世显然感到恼火，答道："我在1557年和1558年听过大主教的布道，从来没有听到过冒犯我或者冒犯其他人的东西；因为我不是神学家，所以对这个话题我只能说这么多。"公证人向腓力二世朗读这些答复时，国王显然对"因为我不是神学家"这句有了新想法，于是将其删掉，然后才在自己的证词上签字。[40]

腓力二世逐渐认识到，巴尔德斯确实是出于敌意才对卡兰萨穷追不舍的，于是国王对宗教裁判所主裁判官不是那么信任了。1566年，他将巴尔德斯停职。但国王不肯做更多了，因为事情关系到宗教裁判所的公信力和权威，而国王显然不能挑战宗教裁判所，因为他经常公开表示要支持它。从国王批准巴尔德斯逮捕和囚禁卡兰萨开始，国王就和宗教裁判所最高议事会一样急需将卡兰萨定罪。在随后十七年里，国王努力达成这个目标，但都归于徒劳。尽管腓力二世做了最大的努力，教宗庇护五世还是在1567年传唤卡兰萨（此时的腓力二世将他称为"这些王国里地位最高的罪犯"）到罗马，并在那里继续审讯他。在随后九年里，国王因为害怕卡兰萨被无罪开释，所以向庇护五世及其继任者发出连珠炮般的警告，比如"世人会怎么说""如果这样一个抱有异端思想、隐藏自己的异端思想并且书写过错误言论的人竟然得到圣父的宽恕，这将是异端分子的多么巨大的胜利"。1576年，格列高利十三世对卡兰萨做了相对温和的判刑：仅仅将他从西班牙首席主教的位置停职五年。国王勃然大怒，激烈抗议道："考虑到此次审判的性质，判决应当更严厉。"仅仅因为卡兰萨在获刑两周后去世，分歧才算结束（当然，卡兰萨再也不会回到托莱多了）。[41]

设立宫廷与确定都城

1559年10月9日，也就是主持信仰审判的次日，腓力二世离开巴利亚多利德，命令将中央政府搬迁至托莱多。据卡布雷拉·德·科尔多瓦说，这个决定反映了国王对巴利亚多利德受到异端污染的愤怒。这的确可能是国王决定迁都的原因之一。但是大家早就知道，政府不可能无限期地留在巴利亚多利德。一年前，胡安娜公主禀报父亲，宫廷在巴利亚多利德待了连续五年，现在需要搬迁，因为"这里的人太多，事情太多，所以问题也多得超过了人们的想象"。她认为迁都到马德里"最好"，如果不能去马德里的话，她建议去瓜达拉哈拉、托莱多或布尔戈斯。[42]腓力二世在返回西班牙之后的第一年里视察了这些城市。但在离开巴利亚多利德之前，他还做了一件敏感而重要的事情：欢迎自己从未谋面的弟弟成为王室的一分子。

1547年2月，在雷根斯堡，芭芭拉·布隆贝格生下了查理五世的儿子（见第二章）。皇帝对自己婚前生的几个私生女关怀备至，经常事无巨细地管理她们的生活；然而皇帝对这个私生子的待遇截然相反，很少承认自己是他的父亲。他的最后遗嘱（1554年立下）甚至没有提及这个孩子，后来才给遗嘱增添了一个特别附录，专门提到这个名叫赫罗尼莫的男孩。皇帝将这份附录封印之后交给腓力二世，命令他在皇帝死后才可以启封。与此同时，查理五世将自己的幼子托付给老战友路易斯·基哈达及其妻子玛格达莱娜·德·乌略亚夫人。这对夫妇在西班牙低调而悉心地抚养和教育这个男孩。

所以，腓力二世在查理五世去世后才得知自己还有个弟弟。他发现此事时的感情（既有喜悦，也有厌恶）体现在了给基哈达的最初回信当中。基哈达在信中揭示了"陛下知道的我抚养的那个人"的真实身份。起初，国王热情地写道："对于堂胡安，我知道他是我的弟弟之后，非常高兴。"可见国王坦然地承认了那个男孩的血统，并为他取了个新名字。但腓力二世重新考虑之后就删掉了那句话，改成了比较中性的说法："关于那个男孩，我读了你介绍的情况之后很高兴。"他命令基哈达继续隐瞒孩子的身份，"直到我抵达"西班牙。[43]虽然国王表现得比较冷淡，但在1559年7月于根特举行的金羊毛骑士团大会上，腓力二世册封的十四名新骑士当中有一人的身份被暂时保密，直到两年后兄弟二人在巴利亚多利德附近首次见面。这一次，腓力二世一反常态地表现得很有爱心，拥抱并亲吻了十二岁的弟弟，正式册封他为金羊毛骑士。他还赐予弟弟"奥地利的堂胡安"这一头衔，为他设立了正式的内廷（由基哈达领导），并安排弟弟到宫廷，与查理五世的两个孙辈亚历山德罗·法尔内塞（帕尔马的玛格丽特的儿子）和堂卡洛斯一起生活。亚历山德罗和堂卡洛斯都是1545年出生的，所以比堂胡安还大两岁。[44]

1559年11月，人员增加之后的王室在托莱多安顿下来。托莱多短暂地成为西班牙君主国的首都。六个月后，在胡安娜公主和堂胡安的率领下，卡斯蒂利亚的全体政治精英向堂卡洛斯宣誓效忠，确认他是"王子，以及他的父亲的诸王国的继承人，在今上驾崩之后，他还将成为它们的国王和主公"。这场仪式持续了九个钟头，然后是宴会和骑士竞技（在其中一场里，腓力二世亲自率领一支"骑士队伍"）。竞技的奖品由另一个青少年分配，那就是于1560年1月加入王室的法国公主伊莎贝拉，即腓力二世的第三任妻子。

年轻的王后不喜欢托莱多。她抵达那里不久之后就染上了天花，并告诉母亲："我可以向你保证，若不是我丈夫在这座城市，我会觉得它是世界上最讨厌的地方之一。"并非只有王后一人不喜欢托莱多。腓力二世的廷臣在这里很难找到舒适的住宿条件，因为塔霍河①从三面环绕这座城市，并且他们需要经过地势陡峭、蜿蜒曲折的街巷才能抵达王宫城堡，这趟路程让他们累得够呛。许多街道过于狭窄，连一匹马都无法走过。没过多久，"因为街道太肮脏和狭窄，也因为食品价格太高"，大多数廷臣都想离开。[45]

有些人希望宫廷能迁回布鲁塞尔，但国王向格朗韦勒解释道，尽管"我热爱佛兰德，如今比以往更爱"，但他缺乏资金，"连很多小事都负担不起，所以如果你看到我是多么缺钱，一定会震惊。我告诉你，我在那边［尼德兰］的时候从

---

① 塔霍河是西班牙语名字，它是伊比利亚半岛最大的河流，发源于西班牙中部，向西流淌，最终在葡萄牙里斯本注入大西洋。它的葡萄牙语名字是特茹河。

来没有想到西班牙的情况会是这样"。那么，如果不是布鲁塞尔、巴利亚多利德或托莱多的话，腓力二世应当迁都何处呢？他于1561年5月8日做了决定，签署了一封给马德里市议会的信，通知他们，"我已决定带领宫廷迁往你们的城市"，将会派遣官员去打前站，"为我的家人和宫廷人员准备住宿"。[46]

回想起来，这个决定似乎是必然的。1536年，皇帝曾扩建位于马德里市郊一座峭壁之上的中世纪王宫，腓力二世在第二次担任皇帝摄政者时（1551～1554年）曾把这里当作大本营。他还在布鲁塞尔的时候就购买了马德里王宫周边的一些地块，还在曼萨纳雷斯河的对岸购买土地，营造后来的"田园之家"。他还命令公共工程大臣"建造一套精致的房间，配有玻璃窗，俯瞰田野"。1536～1562年，国王在马德里王宫改建工程上花了235000杜卡特，创建了（用韦罗妮克·热拉尔的话说）"西班牙最大的王宫建筑群。它的规模、布局以及礼拜堂和大厅，都便于宫廷生活"。[47]即便国王不在新首都的时候（1563～1564年，他花了将近六个月视察阿拉贡领土；1570年，他视察安达卢西亚；1580～1583年，他去了葡萄牙），官僚、外交使团和王室其他成员仍然留在马德里。

战火复燃

查理五世与苏莱曼大帝的战争（见第三章）延续到了腓力二世时代。因为腓力二世的财政吃紧，所以他在1558年初授权其代理人与苏丹谈判，争取签一项长期的停战协定（不过谈判是秘密进行的，因为他不想让法国人知道西班牙是多么虚弱）。这年晚些时候，腓力二世的叔父斐迪南当选为神圣罗马皇帝不久之后，也派了使者与土耳其人谈停战，于是腓力二世寻求利用斐迪南的行动来掩饰自己与苏丹的谈判。苏丹拒绝了，宣布自己只与斐迪南谈判；如果腓力二世想要停战，就必须公开地哀求。腓力二世仍然害怕自己与法国的战争会拖下去，于是在1559年3月忍气吞声地批准了与苏莱曼的十年或十二年停战的协议草案。但是《勒卡托－康布雷西和约》的有利条件让他改了主意。"有鉴于我与法国国王签订的和约"，并且考虑到"苏丹年事已高，而且苏丹的几个儿子之间的纠纷给苏丹造成很大的焦虑，我相信，与苏丹谈停战，或者缔结停战协定，都不符合我的利益"。腓力二世推断，"若没有法国的友谊，并且缺少友好的港口，土耳其人不会派遣舰队攻击基督教世界"。于是腓力二世命令自己在地中海战区的全部兵力在西西里集结，准备发动一次突然袭击。1559年6月，腓力二世还在布鲁塞尔的时候，他指示西西里副王梅迪纳塞利公爵率领这些部队去收复的黎波里。[48]

然而，这个决定让腓力二世的各领地陷入了一场持续超过十八年的战争，拖住了他的大量资源，使他无法对其他地方的威胁做出有效的回应。他为什么会做出如此灾难性的误判呢？也许，他参加了两次针对法国的战役并取胜，由此产生了错觉，以为自己是在为上帝效劳，所以战无不胜？或者，他认为这是自己的命运？他在孩提时代背诵过许多关于基督徒骑士与摩尔人作战的中世纪传奇；并且在1548年前往欧洲北部"壮游"前夕，人们为他准备的徽章上就有名为"腓力"的太阳和"直到月亮消失"（Donec auferatur Luna）的座右铭。徽章的作者解释道："这个名叫腓力的太阳代表殿下，它将会坚持不懈地战斗，直到您消灭了以月亮为标志的土耳其人、阿拉伯人和其他敌人。"次年，王子收到了一本书，它的封面上用金字写了腓力二世和基督的名字，呼吁腓力二世给基督教世界带来和平、消灭异端并从土耳其人手中夺取君士坦丁堡和耶路撒冷。[49]

但是布鲁塞尔不适合担当收复的黎波里（更不要说君士坦丁堡或耶路撒冷了）的作战指挥中心。腓力二世的命令传到意大利的时候，已经过去了一个月，法西两国缔结《勒卡托-康布雷西和约》和大量战舰在西西里集结的消息已经传到了的黎波里的奥斯曼驻军耳边，于是他们加紧修补这座港口城市的防御工事。梅迪纳塞利公爵得知此事之后丧失了勇气，"他觉得自己需要更多兵力才能进行此次作战"，所以他的远征军直到12月才出征。[50]冬季的风暴迫使远征军无功而返，也在意料之中。

很多军事专家立刻认识到了这些耽搁的意义：进攻未能达成出其不意的效果，所以取胜的可能性较小，而且很可能招致奥斯曼人的即刻反击。但腓力二世坚持要求进攻，于是远征军在1561年2月①又一次出发，在的黎波里附近登陆。梅迪纳塞利公爵很快又一次丧了胆，撤到突尼斯和的黎波里之间半路上的杰尔巴岛（西班牙人称之为洛斯赫尔韦斯岛），并在那里设防。果然，正如军事专家们担心的那样，奥斯曼舰队包围了杰尔巴岛。在随后发生的正面交锋当中，西班牙人损失惨重，幸存者躲在防御工事里，哀求腓力二世营救他们。

现在国王发现，托莱多并不比布鲁塞尔更适合担当地中海作战的指挥部。他的精锐部队都被困在杰尔巴岛上，所以国王很绝望。据每天都能见到腓力二世的国务秘书贡萨洛·佩雷斯说："此事对国王陛下触动很大，所以他命令立即开展大规模

---

① 原文如此。疑有误，似应为1560年2月。

的准备工作。"佩雷斯继续说:"他下定决心,一定要救援梅迪纳塞利公爵和留在杰尔巴岛上的部队,哪怕他必须投入自己剩余的全部资源,并且御驾亲征。"[51]这样的豪言壮语救不了杰尔巴岛上饥肠辘辘的守军,他们向苏莱曼大帝投降,后来在君士坦丁堡的胜利大游行当中游街示众。大多数俘虏在十年之后才重获自由。这是一次灾难性的惨败。据法国大使说:"这座堡垒的失守对西班牙朝廷、整个国家及其全部属地的影响极大,他们对于……如此凄凉地抛弃了那么多优秀的官兵,却不曾抬起一根指头去救援他们,极其羞愧。"他补充道:"国王陛下似乎在缓缓地饮尽这杯苦酒。"[52]

这杯"酒"的确很"苦":在杰尔巴岛损失掉的许多兵员是海战经验丰富的老兵,没有这样的老兵,腓力二世就无法保障自己在地中海的领地的安全。为了替代这些损失掉的兵员,他不情愿地决定从尼德兰抽调3000名西班牙老兵。

起初,大家觉得腓力二世的这个反应有些过激了:在随后两年里,奥斯曼舰队没有进入地中海西部,所以他得以在1562年派兵进入法国,帮助法国的摄政政府镇压一次新教叛乱。国王和往常一样,用宗教因素为如此鲁莽的军事行动辩护:

> 尽管在当前的条件下发动开销如此巨大的行动很不合适,但在我看来,为了侍奉上帝(这是最重要的),为了保障我和我的诸领地的利益,我必须支援法国的天主教徒。我认识到,这么做会有风险,但是如果纵容异端分子获胜,风险肯定要大得多,因为一旦他们胜利了,他们的全部能量都会被用来反对我和我的领地,让它们也成为[新教]国家。

他最后慷慨激昂地总结:"这是我永远不会允许、永远不会容忍的,哪怕我要死掉十万次(如果我有那么多条性命的话)。"[53]

随后,在1563年,奥斯曼军队攻打了西班牙的前哨据点奥兰①,迫使腓力二世将注意力和资源转向地中海。据宫廷的一位尼德兰大臣说:"这里唯一的话题就是奥兰围城战。"他还说,救援奥兰的准备工作"已经耗资超过60万杜卡特"。[54]尽管腓力二世的军队最终为奥兰解围,并于次年占领了阿尔及尔附近的一处前哨据点,还在那里设防,但为了协调这些行动,国王就必须留在西班牙。如贡萨洛·佩雷斯所说:"因为卡斯蒂利亚是[西班牙君主国的]核心,它必须支援和支持其他地区,所以我相信国王不会离开卡斯蒂利亚。"[55]

与土耳其人的战争严重消耗了腓力二世的资源。一位高级大臣评论道:"我看了国库发来的报告,真是令人抑郁;如果上帝让陛下远离战争,我们就能做很多大事。"[56]但是这样的希望注定要破碎。1565年,消息传到马德里:苏莱曼准备了将近200艘舰船(这是自古典时代以来有史可查的最庞大的舰队),在5月将两万名奥斯曼士兵运送到了马耳他岛,攻打圣约翰骑士团的基地。在随后六个月里,安排救援马耳他岛成了腓力二世的头等大事,迫使他又一次忽略其他方面的所有问题,包括尼德兰的问题。

---

① 奥兰在今天的阿尔及利亚西北部。

第八章 "我宁愿自己死掉十万次"：捍卫信仰，1562～1567年

1560年杰尔巴岛的惨败对西班牙君主国全境都产生了重大影响，比如为了加强地中海防务，腓力二世将大量西班牙老兵从尼德兰撤走。腓力二世写道："[尼德兰的]所有人都会看到，我是如何抱着爱与同情来处理他们的事务，因为现在为了安抚他们，我做了一些可能会对我非常不利的事情。"有些大臣对腓力二世这个决定的意义轻描淡写。贡萨洛·佩雷斯认为，从尼德兰撤军是"需要做的事情，或者说是必须做的事情"，他还向上帝祈祷，希望上帝"会佑助我们，让我们不至于有一天为这个决定后悔。但如他们所说，'刚出虎穴又入狼窝'"。在布鲁塞尔，格朗韦勒略微乐观一些，但也警示国王，那些西班牙老兵"能够支撑我们在邻国眼中的威望，也许还能威吓本地民众。愿上帝保佑我们，让他们的撤离不会引发骚乱"。[1]

格朗韦勒说得对。被撤走的西班牙部队原本不仅可以担当快速反应部队，来应对欧洲北部可能发生的危机，还可以镇压尼德兰民众的骚乱。正是因为这一点，国王的尼德兰臣民很害怕这支西班牙部队会常驻尼德兰。世人皆知，只要单单一个西班牙步兵团，就足以帮助腓力二世掌控米兰、撒丁岛、那不勒斯和西西里。在国王离开尼德兰不久前，埃格蒙特伯爵向奥兰治亲王威廉的抱怨说出了很多人的心声："我相信，太多的变

革会让人们不开心。"尤其是,"国王下定决心要保留那支西班牙步兵部队,并解散其他所有部队。他这么做是为什么,你猜猜好了"。在1559年7月举行的气氛紧张的金羊毛骑士团大会(见第三章)上,埃格蒙特伯爵和奥兰治亲王都威胁道,如果腓力二世不把西班牙部队撤离尼德兰,他俩就辞职。国王则威胁不给他俩发放之前答应的奖金,这才让他们屈服。[2]

奥兰治亲王、埃格蒙特伯爵和他们的同僚拥有一个强大的平台,可以在那里表达对那些"让人们不开心"的"变革"的反对。这个平台就是等级会议。在1549年认可腓力二世为统治者的尼德兰十七个省都有自己的等级会议(Staten 或 États),由教士、贵族和城镇的代表组成,他们定期开会,处理牵涉到大家共同利益的事务,尤其是立法和征税。查理五世偶尔会要求各省的等级会议派代表参加整个尼德兰的等级会议,来敲定共同政策,腓力二世在1557年与法国交战时也召开过尼德兰全国的等级会议,主要是为了征收新税。经过好几个月的讨价还价,会议代表批准征收总金额高达360万杜卡特(这是前所未有的数字)的赋税,分九年征收。但是会议代表坚持要求,必须由他们自己的官吏来征收和分配这些税款。腓力二世坚决反对,因为他正确地判断,如果他不满足等级会议的要求,等级会议就可以扣留税款不给他。但是法国的军事压力迫使他向等级会议让步。1559年1月,等级会议设立了一个常务委员会来监督每个省对"九年税"的征收与分配。尽管腓力二世不久之后就解散了全国级别的等级会议,但各省的等级会议继续开会,并且就像腓力二世担忧的那样,好几个省的等级会议发出威胁,如果他不把西班牙驻军撤走,他们就扣留"九年税",不给国王。

杰尔巴岛的灾难解决了这个问题，但在西班牙军队撤离尼德兰几周后，又发生了新的"变革"：国王设立了十三个新的主教职位和一个梅赫伦大主教职位，梅赫伦大主教将成为尼德兰的首席主教。此外，每个大教堂管理委员会要选择两名成员担任宗教法官。在新的教会领导体系中，每一位领取俸禄的神职人员都必须有大学文凭。设立新主教职位的计划有很多好处。在这之前，哈布斯堡家族治下的尼德兰有300万人口，却只有四位主教，所以从天主教会的角度看，创建新的主教管区和建立统一的教会领导体系是很有道理的。提升高级教士的教育水平，并按照语言的界限来设定主教管区的边界，从而让主教、教士和教民说同一种语言，这都是合理的改革。但是朝廷用来资助这些改革的手段却是灾难性的。为新的主教管区提供资金的最显而易见的办法，是向教会的所有收入征税，但腓力二世没有这么做，他让每一位新主教接过当地一家富裕的修道院的院长职位，并接收其收入。这种措施在教会管理的层面上是很糟糕的决定，因为同一位高级教士很难同时担任主教和修道院长；而且注定会引发政治上的冲突，因为好几位即将被排挤掉的修道院长在等级会议里拥有发言权和投票权。

这项雄心勃勃的教会重组计划是腓力二世及其谋臣长期谋划的结果，但想执行就需要教宗的批准。为了得到教宗的批准，国王给保罗四世写了一封典型的"被动攻击型"的信：

> 我作为教会最恭顺的儿子，必须提醒、敦促，并以最大的热忱请求……圣父尽快认可和批准我很久以前申请的重组尼德兰教会的计划……如果我在动身[去西班牙]之前不能确定对尼德兰各省教会的规

划,从而确保我不在尼德兰期间不会出问题,我就会非常难过和懊悔。但如果出了问题,就会给圣父的良心带来极大的负担,因为您原本可以很轻松地采取恰当的措施。[3]

国王的敲诈奏效了:保罗四世从他"最恭顺的儿子"那里收到这封带有威胁意味的信之后,就批准了一项圣谕,授权按照国王建议的方案设立新的主教管区;但圣谕送抵的时候,国王正准备登船前往西班牙,所以他不得不将圣谕的执行托付给尼德兰摄政者——帕尔马的玛格丽特。但没过多久,保罗四世就去世了,他的继任者庇护四世审视尼德兰的整个计划的时候,难免会造成新的耽搁。

腓力二世仍然担心"我不在尼德兰期间可能会出问题",所以决定把整个教会重组计划暂时保密,直到敲定全部细节。因此,直到1561年3月又一道教宗圣谕宣布新任主教们的姓名、职责和收入的时候,公众才得知此事。新任命的梅赫伦大主教不是别人,正是国王的亲信谋臣安托万·佩勒诺·德·格朗韦勒,教宗还提升他为枢机主教。从此之后,在尼德兰的所有公开场合,格朗韦勒的地位都比奥兰治亲王、埃格蒙特伯爵和其他人更优先。

这些变革疏远了尼德兰的全体政治精英。那些被迫将自己的位置和相应的收入让给新任主教的修道院长当然会高声疾呼地反对,并动员他们在各省等级会议的同僚来抵制国王的计划。安特卫普(如今成了一位新主教的驻节地)等主要城市的行政长官同样激烈地反对设立宗教法官,因为很多商人是新教徒,他们可能因为害怕被当作异端分子逮捕而不来这些城市。贵族也怨恨国王的计划，因为根据传统，油水丰厚的教会职位是由贵族子弟独占的，现在国王却要求只将大学毕业生任命到那些职位上。最后，所有人都感到受辱，如此复杂的计划显然已经筹备很多年了，腓力二世却从未与他们商量过。于是，教会重组计划的各方面反对者都将怒火指向了尼德兰的新任教会领导人：格朗韦勒。

这位枢机主教已经四面树敌，其中最主要的敌人就是鲁伊·戈麦斯和弗朗西斯科·德·埃拉索。这两位在国王返回西班牙之后仍然在中央政府中扮演重要的角色。他们找到了一位有价值的盟友——霍恩伯爵菲利普·德·蒙莫朗西。此人是腓力二世的卫队队长，在1561年抱怨国王从来不听他的建议，于是请求返回尼德兰。国王恩准了。霍恩伯爵返回尼德兰的时候，正好赶上新的主教职位掀起的风波。他写信告诉埃拉索："这事影响不到我，所以我不想再说了。我只想告诉你，枢机主教[格朗韦勒]负责所有这些事。如果出了麻烦，国王陛下应当只怪罪他一个人。"埃拉索立刻把这封信拿给国王看，希望借此攻击格朗韦勒。但腓力二世暂时没有做任何决定。[4]随后，霍恩伯爵说服奥兰治亲王和埃格蒙特伯爵与他联名上书给国王，威胁称除非格朗韦勒枢机主教离开尼德兰，否则他们都将辞职。霍恩伯爵还把格朗韦勒的各路敌人组织成一个非正式的联盟，他们都穿同样的服装，袖子上配有相同的徽章，显示一顶小丑帽（戏仿枢机主教的冠冕）。他们还拒绝在格朗韦勒在场的情况下参加玛格丽特的议事会。这严重妨碍了她的执政。1563年，她给弟弟发去了最后通牒：除非他立刻亲自来尼德兰坐镇，否则必须让格朗韦勒离开尼德兰。

霍恩伯爵及其同僚发动这轮攻击的时候，恰恰是国王的处境最脆弱的时刻。一方面，霍恩伯爵等人的那封威胁信送到宫廷的时候，恰好奥斯曼军队攻打奥兰的消息也送到了。据一位在宫廷的大臣说："其他很多事情都取决于奥兰围城战的结果，包括国王应当留在这里，还是返回［尼德兰］。"另一方面，鲁伊·戈麦斯和阿尔瓦公爵的敌对，在决策当中造成了严重的不稳定（见第四章）。一个精明的法国观察者写道，"［尼德兰］贵族在其斗争中的成功与坚持，都建立在西班牙朝廷内部的派系斗争与分裂的基础上"，因为两位显赫的大臣"张开羽翼去控制最遥远的领地，比如佛兰德。阿尔瓦公爵支持枢机主教格朗韦勒，而鲁伊·戈麦斯在已故皇帝［查理五世］的时代就是格朗韦勒的敌人，所以支持尼德兰贵族"。[5] 所以鲁伊·戈麦斯支持玛格丽特的最后通牒：如果国王想要保障自己在尼德兰的权威，就必须亲自去尼德兰坐镇，或者罢免格朗韦勒。1564年3月，忙于地中海防务的腓力二世无暇分身，只得不情愿地命令枢机主教离开布鲁塞尔。国王谨慎地评论道："我们现在倒要看看，局势会如何发展。"[6]

尼德兰起义的根源

16世纪和今天一样，一个主政者的倒台不仅仅意味着他本人的退场，还意味着他的政策和他的支持者都要靠边站了。在布鲁塞尔，反对派贵族回到了玛格丽特的议事会，向她施压，要求停止执行设立新主教的计划；与此同时，好几个省的等级会议警示她，如果她不暂停执行镇压异端的法律，就可能发生"民众起义"。[7] 宗教形势很快就发生了变化。1562年，也就是格朗韦勒还在执行国王旨意的时候，在佛兰德省有超过600人因为异端思想面临起诉；次年，这个数字就下降到250

人；在1564年下降到了不到100人。但与此同时，异端分子的人数增加了。新教在法国、英格兰和德意志的兴起意味着，被迫害的尼德兰新教徒可以到这些国家躲避，逃过起诉。现在格朗韦勒被迫离开尼德兰，许多新教徒流亡者就回国了，并在边境附近公开举行新教的礼拜仪式，不会受到任何阻挠。

经济条件也使气氛愈发紧张。1564～1565年，历史性的严冬让百姓叫苦不迭，并且毁掉了下一轮庄稼收成。不凑巧的是，丹麦和瑞典之间爆发战争，而尼德兰很多家庭的生计依赖于朝向波罗的海地区的商品出口和航运，于是很多人一下子失业了，从波罗的海地区到尼德兰的粮食进口也中断了。所以，失业率和粮价都猛涨起来。随着失业和粮价问题越来越严重，一位观察者忧心忡忡地表示："平民百姓十分不满，高声抗议，我不知道有没有办法约束他们。"他还颇有洞察力地评论道："我担心，如果民众起来造反，宗教问题也会受牵连。"[8]

玛格丽特的贵族谋臣们选择这个时机坚持表示，阻止异端思想传播的最好办法就是撤销对异端分子必须处以死刑的法律。他们指出，很多行政长官不愿意因宗教而杀人，所以撤销了这道法律之后，他们就会更愿意采取行动来抵制异端。贵族们决定派遣埃格蒙特伯爵去劝说国王批准撤销该法律，并为玛格丽特的议事会争取更多权力。埃格蒙特伯爵在离开布鲁塞尔不久前，从君士坦丁堡传来消息，"土耳其人在准备120艘桨帆船和10艘大型运输船"，要在地中海开展一次大规模作战。埃格蒙特伯爵相信这会迫使国王再一次让步。他于1565年2月抵达宫廷，住在鲁伊·戈麦斯家。他在那里一共待了六周。[9]

腓力二世在此刻的当务之急是保卫地中海，抵挡土耳其人的进攻，并准备在巴约讷①召开他的妻子伊莎贝拉与她的母亲卡特琳·德·美第奇之间的会议，从而解决法西两国的政策分歧。这两方面的任务都需要国王在尼德兰维持现状，所以埃格蒙特伯爵来到宫廷之后，国王尽可能地拖延搪塞。他恭维埃格蒙特伯爵，装模作样地在军事问题上请教他（埃格蒙特伯爵曾和查理五世一起在北非和德意志作战，后来在格拉沃利讷大败法军）。而埃格蒙特伯爵则讲述自己的军事业绩，让二十岁的堂卡洛斯（他对欧洲北部的事务越来越感兴趣）眼花缭乱。但埃格蒙特伯爵最后失去了耐心，向国王警示道，要想让尼德兰的骚乱缓和下来，国王必须任命埃格蒙特伯爵的四位贵族朋友到玛格丽特的议事会，并授予该议事会"处置一切国家大事"的全权。面对这些新要求，腓力二世既感到挫折，又很愤怒。他在猜测伯爵提出这些要求的动机时抗议道："我现在要考虑的事情太多，我都不知道自己在说什么、做什么。我觉得我们有必要研究一下，那些在西班牙和尼德兰怂恿埃格蒙特伯爵这么做的人的图谋是什么。"[10]随后消息传来，土耳其舰队已经离开了君士坦丁堡，正在向西航行。于是国王必须想办法在即将开始的地中海战役期间让尼德兰保持安定。他欺骗埃格蒙特伯爵，假装答应他的请求，但实际上没有做任何让步。尤其是，他同意在尼德兰设立一个"神学委员会"，由主教、律师和神学家组成，去商讨是否有可能改变惩罚异端的方式，同时阻止异端的传播。既是国务秘书又是神职人员的贡萨洛·佩雷斯对这么做是否明智表示怀疑时，腓力二世向他保证："我

---

① 巴约讷在今天法国的西南部，距离法西边境不远，是法国巴斯克地区的首府，历史上长期为重要的边防城市。

绝对不会想要停止惩罚异端分子……我只是让他们考虑惩罚的方式",因为"如果我们牺牲了宗教,我就会牺牲自己的领地"。所以,国王继续说:"你已经猜到了,我的意图既不是答应伯爵的要求,也不是让他幻想破灭,因为那样的话他会把我们烦得要死,我们永远也摆脱不了他。我现在极其想要摆脱他,因为他不让我去处理那些我必须处理的事情。"腓力二世和佩雷斯合作起草了多份给伯爵的指示,最后国王唉声叹气地写道:"对于指示的草案,我都同意。但愿上帝让埃格蒙特伯爵对它满意,这样他就会离开。"[11]

佩雷斯的最后草案包括疲惫的国王亲自起草的很多段落,但也有佩雷斯自己的措辞:"对我来说,最重要的是不能改变宗教信仰。我宁愿自己死掉十万次(如果我有那么多条性命的话),也不会同意改变宗教信仰。"在指示的末尾,腓力二世对他不能离开西班牙"去尼德兰访问和放松身心",也不能送去足够的经费来执行他的政策表示遗憾;"但是你们也知道,土耳其舰队正在全力向我的诸王国推进,对我们的威胁越来越大",所以保卫地中海是头等大事。[12]

腓力二世和佩雷斯估计,如果埃格蒙特伯爵在受到国王单独接见的时候拿到这份指示,会最容易上当,所以国王在1565年4月4日传唤他。首先,国王确认了埃格蒙特伯爵对布拉班特的两个有争议的城镇的所有权,并允许他接受佛兰德省要给他的五万杜卡特酬金。这样先稳住对方之后,腓力二世发表了精心准备的演讲,强调了维持天主教信仰、排除其他宗教的必要性,但他花了很多口舌去谈神学委员会,并承诺,等他征询了玛格丽特的意见之后,就尽快解决其他的所有问题。腓力二世的唯一具体要求就是,不准再穿象征反对格朗韦勒的服装。埃格蒙特伯爵试图解释的时候，国王打断他的话头："伯爵，这种事情必须停止。"几天后，埃格蒙特伯爵骑马返回布鲁塞尔。此时的他是"世界上最幸福的人"，他在个人财富和政治理想两方面的最狂野梦想都实现了。[13]

相比之下，这番表演让国王身心俱疲。他最讨厌的就是这种公开的对抗，而且为了设计计谋来欺骗对方，国王无暇处理其他事务。腓力二世告诉佩雷斯，他"被刚刚发生的事情弄得累垮了"，并且"严重缺觉"，所以没办法集中注意力。一周后，他仍然觉得自己"心事重重，缺乏睡眠，因为我大多数夜里都得加班加点地处理白天因为别的事务而无法处理的事情"。[14] 不久之后，国王放弃了注定不可能胜利的与文牍的搏斗，独自骑马去塞哥维亚森林，花了一段时间打猎和钓鱼，相信自己已经在尼德兰赢得了喘息之机，能够集中力量去应对地中海战事和巴约讷会议了。

埃格蒙特伯爵抵达布鲁塞尔的时候，心情还很好。他向大家保证，尽管国王给他的指示的措辞很明确，但国王打算放宽反异端的法律，并增强玛格丽特的议事会的权力。埃格蒙特伯爵这是在扯谎。他得意扬扬地继续说，无论如何，"国王陛下忙着和土耳其人打仗，而土耳其人估计会进攻马耳他岛，所以国王在今年不可能到尼德兰来"（奥斯曼人对马耳他的围攻于5月18日开始）。议事会因此大受鼓舞，于是篡夺了"对一切公共事务的君主权力"，并指示神学委员会讨论将反异端的法律"温和化"的方式。这恰恰是腓力二世明令禁止该委员会做的事情。[15]

至少，尼德兰贵族对国王政策的批评暂时停止了。然而国王白白浪费了自己小心表演、含糊其词所得的全部优势。1565

年5月13日，他签署了一系列貌似很常规的给玛格丽特的信件，其中一封驳回了六名被判死刑的再洗礼派教徒的申诉，命令将他们处以火刑。国王的行政风格给他自己制造了麻烦。佩雷斯曾和国王一起费劲地起草给埃格蒙特伯爵的命令，但是5月13日的这封信不是佩雷斯起草的。这个任务被交给了通常负责处理法文信件的尼德兰大臣夏尔·德·蒂纳克。无疑是因为腓力二世在过去总是批准处决异端分子，所以蒂纳克现在起草了一封短信，驳回了死囚的申诉（蒂纳克之前做过这样的工作），然后将信送给国王签字。因为这封信是用法文写的，所以国王可能根本没读。但是玛格丽特和尼德兰贵族们认真阅读和斟酌了信里的每一个字。

不久之后，消息传到布鲁塞尔，说奥斯曼军队已经在马耳他岛登陆。随后一个月里，神学委员会写了一份报告，强烈建议放宽反异端的法律。于是玛格丽特将这份报告呈送给腓力二世，请求他裁决，并请他澄清"埃格蒙特伯爵从您口中听到的好几件事情，因为陛下［在5月13日］的信似乎在好几个地方与他的说法相抵触"。现在她和她的谋臣心急火燎地等待国王的回复，因为他们认识到，"哪怕我们占领了君士坦丁堡，也帮不了尼德兰，更不要说援救马耳他岛了"。[16]

玛格丽特这封令人不快的信在8月底到了腓力二世手中。佩雷斯立刻草拟了语气严厉的回信，断然拒绝神学委员会的建议。但马耳他岛仍然在敌人的围困之中，所以腓力二世不敢给这封回信签名。他用"昨天和今天上午我头痛得厉害"这样的借口来拖延对尼德兰事务做决定，因为，正如他告诉佩雷斯的那样："我要考虑的事情太多，把事情办好又太重要了。"[17]直到10月，他才在佩雷斯和阿尔瓦公爵（刚刚结束了在巴约讷与法国人的谈判,返回西班牙)的建议下,对尼德兰当前的问题设计了全面的解决方案。

为了避免再发生自相矛盾,国王命令,给玛格丽特的回信全部由佩雷斯起草。佩雷斯要亲手抄写法语的书信,然后请蒂纳克准备誊清稿。佩雷斯还要把誊清稿与自己的草稿对照。1565年10月17~20日,国王在塞哥维亚森林的时候签署了将近一百封信件,澄清了他对所有问题的立场:反异端的法律必须保持原样;宗教法官必须继续他们的工作;必须处决所有在押的异端分子;玛格丽特的议事会不会得到新的权力;埃格蒙特伯爵提议的人选都不会进入议事会。一名特使向玛格丽特解释道,她的弟弟不能做更多让步,因为"那不仅将对他的权威和荣誉造成沉重打击,还将让他丧失声望和尊重"。玛格丽特颇有先见之明地评论道,丧失"声望和尊重"也比丧失领土要强。[18]

腓力二世肯定知道自己的决定不得民心,但他不可能预料到那些戏剧性的反响。在收到国王5月13日发出的命令处决再洗礼派教徒的信之后,一些尼德兰贵族已经进行了非正式的会晤,讨论假如国王在地中海作战结束后断然拒绝放宽反异端法律,他们该如何回应。11月,收到国王从塞哥维亚森林发出的信之后,同一群贵族再次开会,起草了一份请愿书,称为"妥协书",呼吁废除宗教裁判所和反异端法律。他们很快就收集到大约400个签名,相当于全部尼德兰贵族的将近十分之一。虽然没有大贵族签字,但贝亨侯爵和奥兰治亲王都辞去了全部职务,其他很多贵族威胁也要辞职。于是尼德兰中央政府陷入瘫痪。1566年4月5日,大约300名结盟的反对派贵族全副武装地骑马来到玛格丽特的宫殿,呈送了一份以"妥协书"

为基础的最后通牒，要求她立即停止执行所有反异端法律。孤立无援的玛格丽特不情愿地同意了。她发布了一份"缓和诏书"，指示所有宗教法官和行政长官停止执行反异端法律，等候另行通知。她还派遣两名同情反对派的贵族——贝亨侯爵和蒙蒂尼男爵（霍恩伯爵的弟弟）去西班牙，劝说腓力二世批准她做出的让步。

现在，原先流亡到法国、英格兰、德意志和瑞士的尼德兰新教徒利用玛格丽特的命令（即停止迫害新教徒），纷纷回国。因为夏季天黑得晚，而且丹麦与瑞典的战争打断了波罗的海的全部贸易，造成大量失业，所以现在加尔文宗的布道者得以吸引成千上万的听众去聆听他们的露天布道。在1566年7月19日的一封信中，玛格丽特警示弟弟，尼德兰如今处于公开反叛的边缘。她向他提出了两种方案："要么拿起武器"，武装镇压加尔文宗信徒，国王到布鲁塞尔亲自指挥；要么"批准""缓和诏书"里已经做出的让步。[19]

奉命送去玛格丽特这封令人不安的信的信使还在路上的时候，西班牙国务议事会就尼德兰愈演愈烈的危机进行了辩论。7月26日，腓力二世告诉刚刚抵达宫廷的蒙蒂尼男爵，"他[国王]不喜欢'缓和诏书'的条件，也不希望继续执行它；他已经决定来年春天亲自去尼德兰，恢复那里的秩序"。"蒙蒂尼男爵愤怒地回答，这个决定不妥"，因为还要八个月才到来年春天，在这期间"国王陛下会面临其他紧急要务。听了这话，国王陛下涨红了脸"。蒙蒂尼男爵带着挑衅的意味补充道："耽搁和拖延已经制造了所有这些问题，还将制造更多问题。"[20]

蒙蒂尼男爵后来因为让"国王陛下涨红了脸"而付出了

生命的代价。但玛格丽特于7月19日发出的那封充满戏剧性的信，让国王推迟了对蒙蒂尼男爵的惩罚。7月31日，也就是腓力二世告诉蒙蒂尼男爵他不会让步仅仅五天之后，国王屈服了。他先是表示，"我真的无法理解，如此邪恶之物［新教］如何能够在这么短的时间里迅速崛起和传播"，然后授权玛格丽特废止尼德兰的宗教裁判所，暂停执行所有反异端的法律，并赦免反对派领袖。然后，就像十二年前他被迫接受父亲与玛丽·都铎谈成的婚姻协议（见第三章）时一样，他在一名公证人面前以书面形式表示，因为他是在强迫之下做出这些让步的，所以他不认为它们具有约束力。他还向教宗保证（就像之前向贡萨洛·佩雷斯保证一样）："我宁愿丢掉自己的全部领地，宁愿自己死掉十万次（如果我有那么多条性命的话），也不愿意让天主教信仰和上帝的事业受到一丁点的损害。"最后，他授权玛格丽特在德意志招募13000名士兵，给她发去了信用证，以便提供军饷；但他改变政策的消息传到尼德兰的时候，后来尼德兰编年史家所谓的"奇迹之年"（Het wonderjaar）已经开始了。[21]

"奇迹之年"

1566年8月10日，圣洛伦索瞻礼日（也是西班牙的圣康坦大捷的纪念日），一小群新教徒闯入佛兰德的一家修道院，捣毁了其中的所有圣像。九天后，埃格蒙特伯爵报告腓力二世，"目前，佛兰德省的全部天主教礼拜均已停止"，"所有商贸活动都停止了，所以尼德兰有十万人失业，沦为乞丐……""兹事体大，"伯爵带着阴森森的意味补充道，"因为贫穷会驱使人做出他们在过去想都不会想的事情。"同一天，玛格丽特签署了一封给弟弟的信,气急败坏地声称,"此地差不多一半民众倒向了异端,或者同情异端",拿起武器反抗她的权威的人数"如今已经超过二十万"。[22]

在一段时间里,破坏圣像分子只攻击了一些孤立的修道院,但在8月22日,一大群加尔文宗信徒进入佛兰德省首府根特,有条不紊地捣毁了城内每一座教堂和每一家修道院的全部圣像、彩色玻璃窗和其他显眼的天主教信仰的标志物。四面受敌的玛格丽特终于收到了国王在7月31日发出的同意让步的书信,并立即将其公开。但为时已晚,无法阻止破坏圣像的怒潮。几周之内,成群结队的民众砸毁了四百多座教堂和修道院的圣像和彩色玻璃窗。加尔文宗信徒开始在几座得到"净化"的教堂做礼拜。

这些惊人的消息于1566年9月3日传到了腓力二世耳边。当夜,他发了高烧。在随后四天里,他"两次接受放血。所以他没有办法处理公务,国王陛下没有签署任何文件"。霍恩伯爵在宫廷的代表阿隆索·德·拉卢向他的主公强调,当前的事态将会给那些在过去四年里向国王要求太多让步的人带来严重的后果。拉卢警示道,国王"不缺部队也不缺金钱"去做他想做的事情,因为刚刚有一支舰队从美洲抵达塞维利亚,送来了将近五百万杜卡特,这个数字创了纪录。此外,那不勒斯王国已经同意为国王提供二百万杜卡特的税款,刚刚召开的卡斯蒂利亚议会也肯定会给国王更多金钱。"这些资金不仅足以让国王陛下迫使尼德兰屈服,"拉卢写道,"还能让他获得新领土。"他继续写道,西班牙的每一个人都相信"尼德兰反叛的目标是获得彻底的自由,既不臣服于上帝,也不臣服于国王"。一周后,拉卢预测:"国王陛下迟早会报复这样的犯上作乱。如果他离开西班牙，肯定会带去无比强大的军力。"现在的问题不是腓力二世是否会动武来恢复秩序，而是他会在何时动武。[23]

1566年9月22日，尽管葡萄牙大使觉得国王"显得有些虚弱，因为多次接受放血和通便疗法而面色苍白"，但国王还是亲自主持了国务议事会的一次会议。这是很稀罕的事情。这次会议做出了两项关键的决定："要挽救尼德兰局势，非出兵不可"；"必须由国王陛下亲自指挥平叛的军队"。[24]随后会议审视了西班牙的整体战略形势，注意到两方面虽然短暂但很关键的优势：奥斯曼苏丹入侵了匈牙利，所以地中海受到的压力就小多了；虽然法国和英格兰都不会欢迎西班牙武装镇压尼德兰起义，但这两国都没有办法有效地阻挠西班牙。所以会议建议腓力二世在伦巴第集结尽可能多的部队，然后率领这些部队前往仍然忠诚的卢森堡省，在那里与在德意志招募的六万军队会师。随后，国王和他的大军就可以粉碎一切抵抗力量。

国务议事会于1566年10月22日再次开会，讨论新的局势，国王也参加了这次会议。与会者重申了他们坚信不疑的观点，即如果允许尼德兰的动乱继续发展下去，将会"显露出朝廷的软弱，这会鼓励其他省份起来造反"，那样就会"损害西班牙的声望"。所以大家认为非出兵不可，但应当如何部署军队呢？鲁伊·戈麦斯认为，如果国王亲自去尼德兰恢复秩序，只需要少量部队即可；但阿尔瓦公爵和其他人表示反对，认为叛乱的规模已经非常大，所以鲁伊·戈麦斯的策略会让国王本人陷入严重的危险。阿尔瓦公爵等人建议，让正在伦巴第集结的西班牙军队前往尼德兰，镇压所有的反叛，随后国王从海路去那里。[25]

但是，伦巴第的部队由谁来指挥，平叛大军又由谁来领导呢？阿尔瓦公爵是经验最丰富的西班牙将领，但已经六十岁了，而且健康状况很差（因为患有痛风病，秋季的大部分时间他都不良于行）。不过到了11月，他还是同意在1567年春季乘船去意大利，接管在那里集结、准备镇压尼德兰起义的军队。如阿尔瓦公爵家族的官方史官后来所写，尽管派阿尔瓦公爵去尼德兰的决定被后来的事实证明是一个昏着，在当时却是唯一的选择，因为"尼德兰局势就像一个雪球，从雪山上滚下来"。[26]曾签署"妥协书"的一些人现在害怕遭到镇压，于是试图在法国和德意志招兵买马，但是失败了；而玛格丽特利用从西班牙收到的金钱招募了军队。1567年3月13日，玛格丽特的军队在安特卫普附近的奥斯特维尔击溃了一支大规模的起义军。在尼德兰全境，加尔文宗的礼拜都停止了。曾经挑战国王的城镇赶紧求和；大多数反对派人士，包括奥兰治亲王，都逃往国外。

在随后一个月里，阿尔瓦公爵在阿兰胡埃斯与国王进行了一次长时间的单独会谈。他们同意，在奥斯特维尔大捷之后，在尼德兰恢复秩序已经不需要他们最初估计的72000名士兵；现在，阿尔瓦公爵在意大利的老兵再加上玛格丽特已经动员的军队，就足够了。他们还同意，腓力二世应当在西班牙的某个大西洋沿岸港口集结一支舰队，于8月15日启航，送国王及其宫廷去尼德兰。当然，先决条件是，阿尔瓦公爵先行抵达那里并消灭了所有起义军。枢机主教迭戈·德·埃斯皮诺萨将在国王出国期间担任西班牙"总督"。[27]

阿尔瓦公爵随后离开了阿兰胡埃斯，但抵达米兰之后又犹豫了，担心太多的老兵离开意大利会让土耳其人趁机进攻意大利。他直到6月18日才动身前往尼德兰,率领他的老兵踏上了全程700英里的路程。当时的人们将意大利北部和尼德兰之间的这条行军路线称为"西班牙大道",有的人敬慕它,有的人畏惧它。阿尔瓦公爵于8月15日抵达卢森堡,恰恰就是腓力二世及其宫廷按照原计划应当从西班牙启航的那一天。

从未发动的远航

阿尔瓦公爵沿着"西班牙大道"缓慢行军,其间发出的进度报告已经表明,他不可能按时抵达尼德兰以执行原先的计划,所以腓力二世在8月7日写信给公爵,说自己已经决定把去尼德兰的航行推迟到来年春季。"我觉得,我应当立即把这个决定告诉你,并加以伪装,严格保密,让你心中有数,采取恰当的措施。"国王发出这条信息的方式很独特:他独自一人花了好几个小时,借助密码本,非常辛苦地给自己关于如何恢复尼德兰的秩序与稳定的书信加密(一般是由文书人员负责加密的)。他向阿尔瓦公爵保证:"这封信是在严格保密的情况下送给你的,所以全世界没有人会知道它的内容。"[28]

在这封密信中,国王首先谈了如何处罚那些参与反叛的人。他原先指示阿尔瓦公爵在国王的舰队抵达之前逮捕所有嫌疑分子;但现在,"我不确定此事能否办得足够安全可靠和彻底",所以最好暂不逮捕任何人,尤其是因为这样也许"会让奥兰治亲王觉得很安全,所以他会愿意返回尼德兰"。"那样的话,你就可以给予他应得的惩罚"。而"如果你先惩罚其他人,我们就没办法对付奥兰治亲王了"。后来的事实证明国王的这个见解是正确的,但对他的计划来说不幸的是,他立刻做了一个关键的让步："我把这些事情的决定权都托付于你,因为你负责处理此事,能够更好地理解当前可能出现的困难或优势。对于尽快还是暂缓惩罚叛贼,你也会有更好的判断。"

随后国王谈了下面这个问题:在他于来年春天抵达尼德兰之前,谁来治理尼德兰?他将阿尔瓦公爵从西班牙派出的时候授予他指挥王家军队的全权,但命令他在民政方面与玛格丽特分享权力。在前一年圣像破坏运动的高潮时期,玛格丽特曾恳求国王派兵;但现在她已经恢复了秩序,所以十分怨恨阿尔瓦公爵的横加干预,于是给腓力二世和公爵都发去连珠炮般的信件,请求暂停阿尔瓦公爵的进军。她的请求被拒绝后,她就唐突无礼地告诉国王,她已经决定"在今年10月离开尼德兰",不管国王陛下来不来。于是腓力二世授予阿尔瓦公爵治理尼德兰的全权,直到国王本人抵达。

最后,国王谈了自己决定暂不去佛兰德的第三个问题:在他抵达之前,维持阿尔瓦公爵麾下的西班牙军队所需的开销。他问,尼德兰能够承担多少军费,西班牙需要拿出来多少钱?他还提醒公爵,为了安排公爵的进军,朝廷已经花了100万杜卡特,所以西班牙国库如今空空如也。腓力二世在这封独一无二的由国王亲自加密的信件的末尾再次强调需要保密:阿尔瓦公爵必须将回信送到国王本人手中,不能送给其他任何人,尤其是不能给蒂纳克(通常负责在西班牙宫廷处理尼德兰事务)。国王最后(令人难以信服地)总结道,"这样写信一点都不累",并且"因为内容敏感,所以必须由我亲自加密"。

阿尔瓦公爵充分利用了国王对他的放权,对这封信置之不理。尽管公爵在布鲁塞尔的最初两周里感到"不得不隐藏我的利爪",但他随后就设立了一个秘密法庭来审判那些反叛嫌疑人和异端嫌疑分子。几天后，他逮捕了埃格蒙特伯爵、霍恩伯爵和他们的秘书，以及他能找到的"所有签署过'妥协书'的人"，并扬扬得意地说"我以叛国罪名逮捕了他们"（对叛国者的量刑是死刑）。[29] 阿尔瓦公爵大肆捕人的消息传到宫廷之后，腓力二世命令逮捕蒙蒂尼男爵，并督促阿尔瓦公爵"尽快"审判在押的叛国嫌疑人，"因为你知道，这事应当在春季之前办完"。国王现在还公开了推迟去佛兰德的决定。在给教宗的信中，他带有自我辩护意味地给出了两个理由："因为冬季在大西洋航行很危险"；"更是因为，我认为，有些事情必须在我去那里之前解决"。也就是说，和腓力二世处理卡兰萨案件时的策略一样，他希望在他抵达之前，先由别人把脏活干完。[30]

没过多久，事实就证明腓力二世推迟行程的决定是一个关键的大错：只有他亲自返回布鲁塞尔坐镇，才有可能稳定局势。如果腓力二世到了尼德兰，并传唤奥兰治亲王和其他逃往德意志的贵族到他面前解释自己的行为，而这些人拒绝前来的话，他们就在国内外丧失了公信力。如果国王亲自到了尼德兰，奥兰治亲王等人就很难率军入侵尼德兰去反对国王（他们于1568年率军入侵尼德兰，反对阿尔瓦公爵），因为德意志的统治者当中应当很少有人会允许他们在其领土上招兵买马。最后，如果国王到了尼德兰，等级会议就较难拒绝拨款给阿尔瓦公爵的军队。

那么，腓力二世为什么改变了去尼德兰的计划呢？关键在于时机。他在阿兰胡埃斯与阿尔瓦公爵会谈的时候，国王同意在8月15日从西班牙启航，但公爵直到8月22日才抵达布鲁塞尔。因为最快的信使也需要十天才能从马德里赶到正在坎塔布里亚①等候的舰队那里，所以国王要到9月才能启航。但是到了那个时候，腓力二世有了另一个必须留在西班牙的理由：他即将再次成为父亲。1566年8月，伊莎贝拉王后生下了伊莎贝拉·克拉拉·欧亨妮亚公主。次年初，王后再次怀孕。阿尔瓦公爵在4月离开阿兰胡埃斯的时候，王后已经知道自己的预产期是10月中旬。与玛丽·都铎不同，伊莎贝拉王后的计算很正确。她在1567年10月10日生下了第二个孩子卡塔利娜·米卡埃拉。

"国王陛下会面临其他的紧急要务"

腓力二世现在有三个孩子，还有一位丰产而且聪慧的妻子可以担当他的摄政者。所有迹象表明，他打算继续为自己在1568年春季去尼德兰做准备。但正如蒙蒂尼男爵曾经警示的那样：再耽搁下去，"国王陛下会面临其他的紧急要务"，以致无暇顾及尼德兰。果不其然，三件互相之间没有关联的事情（两件发生在美洲，一件在西班牙）迫使腓力二世留在了伊比利亚半岛。

1562年，一群法国胡格诺教徒乘船前往佛罗里达，在那里建立了一个设防的殖民地，称之为新法兰西。从那里，他们可以威胁每一支从美洲运送财宝到欧洲的西班牙船队，因为西班牙船队必须通过巴哈马海峡，才能在信风的吹拂下回国。不久之后，西班牙军队俘虏了一些胡格诺派定居者，对其审讯之后得知了胡格诺教徒基地的位置、规模和防御情况。俘虏还供认，另有第二支远征队正在法国装配舰船，很快会送来增援部

---

① 坎塔布里亚为西班牙北部一地区，毗邻比斯开湾。

队。这条令人警觉的消息在1565年3月送到腓力二世手中，他立刻授权佩德罗·梅嫩德斯·德·阿维莱斯（此人对指挥跨大西洋的航运有丰富经验）率领一支远征军从塞维利亚出发，任务是占领佛罗里达。

国王暂时还不敢命令直接攻击新法兰西，因为他的妻子即将去巴约讷与她的母亲会谈，希望能够解决法西两国之间现存的所有争端；但此次会谈的西班牙代表团领导人阿尔瓦公爵下定了决心。他建议立即动员第二支舰队，既要拦截去新法兰西的胡格诺派增援部队，又要"快速地将法国人从他们的基地驱逐出去"。他提议"陛下将为什么不能允许法国人在那里定居的理由明确表达出来，让西印度议事会记录在案"。然后阿尔瓦公爵将会把这份文件交给在巴约讷的法国人。[31] 与此同时，梅嫩德斯在佛罗里达海岸建造了一座名叫圣奥古斯丁的要塞之后，向法国殖民地发动了突然袭击，饶恕了妇孺，但是冷酷无情地杀死了绝大多数男人，并将其他人囚禁起来。这些消息在1566年2月传到西班牙，腓力二世热情洋溢地支持梅嫩德斯的决定，并将幸存者判处终身苦役，到西班牙的桨帆船上当桨手。他还出资在毕尔巴鄂的造船厂专门建造了12艘舰船，组建常备的分舰队，负责保卫加勒比海和佛罗里达，阻止新教徒的更多进攻。就这样，西班牙在美洲的领地有了相当大的扩张，但是总开销仅有25万杜卡特，大约相当于派遣阿尔瓦公爵率领军队去佛兰德的开销的四分之一。

即便如此，腓力二世仍然不能排除法国人侵犯西属美洲的风险。这种担忧影响了他对不久之后新西班牙发生的事件的反应。新西班牙副王堂路易斯·德·贝拉斯科于1564年去世后，有些殖民者要求腓力二世任命当地最大的地主——瓦哈卡山谷侯爵堂马丁·科尔特斯（埃尔南·科尔特斯的儿子）为贝拉斯科的继任者。这些殖民者还请求国王允许他们定期召开会议（parlamento）来商讨和决定新西班牙副王辖区的事务。两年后，检审庭的法官们（在贝拉斯科去世后行使新西班牙的行政权力）得知一个传闻，说好几位地主计划发动"叛乱和起义"，企图"杀死这些法官和其他捍卫国王陛下权威的人"，然后推举科尔特斯为他们的统治者。根据一些报告，这些密谋者与危地马拉和秘鲁的一些心怀不满的定居者有联络。这很让人担忧，因为就在五年前，一个叫洛佩·德·阿吉雷的殖民者曾在玛格丽塔岛①设防，自立为秘鲁国王，还宣称："我放弃与西班牙诸王国的联系，再也不承认卡斯蒂利亚国王是我的君主。"所以，1566年7月，新西班牙的法官们果断采取了措施：他们逮捕并囚禁了科尔特斯和另外几人，不久之后将其中两人处决。这时，新任副王上任了，暂停了对科尔特斯的羁押，将他押解回西班牙。法官们指控新副王同情叛乱者，要求国王将副王召回。[32]

这些戏剧性事件的消息于1567年3月传回西班牙。在腓力二世宫廷的葡萄牙大使听说，"在新西班牙有700名西班牙人密谋反对国王"，而法国大使富尔科沃男爵写道："国王要担心的地方太多，所以他不可能面面俱到。"[33]国王也是这么想的，所以他果断地采取了措施。他将新西班牙的副王免职并召回，派遣一些特派员去调查"某些人企图针对我在新西班牙的权威所发起的反叛"。最终，他的官员以叛国罪审判了89人（包括22名主要的地主和12名神职人员），将其中10人处决，

---

① 玛格丽塔岛在加勒比海上，今天属于委内瑞拉。

将7人判处在桨帆船上做苦役或者发配到偏远的驻军地,将另外几人永久性地驱逐出美洲。[34]科尔特斯叛乱是一个多世纪里新西班牙的最后一次叛乱。

所以,腓力二世证明了自己能够妥善处置西半球的"其他紧急要务",而不至于荒废了尼德兰事务。但他的亲人就是另一回事了。1567年,堂卡洛斯的行为开始令人担忧。1568年1月,腓力二世判断,他的儿子和继承人对他的安全构成了严重的威胁。于是国王命令逮捕和囚禁堂卡洛斯。这个事件肯定也会影响腓力二世去尼德兰的计划。从他给马克西米利安二世皇帝①的一封信的草稿(解释了他为什么要逮捕自己的儿子)里,我们可以看出他是如何应对这件事情的后果的。这封信的原文是,"我期望今年夏季能去尼德兰",但通读之后,国王将其改为"因为我今年去不了尼德兰"。[35]腓力二世在做这个小小的修改的时候,肯定想不到,在"今年",即1568年,不仅他的儿子和继承人死于狱中,他的妻子法兰西的伊莎贝拉也去世了,于是他成了鳏夫,只有两个年幼的女儿担当他的继承人。

---

① 马克西米利安二世皇帝是斐迪南皇帝的儿子、腓力二世的堂弟和妹夫。前面讲过,马克西米利安和妻子玛丽亚(腓力二世的妹妹)曾经在腓力去尼德兰期间担任西班牙摄政者。

第九章 家庭生活与死亡

没有家庭的国王

在1539年母亲去世之后的二十年里,腓力二世很少有机会享受家庭生活。母亲去世不久后,父亲就离开了西班牙,并且留下了命令,严格限制腓力二世与两个妹妹玛丽亚和胡安娜相处的时间。尽管他在1543年娶了表妹玛丽亚·曼努埃拉,但由于父亲事无巨细的操控(见第二章),夫妻相伴的时间很少,而且她不久之后就去世,让十八岁的腓力二世成为鳏夫。1548～1551年,腓力二世把两个妹妹和儿子留在西班牙,去欧洲北部与父亲、姑姑匈牙利王后玛丽和叔父斐迪南会合。他返回西班牙之后,妹妹玛丽亚就前往奥地利,嫁给她的堂兄马克西米利安。在随后三十年里,腓力二世只见过玛丽亚一次。他的妹妹胡安娜也在1552年离开西班牙,远嫁异乡。她回到西班牙之后,腓力二世又去了英格兰。五年之后他们才会再次见面。

腓力二世在英格兰的时候也很少有时间享受家庭生活,因为他没有带来一位亲人。他在英格兰的大部分时间里,玛丽女王的唯一姊妹伊丽莎白被怀疑谋反,要么在狱中,要么被软禁。1555年腓力二世来到布鲁塞尔不久之后,他的父亲与两个姑姑玛丽和埃莉诺就去了西班牙,腓力二世再也不会见到他们。两年后,他返回英格兰,在那里与妻子一起生活了三个月,但在他自己的亲人当中,只有同父异母姐姐帕尔马的玛格丽特和她的儿子亚历山德罗·法尔内塞去拜访过他和玛丽·都铎。

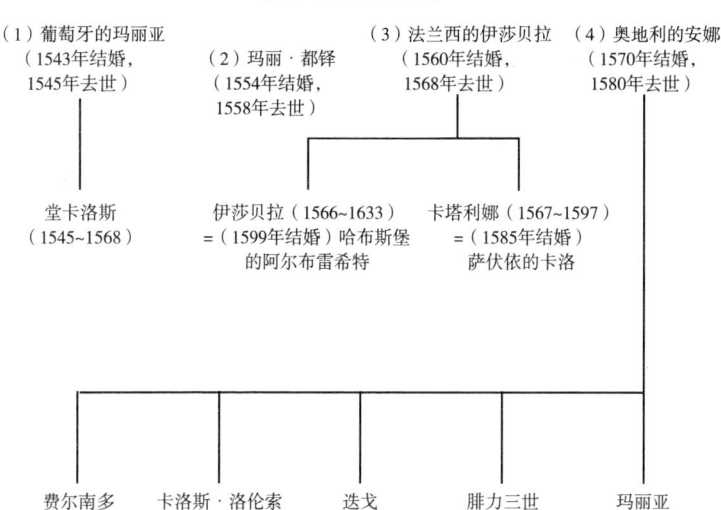

```
                    腓力二世（1527~1598）=
(1)葡萄牙的玛丽亚                    (3)法兰西的伊莎贝拉  (4)奥地利的安娜
   （1543年结婚，   (2)玛丽·都铎      （1560年结婚，      （1570年结婚，
   1545年去世）     （1554年结婚，     1568年去世）        1580年去世）
                    1558年去世）

   堂卡洛斯         伊莎贝拉（1566~1633）    卡塔利娜（1567~1597）
  （1545~1568）    =（1599年结婚）哈布斯堡   =（1585年结婚）
                    的阿尔布雷希特           萨伏依的卡洛


  费尔南多    卡洛斯·洛伦索    迭戈         腓力三世        玛丽亚
 （1571~1578）（1573~1575）  （1575~1582） （1578~1621）  （1580~1583）
```

图10 腓力二世的家庭。尽管腓力二世四次娶妻，尽管他有三位妻子生下了能够长大成人的孩子，但只有两个孩子（卡塔利娜和她的异母弟腓力）拥有自己的子女。腓力三世是他父亲的儿子们当中第四个成为阿斯图里亚斯亲王的。

直到1559年，国王返回西班牙之后，他才不再那么孤单。他与胡安娜和堂卡洛斯团圆，第一次见到了同父异母弟弟堂胡安，还与法国公主伊莎贝拉结婚（见第七章）。他作为一家之主的地位反映在数量众多的家庭肖像当中。在这些肖像里，主人公手里拿着描绘国王形象的奖章或者浮雕宝石（见彩图10）。所有亲人（妻子、妹妹和弟弟、孩子和其他近亲）都为国王提供了情感和务实层面的重要支持，帮助他应对统治一个全球帝国所面对的压力与难题。

对于腓力二世和亲人一起生活时的关系，我们知之甚少。但他们聚少离多，所以经常写信，把很多当面也许不会说的话付诸笔端。留存至今的年代最早的一批通信是腓力二世写给堂弟马克西米利安的亲笔信,其中描述了他的活动("明天我要开始打猎……我多么希望殿下和我一起去")、他的失望("我们原以为玛丽女王肯定怀孕了,结果却是一场空。殿下和我的妹妹在这方面比我和女王要成功")和他的喜悦("我非常开心,因为我希望很快能到尼德兰,那样就离殿下近一些了")。[1]

腓力二世和妹妹玛丽亚在分开的岁月里也经常通信,尤其是在她丈夫成为神圣罗马皇帝之后。我们知道腓力二世会仔细读她的来信,因为信纸上有很多他亲笔写的评论。1569年,他为外甥女和未来的新娘安娜到西班牙来的行程做最后安排时,劝玛丽亚也来,"同我和我们的妹妹"胡安娜"一起待上一段时间","因为我们是互相深爱着的兄妹",并且"我非常想见[你]"。[2]尽管玛丽亚这一次让兄长失望了,但她经常在德意志促进西班牙的利益,有时还暗中监视自己的丈夫。有一次,她向一名西班牙外交官透露,她在"阅读皇帝办公桌上的一些信件时"注意到了一些她的兄长应当知道的东西,于是把这些情报泄露给了西班牙方面。国王也和他的妹妹分享秘密。比如在1570年,他告诉西班牙驻神圣罗马帝国宫廷的使节:

> 我正在给我的妹妹写两封信,其中一封的内容,她应当与皇帝分享。你打开包裹之后应当将那封信交给她。另一封仅供她自己阅读,不要让皇帝或者其他任何人知道。我把这封密信放在[国务秘书加布里埃尔·德·]萨亚斯发给你的信封里,假装是他写的。你必须对此绝对保密,见到我妹妹之后必须单独

告诉她，你还有另一封信要给她。她会告诉你在何时、通过何种方式给她。[3]

通常情况下，玛丽亚和腓力二世之间的通信主要是关于她的几个孩子（先是鲁道夫[①]和恩斯特，然后是安娜、阿尔布雷希特和文策尔）在西班牙宫廷的状况。腓力二世在1570年娶了安娜之后，玛丽亚皇后就经常给成了她女婿的腓力二世提供关于家务事的建议，比如如何避免安娜的孩子与腓力二世和法兰西的伊莎贝拉生的两个女儿之间发生"竞争"。腓力二世和玛丽亚还有很多共同的记忆，经常提到他们的父母说过的话、做过的事；兄妹俩还经常照料曾经为他们服务的人。比如在1573年，玛丽亚告诉腓力二世：

> 鲁伊·戈麦斯的死让我非常伤心，因为他为殿下兢兢业业地效劳了很长时间，也因为他是我们母亲的仆人当中最后一位去世的。我知道殿下在他死后也会像他在世时那样尊重他，因为您有义务这么做，但我还是忍不住恳求殿下为了我也要尊重他。

不久之后，玛丽亚和她的兄长为了另一场严重得多的损失而悲痛：他们的妹妹胡安娜去世了。皇后向腓力二世吐露心迹："我忍不住向殿下承认，尽管她在世时我们相距甚远，但她辞世之后我感到非常孤单。"（她已经有二十多年没有见过胡安娜了。）这恰恰就是这种亲密的通信的功能：它维持了国王与

---

① 即后来的神圣罗马皇帝鲁道夫二世（1552～1612）。

近亲之间的关系，尽管他们在成年之后的大部分岁月里都"相距甚远"。[4]

王家赤足女修院：王室的"女性空间"

1554年，腓力二世不理睬查理五世的坚决反对，让妹妹胡安娜在他出国期间担任西班牙摄政者（查理五世抱怨说自己最小的女儿胡安娜"非常傲慢，过着乱七八糟的生活"）。[5] 胡安娜的确是个特立独行的人。她担任摄政者两年之后，宣誓守贫、守贞和服从（这是耶稣会对所有新成员的要求），成为耶稣会唯一一名为人所知的女性成员（用的名字是"马特奥·桑切斯"）。1559年，她在马德里建立了一家女修院，后来它被称为王家赤足女修院（Las Descalzas Reales）。腓力二世迁都马德里之后，她在女修院的宽敞套房就成了一个"女性空间"，腓力二世的妻子和女儿们可以在那里参加宗教礼拜，并短暂地享受女修院的生活。但胡安娜有时仍然很"傲慢"。1562年，在巴尔托洛梅·卡兰萨的审判当中，一些宗教法官讯问了胡安娜，请她当"品德信誉证人"（testigo de abono），并请她报出自己的年龄（除了对国王之外，宗教法官讯问所有证人时都会这么问），"她回答说，五十岁"。这显然是扯谎，因为所有人都知道她只有二十七岁！贵为皇帝的女儿，她显然觉得这样涉及隐私的问题太放肆。[6]

胡安娜在马德里王宫也有自己的套房。因为她的年纪比伊莎贝拉王后和王子都大很多，所以每当腓力二世外出的时候，他就请胡安娜来主持宫廷。她几乎每天都见到伊莎贝拉王后，和后者一起从事多种活动，最重要的是听弥撒和参加其他礼拜仪式，并访问附近的女修院和圣所。她们还组织宫廷的娱乐活动。例如，为了庆祝圣塞巴斯蒂安①瞻礼日（1568年1月20日），她俩"安排了一场精彩纷呈的化装舞会，她们的全体侍从女官都要参加"。不过在这前一天，堂卡洛斯被捕，于是舞会不得不取消。葡萄牙大使有一次拜访过胡安娜，"发现她心情很差，为了此事泪流满面。我尽力安慰她，但无济于事"。几个月后伊莎贝拉去世时，胡安娜又一次落泪，并照料两个失去母亲的小公主，"我就像王后一样爱她们，善待她们，仿佛她们是我自己的女儿"。[7]

胡安娜在世时，她发挥了把整个王室维系起来的作用。每当她生病，国王就会忧心忡忡。有一次他远离马德里时，消息传来，胡安娜有恙，于是他写信给一名大臣，"我今天没有听到关于我妹妹的任何消息。请安排让巴列斯医生"，即御医，"每晚向你报告一次，她前一夜的情况如何，并让信使将报告发给我"。胡安娜于1573年去世后，腓力二世悲痛不已，"因为他很爱她"，"无法掩饰自己的悲伤"。[8]

王家赤足女修院是王室出资建立的，所以在胡安娜去世之后，腓力二世就成了它的直接庇护人。王室的女性也继续去王家赤足女修院寻求慰藉。1580~1583年国王居住在葡萄牙的时候，他的年纪较小的子女就留在王家赤足女修院；1582年，国王的妹妹玛丽亚返回西班牙之后，搬进了胡安娜曾用的套房，并且像胡安娜一样，既欢迎腓力二世和安娜的孩子（也就是玛丽亚的外孙和外孙女），也欢迎腓力二世和法兰西的伊莎贝拉的孩子。

---

① 圣塞巴斯蒂安（约256~288）是基督教圣人和殉道者，据说在罗马皇帝戴克里先迫害基督徒期间被杀。在艺术和文学作品中，他常被描绘成双臂被捆绑，被乱箭射死的形象。罗马天主教和东正教信徒都崇敬他。

法兰西的伊莎贝拉，卡斯蒂利亚王后

腓力二世的第三段婚姻持续了将近九年，比前两次都长得多。他的第三任妻子自己采用的称号是"法兰西的伊莎贝拉，卡斯蒂利亚王后"。她在1560年结婚时只有14岁，在少女时代一直很懒惰和自我放纵：起床和穿衣的时间没有规律，吃饭的时间过于随意，稍有借口就上床睡觉。而且她挥金如土。腓力二世起初规定，她的内廷每年的经费为8万杜卡特（相比之下，国王自己的内廷再加上王家礼拜堂、卫队和中央政府全体官员，每年一共才花费25万杜卡特），但他很快就把王后的内廷经费增加到10万杜卡特。然而年轻王后的开支仍然远远超过预算，她的债务到1565年累计高达18万杜卡特。

这么多钱都花到哪里去了呢？伊莎贝拉似乎很少买书。尽管腓力二世聘请了索福尼斯巴·安圭索拉（一位意大利外交官的女儿，颇有绘画才华）教他妻子画画，但她更喜欢给索福尼斯巴当模特（索福尼斯巴画了一系列非常精美的王后肖像，王后将其赠给自己的亲戚）。伊莎贝拉在招待客人方面也很少花钱：除了王室的其他成员之外，很少有人能够进入她的套房（她人生的大部分时间就是在那里度过的）。就连外国大使和到访的外国权贵也只能通过事先的安排来拜见她，并且见她的时间一般很短；如果国王不在都城，外国大使和权贵就不可能见到王后。伊莎贝拉内廷的账簿显示了她只有四种爱好：跳舞（她买了不计其数的六弦提琴和长笛，买了一台管风琴和三架竖琴，并聘用了一名舞蹈教师）；赌博（她几乎每天都打牌或者玩桌游，或者掷骰子和抽彩，为了能够持续不断地玩，她经常从仆人那里借钱，但经常输）；以及最重要的爱好——戏剧和服装。王后内廷的账簿显示，她在 1561～1568 年安排上演了超过 30 出戏剧，其中 7 出由名伶洛佩·德·鲁埃达出演（他每次献艺都得到 10 杜卡特的现金）。在 1565 年的主显节，王后和胡安娜安排了许多娱乐活动，动用了许多作家、裁缝，还有国王的主要风景画家安东·范·登·韦恩加德（他因为"绘制舞台布景和戏剧所需的其他东西"而得到 100 杜卡特）和国王从意大利带来的两名雕塑家（这两位因为给戏剧制作"大型人像"和其他东西而分别得到 100 杜卡特和 70 杜卡特的酬金）。这一下午的娱乐活动支出可能就高达 5 万杜卡特。[9]

在王后的肖像里可以看到的那些华美服装也吞噬了她的内廷预算的很大一部分，因为她希望每当丈夫来看望她的时候，她都能让他神迷目眩。王后有了月经之后，国王越来越频繁地来看她。到 1562 年 1 月（据她的一位侍从女官说），"她祈祷之后，整夜与她的丈夫即国王同床共枕，国王若不是有很好的理由，绝不会远离她"。但在一年后，威尼斯大使声称，尽管"国王在公共场合对妻子总是很尊重和关爱"，"但私下里她很少能让他满意"。威尼斯大使还说，腓力二世会"三更半夜"，在妻子已经睡着之后去拜访她，完事之后溜到自己的套房去睡觉，为自己"尽了义务"而感到自豪。[10]伊莎贝拉的母亲卡特琳·德·美第奇敦促女儿忽略丈夫的这种行为，尽其所能地取悦丈夫。但腓力二世还是宣布，他视察阿拉贡时不会带妻子同去。这其实不是他的本意，因为这趟旅行的目的是让阿拉贡议会认可堂卡洛斯为推定继承人，但堂卡洛斯病倒了，无法旅行，于是腓力二世决定把伊莎贝拉也留下。据葡萄牙大使弗朗西斯科·佩雷拉说，六神无主的王后"想尽办法让国王把她也带去"。为了抚慰她，腓力二世最终答应，她可以稍晚与他会合。但他逃离马德里之后，佩雷拉得知了真相：国王并不打算让妻子到他身边。他还发布命令，在他不在都城期间（长达九个月），伊莎贝拉只有在去王宫礼拜堂听弥撒或者吃饭的时候才可以离开自己的套房；下午2点之后她不可以见客；晚上10点，卫兵必须封锁她的住处。伊莎贝拉逐渐意识到，正是她的死缠烂打让丈夫如此欺骗她。佩雷拉报告称，"她懊悔不已"，"流了很多眼泪，因为国王丢下她不管"。[11]卡特琳·德·美第奇和女儿一样懊悔，于是指示她的大使觐见她的女婿，提醒他，"我非常想要外孙和外孙女"，并表示，希望他很快就会"印证我的看法，即他是个好丈夫"。腓力二世听了这话，一时间忍不住哈哈大笑。他恳求大使向他的岳母保证，"他会非常努力地维护他在法国获得的好名声"。[12]

孤单寂寞的伊莎贝拉采纳了一种新策略：她开始学西班牙语，这样等丈夫回来之后，她就能更好地侍奉他。她的进步很大，从她的遗嘱就能看出来。她亲手写了这份长达32页的遗嘱，用的是无可挑剔的卡斯蒂利亚语，并且规定要赠送2000杜卡特给"克劳迪奥，是他教会了我读写"。[13]王后的这个策略奏效了。1564年5月，腓力二世回到妻子（此时芳龄18）身边后，很快就证明自己是"好丈夫"。夫妇俩去了阿兰胡埃斯，一起在幽静的花园里单独野餐。此时的王后说，她没有时间写信给亲人，因为国王始终伴随她左右，他的爱（这是王后的说法）让她非常幸福。到7月，她怀孕了，但不久之后出现了并发症，医生的通便、灌肠和放血疗法显然导致了流产。她最终恢复了元气，不过手术刀和止血带留下的伤痕要好几个月才会褪去。

妻子养病期间，腓力二世一直待在马德里，每天在她床边陪伴好几个小时。她恢复之后，经她允许，他去视察了埃斯科里亚尔的工程进展，但首先问了医生，"等他回来之后能否与王后同房"。医生大概给出了肯定的答复，因为在1565年，法国大使又一次转达卡特琳·德·美第奇渴望看到外孙或外孙女的意愿时，伊莎贝拉"微笑着答道，错误在她，不在她的丈夫即国王"。王后还说，仅仅几周之后，情况就发生了变化。与法国朝廷进行了复杂的谈判之后，腓力二世把圣欧亨尼奥的遗物送到了这位圣徒的故乡托莱多。1565年11月，伊莎贝拉离开她的套房去参拜这位圣徒，并许愿，如果她能怀孕，就用他的名字给孩子取名。圣欧亨尼奥显然被感动了。九个月之后王后生下一个女儿，并告诉法国大使，她在参拜圣欧亨尼奥的圣物之后的夜里"觉得自己怀上了一个小公主"，因为她在参拜之后"回到丈夫身边"，为了表达虔诚的喜悦，他们可能同房了。[14]

与此同时，法国大使报告称，据王室的仆人说，腓力二世对妻子的爱"在她怀孕之后越来越深，他每天下午都陪伴她两个钟头"，"并且经常用之前从来没有过的方式表达对她的柔情蜜意"。[15]6月，夫妇俩搬到塞哥维亚森林，腓力二世觉得那里比马德里更有利于健康，也更舒适。他们在那里继续经常相伴。一天夜里，伊莎贝拉觉得阵痛开始了，国王跳下床来陪她，不过后来分娩并没有开始。此后腓力二世一天来看她五次之多。阵痛真正开始之后，国王陪在妻子身旁，拉着她的手，并给她服下一种她母亲送来的特殊药剂，用来减轻生产的疼痛。他们给这个孩子取名为伊莎贝拉·克拉拉·欧亨妮亚。

虽然腓力二世对自己又得到一个孩子感到非常自豪和喜

悦，但对于自己要抱着孩子去洗礼池却十分焦虑。据法国大使说（他肯定是从王后那里得知这个故事的），腓力二世"抱着一个很大的玩偶，从房间的一侧走向另一侧，作为练习；但最后他还是不行，于是不得不让堂胡安抱着小公主"。国王如此焦虑，可能是因为伊莎贝拉像他的第一任妻子玛丽亚·曼努埃拉一样，染上了产褥热，不过伊莎贝拉很快就痊愈了。富尔科沃大使预言："王后会每年生一个儿子或女儿。"[16]这个预言很快就应验了：1567年初，伊莎贝拉再次怀孕。

这让国王很为难，因为他已经承诺要去尼德兰恢复秩序。首先，他计划把妻子一起带去，因为如果孩子出生在尼德兰，就算是尼德兰的"本土王子或公主"，能够安抚他的尼德兰臣民。后来他决定把妻子留在西班牙，让她担任摄政者。但最终，他认定，尼德兰的骚乱还没有平息，所以他离开西班牙会很不安全（见第八章）。于是他又一次陪在分娩的妻子身旁。她生下了卡塔利娜·米卡埃拉。但这一次，国王没有掩饰对于不是男孩的失望。他甚至没有留下参加小公主的洗礼。

不久之后，伊莎贝拉又怀孕了。她放松身心的方式包括打牌、玩套环游戏、掷骰子、听小丑讲笑话、在自己的套房看戏，或者与胡安娜及其侍从女官一起野餐。但她于1568年9月病倒。她多次晕厥，时而全身战栗，饮食和睡眠都很差，没有规律。御医又一次运用灌肠和放血疗法，国王陪在她的病榻前，握着她的手，安抚和慰藉她。1568年10月3日，他们最后一次一起听弥撒。伊莎贝拉一直试图在涉及法国的问题上对丈夫施加影响，比如劝说腓力二世接见了法国大使（尽管国王拒绝接见此外其他国家的大使）；与国王讨论她的母亲需要支持的事情；偶尔向法国外交官泄露机密。现在，伊莎贝拉感到自己时日无多，于是请求丈夫答应继续支持她的兄弟，即法国国王。他答应之后，她请他"承诺保护和恩宠她的所有仆人，尤其是那些从法国来的人。国王承诺会按照她的要求办"。最后她告诉腓力二世，她一直恳求上帝赐丈夫长寿，她在天堂还会继续为他祈祷。听了这话，腓力二世崩溃了。"王后在疾病缠身、万分痛苦的时候还说出了如此动人的话，这让他十分感动，忍不住泪流满面。"几个小时之后，伊莎贝拉生下了又一个女孩。但是母女都在几个钟头之后死亡。[17]

胡安娜监管了将王后安葬在王家赤足女修院的仪式。王后生前在那里找到过慰藉。国王则退隐到一家修道院去哀悼。在超过两周的时间里，他不肯处理公文，也不肯见大臣或外国大使，而是和僧侣一起持续不断地唱弥撒，为妻子的亡魂祈祷。他离开修道院之后，立刻去了埃斯科里亚尔，在那里单独待了一段时间。1568年的圣诞节前夕，他召见了法国大使。大使宣读了卡特琳·德·美第奇发来的吊唁信。据大使说，国王在这个场合又一次落泪。六个月后，他告诉曾经的岳母，伊莎贝拉的两个年幼的女儿是"我剩下的唯一慰藉，因为上帝从我身边带走了她们的母亲"。[18]

新的家庭

腓力二世既没有男性继承人也没有妻子，所以必须再婚。他很快就与妹妹玛丽亚做好安排，要娶她的长女安娜。但庇护五世拒绝批准这种近亲结婚。教宗在一封亲笔信中写道，"尽管我的有些前任曾在类似事例中批准"这种近亲结婚，但他们是错误的。庇护五世认为，教宗没有权力推翻《圣经》对舅舅与外甥女结婚的禁止。另外，教宗还特意说："我已经看到了近亲结婚的不幸后果。"这是在赤裸裸地暗示堂卡洛斯精神不正常，国王在前不久将他囚禁起来。[19] 腓力二世自己对这门婚事也没有多少热情。在一封给阿尔瓦公爵的亲笔信中，他表达了自己十年前担心可能要娶伊丽莎白·都铎（见第七章）时的那种情感。他抱怨道："婚姻不会让我幸福，在现在尤其如此，我多么希望能逃避……我感到很疲惫，很虚弱，什么都不能让我高兴起来。在这样的时刻，最好还是一个人静静地待着。但如我所说，我已经做好准备，为了职责而牺牲自己。"[20] 于是他敲诈教宗，说如果教宗不批准他结婚，他就不参加教宗为了对抗奥斯曼苏丹而希望组建的神圣联盟。1570年11月，得到了教宗不情愿的祝福之后，四十三岁的腓力二世与二十一岁的外甥女结为连理。

新婚夫妇起初肯定遇到了一些问题，因为他们结婚三个月后，堂迭戈·德·科尔多瓦（一位似乎对主公卧室内发生的事情了如指掌的廷臣）喜悦地说，国王和王后终于开始更多地互相陪伴了。"愿上帝保佑他们，让我们很快能看到我们渴望的果实。他们每晚都在一起。感谢上帝，感谢王后，在过去阻止他们相伴的事情都已经被淡忘了，"不过，他补充道，"他们在床上待的时间太少，真是遗憾。"但是在1571年4月底，另一位廷臣喜气洋洋地报告称："王后自3月20日以来就没有月经。"腓力二世带家人去阿兰胡埃斯的时候，坚持让怀孕的王后乘坐轿子或者特制的椅子；他去埃斯科里亚尔的时候坚持让安娜留在马德里王宫，尽管他担心"王后的套房太热了，至少在夜间太热，所以最好让她睡在我的房间（只是睡觉），这样夜里能凉爽一些"。7月，他纠结道："如果王后想要离开［宫殿］，请提醒她，一定要乘轿子，免得摔跤。"王后的预产期快到了，腓力二世每次离开马德里的时候都吩咐王后的宫廷大总管拉德拉达侯爵："她感到阵痛之后，请你立刻报告我，这样我就能回来见证孩子出生了。"1571年12月3日，在他的陪伴下，王后生下了他的儿子和继承人费尔南多。据一位在宫廷的观察者说，国王为此"欣喜若狂"。[21]

根据国王的私人秘书的日记，国王在儿子出生后一连几天没有处理政事。一位外国大使前来道贺时，看到这位自豪的父亲穿着黑色丝绸夹克、银色天鹅绒马裤和紧身裤，披着皮毛镶边的锦缎斗篷。几天后，腓力二世率领一支游行队伍从马德里王宫走到附近的圣希尔教堂，请枢机主教埃斯皮诺萨为他的儿子举行洗礼。一大群大贵族和全体外国使臣观摩了游行。腓力二世欣喜之下，"为了感谢上帝赐给我一个儿子，并赐给我们海战的胜利"（即勒班陀大捷），赦免了一些罪犯。他还请提香创作一幅大型油画，将这两件喜事联系起来。腓力二世的宫廷画师阿隆索·桑切斯·科埃略给提香送去了相关的指示和素描草图，这些材料都得到了国王的批准。这幅《腓力二世的敬献》突出了上帝与西班牙国王之间直接的、特殊的关系，以及费尔南多王子的远大前程。提香把费尔南多王子放在画的正中央（见彩图7）。[22]

现在国王身边簇拥着许多亲人。在随后十年里，安娜生下了七个孩子，而且她把两个弟弟阿尔布雷希特和文策尔带到了西班牙。另外她还成为两个继女伊莎贝拉·克拉拉·欧亨妮亚和卡塔利娜的"第二母亲"。在16世纪70年代，王室的生活很有规律，基本上没有变化。国王、王后、孩子们和国王的外甥们在冬季的大部分时间一起住在马德里王宫，夏季住在埃斯科里亚尔，春季去阿兰胡埃斯，秋季去帕尔多宫。腓力二世有时会独自去他的乡间别墅之一,但(据威尼斯大使说)每当他们住在一起的时候——

> 国王陛下每天去看望王后三次:早晨在听弥撒之前;白天在他开始工作之前;夜里他们准备就寝的时候。他们有两张低矮的床,相距一英尺,但因为有帐幕将床环绕起来,所以看上去像是一张床。国王对妻子充满了温柔的爱,很少离开她身边。[23]

夫妻分开的时候,腓力二世和安娜似乎每周通信一到两次(安娜的西班牙语很流利)。例如,在1572年7月,拉德拉达侯爵告诉腓力二世,"今夜王后把这封信交给我,让我交给陛下",她让拉德拉达侯爵寄到埃斯科里亚尔。两天后,腓力二世写道:"这是我的回信,我直到今天上午才写,是因为我抵达这里的时候已经很累,还有公务要办。"还有一次,腓力二世告诉拉德拉达侯爵,他读了"王后给我的回信",并指示这位宫廷大总管"把此信中附的另一封信交给王后"。[24]国王还要求定期向他汇报亲人的健康状况。费尔南多出生两周后,国王离开马德里去埃斯科里亚尔的时候吩咐拉德拉达侯爵:"每天向我报告王后和王子的健康状况。"九个月后,他命令"我不在都城期间,每天晚上派一名信使见我",并补充道:"另请御医写信告诉我,我的妹妹和外甥们的健康状况如何。"[25]

如果小王子的健康状况不佳,国王就会担心。1572年10月晚上7点半,拉德拉达侯爵向埃斯科里亚尔发送了一份悲观的病情报告。次日,国王写道:"信使昨天午夜之后抵达,那时我已经就寝一个钟头。读了那份报告，我相当郁闷；但既然事出有因，那也是不可避免的。虽然我读报告并没有花很多时间，但那之后就辗转难眠。"两天后拉德拉达侯爵发送了一份较为乐观的报告，国王回复道："感谢送此消息给我，我想它应当会让我弥补之前那一晚缺的觉。"[26]腓力二世对女儿们也很牵挂。他希望她们多在户外活动，"国王陛下认为小公主们应当不时地到户外，呼吸新鲜空气，因为没有新鲜空气的话，任何植物都不能生长"。他还希望女儿们养成健康的生活方式。拉德拉达侯爵奉命确保国王的女儿们"早点起床，锻炼身体。为了这个原因，以及其他一些原因，她们最好早点就寝"。腓力二世还为女儿们花了太多时间阅读"骑士传奇"而烦恼，并命令"她们应当读更多宗教书籍"。[27]

但有的时候，腓力二世似乎对孩子们关注不够。尽管他给儿子提供士兵玩偶，并鼓励女儿们养鸟，就像他自己四十年前做的那样，但在孩子们的幼年时代，他很少真正"陪伴"他们。例如在1575年7月，腓力二世在努力解决一次财政危机的时候，费尔南多王子（三岁）病得很重，御医为了寻找最佳的治疗方案绞尽脑汁。国王为患病的儿子建议了最合适的食物（煎蛋卷），不过"我不确定是否应当在煎蛋卷里放培根，但如果他喜欢的话，我觉得没有理由不放，只要他愿意吃"。他还要求御医定期汇报王子的饮食和睡眠情况。说到这里，他还像个模范父亲，但御医于次日报告称王子不肯吃煎蛋卷，并请国王亲自来鼓励王子的时候，腓力二世却拒绝了，"他年纪还太小，我去了也没用"，因为"在他这个年纪，我觉得他不会注意我就他的食物说什么。如果畏惧能够起作用的话，他更怕他的女教师，而不是我"。[28]

国王也许是害怕见到患病的孩子，害怕自己眼睁睁看着继承人死去，因为就在两周前，他的另一个儿子——不到两岁的卡洛斯·洛伦索病死了。腓力二世心情抑郁地将儿子"小小的躯体"埋葬在埃斯科里亚尔，就在他的另外几个早夭的孩子的墓地旁边。他向一位主要的财政谋臣发出了这样的悲叹：

> 你看我有没有理由感到悲哀。我已经四十八岁了，继承人却只有三岁，而且我的财政一团糟……我将会拥有怎样的老年生活呢……我每天都担心这将是我的最后一天，也不知道如何找到资源去维持所有需要维持的事情。[29]

这一次，费尔南多王子恢复了健康。在卡洛斯·洛伦索夭折三天之后，王后生下了她的第三个儿子迭戈。但是父母很快又开始焦虑了。1577年，迭戈病了。根据他的宫廷大总管的说法："我们正准备给他断奶，所以他在这个关头生病，特别令人担忧。我非常希望陛下先去看看他，因为他是最漂亮的孩子，之前一直白白胖胖、健壮且健康。"[30]虽然迭戈熬过了这次，但是在随后一年里，腓力二世的家庭遭到了一连串的残酷打击：1578年8月，他的外甥葡萄牙国王塞巴斯蒂昂战死沙场；9月，他的另一个外甥文策尔，即安娜的兄弟，去世了；10月，消息传来，国王的弟弟堂胡安在尼德兰去世；次日，费尔南多王子在马德里夭折。继承人的死亡对腓力二世的打击特别大。他放声大哭，不肯吃饭，独自待在一家修道院里哀悼。1580年，更多的打击接踵而至：国王和王后带着迭戈（现在是继承人)、伊莎贝拉公主和卡塔利娜公主去了埃斯特雷马杜拉；10月，很快就要过三十一岁生日的王后在那里染上流感，病逝了（见第十五章）。

孤独的父亲

安娜去世之后，虽然腓力二世去了葡萄牙，但是他让迭戈王子和公主们返回马德里，与他们的弟弟腓力（出生于1578年）和妹妹玛丽亚（出生于1580年初）会合。在国王于1583年3月返回马德里之前，他与孩子们只通过书信来联络：在父亲与孩子们分隔的整个时期，两个已经十几岁的女儿定期给父亲写信。在几乎每个星期一，他都会拿着孩子们的最新一批信，给他们回信。卡塔利娜嫁给萨伏依公爵卡洛·埃马努埃莱①之后离开了西班牙，把父王写给"公主们，我的女儿们"的三十封信带在身边，后来她还从父亲那里收到了一百多封信，并将其小心保管。这批书信保存至今（而他写给每一任妻子的信都被烧掉了），成为独一无二的史料，让我们得以了解国王是多么爱子女。

这些通信的有些方面似乎表明国王很冷漠。一方面，腓力二世从来不用名字称呼自己的女儿（他将伊莎贝拉称为"你，大姐"，把卡塔利娜称为"你，小妹"）；另一方面，他告诉她们，他给她们回信之后就把她们的来信烧掉了，"免得手头的纸张太多"。[31]这也许让人觉得国王冷漠无情，因为与孩子分隔的大多数父亲都会悉心保存这些珍贵的信件，作为纪念。但腓力二世写的信里洋溢着爱与关怀。1582年3月，他写道："你

---

① 他是前面提到的萨伏依公爵埃马努埃莱·菲利贝托的儿子。

俩一定都长大了很多，尤其是年纪较小的你。如果你有卷尺的话，就告诉我，自我上次见你以来你长高了多少。"并补充道："你也给你弟弟量一下，因为我想知道他有多高了，不过我更希望能见到你们所有人。"公主们显然误会了父亲的意思，给他寄去了她们的肖像。三个月后，腓力二世写道："我是想见你们所有人，不是你们的肖像！"[32] 国王于1583年返回卡斯蒂利亚之后，花了很多时间陪伴女儿们。他经常与她们打牌和掷骰子，用钱赌博（公主们的内廷账簿经常记录"用于和我们的主公即国王赌钱"的款项），有时和她们一起用膳。1585年，卡塔利娜与新婚丈夫一起乘船去意大利的时候，国王说不出话来："我没办法像我之前打算的那样为你和公爵送行，也没办法告诉你我的所思所想。"于是他爬上附近的一座教堂塔楼，想最后看一眼女儿和女婿乘坐的桨帆船，但未能如愿："我看见了广阔的海面，但再也看不见你们了。"于是他坐下来，把内心的想法付诸笔端，将自己的信和卡塔利娜的姐姐伊莎贝拉的一封信一起寄到"罗萨斯港，你在那里可以收到"。但这一次他又要失望了：信使没能赶上卡塔利娜乘坐的桨帆船，于是把信带了回来。一周后，国王再次写信，"让你知道，我并没有忘记给你写信，并没有不想念你，因为我现在就非常想你"。[33]

卡塔利娜抵达萨伏依之后给父亲报平安，说她这趟航行非常安全和快速。国王收到这封信之后非常高兴，带着出人意料的热情告诉她："我不知道我这么感觉是不是因为我太爱你了，但我觉得公爵会和我竞争，看谁爱你更多。"他对她信中的每一点都做了回复，最后叹气道："你姐姐和我都无时无刻不在想念你，我们非常想你。"一年后，国王告诉卡塔利娜，他刚刚在埃斯科里亚尔待了两周,没有带"你的弟弟和姐妹们",所以"我感到很孤独,这让我更加想念你了"。1588年,在事无巨细地筹划入侵英格兰的过程中,他说自己一直在数着卡塔利娜离开之后的每一天:"昨天是你离开我的三周年,这让我感到非常孤独;我知道这一点,因为你爱我,我也爱你。"[34]

国王有时会告诉女儿们,他是多么思念"你们的两位母亲"(指的是孩子们不记得的法兰西的伊莎贝拉和抚养她们的奥地利的安娜)。1582年,在安娜去世两周年前夕,腓力二世写信给女儿们的时候,"尽管时间已经很晚,我也累坏了",他还是添加了一段动人的附言,他知道女儿们一定会理解:"我哪怕再活一千年,也会记得那一晚。"(他指的是安娜去世的那一晚。)在下一个周年纪念日,他独自去了塞哥维亚森林,又一次想到了安娜。他在给两个女儿的信中悲伤地写道:"只有上帝知道我是多么孤独,尤其是在今天。"[35]

国王有时在信中出人意料地表现得很风趣。1582年3月,他从葡萄牙写信,详细描述了他在塔霍河上的旅行是多么愉快,"看见了今天河上的所有船只……非常值得一看,我今天过得很开心。我把这些告诉你",他继续写道(我们可以想象他落笔时脸上挂着笑容),"是为了报复你描述去帕尔多宫和埃斯科里亚尔的旅行使我感到嫉妒"。几个月前,他逗弄两个女儿,假装不记得她们的弟弟的年龄:

> 他们告诉我,你们的小弟弟[腓力]掉了一颗牙。我觉得他掉牙掉得有点晚,因为(你们会记得)今天是他洗礼的三周年,不过我不记得是三年还是两

> 年了……我也不记得你们年纪较大的弟弟到 7 月会是几岁了,我觉得他快六岁了。请把真实情况告诉我。[36]

国王当然很清楚自己儿子的年龄(迭戈六岁,腓力三岁),但和其他父母一样,在努力劝说青春期的孩子给自己写信的时候,他肯定知道,假装无知一定会让他的心愿达成。

国王有时会责备两个女儿,比如他听说她们表现不佳的时候:"你们都必须听〔女教师的〕话。"或者她们的信里有错误的时候:"你,大姐,在信里说你们的弟弟的〔弩弓〕本领已经很有名,但我觉得你这里说的应当是你妹妹吧……你还少写了一个词。你写信的时候一定很匆忙。"对非常思念父亲的十五岁少女来说,这一定是难以承受的严厉责备。不过,通常情况下,腓力二世的信里满是赞扬。他得知女儿们鼓励小迭戈跳舞时很高兴,还兴致勃勃地研究了迭戈的信和他画的"马,我觉得比他往常画得要好"。他答应送一本图画书给迭戈,作为奖励。后来他给儿子寄了一些可以涂色的字母书,并说如果儿子需要的话,他还可以寄更多书。[37]

但是国王的心愿不可能实现了,因为迭戈在一个月之后死于天花,年仅七岁。这是腓力二世一生中失去的第三个继承人。他在给一位大臣的信中写道:"这对我来说是可怕的打击,因为他的死紧接着其他〔很多亲人的死亡〕。但我赞美上帝做的一切,把自己完全托付给上帝的神圣意志,并祈祷,希望上帝对这次奉献满意。"[38] 迭戈的死迫使国王改变自己的计划。他原打算离开葡萄牙,在西班牙和亲人一起度过 1582 年的圣诞节,但现在他不得不等待葡萄牙议会召开会议并向他的最后一个儿子（即后来的腓力三世）宣誓效忠，认可其为王储。这个仪式结束后，国王就离开里斯本，终于在1583年3月抵达埃斯科里亚尔。在参加一次礼拜之后，"国王陛下去了王后的套房"，这一定是一个万分痛苦的时刻，然后国王"登上教堂的穹顶"，参观了他离开之后竣工的部分建筑。他还去看了玛丽亚公主的遗体。玛丽亚是他最小的孩子，和迭戈一样，在他居留葡萄牙期间夭折。这也让他"悲痛不已，其他什么事情都做不了"。他把玛丽亚安葬在另外五个早夭的孩子身旁。[39]

国王的第五位新娘？

在蒙受这些痛苦的时候，腓力二世也得到了一些安慰。他的妹妹玛丽亚（刚刚成为寡妇）带着幼女玛格丽塔来到了他身边。她们于1582年3月从奥地利来到马德里，在王家赤足女修院稍事休息之后去了葡萄牙。腓力二世知道妹妹和外甥女要来，掩饰不住兴奋之情。他告诉两个女儿，"我非常嫉妒你们"，因为"你们收到这封信的时候，已经见到了我的妹妹"。他让女儿们立刻写信告诉他，"她［玛丽亚］是胖是瘦，我和她是不是还像小时候那样容貌相似。我相信，她看上去肯定不像我这么老"。腓力二世动身去葡萄牙边境迎接妹妹，并告诉女儿们："我快速下了马车，她还没来得及下马车，我就亲吻了她的双手。"（腓力二世很少这样"快速"地做其他事情。）随后兄妹俩同乘一辆马车行进，"你们可以想象我和她终于相见，是多么喜悦，因为我们已经二十六年没有见过面了，并且在过去三十四年里只见过两次，每次只有几天"。[40]

腓力二世见到自己的小外甥女玛格丽塔也很高兴。迭戈的夭折让腓力二世又一次只剩下一个儿子,即腓力王子,所以马德里的大臣们敦促国王再婚。他们建议考虑玛格丽塔。皇后对这种想法惊恐万分。她告诉帝国驻西班牙大使汉斯·克芬许勒:"她已经决定让女儿去王家赤足女修院当修女。"克芬许勒委婉地提醒玛丽亚,"这种事情一旦定了就再也不能改,所以请三思",并补充道,"既然腓力二世国王已经明确表示想娶"玛格丽塔,皇后"就不可以良心坦荡地让女儿当修女"。克芬许勒还说:"国王陛下不想找一个外国新娘,因为那样会怠慢他自己的亲人。"也就是说,腓力二世只会娶哈布斯堡家族的人,而玛格丽塔是当前唯一的人选。[41]

随着被催婚的压力越来越大,玛格丽塔给舅舅写了一封很有意思的信。她首先表示:"所有人都站在陛下那边,而没有人站在我这边,所以我求助于上帝,把此事托付给他。"她写道,有两个理由让"我觉得自己不可能结婚"。首先,"因为我已经宣誓要当修女,已经向上帝承诺,要当他的新娘"。她反问道:"请陛下告诉我,我既然已经承诺了天上的君王,那么还能为了嫁给人间的君王而食言吗?"玛格丽塔的第二个理由颇费了一番苦心,诉诸腓力二世的宗教观念。她提出,因为国王为了上帝的事业做出了巨大贡献,上帝一定会报偿国王,"赐给您长寿、成功的事业,让您的孩子都健健康康地长大成人"。此外,"虽然王子年纪还小,并且多病,但我会在上帝面前为了王子的福祉承担责任。陛下可以对这件事情确信不疑:如果陛下同意让上帝得到他的新娘,他的玛格丽塔,如果陛下不打破如此坚固的纽带,那么上帝一定会赐予王子健康,让他多子多福"。[42]这简直可以说是宗教层面的敲诈,与腓力二世自己的某些行为可以相提并论。1584年秋季，国王终于认输，在王家赤足女修院和女儿们一起参加了玛格丽塔出家的简单仪式。据说他看到玛格丽塔削发、皇后"为她穿上修女服装"时不禁泪流满面。[43]

克芬许勒大使则如释重负：他显然担心又一位少女新娘会让五十八岁的国王油尽灯枯。克芬许勒告诉玛丽亚："国王陛下谨慎地决定不娶公主殿下，也不娶其他女子，因为根据御医的建议，国王陛下如果保持单身，就还有很多年的寿命；但如果他结婚，御医说他活不过一年。"[44]玛格丽塔在王家赤足女修院当修女，度过了将近五十年，最后在那里去世。她看到腓力王子长大成人、娶妻并生下五个健康的孩子，一定心满意足。

尽管玛丽亚皇后也在王家赤足女修院度过了余生，但她和兄长定期联系。有时她到埃斯科里亚尔或阿兰胡埃斯与他会合，有时他去她在女修院的套房拜访她。在其他时候，兄妹俩利用克芬许勒来传递消息。克芬许勒说，皇后不仅深度参与了"外交事务，而且参与最私密的家事"，所以"我每天都要去征询国王陛下的意见，并从王家赤足女修院接收皇后的短信，然后送到国王手中，不管他当时在何处"。[45]兄长去世后，她还帮助他的孩子们（当然了，其中有几位是她的外孙辈）适应失去父亲的新生活。比如在1598年10月，腓力三世国王每天都去见她；而伊莎贝拉·克拉拉·欧亨妮亚与姑姑和玛格丽塔一起生活了八个月，后来伊莎贝拉·克拉拉·欧亨妮亚嫁给了玛丽亚的儿子阿尔布雷希特大公（见第十九章）。

死亡与债务

腓力二世还有相当多的私生子亲戚。尽管其中只有少部分人是他直接认识的,但他有时会决定性地干预他们的生活。这些私生子亲戚当中,腓力二世的外曾祖父天主教国王斐迪南的后代都被称为"阿拉贡的",而腓力二世的曾祖父马克西米利安一世皇帝和父亲查理五世的后代都被称为"奥地利的"。斐迪南的私生子后代包括萨拉戈萨大主教阿拉贡的埃尔南多,他曾为腓力二世服务,担任阿拉贡副王,直到于1575年去世;还有弗朗西斯科·德·博吉亚①,他是腓力二世及其妹妹胡安娜的亲信谋臣,于1572年去世。这两位与腓力二世和胡安娜一样,都是天主教国王斐迪南的曾孙辈。在家族的另一个分支当中,腓力二世对"奥地利的马克西米利安先生"非常关注。此人是马克西米利安一世皇帝的十二个私生子之一的儿子,腓力二世任命这个马克西米利安为雷亚尔堡的修道院长,后来让他当加的斯主教。

查理五世有两个私生女,都是在1522年出生的。其中之一是塔代娅·德·拉·潘纳,腓力二世原本不知道她的存在,直到她在1560年给他写了一封信。她说自己在罗马,当了修女,并抱怨"很多俗士和教会人士知道"她的身份,尽管她不希望别人知道。她请求同父异母弟弟认可"我是皇帝的女儿,虽然我不配",并要么给她在罗马安排一笔年金,要么把

---

① 第四代甘迪亚公爵弗朗西斯科·德·博吉亚(1510~1572),后来成为耶稣会总会长,1670年被封圣。他的父亲是教宗亚历山大六世的孙子,母亲是萨拉戈萨大主教阿拉贡的阿隆索(也是天主教国王斐迪南的私生子)的女儿。而前文提到的阿拉贡的埃尔南多是阿拉贡的阿隆索的私生子。

她接到西班牙。[46]国王的回信没有保存下来，但他很可能让同父异母姐姐继续待在女修院。查理五世的另一个私生女奥地利的玛格丽特出生于尼德兰，由她的姑姑匈牙利王后玛丽抚养长大，拥有完全不同的命运。查理五世承认她是自己的女儿，并安排她嫁给帕尔马公爵。1557~1559年，她在英格兰和尼德兰与腓力二世一起待了很长时间。尽管腓力二世返回西班牙之后姐弟俩就再也没有见过面，但是他们经常通信，尤其是在玛格丽特担任尼德兰摄政者的时期。她的儿子亚历山德罗在西班牙宫廷度过了许多年，后来先后在地中海和尼德兰与堂胡安并肩作战。亚历山德罗在1578年成为尼德兰总督。腓力二世对他一直很好。亚历山德罗的父母都于1586年去世后，国王给外甥写了一封温情脉脉的吊唁信："你必须像一个优秀的基督徒一样承受这样的打击，你必须照顾好自己。"他还亲笔补充道："尽管你在差不多同一时间失去了父母，但我始终会像他们一样爱护你。"[47]

起初，腓力二世对查理五世的另一个儿子——"我的弟弟堂胡安"也很好。1559年，国王册封他为金羊毛骑士，为他设立了单独的宫廷（见第七章）；1568年，国王先任命堂胡安为地中海舰队总司令，后来任命他为负责镇压阿普哈拉斯叛乱的王军总司令。1570年，他同意让教宗任命堂胡安为反对土耳其人的神圣联盟的总司令。尽管堂胡安在1565年第一次违抗国王，逃离宫廷去参加救援马耳他岛的行动，但三年后，堂胡安向国王透露了堂卡洛斯逃往德意志的计划（见第十章）。

我们很难想象堂胡安的生命是多么光辉，又是多么短暂。在1559年（他十二岁那一年）之前，只有四五个人知道他的真实身份。在随后十年里，只有西班牙宫廷内部才知道他的名字。但他在二十四岁时取得了勒班陀的辉煌胜利，迅速成为国际明星，在宫廷也成为一支重要的力量。在一些追随者的怂恿下，堂胡安开始梦想自己也成为国王，先是想当突尼斯国王，后来想当英格兰国王，但腓力二世阻挠他，坚持要求弟弟的奋斗必须是为了达成西班牙君主国的目标。堂胡安有时拒绝服从。1575 年，尽管腓力二世命令他留在伦巴第，但他在得知奥斯曼舰队威胁突尼斯之后还是立即率领国王的舰队寻求与敌交战。次年，他又违抗了御旨，不是直接从意大利去尼德兰，而是去了西班牙。他到了尼德兰之后，又想尽办法离开那里，先是想去英格兰，后来又想去西班牙（见第十三章）。这样抗命不遵的行为让国王大怒，腓力二世在 1578 年 10 月决定将弟弟召回。直到堂胡安去世后，腓力二世才能原谅他：国王把堂胡安安葬在埃斯科里亚尔，在他们的父亲身边。堂胡安是奥地利家族唯一得到如此厚葬的私生子。

腓力二世对弟弟的两个女儿的态度也是类似的暧昧。年纪较长的安娜是堂胡安和玛丽亚·德·门多萨女士的私生女。玛丽亚·德·门多萨是埃博利亲王夫人的亲戚。安娜于 1568 年出生在亲王夫人位于帕斯特拉纳的宫殿。安娜的母亲于 1572 年去世，不久之后安娜进了女修院；1578 年，她父亲去世不久之后，国王赐予她与出家的王室女子相同的特权，包括自称"奥地利的安娜"的权利。1594 年，她失去了一切，因为"一个名叫加布里埃尔·德·埃斯皮诺萨的人"来到她所在的女修院，自称是她的表弟葡萄牙国王塞巴斯蒂昂，在非洲战败之后奇迹般地死里逃生。安娜"对他信以为真"，开始称埃斯皮诺萨为"我的主公"，计划与他结婚，然后一起去里斯本，成为葡萄牙国王和王后。腓力二世在长时间的调查之后命令处决埃斯皮诺萨和其他参与这个骗局的人，并将安娜单独囚禁到另一家女修院，她在那里一直待到国王驾崩之后。[48]

腓力二世还直接干预了弟弟的另一个女儿奥地利的胡安娜的抚养。她是堂胡安与那不勒斯的一位贵族女子在1573年孕育的。堂胡安起初把女儿托付给自己的同父异母姐姐——帕尔马的玛格丽特。堂胡安去世后，玛格丽特恳求腓力二世把胡安娜接到西班牙，"由王后抚养"。但腓力二世"选择了另一种办法，相信最好把她寄养在那不勒斯的圣克拉拉女修院……打算让她到了合适年龄之后在那里当修女"。[49]十年后，西克斯图斯五世的一个侄子表示想娶胡安娜，腓力二世（很高兴有机会讨好教宗）同意了。但西克斯图斯五世去世了，于是这门婚事就没谈成。胡安娜后来受到过别人的求婚，但一直待在那不勒斯的圣克拉拉女修院，在腓力二世驾崩后在那里还待了数年。

腓力二世还有一项家庭职责：清偿父亲和其他已故亲人留下的债务。西曼卡斯总档案馆保存了五十二捆厚厚的文件，都是皇帝曾经的仆人（有数百人之多）绝望地讨薪或者请求报销为了给查理五世服务而产生的费用的信件。1559年，国王拨出八万杜卡特给皇帝的遗嘱执行人，用于还债，但他们很快就发现，查理五世的负债比这多得多，而且他不仅欠自己仆人的钱，他的父母、祖父母和外祖父母的债务也都没有偿清，"因为我自从宣誓成为卡斯蒂利亚和阿拉贡国王以来，打了许多场大规模战争，开支极大"。1579年，一群奉命解决这个尴尬问题的大臣向国王索取更多金钱以支付给已故王亲国戚的债务人时，国王不屑一顾地回复道："我肯定想立刻处理此事，但我要做的事情太多，手里的钱却太少。所以你们过段时间再提醒我吧。"国王自己读了这段话之后肯定意识到了它听起来多么冷淡,于是亲笔补充道:"我的意思是,将来每年都告诉我,需要多少钱才能覆盖这里详细列出的开销。"[50]

国王在帮助儿子堂卡洛斯还债时也同样不负责任。他悄悄地挪用了已故王子的一些最珍贵的财产,但拒绝出钱清偿王子的债务。1571年,"国王陛下想给苏格兰女王[玛丽·斯图亚特]送一件珠宝时",没有拿自己的珠宝送人,而是挪用了一件"属于已故王子的珠宝"。六年后,国王仍然保留着"一个黄金十字架"和"我的雕塑家蓬佩奥·莱昂尼为王子制作的"耶稣受难像,尽管堂卡洛斯在遗嘱中将它们赠给马德里的一家女修院。[51]这种不寻常的行为反映了腓力二世和他的长子之间那种不寻常的关系。

第十章　堂卡洛斯之谜

腓力二世人生中最著名（或者说最臭名昭著）和最有戏剧性的事件发生在1568年1月18日临近午夜的时候。国王率领一小群廷臣穿过马德里王宫的昏暗走廊，逮捕并囚禁了他的儿子和继承人堂卡洛斯。六个月后，王子死在狱中。英格兰大使约翰·曼说，王子之死"据说非常可疑"。有传闻说，王子是被他的父亲下令毒死的。[1]

从1581年尼德兰出版的两篇作品算起，关于此事的作品已经有超过一百个版本被公开发表。其中第一篇也是比较有名的一篇，是奥兰治亲王威廉的论战著作《辩护书》，其中说腓力二世"违逆人伦，谋杀了自己的亲骨肉和继承人"。第二篇《第欧根尼》是匿名的韵文作品，呼吁法国国王支持尼德兰人反抗腓力二世的暴政。这篇比较短，但发出了一项后来流传极广的指控：堂卡洛斯爱上了他的继母法兰西的伊莎贝拉，腓力二世发现此事之后谋杀了妻子和儿子。[2]这些指控被搬进了塞萨尔·德·圣雷亚尔①的历史小说《堂卡洛斯》（1672年）和弗里德里希·席勒的戏剧《堂卡洛斯》（1787年），以及朱塞佩·威尔第的歌剧《堂卡洛斯》（首演于1867年）。这些版本当中的绝大多数参考的都是二手资料，并且是同一批二手资料。例如威尔第的歌剧唱词参考了席勒的戏剧，而席勒的戏剧

---

① 塞萨尔·德·圣雷亚尔（1639~1692）是法国学者，有历史著作，但最有名的作品还是小说《堂卡洛斯》。

参考了圣雷亚尔的小说。圣雷亚尔则吸纳了奥兰治亲王的《辩护书》和《第欧根尼》中缺乏根据的说法。

1568年1月18日的事件及其前情

让我们回到事件的原点。1568年，葡萄牙大使弗朗西斯科·佩雷拉（鲁伊·戈麦斯的舅舅）是第一个得知这个戏剧性事件的外界人士。"[19日]凌晨2点，我得知了此事。"他也是第一个把听到的消息写下来的人。根据他的记载，国王在埃斯科里亚尔与僧侣和一些廷臣一起度过1567年圣诞节，于1568年1月16日夜间回到马德里王宫。佩雷拉写道，次日是星期日，国王在儿子陪同下听了弥撒。在1月18日的整个白天，国王"卧床不起，说他身体不适"，后来传唤了四名主要谋臣，包括鲁伊·戈麦斯。四位谋臣到齐后，国王——

> 告诉他们，王子的事务已经变得混乱不堪，所以他作为父亲和基督徒，为了这些王国的福祉，必须采取行动。国王还说，他召唤大家来，不是为了让他们各抒己见，因为他已经下定决心；他请大家陪伴他，并执行他的命令。[3]

在此之前，国王已经把自己的计划分享给了另外六人。当夜执勤的两名王子内廷近侍接到了命令，把王子套房的门开着，不上锁，熄灭所有的灯，撤走所有兵器和卫兵；另外四名廷臣（其中两人拿着锤子和钉子）随时待命。

夜里11点，腓力二世披上链甲，戴上头盔，率领廷臣们静悄悄地穿过王宫，"没有点火把或蜡烛，来到王子的套房，王子此时已经就寝"。国王"立刻取走[他的儿子]放在床边的剑和始终摆在身边的装好子弹的火绳枪"。堂卡洛斯惊醒了,发现周围簇拥着一群全副武装的人,惊呼道:"陛下想做什么?几点了?陛下要杀我或是逮捕我吗?"腓力二世答道:"都不是,王子。"与此同时,国王的随从将窗户钉死了。王子见状"跳下床来,显然想冲进壁炉"。一名廷臣按住他,他喊道:"陛下要把我当作疯子一样捆起来吗?我没有发疯,只是很绝望。"腓力二世"像平常一样冷静地答道:'王子,你冷静点,上床。我们现在做的事情都是为了你好'"。国王"收走了王子写字台内的全部文件",拿走了在那里发现的三万杜卡特现金,然后离开了。他把两名廷臣留在王子的卧室,其他人在室外守候。[4]

这些戏剧性事件引起了轰动。次日,佩雷拉写道:"全国都震惊了。"一周后,腓力二世的一名尼德兰大臣仍然觉得新形势"完全出乎意料,极不寻常"。但有些观察者意识到,王子被捕并非"完全出乎意料":他们之前忽视了至少一条重要的线索。法国大使富尔科沃回忆道:

> 本月13日,国王命令本城的各教堂和修道院在所有的时课和弥撒期间祈祷,恳求上帝启迪和引导他对某件事情好生斟酌,让他对心中酝酿的某个计划做个定夺。这让西班牙宫廷那些爱飞短流长的人有了很多谈资。但我绝没有想到,此事涉及的是王子。[5]

但是富尔科沃忽视了很重要的一点:如果腓力二世真的那么早就裁决了儿子的命运,那么他在逮捕儿子的前一天还带他一起听弥撒（从而让堂卡洛斯错误地产生了安全感），就未免太虚伪了。这让人不禁要问：假如国王早在1月13日在埃斯科里亚尔的时候就已经下定决心，为什么要等五天才行动？

解　释

驻马德里的外交官们也无法解释这一点。托斯卡纳大使叹息道："真正的原因是什么，我也说不清。很多人相信，国王陛下会向他的臣民和所有基督教君主做一个解释。"他说得对。腓力二世在1月19日的大部分时间都在与谋臣开会，向他们保证，他逮捕堂卡洛斯是"为了国王的事业和这些王国的福祉，他会在合适的时机向大家解释"。他还书写或者口授了一些信件，将自己的行动告知主要的臣民与盟友。[6]在每一封信里，腓力二世都强调，他之所以逮捕王子，纯粹是因为王子"天生的独特性情"，而不是因为"他冒犯或者侵害了我，也不是类似的事情"。他答应等时机成熟的时候提供更多细节（据一份史料记载："国王说，他会给出迫使他逮捕王子的四十条理由和原因。"）。在那之前，他禁止大家继续讨论此事，尤其不准在布道当中讨论：所有的高级教士和修会领导人都收到了不准在布道坛上谈及此事的御旨。[7]

在这个阶段，腓力二世只向最亲近的哈布斯堡亲戚提供了更多细节。他向自己的姑姑卡塔利娜（孀居的葡萄牙王太后）①透露的信息最多，这既是因为她作为查理五世唯一在世

---

① 这个卡塔利娜是查理五世的妹妹，嫁给了葡萄牙国王若昂三世，他们的儿子若昂王子就是腓力二世的妹妹胡安娜的丈夫。若昂王子和胡安娜的儿子就是葡萄牙国王塞巴斯蒂昂。下文会讲到，由于塞巴斯蒂昂阵亡，葡萄牙被西班牙吞并。

的姊妹，是整个家族的长辈，也因为她是腓力二世的第一个妻子玛丽亚·曼努埃拉的母亲，也就是堂卡洛斯的外祖母。腓力二世在1月20日给卡塔利娜写了一封很长的亲笔信，在开头提醒姑姑，他之前就向她提醒过"我的儿子即王子的生活方式和习惯"，"不计其数的、很有分量的论据与证据"表明"必须寻找补救方案"。他继续写道，他的"父爱""约束了他，所以他在此之前都在寻找和使用能够找到的一切办法、手段和补救措施，来防止事情走到这一步"。但如今——

> 王子的状况已经严重恶化，到了不可救药的地步。所以为了尽到身为基督教君主向上帝、诸王国与领地负有的责任，我别无选择，只能逮捕和囚禁他。

腓力二世还向卡塔利娜透露（在这个阶段只向她一人透露），这不会仅仅是临时性措施：

> 我做出这样的决定不是因为他犯了什么罪、违抗了我或者不尊重我。我也不是为了惩罚他，因为尽管有很多证据可以让我对他施加惩罚，但惩罚完全可以等到恰当的时间和地点。我也不是希望他能够借此改过自新。问题的根源在别的方面，时间或者治疗都解决不了。[8]

腓力二世解散了儿子的内廷，将他转移到马德里王宫一座塔楼内一个没有窗户的套房，房间面积仅有"三十平方英尺"，和巴尔托洛梅·卡兰萨被捕后住的牢房差不多同样大

(很多人注意到了这个阴森可怖的巧合)。六名备受信赖的廷臣奉命将王子单独看押,日夜严密监视。帝国驻西班牙大使在2月初说:"所有人都对王子的事情缄口不言,仿佛他已经死了。"两个月后,托斯卡纳大使说,"现在无人注意西班牙王子,仿佛他从来没有出生。如今他的牢狱生活和刚入狱的时候一模一样,没有可能"与外界交流哪怕一个词。[9]

如此严厉而充满戏剧性的措施,再加上腓力二世拒绝详细解释,难免会引起各种各样的反应。在里斯本,王太后卡塔利娜提议要亲自来看望王子,"像母亲一样照料他"。腓力二世不得不派遣一位特别信使去劝卡塔利娜不要来。[10]在维也纳,玛丽亚和马克西米利安二世向腓力二世抗议,要求他详细解释,因为消息传来,堂卡洛斯在复活节领了圣餐,这似乎表明他又"正常"了,腓力二世不得不坐下来"向殿下[玛丽亚]敞开心扉"。腓力二世在这封肯定让他写得很痛苦的信里,唯一一次剖析了自己内心深处对儿子的"性情"与"缺陷"的看法。在信的开头,他解释道,起初,"我和王子身边的人都不认为他处于可以领圣餐的恰当状态";但"他的告解神父认为,这是更虔诚和健康的方式,所以我们听了他的建议,允许王子领了圣餐"。腓力二世承认,领圣餐的过程很顺利,但是——

> 殿下一定会认识到,王子的状况时好时坏,有时比较平静,有时比较狂躁;并且,在应对王子的缺陷时,有两方面要考虑,一是他的缺陷对政府和公共事务的影响,二是对私人生活与事务的影响。在其中一个方面可能带来灾难性后果的事情,在另一方面也许

是可以谅解的。

腓力二世悲哀地总结道,因此,"这单单一个例子[领圣餐]并没有改变上帝因为我的罪孽而在我儿子身上放置的理解力的缺陷"。[11]

"理解力的缺陷"

腓力二世向最亲近的亲人"敞开心扉",显示他对儿子的"天性"做了一次非常务实的评估,但没有解释它的原因。这不足为奇,因为直到今天,王子的健康状况仍然是个谜。堂卡洛斯出生的过程非常困难,分娩持续了三天,所以胎儿有时可能缺氧,导致右侧轻偏瘫,产生了语言功能和身体平衡上的问题,他一辈子都受到这些问题的困扰。而且他的童年缺少父母的关怀,在情感上很匮乏。他是独生子,母亲在生下他(1545年)四天之后就去世了。他的父亲在1548~1551年待在海外。十一个月大的时候,他还失去了乳母,这导致他"持续不断地号啕大哭、大发脾气,不肯吃奶,怎么抚慰都不行"。七岁时,一直照料他、与他很有感情的姑姑胡安娜和他的女教师又突然离开了他。父亲于1554年再次离开西班牙时,可以说堂卡洛斯变成了孤儿。如精神病学家普鲁登希奥·罗德里格斯·拉莫斯所写的那样,"堂卡洛斯经历了在情感和生理上都非常复杂的童年",这可能导致了"一种情结和自恋人格"。罗德里格斯·拉莫斯医生继续写道:

> 经历过类似的情感创伤的儿童,倾向于通过强势的、无区分的方式来寻找爱意,并无节制地表现他们

的情感。这符合堂卡洛斯的婴儿期和青少年期的状况：急于从任何人那里得到爱和忠诚，爱憎都很极端，对最轻微的冒犯也会暴跳如雷。[12]

因为哈布斯堡家族喜欢近亲结婚，所以王子身上还有另一个问题：他的基因库过于贫乏。堂卡洛斯的曾祖辈只有四人，而不是正常情况的八人；高祖辈只有六人，而不是正常情况的十六人。但除了哈布斯堡家族近亲结婚之外，堂卡洛斯还有别的问题。他的很多勃艮第和特拉斯塔马拉祖先也都曾近亲结婚，例如勃艮第的玛丽的曾祖辈只有六个人，而不是正常情况的八个人。她的儿子腓力一世娶了自己的远亲胡安娜，胡安娜是天主教双王斐迪南和伊莎贝拉的女儿，而斐迪南和伊莎贝拉也是特拉斯塔马拉家族不同支系之间多次通婚的后代。查理五世的"近亲系数"达到了0.037；但他娶了自己的表妹，他的儿子腓力二世也娶了自己的双重表妹，于是哈布斯堡家族的"近亲系数"猛增。堂卡洛斯的"近亲系数"达到了0.211，这和兄妹乱伦或父女乱伦的结果（0.25）差不多。

这样的近亲结婚是为了缔造一个庞大的帝国，也的确发挥了这样的作用，但同时也使后代具有严重的缺陷：不仅健康状况不佳、身体畸形和普遍羸弱，而且生育力也受损了。近亲结婚也许能解释为什么腓力二世的十五个子女当中只有四人长大成人。在他之前，近亲结婚就已经给西班牙王室带来了严重的问题。胡安娜女王（腓力二世的祖母、玛丽亚·曼努埃拉的外祖母）长期被软禁在托尔德西利亚斯，直到于1555年去世，她的行为举止非常怪异，以至于她自己的后代担心她要么是女巫，要么是异端分子。胡安娜的外祖母葡萄牙的伊莎贝拉也是

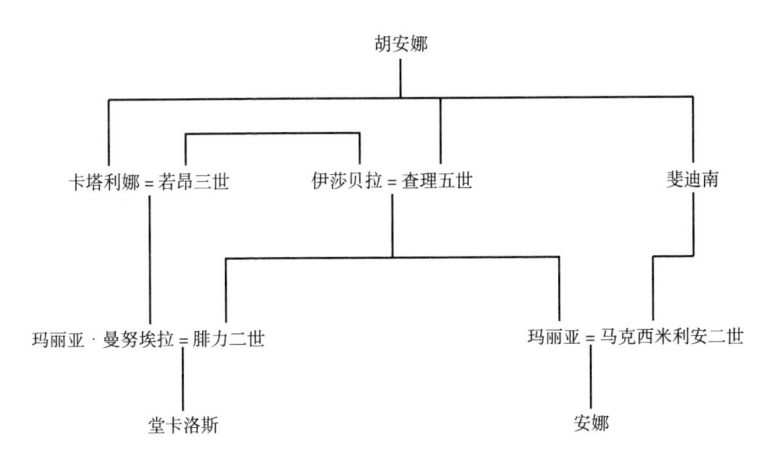

```
                        胡安娜
         ┌───────────────┼───────────────┐
     卡塔利娜=若昂三世   伊莎贝拉=查理五世         斐迪南
         │          ┌────┴────┐              │
  玛丽亚·曼努埃拉=腓力二世       玛丽亚=马克西米利安二世
              │                    │
           堂卡洛斯                 安娜
```

图 11 堂卡洛斯和他的祖先。堂卡洛斯既是"疯女"胡安娜的曾外孙，也是她的曾孙，所以胡安娜的精神不正常的因素遗传了双份给堂卡洛斯。另外，堂卡洛斯的曾祖辈只有四个人（正常情况是八个人）。如果他与表妹安娜结婚（他自己和安娜的父母都希望促成这门婚事），那么西班牙王室的基因库就进一步缩小了。

精神错乱，被软禁起来，最后死在阿雷瓦洛城堡。所以堂卡洛斯的基因库不仅很小，而且祖先当中至少有两个严重的精神不稳定的案例。

起初，腓力二世对于堂卡洛斯继承大统的能力没有疑问。腓力二世在1557年立下的遗嘱指定儿子为自己的"普遍继承人"，并规定在他死后，堂卡洛斯将同时统治尼德兰、西班牙和西属海外领地，不过在堂卡洛斯年满二十岁之前要由摄政会议来主政。两年后，腓力二世也许是回忆起了自己结婚后父亲对他强加的侮辱性的严格管理（见第一章），于是签署了一份遗嘱附录，放松了限制：只要堂卡洛斯"结了婚，哪怕还没有年满二十岁"，摄政会议也将废止，堂卡洛斯将会亲政。[13]但在年满二十岁很久以前，堂卡洛斯就表现出一些令人担忧的生

表1 腓力二世的生育能力有限。葡萄牙王室和西班牙王室都试图将整个伊比利亚半岛统一。为了达成这个目的,两国王室连续许多代互相通婚。通过近亲结婚,半岛终于统一了:1580年,西班牙国王腓力二世继承了葡萄牙王位。但近亲结婚也大幅缩小了王朝的基因库,还可能损害了他们的生育能力。腓力二世的十五个儿女中只有四人长大成人,只有两人拥有自己的子女。

腓力二世的妻子	怀孕次数	流产次数	在0~2岁夭折的儿童数量	在3~10岁夭折的儿童数量	长大成人的子女数量	活到腓力二世去世之后的子女数量
玛丽亚·曼努埃拉	1	0	0	0	1	0
玛丽·都铎	2?	2?	0	0	0	0
法兰西的伊莎贝拉	5	2	1	0	2	1
奥地利的安娜	7	1	2	2	1	1
总计	15	5	3	2	4	2

理问题。他的两个肩膀一高一低,左腿比右腿短,肌肉软弱无力;他还患有"四日热"(可能是疟疾),所以经常卧床不起。1561年,经历一次特别严重的高烧之后,"他羸弱不堪,精疲力竭,医生们相信他需要换个环境"。腓力二世决定把儿子送到埃纳雷斯堡,他在那里可以享受清新的空气,并获得国王自己不曾享受过的大学教育。[14]

起初一切都好,王子的学习态度也很认真。然而到了1562年4月,也许是因为身体的不对称,堂卡洛斯有一次从楼梯下来的时候一脚踩空,重重地撞上了一扇门,头部负了重伤。起初他似乎只是撞晕了,医生为他包扎和放血的时候他还能与医生交谈。但十天之后,也许是因为包扎用的绷带没有杀菌,堂卡洛斯头上的伤口化脓了,他发了高烧。感染(医生称之为丹毒）通过淋巴系统从王子的头部扩散到了颈部和肩部（因为脓肿，他的双眼不得不紧闭）。不久之后他就神志不清了。

腓力二世在事故发生不久后就来看望儿子，但看到伤情似乎并无大碍，就返回马德里了。现在他匆匆赶回阿尔卡拉，在托莱多大主教（倒霉的卡兰萨）的宫殿参加了为王子治疗的十四名医生的漫长会议。他还命令在全国为了堂卡洛斯恢复健康而举行祷告和游行，他自己在儿子床边祈祷，但似乎无济于事。5月9日，医生们预言，王子会在几个钟头内死去。国王的告解神父贝尔纳多·德·弗雷斯内达（方济各会修士）建议采取另一种办法。"因为王子殿下病得很重，人间的疗法已经没有任何希望，所以现在必须向上天求助。"弗雷斯内达提出的一个具体建议是把迭戈·德·阿尔卡拉修士（当地的一位方济各会修士，因为据说能够创造奇迹而享有盛誉）的遗骨搬到王子床边。国王虽然有顾虑，但还是命令打开了这位修士的石棺，将他的遗骨搬到王子床边。王子触碰了这些遗骨，随后失去了知觉。[15]

腓力二世不忍看着儿子和继承人死亡，于是骑马返回马德里，在那里一边祈祷一边等待似乎是不可避免的噩耗，但王子在当夜开始好转。一周后，医生们得以给他眼睛周围的脓肿排脓，并从头部伤口区域摘除了一片死骨。他的烧也退了。腓力二世大喜过望，为了庆祝王子得救而施舍穷人，赦免因为负债而坐牢的囚犯，并亲自参加一次特殊的游行，然后聆听了一次呼吁将迭戈·德·阿尔卡拉封圣的布道。6月16日，也就是堂卡洛斯摔伤将近两个月后，他终于能站立，并拥抱父亲。次日，他接见了一群前来道贺的外国大使。接见期间，他一直坐着，戴着帽子以遮挡伤口。尽管堂卡洛斯表现得和蔼可亲，但威尼斯大使还是觉得他"非常苍白和虚弱。他个子很矮，比大多数 17 岁少年矮得多"。三周之后医生们称量他的体重，发现王子"穿着夹克和紧身裤以及锦缎的内衣，一共只有三阿罗瓦一磅"，也就是说只有 76 磅①。[16]

现在，腓力二世继续努力为儿子顺利继承王位铺平道路。1563 年，他去了阿拉贡，试图说服阿拉贡议会向堂卡洛斯宣誓效忠，尽管"他患病且体弱，所以我决定这次不带他一起来"。腓力二世声称，如果议会能够破例向一位不在场的王子宣誓效忠，"我会愿意承诺在我有生之年不再增税"。这真是极不寻常的提议（也是愚蠢的提议，因为他在这之后活了 35 年，而堂卡洛斯在五年后就去世了），但清楚地体现了国王仍然对儿子很有信心。[17]

王子似乎同时有两种截然不同的性格，或者就像父亲后来说的那样，他的"状况时好时坏，有时比较平静，有时比较狂躁"。1564 年，新任帝国大使亚当·冯·迪特里希施泰因男爵来到了西班牙，他的第一个任务是敲定堂卡洛斯与安娜（玛丽亚和马克西米利安二世的女儿，后来嫁给了腓力二世）的婚姻。迪特里希施泰因发现国王对此事支支吾吾，于是开始向他的西班牙朋友询问王子的情况。他了解到的情况"相当糟糕"（schlecht genueg）：除了身体畸形和体弱多病之外，王子的情绪波动极大，非常令人不安。迪特里希施泰因报告称，尽管"王子在很多方面表现出很好的理解力"，"但在别的方面，他就像个七岁的小孩。他什么都想知道，什么都问，但完

---

① 约合 34.5 千克。

全不懂得克制，问起来也是漫无目的"。另外，"他的判断力似乎还没有足够发展，不能区分好歹，判断不出什么东西有价值，什么东西无价值，什么是可能的，什么是不可能的"。迪特里希施泰因在见到王子本人之后，对自己的看法有所修正。虽然他发现堂卡洛斯的身体确实畸形，而且口齿不清（尤其是混淆 r 和 l 这两个音），但大使觉得王子始终能够表情达意。迪特里希施泰因还发现王子"易怒，暴躁，经常发飙；他想到什么就说什么，毫无顾忌，毫不克制，也不考虑自己这么说可能会得罪谁"。但大使认为自己之前听到的一些对王子的负面评价是夸大其词。

> 他已经和我说了好几次话，按照他的习惯向我提了很多问题；我并不觉得这些问题都是不相干的（就像很多人告诉我的那样），反倒觉得他问得都很有道理。他的记忆力极佳，而且本性善良，所以他那些充满敌意的行为（有时非常极端）并非出于恶意……他非常虔诚，非常热爱正义与真理；他讨厌撒谎，不原谅任何撒过谎的人。[18]

父亲敌对儿子

和其他养育了精神不稳定的孩子的父母一样，腓力二世的心情很复杂。面对儿子难以预料的情绪波动，他既内疚，又拒绝接受现实；既无助，又愤怒。去阿拉贡的那趟旅行不久之后，他向阿尔瓦公爵哀叹道，他的儿子在道德和身体方面缺乏力量，"不仅缺乏判断力，生活方式混乱，而且理解力也不行，远远落后于同龄人"。迪特里希施泰因不断催促国王敲定堂卡洛斯与安娜的婚约，国王为了回应此事，提醒马克西米利安二世："我儿子已经十九岁了，尽管有些孩子的发育比较迟缓，但上帝让我的孩子的发育远远落后于其他所有孩子。"[19]

腓力二世是在何时决定不让堂卡洛斯继承王位的呢？王子被捕和囚禁十天后，鲁伊·戈麦斯告诉法国大使，"国王在三年多以前就清楚地认识到，王子的大脑比他的身体更加畸形"（这是一句残忍而卑鄙的嘲弄）；"他永远不会有统治国家所需的判断力"；并补充道，"国王陛下长期以来掩饰着自己的这个认识，希望王子年龄增长之后，他的智慧与谨慎也能增加；但恰恰相反，王子一天天变得更糟糕"。[20]鲁伊·戈麦斯的这一席话把国王对儿子改变态度的时间确定为1565年。的确，从那以后，王子的行为受到的批评就越来越多了。威尼斯大使乔万尼·索兰佐在这一年发给威尼斯元老院的述职报告中写道，"王子听不进任何人的话，不理睬任何人"，并且"天性十分残忍"。他的"习惯极不寻常"，"对任何人都不友好。他做的一切都体现了他的傲慢自负"。次年，一位经常见到堂卡洛斯的廷臣告诉自己的密友："王子一天比一天糟糕，不是说他的健康糟糕，而是一种更难治愈的疾病。"1567年4月，富尔科沃大使写道，堂卡洛斯"对父亲不太服从"，而国王"对王子的能力和智力几乎毫无信心，所以不会让他成为这么多国家的继承人和统治者"。[21]

但在1567年晚些时候，富尔科沃却报告称："现在王子是个孝子，所以他想要什么，父亲都会满足他的心愿。并且国务议事会和战争议事会在王子的房间开会，他能够主宰很多国家大事，希望别人二话不说地服从。"政府公文也能部分支持这种说法。例如在这年4月，有人写信来警告，说尼德兰反叛者可能会招募德意志军队，腓力二世批示道："让鲁伊·戈麦斯通知王子，请王子立即召集国务议事会到他面前开会，讨论这些信件并商议如何回复，尤其是关于这一点。"六个月后，又有一个包裹从德意志送抵，腓力二世指示秘书："让议事会当着王子的面读这些信。"[22]从尼德兰来的报告，国王也让王子读。1567年春季，国务秘书安东尼奥·佩雷斯报告称："看样子议事会今天下午要开会，王子也来。"堂卡洛斯做过精心准备，能够参与这些讨论，因为帕尔马的玛格丽特直接从布鲁塞尔写信给他，他与居住在国王宫廷的尼德兰大臣也有联系。[23]

贝尔纳多·德·弗雷斯内达修士（就是那位主张用迭戈·德·阿尔卡拉修士的遗骨挽救王子生命的御前告解神父）为王子参与国家大事提供了一个有趣的解释。在王子被捕不久之后，弗雷斯内达告诉一位大使：

> 我们忍受他的过激行为，等着看随着时间流逝他会不会有所好转；我们设计了各种测试，来判断他之所以做那些荒唐事，究竟是因为青年人血气方刚，还是因为他渴望主宰一切，或者是因为他缺乏智慧。所以国王才允许他主持议事会，在很多事情上授予他行政权力，并允许他获取大笔金钱。

弗雷斯内达总结道，事实证明这是一种危险的策略，因为"我们发现王子进入议事会之后，到处制造混乱，阻碍了公务的处理"。并且堂卡洛斯"利用国王授予他的权威去做更多坏事"。[24]

王子做的"更多坏事"有好几种形式。例如在1566年12月，腓力二世在马德里王宫主持卡斯蒂利亚议会的开幕式，把王子也带来了。王子坐在父亲旁边。一位王室秘书宣读了国王对议会的命令，要求提供更多资金（以及其他一些东西）作为他返回尼德兰的旅费。王室一行人离开会议室之后，议会开始讨论如何为国王的此次旅行筹措经费，还讨论了他出国期间的摄政安排。很多代表要求堂卡洛斯留在国内，就像当初查理五世离开西班牙时让腓力留在国内一样。王子完全不想这样，于是他返回会议室，威胁"任何人若是建议让他留在西班牙，就将和他代表的城市一道，成为王子的不共戴天之敌"。他还宣布，"他下定决心要跟随国王陛下，不管国王陛下去哪里。全世界都阻挡不了他"，然后怒气冲冲地离开了。[25] 为什么会这样？

堂卡洛斯知道马克西米利安二世和玛丽亚计划在布鲁塞尔见腓力二世，并把他们的女儿安娜（按照计划，堂卡洛斯将与她结婚）带去。堂卡洛斯对迎娶安娜表现出很大的热情。他"非常喜欢"她的肖像，将肖像放在"一个圆形的带有银色装饰的黑檀木箱子里"。他对神圣罗马帝国也很感兴趣。1566年7月，王子开始支付薪水给"路易斯·德·莫里索特，让他教自己德语"，还购买了一些德意志手工艺品与好几本德文书，包括"一本关于骑士陶伊尔丹克"的德文书。[26] 安娜的西班牙语很流利，所以堂卡洛斯并不需要专门为了她而学德语。但也许购买《陶伊尔丹克》揭示了他的意图，因为这部史诗叙述了马克西米利安一世皇帝为了迎娶勃艮第的玛丽而进行的艰难冒险。这对皇帝的玄孙来说是振奋人心的榜样。

王子做的"坏事"越来越多。有一次堂卡洛斯将一页让他恼火的纸扔出窗外；还有一次，"王子殿下"对他的御橱总管胡安·埃斯特韦斯·德·洛冯"大发雷霆"——

> 因为他找不到一份收据，就大发脾气，想把洛冯从窗户扔出去，但一些内廷近侍看到了，阻止了王子。于是王子殿下命令把洛冯解雇并送回家，骂他是恶棍和窃贼，并说他犯了叛国罪。[27]

在王子被捕的那一夜，更多"坏事"东窗事发。国王发现王子的套房内有超过3万埃斯库多，还发现王子欠了多位银行家总计超过20万杜卡特；而一封1567年12月1日的签名为"我，王子"的信命令他的宫廷总管在塞维利亚筹集60万杜卡特，并"绝对保密且谨慎地办理"，因为"我有不可避免的、极其紧迫的需求"。[28]

背叛与阴谋？

王室财政部的官员在1572年审计王子的账目时也搞不清楚，王子为什么"急需"这笔巨款。王子的账目中有一些有意为之的模糊之处，比如有两笔超过1000杜卡特的开支，"王子殿下授权在1567年4月的最后一天秘密支付给某人"，还有一些开支已经无法解释：王子从银行家安东·富格尔及其侄子那里借了29笔贷款，审计官员绝望地写道："我们不知道这些钱是用来做什么的。"[29]曼托瓦大使埃米利奥·罗贝蒂可能是当时唯一猜到了王子"急需"用钱的原因的人，"王子殿下写信给［西班牙的］大贵族们，邀请他们陪他做一次旅行。我们现在知道了，王子的计划是乘坐王家桨帆船去意大利，然后去见皇帝，表示自己已经做好准备，可以娶"他的女儿。[30]也就是说，堂卡洛斯知道皇帝仍然希望他娶安娜，所以得出结论，要想绕过腓力二世的阻挠，他唯一的办法就是效仿自己的高祖父马克西米利安一世在《陶伊尔丹克》中的事迹，亲自去找自己的未婚妻。但对他来说不幸的是，这个计划要想成功，就需要他的叔父奥地利的堂胡安的积极配合。堂胡安于1568年1月15日被任命为王家舰队总司令，王子去意大利所需的桨帆船都在堂胡安的指挥之下。

堂卡洛斯在1月16日见了叔父，似乎透露了自己的计划，表示自己将在"次日夜间"离开宫廷，并恳求堂胡安帮助。堂胡安说自己需要一点时间考虑，然后立刻禀报了国王。据好几位观察者说，王子很快意识到自己被堂胡安出卖了，于是给火绳枪装好子弹，邀请堂胡安到他的套房，打算杀掉堂胡安。王子的一名内廷近侍产生了疑心，对火绳枪做了手脚，所以堂胡安来了之后堂卡洛斯没有办法使用火绳枪。于是他抽出匕首。堂胡安比他强壮得多，把他推开，高声呼喊："殿下，不要再靠近了！"好几名侍从听到了，赶紧跑来。堂胡安夺下了王子的匕首，当作证据送到国王那里。王子出逃的计划，以及他企图刺杀堂胡安，终于促使腓力二世采取行动。罗贝蒂大使写道："国王原本就在认真考虑王子谋划的事情，现在决定，再也不能继续装糊涂了。"于是他在当夜逮捕了王子。[31]

我们也会期待腓力二世从王子套房没收的文件能够澄清一切，因为正如富尔科沃所说："王子亲笔写下自己的所思所想，所以他泄露了自己成千上万种愚蠢和怪异的幻梦。"国王肯定立刻开始阅读儿子的文件。据佩雷拉说，腓力二世次日"从午餐时间一直到深夜"都在"阅读王子的文件"。[32]尽管并没有堂卡洛斯亲笔描述自己计划的文件留存至今，但西曼卡斯的档案里包括一大捆信件，都是王子在享受自由的最后一年收到的，发件人是整个君主国各地的数量极多的各色人等。这些信都谄媚地讨好王子。一位财政官员从米兰写信给堂卡洛斯，汇报"为了给国王陛下效劳，这里在做哪些事情"；从热那亚，西班牙大使报告了关于奥斯曼舰队的消息；从新西班牙，副王报告称"感谢上帝，此地国泰民安"，并给王子送去"三头老虎"作为礼物。这几封信似乎清白无害，但其他一些信就不是这样了。从西班牙北部的拉雷多，一位商人与王子分享了自己的冤情，因为国王"不肯听我的申诉"；从格拉纳达，文书衙门的主管宣称，他亲自干预，确保王子恩宠的某人得到快速审判。即便腓力二世能够忽视这些不谨慎的行为，他也不可能注意不到王子的这些笔友使用的浮夸言辞（不管信的内容是什么）："愿上帝保佑我们最崇高、最强大的王子殿下，让您的诸王国与领地繁荣昌盛。这就是我，您最卑微的臣民的心愿"；或者"王子殿下最忠实的臣民，我亲吻您的双手"。这些花言巧语在哈布斯堡君主国的文献档案中是绝无仅有的，而且出现在如此之多，并且互相之间没有关联的人的信中，所以只能是因为王子或其随从下了专门的指示。[33]

王子的随从当中包括很多后来攀升到高位的青年才俊：堂克里斯托瓦尔·德·莫拉和堂胡安·德·伊迪亚克斯，他们后来成为腓力二世在位最后十五年里最受国王信赖的谋臣；堂胡安·德·席尔瓦和堂胡安·德·博吉亚，他们后来（和莫拉一样）在葡萄牙与卡斯蒂利亚联合的过程中发挥了关键作用。这四人都属于一个被称为"学院"的廷臣群体，簇拥在阿尔瓦公爵周围。起初这群人在阿尔瓦公爵的套房聚会，但他去尼德兰之后,他们就越来越多地聚集在马德里王宫内王子的套房。在那里,他们不仅讨论女人、诗歌、战争和骑士精神,还讨论"如何成为王室的宠臣"和"如何在宫廷办事"。"学院"的很多成员在王子的内廷有职位,堂卡洛斯本人可能也参加过他们的一些讨论。[34]

尽管没有任何证据能表明这些人对腓力二世不忠诚,但王子及其内廷肯定代表着君主国的"影子政府的利益":假如国王在1568年1月18日午夜之前的某个时间点驾崩,那么阿尔瓦公爵的"学院"就会立即掌控中央政府。另外,假如腓力二世比儿子先死,那么帮助国王逮捕王子的每一个人都会倒台,甚至丢掉性命。罗马教廷大使在王子被捕两周后说:"王子极其仇恨国王看重的那些大臣,所以如果他登上王位,那些大臣及其后代就全完了。"所以罗马教廷大使预测,鲁伊·戈麦斯、费里亚伯爵、埃斯皮诺萨和其他人会"诉诸法律",以确保王子"永远不能继位"。富尔科沃大使表示同意,并预言:"将会有一场对西班牙王子的正式审判,宣布他没有能力继承大统。"[35]

尽管没有确凿的证据能够表明堂卡洛斯曾经受审,但御用史官安东尼奥·埃雷拉·托尔德西利亚斯后来证实,朝廷的确认真考虑过这个选项:"宫里有人说国王想要举行审判,并让议事会宣布王子无法继承王位。"但国王后来放弃了这个想法,"因为并没有证据表明王子做过任何反对父亲的事情,王子也没有反对天主教信仰的言论或思想,反而表现得很虔诚,是教会的忠实儿子"。[36]于是国王决定把儿子囚禁到死,就像国王的祖母胡安娜女王(卡斯蒂利亚议会曾向她宣誓效忠)一样。腓力二世也许是这样想的:如果查理五世能把他的母亲囚禁半个世纪,那么他(腓力二世)也可以这样处置儿子。

囚　徒

腓力二世似乎从一开始就打算将儿子终身监禁。王子被捕两天后,国王通知葡萄牙王太后,他的儿子将永远不会离开监狱。过了一段时间,他又向其他人透露了自己的决心。例如在4月,阿尔瓦公爵请求国王对此事做更多指示时,国王说:

> 我囚禁[王子],不是为了结束他的恶行,也不是为了改良他的性格,因为已经尝试过让他改过自新,都失败了,现在也不会成功……我的目标是为我的余生,以及我死后可能发生的问题寻找一劳永逸的解决方案。所以,既然时间不大可能治愈他,我就做出了永久性的决定。[37]

在腓力二世眼里,儿子已经不再是一个人,而纯粹是一个行政上的问题。国王现在需要做的,就是确保堂卡洛斯(就像他之前的胡安娜女王那样)终身受到严密监禁,并得到充足的饮食。事实证明王子的饮食是更难解决的问题。弗朗西斯科·佩雷拉在2月底报告称,王子在之前一周吃得很少,一连四天粒米未进;当他的告解神父劝他吃饭也被拒绝后,狱卒"拿着一件铁制工具和一套机器走进他的房间,强迫他张开嘴,强行给他喂了一点汤和肉"。[38]有一次王子吞下了一粒钻石,希望把自己毒死;但医生们为他通便,把钻石弄了出来。最后,据负责看押王子的莱尔马伯爵说,王子"为了自杀,一连十五天什么都不吃"。但随后——

> 在告解神父和医生的劝说之下，他又想吃了，有了求生欲；不过为时已晚，因为他的食道已经堵塞，连一点点肉汤都喝不下去……但他每天喝一加仑或更多的冰水［这几乎可以肯定是疟疾的症状］，这足以杀死一千个身强体健的人。最后，他们告诉他，他活不下去了。他听了这话，做了告解，领了全套圣餐，接受了临终涂油礼，对自己的罪孽感到万般悔恨。他就以这个样子又苟延残喘了三天，表现得完全像是一位虔诚的基督徒，并呼唤上帝怜悯他，恳求父亲宽恕和祝福他。[39]

但他得不到国王的宽恕和祝福。国王没去探视儿子，还搬到了埃斯科里亚尔，并去了一趟塞哥维亚森林，得知儿子已死之后才回到都城。随后腓力二世退隐到一家修道院，命令臣民"戴孝，并按照其他的惯例"哀悼"最尊贵的堂卡洛斯王子，我亲爱的、挚爱的儿子"。[40]腓力二世后来把已故亲人的遗骸安葬到埃斯科里亚尔的时候，堂卡洛斯属于第一批（同一批还有国王的第三任妻子伊莎贝拉王后）。国王还允许蓬佩奥·莱昂尼参考 1567 年的王子戎装像创作一尊巨大的雕像，后来摆在埃斯科里亚尔的宗座圣殿的高祭坛旁。在国王的诸多子女当中，只有堂卡洛斯的雕像被摆在那里，和父亲的雕像在一起（见彩图 9）。把堂卡洛斯的雕像摆在这里，从而纪念这个令国王大失所望的继承人，让腓力二世花费了大约 13000 杜卡特，这是一笔不小的投资。

富尔科沃狡黠地写道，王子的死"让天主教国王面临的许多问题迎刃而解"。与国王和他的儿子关系很近的人深知这一点。莱尔马伯爵报告他负责看押的囚徒死亡时发出了如释重负的长叹：

> 上帝赐给王子不配得到的体面的死亡，这体现了上帝对他的极大恩宠。上帝把王子带到天堂，也是给整个基督教世界造福，因为如果他活下去，肯定会毁掉一切，因为他的天性和习惯都混乱不堪。王子现在去了一个很适合他的地方，我们所有认识他的人都为此感谢上帝。

阿尔瓦公爵在宫廷的代表同样喜出望外，"因为，考虑到王子的习惯"，如果他活下去，"就很可能危害这些王国的太平，尤其是如果他越狱成功的话"。堂胡安·德·苏尼加在王子被捕之前经常能见到他，现在也完全同意上面的看法。他在给一位同事的信中写道，"我们都知道王子的性格是什么样的"，所以"我很害怕他。我的所有朋友都建议我为王子做事的时候，我拒绝了"，但"当我看到你也这么做"（即拒绝为堂卡洛斯效力），"我就坚信不疑，我的选择是正确的"。[41]伊莎贝拉王后在王子被捕的次日上午给富尔科沃写了一封声泪俱下的信，就连她也暗示王子的精神不正常："上帝想要把他的真正天性公之于众。"大使则对马克西米利安二世坚持要把安娜嫁给堂卡洛斯的决定表示难以置信："皇帝说他不知道，或者不想知道王子被囚禁的真实原因，即这个可怜的年轻人没有行为能力，严重缺乏常识。"[42]

隔了四个半世纪，我们很难解开堂卡洛斯之谜。他在二十二岁时写的一些信留存至今，文字风格更像是十一岁的孩子。我们很难想象，写信都如此吃力的人如何治理一个日不落帝国。尽管腓力二世在1580年对葡萄牙王位提出主张权的时候遇到了抵抗，但大家对堂卡洛斯是他的表弟塞巴斯蒂昂的推定继承人这一点是没有争议的。不过核心问题就在这里：堂卡洛斯成为表弟的继承人，是基于近亲结婚，而恰恰是近亲结婚让堂卡洛斯的身体和头脑如此衰弱。

所以，腓力二世对自己在1568年1月18日的激烈措施的解释（他之所以那么做，不是因为王子"冒犯或者侵害了我，也不是类似的事情"）并不完全真实：王子逃往德意志的计划，甚至还有他刺杀堂胡安的企图，显然都只是导火索。不过，深层的原因仍然是王子的"天生的独特性情"。绝大多数廷臣和外交官都认识到，腓力二世别无选择，只能把儿子永久性监禁，就像查理五世对他母亲那样。腓力二世的不幸在于，那个时代的人们并不比他更能理解基因缺陷和严重头部创伤对人造成的影响，所以很多人接受了约翰·曼、奥兰治亲王威廉和《第欧根尼》匿名作者的毫无根据的说法，即腓力二世谋杀了自己的亲生儿子。

第四部
胜利的国王

第十一章　十字军圣战的岁月，1568～1572 年

1568 年对腓力二世来说是多灾多难的一年。除了堂卡洛斯的悲剧和伊莎贝拉王后去世之外，他那些心怀怨恨的尼德兰臣民得到了外国支持，领兵攻入尼德兰，国王花费了巨款才打退他们。最糟糕的是，这年的年底，格拉纳达的摩里斯科人发动了叛乱。就连在马德里，对国王及其政策的批评也越来越激烈。"看到陛下对人们说的话感到如此愤怒和受挫，我很伤心和抑郁，"腓力二世的主要谋臣迭戈·德·埃斯皮诺萨枢机主教写信安抚他，并补充道，"所以我恳求陛下珍重御体。"在相当坦诚的回信中，腓力二世透露了自己的心情是多么低迷：

> 这些事情必然会造成痛苦和疲惫，并且，相信我吧，我已经为了这些事情以及全世界发生的事情而精疲力竭、痛苦不堪，若不是格拉纳达和其他一些东西不能放弃，我都不知道该做什么……对于今天的世界，我肯定是没用了。我很清楚，我应当处于其他位置上，处于不是这么高贵的位置，因为这对我来说太可怕了。很多人还为了这一点批评我。但愿我升了天堂之后会得到更好的待遇。[1]

在随后两年里，腓力二世的处境有了极大的改善。他的军

队平定了尼德兰和格拉纳达的叛乱；他的第四任妻子安娜生下了他等待已久的继承人；他的弟弟在勒班陀海战中大败奥斯曼海军。埃斯皮诺萨在此时感到欢欣鼓舞。他在1571年底向阿尔瓦公爵吹嘘，西班牙如今有了一位王子，"而且国王陛下身体健康。此外还有海上的辉煌胜利（自摩西分开红海以来最伟大的胜利），所以我们几乎什么都不缺"。但是，有些人继续批评国王对埃斯皮诺萨的依赖。就在同一天，阿尔瓦公爵在马德里的代表报告称：

> 这里一切照常，我指的是政府工作，因为那个穿红衣的人［埃斯皮诺萨］仍然把一切事务都扛在自己肩膀上，尽管我国不缺人才，有的是可以帮他排忧解难的人。局面已经非常严重，以至于布道者在讲坛上公开告诉国王陛下，把太多政事委托给单独一个人是大错特错。

1572年的事件将会表明，"穿红衣的人"强加于国王的十字军圣战政策，以及"把太多政事委托给单独一个人"，是多么愚蠢。[2]

"创建一个新世界"：阿尔瓦公爵与尼德兰

阿尔瓦公爵于1567年来到布鲁塞尔的时候带来了宏大的计划。他在阿兰胡埃斯与腓力二世会谈时曾详细阐述自己的计划："如果陛下仔细审视应当做的事情，您会发现，那简直相当于创建一个新世界。"国王将他的部分计划写在了正式的指示里，但还有很多计划是保密的。1568年6月，阿尔瓦公爵详细描述了他如何执行那些"我牢记于心的御旨"。[3]其中第一项，也是最重要的一项是，"逮捕最显赫的嫌疑人和罪犯，加以严惩，以儆效尤；还要逮捕和惩罚若干地位较低的罪犯"。所以，在抵达布鲁塞尔两周之后，阿尔瓦公爵设立了一个特别法庭，即"除暴委员会"，来审判被怀疑犯有叛国罪或异端罪的人。随后他逮捕并囚禁了埃格蒙特伯爵、霍恩伯爵、两位伯爵的秘书和其他一些政治领导人，指控他们叛国。1568年3月，阿尔瓦公爵的部下在尼德兰同时拘捕了超过500名嫌疑人，包括所有仍在国内的"妥协书"签署人。在随后五年里，除暴委员会审判了超过12000名叛国罪嫌疑人，没收其中将近9000人的全部或部分财产。超过1000人被处决，包括埃格蒙特伯爵和霍恩伯爵。

阿尔瓦公爵在财政方面就不是这么成功了。腓力二世指示他，确保从今往后尼德兰自行承担行政和国防开销，手段是征收一笔营业税（类似于西班牙的alcabala税）。公爵吹嘘道，尼德兰很快就能"每年提供30万杜卡特，陛下可以将其收入国库"，作为战略储备金，"随时应对可能发生的紧急情况"。但奥兰治亲王威廉率军入侵尼德兰，迫使阿尔瓦公爵暂缓征税。阿尔瓦公爵花了差不多六个月才消灭绝大多数敌人。逃生的人很少（不过其中有奥兰治亲王），公爵认为自己的胜利证明了上帝站在腓力二世那边（"赞美上帝，是他清楚地表明了对陛下事业的恩典"）。但国王对征税更感兴趣。[4]之前为了打败奥兰治亲王，西班牙向尼德兰拨款200万杜卡特。一个月后，格拉纳达的摩里斯科人又发动了反叛，所以腓力二世向他在布鲁塞尔的副手警示道："我非常担心，从西班牙输送大笔经费去尼德兰帮助你，有一天会给我们这里带来严重问题，让我们最需要资源的时候却两手空空。"[5]1569年4月，阿尔瓦公爵尽职尽责地召开了尼德兰各省的等级会议，要求他们批准征收三种新税。他们同意征收"百分之一税"（即对资本性资产征收1%的税），而等级会议之所以同意，主要因为这是一次性的税。最终一共征收了将近200万杜卡特的"百分之一税"。但等级会议拒绝征收"二十分之一税"（对所有土地交易征收5%的税）和"十分之一税"（对其他交易征收10%的税）。公爵以他的西班牙军队威逼，于是等级会议提议再次一次性征收200万杜卡特。考虑到君主国当时的处境，国王授权阿尔瓦公爵接受这个提议。

取得了这些成就之后，阿尔瓦公爵在1570年请求国王允许他返回西班牙。腓力二世给他回了一封很长的信，从中我们可以看出，国王对这位敏感易怒而傲慢的下属了如指掌。

> 你在那里为了上帝和我的事业取得了如此之多的成就，我很清楚，你挽救和保全了那些省份。你现在也许相信自己已经做好了一切工作，可以把尼德兰的宗教、司法、臣服、财富、国防和其他事务都带上正轨了……但是，如果你不在那里待一段时间巩固战果的话，尼德兰很可能退回原来的情况。

腓力二世狡黠地继续写道："走好最后几步对你有直接影响，因为如果你的成就受到了损害，或者因为你的大业没有圆满完成而发生了什么不幸，那么肯定会给你造成痛苦和懊悔。"因此，"尽管我非常理解你想请假休息一段时间，因为你离开西班牙已经这么久了，后来在精神上和身体上都付出了艰辛的努力",但是"我敦促你运用上帝赐予你的基督徒的谨慎来认真考虑这两件事情,并始终记得,你一贯把为上帝和我效劳摆在最重要的位置上"。如果公爵在深思熟虑之后判定自己可以离开尼德兰,而不至于"发生我预测的那些危险"的话,他必须"立刻派一名紧急信使禀报国王,我就会任命一个人接替你,让他在你出发的几天之前抵达尼德兰"。[6]

腓力二世的这封信真是杰作。他表面上给了阿尔瓦公爵自由选择的权利,但同时问公爵,如果"因为你的大业没有圆满完成而发生了什么不幸",公爵会是什么感觉。这么一来,公爵就差不多一定会留在岗位上了。阿尔瓦公爵后来会非常后悔没有趁着自己的名誉还基本完好的时候返回西班牙,但那是后话。此刻,他和国王都把注意力集中在奥地利的安娜穿过尼德兰的旅行上。

蒙蒂尼男爵的孤独之死

1566年,帕尔马的玛格丽特派显赫的尼德兰贵族蒙蒂尼男爵弗洛里斯·德·蒙莫朗西(霍恩伯爵的弟弟)作为她的特使,去了西班牙(见第八章)。阿尔瓦公爵在尼德兰逮捕埃格蒙特伯爵和霍恩伯爵的消息传到马德里之后,国王立刻命令逮捕蒙蒂尼男爵,将他囚禁在塞哥维亚城堡。尽管男爵否认自己有不端行为,但他的同僚的证词和被查抄的文件还是把他拉下了水。男爵还曾公开批评国王拒绝去尼德兰的决定,让"国王陛下涨红了脸"。另外,蒙蒂尼男爵在被捕九个月后曾试图越狱,被抓了回来。除暴委员会对他进行了缺席审判,判定他犯有叛国罪,宣布"将他斩首示众"。阿尔瓦公爵将案件的卷宗发给了腓力二世,并在收到国王的答复之前对判决暂时保密。[7]不久之后，奥地利的安娜抵达布鲁塞尔，阿尔瓦公爵报告称，蒙蒂尼男爵的亲属和朋友提醒安娜，男爵曾长期为哈布斯堡家族效力。安娜宽宏地答应替他说情。阿尔瓦公爵向腓力二世指出，在安娜向新婚丈夫求情之后，就很难把蒙蒂尼男爵"斩首示众"了。所以公爵建议，更简单的办法是在王后抵达西班牙之前就处死蒙蒂尼男爵，并假装他是自然死亡的。[8]

腓力二世接受了这条建议。在马德里，国王的一些谋臣建议"给蒙蒂尼男爵的饮食下毒"，但"国王陛下认为下毒不是伸张正义的手段，更好的办法是秘密地在狱中将男爵勒死，这样的话任何人都不会知道他不是正常死亡的"。腓力二世不同意在塞哥维亚城堡杀死男爵（此时他被关押在那里），因为国王与安娜的婚礼将在那里举行。于是，在1570年8月，国王的新娘准备离开尼德兰去西班牙的时候，腓力二世命令西曼卡斯的城堡长官堂欧亨尼奥·德·佩拉尔塔去塞哥维亚，把蒙蒂尼男爵武装押解到西曼卡斯的档案馆兼要塞。[9]

然后，腓力二世导演了他整个统治时期最错综复杂也最不寻常的一场戏。佩拉尔塔允许囚徒在西曼卡斯要塞的城墙之内自由活动，甚至允许他"在一处天井享受日光浴"，但就在安娜在桑坦德登陆的前一天，佩拉尔塔在"蒙蒂尼男爵的牢房附近留下了一份拉丁文的伪造文件"，上面写的是新的越狱计划。于是佩拉尔塔就有理由把男爵重新严密关押起来，然后佩拉尔塔写了一封满篇扯谎的信，专门用来"将来在这里［西班牙］和那里［佛兰德］公开"（这是腓力二世后来向阿尔瓦公爵做的解释）。佩拉尔塔的这封信说，蒙蒂尼男爵"发了高烧，医生说病情非常凶险"。城堡长官还找了一名听话的医生,让他"不时地进出要塞,仿佛是来给蒙蒂尼男爵治病的,还带来了药品",另外还有一名告解神父也参与了这出戏。[10]

然后是欺骗大戏的下一幕。一名王家法官、一名公证人和一名刽子手秘密来到西曼卡斯,通知蒙蒂尼男爵,他已被判处死刑。腓力二世允许男爵"告解并领圣餐,如果条件许可的话;并向上帝悔罪"。蒙蒂尼男爵恢复镇静之后,做了告解,领了圣餐,然后写了一份坚称自己清白无辜的声明。他表示感谢"国王的仁慈和善良",因为国王决定"把他处决在这个私密的地方,而不是公开行刑"(他的兄弟霍恩伯爵是被公开处决的),但他"继续说自己是无辜的"。"他说完之后",腓力二世的欺骗大戏的最后一幕就上演了。

> 刽子手完成了自己的使命,将蒙蒂尼男爵勒死,然后王家法官、公证人与刽子手立刻离开了……所以无人知道他们来过西曼卡斯;公证人与刽子手如果敢泄露真相,就会被处死。在这之后,[佩拉尔塔]给蒙蒂尼男爵的遗体穿上方济各会修士的僧衣,以掩饰他是被勒死的,然后宣布他死亡,并准备下葬。

安娜抵达巴利亚多利德(距离西曼卡斯只有七英里)的时候,蒙蒂尼男爵已经死亡并被掩埋。腓力二世向阿尔瓦公爵吹嘘道,这场戏"一帆风顺,所以现在所有人都相信他是病死的"。国王在塞哥维亚城堡度过新婚之夜的时候一定良心坦荡,因为他并没有拒绝新娘的求情,反倒是新娘来得太晚了。[11]

另一个"新世界"

腓力二世向尼德兰施加的财政压力其实是一项宏大战略的一部分，国王要动员他的所有领地的资源。1568 年，他命令埃斯皮诺萨设立一个人数众多的委员会（不久之后被称为"大委员会"，Junta Magna），负责整顿整个殖民地行政体系。从一开始，大臣们就遵循了很好的方针："在西班牙制定殖民地事务的普遍原则，把具体和详细的事情托付给负责执行的人"（腓力二世自己如果遵循这样的方针，一定会受益匪浅）。[12]

大委员会从宗教问题着手，因为用御前告解神父贝尔纳多·德·弗雷斯内达的话说，"传播神圣的经文，就是国王陛下及先王治理美洲的正当性的基础"。大委员会建议在美洲设立省级议事会，对各主教区开展调查，并设立新的主教区（每个都要有自己的神学院）。这些都是特伦托大公会议的指示。为了给这些教会革新举措提供经费，大委员会提议更加公平地分配收缴来的什一税，让地方性的教堂和修道院得到更多支持。大委员会还呼吁在墨西哥和利马设立宗教裁判所法庭，这既是为了镇压异端，也是为了"消除那些省份的布道者和告解神父当中出现的意见分歧。那些人对于我们获得和占有美洲殖民地的道德正当性，以及我们对殖民地的司法管辖权都有分歧"。换句话说，今后任何神职人员都不得质疑西班牙统治美洲的合法性。[13]然后是殖民地的经济基础。为了改善土著居民的生存状况，大委员会提议对土地所有制开展改革；为了鼓励生产，大委员会拟定了关于采矿、商贸和制造业的新规定；为了增加王室的财政收入，大委员会主张把对各社区（而不是个人）征收的赋税与营业税结合起来。

经过三个月激烈但专注的讨论，大委员会向国王呈送了全方位的建议。被任命为秘鲁副王的堂弗朗西斯科·德·托莱多也参加了讨论，他提出了一项额外的请求：为了让他同时受到"畏惧和爱戴"，他请求国王允许他既使用"惩罚的利剑"，也能运用"奖赏的激励"。腓力二世同意了，甚至允许托莱多和他的同僚堂马丁·恩里克斯（被任命为新西班牙副王）在从事"平定"工作和"遇到战争和叛乱时"无须国王的明确批准就可以支出款项。[14]得到这样的灵活决策的权力之后，恩里克斯就对奇奇梅克人①发动了一场"血与火的战争"，以稳定新西班牙的北部边境；而托莱多打败了秘鲁的最后一批印加幸存者，并给智利定居者送去关键的援兵，帮助他们对抗阿劳卡尼亚人②。这些行动巩固了马德里对美洲（从墨西哥北部的格兰德河到智利的比奥比奥河）的控制。而大委员会提议的宗教、政治、经济和军事政策在得到国王的支持之后，确保了美洲在19世纪之前始终臣服于西班牙，并且直到今天仍然信仰天主教。这是腓力二世最伟大的成就，也是他影响最持久的遗产。

---

① 奇奇梅克人是墨西哥原住民纳瓦人对生活在今日墨西哥北部的游牧及半游牧民族的称呼，西班牙人也采纳这个带有贬义的说法。奇奇梅克人居无定所，靠游牧和狩猎为生，坚决抵抗西班牙人的入侵。在1550~1590年的"奇奇梅克战争"中，西班牙人对其残酷镇压，但奇奇梅克人的游击战术很有效，西班牙人无法用武力征服他们，于是改用怀柔政策，向奇奇梅克人提供食物、工具、牲畜和土地，教授他们农业技术，向其传教，最终在一个世纪内将其同化。今天，奇奇梅克文化几乎已经完全不存在。
② 阿劳卡尼亚人（即马普切人）是今天智利中南部和阿根廷西南部的原住民，分属多个民族，曾长期抵抗西班牙殖民者，即所谓"阿劳卡尼亚战争"（1536~1883）。

西班牙境内的反叛：摩里斯科人的起义

腓力二世委托埃斯皮诺萨设立了两个机构（都由埃斯皮诺萨领导）来促进他的臣民的统一。大委员会是其中之一。另一个机构设立于1566年，讨论了如何处置西班牙的40万摩里斯科人。摩里斯科人是一个少数民族，占西班牙总人口的大约6%，但不是平均分布在全国的：将近一半摩里斯科人生活在阿拉贡王国和巴伦西亚王国，分别占到这两个王国人口的五分之一和三分之一，而剩余的一半大多生活在格拉纳达王国，占当地人口的一半以上。有些山区，比如格拉纳达以南和以东的阿普哈拉斯地区，几乎全部人口都是摩里斯科人。

自1502年所有不肯皈依基督教的西班牙穆斯林都被驱逐以来，西班牙中央政府就一直在努力把留下的那些人融合进来。1526年，查理五世居住在格拉纳达（并和妻子孕育了腓力二世）的时候，主持了一个委员会，拟定了一系列命令，旨在将摩里斯科人基督教化。但不久之后，为了换取摩里斯科人的一大笔现金，查理五世决定将这些法令暂缓执行四十年。摩里斯科人之所以得到这个喘息之机，主要是因为土耳其征服了匈牙利，而且西班牙与法国爆发了战争，所以他一方面急需现金，另一方面又非常需要维持西班牙国内的安定。1566年，四十年期满了，奥斯曼人又一次大举进攻，并且尼德兰和新西班牙发生了叛乱，所以在这个时候延长对摩里斯科人的"缓刑"似乎是明智的选择。但腓力二世与他父亲不同，选择了拒绝。埃斯皮诺萨和他的委员会颁布了阿拉伯文和卡斯蒂利亚文的宣言，命令执行"查理五世皇帝在1526年发布的命令"：所有摩里斯科人必须在一年内放弃他们的传统服装、语言、风俗习惯和宗教信仰，否则将被处以罚款和监禁。[15]

摩里斯科人的生活方式和自由遭到了全面攻击，于是一群摩里斯科人开始筹划大规模起义，这是自公社起义以来卡斯蒂利亚的第一次民众起义。1568年12月24日，阿普哈拉斯山区将近200个摩里斯科村庄的居民杀死了当地神父和其他重要的基督徒。同时，一支特遣队去尝试说服格拉纳达城的摩里斯科居民加入起义，但失败了。因为在这个阶段起义军只有不到4000人，所以当地政府发动的一次反击在早期取得了一些成功，但没过多久这支政府军就失控了，针对摩里斯科人犯下了一些暴行，这就给起义火上浇油了。于是，国王任命其弟堂胡安去领导在乡村的军事行动，并驱逐格拉纳达城内的所有摩里斯科人，但这也对起义煽风点火，因为很多被驱逐的难民逃到了阿普哈拉斯，那里的至少4000名北非志愿者加入他们。现在起义军开始袭击沿海平原上的基督徒据点，迫使腓力二世将驻扎在意大利的一些经验丰富的部队召回，去夺回控制权。

审视了1569年军事行动的预算之后，国王停下来做了一番思考。"没有亲身经历过战争的人绝对不会相信，战争的开销是多么庞大。"但他（错误地）安慰埃斯皮诺萨："看来这场战争的开销不会像我参加过的战争那样昂贵。"[16]起义拖到了1570年，腓力二世决定亲自去一趟安达卢西亚，骑马进入科尔多瓦，威风凛凛地绕着圈子缓步穿过人群，从而让所有人都能看到他是多么自信（以及骑术多么精湛）。因为这样的作秀还不足以结束战争，国王派了一名使者去阿普哈拉斯谈判。5月，起义军"投降了，交出了他们的旗帜，向国王陛下臣服并恳求开恩"。[17]

国王在尼德兰的反对者不久之后就会发现，"向国王陛下臣服并恳求开恩"是一种风险极大的策略。六个月后，根据预先设定的时间表，王室官员将大约五万名摩里斯科人送进指定的医院和教堂。为了让这些被驱逐的人产生虚假的安全感，腓力二世命令监督此次行动的官员向摩里斯科人解释，战争造成了严重的破坏，所以"他们在格拉纳达王国没办法生存下去"。

> 目前，摩里斯科人将会被带离格拉纳达，送到卡斯蒂利亚和其他省份，那些地方的收成很好，也没有受到战争的蹂躏，所以他们可以在那里得到口粮和恰当的生活条件，在那里度过来年。我会考虑他们可以在何时、以何种方式返回故土。

这当然是彻头彻尾的谎言，因为国王已经决定，不准任何摩里斯科人返回格拉纳达，但（就像对付蒙蒂尼男爵时一样）他认为撒谎是获得有利结局的关键条件。最后，有四分之一的被驱逐者在两个月内死亡，要么是被迫在雨雪当中行进时饿死，要么是乘坐桨帆船时遭遇风暴而溺死。根据历史学家何塞·阿尔卡拉-萨莫拉·凯波·利亚诺的研究，"格拉纳达的战争以各种方式造成至少九万人死亡"。[18]

强行驱逐只是腓力二世处置摩里斯科人问题的解决方案的一半。他还没收了被驱逐者的土地，邀请西班牙其他地区的居民来定居。"格拉纳达垦殖委员会"勘察了充公的土地，将其分配给新定居者，并给他们一些激励条件，给他们减税和发放补助金，帮助他们在新的土地扎下根来。到1598年，约六万名移民定居到了250个格拉纳达的村镇。

这种复杂的种族清洗佐证了腓力二世的愿景和强大力量：在当时的西方，除了他之外，没有一位统治者能够在这么短的时间内协调数量如此之多的人搬迁。但是，他的努力失败了。很多精力充沛、勤劳肯干的农民搬去安达卢西亚，导致阿斯图里亚斯和加利西亚的许多农村地区被抛弃或者荒废。即便如此，还是没有足够多的定居者：格拉纳达王国一共损失了战前人口的大约四分之一；而根据1561年的人口普查，阿普哈拉斯地区有将近6000户家庭，但到了1587年就只有不到2000户。另外，尽管种族清洗永久性消除了西班牙南部有伊斯兰"第五纵队"欢迎奥斯曼或马格里布入侵者的风险，但几百年前就从穆斯林统治下得到解放的许多北方城镇却一下子有了"摩尔人区"。对西班牙当前居民DNA的分析表明，尽管安达卢西亚东部几乎完全没有与北非血统有关的染色体，但这种染色体在加利西亚、莱昂和埃斯特雷马杜拉反倒相对常见（最高达到20%）。[19]

勒班陀：
"自摩西分开红海以来最伟大的胜利"

尽管腓力二世预测格拉纳达战争的"开销不会像我参加过的战争那样昂贵"，但格拉纳达的平叛战争还是让他很难在地中海准备新的军事行动。1570年，一支奥斯曼远征军占领了威尼斯治下的塞浦路斯岛的绝大部分。威尼斯绝望地向地中海的其他基督教国家求援。庇护五世对这事很上心，觉得这是一次十字军东征。教宗派使者敦促所有基督教统治者加入一个"神圣联盟"，去救援塞浦路斯，打退伊斯兰军队，但教宗把主要希望寄托在腓力二世身上。

国王开出了很高的价码。之前的一些教宗曾允许卡斯蒂利亚国王对教会征税，用于虔诚的事业。现在腓力二世利用庇护五世急于创建神圣联盟的心情，要求恢复这些税种（称为"三种恩典"税），并提高税率。1570年3月，西班牙驻罗马大使告诉庇护五世，"除非圣父立刻同意"征收"三种恩典"税，"否则建立神圣联盟就不可能办到，因为若是没有这些税款以及其他的资源，国王陛下甚至连保卫自己的领土都保障不了，更不要说与此同时发动一场这样的大规模战争了"。国王的敲诈取得了成功：庇护五世在财政上做了许多慷慨的让步，用埃斯皮诺萨那句粗鲁的话说："圣父证明了我们卡斯蒂利亚一句谚语的准确性，即便秘的人往往会因为腹泻丧命。"[20]

但是腓力二世仍然有自己的小算盘。他最终同意加入神圣联盟，单纯是因为，作为联盟当中最强大的成员，他能够利用联合舰队去收复突尼斯（而不是塞浦路斯岛）。他发现这个想法可能没办法实现之后，就立即想方设法地退出神圣联盟。他向埃斯皮诺萨透露："跟你实话实说，我们现在还没有签约入盟，我一点都不遗憾。"因为——

> 看当前的形势，我不相信神圣联盟能取得任何成功。我做的承诺是不可能兑现的，不仅今年不能兑现（绝对办不到的），在将来的许多年里也不可能，因为即便我得到四倍于"三种恩典"税的经费，也不足以完成神圣联盟的使命……即便我们现在加入联盟可以增加自己的威望，但如果我们没能兑现自己的承诺，就完全是另一个故事了。[21]

经过激烈的讨价还价，腓力二世于1571年5月同意承担神圣联盟作战经费的一半，而威尼斯、教廷和其他成员国承担另一半。奥地利的堂胡安成为联合舰队的总司令，舰队在墨西拿集结。

堂胡安来得太晚，未能阻止奥斯曼舰队洗劫克里特岛沿岸的威尼斯定居点。但在9月底，奥斯曼舰队的补给不足，而且之前获得的大量战利品需要出手，所以奥斯曼指挥官决定在勒班陀湾①过冬。他们显然相信对手不会在秋冬发动作战，但腓力二世的想法与他们不同。他提醒教宗，"集结了如此之多的步兵、骑兵、桨帆船和其他舰船，如果仅仅用来保卫自己的基地，就不会带来什么好处或效果"，"而袭掠敌人的海岸和土地不会获得重要的战果"。所以，国王认为："最好集结一支大规模的桨帆船舰队，规模越大越好，在数量上压倒敌人，最大限度地发挥其功用，也就是发现并歼灭敌人的主力舰队，因为那才是真正的威胁。"国王显然是命令弟弟来执行这项大胆的策略，因为在9月16日，堂胡安告诉一位政治盟友，他的舰队将会大举出动，"意图是寻求与敌人交战，你会看到的"。

> 在那边的很多人说，现在时节已晚，并且敌人已经撤退了；也有人说，敌人绝没有撤退，他们得知我们进入他们本土海域的时候就会出动。我的舰队斗志高昂，将士们对胜利充满信心……如果你想知道更多，那就将来在历史书里读吧！[22]

---

① 勒班陀位于今天的希腊西部，科林斯湾北侧，今天的名字是纳夫帕克托斯。

堂胡安率领地中海上未曾有过的最强大的基督教舰队（208 艘桨帆船和 30 艘其他舰船）驶向科孚岛。他在那里没有发现奥斯曼舰船或驻军，于是前往勒班陀湾，在那里遭遇了奥斯曼主力舰队，于是准备作战。1571 年 10 月 7 日的勒班陀海战中有大约 17 万人参加。尽管神圣联盟的舰队蒙受了严重的损失（至少 7500 人阵亡，20000 人负伤，其中就有米格尔·德·塞万提斯），但他们还是赢得了一场惊人的胜利，俘获 130 艘奥斯曼舰船、400 门大炮和将近 3500 名俘虏。此外他们还击沉了 110 艘奥斯曼桨帆船，解放了大约 15000 名划桨奴隶。

塞万提斯说，勒班陀海战是"过去和未来最令人难忘、最辉煌的伟业"；海军将领吉安·安德烈亚·多里亚说它是"史上最伟大的海战胜利"；埃斯皮诺萨说它是"自摩西分开红海以来最伟大的胜利"。果真如此吗？非也：塞浦路斯岛仍然在奥斯曼人手中；胜利者也未能执行威尼斯元老院的指示，即"用尽一切手段，消除敌人重建舰队的能力"。[23]但如果基督徒没有打响勒班陀海战进而胜之，土耳其舰队想必会在 1572 年初离开勒班陀湾，要么征服威尼斯在亚得里亚海的一些前哨据点，要么占领克里特岛。事实是，基督徒在勒班陀的胜利激发了希腊和阿尔巴尼亚的起义，在一段时间内威胁了土耳其人对巴尔干半岛的控制，并暂时阻止了奥斯曼帝国的西进。

"杀死或抓捕伊丽莎白"

勒班陀海战并非腓力二世在 1571 年的唯一一项圣战事业。他同意签约加入神圣联盟之后，就立即授权阿尔瓦公爵入侵英格兰并推翻伊丽莎白·都铎。腓力二世原本把她称为"我挚爱的妹妹"，如今他的政策却发生了如此戏剧性的变化，这是从两年前女王扣押一批从西班牙向尼德兰输送资金的船只开始的。严格来讲，被扣押的资金并非腓力二世的财产，而是属于一个由热那亚银行家组成的财团，这些银行家同意贷款给阿尔瓦公爵，充当军饷。腓力二世的驻英大使堂格劳·德·埃斯佩斯认为女王的这个举动是一场贸易战的前奏，于是敦促在尼德兰的阿尔瓦公爵和在西班牙的腓力二世没收英格兰船只与财产。公爵和国王都同意了，伊丽莎白则立即逮捕了埃斯佩斯。这年早些时候，腓力二世驱逐了英格兰驻西班牙大使约翰·曼博士（一位结了婚的新教牧师），理由是他继续待在宫廷可能会冒犯"我主上帝、上帝的事业以及整个神圣信仰。在我眼中，这些比我自己的所有事务和行动，以及此生的一切东西，乃至我自己的生命，都更重要"。[24] 这番慷慨陈词掩饰了这样的事实：没了约翰·曼和埃斯佩斯，腓力二世实际上没有直接的外交渠道可以解决两国的纠纷。

这种不正常现象增强了阿尔瓦公爵对国王政策的影响力。公爵在16世纪50年代曾于英格兰生活；他在那里拥有自己的情报网络；最重要的是，他还有自己的战略计划。一方面，他不认同用苏格兰女王玛丽（许多天主教徒认为她才是英格兰的合法统治者）取代伊丽莎白·都铎的想法，因为玛丽是在法国宫廷长大的，与法国王室的关系很近。另一方面，因为尼德兰的繁荣取决于和英格兰的贸易，所以阿尔瓦公爵反对任何可能危害两国贸易的行动。奇怪的是，尽管腓力二世认识到他的尼德兰臣民"始终希望与英格兰保持友好关系"，但他似乎从来没有认识到，阿尔瓦公爵也是那么想的。而这一点，将会破坏国王构想的推翻伊丽莎白的计划。

1569年2月，腓力二世因为埃斯佩斯被捕和热那亚贷款被扣押而大怒，命令阿尔瓦公爵提出向英格兰发动直接进攻的最佳方案。公爵拒绝了。他语气强硬地回答，打败奥兰治亲王已经耗尽了他的经费，所以如果武装干预英格兰，军费就必须由西班牙出。公爵很清楚，由于摩里斯科人起义，西班牙拿不出钱来，至少在一段时间内不行。阿尔瓦公爵的固执使得腓力二世更愿意听佛罗伦萨银行家罗伯托·里多尔菲（他负责管理教宗发送给英格兰天主教徒的秘密经费）的提议。1569年，里多尔菲拜访了在英格兰狱中的埃斯佩斯，带来了诺福克公爵和伊丽莎白的两名天主教徒谋臣的信，信中说他们打算迫使女王恢复与罗马和西班牙的关系。

里多尔菲能够在英格兰政府的各路敌人之间游刃有余，埃斯佩斯似乎没有生疑。于是在1571年初，埃斯佩斯把一个雄心勃勃的计划托付给里多尔菲，称之为英格兰大业。该计划呼吁腓力二世劝说欧洲其他国家抵制与英格兰的一切贸易；给诺福克公爵及其盟友提供经济援助；并煽动爱尔兰天主教徒对英格兰朝廷的不满。埃斯佩斯还提出了更激进的建议，即腓力二世应当要么支持玛丽·斯图亚特成为英格兰女王，要么自己夺取英格兰王位。里多尔菲先是去了布鲁塞尔，在那里向阿尔瓦公爵解释了英格兰大业。阿尔瓦公爵立刻产生了疑心，因为里多尔菲竟然可以携带如此敏感的文件轻松地离开英格兰。但公爵还是允许这个阴谋家继续去罗马。

里多尔菲抵达罗马的时机很巧。庇护五世刚刚颁布了废黜伊丽莎白的圣谕，目前在寻找执行的办法。在一段时间里，教宗忙于神圣联盟的事情，但在5月20日，也就是西班牙、威尼斯和教廷代表签署神圣联盟条约的同一天，庇护五世把一些书信托付给里多尔菲，在信中敦促腓力二世支持英格兰大业。六周后，国王接见了里多尔菲。这个意大利人给国王留下了深刻印象。几天后，罗马教廷大使敦促国王支持英格兰大业的时候，令他吃惊的是，"国王陛下一反［接见外臣时的］常态，说了很长时间，并详细谈了所需的手段、地点和人员"。

> 他最后说，他早就希望，早就在等待一个合适的机会和时机，在上帝的佑助下把［英格兰］王国再一次拉回到天主教信仰这边，让它再次臣服于圣座。他相信，这个时机已经到了，现在就是他等待许久的时机与机遇。[25]

腓力二世这次说到做到。7月，他写信给阿尔瓦公爵，认可玛丽·斯图亚特是英格兰王位的"真正且合法的拥有者"，而伊丽莎白"篡夺了王位"，并说诺福克公爵——

> 有决心，并且有许多显赫的朋友。如果我为他提供一些帮助，他就能轻松地杀死或抓捕伊丽莎白，并释放苏格兰女王，帮助后者登上王位。然后，如果她与诺福克公爵按计划结婚，他们就会轻松地［让英格兰］恢复对圣座的服从。

腓力二世继续写道，在随后六周里，阿尔瓦公爵必须集结强大的陆海军，去执行此计划。他承诺立刻送去20万杜卡特，但"我警告并命令你，你绝不可以将这笔钱的一分一厘用于其他事情，无论多么紧急"。腓力二世肯定意识到了这个命令是多么不现实，于是总结道："因为这是上帝的事业，所以上帝会用他无比强大的手和臂膊启迪、帮助和佑护我们，让我们取得胜利。"随着圣洛伦索瞻礼日临近，国王对此事的热情越来越强烈。一位大臣写道："国王陛下对此事如此热情，一定是受到了上帝的感召。"即便伊丽莎白命令逮捕诺福克公爵的消息传来之后，国王仍然执迷不悟。[26]所以，即便在经验丰富的统治者身上，我们也绝不能低估自欺欺人的力量。

孤立无援的腓力二世

卡布雷拉·德·科尔多瓦在《西班牙国王腓力二世史》中提出，1571年是"西班牙君主国的幸运一年"，但在这一年结束的时候，腓力二世已经得罪了几乎所有的曾经的盟友。查明里多尔菲阴谋之后，伊丽莎白发现她的"好兄长"竟然企图谋杀她。自然而然地，从此之后她再也不会信任他，而是加强了对英格兰境内所有天主教徒的监视，并处决那些顽固不化的分子（包括诺福克公爵）。她还支持针对腓力二世的武装私掠行动（在16世纪70年代，有十几支大规模的远征队从英格兰出发，去劫掠西班牙财产），并为反对他的尼德兰起义军提供物质援助。阿尔瓦公爵后来指出："女王很清楚，我们的主公即国王陛下曾试图夺走她的王国，甚至杀死她。"所以，阿尔瓦公爵"认为女王已经做的事情和正在做的事情"（即支援尼德兰起义军）是"完全正当的"。[27]腓力二世以宗教信仰为基础的战略造成了深远的负面影响。

腓力二世在1571年还得罪了马克西米利安二世皇帝。有情报表明，法国人准备对面积虽小却具有战略意义的帝国附庸领地菲纳莱利古雷（在热那亚附近）发动武装干预，支持反对该地统治者的叛乱时，腓力二世发动了突然袭击。这个单方面行动激怒了马克西米利安二世，他动员了意大利的一些独立国家去谴责腓力二世的主动进攻。玛丽亚皇后努力在兄长和丈夫之间斡旋，并向腓力二世保证：

> 上帝知道我是多么想解决这个该死的菲纳莱利古雷争端，所以殿下不必为此事劳心费力。我真诚地相信，若不是因为这对我们来说关乎非常重要的威望问题，皇帝不会如此大动干戈地烦扰殿下；但我非常自信，此事一定会像我们希望的那样发展，因为殿下可以看到，皇帝并不缺少好的理由。[28]

因为腓力二世不肯妥协，马克西米利安二世派了一名特派员常驻米兰公国（处于腓力二世的统治下，也是帝国的附庸），非常高调地维护奥地利哈布斯堡家族在意大利的利益。这是对腓力二世的严重侮辱，促使他从菲纳莱利古雷撤军，但他对"皇帝并不缺少好的理由"的认识来得太晚。所以在1572年尼德兰爆发新的起义时，马克西米利安二世不肯支援腓力二世。

格拉纳达的战争给流亡的奥兰治亲王留下了深刻印象。他在1570年初给自己兄弟的信中透露："这对我们来说是个榜样。摩尔人只不过是一群羊。如果他们都能抵抗那么久，那么尼德兰人民能做什么呢？"[29]奥兰治亲王知道"尼德兰人民"仅靠自己没办法对付阿尔瓦公爵及其西班牙军队，所以他努力寻找盟友。他的代表与为数众多的尼德兰流亡者（为了躲避除暴委员会的迫害，大约有6万人，包括妇孺，逃到了英格兰、苏格兰、法国和德意志）建立了联系。这些流亡者为奥兰治亲王领导下的武装私掠船队（名为"海上丐军"）提供了兵员。"海上丐军"抢劫腓力二世的臣民和盟友的商船，将战利品交给海外的尼德兰流亡者分销，从而为奥兰治亲王的事业筹资并维持他的舰队。与此同时，奥兰治亲王和他的弟弟拿骚伯爵路德维希与法国加尔文宗领袖加斯帕尔·德·科利尼[①]并肩作战。科利尼在1557年是圣康坦的守军指挥官，丢掉了那座城市；1565年，他企图在佛罗里达殖民，也失败了。现在科利尼说服法王查理九世认可路德维希和奥兰治亲王为他的"好亲戚和好朋友"，并给他们提供一笔资助。

查理九世还同意让他妹妹玛戈与新教领袖纳瓦拉的亨利结婚。等婚礼之后，科利尼和他的新教追随者就可以支持奥兰治亲王与流亡者，一起攻入尼德兰。得到这个承诺之后，奥兰治亲王制订了计划，准备发动另外几路进攻，配合科利尼的主攻。这另外几路包括："海上丐军"和菲利波·斯特罗齐（一名有着丰富的陆战和海战经验的佛罗伦萨流亡者）在拉罗歇尔[②]集结的一队舰船将会夺取荷兰或泽兰的若干港口；奥兰治亲王的姐夫范·登·贝赫伯爵将率领一支小部队从德意志入侵海尔德；奥兰治亲王本人将在德意志招募一支军队，入侵布拉

---

① 加斯帕尔·德·科利尼（1519~1572）是法国贵族、军事家和政治家，在法国宗教战争期间是新教徒（胡格诺派）的领袖。在法王弗朗索瓦一世和亨利二世对抗查理五世与腓力二世的时代，科利尼作为法军将领表现出色。后来他皈依了新教。在法王查理九世（亨利二世的儿子）在位时期，科利尼是宫廷中举足轻重的人物。最后，科利尼死于1572年8月24日针对新教徒的圣巴托罗缪大屠杀。
② 拉罗歇尔是法国西部海港城市，在法国宗教战争期间是新教徒（胡格诺派）的主要基地。

班特。唯一的问题就是时间的协调：一切都取决于玛戈和纳瓦拉的亨利的婚礼日期。经过多次推迟之后，查理九世在1572年4月宣布，婚礼将于8月举行。

第二次尼德兰起义

此时尼德兰国内的形势对奥兰治亲王的事业极其有利。"海上丐军"的袭掠、英格兰的贸易禁运和波罗的海的战争，这些因素共同给尼德兰造成了严重的经济衰退：成千上万家庭失去生计，粮价暴涨。天公也不作美：风暴导致海水灌入内陆，造成洪灾；河流封冻；又暴发了瘟疫。阿尔瓦公爵恳求国王从西班牙送来更多资金以救灾，但腓力二世在1572年2月回复道："现在西班牙要为神圣联盟和其他许多事情付账，所以没办法像之前那样满足尼德兰的需求。"一个月后他甚至更加坚定："我决定，从今往后用'十分之一税'的收入来维持尼德兰的财政。"也就是说，必须立刻征收新税。[30]

因为省级等级会议仍然拒绝征收"十分之一税"，所以阿尔瓦公爵决定不经过它们的批准就强行征收。他的官员开始登记所有的商业活动。1572年3月，布鲁塞尔的一些商店店主和商人为了表示抗议而罢市，公爵派遣西班牙军队进入该城，但仍然无济于事：商店大门紧锁，经济活动萎缩。枢机主教格朗韦勒在布鲁塞尔的代表马克西米利安·莫里永报告称："各地贫困严重。"布鲁塞尔有成千上万人"因为失业而饿死。如果奥兰治亲王积攒力量到这种时候发难"，莫里永总结道，"他的事业就会一举成功"。[31]莫里永这封颇有先见之明的信的发出时间是1572年3月24日。就在一周之后，"海上丐军"以奥兰治亲王威廉的名义占领了荷兰的海港城市布里勒，然后高调地宣布，他们会善待所有人，"除了神父、僧侣和天主教徒"。

但是，布里勒的起义军人数很少（可能只有1100人，完全不能与腓力二世统领下的大军相提并论），该城很孤立，而且缺少防御工事。阿尔瓦公爵得知斯特罗齐在拉罗歇尔的舰队可能发动新的进攻，于是判断，为了有效地保卫荷兰南部和泽兰，必须立刻在该地区的最大港口（瓦尔赫伦岛上的弗利辛恩）建造一座要塞。1572年3月29日，他派遣麾下最重要的军事建筑师之一带着图纸去弗利辛恩。另外，他还发去了逮捕令，要求逮捕当地的行政长官，因为他们还没有按照他的命令开始征收"十分之一税"。

"十分之一税"是腓力二世和阿尔瓦公爵设想的"新世界"当中所有令人不愉快的方面的缩影：它不合法；它具有压迫性；它是外国人征收的；它的收入被用于维持令人憎恶的西班牙驻军。并且，它让各地的行政长官都陷入了两难境地：服从的人会丧失对自己城镇的掌控；而拒绝执行的人会被阿尔瓦公爵免职。"海上丐军"在桅杆的旗帜上画着十个钱币，这是很好的宣传。但腓力二世仍然固执己见。1572年4月16日，在布里勒被起义军占领的消息传到西班牙之前，他又一次告诉阿尔瓦公爵："我没办法从西班牙送钱给你"，因为"我的国库已经到了山穷水尽的地步，任何财源或者筹款的手段都搞不到一个杜卡特"。这时，弗利辛恩市民已经起来反抗阿尔瓦公爵，先是拒绝西班牙军队驻扎，然后谋杀了奉命去修建要塞的工程师，最后接纳"海上丐军"进城。腓力二世立刻认识到了这个事态在战略上的重要性，因为他和他父亲都曾在16世纪50年代从弗利辛恩乘船去西班牙。他向阿尔瓦公爵指手画脚：

如果你还没有惩罚那些岛屿的居民以及入侵那些岛屿的人，那么你应当立即动手惩罚他们，不要给他们时间去获取更多增援，因为耽搁越久，事情就越难办。你办完此事之后，要确保瓦尔赫伦岛上不能再发生类似的事情，因为你能看到这是多么危险。[32]

阿尔瓦公爵不需要国王给他上战略课。他肯定已经得意扬扬地惩罚了"那些岛屿的居民"，但在5月，荷兰北部的恩克赫伊曾港也宣布支持奥兰治亲王，并接受"海上丐军"的驻扎。与此同时，拿骚伯爵路德维希和一群法国新教徒向埃诺的城市蒙斯（有非常牢固的防御工事）发动了突然袭击。6月，范·登·贝赫和他的德意志军队占领了海尔德的要塞聚特芬，而奥兰治亲王本人率领两万大军渡过了莱茵河，向布拉班特进军。没过多久，就有五十座城镇反叛腓力二世，宣布支持奥兰治亲王。

四面受敌的阿尔瓦公爵在此时做了一个关键决定：他拒绝增援北部各省受到很大压力的部下，而是将最好的部队撤往南方，准备迎战法国人。但法国人始终没有发动进攻。尽管瓦卢瓦的玛戈和纳瓦拉的亨利的婚礼在8月18日顺利举行，但几天之后，一名天主教徒神枪手试图刺杀科利尼，但只是打伤了他。查理九世害怕这次失败的行刺会引发新教徒的强烈反应，于是对8月24日（圣巴托罗缪瞻礼日）天主教徒在巴黎针对新教徒的疯狂屠杀坐视不管，或者说他甚至鼓励了屠杀。科利尼和在都城的其他绝大多数胡格诺教徒因此丧命。不久之后，法国另外十几座城市的新教徒也惨遭屠杀。

这些事件改变了尼德兰的局势。如莫里永所说："如果上帝不允许科利尼及其追随者被杀,那么这个国家就完了。"奥兰治亲王也同意。他在给兄弟的信中写道,圣巴托罗缪大屠杀对他来说是"惊人的打击",因为"我唯一的希望在法国"。若没有圣巴托罗缪大屠杀,"我们就能战胜阿尔瓦公爵,就能随意开出对我们有利的条件"。9月12日,亲王援救蒙斯的新教徒守军的努力失败了,这座城市在一周后向西班牙军队投降。[33]

现在阿尔瓦公爵把注意力转向其他的起义城市。因为适合作战的季节快结束了,所以他决定实施选择性的恐怖镇压,相信在少数几座城市进行无节制的残暴镇压,能够杀鸡给猴看,加快平叛的进程。起初,公爵的政策取得了非常大的成功。首先,他的部队冲进了梅赫伦(该城之前拒绝接受王军的驻扎,却接纳了奥兰治亲王的部队),烧杀抢掠三天之久。受害者的哭喊还没有停息,佛兰德和布拉班特的其他所有起义城镇就都投降了。随后公爵将矛头指向聚特芬,将其洗劫一空。聚特芬和梅赫伦一样,在早期就投奔了起义军。这一次,战略性的恐怖镇压发挥了作用。阿尔瓦公爵自豪地禀报国王:"占领聚特芬及此过程中的恐怖事件,促使海尔德和上艾瑟尔投降。这些省份又一次接受陛下的权威。"弗里斯兰①的起义中心也投降了,公爵对他们开恩,但他决心再惩罚一座忠于奥兰治亲王的城镇,从而促使剩余的起义军据点投降。荷兰省界对面不远的纳尔登拒绝投降,正中公爵的下怀。于是(公爵向国王得意扬扬地报告道),"西班牙

---

① 弗里斯兰是一个历史地区,在北海南岸,今天大部分在荷兰境内,小部分在德国境内。

步兵部队强攻了那里的城墙，屠杀了市民和守军。杀得精光，一个不留"。[34]

正如阿尔瓦公爵预想的那样，不久之后哈勒姆（距离公爵最近的起义军要塞）的使者就来到了他的军营。但是他们没有无条件投降，而是要求谈判。公爵拒绝了。他要求对方立即投降，否则他的军队会占领并洗劫哈勒姆。后来的事实证明这是一个命运攸关的决定。起义军在荷兰和泽兰的根基比在其他省份深得多，而且哈勒姆（与梅赫伦和聚特芬不同）有一群坚定不移、忠心耿耿的奥兰治分子。哈勒姆当初是主动宣布支持奥兰治亲王的，后来允许大群流亡者返回并执政。新的统治者立刻清洗和改革了市政府，关闭了天主教的教堂，并允许加尔文宗的礼拜仪式。这些行动在政治和宗教上都挑战了国王的权威，所以参与其中的人知道，如果阿尔瓦公爵的西班牙部队冲进了城，他们是不会得到怜悯的。如果他们对这一点还有疑问的话，只需要看看梅赫伦、聚特芬和纳尔登的命运。并且，现在已经是12月了，田野都上了冻，公爵的军力比之前弱了很多。他的成功作战恰恰让西班牙军队的兵力大幅减少，既是因为围城和强攻让胜利者付出了相当沉重的代价，也是因为每当他们占领一座起义城镇（无论是通过暴力还是因为对方投降）之后，都需要分兵去驻扎。

现在阿尔瓦公爵麾下的有效兵力不到12000人。哈勒姆有强大的守军和牢固的防御工事，所以公爵的兵力不足以围困哈勒姆。何况此时正值隆冬，在战术层面，发动围城战是极其愚蠢的；在财政层面，也是很愚蠢的。1572年，尼德兰战事已经让西班牙消耗了将近200万杜卡特，地中海战事的开支也差不多。而且到了 1573 年之后，地中海的开支还会更大，因为就在西班牙士兵在哈勒姆城下的堑壕里瑟瑟发抖的时候，威尼斯共和国决定牺牲塞浦路斯岛并与苏丹议和。阿尔瓦公爵在哈勒姆使者面前的顽固，让腓力二世陷入了一场噩梦：大规模的两线作战。

第十二章 灾祸的年代，1573～1576年

"我面对的，或者可能面对的最重大的问题"

到1573年1月，腓力二世已经对阿尔瓦公爵镇压尼德兰起义的能力失去了信心。于是，为尼德兰的难题寻找立竿见影的、永久性的解决方案，就成了"我面对的，或者可能面对的最重大的问题"。他命令伦巴第总督堂路易斯·德·雷克森斯（曾经是他的主要侍童）立刻前往尼德兰，接替阿尔瓦公爵，"借助温和与仁慈"来结束战争。[1]不久之后，威尼斯共和国与苏丹单独媾和，于是腓力二世在地中海几乎是单枪匹马地面对奥斯曼人的进犯。而且雷克森斯在接受新职位之前还索要了各种好处，所以国王指示阿尔瓦公爵尽快议和，简直可以说是不惜一切代价：

> 我们必须把事情了结。这既是为了避免丧失和摧毁那些省份，也是因为我们的财政状况无以为继。所以我无比急切地请求和要求你妥善安排，让我们争取每一天、每一个钟头和每一分钟，去获得和平。[2]

和往常一样，国王在距离尼德兰七百英里的西班牙坚持要求对政策进行一百八十度的大逆转，这是完全不现实的。奉命送这封至关重要的信的使者直到六周后才抵达尼德兰，那时哈

勒姆早就陷落了。如果能通过宽恕哈勒姆来展现国王的仁慈，倒是很好的。但此时西班牙军队已经开始围攻荷兰北部的城镇阿尔克马尔，那里在前不久修建了意大利风格的防御工事。阿尔瓦公爵吹嘘道："我觉得这事不难。"阿尔克马尔城内的很多居民都主张投降，但公爵又一次要求对方无条件投降。他的大炮未能在阿尔克马尔坚固的城防工事上轰出一个缺口，他的部下又拒绝发动强攻，于是他不得不撤退。这是第一次有一座尼德兰城市成功抵抗了腓力二世的大军。[3]

国王不知如何是好。在一封拐弯抹角的亲笔信里，他恳求雷克森斯立刻去尼德兰，并概括了他在尼德兰问题上收到的各种互相矛盾的建议。国王写道，阿尔瓦公爵及其支持者认为尼德兰起义主要是宗教问题，所以不可能通过妥协来解决；而绝大多数尼德兰人"采取与之相反的立场，说很少有人是因为宗教而造反的，而是因为他们在方方面面遭受虐待，特别是西班牙驻军的压迫和'十分之一税'的重负"。所以他们认为，"最好的解决办法是温和与妥善的治理"。国王坦诚地写道：

> 有这么多不同的意见，我感到左右为难。因为我不知道那里发生的事情的真相，所以我不知道哪种办法最合适，也不知道应当相信谁。所以我觉得，最安全的办法是对两派都不相信，因为我觉得他们都走了极端。我觉得最好是走中间路线，不过必须做好伪装。[4]

于是腓力二世给雷克森斯准备了两份互相矛盾的指示。"你会看到，用西班牙文写的指示倾向于一个方向，"他解释道，

"而用法文写的指示指向另一个方向。"国王为这种自相矛盾可能造成的困难道歉，但最后软弱无力地总结道："我不想为了修订它们而绞尽脑汁，除非做很小的修改，因为等你到了那边之后，你必须根据你在那里观察和了解到的实际情况来操作。"[5]

雷克森斯于1573年11月抵达布鲁塞尔，开始"观察和了解"之后，向主公禀报：

> 毫无疑问，如果我们能仅靠武力和军队来平定这些土地，那肯定对上帝和陛下的事业最为有利，也会更好地维护您的声誉，因为那时您就可以按照自己的心愿处置他们，而在那个时候对他们开恩就会得到更多的敬慕。

他继续写道，不幸的是，"我发现此次叛乱已经到了最恶劣的状态"。军事上处于僵持状态，朝廷拖欠了巨额军饷，战争预算无以为继，部队发生哗变的风险越来越大，而且兵力过于分散，已经失控。西班牙不可能继续用当前的办法镇压起义。雷克森斯给出了一个很有说服力的比较。三年前，腓力二世曾与"格拉纳达的摩里斯科人谈判，当时您的处境比如今在这里有利得多"，当年的谈判为和平打开了道路。雷克森斯建议现在也尝试谈判，因为国王的各路对手的动机并不相同。"对奥兰治亲王和他的许多追随者来说，宗教过去是，现在也依然是最重要的问题，"雷克森斯指出，"但我相信这里的绝大多数人不是那么想的。他们之所以造反，是因为遭受赋税的压迫和您的军队的欺凌。"所以，雷克森斯建议向所有愿意以天主教徒的身份在腓力二世统治下生活的人施行大赦。[6]

于是,腓力二世指示国务议事会讨论"现在实施大赦的时机是否恰当,如果是的话,应当以何种形式实施大赦",还要讨论是否与奥兰治亲王开始直接谈判。一位议事会成员提醒他的同事们:"如果我们继续用严厉措施来镇压,那么这场战争会持续得比我们想象的更久。"这是对阿尔瓦公爵的批评,因为公爵说全面胜利就在眼前。所有人都同意,"我们必须宣布大赦";他们还同意,"陛下应当废止'十分之一税'并解散除暴委员会,因为尼德兰的每一个人憎恨这两样"。和雷克森斯一样,议事会成员们也援引了历史上的先例,包括半个世纪前查理五世采取的措施,建议国王在同一时间宣布所有的让步,就像"公社起义期间皇帝在巴利亚多利德做的那样"。最后,议事会建议授予雷克森斯自行决断的权力,"因为他身在第一线,能够迅速把握事态的发展,所以最能看清如何决策对陛下的事业与权威最有利"。[7]

经过深刻反省之后,腓力二世于1574年5月接受了议事会的建议。他授权雷克森斯废除新税和除暴委员会,并给他发去了四种版本的大赦宣言,让他自行斟酌,公布其中最合适的版本。(腓力二世注意到)雷克森斯选择了"以赦免卡斯蒂利亚公社起义者的文书为基础的那个版本"。这份大赦宣言仅仅将144名起义者排除在赦免范围之外。[8]

两线作战

既然类似的措施在五十年前结束了公社起义,那么,为什么国王的这些让步未能结束尼德兰起义呢?身在意大利的枢机主教格朗韦勒指出了核心的问题:猜疑。"我知道尼德兰人的天性，"他警示道，"很多尼德兰人之所以造反是因为软弱，有的是因为畏惧，还有的是因为受到了压力。"所以很难"让他们放下畏惧和疑心，因为他们担心自己即便现在得到了赦免，在将来的某个时间还会遭到审判和清算"。枢机主教讥讽地说："即便基督本人来管理他们，他们还是会发牢骚、提要求。"在马德里，另一位大臣向腓力二世指出了宣布大赦必然导致的一个结果："除了做出这些让步，我们还必须给尼德兰送去资金，因为如果我们在军事上表现出软弱，尼德兰人就会相信您之所以让步是因为您别无选择。"雷克森斯麾下有六万军队，"这足以征服许多王国，但不足以消灭叛乱城镇之内的异端与邪恶"。另外，这六万官兵都要领军饷，而朝廷与此同时还要为地中海战事提供军费，以及满足整个君主国其他方面的要求。[9]

有些大臣主张缩小地中海战事的规模，从而解决财政难题，让腓力二世集中资源去收复尼德兰，但国王不同意："苏丹已经动员了更多军队，而且对我非常恼火。"所以西班牙与其坐等奥斯曼人必然发动的进攻然后努力回应，不如选择更有效、代价也更小的路线，"继续进行我们已经在筹划的作战，维护我们的声望，并遏制土耳其人、法国人和意大利的各个独立国家。它们若是发现我有虚弱之处，就可能兴风作浪"。另外，如果放弃地中海的作战，就意味着"放弃已经花掉的大约80万杜卡特"。国王乐观地预测，只要再投入一些杜卡特，奥地利的堂胡安和他的舰队就可能赢得一场新的胜利。[10]

威尼斯与苏丹单独媾和的消息传来之后，腓力二世改了主意，匆忙派人去君士坦丁堡，与苏丹谈停战。但国王与此同时继续准备作战。1573年10月，堂胡安发动了一次突然袭击，占领了突尼斯和它附近的比塞大。这个消息传到君士坦丁堡之后，停战谈判当然就骤然停止了，这就使腓力二世陷入极其危险的境地。1574年4月堂胡安请求允许"率领舰队出动，阻止敌人取得任何战果"的时候，他的兄长拒绝了，反而命令他"去米兰等候进一步命令，在米兰监视各地区的局势发展，并做出相应的回应"。[11]

第一个新事态发生在尼德兰，拿骚伯爵路德维希率领一支在德意志招募的军队再次入侵。起初幸运女神对腓力二世微笑：雷克森斯派去拦截这股敌人的西班牙老兵在莫克战役中击溃了敌人。但胜利者因为军饷被拖欠，不久之后哗变了，占领安特卫普六周之久，以它为"人质"，向国王讨薪。最后国王花了大约50万杜卡特才让他们满足。雷克森斯立刻认识到了这些长期混乱局面的恶果，向一位同僚抱怨道："让我们丢掉尼德兰的不是奥兰治亲王，而是那些出生在巴利亚多利德和托莱多的士兵。他们榨取安特卫普的金钱，摧毁了我们的全部公信力和声誉。"雷克森斯声称："八天之内，国王陛下在这里就会一无所有。"他告诉腓力二世，即便"这个国家的人并非从一开始就仇恨［全体西班牙人］，但我们自己的部队的哗变，以及哗变造成的破坏，都足以让这里的所有人都憎恨我们"。格朗韦勒则悲观（但准确）地预测："如果我们得不到这些省份的善意，它们将最终毁掉西班牙和国王陛下的声誉。"[12]

"出生在巴利亚多利德和托莱多的士兵"重新归顺朝廷之后，雷克森斯让他们去攻打莱顿城。他的判断是，如果能拿下这座城市，也许能给起义军造成致命打击，因为莱顿能将荷兰北部和泽兰分隔开。莱顿没有阿尔克马尔那样的最先进的防御工事，西班牙人用一系列碉堡将它与外界隔绝了。9月底，快要饿死的莱顿市民准备投降的时候，奥兰治亲王命令打开水闸和堤坝，用一批吃水很浅的驳船给守军送去救援物资。这个策略虽然失败了，但河水暴涨，"令西班牙步兵张皇失措"，他们出人意料地抛弃了自己的阵地，逃之夭夭。于是，第二座尼德兰城市成功挑战了腓力二世。[13]

另类策略：烈火、洪水与舰队

雷克森斯和他的高级指挥官们向国王建议，"荷兰人坚持抵抗和反叛，所以我们必须烧毁和消灭所有村庄和农田"，因为反叛城镇依赖于这些村庄和农田出产的粮食；他们还考虑"放水淹掉这个国家，因为我们有能力这么做"，毕竟很多参加起义的地区都位于海平面以下。[14]腓力二世认真考虑了这两种间接策略。他告诉雷克森斯："很显然，叛贼的犯上作乱和冥顽不灵已经到了极端的地步。毋庸置疑，我们有理由对他们施加严酷的惩罚，以儆效尤。"他回忆说，阿尔瓦公爵曾建议"放火把他们烧出来"（这是在敌境的标准军事手段），"如果这是属于别的君主的土地，公爵肯定就直接执行了，而无须征询我的意见，他也一定会执行得很好。但因为这是我的土地，所以他没有那么做，我也没有发布那样的命令"。但如今，既然起义仍在继续——

> 看来有必要使用终极的、严酷的惩罚手段。我估计可以用两种办法：要么放水淹掉那些村庄和田地，要么放火将其烧毁。如果能避免使用这两种办法，我会很高兴。但是伤口已经严重癌变，所以必须下猛药，采取非常强硬的措施，因为我们看得很清楚，如

果我们允许叛贼继续享用土地的出产……[他们就可以]把这场战争无限期地拖下去。

对于究竟是火攻还是水淹,国王承认:

> 水淹荷兰是比较容易实现的,只要摧毁堤坝即可。但这种办法有一个很大的坏处:摧毁堤坝将会带来不可逆转的损失和破坏,这显然会殃及周边省份……所以我们不能使用水淹的策略,也不应当使用,因为(除了上述显而易见的坏处之外)它会给我们带来残忍的恶名。我们应当尽量避免这种名声,尤其是避免在臣民当中有这样的恶名,尽管他们的罪孽臭名远扬,我们对他们的惩罚是完全正当的。

腓力二世继续写道,"火攻比较好,因为(除了在战争中使用火攻很恰当之外),火攻是可控的",一旦起义军"恳求饶命,我们就可以随时停止纵火。这样的话,我们就能快速地达成我们想要的目标"。[15]

战略性地运用恐怖手段也许可以取得成功,但就像国王在前一年的"仁慈策略"一样,他这次改变计划的时机太晚了,无法奏效。雷克森斯估计国王会支持他,所以已经派遣一些西班牙部队去起义军的腹地,摧毁若干堤坝,烧毁一些农庄。但几天之后,西班牙老兵们威胁道,如果不立刻给他们发放拖欠已久的军饷,他们就离开自己的岗位。因为雷克森斯在短时间内既找不到金钱也找不到替换的兵员,所以西班牙军队在

1574年12月离开了荷兰北部，再也不会回到那里。

国王在权衡两种"间接策略"（火攻或者水攻）的利弊时表现出令人钦佩的分析能力，但他对第三种旨在打败尼德兰起义军的策略，即建立一支大西洋舰队，却没有做出如此精辟的分析。"自我接管这场战争的职责以来"，雷克森斯声称，他"经常写信"给国王，说"若不从西班牙派战舰来，就不可能结束这场战争"。腓力二世在1574年开始行动。他命令扣押坎塔布里亚各港口内的超过200艘船只，并指示佩德罗·梅嫩德斯·德·阿维莱斯（他曾成功地从佛罗里达驱逐法国人）为其中最好的船只装备火炮和弹药，准备用这些船只"清缴英吉利海峡内的海盗，并收复一些被叛军占领的尼德兰港口"。国王还招募了11000名士兵，让他们到这支新舰队服役。[16]

这些命令反映了腓力二世缺乏战略和实战层面的经验。首先，要把扣押来的商船改装成战舰，光是寻找和装载火炮与其他装备就需要好几个月，所以，如梅嫩德斯所说，创建一支合适的舰队"可能需要好几年"。而且，从西班牙出发的大型舰队进入欧洲北部海域之后，就需要一个随时可供避风的合适港口，而腓力二世在欧洲北部连一个合适的港口都没有。后来，当消息传到国王耳边，说一支强大的土耳其舰队已经离开君士坦丁堡、向西航行时，国王命令梅嫩德斯待在靠近西班牙的地方，让他的舰队"随时支援需要支援的地方"，无论是在大西洋还是在地中海。[17]最后，这些都不重要了，因为在1574年9月，瘟疫横扫了这支舰队，包括梅嫩德斯在内的大批官兵死亡。腓力二世取消了这次远征。他在这支舰队上挥霍了超过50万杜卡特，却没有得到任何收益。

进退维谷

尽管腓力二世的其他领地做出了相当大的贡献，但他的两场战争的大部分军费还是来自卡斯蒂利亚。尽管表 2 中的总金额非常庞大，但这只是腓力二世在海外的军队从卡斯蒂利亚收到的款项，不是卡斯蒂利亚王国实际提供的总金额，因为国库还需要支付运费和利息。1574 年 2 月，官员们计算得出，自七年前阿尔瓦公爵离开宫廷（去尼德兰上任）以来，卡斯蒂利亚已经在尼德兰支出了 2200 万杜卡特；现在，保卫地中海的战争的开支和尼德兰战争差不多。

资金大出血是不可能这样持续下去的，所以腓力二世授权采取两项补救措施：他召集了卡斯蒂利亚议会，要求会议代表批准征收新税；他还建立了一个秘密委员会（后来被称为"主席委员会"，因为它包括好几个议事会的主席）来"商讨所有的重大财政事务"。起初国王打算亲自主持这个委员会，但"我的日常工作繁重，无暇顾及此事"，于是他把这个任务托付给堂迭戈·德·科瓦鲁维亚斯。此人接替埃斯皮诺萨担任卡斯蒂利亚议事会的主席，是国王在议会的发言人。腓力二世向科瓦鲁维亚斯警示道，解决财政危机是"头等大事，因为我相信，捍卫我们的宗教和保卫基督教世界，基本就取决于此。它不仅仅影响到我本人，所以我对它非常担忧"。国王哀叹道："如今一切都到了这步田地，如果我们找不到补救办法的话，我担心［我的整个君主国］很快就会土崩瓦解。"他相信，要让"我的国库为所有常规和非常规的开支提供资金"，需要办三件事：

首先，找到新的财源，因为我们的收入太少，或者更准确地说，几乎没有收入，所以无法为必须办的事情提供资金。其次，我们需要和那些吃利息的银行家打打交道，阻止他们像当前这样榨干我们的所有资源。最后，给我的债务制订新的还款计划。[18]

表2 1571~1577年两线作战的开销。1571年西班牙人在勒班陀打败土耳其人的开销相对不多，因为腓力二世的意大利领地和他的盟友都提供了帮助；次年的作战虽然没有取得任何战果，开支却是勒班陀海战的两倍。威尼斯于1573年与土耳其人单独媾和之后，腓力二世的臣民不得不独自承担地中海防务的几乎全部负担。与此同时，镇压尼德兰起义的开支飙升。因为整个卡斯蒂利亚王国的岁入只有600万杜卡特多一点点，其中一半用于还之前的贷款，所以国库很快就债台高筑。1575年9月，腓力二世颁布了"违约法令"，暂停一切支出。

从卡斯蒂利亚收到的款项（单位：杜卡特）

年份	地中海舰队收到的款项	佛兰德军团收到的款项
1571	793000	119000
1572	1463000	1776000
1573	1102000	1813000
1574	1252000	3737000
1575	711000	2518000
1576	1069000	872000
1577	673000	857000
总计	7063000	11692000

"主席委员会"审阅了堆积如山的文牍之后，估算得出，需要制订新还款计划以还债的债务总额至少有3500万杜卡特。

"主席委员会"建议卡斯蒂利亚议会增加对某些商品征收的营业税（alcabala），但同时将征收权交给卡斯蒂利亚的几座主要城市，换取它们每年预付一笔现金。尽管卡斯蒂利亚议会没有否决这个提议，但提出了其他为数众多的条件：王室未经议会同意而征税的行为应当全部停止；限制金银出口；要求国王承诺不会把制订新的还款计划之后释放出来的资金交给银行家，从而换取新的贷款。腓力二世拒绝了所有这些条件，于是议会代表们宣布，他们需要从他们代表的城镇那里获得新的指示，以此迫使国王休会。

卡斯蒂利亚议会的固执，再加上好几位亲信谋臣的去世（费里亚伯爵卒于1571年，埃斯皮诺萨卒于1572年，鲁伊·戈麦斯卒于1573年），促使腓力二世拿定主意：既然他不懂财政，那么就需要找一个懂行的人。他在1574年初写道："我别无办法，只能将所有财政事务委托给别人来监管。"他选中的人是胡安·德·奥万多。此人是神父、宗教法官和埃斯皮诺萨的弟子，在担任西印度议事会主席的时候将王室治理美洲的工作合法化。[19]

奥万多很快向腓力二世呈送了一系列文件，分析了卡斯蒂利亚内在的财政问题。首先，他提议，作为紧急措施，王室的所有财政官员都应当向他汇报，而只有他一个人可以就财政问题直接向国王汇报，从而简化政策制定与执行的流程。随后，奥万多用一种连腓力二世都看得懂的方式解释了当前的财政问题症结所在。他用了非常大的字号，只用简单的术语，仿佛是写给孩子看的。开头是这样的："为了理解和运用国库，我们需要考虑四个基本方面。"

1. "我们手里有什么？"奥万多估算，卡斯蒂利亚王室的岁入不到 600 万杜卡特。

2. "我们欠别人什么？"债务总额超过 7300 万杜卡特。

3. "我们有什么，缺少和需要什么？"

显而易见的事情其实无须解释，但他还是做了一番阐释："我们可以看出，我们的债务远远多于我们的收入，而且我们需要的东西都很缺乏。"尤其是，王室内廷和本土防务每个月都要耗费将近 10 万杜卡特；政府公债的利息每个月为 25 万杜卡特；而为了维持"足够强大的陆海军去对抗和打败我们的奥斯曼敌人和新教敌人"，每个月需要超过 100 万杜卡特。奥万多估算，1574 年国库的开支达到将近 5000 万杜卡特，而国库收入不到 600 万杜卡特。

4. "我们如何、从何处获得资源来填补缺口？"出人意料的是，奥万多并没有提议削减"对抗和打败我们的奥斯曼敌人和新教敌人"所需的开支，"因为如果不打败他们，我们肯定会被他们打败"。他提议了两个办法来为国王的现行政策提供经费：开源和减少债务的还款。针对第一点，他主张继续提高营业税，并扣押从美洲运来的全部金银。为了减少债务的还款，他建议不仅要单方面地降低所有公债的利息，还要发布"违约法令"（Decreto de Suspensión），冻结 1560 年以来朝廷从银行家那里借贷的所有贷款的资本与应计利息，强迫贷方接受低息债券作为还款。奥万多坚持要求，所有这些措施必须立刻开始生效：在国王颁布"违约法令"、塞维利亚的官员扣押美洲来的金银的同时,卡斯蒂利亚议会应当提高营业税。[20]

腓力二世一边斟酌奥万多的提案,一边努力争取上帝的恩典。拿骚伯爵路德维希即将入侵尼德兰的消息传来,同时一支土耳其舰队蓄势待发,准备为突尼斯和比塞大复仇,这时国王敦促卡斯蒂利亚的全体神职人员向上帝祈祷,恳求上帝赐他们一个奇迹,因为"你们一定知道,我们非常需要奇迹。愿上帝怜悯我们,因为我们是在为他的事业而战"。他还准备修改自己的遗嘱,因为尽管"我希望上帝赐我长寿和健康,让我更好地为他服务,但凡事预则立,如果将来的局势和如今一样糟糕的话……"国王把这句话的剩余部分涂抹掉了(这在他的通信当中是非常罕见的)。[21]

1574 年 5 月中旬,消息传来,一支西班牙军队哗变,占领了安特卫普,以它为"人质"来索要军饷。这让国王更加绝望。"我知道我们这些罪人不配得到上帝的奇迹,但除非上帝赐给我们一个奇迹,否则我们就连[几个]月都支撑不下去了,更不要说几年。我的身体和健康无法承受随之而来的焦虑,也无法承受我对有生之年可能遇到的危机的担忧。"两天后,他哀叹道:"有些事情必然会让我忧愁和焦虑。"两周后,他又一次说,如今只有上帝的援手才能拯救西班牙:"我相信,由于缺乏金钱,我始终害怕的那个时刻终于到了。我担心如果没有全能的上帝佑助我们,我们将无计可施。这就是我的希望,也是支撑我的信念,尽管我觉得我们配不上上帝的佑助。"到 5 月底,就连这些微薄的希望也消散了:

我担心，因为我们缺钱，叛军会不肯谈判。我同样坚信，在那种情况下，尼德兰，甚至君主国的其余部分，都会丢失，尽管我希望上帝不会允许、不会希望那样的事情发生，因为那会损害上帝的事业……当前的形势非常可怕，而且每况愈下。[22]

1574年6月，更多噩耗传来，腓力二世又一次哀叹："我在想，既然尼德兰已经到了这步田地，做什么都是浪费时间。如果尼德兰丢了，那么［君主国的］其余部分也不会维持多久，即便我们手里有钱。"7月，他重复了这种论调：

尼德兰丢失的风险很大。那里的兵员很多，我们却没钱给他们发饷，所以我们必须立刻送去经济援助，耽搁不得。除非上帝创造奇迹，否则没有钱的我们是不可能改善尼德兰局势的……一旦我们失去了尼德兰，不管我们有多少钱都不足以阻止［我的领地的］其余所有部分丢失。

上帝没有创造奇迹，国王也没有得到新的资金，于是他叹息道："我们的每一种资源都消耗得太快，真让我无语。"[23]

不过腓力二世在一个方面取得了部分成功。1574年8月，他与伊丽莎白·都铎缔结和约，恢复了两国之间的外交和商业关系。和约还规定，任何一方都不得支持另一方正在对付的反叛者。但没过多久，腓力二世就允许宗教裁判所主裁判官加斯帕尔·德·基罗加毁掉了和约带来的好处之一。在国务议事会的一次会议上，基罗加主张，为了防止异端的"传染"，应当禁止任何新教徒踏上西班牙土地。腓力二世把此事交给宗教裁判所的最高议事会决定,它提出的要求是,未来所有的英格兰驻西班牙大使都必须是天主教徒(或者,大使必须允许西班牙人搜查他以及他的随从的行李,看有没有禁书);并且大使必须始终尊重天主教会的圣礼,不准说或者写任何反对罗马天主教会的言论,不准讨论天主教会的教义。如果违反上述的任何一个方面,都将招致宗教裁判所的通常处罚。国王支持这种强硬路线,这也许鼓励了基罗加,让他的态度变得更强硬:"我认为,绝不能允许英格兰女王在我国安插一名可以私下搞新教礼拜的大使。""因为女王一贯对天主教会不友好,所以我们甚至不应当接受[她派出的]天主教徒大使。"腓力二世这一次又站在宗教裁判所那边,此后就一直没有都铎王朝常驻西班牙的大使。外交代表的缺席增加了两国之间由突发事件导致战争的可能性,就像1569年发生的那样(见第十一章)。[24]

维持与英格兰的和平,对保障西班牙君主国的安全是至关重要的,因为在1574年秋季,当佛兰德军团①放弃围攻莱顿的时候,一支土耳其远征军夺回了突尼斯。腓力二世的心情更加沮丧了。他在一封回信的开头发出这样的警示:"今天我的心情极其恶劣,不适合做任何事情。"他得知提高营业税在卡斯蒂利亚的若干城市引发了骚乱时,心情难受得简直想死:"似乎一切事情都在分崩离析。我恨不得去死,这样就看不到我害怕的东西了。"启封了两封"国王亲启"、描述新问题的密奏之后,他惊呼道:"如果这不是世界末日,那我们距离它

---

① 佛兰德军团即16~18世纪驻扎在西属尼德兰、为西班牙国王效力的部队,参加了镇压尼德兰起义的战争和三十年战争。

I. 腓力二世的洗礼，藏于巴利亚多利德的皮门特尔宫（Palacio de Pimentel）。

2. 伊莎贝拉皇后与儿子，即后来的腓力二世。

3. 腓力二世的幼年和童年，Antonio de Honcala 作，1546 年。这是一部献给腓力二世的宗教著作，用希腊字母 Y 来代表王子在人生旅途中面临的善恶道路选择。服装的变换反映了他从婴儿、幼儿到青少年的成长过程。其中有我们已知的最早的腓力二世肖像。在其中一幅图里，他牵着一只用绳子拴着的鸟。

4. 查理五世，Jacques le Boucq 作，1555 年。Le Boucq 是金羊毛骑士团的传令官，参加了查理五世最后一次亲自主持的骑士团大会（1555年皇帝很少在公开场合露面，这是其中一次），可能在大会之后立刻画了这幅引人注目的素描。

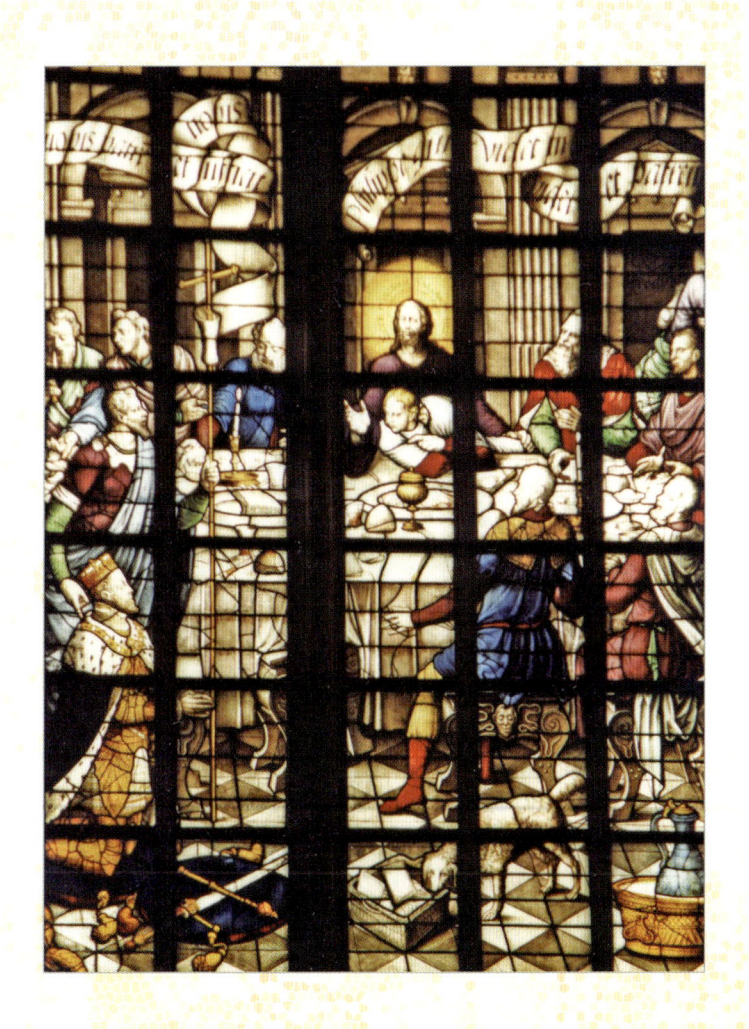

5. 豪达的圣约翰教堂，纪念圣康坦大捷的"国王之窗"，Wouter Crabeth 作，1557~1559 年。豪达的圣约翰教堂在一次火灾之后重建时，当地艺术家创作了一系列精美的彩色玻璃窗，每一扇高 10~20 米。在"国王之窗"的中央，腓力二世和玛丽·都铎在观看最后的晚餐。国王的肖像很准确，说明负责此项浩大工程的玻璃雕刻家 Wouter Crabeth 可能见过国王，直接为他画过素描。

6. 腓力二世，圣康坦战役的胜利者，安东尼斯·莫尔作，约1560年。国王手持将军的节杖，身穿全副铠甲，铠甲上装饰着勃艮第十字和圣母马利亚像。1557年攻打圣康坦的时候他穿的就是这套铠甲。这幅肖像在随后十多年里一直是他的"官方肖像"，复制品极多。

7.《腓力二世的敬献》,提香作,1572~1573年。根据国王的命令,阿隆索·桑切斯·科埃略给提香送去了一幅腓力二世的肖像作为参考,可能还送去了一幅素描,建议把费尔南多王子的出生(一个显得有些笨拙的天使给他送去橄榄枝,并承诺:"还会有更多给你。")和勒班陀大捷(可以透过窗户看见,前景中被捆绑的土耳其人也象征了这次大捷)并置起来。

8. 腓力二世拿着念珠的肖像，索福尼斯巴·安圭索拉作，约 1575 年。X 光照相显示，索福尼斯巴在 1564 年创作原画时，国王手里拿着剑。十年后，她完全修改了这幅画，把剑换成了念珠。

9. 埃斯科里亚尔的腓力二世及其家人的葬礼雕像，蓬佩奥·莱昂尼作，1597~1600年。莱昂尼在把这三尊巨大的铜像安装到主祭坛左侧之前，腓力二世就驾崩了，不过他生前就批准了雕像的设计。国王的雕像显得衰老、秃顶和疲惫（不过穿着四十年前征战时穿过的金碧辉煌的铠甲）。他的第四任妻子安娜跪在他旁边，她的前任玛丽亚·曼努埃拉和伊莎贝拉在后面，而堂卡洛斯在国王背后，看上去像是腓力二世渴望得到的那种孝子。

10. 法兰西的伊莎贝拉，西班牙王后，索福尼斯巴·安圭索拉作，1565 年。王后时年二十岁，在离开西班牙去巴约讷见母亲之前请画家画了这幅肖像。也许是为了强调她是国王的代表，她手里拿着腓力二世的细密画像（可能是以安东尼斯·莫尔的"圣康坦"肖像为蓝本的）。

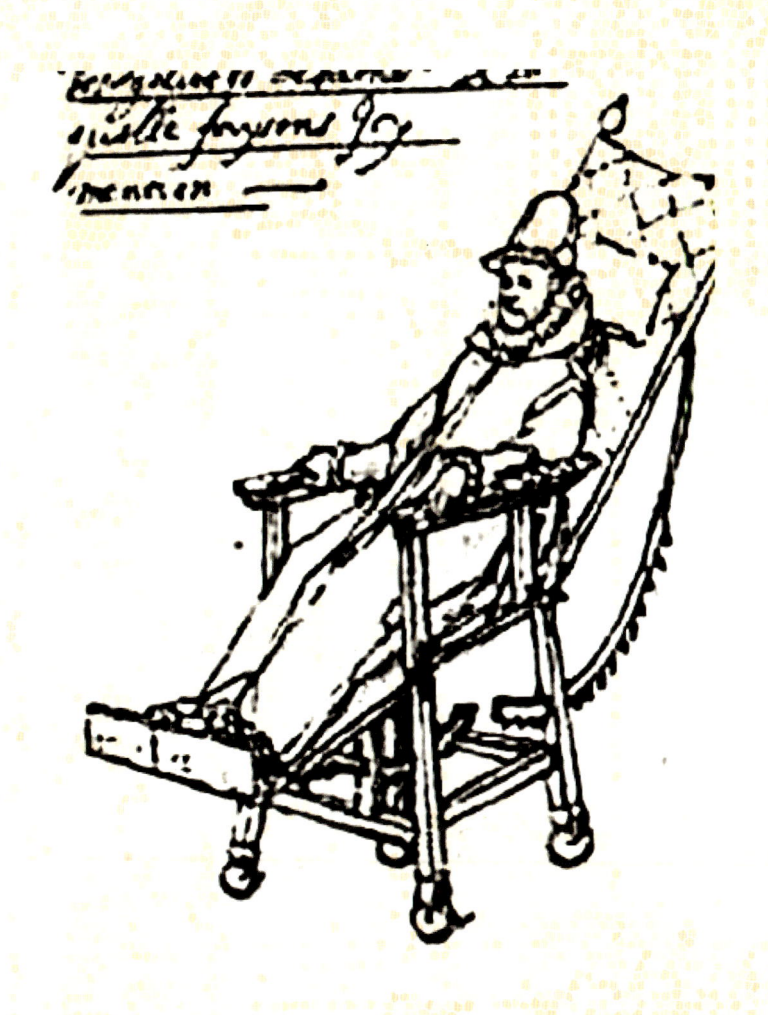

11. 腓力二世的"病人躺椅",让·莱尔米特作。腓力二世的寿命超过了他的王朝的其他任何一位成员,但在 1595 年之后,因为患有严重的关节炎,他不得不穿宽松服装,以减少对关节的摩擦,并经常躺在这张设计精巧的椅子上。它有各种机关,可以让他坐起来,也可以直接躺下打盹。他在各处宫殿之间旅行的时候也坐这张椅子。有了它,腓力二世就可以继续治理他的世界帝国,直到他在 1598 年最后一次病倒。

12. 查理五世皇帝和伊莎贝拉皇后，即腓力二世的父母。

13. 查理五世与腓力二世父子，Antonio Arias Fernández 作。

14. 葡萄牙的玛丽亚·曼努埃拉：腓力二世的第一任妻子。

15. 英格兰女王玛丽·都铎，腓力二世的第二任妻子。

16. 法兰西的伊莎贝拉，腓力二世的第三任妻子。

17. 奥地利的安娜，腓力二世的第四任妻子。

18. 腓力二世，约 1550 年，提香作。

19. 腓力二世的大理石胸像，蓬佩奥·莱昂尼作。

20. 铸有腓力二世作为西班牙国王和英格兰国王的纹章的大炮。

21. 腓力二世作为西班牙国王和葡萄牙国王的纹章。

22. 身披金羊毛骑士团长袍的腓力二世。

23. 提香的腓力二世肖像，1551年。

24. 奥地利的堂胡安，腓力二世的异母弟。

25. 腓力二世的两个女儿伊莎贝拉·克拉拉·欧亨妮亚和卡塔利娜，1570年。

26. 腓力二世的小姨子和后来的对手——
英格兰女王伊丽莎白

27. 堂卡洛斯，腓力二世的长子。

28. 亚历山德罗·法尔内塞, 帕尔马公爵, 腓力二世的外甥和得力大将

29. 堂费尔南多·阿尔瓦雷斯·德·托莱多，第三代阿尔瓦公爵，腓力二世的得力大将。

30. 腓力二世的专用旗帜（上）。
31. 1556 年在尼德兰海尔德打造的钱币上的腓力二世肖像（下）。

32. 菲力二世佩戴嘉德勋章，Jooris van der Straeten 作，约 1554 年。

33. 腓力二世骑马像，背景里有一支舰队。

34. 腓力二世赏赐刺杀奥兰治亲王威廉的凶手巴尔塔扎尔·热拉尔的诏书。

35. 腓力二世时代的西班牙士兵。

36. 腓力二世训斥奥兰治亲王"沉默者"威廉，Cornelis Kruseman 作。

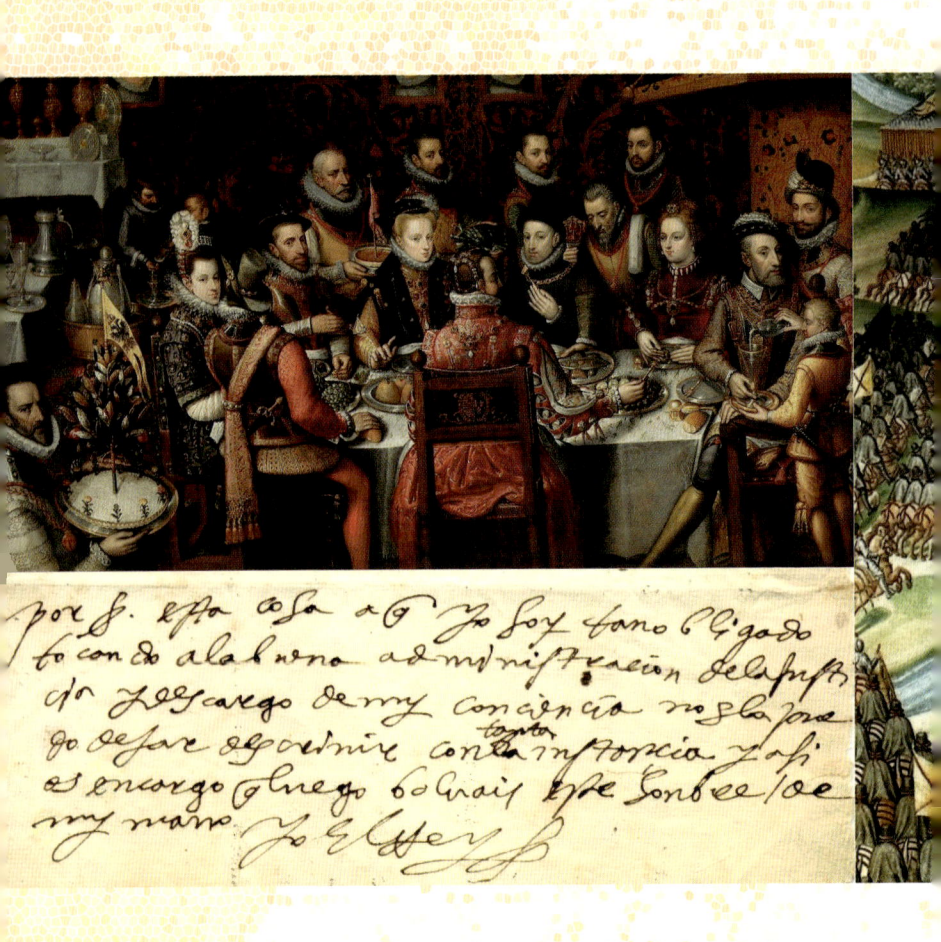

37. 腓力二世与亲人和廷臣们享用盛宴，Alonso Sánchez Coello 作（上）。
38. 腓力二世 1557 年的手迹（下）。

39. 圣康坦战役。

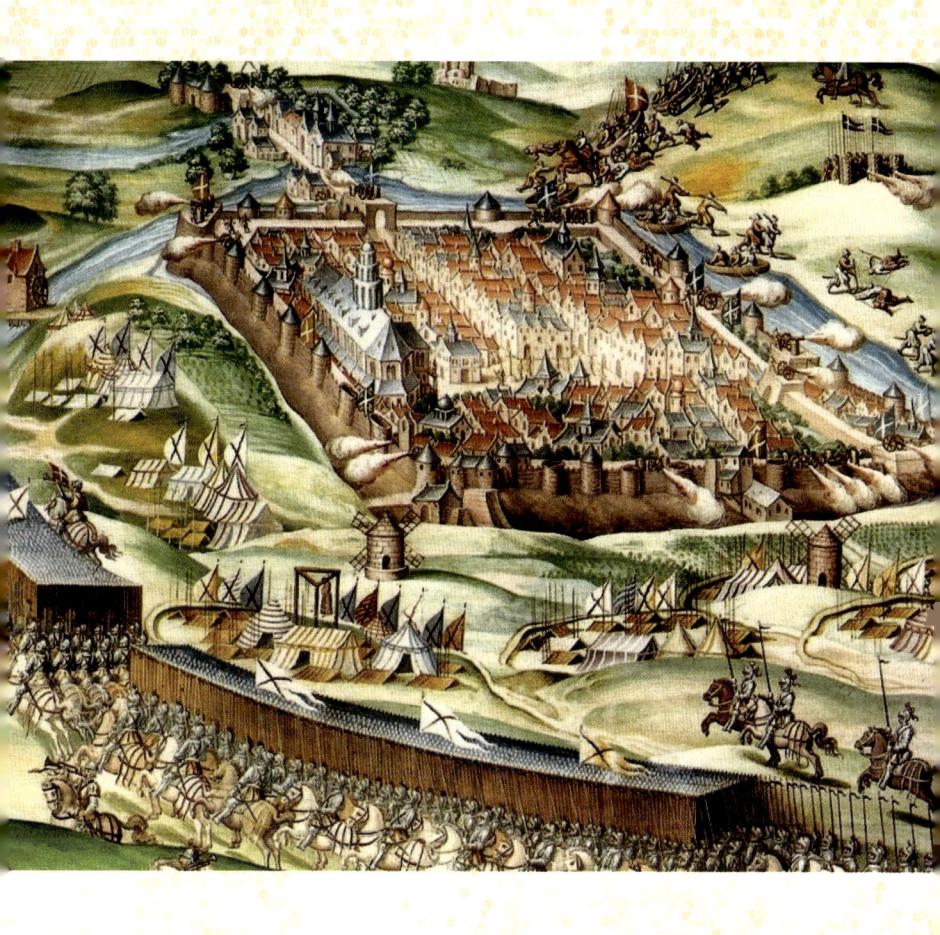

40. 勒班陀大海战, Paolo Veronese 作。

41.《勒卡托－康布雷西和约》签订场景。

42.1588年8月，西班牙无敌舰队与英格兰海军交战。

43. 布鲁塞尔的埃格蒙特伯爵与霍恩伯爵铜像。

44. 安东尼奥·佩雷斯被阿拉贡人释放。

45. 葡萄牙国王塞巴斯蒂昂，1575 年。

46. 从西北方看埃斯科里亚尔修道院。

47. 埃斯科里亚尔修道院的图书馆。

48. 埃斯科里亚尔修道院的宗座圣殿的主祭坛。

49. 帕尔多宫。

50."杆子游戏"（Juego de cañas）是 16~18 世纪西班牙流行的一种游戏，两队选手骑马，互相投掷杆子（就像投掷标枪一样），并用盾牌抵挡对方投掷的杆子。杆子游戏实际上是模仿旧时西班牙人与摩尔人的战斗场面。

也一定不远了。上帝啊,就让全世界,而不仅仅是基督教世界,迎来它的末日吧。"[25]

毁灭之路

新的一年并没有带来世界末日,而是给国王带来了一个新问题:他的弟弟。堂胡安得知奥斯曼舰队从君士坦丁堡启航之后,就立刻违抗了腓力二世给他的明确命令,即留在米兰。堂胡安向帕尔马的玛格丽特(他的同父异母姐姐和最亲密的朋友)解释道:"夫人,如今一切都处于危险之中,尽管不全是国王陛下的错。"真正的问题在于,国王"让一些庸人治理他的领地,而这些人对任何事情都不负责任,除非这件事对他们有直接影响"。于是,"花了很长时间才筹到的金钱,被花费在错误的时间和错误的地点,结果就是那些钱都浪费了"。所以,为了挽救局势,堂胡安决定违抗王兄的命令:"我再也不能等待。我要立刻去西班牙。"[26]

1575年1月,在堂胡安出乎意料地抵达西班牙不久之后,腓力二世在一份备忘录中痛斥他身边的几乎所有人。"我的脑子里满是忧虑,满是原本应当帮助我的人发出的牢骚,我都忍不住了。他们除了吓唬人和提问题之外,什么都不会,仿佛我对那些问题还不清楚似的;他们也不提出解决方案,仿佛我是上帝,能够给出办法似的。"然后"我弟弟来了,告诉我,下面的人什么事情都没做;虽然他没有责怪任何人,但我还是有点恼火。我告诉他,什么事情都没做,是因为没有资源。办不到的事情我们当然是没法办的"。最后,"我写这份备忘录的时候,他们送来了胡安·德·奥万多的这个包裹。想想看吧:我的状态太差,没法回复他,尽管我确信里面肯定有需要回复的东西。但我就是做不到"。[27]

奥万多已经对国王的拖延症习以为常,但现在他的耐心到了极限。1575年3月,他呈送了一份言辞激烈的文件,分析了腓力二世是如何把他的财政搞砸的。首先,奥万多指出自己在前一年取得的成就。"尽管国库到了绝望的地步",但他还是设法筹集了100万杜卡特送到尼德兰,给佩德罗·梅嫩德斯送去了超过50万杜卡特,给意大利送去了将近100万杜卡特,还安排了超过200万杜卡特的贷款,用于即将开展的作战。奥万多把自己的这些具体成就与国王的怠惰做对比。国王怠惰是"因为您不信任我,也不信任您的任何一位财政官员"。随后他列举了自己已经提出的各种具体提议,但是国王驳回了每一条。奥万多还谴责了国王的银行家索要的利息持续不断地增长,并指出,在16世纪60年代以8%的年利率放债的公司现在居然索要16%的利率,有时甚至更多。他总结道,只有一道"违约法令"才能结束这种恶性循环。[28]

腓力二世还没来得及消化这些信息,就有消息传来,说奥斯曼舰队即将在地中海西部发动新一轮进攻。就像前一年一样,他命令舰队保持防御态势,并通知堂胡安,如果他决定再次攻击突尼斯和比塞大,就必须将其一劳永逸地摧毁,绝对不能将其占领然后派兵驻扎。腓力二世还命令雷克森斯在尼德兰保持防御态势。国王授权雷克森斯正式与起义军谈判,预先批准做许多政治上的妥协。他只是禁止讨论宗教问题。

如此之多的艰难决策把国王累得够呛。堂胡安说:

> 我于1575年春季离开宫廷时,国王陛下的身体很健康。感谢上帝。但从他的憔悴面容和两鬓染雪可

以看出，他因为公务繁重而十分疲惫。我非常担心他。宫里传来的消息肯定是不好的，因为国王陛下身边没有一个人可以为他分忧，所以每个人都稀里糊涂，而我们的主公精疲力竭。他处理公务也不像以前那么快了。

他并没有夸张。腓力二世自己承认，他感到"累坏了"，"我真的不知道自己是怎么活下来的"。[29]

与此同时，在尼德兰，国王的代表、奥兰治亲王的代表、荷兰与泽兰的等级会议的代表来到布雷达城。谈判刚刚开始，雷克森斯就注意到，"四处有流言在传播，说如果我们不能达成某种协议，将会爆发普遍的革命"。他阴郁地预测："我对达成协议不抱希望，因为他们索要的宗教方面的让步，是我们不能接受的。"在布雷达长达十二周的谈判证明雷克森斯是正确的。就在他于1575年7月终止谈判不久前，他在给一位同僚的信中写道，"如果和约可以通过割让四座城镇或四个王国来达成"，那么肯定能达成协议；"但因为一切取决于宗教"，所以在意识形态的层面上，和平是不可能的。"因为我们债台高筑，而且这里有太多士兵，我们要解散他们就需要给他们遣散费，要养着他们，我们又没有钱"，所以不可能用常规手段打赢战争。简而言之，"我不知道我们这个样子怎么能维持下去"。[30]

布雷达谈判对国王来说是一个代价昂贵的错误。它提升了尼德兰人的地位，因为腓力二世同意与起义军谈判，就意味着给了他们一定程度的承认；而集体谈判的经验更是增强了起义军内部的凝聚力。在相反的方面，这次谈判削弱了西班牙，因为国王的士兵虽然没有在打仗，但继续领军饷。最重要的是，此次谈判让腓力二世在1574年12月做的决定（他打算在次年9月才颁布奥万多要求的"违约法令"，这九个月的间隔是为了让雷克森斯再尝试一次武装镇压）失去了意义。为了举行注定要破裂的和谈而推迟行动三个月，也让雷克森斯完全丧失了成功镇压起义的机会。

但国王还是固守原先的时间表。尽管他在1575年5月承认"如果［尼德兰］战事的开销以当前的水平持续下去，我们就无以为继了。不过，如果在花费了那么多之后却因为不肯再花费一点点而错失取胜的机会，就太遗憾了"。这是陷入困难的超级大国常用的经典论点。[31] 1575年9月1日，他签署了两份文件：第一份冻结了价值1500万到2000万杜卡特（对于具体数字的猜测差别极大）的贷款合同的全部资本，并停止向银行家还贷；第二份文件命令对1560年以来的所有贷款开展严格审计，看有没有诈骗的情况。国王又拖延了几天，但如他向西班牙驻热那亚（他的很多银行家都在热那亚）大使解释的那样，"尽管我们对此保密，但银行家们还是生疑了，这就造成了很大的损害，因为他们再也不愿和我们谈判，也不愿给我们贷款"。9月15日，上述法令的印刷本被送到卡斯蒂利亚所有财政官员手中，命令他们停止支付"我们与商人和银行家签订的贷款与转款协议"所要求的款项，而是"将一切到期的款项以及其他所有款项"一概送入国库。[32]

腓力二世起初很乐观。他在马德里王宫"准备了一个特殊房间，在那里放了若干保险箱"，准备接收原本用来支付贷款利息的"全国各地的全部财政收入"。但其他人比他更明白这意味着什么。尼德兰起义军听说国王的这道法令之后，点燃篝火庆祝，并向上帝祈祷，表达感谢。多明各·德·萨瓦拉（雷克森斯在宫廷的代表之一）疲惫地向国王解释，尽管国王给安特卫普寄送了一份10万杜卡特的信用证，通过海路送去15万杜卡特的银币，还通过意大利给安特卫普送去10万杜卡特的金币，但"这些钱加起来都不足以维持一个月的战争"。萨瓦拉继续说，"除非陛下停止给其他事业和远征提供资金，集中资源"到尼德兰，"从而保住那些仍然忠诚的省份并缩短战争（因为延长战争只会带来巨额开销和极大风险）"，否则一切都会完了。在安特卫普，雷克森斯同意这种悲观的评估，并在1575年11月警示自己的兄弟：

> "违约法令"对此地的交易所造成了沉重打击，那里没有一个人还有金融信用……我连一个铜板都找不到，也不知道国王如何能送钱到这里来，即便他手里有的是钱。除非发生奇迹，否则整个军事机器都会迅速崩溃，我很可能都来不及告诉你，它就完了。[33]

雷克森斯原本是不愿意去尼德兰的，而且国王没有给他明确的指示，所以他说，"违约法令"伤透了他的心。也许就是因为伤心，他于1576年3月5日突然去世。于是，仍然忠诚的尼德兰各省，以及在那里战斗的6万王军士兵，现在处于布鲁塞尔国务议事会的领导之下。这个议事会的成员没有打仗的能耐，更不要说管理一支处于哗变边缘的军队了。

腓力二世没有办法帮助他们。"违约法令"对他的海外事业来说是个灾难。他在1576年3月哀叹道："它肯定没有解决我的难题，反而让我的处境比以前更困难了，因为我现在没有金融信用，也没有办法快速地筹到我急需的现金。"[34]在西班牙国内，"违约法令"也是一场灾难。腓力二世的主要财政谋臣向他禀报："自［这些法令］公布以来，卡斯蒂利亚的所有商人都缺乏金融信用，几乎所有商品的贸易都已经停止"；与此同时，"无论是在这些王国内还是王国外，任何地方都找不到任何资金，无论多寡。除非他们使用钱币，而这么做既昂贵又有风险"。此外，马特奥·巴斯克斯提醒国王："陛下的仆人们处于极其困难的境地。您若是看到其中一些人精神已经崩溃，随时可能饿死，一定会心碎。"国王的答复流露出他绝望的心情："如果上帝给我们更多时间，我们尚可处置这些问题，但现在时间紧迫，我们没办法解决这一切……一切都悬而不决，没有比这更糟糕的了。"[35]

腓力二世说错了："比这更糟糕的"事情是有的。1576年7月，在尼德兰的一群西班牙老兵（其中有些人已经被欠饷六年之久）向布鲁塞尔以西十五英里处的城镇阿尔斯特发动突然袭击，将其洗劫一空，尽管这座城镇始终忠于腓力二世。这次暴行引发了普遍的愤怒。为了安定民心，布鲁塞尔的国务议事会宣布，攻击阿尔斯特的哗变士兵是上帝和国王之敌，人人皆可诛之。议事会还授权仍然忠于国王的各省的等级会议招兵买马来对付哗变士兵。9月，布拉班特等级会议招募的一些士兵逮捕了全部议事会成员；次日，等级会议召集仍然忠于国王的各省的代表开会，授权他们与荷兰和泽兰（早已加入起义的两个省）的前同僚谈判，并与哗变的西班牙士兵谈判，商议如何结束战争。各方代表在根特聚集，商谈停火，以前一年他们在布雷达达成共识的议题为出发点。

到1576年10月底，他们同意了停火的条件，并将全面解决现存宗教与政治问题的使命交给尼德兰全国的等级会议。除非腓力二世批准《根特协定》并召回备受憎恨的西班牙军队，否则尼德兰等级会议拒绝承认他任命的新任总督奥地利的堂胡安的权威。

第十三章　统治的危机，1576～1577年

尽管腓力二世在位长达五十五年，但他的领地安享太平的时间只有六个月，那就是1577年2月到8月。之所以出现这个间歇，是因为，经过二十五年的持续战争，国王终于不情愿地授权与奥斯曼苏丹签订停战协定。"签订此次停战协定至关重要，"国王表示，"如果没有它，我都不知道我们将如何生存下去。"国王同样不情愿地承认，"我们必须做出一切必需的让步"，从而在长达四年的"很久不曾见过的残酷战争"之后，与反叛他的尼德兰臣民达成协议。[1]尽管与奥斯曼帝国的协议和与尼德兰起义者的协议在差不多同一时间达成，产生的结果却大不相同。西班牙和奥斯曼外交官多次给两国的停战协定续约，于是地中海在16世纪的余下时间里得到和平；而与尼德兰人签订的所谓《永久协定》在区区六个月之后就被撕毁，国王再度开启战事。

在一段时间里，战局悬而未决。腓力二世做了几件危及地中海停战的事情（见第十五章），而尼德兰战火复燃主要是因为三个人之间错综复杂的关系。这三个人是国王的同父异母弟弟奥地利的堂胡安、堂胡安的秘书胡安·德·埃斯科韦多，以及国王的国务秘书安东尼奥·佩雷斯。这三个人诱使腓力二世撕毁了六个月前与尼德兰人达成的协议。这个决定将会对所有参与者产生负面影响。埃斯科韦多丢了性命，佩雷斯失去了自

由，而堂胡安丧失了荣誉。这三人都会心灰意冷、蒙受耻辱地凄凉死去。腓力二世也付出了沉重的代价。他失去了三位有才干的大臣，而这三位之间的尖锐对抗使国王的整个政府严重分化，并最终瘫痪。此外，佩雷斯将会成为反对腓力二世的阿拉贡起义的催化剂；他与敌视腓力二世的法国和英格兰结盟，还写了一些流传极广的畅销书，严酷地批评腓力二世。最糟糕的是，腓力二世白白浪费了结束尼德兰起义的最佳机会，使尼德兰陷入了一场还要延续三十多年的不间断的野蛮战争，并损害了西班牙在西欧和北大西洋的主宰地位。这样一位"处理公务已经三十三年"（这是腓力二世在当时的自吹自擂）的君主，怎么会犯下这么多错误呢？[2]

两位秘书的故事

安东尼奥·佩雷斯于1540年出生在马德里。他是贡萨洛·佩雷斯的私生子。贡萨洛是神职人员和王室官员，不久之后成为腓力二世的私人秘书。安东尼奥后来说，是他父亲"教会了腓力二世使用后来闻名于世的签名"，即"我，国王"（Yo el rey）。贡萨洛有很好的人文主义教育背景，处理公共事务的经验丰富，所以肯定还能教国王很多东西。腓力二世于1556年成为西班牙国王之后，任命贡萨洛为外交领域的国务秘书。贡萨洛担任这个职务一直到1566年去世之时，直到最后都深得君主的信任（见第八章）。贡萨洛还得到了国王的一项认可，即"他出生于阿拉贡"。这个措施在半个世纪之后会救他儿子一命。[3]

安东尼奥·佩雷斯年轻时在威尼斯共和国和尼德兰学习，后来在大约1558年返回西班牙，在阿尔卡拉大学和萨拉曼卡大学读书。他从父亲那里也学到很多，至少从1562年就在父亲的办公室里做事。腓力二世和安东尼奥都接受过贡萨洛的教导，这可能在国王和安东尼奥之间缔造了一种纽带，但还不足以让安东尼奥在父亲去世后立刻接替他的位置。这也许是因为国王不赞成年轻的安东尼奥与胡安娜·科埃略的私情。安东尼奥和胡安娜有过一个孩子，后来两人在1567年结婚。安东尼奥还受到阿尔瓦公爵的敌视，因为贡萨洛晚年曾与阿尔瓦公爵争吵。公爵提携了自己的门客加布里埃尔·德·萨亚斯。尽管安东尼奥最终成为负责地中海事务的国务秘书，而萨亚斯负责欧洲北部的事务，但从今往后安东尼奥·佩雷斯就成为鲁伊·戈麦斯·德·席尔瓦领导下的反对阿尔瓦公爵的廷臣与大臣联盟的成员。

胡安·德·埃斯科韦多也属于这个联盟。他出身于士绅阶层，生于大约1530年。在16世纪50年代，他担任弗兰卡维拉公爵夫人的亲信官员，无疑是因为某种亲戚关系（公爵夫人称他为"我的表弟"）才得到了这个职位。他还是公爵夫人的独生女安娜·德·门多萨的谋臣，她后来嫁给了鲁伊·戈麦斯。埃斯科韦多担任门多萨家族不同成员之间备受信赖的信使，直到1566年他成为财政秘书。七年后，鲁伊·戈麦斯决定让埃斯科韦多到堂胡安身边服务，因为堂胡安是勒班陀海战的胜利者和神圣联盟军队的总司令，拥有崇高的威望和超过100万杜卡特的年度预算。安东尼奥·佩雷斯赞同让埃斯科韦多担任堂胡安的秘书，并告诉国王："我相信他在堂胡安身边会更有价值，因为我认为他能够对堂胡安施加一定程度的约束。"他补充道："如果我太冒失了，就恳求陛下原谅，但我这么做是因为我了解此事。"[4]

这封信既显示了佩雷斯在向国王进言时的自信，也表明了两位秘书之间的友谊。后来有一位廷臣说，佩雷斯和埃斯科韦多之间的友谊"是两个男人之间能够有的最亲近、最坚定的友谊"。佩雷斯与堂胡安也建立了紧密联系。堂胡安在1571年告诉佩雷斯，他是多么想"前来亲吻国王陛下的双手，并与安东尼奥·佩雷斯先生一起度过许多时光"。三年后，腓力二世在考虑如何为下一次地中海作战分配经费的时候，佩雷斯建议国王"将所有资金都发给堂胡安先生，让他自行分配，在各方面做必需的安排"。御弟每次到访马德里的时候，都住在佩雷斯的豪华别墅拉卡西利亚（坐落于都城郊外，在今天的阿托查车站的位置）。[5]

埃斯科韦多很快成为堂胡安和国王之间的主要联络人。埃斯科韦多于1575年抵达宫廷不久之后，腓力二世抱怨道，"我受够了、厌烦了"与埃斯科韦多打交道，所以"我们需要立刻把他弄走"。埃斯科韦多最终离开马德里之后，腓力二世告诉一位意大利盟友，埃斯科韦多会告诉他"我对那件事情的决定，也就是我的弟弟堂胡安派埃斯科韦多与我谈的那件事情。如果你能保密，我会非常感激"。[6]那么，让国王"受够了、厌烦了"的秘密事务，究竟是什么呢？

堂胡安：下一任英格兰国王？

1575年是禧年①，欧洲各地的天主教徒纷纷涌向罗马。一

---

① 禧年是基督教的特别年份，世人的罪在这个年份会得到宽恕。教宗博尼法斯八世在1300年首次宣布了禧年，此后禧年便成为天主教会的传统之一。禧年的间隔历经改变，从百年一次、五十年一次，变成现今的二十五年一次。除此之外，教宗还可以宣布特定年份为"特殊禧年"。在禧年，天主教徒往往会去圣地（尤其是罗马）朝圣。

群英格兰和爱尔兰流亡者说服了教宗格列高利十三世,说如果从意大利派遣 5000 名士兵,在流亡者之一托马斯·斯蒂克利的指挥下径直前往利物浦,就能把英格兰和爱尔兰重新拉回天主教阵营。他们乐观地宣称,这样的入侵会激发一场普遍的天主教徒起义(兰开夏郡的天主教徒尤其多),让玛丽·斯图亚特逃离囚笼,成为英格兰女王,然后与堂胡安结婚。埃斯科韦多现在去了罗马,力图确保这个计划(又一次被冠以"英格兰大业"的代号)得到教宗的全力支持。他随后又去了马德里,希望得到 10 万杜卡特经费和国王的支持。腓力二世立刻发出了对方索要的经费的一半,但坚持要求斯蒂克利及其追随者必须在西班牙军队收复尼德兰之后再发动远征。

1575 年底,腓力二世还决定用弟弟接替雷克森斯,担任尼德兰总督。他开始考虑,堂胡安应当率领增援部队从西班牙大道去尼德兰继续作战,还是不带军队,独自去尼德兰,与起义者议和。国王还没有拿定主意,雷克森斯的死讯就在 1576 年 3 月传来,所以堂胡安必须立刻动身前往尼德兰了。但现在国王担心任性而倔强的弟弟可能会拖延、讨价还价或者甚至不肯去。于是他和安东尼奥·佩雷斯一起向堂胡安发出了难以抵御的诱惑:如果堂胡安去布鲁塞尔并结束尼德兰起义,腓力二世将会尽其所能地帮助他登上英格兰王位。

国王给弟弟写了一封信,描述了佛兰德的绝望形势以及寻找新解决方案的紧迫性。他说自己希望重返尼德兰,去亲自掌控局势,但为了动员资源来维持整个君主国,他必须留在西班牙。而且只有"与我的关系尽可能近的"王室成员才能代替他掌管尼德兰,所以"我得出结论,除了你之外没有别人了","既是因为上帝赐予你的才华,也是因为你通过经验而获得的能耐"。难以抵御的诱惑出现在另外三封信上，都是以佩雷斯的名义发给埃斯科韦多的，但实际上国王参与了起草。在其中最短的一封信里，"佩雷斯"（实际上还有国王）解释道，埃斯科韦多必须将另外两封信拿给堂胡安看，并说服他去尼德兰；如果埃斯科韦多促成了此事，"你就为陛下立了大功，有资格得到重赏"（这是个危险的承诺，后来会困扰国王和佩雷斯）。在第二封信里，"佩雷斯"要求埃斯科韦多在将国王的信交给堂胡安之前让他宣誓保密，并强调："这一点是不容争辩的，也不可以讨价还价。"他还向埃斯科韦多保证："因为此事对国王陛下关系重大，而他不能亲自去尼德兰，所以希望派御弟去。"堂胡安"必须相信，国王陛下会竭尽全力地确保他的事业取得成功"。换句话说，腓力二世会支持英格兰大业。这也是一个危险的承诺，后来让国王懊悔不已。[7]

给埃斯科韦多的第三封信甚至更不寻常，因为它坚持要求堂胡安不带军队和谋臣，直接去布鲁塞尔。腓力二世告诉佩雷斯，"我把这封信修改了两次"，就是为了让弟弟"没办法拒绝"。国王还在信的草稿上亲笔添加了敲诈对方的话术：如果堂胡安"不去尼德兰，就辜负了上帝"，也"辜负了他的父亲。他的父亲热爱这些省份，为它们承担了巨大的风险"。已故的皇帝"如今在天堂，如果看到堂胡安不肯去尼德兰，一定会大失所望"（这句话肯定是国王写的，因为佩雷斯肯定不敢这么写）。这封信还强调，一旦堂胡安抵达尼德兰，他就拥有很好的条件可以实现英格兰大业，将来也许还可以做更多：

先生［埃斯科韦多］，我在想，对于你在罗马

[与教宗] 谈的那件英格兰的事情，如果堂胡安碰巧在附近并且在为国王陛下办理要务的话，岂不更好。此外，我也希望看到堂胡安身居要职，能够决断各项事务，这样的话他就可以不受任何大臣的掣肘或竞争，做一番大事业，让国王陛下能看到他真正的价值。

腓力二世通读草稿后最后一次修改的时候没有反对这些浮夸的说法。1576年4月8日，这三封信被从马德里发往堂胡安正在居住的那不勒斯。腓力二世在自己那封信的附言里补充道："我多么希望传递这封信的人有翅膀，能够飞起来，多么希望你 [堂胡安] 也能飞起来，从而更快地前往尼德兰。"[8]

国王的希冀是徒劳的：差不多一连三个月，堂胡安都没有答复。佩雷斯对那不勒斯方面令人不安的沉默轻描淡写，在6月安慰国王说，堂胡安"一定会服从陛下的意志"，主要是因为佩雷斯擅长"动员埃斯科韦多"。但腓力二世发出了更准确的预言："我忍不住担心，堂胡安会狮子大张口，比如索要大笔金钱、大批军队和极大的自由决断的权力。"[9]

沉默在7月1日被打破。佩雷斯突然禀报国王，"埃斯科韦多刚刚抵达"王宫，"是 [和我一起] 骑马从阿尔卡拉赶来的，讨论了堂胡安托付给他的事务"。[10]究竟是哪些事务？佩雷斯为什么坚持要和埃斯科韦多一起骑行将近六十英里（两天的路程），然后才告诉国王，他等待已久的答复终于到了呢？

其实，堂胡安在5月初就收到了腓力二世和佩雷斯签发的书信。他花了将近三个星期的时间斟酌自己的选项，然后决定接受尼德兰总督的任命。但就像王兄担心的那样，在离开那不勒斯之前，堂胡安向埃斯科韦多口授了两份指示，其中满是向国王提出的要求，有的是政治方面的（自行决断的全权、大量金钱），有的是私人方面的（请国王奖赏他的支持者，认可他的女儿胡安娜的合法性，等等）。堂胡安还说，埃斯科韦多必须向腓力二世强调，自己需要到西班牙来，与国王面谈，讨论他在尼德兰和将来在英格兰的使命的具体性质。堂胡安等待国王答复的同时，去了维杰瓦诺（伦巴第的一座城镇，距离伦巴第与萨伏依的边境很近）。据一名托斯卡纳间谍说，在一段时间里，一切迹象都表明堂胡安"即将动身前往尼德兰"。但在7月，堂胡安骑马去了米兰，"不再谈战争，而是举行庆祝活动和骑士竞技"。间谍说，此时"尽管西班牙朝廷发来信件，催他去尼德兰，但我们目前看不到他启程的迹象"。他猜测，在埃斯科韦多确认国王同意堂胡安的全部要求之前，堂胡安是不会启程的。[11]间谍的猜测虽然正确，但他只发现了部分真相。

1576年4月16日，也就是在写信给埃斯科韦多、强调堂胡安必须立刻前往尼德兰的一周之后，佩雷斯又写信给埃斯科韦多，为近期的一些报告提供了更多细节，"国王陛下已经看过所有那些报告，只有一份除外"。佩雷斯的这封信既是严格保密的，也具有颠覆性。佩雷斯在信的开头透露：4月8日的信中"所有可能让你觉得过于强硬的内容""都是国王亲笔在我拟的草稿上添加的"。但佩雷斯继续写道：

> 我认为，当信中提到堂胡安应当服从国王，动身前往伦巴第，将自己奉献给职责时，他就应当立刻启程，将自己奉献给兄长的意志，并表明自己绝无他

意。他表了态之后，应当明确地解释、告知和请求在他看来完成使命所需的东西。

动身前往伦巴第，而不是尼德兰！佩雷斯的建议戏剧性地偏离了国王的计划，因为如果当堂胡安抵达伦巴第时，"尼德兰已经丢失，或者前往尼德兰的道路被切断"，那么这就不是堂胡安的错，而他离开那不勒斯的这个动作就足以赢得国王的信任和感激。如果他抵达伦巴第的时候，"情势表明堂胡安亲自去尼德兰的话"能够挽救形势，那么他继续向尼德兰前进就是"对上帝、王室和兄长的巨大贡献，也能为自己赢得声望"。此外，"这对你〔埃斯科韦多〕和你的主公〔堂胡安〕以及你们朋友的目标也十分有利"。佩雷斯在信里经常说"我们"，仿佛他和埃斯科韦多是一伙：

> 不管怎么样，我认为，我们必须立即服从国王的指示，立即动身；动身之后让〔堂胡安〕回复或者询问，或者提要求。不过，必须是为了推进此项事业，而不是为了一己私利。我们希望时间能为我们提供一千种可能的选项。[12]

很显然，佩雷斯的指示（堂胡安应当在伦巴第等待，而不是立刻去尼德兰）破坏了腓力二世挽救君主国的计划，可以说是背叛了国王。无疑就是出于这个原因，佩雷斯得知埃斯科韦多抵达西班牙之后就立刻在阿尔卡拉拦住他，然后与他一起骑行两天，"讨论堂胡安托付给他的事务"，直到他们于1576年7月1日抵达埃斯科里亚尔。佩雷斯需要确保埃斯科韦多不会泄露他的密信的内容，还要确保堂胡安听从了他的建议，留在了伦巴第。我们估计埃斯科韦多在这两方面都答应了佩雷斯。但六周之后形势发生了变化，堂胡安在 8 月 12 日黎明突然离开了米兰，前往热那亚。他在那里已经集结了一小队桨帆船，准备"送他去西班牙，处理一些对我们的主公即国王陛下以及基督教世界的福祉至关重要的事务"。十天后，他抵达巴塞罗那，然后立即去埃斯科里亚尔。[13]

堂胡安如此公然违抗御旨的原因，直到他死后才为人所知。堂胡安去世后，西班牙驻罗马大使请求教宗的国务卿科莫枢机主教"与我分享一个秘密，因为他可能曾经向其承诺要保密的那些人都已经死了。我问：'已故的堂胡安与圣父和他［科莫枢机主教］在英格兰大业方面，有过什么交易和信息'"？枢机主教的回答非常惊人：他曾代表教宗写过一些"非常长的信"，敦促堂胡安执行英格兰大业；埃斯科韦多去过罗马，格列高利十三世"与他谈过此事"；并且枢机主教后来（1576 年堂胡安去西班牙的时候）代表教宗给堂胡安写过一封信，委托他向腓力二世提出那项"冒险"。枢机主教重复道，那封信"敦促［堂胡安］当面向国王陛下提议英格兰大业，尽管他没有得到去西班牙的许可"。这就是为什么堂胡安突然违抗了王兄的旨意。[14]

查理五世的两个儿子之间的纷争

堂胡安突然来到西班牙，让腓力二世大吃一惊。他正忙着起草向尼德兰起义者妥协的大量文件，计划托付给一名信使，让他与堂胡安同时抵达尼德兰。埃斯科韦多确认堂胡安会接受任命之后，腓力二世就把这名信使派去了布鲁塞尔，送信给那里的所有大臣，通知他们，他的弟弟将会担任新任总督；然后国王发去了自己的指示，以及敦促邻国君主与他的弟弟维持"睦邻友好"的书信。[15]腓力二世刚刚签发这些信件，就得知堂胡安到了巴塞罗那而不是布鲁塞尔。国王抑制不住怒火，立刻写了下面这封信：

> 弟弟：昨夜埃斯科韦多把你的信给了我，还说你已经到了巴塞罗那。我忍不住告诉你，尽管我非常想见你，非常想让你到我身边，但考虑到当前局势，你的决定让我十分焦虑，所以我为了即将见到你而感到的喜悦减少了许多。[16]

堂胡安抗命的消息传到国王耳边的差不多同一时间，布鲁塞尔传来了令人警惕的坏消息。腓力二世在 8 月 29 日向枢机主教基罗加抱怨道："尼德兰的局势让我忧心忡忡，甚至十分焦虑，让我没办法处理其他事务。"他询问基罗加，如何能让他的弟弟以最快速度前往布鲁塞尔，"因为如果他原路返回，会耽误太多时间。我在考虑可以让他隐姓埋名，只带两三名随从，从陆路去尼德兰"。基罗加的意见是，除非堂胡安立即出发，并得到全权去满足尼德兰人的一切要求，否则"他们就会建立一个共和国，拥有极大的优势和自由，那样的话您当他们的君主就没什么意思了"。他建议国王宣布御弟将会取道意大利去尼德兰，从而制造烟幕弹，掩护堂胡安"乔装打扮地快速穿过"法国。基罗加继续颇有洞察力（也颇有远见）地说："尽管这会非常困难，但每耽搁一天，[尼德兰的] 形势就更糟糕一分，所有的努力和花费都将付之东流。"国王接受了这种悲观的逻辑。他决定，为了尽可能地"保密和伪装"，堂胡安应当离开宫廷，去拜访抚养他长大的玛格达莱娜·德·乌略亚夫人，"就像他每次从海外回到西班牙时总会做的那样"，然后从她位于巴利亚多利德附近的宅邸偷偷溜到尼德兰。腓力二世乐观地总结道："在那之后他的使命就万无一失了，因为他是在为上帝办事，上帝指引着他。"[17]腓力二世是在1576年9月1日写下这些话的。当天晚些时候，查理五世的两个儿子在埃斯科里亚尔团聚了。

堂胡安亲身来到宫廷，这就给了他一个重要的优势。他立刻开始提出兄长担心的"狮子大张口的要求"。帕尔马的玛格丽特鼓励堂胡安"向国王陛下开诚布公，解释当前局势赤裸裸的真相"，因为"你在过去也一定发现了，你与国王直接面谈的时候，可以比较轻松地达成目标；而一旦你离开了他，通过书信或者中间人，就不可能达成同样的目标"。堂胡安谨遵教导，表示除非兄长为他的两项使命（平定尼德兰和入侵英格兰）提供足够的经费，否则他绝不离开宫廷。[18]

腓力二世竭尽全力地筹款，但是，不足为奇的是，受到"违约法令"影响的银行家拒绝发放新的贷款，除非国王先清偿旧的贷款。国王向马特奥·巴斯克斯（国王指示他起草与银行家打交道的"普遍解决方案"）哀叹道："我觉得我们永远都办不成了，我们的余生会在这件事情的阴影里度过。"[19]罗马教廷大使尼科洛·奥尔玛奈托（腓力二世还是英格兰国王的时候与他打过交道）抓住这个机会，暗示如果让堂胡安登上伊丽莎白的王位，腓力二世的一切问题都可以迎刃而解。但国王仍然保持谨慎。他答道："没有人比我更希望看到此事成功，因为英格兰王国的皈依能够给上帝的事业和基督教世界的福祉带来极大的裨益。但在何时、如何发动这样的冒险，取决于尼德兰的局势和其他很多事情。如此重大的事情需要非常仔细的研究和评估。"腓力二世答应继续考虑解决方案，"尽管我看到很多困难"。持续的耽搁给他造成了"太多的悲痛和焦虑"，"我都不知道如何忍耐"。[20]

最后，在1576年10月18日，堂胡安宣布自己满意了。国王亲笔写的一张纸（应当是两兄弟最后一次会谈的笔记）上列出了腓力二世愿意做出的让步。为了推进对英格兰的进攻，腓力二世授权弟弟同意尼德兰人的要求（所有外国军队撤离尼德兰），条件是允许西班牙老兵从海路离开（那样的话，堂胡安就可以率领他们进攻英格兰）。国王还表示："我们必须忘记近期的混乱期间发生的一切，既往不咎。"另外，如果堂胡安抵达尼德兰之后发现"那里的形势已经无望，尼德兰人坚持要求满足他们的所有要求，不肯做任何让步"，那么"既然我们必须扑灭大火，并防止那些人陷入完全绝望的境地，你就可以为了达成协议答应一切条件"。腓力二世只在一个方面提醒堂胡安保持谨慎：他相当自负地敦促弟弟"在爱情方面小心谨慎，不要为了这个而得罪〔尼德兰〕精英"。尽管国王愿意牺牲自己的主权，但他不想要更多的非婚生的侄子或侄女。[21]

随后，堂胡安动身前往布鲁塞尔，（按照兄长的要求）有些灰溜溜地打扮成仆人，只带了一名随从，穿过法国。他对兄长是否会信守诺言还有疑虑，所以在西班牙境内写的最后一封信里提醒国王："陛下，如今我可能会遇到非常危险的局面，可能需要我付出自己的鲜血。所以我再一次请求陛下满足我的要求，也就是送来金钱、金钱和更多金钱，因为如果没有金钱的话,那么就干脆不要投入那么多。"[22] 埃斯科韦多留在宫廷,继续向国王施压。

堂胡安在尼德兰

事实证明,堂胡安的担心是很有道理的:他离开宫廷之后,国王就摆脱了压力,于是开始无情地改变计划。1576年11月11日,也就是堂胡安离开不到三周之后,国王把一份他亲笔写的拐弯抹角、令人糊涂的给堂胡安的指示托付给埃斯科韦多。国王承认:"当前是我们找得到的最好时机,因为英格兰女王处于劣势,我可以把军队从尼德兰撤出而不至于丢面子,并把英格兰重新拉回天主教阵营,从而为上帝做贡献。"但他担心,"如果没有坚实的基础,也不能保证一定能得到圆满结局,就贸然发起[攻击英格兰的]行动的话,可能会有危险,基督教世界和整个世界也可能因此被煽动起来"。因此,他总结道,"在彻底平定尼德兰之前,绝对不可以发动[英格兰]大业,免得尼德兰发生骚乱,不管是多么轻微的骚乱",因为"你很容易理解,为了获得新领土而让现有领土陷入危险,是多么严重的错误"。此外,堂胡安必须摸清他能从英格兰天主教徒那里得到多少支持,"因为如果没有内应的话,我们不可能占领或者攻击任何国家,不管它多么弱小"。最后,也是最重要的一点是,"你已经知道,女王[伊丽莎白]习惯于同她可能与之结婚的人保持联系和接触;她也许会有什么奸计,在这方面对你有什么想法,并与你建立联络。如果发生了那样的事情,我觉得你不应当回避,而是应当顺着她的心意发展",从而"更好地掩饰和伪装"筹划中的入侵与征服。[23]

腓力二世和埃斯科韦多讨论过这些指示。埃斯科韦多警示道，这些指示对堂胡安来说"会是极不受欢迎的，我害怕去见他，害怕他读了我送去的这些指示之后会陷入绝望，做出灾难性的决定"。[24]埃斯科韦多说得一点不错。堂胡安读了秘书送来的指示（与他在宫廷时国王对他的承诺大相径庭）之后，得出的结论是，他的兄长从一开始就假装对英格兰大业感兴趣，单纯是为了骗他离开那不勒斯去尼德兰。堂胡安感到自己受到了残酷的欺骗，于是开始寻找别的策略来达成自己的私人目标。

尽管堂胡安有正当的理由感到怨恨，但他从来没有想过，他自己的耽搁（先是在那不勒斯，然后在伦巴第，最后在西班牙）已经严重损害了"大业"。他于11月3日抵达卢森堡的时候，在尼德兰的西班牙王军已经土崩瓦解：雷克森斯在这年3月指挥着60000名士兵，如今只剩不到11000人，其中大部分满腹怨恨，随时可能哗变。雪上加霜的是，在堂胡安抵达的次日，阿尔斯特的西班牙哗变士兵占领了安特卫普，然后血洗全城：他们摧毁了超过1000座房屋，杀死了8000多名市民。这个悲剧性事件不久之后被称为"西班牙的狂怒"，就像雷克森斯预言的那样引发了"普遍的革命"。四天后，尼德兰等级会议批准并颁布了《根特协定》，结束了战斗。随后，等级会议派遣代表去获取堂胡安对该协议的批准，并通过他获得国王的批准。

堂胡安很清楚自己缺乏必备的技艺来应对如此微妙的局势。他向自己的表兄萨伏依的埃马努埃莱·菲利贝托（曾任尼德兰总督）承认，那些不得不"与如此傲慢而放肆的人民打交道的人"需要"天使的性情。而我比绝大多数人都更不像天使,所以比其他人更痛苦"。但堂胡安没有为自己培养"天使的性情",而是集中全部精力于英格兰大业。为了这项事业,他动员了教宗、英格兰与爱尔兰流亡者、法国天主教徒、胡安·德·埃斯科韦多和安东尼奥·佩雷斯。[25]

两位秘书从一开始就参与了此事。堂胡安还在宫廷的时候,腓力二世就抱怨道:"埃斯科韦多极力推动这件〔英格兰的〕事情,我请他写下他的观点给我看。"国王继续说:"埃斯科韦多仍然认为攻打英格兰是很轻松的事情,但我觉得困难重重。"堂胡安动身前往尼德兰之后,国王与御弟之间的中间人就差不多只剩下了埃斯科韦多和佩雷斯。此前腓力二世非常依赖基罗加的建议,而当基罗加问国王堂胡安在尼德兰的使命的细节时,国王的回答却很简练也很不屑一顾:"安东尼奥·佩雷斯会告诉你。"[26]若干年后,一位廷臣说:

> 国王陛下对佩雷斯百般信赖,和他一起裁决君主需要解决的所有机密的国家大事。无论是什么事情,国王都征询他的意见,也重视他的意见……并且因为奥地利的堂胡安最尊重、最信赖的人恰恰也是安东尼奥·佩雷斯,所有佩雷斯知道的秘密极多,能够在国王和御弟之间维持平衡。如果佩雷斯告诉国王堂胡安想要什么,国王一定会相信;如果佩雷斯告诉堂胡安国王想要什么,堂胡安也一定会相信。所以佩雷斯的角色就像是双面间谍。[27]

正巧在这个时期,腓力二世的行政体系发生了一个重要的变化,使得佩雷斯比较容易扮演"双面间谍"的角色。

堂胡安在同意离开宫廷去尼德兰之前向国王提出的条件之一是，由佩雷斯而不是萨亚斯处理他与兄长的西班牙文通信。国王后来解释道："我同意这一点，不是因为不信任萨亚斯，而是因为我弟弟坚持要求这样，说如果我不同意的话，他就不接受任命。于是我不得不这么做。"堂胡安对这个改变还不满意，到了尼德兰之后就质疑"陛下是否应当允许［国务］议事会读我的信件"。他不等国王的答复，就要求，只能由两个人来"阅读和讨论我的信件"，即佩雷斯和贝莱斯侯爵堂佩德罗·法哈多，后者曾是佩雷斯的大学同学，和他一样支持鲁伊·戈麦斯·德·席尔瓦并反对阿尔瓦公爵。堂胡安的这个要求，腓力二世也接受了。尽管国王提出了一个修改——"还可以加上宗教裁判所主裁判官（基罗加）"，但他马上又写道："安东尼奥·佩雷斯，你来决定怎样最好吧。"[28]

佩雷斯很欢迎这个建议。在随后八个月里，堂胡安发到宫廷的信被存放在王家档案馆时都带有"两大臣已阅"（Visto por los Dos）的批注，也就是说基罗加和贝莱斯侯爵已阅。因为这两位能看到哪些信，完全是由佩雷斯决定的（佩雷斯的部下负责将从欧洲北部收到的所有信件解码），所以这三位大臣就构成了腓力二世在尼德兰事务上的唯一参谋团体。用一位精明的外国大使的话说："这三人把持了全部朝政，其他人只是装饰品而已。"[29]

今天，我们几乎完全没有办法搞清楚国王、御弟、佩雷斯和"两大臣"（基罗加和贝莱斯侯爵）分别扮演了什么样的角色。首先，腓力二世在与佩雷斯单独谈话的时候向他传达了一些关键性的决定，却几乎没有留下任何文献证据。例如，国王在收到堂胡安的一些信（由佩雷斯解码）后写道："我们需要谈一谈此事，因为此事最好是面谈而不是书写。"并且，堂胡安省略了一些重要的细节，因为"这些东西不能写在信里，尤其是因为信必须经过漫长而危险的路途"。[30]最后，很多被写下来的秘密，后来被有意识地销毁了。在1576年、1579年和1590年，佩雷斯焚毁了大量书信，包括他与堂胡安的通信；国王也定期焚毁已阅的密信。堂胡安也会这么做。他有一次警示一位受信赖的通信伙伴，"为了安全起见，我习惯于读完你的信后就烧掉"，因为"纸毕竟是纸，容易走漏消息"。堂胡安去世后，据他的遗嘱执行人之一说，"焚毁他的信件和肖像非常令人哀伤"，但"这是他的命令，所以我们执行了"。[31]尽管存世的文献有这些空白，但我们还是能清楚地看到，腓力二世只允许佩雷斯一人来处理他与御弟的通信，这简直是邀请佩雷斯来欺骗他。从此之后，佩雷斯拆封、解码和概括了堂胡安发来的全部信件，包括"国王亲启"的密奏；而只有佩雷斯一个人可以起草"两大臣"的全部奏章以及国王给堂胡安的回信。

就这样，堂胡安、埃斯科韦多和佩雷斯构建了"团体迷思"（见第四章）的理想环境。然后他们不顾国王的顾虑，做了好几个关键决定来推动入侵英格兰的计划。在尼德兰，堂胡安和他的秘书在1576年12月与尼德兰等级会议安排了停火。这个消息传到马德里之后，佩雷斯立刻尽其所能地劝说国王，让国王"尽快以最好的条件解决问题"。不久之后，佩雷斯同样坚定地重复道："堂胡安和陛下的事业所需要的，就是通过和平手段收复那些省份。"[32]这可不容易。

尼德兰等级会议有两百多名代表，他们几乎不会在任何事情上达成一致。如堂胡安所说："不仅没有办法知道［等级会议开会时〕下一个钟头会发生什么，而且他们把不同的议程联系起来。所以正当你在考虑宣布一件已经决定的事情的时候，他们却开始花费好几天时间讨论如何落实这个决定。"他恼火地总结道："他们唯一能够同意的，就是为了得到他们想要的东西，他们死也可以。"埃斯科韦多更进一步，警示国王道，有些代表希望"建立一个共和国，不接受任何统治者"，所以"战争是不可避免的。如果我们立刻为战争做准备，就能节约许多时间和金钱"。[33]他附上了一份预算，说每个月的军费是50万杜卡特。

堂胡安和埃斯科韦多真的相信"战争是不可避免的"吗？或者，他们做出如此悲观的预测和令人生畏的预算，只是为了诱使腓力二世在尼德兰议和，进而为入侵英格兰扫清障碍？不管他们的动机是什么，国王听说战争可能再次爆发后，就立即发了一式三份的快件，禁止开战："弟弟，我必须坚持要求你避免与尼德兰人决裂，请你顺应时机与必然性，这些才是在如此棘手而绝望的事情当中最好的指导。"[34]两周后，腓力二世向佩雷斯抱怨，"我弟弟做的事情没有一样是恰当的"，因为他和埃斯科韦多"仍然想打仗，试图点燃战火"。他哀叹道，假如堂胡安和埃斯科韦多得逞，"我们就没有办法为他们提供所需的资源。如果我们给他们提供资源，我们就没有足够的资源去对抗奥斯曼舰队或者做其他事情了"。然后，这句话写到一半的时候，国王改了主意，又说阿尔瓦公爵和雷克森斯提议的焦土政策才是迫使尼德兰人求和的最佳手段。"我能想到的唯一补救方法就是让我的弟弟招募尽可能多的德意志步兵和骑兵，再加上已经在那边的西班牙士兵（因为我们没法给他派去更多西班牙士兵），一起摧毁那个国家。这些士兵可以把掳掠来的战利品当作军饷。这就是我们与尼德兰人达成协议的办法。"他命令佩雷斯征询"两大臣"对这个建议的意见,并补充道:"尽管我非常不喜欢这种政策,但收复满目疮痍的省份,胜过完好无损地丢失它们。"[35]

这个出人意料的提议让佩雷斯和"两大臣"目瞪口呆,他们坚决反对,强调"我们需要争取尽可能好的和平条件。打仗是不可能的,如果陛下再度开战,对尼德兰和意大利都会非常危险"。国王做了部分让步,但没有完全放弃"我得不到的,别人也休想得到"的残酷计划:"如果尼德兰等级会议要战争而不要和平,那么我们就无法避免战争。那样的话,因为我们没有资源把战争像之前那样打下去,我们就必须按照我说的那样操作。"也就是说执行焦土政策。现在佩雷斯发表了意见。他坚持要求,"我们必须让堂胡安不惜一切代价与尼德兰人达成协议",而且为了强调自己的观点,他还借用了一种令人担忧的多米诺骨牌理论。如果尼德兰再度爆发战争,"我非常担心,它的所有邻国和整个德意志都会起来反对陛下的军队";并且,国王应当记得"西班牙和意大利也都可能出现极大的危险"。他直言不讳地继续说:"我们应当担心,就连西班牙诸王国也可能会厌倦为了一场已经失败的事业而流尽鲜血。"道理是很清楚的:"必须避免与尼德兰人撕破脸皮,必须坚持和谈。"国王在这轮猛烈炮轰之下屈服了。"你说得很好,很有道理,"他承认,"我只是希望现实不是那样。"[36]

于是,腓力二世指示弟弟(就像佩雷斯和"两大臣"敦促的那样)不惜一切代价避免再次发生战争。他写道,"我不知道怎么才能提供那么多钱",即尼德兰每个月50万杜卡特的军费，"即便只有这么一件事情需要出资，我也出不起那么多钱；资源都已经消耗掉了，用光了，所以如此大规模的战争是不可能的，我们的政策必须量力而行"。也就是说，堂胡安必须议和，并争取尽可能有利的和平条件。[37]

但是，国王的这番纠结白费了，因为堂胡安已经做了决定。在国王、佩雷斯和"两大臣"在马德里商议是否执行焦土政策的同一天，堂胡安与尼德兰等级会议签署了所谓的《永久协定》。它确认了《根特协定》。堂胡安命令埃斯科韦多筹款，让哗变的西班牙士兵按照《永久协定》的要求，在一个月内离开尼德兰。堂胡安担心老兵们离开之后尼德兰人会不服从他，所以还恳求腓力二世允许他返回西班牙。堂胡安在给玛格丽特的一封不够谨慎的信中写道："我告诉他，除非我得到回国的许可，否则我什么事情都做得出来，包括丢下一切、自己径直回西班牙，哪怕因此受惩罚"，以及"我的耐心只会坚持到8月或9月"。[38]

《永久协定》包含一项出人意料的条款：堂胡安同意，西班牙老兵将会走陆路，而不是走海路离开尼德兰。于是他就失去了征服英格兰所需的关键力量。这个关键的让步是因为一群英格兰和爱尔兰流亡者来到了他的小小宫廷，其中有简直无处不在的托马斯·斯蒂克利。他们一起探讨了废黜伊丽莎白·都铎、推举堂胡安为英格兰国王的各种策略。斯蒂克利劝服了他，说即便西班牙军队从陆路离开尼德兰，堂胡安仍然可以凭借在意大利招募的5000名士兵征服英格兰，教宗将为这支军队提供军饷和运送他们到英吉利海峡的舰队，堂胡安可以在那里等候部队抵达。《永久协定》签署之后，斯蒂克利立刻前往罗马，带去了堂胡安签署的一些表示决心征服英格兰的书信，以及堂胡安写给腓力二世和佩雷斯、恳求他们支持斯蒂克利的冒险的书信的副本。格列高利十三世以书面形式确认，"他非常希望殿下领导英格兰大业"，并恳求他"开始考虑"恰当的策略，"从而让圣父也为了胜利做好准备"。教宗还命令罗马教廷大使奥尔玛奈托说服腓力二世支持这个计划，并派了一名特使去尼德兰，负责分配教廷为英格兰大业准备的经费。[39]

就像几年前罗伯托·里多尔菲的雄心勃勃但充满欺骗性的计划（见第十一章）一样，这个计划也建立在有缺陷的基础之上。斯蒂克利根本没有资源去招募和维持5000名士兵，更不要说找一支舰队把他们从意大利运到爱尔兰或英格兰了。就算教宗的这支远征军能够抵达目的地，奥尔玛奈托也很清楚："成功与否，主要取决于英格兰天主教徒在看到我们的舰队时会不会发动起义。"但没有人安排这样一场起义。[40]最后，堂胡安也不可能在斯蒂克利的冒险家们从意大利抵达时随时秘密地离开尼德兰。

即便如此，奥尔玛奈托在1577年4月觐见腓力二世并谈到教宗的入侵英格兰计划时，"我发现国王对英格兰大业坚定不移，因为他认为自己有能力参与此事，并且有相当大的胜算"。[41]奥尔玛奈托此时还不知道，腓力二世在伊斯坦布尔的密使之一已经与奥斯曼苏丹缔结了在地中海停战一年的协定；奥尔玛奈托也不知道，在尼德兰，埃斯科韦多已经筹集到足够的金钱，让西班牙老兵们返回意大利。这就让堂胡安得以进入布鲁塞尔，并在1577年5月5日宣誓就任尼德兰总督，并再次承诺遵守《永久协定》。作为回报，尼德兰每个省（除了荷兰和泽兰）的等级会议都再一次接受腓力二世为他们的君主。

尽管耽误了许多时间，犯了很多错误，但堂胡安似乎圆满完成了他的使命的第一部分。

堂胡安因为急于成为英格兰国王，（就像佩雷斯和埃斯科韦多一样）而忽视了一个重要事实：和他一样，各省的等级会议也是在没有充分与自己人商量的情况下签署《永久协定》的。尽管奥兰治亲王威廉和他在荷兰与泽兰的追随者批准了《根特协定》，但他们没有参与等级会议与堂胡安的谈判。所以奥兰治亲王等人没办法要求《永久协定》保障他们为之战斗的宗教与政治自由，于是他们反对《永久协定》。腓力二世读到《永久协定》文本的时候立刻发现了这个致命的漏洞。在一段时间里，他忘记了这一点（他向佩雷斯道歉："我在想关于尼德兰的其他事情，现在我记不起来了。"），但"我现在记起了之前忘掉的东西，即如果我理解正确的话，我们不应当说'批准与奥兰治亲王的协议'，而仅仅是'我的弟弟与等级会议之间的协议'"。[42] 为了说服奥兰治亲王接受《永久协定》，堂胡安派人去海特勒伊登贝赫①与亲王及其盟友商谈他们签署《永久协定》并解散其军队的条件。这两样完成之后，尼德兰就"彻底平定了，可以安享太平，再也不会出麻烦，最轻微的麻烦也不会有"，那就是国王想要的。但奥兰治亲王告诉堂胡安的代表："实话实说，我们可以看出，你们企图彻底消灭我们，而我们不想被消灭。"[43] 他宣布，他能够接受的条件是：全面的宗教自由，并且由外国君主们担保，少一点都不行。

奥兰治亲王之所以做出这样坚决的反应，是因为一件奇怪

---

① 海特勒伊登贝赫在今天荷兰的南部。

的事情：他的部下截获并破译了堂胡安和埃斯科韦多发给腓力二世和佩雷斯的全部信件，并将其与伊丽莎白女王分享。所以他们知道堂胡安的真正目标，因为堂胡安在自己的加密信件里都写了。堂胡安在1577年5月向兄长解释道："如果说我参与了英格兰事务，主要原因是我可以看出，对陛下的事业来说，最重要的事情莫过于迫使英格兰服从教宗，并将它托付给一个愿意为您效劳的人，比如我。"[44]这些信，以及其他的信表明，新任尼德兰总督为了开启他的英格兰大业，愿意为了平定尼德兰而接受任何条件，不管是多么过分的条件。除此之外，他唯一的选项就是继续打仗。奥兰治亲王现在知道，腓力二世绝不会允许堂胡安继续打仗。所以，在伊丽莎白女王的支持下，奥兰治亲王提出了极端的要求，相信自己一定会得到满足。但他这么做就犯了一个严重错误：他没有考虑到，对手是个喜欢单方面行动的人。

在海特勒伊登贝赫的谈判失败之后，堂胡安决心向奥兰治亲王及其盟友宣战，以为这样不仅会迫使腓力二世召他回西班牙，而且可以转移伊丽莎白的注意力，让斯蒂克利及其士兵有机会在英格兰登陆并解放玛丽·斯图亚特。于是堂胡安离开了布鲁塞尔，说服教宗的代表用从罗马带来、准备用于英格兰大业的钱去招募德意志雇佣兵。他还召唤不久前离开的西班牙军队回到尼德兰；写信给教宗和腓力二世在意大利的大臣们，解释他的新计划，请求他们支持；并派遣埃斯科韦多去宫廷，要么让国王同意把外籍军队派回尼德兰，要么让国王同意堂胡安返回西班牙，这样堂胡安就可以参加斯蒂克利的远征。埃斯科韦多于1577年7月21日最后一次回到家乡。三天后，堂胡安不等待兄长的批准，就单方面向奥兰治亲王和尼德兰等级会议宣战了。

和平或战争？

腓力二世对堂胡安如此嚣张的抗命不遵行为的最初反应，是派遣紧急信使去他在意大利的大臣们那里，禁止他们服从堂胡安的命令："暂且不要执行我弟弟的命令，因为这是我的事业所要求的。我不希望让尼德兰人看到西班牙军队和银行家回到他们那里，因为这可能引起尼德兰人的畏惧和疑心。"腓力二世还口授了一封长信给弟弟，严厉地斥责他，说堂胡安绝不可以忘记，国王希望"用和平手段收复那些省份"，"避免与尼德兰人决裂和发生公开战争。我们绝不可以再次在尼德兰驻扎外籍军队，因为过去的证据已经明确表明，那么做是行不通的"。因此，国王咆哮道，不管尼德兰的局势如何，"我会兼顾我的其他王国的利益、可供我调用的资源与经费来做决断"。[45]

国王在1577年8月28日写下了这份明确的训诫，但在随后一周里，他做了他的漫长统治期间最引人注目也最命运攸关的一次180度大转变。变化是从他写上面的信的三天之后开始的。腓力二世签署了一系列书信，命令他在意大利的大臣们让西班牙老兵们待命，一旦接到他的进一步命令就返回尼德兰。他还命令大臣们讨论尼德兰的当前局势。但这一次，他没有仅仅询问"两大臣"，而是征询了整个国务议事会的意见。基罗加最后一次尝试劝国王批准英格兰大业："我坚信不疑，这一切恶事的根源就是英格兰女王；如果她需要集中力量整顿自己的内院，她就不会在别的地方惹是生非。"但议事会的其他成员建议立刻在尼德兰重新开战。[46]

国王深知，他不可能在地中海作战的同时发动一场针对尼德兰人的大规模军事行动，于是派遣一名密使去伊斯坦布尔，寻求延长停战协定的期限。腓力二世相信苏丹一定会同意，于是在9月11日签署命令，让在意大利的西班牙老兵返回尼德兰，但他给出了一个警告。"确保所有人都明白，"他命令弟弟，"我的这个决定不是为了改变《根特协定》同意和解决的一切，而是为了让你尊重和履行你已经做出的全部承诺。"[47]

与此同时在尼德兰，等级会议违抗堂胡安的命令，邀请荷兰和泽兰代表去布鲁塞尔参会。奥兰治亲王进入了十年前逃离的都城，在那里（堂胡安愤怒，也许还嫉妒地写道）"他受到热烈欢迎，仿佛他是救世主。在他的提议之下，他们派使者来见我，提出了完全不合理的新要求"。堂胡安的理解是，这意味着"他们不想要和平，不想要上帝，也不想要国王"，但他暂时遵照了兄长的命令，接受了这些新条件。9月21日，他撤到卢森堡，这是唯一仍然忠于国王的省份。同一个月，在法国，天主教和新教领袖签署了《贝尔热拉克和约》，该和约结束了双方之间的内战，为法国新教徒武装入侵尼德兰扫清了障碍。身处"这个迷宫"的时候，堂胡安得知，腓力二世决定将西班牙老兵送回尼德兰，并重新开启战争。堂胡安说，这条消息"让我起死回生"，他立刻开始想方设法地招兵买马。他甚至请法国天主教徒的领袖吉斯公爵允许在法国内战期间为他效力的西班牙志愿者离开法国并投奔堂胡安麾下，并请公爵允许堂胡安招募一个团的法国步兵。[48]

根据佩雷斯后来的回忆，"堂胡安派人去见吉斯公爵，并在他的内室秘密讨论"招募一个法国步兵团去尼德兰服役，这消息是间接地传到腓力二世耳边的，这让他"非常疑心"，因为堂胡安和埃斯科韦多都"不曾提及此事"。[49]堂胡安有了军队之后，变得更不讲理，要求兄长提供100万杜卡特现金，以后还要定期送钱给他，并相当粗鲁地补充道："陛下请记住，我想要的经费与您为阿尔瓦公爵及其后继者提供的经费数额相同，何况如今的需求比当初大得多。"他还敦促埃斯科韦多（还在西班牙宫廷）持续对国王施压。与此同时，他的盟友基罗加告诉国王，西西里的一些心怀不满的臣民"放肆地说尼德兰人给他们指明了方向"，教会了他们如何向君主索要权利。基罗加坚持说，英格兰大业比以往更有必要了，因为那是"为了基督教世界的福祉，也是为了惩罚恶人，以儆效尤"。国王又一次拒绝了，因为"现在它的困难比以前更大了，所以我需要非常仔细地斟酌。你也要好好思考。我正在考虑，还会继续考虑"。[50]

埃斯科韦多和基罗加从堂胡安那里接受的另一项任务较为成功。一支舰队从美洲送来了数量空前的白银。于是，1577年12月，国王与受到"违约法令"影响的银行家签订了一项普遍的和解协议。腓力二世承认自己在1560～1575年的各项贷款的本息加起来将近1500万杜卡特；为了还款，他卖了一些教会地产（得到了教宗的批准），并发行了相当于1000万杜卡特的债券。银行家接受了这样的条件，同意再提供500万杜卡特的贷款给堂胡安和西班牙在海外的其他将领，分期支付。国王仍然坚持说，他对尼德兰人的政策没有变化。他在1578年1月24日的一封信里解释道："我的意图并非惩罚或者摧毁［尼德兰］，而是让它服从上帝和我。如同我承诺的那样，只要他们满足这两个条件，战事就会停止，一切会恢复到已故皇帝在位时的状态，既往不咎。"[51]但在一周后，堂胡安和他临时拼凑起来的军队击溃了尼德兰人，向布鲁塞尔进军，迫使奥兰治亲王及其盟友逃之夭夭。得胜的堂胡安又一次梦想在尼德兰缔造有利的和平,然后入侵英格兰。于是他要求腓力二世把埃斯科韦多送回他身边,并请国王授权采取必要的措施、提供足够的金钱来实现自己的雄心壮志。腓力二世没有这么做,而是授权安东尼奥·佩雷斯杀死埃斯科韦多。

第十四章　最丑恶的谋杀？

马德里，阿穆德纳街，1578 年 3 月 31 日

1578 年 3 月 31 日是圣周的星期一。晚上 9 点，胡安·德·埃斯科韦多（曾任腓力二世的财政秘书，如今是奥地利的堂胡安的私人特使）"骑着马，心事重重地"走在今天的阿穆德纳街（距王宫不远），身边有两名仆人和一名举着火把的侍童。他刚去了埃博利亲王夫人安娜·德·门多萨（鲁伊·戈麦斯·德·席尔瓦的遗孀）的家，在那里"待了很长时间，直到夜幕降临"。他走进自己的住处时，六名刺客突然向他发动袭击。其中一人"用一支卡斯蒂利亚产的轻剑刺穿了他的身躯"。埃斯科韦多从马背跌落，还没来得及做告解，就因失血过多而死。围观者试图抓住刺客。在搏斗中两名刺客丢掉了自己的斗篷，但都顺利消失在夜色中，没有被认出。[1]

次日早晨，腓力二世收到马特奥·巴斯克斯报告此事的消息时，正在埃斯科里亚尔度复活节。国王答道："你立刻把埃斯科韦多的事情汇报上来，这很好。我收到你的信的时候还没有起床，不久之后迭戈·德·科尔多瓦也带着消息来了，我觉得这很奇怪。"这消息的确"奇怪"。尽管自腓力二世定都马德里以来，这座城市发生了许多街头暴力事件，但如一位外国大使所说："这样的刺杀很不正常。"另一位大使说，埃斯科韦多是肱股之臣，知道国王和他的弟弟的"全部指示与秘

密"；然而一群组织有序的凶手却在距离王宫不远的熙熙攘攘的大街上伏击并谋杀了他。这岂止是"奇怪"。[2]

埃斯科韦多在近期遭受过至少三次投毒暗杀，他家中的一个摩里斯科奴隶因此受到审判，并被处死。而埃斯科韦多在街头被刺杀之后，居然没有人立刻遭到起诉，更不要说受到惩罚，这就更加惊人了。两周后，费拉拉公爵的大使奥拉齐奥·马莱古齐写道，为期两周的"非常严格的调查""未发现凶手的蛛丝马迹"，尽管"罪犯要想躲藏几乎是不可能的，何况有这么多凶手"。[3]

马莱古齐说得对：躲藏的确是不可能的。他写下这段话的时候，全部六名刺客已经在好几位达官贵人的帮助下逃离马德里，进入阿拉贡境内，在那里不必害怕卡斯蒂利亚的法官。埃博利亲王夫人（埃斯科韦多人生的最后几个钟头就是在她家度过的）任命其中一名刺客为自己的会计，给他一笔丰厚的薪水；安东尼奥·佩雷斯给了另外两名刺客每人 100 金克朗；其他人都收到了"国王陛下亲笔签署的令状和书信，赐给他们每个月 20 克朗的奖金和陆军中尉军衔"，可以到驻扎在意大利的某个西班牙步兵团服役。尽管这几个刺客不禁怀疑这些令状的真实性，但他们到了意大利之后，都顺利领到了奖赏。原因很简单：谋杀埃斯科韦多以及刺客的逃亡是佩雷斯安排的，得到了腓力二世的批准。

谋杀案的从犯

国王在 1589 年承认自己参与了此事。这一年，他命令以谋杀埃斯科韦多的罪名审判佩雷斯。国王命令法官查明他的前秘书"为何""如此行事并发布相应的命令，以及国王陛下为何同意"。法官报告称,佩雷斯拒不回答。腓力二世写了一封亲笔信,"命令他说出国王陛下同意杀死秘书埃斯科韦多的原因"。国王补充道:"为了让我自己满意,也是为了我的良心,我希望知道那些原因是否充分。"[4]

那些"原因"究竟是什么,国王为什么在 1589 年(而不是更早)"希望知道那些原因是否充分"?对历史学家来说不幸的是,几个主要人物在当时都没有解释,他们为什么认为埃斯科韦多必须死。两名刺客给出了宣誓证词,但都是在几年后因为此次谋杀案受审的时候给出的,而且他们的说法有重要的矛盾之处。佩雷斯本人不肯交代,直到 1590 年承受了八轮毒刑拷打之后,他才告诉法官,如果他们"将他从刑具上放下,并给他一些衣服","他会告诉他们想知道的东西"。然后他说,埃斯科韦多和堂胡安不仅与教宗和吉斯公爵进行了秘密谈判,企图征服英格兰(这些说法是可以证实的),而且埃斯科韦多还吹嘘,等"他们成为英格兰统治者之后",他和他的主公"将前来接管西班牙,流放国王陛下"。佩雷斯还拿出了一封信,其中埃斯科韦多坚持要求堂胡安离开尼德兰,并在西班牙发动政变:

> 我观察到了堂胡安殿下在所有事务中表现出的聪慧、谨慎与理智,所以我认为他是适合[在国王身边]拥有一个恰当位置的臣属。就像《圣经》说的那样,仁慈的上帝把堂胡安赐给[腓力二世],作为他晚年的拐杖。尽管堂胡安在尼德兰或其他地方可以做出极大贡献,但最适合他的位置还是在国王陛下身旁,统领一切事务。[5]

佩雷斯说,他把这些不谨慎的信拿给腓力二世的谋臣之一贝莱斯侯爵看,侯爵"听了这一切,并阅读了一些相关文件之后,宣布[埃斯科韦多]是个危险分子,最好将他与堂胡安分隔开"。据佩雷斯说,贝莱斯侯爵还表示:"如果埃斯科韦多回到尼德兰,全世界都会震动;如果(按照国王陛下的想法)将埃斯科韦多逮捕,堂胡安会生气;所以最好的办法是用别的手段,把他毒死或者类似的事情[darle un bocado o cosa tal]。"佩雷斯说,这些"就是我们向国王陛下汇报的杀死埃斯科韦多的主要理由",这些理由显然足以说服腓力二世同意动手。[6]

佩雷斯说堂胡安打算返回马德里并发动政变,只有一份当时的文献能够证实这种说法。这是一份此前无人知晓的信,是阿尔瓦公爵在1577年9月给一位在宫廷的盟友的亲笔信,当时国务议事会正在讨论堂胡安的一个要求,即让他的外甥帕尔马公子亚历山德罗·法尔内塞到尼德兰与他会合。

> 堂胡安希望[帕尔马公子]去尼德兰,那样的话,一旦[西班牙]王位出现空缺(上帝保佑,不要让这样的事情很快发生),他就可以让帕尔马公子代替他坐镇尼德兰,自己到西班牙来。这就是此地的人们给他的建议:他应当不等国王陛下的许可就回到西班牙;他应当回来,统领国王陛下的各项事务。如果你[阿尔瓦公爵的盟友]能告诉国王陛下我对此事的看法,我会很感谢你。国王陛下会按照自己的想法办事,但他应当知道我说的是实话。我不能做更多了,但如果我能做更多的话,我对此事还有很多话

要说。[7]

阿尔瓦公爵显然听到了某种传言,即宫廷的"某些人"(不管是佩雷斯还是其他人)希望堂胡安回到西班牙,并"统领国王陛下的各项事务"(佩雷斯后来也是这么说的),所以阿尔瓦公爵希望禀报国王。

佩雷斯后来的另外两种说法似乎也是可信的,尽管我们没有与上面类似的文献证据:贝莱斯侯爵同意除掉埃斯科韦多(腓力二世在如何与弟弟打交道的问题上只会向三位大臣征询意见,贝莱斯侯爵是其中之一);贝莱斯侯爵坚持要求将埃斯科韦多秘密毒死,而不是公开逮捕,因为那样会让堂胡安知道国王已经识破了他的政变计划。此外,有充分的证据表明,腓力二世完全干得出来暗杀这种事。例如,他承诺重赏能够杀死奥兰治亲王威廉的人(后来刺杀奥兰治亲王的巴尔塔扎尔·热拉尔的家人得到了国王的赏赐),后来还悬赏杀死安东尼奥·佩雷斯本人;还有几位地位较低的大臣被国王命令秘密处死,因为国王相信他们有罪。[8]

腓力二世很容易以最大的恶意去揣度自己的弟弟。一位外国大使在几年前说:"国王患有与他父亲相同的病,即多疑。"(见第四章)堂胡安的行为举止也非常让人生疑:他未经许可去了西班牙;他秘密地与教宗和吉斯公爵谈判;他单方面签署,后来又单方面背弃了与尼德兰人的和平协议。这一切都可能让腓力二世相信,堂胡安和埃斯科韦多真的企图"前来接管西班牙,流放国王陛下"。佩雷斯与腓力二世密切合作了几十年,肯定懂得如何最好地利用主公的阴暗面来诱骗他批准谋杀埃斯科韦多。如果下毒成功的话,也许永远不会有人知道佩雷斯与腓力二世在此案中扮演了什么角色。但是公开行刺和凶手神秘逃脱，就说明有阴谋。

两名刺客迭戈·马丁内斯和安东尼奥·恩里克斯（分别是佩雷斯的管家和曾经的侍童）的证词为埃斯科韦多最后几周的活动提供了时间线。马丁内斯供认，"1577年圣诞节前后，大约在谋杀案的三个月之前"，佩雷斯第一次问他，"有没有办法杀掉"埃斯科韦多。这一次，马丁内斯"回答他不知道。这件事情就这样搁置了一些日子"。但没过多久，佩雷斯又提起此事，于是两人"花了好几天时间讨论如何执行。我们决定在"埃斯科韦多下一次与佩雷斯一起吃饭时给埃斯科韦多的酒下毒。马丁内斯下了毒，但"毒药没有生效"，于是"后来我们决定用别的办法：在烹饪的时候往菜里撒了一些毒药粉末"，然后把菜端给埃斯科韦多吃。"这次也没毒死他"，不过埃斯科韦多病倒了，不得不卧床休息。于是马丁内斯告诉主人，"最好停止。他不知道自己为什么要做这些"。[9]

到此时为止，佩雷斯似乎没有说国王已经批准谋杀埃斯科韦多。但为了说服马丁内斯做第三次尝试，佩雷斯在此刻揭示："必须杀掉他，因为这对国王陛下的事业很重要，所以我们必须找人来做。"马丁内斯听了这话，怀疑地说："什么样的可怜虫敢做这事？如果被抓住了，就会被处死。"安东尼奥·佩雷斯答道："不会的。即便刺客倒霉到被抓住，也不会受到伤害，因为国王陛下会命令饶恕他们。相信我的话吧。"于是，马丁内斯又尝试了一次下毒，这一次得到了一名厨房小厮的帮助。小厮去了埃斯科韦多家，把"迭戈·马丁内斯提供的极少量粉末"放进锅里。埃斯科韦多（上一次中毒造成的病痛还没有消失）意识到了这是怎么回事，指控一名在厨房里干活的摩里斯科奴隶企图毒害他。奴隶遭受拷打之后认了罪,被公开处决。埃斯科韦多逃过了第三次下毒的暗杀。[10]

佩雷斯现在做出了命运攸关的决定,即"另想办法,趁着夜色在大街上用手枪或剑或其他武器杀死他〔埃斯科韦多〕"。1578年1月,他问马丁内斯和恩里克斯,是否认识"愿意把某人捅死的好汉"。恩里克斯去了巴塞罗那,招募了他的同父异母兄弟,而马丁内斯找到一个名叫因绍斯蒂的剑客,此人愿意行凶。这些准备工作花费了"大约一个月,或者一个半月",所以马丁内斯及其同谋直到圣周才"聚集在马德里郊外一处田野,商量如何执行"。他们决定弄到"一支卡斯蒂利亚产的轻剑",也就是圣周星期一因绍斯蒂在阿穆德纳街杀死埃斯科韦多所用的凶器。[11]

如果腓力二世在"1577年圣诞节前后"同意毒死埃斯科韦多,那么他有没有批准在几周后改为公开行刺呢?这个改动很关键,因为尽管事实证明掩盖三次投毒非常容易,但雇用六个人在都城最繁华的街区之一、在公共节日当众杀人,风险就太大了:与投毒不同,当街行凶没有办法掩盖,凶手极难蒙混过关;而且就算行刺成功了,也可能有至少一名刺客在将来被捕,他在刑讯之下肯定会供认,说佩雷斯在国王的批准之下招募了他和他的同伙。

佩雷斯在受审时说,国王对公开谋杀堂胡安的秘书会不会"疏远和激怒堂胡安""非常关心",所以国王和佩雷斯约定,"如果谋杀埃斯科韦多的凶手被捕,佩雷斯将承担责任,然后以罪犯的身份火速逃往阿拉贡"。[12]这份证词是事发多年之后写下的,是唯一表明国王明确批准谋杀的直接证词,但有另外两条间接证据也能支持这种说法。首先，在谋杀发生前不久，腓力二世签署了令状，晋升三名受雇的刺客为陆军中尉，并给他们发放奖金。一共有六份文件，每一份都被抄录进了政府的正式档案。其次，在1589年，佩雷斯写了一系列心急火燎的信给国王，说埃斯科韦多的儿子们找到了杀害他们父亲的三名刺客，还找到了提供之前三次毒杀所用毒药的药剂师。佩雷斯建议腓力二世让他的告解神父迭戈·德·查韦斯修士"为可能发生的事情寻找弥补方案"，因为，由于这四个人"知道此事的一切，所以迭戈修士懂得应当怎么办才能避免给被捕的人和我们制造更大的困难"。国王肯定批准过下毒，所以佩雷斯把药剂师的名字与后来行凶的三人的名字并列，这暗示国王也批准了当街杀人的计划。[13]

所以，从证据来看，腓力二世参与了埃斯科韦多谋杀案的方方面面。他听信了佩雷斯的说法，即堂胡安及其秘书要谋反；也相信了想方设法杀掉埃斯科韦多是唯一能够挫败堂胡安与埃斯科韦多阴谋的办法（尽管在今天看来，堂胡安与埃斯科韦多不大可能有背叛国王的阴谋）；最后国王还相信，应当在都城的大街上公开刺杀埃斯科韦多。

一起罪行，四种动机

既然没有任何可靠的证据能够表明埃斯科韦多参与了推翻国王的阴谋，那么佩雷斯为什么要谋杀他？他有没有什么不可告人的动机，在当时和后来都没有告诉国王？

讨厌佩雷斯的人很多。他们后来提出，佩雷斯之所以要杀掉埃斯科韦多，是为了阻止埃斯科韦多向腓力二世透露一些对佩雷斯不利的信息。尤其是，因为——

- 埃斯科韦多能够证明佩雷斯受贿；或者
- 佩雷斯曾承诺"重赏"埃斯科韦多，而国王没有重赏他的时候，埃斯科韦多就怪罪佩雷斯；或者
- 埃斯科韦多掌握了佩雷斯与埃博利亲王夫人有奸情的证据；或者
- 埃斯科韦多知道，佩雷斯在"堂胡安的计划是什么"的方面欺骗了国王。

这几种指控都有一定的可信度，至少在表面上是这样。

佩雷斯肯定有受贿的罪行。他的生活方式很奢华，喜欢炫耀自己高雅而昂贵的品位，在马德里的科尔东广场拥有豪宅，1573 年之后在拉卡西利亚拥有一座意大利风格的别墅，它后来成为旅游景点。塞维利亚大主教堂罗德里戈·德·卡斯特罗"不禁发问，安东尼奥·佩雷斯从哪里弄来这么多钱，因为他除了正式的薪水之外，没有什么别的收入"。[14]堂罗德里戈这句话的潜台词是很清楚的：佩雷斯靠受贿来维持奢靡的生活方式。具体的例子不胜枚举。比如在 1579 年的一天，托斯卡纳大使路易吉·多瓦拉"去了安东尼奥·佩雷斯的家"，送去了托斯卡纳大公的一封信。佩雷斯告诉大使，"因为还有一些事情要讨论，他希望在次日清晨，在他的乡间别墅单独见我［多瓦拉］，在那里和我谈"。多瓦拉来到拉卡西利亚之后——

> 我发现［佩雷斯］还在穿衣。但他让我进门，并命令其他人都退下。我告诉他，殿下［托斯卡纳大公］为了自己还没有为佩雷斯的乡间别墅做任何

贡献而感到不愉快，所以我带来了这些礼物。我把殿下授权我支出的两千克朗放在两个袋子里，藏在我的紧身裤里，现在给他送上。

一位外国大使，身上揣着两个分别装着一千枚金币的袋子，在马德里大街上行走，即便是大清早也很难不引起注意。佩雷斯如此赤裸裸地敲诈别人（更多索贿的证据很快会浮出水面），所以不可能为了在国王面前隐瞒自己的腐败而杀死埃斯科韦多。道理很简单：知道他受贿的人太多了。[15]

佩雷斯谋杀埃斯科韦多的第二种可能的动机，源于佩雷斯在1576年4月8日的一封信中（在国王批准之下）做出的承诺，即如果埃斯科韦多能说服堂胡安去尼德兰，就会对埃斯科韦多"重赏"（见第十三章）。堂胡安显然知道了这个承诺，因为他多次提醒过兄长。例如，"埃斯科韦多为陛下服务了这么多年，贡献极大"，所以，"陛下，他的确有资格从您那里得到超过一个骑士勋位的奖赏。因为您奖赏他也会让我高兴，所以我再次请求您"。1577年4月，佩雷斯又一次在两封不同的短信里提起此事，但腓力二世答道："我更喜欢奖赏那些不会纠缠我的人。"他拒绝"在近期"给埃斯科韦多任何奖赏。佩雷斯就暂时搁置了此事，但不久之后他的朋友于1577年7月返回宫廷之后，佩雷斯向国王禀报："埃斯科韦多坚持要求得到一个骑士勋位。陛下可以看到他发出了怎样的威胁。坦率地讲，我觉得最好还是给他，免得他把陛下烦死。"1577年10月，堂胡安动员了枢机主教基罗加，基罗加也恳求腓力二世赐给埃斯科韦多一个骑士勋位，但基罗加的努力也失败了。国王冷淡地答道："我到了合适的时机会看看该怎么办。"国王的这次拒绝似乎就把这件事情了结了。埃斯科韦多并没有得到之前承诺的"重赏"时无疑感到自己受骗了，但他和其他所有人一样知道，只有国王有权册封骑士身份。所以他会怪罪腓力二世，而不是佩雷斯；所以，"国王陛下同意杀死秘书埃斯科韦多的原因"肯定不包括"他的骑士勋位的事情"。[16]

至于佩雷斯和埃博利亲王夫人的私情，埃斯科韦多肯定有一些疑心。他到安娜夫人的马德里住宅登门拜访的时候——

> 她的侍女说她不能和他谈话。埃斯科韦多问埃博利亲王夫人正在接见谁时，她们告诉他，是安东尼奥·佩雷斯秘书。有一次，埃斯科韦多因此发怒，说："埃博利亲王夫人和安东尼奥·佩雷斯能谈什么事情，居然不让我进门？"

根据当时卡斯蒂利亚的社会风气，寡妇（尤其是大贵族的遗孀）要严守妇道，所以这是一个合理的问题。并且，埃斯科韦多是安娜的亲戚，还曾为她服务二十年，执行过许多敏感的任务，从她那里收到过语气亲切的长信。但当他警告她"有些人不赞成安东尼奥·佩雷斯在您家来来去去"时，她却说道，"他［埃斯科韦多］思想龌龊，当侍从的人不应当掺和这种事情"。这次对话不久之后，埃斯科韦多就在拜访埃博利亲王夫人之后回家的路上被谋杀了。[17]

但是，如果佩雷斯安排刺杀埃斯科韦多是为了阻止他与埃博利亲王夫人的私情曝光，那么他更合理的做法是减少去她家的次数和与她待在一起的时间。恰恰相反，他去得更频繁，待的时间更久了。鲁伊·戈麦斯的一位亲戚愤怒地宣称，佩雷斯

"经常去见埃博利亲王夫人，有时和她一待就是几个钟头"。这位亲戚还说曾看见"更糟糕的事情，他不愿意公开讲。简而言之，那两人之间的关系不干净"。和受贿的事情一样，佩雷斯没有理由为了防止他与埃博利亲王夫人的关系受到怀疑而安排杀掉埃斯科韦多，因为有很多人相信"那两人之间的关系不干净"。[18]

佩雷斯想要除掉埃斯科韦多的第四种可能的原因的可信度更高：他俩曾一起密谋（也许堂胡安也参与其中）欺骗国王。佩雷斯受审时已经承认了这一点，向法官解释道，"［关于堂胡安的］书信和信息通常只在他和埃斯科韦多之间传递，仿佛国王陛下不知道他们交换了什么信息，但他［佩雷斯］向国王揭示和呈报了一切"。他还说，腓力二世"命令他写信给埃斯科韦多，比较坦诚地安抚他，从而摸清他的行踪，并且要让埃斯科韦多觉得国王不知道佩雷斯在这么做；佩雷斯的文件当中也许能找到国王陛下发来的一些亲笔备忘录，批准了佩雷斯这么做"。[19]

"国王陛下发来的一些亲笔备忘录"留存至今。例如在1576年3月，佩雷斯通知埃斯科韦多，他"决定不给国王陛下看"堂胡安的两封信，因为堂胡安在其中"强调了那边［那不勒斯］的糟糕局势，并怪罪蒙德哈尔侯爵（那不勒斯副王）"。"这些话配不上写信人的身份，也配不上收信人的身份"。佩雷斯将那两封信退回，似乎国王没有读过。但实际上腓力二世不仅读了这两封信，还明确赞成佩雷斯对埃斯科韦多的欺骗，从而让埃斯科韦多和堂胡安都相信，他们可以与佩雷斯分享全部的秘密。[20]但这只能证明佩雷斯有时会"向国王揭示和呈报"关于堂胡安的全部信息，不能证明他始终对国王知无不言。从其他文件来看，事实并非如此。例如在埃斯科韦多遇害几个月之后，佩雷斯喜气洋洋地通知西班牙驻巴黎大使胡安·德·巴尔加斯·梅西亚（他与堂胡安的合作很密切），梅西亚近期的信"让我们的主公非常满意。他都读了。我的意思是，他应当读的东西，都读了"。在另一封信里，佩雷斯指示巴尔加斯："请立即将所附的信寄给堂胡安，并告诉他，它是与我5月12日的信一起送到你手中的，这对我非常重要……即便你需要专门派一名紧急信使，也请确保这封信比这位信使给堂胡安殿下送的其他书信更早送抵。"[21]这些书信的原件能够保存至今，单纯是因为巴尔加斯·梅西亚在巴黎去世了，临终前吩咐将他的文件保管到当地一家修道院。这些书信足以表明佩雷斯并不会把收到的所有信件都拿给"我们的主公"看，他也不是始终把真相告诉堂胡安。用他的朋友基罗加的话说，似乎"佩雷斯把通信中正确的词句窜改了"。[22]

最能证明佩雷斯有罪的是，在他于1576年4月16日（也就是国王劝弟弟立刻离开那不勒斯并前往佛兰德的那几封信发出仅仅一周之后）给埃斯科韦多的信中，佩雷斯让堂胡安最多走到伦巴第，然后在那里等候进一步命令（见第十三章）。所以，埃斯科韦多至少掌握了一个能够用来敲诈佩雷斯的秘密。要么是在1577年圣诞节前后，即埃斯科韦多在马德里徒劳无功地苦等了五个月之后，他开始威胁佩雷斯，如果国王不批准堂胡安参加英格兰大业，埃斯科韦多就泄露1576年4月16日那封具有颠覆性的信（或许还有其他信）；要么是佩雷斯知道国王永远不会同意堂胡安参加英格兰大业，所以担心埃斯科韦多可能很快就会发出上述的威胁。无论是哪种情况，佩雷斯的前途都会完了，也许还要丢掉性命，所以他有足够的动机去捏造堂胡安和埃斯科韦多讨论推翻国王的书信,来诱骗国王同意对埃斯科韦多进行法外处决。

埃斯科韦多在死后的复仇

起初,佩雷斯和腓力二世似乎都可以摆脱谋杀埃斯科韦多的责任,逍遥法外:"卡斯蒂利亚产的轻剑"在阿穆德纳街完美地完成了使命,六名刺客都逃到了阿拉贡。尽管堂胡安要求为埃斯科韦多复仇,但他于1578年10月1日死于斑疹伤寒,所以埃斯科韦多谋杀案调查工作受到的压力就小了很多。但是,这件事情还是不肯自行销声匿迹,主要是因为佩雷斯自己的行为很不寻常。他得知堂胡安可能患了重病、时日无多的时候采取了一些基本的预防措施,指示埃斯科韦多的继任者"保管我写给堂胡安先生的书信",直到"我给你别的指示。现在将那些信都锁起来,不要让任何人看到……对我写给埃斯科韦多的信也要同样如此处理"。[23]但他在西班牙就没有表现出这样的谨慎。并且,很讽刺的是,到最后,是他自己的行为举止(而不是受贿、秘密通信或者安排刺杀)把他搞垮了,而且把埃博利亲王夫人拖下了水。

埃博利亲王夫人安娜和埃斯科韦多是亲戚,而且两人有多年的交情,所以她不像绝大多数人那样对他遇害表示愤怒,也没有敦促国王追查凶手,就显得很奇怪。她反倒和佩雷斯进行了一系列错综复杂的交易(给他送了许多贵重礼物,与他一起进行极其复杂的联合投资,让主审法官都搞不清楚这些投资);她(在佩雷斯的建议下)任命杀害埃斯科韦多的刺客之一为自己的会计,给了他丰厚的薪水和额外的福利,不久之后又增加给他的福利;她甚至对她的儿女说,"他们应当把安东尼奥·佩雷斯当作自己的兄弟，因为他也是鲁伊·戈麦斯的儿子"，是鲁伊·戈麦斯在婚前生的。[24] 她还卷入了宫廷政治。1578年5月，也就是埃斯科韦多遇害两个月之后，马特奥·巴斯克斯向国王抱怨了宫廷里的"谎言与派系斗争"，"尽管我为了避免给他们留下谈资而远离他们，他们还是不肯放过我。我已经提醒过陛下，那个总是与侯爵谈话的秘书是个野心勃勃的人"（这指的只能是佩雷斯，侯爵指的是他的亲密盟友贝莱斯侯爵）。国王尽力抚慰了巴斯克斯：

> 因为你对我始终开诚布公，我也知道你是个正派人，所以你应当对这些都不予理睬。对上帝的事业和全世界最有利的办法，就是充耳不闻，甚至视而不见，不理睬那些事情……相信我，这是为了侍奉上帝和侍奉我而能够选择的最简单、压力最小也最稳妥的办法。因为你已经这么做了，所以你什么都不用怕。[25]

腓力二世这封啰唆得不寻常的回信，无疑反映了他自己内心的疑虑。毕竟，"充耳不闻，甚至视而不见"就是他在埃斯科韦多案件中做的事情。巴斯克斯并不打算让这种局面继续下去。他敦促佩德罗·德·埃斯科韦多（受害者的儿子）向卡斯蒂利亚议事会主席索求公道。

几天后，埃博利亲王夫人发动了反击。她宣称，"谁要是胆敢像马特奥·巴斯克斯一样，企图把埃斯科韦多的死怪罪到佩雷斯身上，就将被她视为敌人"。[26] 巴斯克斯在1578年11月给国王的一封信中提起此事，国王暴跳如雷地回信道：

关于你送来的文件（我已焚毁）里写的东西，我之前就把我的想法告诉过你，我现在要再重复一次。你在文件里提到的那人［佩雷斯］与我谈那些事情的时候，如果他说的范围超过了与他直接有关的范围，我就不会理睬……你有话可以对我直说，他［佩雷斯］或其他人都不会知道。这样我就能看看那些指控是否有根据。你对这事要严格保密。[27]

巴斯克斯随后改换了策略。他不再扮演说同僚坏话的大臣的角色，而是在随后一个月里扮演起了神父的角色，写了一份"国王亲启"的密奏，直言不讳地列出了"上帝对我们发怒"的原因，以及如果国王不能补救的话，后果将会是什么：

1. "陛下应当努力审视过去发生的事件，并特别注意，有没有一些事情（不管是因为您缺乏良策还是其他）会让您担心上帝的复仇。"

2. "如果陛下凭借您的虔诚、谨慎与经验，发现处理公务的方式（或者处理公务的人）有某些问题，需要您的注意，从而让您能够更好地处理朝政，那么陛下应当妥善处理那些问题。"

3. "愿上帝指引陛下选拔优秀的大臣，这非常重要，因为我们知道，当上帝想要惩罚君王时，首先做的就是蒙蔽他们的双目，让他们宠信奸臣。"[28]

事实证明，利用国王的负罪感是一种精明的策略：1578年对腓力二世来说是极其令人抑郁的一年。他的继承人费尔南多、弟弟堂胡安与外甥塞巴斯蒂昂和文策尔都在这一年去世；尼德兰战火复燃，代价昂贵，而且陷入僵持的局面。巴斯克斯希望，国王的宗教哲学会让他觉得，这些灾祸与他未能在埃斯科韦多案件中伸张正义有关系。但在两周后，发生了一件惊天动地的大事，转移了所有人的注意力，让国王的政府陷入瘫痪。1579年1月10日，腓力二世将阿尔瓦公爵逐出宫廷。次日，阿尔瓦公爵和他的妻子离开了在王宫的寓所，再也不会回到那里。

托莱多家族蒙羞

有些观察者早就对此有所预料。1574年，腓力二世设立了一个委员会，令其就"如何处置"阿尔瓦公爵及其儿子和继承人堂费德里科在尼德兰的"司法、财政和战争方面的过分行为"给出建议。该委员会的建议是对阿尔瓦公爵父子施加公开的惩罚，但国王最终缺乏这样的勇气。他承认："尽管采取这样的公开措施会让我如释重负，但我觉得自己做不到。"[29]他采取的唯一措施是禁止堂费德里科进入马德里，命令他直接去自己位于拉曼查的庄园，听候吩咐。但这样的判决显然不是因为阿尔瓦公爵父子在尼德兰的不端行为，而是为了八年前在宫廷发生的一件事情。

1566年，堂费德里科（当时是国王的寝宫侍从）与一位名叫玛格达莱娜·德·古斯曼的女子发生了私情，并承诺娶她。这件事情没有任何疑问，因为他的情人手中有他的好几封情书，他在其中"以骑士的誓言和信仰起誓，只要你愿意，我就一定会娶你"。[30]阿尔瓦公爵不同意这门婚事。他说服国王把玛格达莱娜流放到一家女修院，把他儿子流放到奥兰的驻军地，直到他后来去布鲁塞尔与父亲会合。公爵还签了一份协议，承诺让他的继承人迎娶一位亲戚——玛丽亚·德·托莱多。但玛格达莱娜及其亲人表示反对，说堂费德里科已经承诺要娶玛格达莱娜。他们向国王求助。腓力二世支持玛格达莱娜。但在 1578 年 9 月，阿尔瓦公爵告诉容易轻信并且很服从长辈的儿子："国王陛下已经恩准你迎娶玛丽亚·德·托莱多小姐，所以你可以这么做。"10 月，在许多亲戚的见证下，堂费德里科与玛丽亚结婚，与她圆房，然后回到他的流放地。[31]

尽管托莱多家族力图对此事保密，但消息还是很快传到了宫廷（可能是因为安东尼奥·佩雷斯豢养的间谍的努力），马特奥·巴斯克斯奉旨与公爵对质，直截了当地问他，他的儿子有没有结婚。巴斯克斯报告称，阿尔瓦公爵"告诉了我很多事情，如果全部禀报的话就需要一封非常长的信。他［阿尔瓦公爵］对有没有举行婚礼不置可否，但我怀疑已经举行了"。[32]这种欺君行为终于给了腓力二世完美的借口，去惩罚阿尔瓦公爵及其随从在尼德兰的"司法、财政和战争方面的过分行为"。12 月 8 日，他命令卫兵严密看押堂费德里科，还免去了后者的寝宫近侍职位，剥夺了他从国库领取的一些收入。

托莱多家族的蒙羞给了佩雷斯一个算总账的黄金机会。他在 1579 年 1 月 2 日禀报国王："因为阿尔瓦公爵如今被判定有罪，全世界都在问，他的结局会是怎么样。"佩雷斯紧接着说，腓力二世应当命令对阿尔瓦公爵严惩不贷，以儆效尤，"因为君王在主持司法和惩罚罪人的时候最有帝王的威严"。佩雷斯强调"公爵做了如此大胆和放肆的事情"，并充满恶意地问："如果他这次可以不受惩罚，那么还有什么是他不敢的？"佩雷斯甚至恶毒地把阿尔瓦公爵和阿尔瓦罗·德·卢纳（王室宠臣，1453 年失宠，被斩首）相提并论，并说："卢纳受到的所有指控当中，没有比阿尔瓦公爵的罪行更严重的。"
"当像有公爵这样身份和地位的人做出欺君罔上之举时，"佩雷斯继续写道，"所有人都会争相效仿，人人都敢于为所欲为，就像恩里克［四世］国王①和胡安［二世］国王②时发生的那样。"这些对照都是大有深意的，为的是提醒腓力二世，仅仅在一个世纪以前，贵族的叛乱和阴谋曾经动摇卡斯蒂利亚的国本。[33]一周后，国王不仅宣布将阿尔瓦公爵逐出宫廷，终身不得返回，而且把公爵从国库领取的一些收入转给了玛格达莱娜·德·古斯曼小姐，作为"她的嫁妆，并补偿她受到的不公待遇，因为我再也不能支持她作为堂费德里科的未婚妻的权利"。国王还把托莱多家族的其他一些成员也逐出宫廷。[34]

六个月后，埃博利亲王夫人被国王命令逮捕时揣测，"这是她在阿尔瓦公爵被驱逐后欢呼雀跃而受到的惩罚"；但实际上，她是自作自受，因为她煽动了国王的几位主要秘书之间的敌意。至少在公开场合，巴斯克斯宣称自己急于同"埃博利亲王夫人"与佩雷斯和解，"因为我理应尊重他，赞扬他，我在任何时间、任何地点都是这样的，将来也会这样"。但埃博利亲王夫人和佩雷斯或许认识到巴斯克斯此言的不真诚，所以都拒绝了他抛出的橄榄枝。[35]

---

① 卡斯蒂利亚国王恩里克四世（1425～1474），绰号"无能的"（既指他在政治上的昏庸无能，也指性无能）。他在位期间，贵族势力强大，中央王权弱小，权臣阿尔瓦罗·德·卢纳和胡安·帕切科把持朝政。恩里克四世死后，他的同父异母妹妹伊莎贝拉夺得王位，就是著名的天主教女王伊莎贝拉。

② 卡斯蒂利亚国王胡安二世（1405～1454）在位长达四十八年，但缺乏才干，一度被权臣阿尔瓦罗·德·卢纳把持（可能还受到卢纳的性侵）。他死后，由儿子恩里克四世继承王位。

国王不知道如何推动大臣们和解并恢复政府的顺利运转（"我越想，就越糊涂"），于是在1579年3月决定利用一个宗教节日的机会"仔细考虑此事。我会利用这个时间做告解、领圣餐并请求上帝开导和指引我，希望在复活节之后我能做出对上帝的事业、我的良心和公共福祉最有利的决定"。他最后说："也许，与此同时，上帝还会影响他们［佩雷斯和埃博利亲王夫人］，让他们放弃他们选择的受诅咒之路。"[36]

国王的这些愿望都落空了。腓力二世刚刚结束他的宗教活动，互相争斗的各派系就又一次剑拔弩张。基罗加敦促国王任命佩雷斯为意大利议事会的秘书，而巴斯克斯继续愤恨地向国王抱怨，"安东尼奥·佩雷斯在公开场合对我表现出极大的敌意，整个宫廷为之震惊"。腓力二世又一次承诺采取行动："我会考虑恰当的补救方法并落实它，我希望我能找到合适的办法。"但他的"补救方法"令宫廷（无疑还有巴斯克斯）目瞪口呆。腓力二世公开宣布，佩雷斯"没有杀死埃斯科韦多"，并"承诺惩罚那些诬告他的人"；而卡斯蒂利亚议事会主席警告佩德罗·德·埃斯科韦多，"他应当非常仔细地考虑自己在此事中应当如何操作，因为他没有为自己的指控给出证据，所以会遭到以眼还眼［ad penam talionis］的惩罚"。一位外国大使说，这样的警告"让局势平静下来"，因为"那些寻求为埃斯科韦多报仇的人现在认识到，国王陛下珍视［佩雷斯的］服务，这位秘书会战胜他的竞争对手"。[37]大使的判断可以说是大错特错。

国王不仅面对着自己手下最有势力的两位秘书（巴斯克斯和佩雷斯）的威胁和最后通牒，还失去了大多数最资深的谋臣（有的已经不在人世，有的倒台蒙羞）。于是在1579年3

月30日（埃斯科韦多遇害一周年的前夕），国王口授了一封信，请求枢机主教格朗韦勒到宫廷来见他。也许是因为担心枢机主教像堂胡安在三年前那样讨价还价并拖延时间，腓力二世哀怨地补充道："我非常希望、非常需要你尽快前来。"他担心这还不足以打动枢机主教，又亲笔添加了附言："你来得越早，我就越开心。"热那亚大使立刻理解了这个邀请的重大意义。大使注意到，此时马德里只有两名国务秘书，"所以公务很少得到处理"，所以他预测，格朗韦勒来到西班牙之后"将会拥有一手遮天的权力"。[38]

在格朗韦勒抵达之前，腓力二世尽量远离马德里和他那些爱吵架的大臣。和往常一样，他在埃斯科里亚尔过复活节，那里的僧侣注意到，"领圣餐之前，他在私人礼拜堂待了很长时间，不分昼夜"。僧侣们猜测："无疑上帝会秘密地启迪他，教导他需要做什么。"[39]但是，腓力二世很快就腹背受敌了。在5月的一次接见会上，他向罗马教廷大使脱口而出，"所有人都背弃了他，把他孤零零地丢下，但他还是需要考虑所有事务"。6月，巴斯克斯再次向国王施压。巴斯克斯哀叹道："我的偏头痛很厉害，所以我再也不能为陛下准备收到的文件的概要了。"尽管他声称自己竭尽全力，"趁着还有时间，处理需要处理的事务"，但他问国王，有没有考虑在他积劳成疾死去之后接替他的人选。[40]这个计谋没有得到他想要的答复，于是巴斯克斯不管不顾地要求国王立即逮捕谋杀埃斯科韦多的凶手。他假惺惺地说，"我承认埃博利亲王夫人和安东尼奥·佩雷斯表面上看来都没有罪"，但上帝仍然要求国王逮捕"真正的凶手"。国王恳求给他更多时间来"更仔细地斟酌如何处置埃斯科韦多的事情"。7月9日，国王又一次尝试让两位秘书和解，但只有巴斯克斯同意"开始谈判，了结此事"，然后提了一些条件：佩雷斯传播毫无根据的谣言，国王必须惩罚他；国王必须让其他所有"煽动敌意"的人闭嘴，"尤其是埃博利亲王夫人"；在惩罚那些人之前不对其进行预先警告。[41]

巴斯克斯可能看过埃博利亲王夫人发给腓力二世的一封语调过激的短信，其中抱怨巴斯克斯等人发出的指控，"说安东尼奥·佩雷斯为了我而杀害了埃斯科韦多；还说我的家族对佩雷斯有恩，所以当我要求他那么做的时候，他就非做不可"。她继续写道："他〔巴斯克斯〕的放肆和无礼已经到了不堪忍受的地步，所以陛下作为国王和绅士，都有责任严惩这条为您服务的摩尔恶狗。"[42]腓力二世在格朗韦勒来到他身边之前不敢行动，但于7月25日返回王宫，并要求佩雷斯做两个让步：接受西班牙驻威尼斯共和国大使的职位并离开宫廷；"安东尼奥·佩雷斯和马特奥·巴斯克斯取得谅解，化敌为友"。佩雷斯拒绝了这两个要求，埃博利亲王夫人还愚蠢地给"国王陛下发去另一封信，说如果国王不罢免马特奥·巴斯克斯，她就派人把巴斯克斯杀死在国王脚边"。[43]

巴斯克斯显然察觉到了风向的变化，因为他也给国王发了一封气势汹汹的信，开头是这样写的："我不明白那个女人〔埃博利亲王夫人〕怎么能忘记上帝的怒火与正义，以及陛下是执行上帝旨意的人。"更具体地，"她应当记得以色列王后耶洗别的遭遇。耶洗别迫害先知，结果被恶狗撕成碎片吃掉"。对一位神父来说，这是非常激烈的言辞了。但巴斯克斯这才刚刚开始发威。"他们说安东尼奥·佩雷斯到处散播谣言。魔鬼一定要把他带走了，因为他的行为理应受到这样的惩罚。陛下知道此事，所以我恳求您保卫和庇护我。"[44]

这一次，国王在马德里王宫的礼拜堂"做了告解，领了圣餐"之后，准备采取决定性的行动。他于7月26日回复巴斯克斯，一反常态地很饶舌：

> 我之所以留在这里，仅仅是为了处理此事。我现在就要处理它了。但我只向你一个人透露。我希望做出正确的决定。这个世界上的确有一些怪人……关于那个女人［埃博利亲王夫人］，她说的话还不像她没有说的话那么恐怖……至于其他人，我会采取恰当的措施；如我所说，我现在就在处理。我告诉过你，这就是我留在［马德里］的原因，否则我早就离开了，或者明天离开。

据一位编年史家记载，这一夜，"晚上八到九点"，马德里经历了"恐怖的冰雹，是我记忆中最厉害的一次，大多数冰雹比鸽子蛋还大"。但国王不理睬冰雹，无动于衷地继续批阅秘书们送来的公文，直到深夜。他告诉马特奥·巴斯克斯："我相信还有更多文件要给你，但我今天做不了了，因为已经是午夜，我需要吃饭。"然后国王如释重负地说："我相信格朗韦勒很快就到了，我觉得等他来了，我们就可以把事情都了结。"[45]这一天是1579年7月27日。枢机主教于次日抵达马德里郊外。

马德里，科尔东广场，1579年7月28日

现在，腓力二世启动了他准备好的复杂陷阱。首先，他写信给佩雷斯的盟友安东尼奥·毛里尼奥·德·帕索斯，此人是

卡斯蒂利亚议事会主席，是所有司法事务的最高长官，但碰巧卧病在床。国王首先用温和的言辞让对方消除警惕："因为你病了，而我的工作负担太重，所以我近期没有写信告诉你两位秘书的事情。"然后他解释说："我们做了很多调查，去查明佩雷斯和埃博利亲王夫人针对马特奥·巴斯克斯的指控有没有根据。"国王说："我们没有发现任何根据。"因此"我决定澄清此事。唯一的办法就是控制［两名指控者］。所以我命令今夜去办"。国王最后写道："你应当知道即将发生的事情，所以我现在给你写信，尽管时间已经很晚了。"国王又假惺惺地写道："我已经命令，等你醒来之后立刻把这封信给你。"但是国王直到次日早晨才允许信使带着这封信离开王宫。[46]

但是，要启动陷阱，腓力二世需要一些同谋。在7月28日晚上的某个时间点，他命令两名亲信官员做好准备，执行一项秘密使命。一人是阿尔瓦罗·加西亚·德·托莱多，他是掌管宫廷司法的官员之一，现在奉命召集二十名武装人员和一匹备用的马；另一人是堂罗德里戈·曼努埃尔，他是国王卫队的队长，现在奉命召集他的部下，并准备一辆马车。腓力二世随后完成自己的文案工作。和往常一样，他的贴身男仆将处理好的文件分发给秘书们。给佩雷斯的文件附有一封短信："我把关于意大利的文件返还给你，并指示了如何处理。那些关于葡萄牙的文件我还留着，因为我还没读。我离开都城之前会处理你的个人事务，至少是与我有关系的那部分。"如果佩雷斯考虑了这神秘莫测的最后一句的意思，那么也没有考虑很长时间，因为在午夜时分，加西亚·德·托莱多敲了他家（位于科尔东广场）的大门。佩雷斯已经就寝了，得知"国王陛下命令逮捕他时，他浑身瘫软，没有力气穿衣服。官员几乎不得不强迫他的仆人为他穿衣"。佩雷斯骑上了对方准备的备用马,没有佩剑。加西亚·德·托莱多把他押走了。[47]不久之后,第二场戏上演了。堂罗德里戈·曼努埃尔和他的卫兵逮捕了埃博利亲王夫人,并将她和三名侍从女官一起送上马车,送到平托要塞的一间牢房。在六个月的时间里,国王第二次逮捕并驱逐了一位西班牙大贵族。

办完了这次来马德里要办的事情之后,腓力二世在马特奥·巴斯克斯的陪同下返回埃斯科里亚尔,格朗韦勒在那里等候他们。而在都城,大臣、外交使团和市民在讨论前一夜的惊人事件。用一位外国大使的话说:"这些事件让我们十分惊愕,因为在如此之短的时间里,曾经统治世界的人竟然身陷囹圄。"[48]就这样,胡安·德·埃斯科韦多在遇害十六个月之后得到了一定程度的报仇,而腓力二世结束了政府的瘫痪状态,同时继续隐瞒自己对埃斯科韦多谋杀案的参与,至少暂时还瞒得住。

第十五章 胜利的年代，1578～1585年

成为葡萄牙国王

1578年8月13日，腓力二世暴躁地向安东尼奥·佩雷斯抱怨："我昨夜睡得极差，所以现在，还没到吃午饭的时间，我就要睡着了。你从我的批阅和这封信的字迹一定看得出来，因为我肯定在睡着的状态下写了一些字。"那么，是什么事情让国王失眠？原来，他在埃斯科里亚尔的时候，佩雷斯从马德里给他发去了惊人的消息：摩洛哥军队在凯比尔堡战役中击溃了葡萄牙军队，杀死了葡萄牙国王塞巴斯蒂昂。① 腓力二世在8月12日深夜得知此消息之后，"立刻去他的礼拜堂"，然后就寝。但正如他告诉佩雷斯的那样，他彻夜难眠。1

这场灾难并不完全出人意料。腓力二世在瓜达卢佩修道院与外甥塞巴斯蒂昂一起度过了1576年圣诞节，并讨论了塞巴斯蒂昂征服摩洛哥的计划。腓力二世承诺提供50艘桨帆船和多达5000名士兵参加这次远征。虽然两位君主都没能及时动员资源在次年发动远征，但腓力二世显然没有告诉外甥，在此期间他派了密使乔万尼·马利亚诺去君士坦丁堡，去延长与土

---

① 凯比尔堡位于今天摩洛哥的北部。这场决定了葡萄牙与西班牙命运的战役也被称为"三王战役"，因为有三位君主亲自参加：葡萄牙国王塞巴斯蒂昂，他的盟友、被废黜的摩洛哥苏丹阿卜杜拉·穆罕默德二世，还有现任的摩洛哥苏丹马利克一世。

耳其人的停战协定（见第十三章）。1578年2月，马利亚诺与土耳其人签署协议，将停战延长到这年年底，并且该协议不仅包括西班牙和奥斯曼帝国，还包括双方的一大群盟友，摩洛哥统治者也在其中。马利亚诺还禀报腓力二世，如果他派遣一名正式的大使并送去合适的礼物，苏丹也许会同意签订为期二十年的停战协定。

这个惊人消息传到马德里的时候，国王说马利亚诺取得的成功是天意。他写道：

> 因为我们需要处置尼德兰事务，所以签署这份停战协定是至关重要的，如果没有它的话，我都不知道如何继续……因此我决定继续跟进此事，争取以最有利的条件达成协议，并且要快，好让我们立即利用它，并确保来年［1579年］不会有［土耳其］舰队来攻击我们。

国王还明确表示，他很希望达成为期二十年（马利亚诺说的最长期限）的停战协定，这样的协定不仅会约束两国君主，还会约束他们的继任者和盟友。[2]

腓力二世还给外甥写了一封亲笔信，赞扬他"在异教徒土地传播基督教信仰"的神圣且光荣的计划，但"恳求他在行动之前仔细斟酌"。最重要的是，因为塞巴斯蒂昂没有继承人，所以腓力二世劝他不要御驾亲征。腓力二世还指示他在里斯本的大使堂胡安·德·席尔瓦把他与奥斯曼苏丹的停战协定告诉塞巴斯蒂昂，并指出，如果塞巴斯蒂昂攻击摩洛哥，就会危及西班牙与奥斯曼帝国的停战。腓力二世希望席尔瓦能够把他的外甥"从自己当前的幻想中拯救出来，让他不要拿自己的生命、财产和声望去冒险"。但腓力二世这么做是白费功夫：随后的一个月里，塞巴斯蒂昂率领一支舰队离开了里斯本，带去了葡萄牙的几乎全体贵族和大约17000名士兵。席尔瓦也陪同塞巴斯蒂昂参加了此次远征，并向他的主公抱怨："这支军队缺乏经验、桀骜不驯、指挥失当，除了塞巴斯蒂昂国王之外没有指挥官，而他身边没有一个有地位的大臣敢于表达不同意见。"席尔瓦补充道："很抱歉，我无法为陛下提供乐观的预测，除非发生奇迹。"奇迹没有发生。借用席尔瓦的愤恨言辞，1578年8月4日，在凯比尔堡战役中，"正如我预想的那样，我们兵败如山倒，国王本人阵亡"。[3]

腓力二世最担心的是穆斯林可能趁机反攻。8月13日，尽管前一夜没睡好，他还是给陆军大臣胡安·德尔加多发去了"一些预防措施"的清单，要求"立刻进入防御态势"，准备"保卫安达卢西亚海岸以及葡萄牙和我们在非洲的基地"，并自豪地说，"有不少在非洲的基地是我建立的"。[4]但塞巴斯蒂昂的战败和死亡对尼德兰意味着什么呢？安东尼奥·佩雷斯试图把"此地的局势与那里的情况"协调起来考虑，得出的结论是："即便我们有充足的金钱"，西班牙现在也不可能"完成对尼德兰的征服"。有鉴于地中海的不稳定局势，他建议与尼德兰人进行新的谈判。腓力二世表示同意："毫无疑问，与他们达成协议是最好的，只要能保障天主教信仰。即便那样的话，也会给我们带来重重困难，因为如今叛军占上风，所以他们不会让出我们想要的东西。"[5]

塞巴斯蒂昂的死还给王朝大统的继承造成了问题。他的最显而易见的继承人是他的叔祖父——现年六十七岁的枢机主教恩里克。但恩里克和他的兄弟们（都已经去世）都没有合法的儿子，所以与恩里克血缘最近的合法男性亲属是腓力二世。佩雷斯在得知凯比尔堡战役灾祸之后的第一份奏章里对这种天赐良机表达了喜悦。他告诉国王，"尽管我们肯定对〔凯比尔堡战役的〕消息感到遗憾，但如果这消息是真的，那么它也有好的结果"，并厚颜无耻地分析了葡萄牙王位每一个竞争者的优势和劣势。但国王保持谨慎，因为"此事似乎比你说的要复杂"。[6]塞巴斯蒂昂出征之前设立了一个摄政会议来代替他治理葡萄牙。1578年8月23日，摄政会议决定让恩里克担任国家的"总督和保卫者"，直到查明塞巴斯蒂昂的下落。五天后，摄政议会推举恩里克为国王，尽管他们这么做的时候没有什么热情，因为在葡萄牙，"人们除了哀悼我们的孩子和亲戚以及筹钱赎回俘虏之外，什么都做不了"。单是非斯①的统治者就索要300万杜卡特来换取他手中的6000名俘虏，而其他获胜的摩洛哥统治者可能还控制着8000名俘虏，并期待得到同样丰厚的赎金。[7]

恩里克被推举为国王，这让腓力二世有了时间在葡萄牙和海外争取支持，去宣示自己对葡萄牙王位的继承权，并做好一旦失败就动武的准备。8月25日，他命令自己的主要陆海军将领阿尔瓦公爵（当时还得宠，在宫廷居住）和圣克鲁斯侯爵制订夺取大西洋海岸上的摩洛哥城市拉腊什的计划，从而预防穆斯林的反攻。两位将领提出了一个雄心勃勃的计划，要动员西班牙在地中海的几乎全部资源。腓力二世答复道：

---

① 非斯是今天摩洛哥的第二大城市，一度是首都，也指摩洛哥北部地区。

> 我觉得你们的计划有两个，或者有三个主要的困难。第一个困难是，我们不知道奥斯曼舰队会不会进攻，所以不可以让那不勒斯和西西里如此空虚……第二个困难是，我们对葡萄牙应当做什么，因为［如果占领了拉腊什］，葡萄牙对它有主张权。第三个困难是，这种战役的开销会非常大……但我们同时还需要给尼德兰的战争提供军费。

但在几天之后，国王认识到，为了应对一个敌人而动员起来的军队，如果有必要的话，可以改为对付另一个敌人："采取这些预防措施并为其筹资，是很好的主意，因为做好准备，以不变应万变是极好的，既可以对付土耳其人，也可以防止法国向我们宣战，这样我们就不会措手不及。"腓力二世指示德尔加多设立一个专家委员会来准备计划，集结一支能够达成好几项目标（包括入侵葡萄牙）的陆海军联合部队，但要"绝对保密"，不能让任何人"了解此事的奥秘"。[8]

在这个阶段，腓力二世自己还没有完全"了解此事的奥秘"。一方面，他不知道马利亚诺有没有成功地把西班牙与奥斯曼帝国的停战协定续约到1579年，从而保证他的地中海领地不会遭到土耳其舰队的攻击；另一方面，用堂克里斯托瓦尔·德·莫拉（腓力二世在里斯本的代表）的话说，恩里克"是个油尽灯枯的老人"，"随时都会死掉"，所以腓力二世必须做好准备，在很短的时间内对葡萄牙王位提出主张。所以，尽管为了入侵葡萄牙而做的陆海军方面的大规模准备工作是不可能隐瞒的，但他打着进攻拉腊什或保卫意大利的旗号，就可以（在受到教宗格列高利十三世质询时）比较令人信服地说：

"我不打算对葡萄牙用兵。"因为假如恩里克的健康状况好转,那么腓力二世可以真的去攻打拉腊什。[9]

十年后,腓力二世准备入侵英格兰的时候也会这样反复改变计划。1587～1588年和1578～1579年的情况一样,不管他是不是有意识地让人觉得他举棋不定,这造成的混乱却给他带来了一项重要的优势:直到最后关头,没人说得准,他将如何部署集结起来的军队。一位意大利大使在1580年1月底说:"他们仍然说国王陛下会去葡萄牙,但我看不到任何能让我信服的证据……简而言之,国王的欺骗手段包含太多的元素,所以我们没有办法准确地预测结果会是什么。"[10]国王会多么欣赏这些话啊!

腓力二世的很多大臣对卡斯蒂利亚与葡萄牙的联合表现出极大的热情。为了证明腓力二世对葡萄牙王位的主张权是多么优先,有人写了一本《关于腓力的对话》(*Diálogo llamado Philippino*),解释道,统一伊比利亚半岛是腓力二世的使命,因为那将会推动上帝之民的团结,成为基督教世界收复耶路撒冷的前奏。在里斯本,莫拉认为凯比尔堡战役是上帝赐给他的主公的礼物:"我相信,仁慈的上帝一定会启示陛下,让您知道如何选择对您的事业和这些王国的福祉最有裨益的道路,因为上帝允许发生如此不寻常的事情,一定有很好的理由。"[11]尽管这样的宗教层面的分析可能会吸引腓力二世,但没能打动幸存的葡萄牙精英。他们聚集起来,比较曼努埃尔一世国王五位在世的后代对王位的主张权。腓力二世是伊莎贝拉皇后在世的唯一儿子,而伊莎贝拉皇后是曼努埃尔一世的长女;萨伏依公爵是伊莎贝拉的妹妹的儿子。所以腓力二世的主张权比萨伏依公爵要优先。但是与卡塔利娜相比,腓力二世的主张权还优先吗？因为卡塔利娜是曼努埃尔一世的小儿子的女儿，并且她嫁给了葡萄牙最显赫的贵族之一，即布拉干萨公爵（他则是曼努埃尔一世的姐姐的后代）。卡塔利娜主张，幼子的女儿（她自己）比长女的儿子（腓力二世）优先。那么，堂安东尼奥（曼努埃尔一世的一个年纪较小的儿子的儿子）的主张权如何呢？堂安东尼奥尽管很有魅力，而且是全国最富有的人之一，但他要面对两个障碍：他在凯比尔堡战役被俘了；他是私生子。第一个困难很快就解决了：堂安东尼奥逃离摩洛哥，隐姓埋名经过西班牙，回到了葡萄牙，在那里得到群众的热烈欢迎。但他的第二个困难就严重得多了。恩里克国王得到了教宗的支持，宣布他的侄子堂安东尼奥是私生子，并将他逐出宫廷。

腓力二世的主张权也有一些弱点。用莫拉的话说，最大的弱点就是葡萄牙对卡斯蒂利亚有"历史悠久的仇恨"："尽管很多葡萄牙人对此已经淡然，但还是有很多人"仇恨西班牙。因此，他建议腓力二世："陛下应当维持一支强大的陆军和桨帆船舰队，随时待命，以备不时之需。"并且"在当今的葡萄牙国王闭眼的那一天，您的陆军和舰队必须集中"到里斯本。腓力二世听从了这个建议。他一边精心挑选了一些神学家，让他们表态支持自己的继承权，一边向莫拉解释道：

> 你在信中谈到做好准备是多么重要，我已经告诉你，我们是如何机密地安排必需的准备工作，以应付任何情况。请放心吧，尽管我不希望做不得已之事，而是希望一切都能顺利，但我不会忽视任何准备工作。

他最后写道："理想情况是,一边继续谈判,一边让对方害怕我们动武。"[12]

腓力二世运用同样的"谈判"与"畏惧"相结合的手段,劝说恩里克国王认可他为继承人。腓力二世费了很多口舌为自己的继承权辩护之后,带着威胁意味提醒舅舅①:"君王之间的法律纠纷往往会演化为战争,导致流血冲突、哀鸿遍野和国家凋敝。"[13]但恩里克置之不理,而是设立了一个五人委员会以让其在他去世之后治理葡萄牙,同时让葡萄牙的法律专家对大统传承做出决定。于是腓力二世经常把陆军大臣留在自己身边,"因为[葡萄牙]国王可能死得比我们预想的要早,我想那会扰乱那个国家的事务。所以我觉得必须把一切都准备妥当,让我们只要想打仗,就可以随时开战"。[14]1580 年 1 月 31 日,阿维斯王朝的末代国王去世了,他任命的五位总督开始治理葡萄牙及其海外帝国,直到出现明确的继承者。

腓力二世最辉煌的时刻

腓力二世在 1580 年 2 月 4 日得知舅舅去世,然后(据威尼斯大使说)"隐遁了一些日子,只用书面形式处理公务",同时考虑下一步如何操作。他向西班牙驻罗马大使警示道:"在葡萄牙的事情解决之前,我没办法处理别的事情。"十天后,腓力二世丢下了自己的面具,签署命令,在埃斯特雷马杜拉动员陆军,在加的斯动员桨帆船舰队。他任命圣克鲁斯侯爵为舰队总司令,并计划亲自指挥陆军,就像二十年前他在尼德兰做的那样。莫拉奉承道:"我坚信不疑,陛下只要亲自出

---

① 恩里克是腓力二世的母亲伊莎贝拉皇后的弟弟。

动,威力就会胜过两支加起来的军队。"威尼斯大使表示同意:"除非国王御驾亲征,否则计划中的军事行动不可能成功。"但是,大使很有洞察力地继续写道:

> 也有人的看法相反。考虑到国王已经上了年纪,他的健康状况不佳,而且统治者一般都不长寿(奥地利家族的人尤其如此),所以他们担心生活方式的任何改变都会损害……甚至可能危及他的生命,那样的话就不仅意味着丢掉葡萄牙,还会危及整个西班牙。

一周后,卡斯蒂利亚议事会主席相当巧妙地恳求国王不要御驾亲征,因为那样会让"陛下的御体蒙受风险,会让您的诸王国与领地以及天主教会的命运蒙受风险,因为这一切都取决于您的健康长寿"。他建议任命阿尔瓦公爵为此次行动的总司令。主席认识到"陛下有充分的理由不喜欢公爵",但恳求国王克服对公爵的厌恶。[15]

腓力二世不欢迎这样的建议,但其他大臣很快也提出了相同的建议。例如,德尔加多写了一封信,开头是这样的:"我恳求陛下宽恕我下面要说的话",但"依臣愚见,此事当中最重要的是声望";应当让阿尔瓦公爵掌管军队,因为"葡萄牙人最怕的就是他"。德尔加多狡黠地总结道:"如果陛下不愿意写信给他,而是希望我去向他解释陛下的意愿和当前局势,并让他不必来此[马德里]而是直接乘马车或者轿子去前线的话,我乐意效劳。"[16]德尔加多真是太懂主公的心思了!"我认真考虑了你在信中的话。因为正反两面的理由都有很多值得考虑的"，所以腓力二世接受了德尔加多的提议。因此，是德尔加多，而不是国王本人，在2月指示阿尔瓦公爵离开他的流放地，前往埃斯特雷马杜拉，去组织一支军队。因为国王拒绝接见阿尔瓦公爵，所以德尔加多在途中见了公爵，向他解释了任务。阿尔瓦公爵讽刺地发现"国王让他去征服一个王国，但让他拖着脚镣去"。[17]

又一次成为主要谋臣的枢机主教格朗韦勒坚持对政策做另一个重大的修改：国王绝不能重蹈16世纪60年代尼德兰紧急危机期间的覆辙，绝不能留在自己的都城（见第八章）。国王必须去埃斯特雷马杜拉，等葡萄牙形势平息下来之后立即进入该国。于是，在1580年3月，腓力二世拟定了一份新遗嘱，然后离开马德里，前往距离西葡边境只有几英里的巴达霍斯。他的妻子、三个年纪最大的孩子和一小群官员随后也去了巴达霍斯（国王特意没有带大多数廷臣和大臣，免得让人觉得卡斯蒂利亚人将会主宰葡萄牙）。5月，他去了梅里达，在那里终于克服了对阿尔瓦公爵的"厌恶"，接见了他。他俩随后花了三天时间密谈，最后敲定策略。之后，公爵和王室一起检阅了雄壮的大军。在这个阶段，腓力二世担当总司令的角色，每晚发布口令，安排部队在边境沿线的部署，而阿尔瓦公爵担任他的副将。西班牙炫耀武力的行为吓坏了葡萄牙的总督们，于是他们向腓力二世宣誓效忠，承认他是奉天承运的合法君主。但在1580年6月19日，堂安东尼奥的支持者宣布他是国王，这位新"君主"进入里斯本，占领了王宫，呼吁所有葡萄牙人服从他。于是阿尔瓦公爵率军越过边境，几乎如入无人之境，仅仅用了两周就抵达大西洋海岸上的塞图巴尔。在那里，他们与刚刚离开加的斯的西班牙海军会师，并发动了一次大胆的突袭：阿尔瓦公爵带着15500名士兵、170匹马和13门大炮登上圣克鲁斯侯爵的60艘桨帆船，穿过塔霍河的河口，前往卡斯凯什。这趟航程全长125英里。他们在三天后登陆。卡斯凯什拒不投降，于是阿尔瓦公爵的部队强攻这座城市，将其洗劫一空。

这种暴行让国王很生气。他写了一封亲笔信给公爵，要求"确保不会洗劫里斯本"，因为"如果洗劫了那座城市，那么只要我们活着，民众的强烈抗议、索赔和我们对这座城市造成的伤害就永远不会停息"。[18]堂安东尼奥想要的就是民众的强烈抗议，所以他冷酷无情地尝试刺激阿尔瓦公爵强攻都城。但公爵和往常一样，更喜欢间接策略，从侧翼包抄了对手。与此同时，圣克鲁斯侯爵率领舰队在塔霍河逆流而上，俘虏了停泊在锚地的整个葡萄牙海军。为了避免遭到洗劫，里斯本缴纳了60万杜卡特的赎金。

阿尔瓦公爵自豪地向主公禀报："陛下，此地已经无人想打仗。""陛下可以占领该国，得到全体国民的绝对服从。完成这项事业，我们只花了比两个月少两天的时间。陛下的军队于6月27日进入该国。到8月25日正午，这个国家就完全属于陛下了。"[19]和往常一样，公爵在夸大其词。堂安东尼奥逃走了，先在科英布拉抵抗，然后在波尔图抵抗。波尔图于10月底陷落，堂安东尼奥又一次逃脱。阿尔瓦公爵认为这不重要，但有些人把此事与1567年在尼德兰发生的事情相提并论。国王也是这么想的。"我觉得〔阿尔瓦公爵〕就奥兰治亲王也是这么说的，"腓力二世思忖道，"所以我们不能松懈，直到我们俘虏或者杀死堂安东尼奥。"[20]他还对如何控制亚速尔群岛的八个岛屿感到担心，因为那些岛屿都认可堂安东尼奥是他们的君主。

腓力二世对胜利的喜悦因为安娜王后与好几名廷臣死于流感而消散了。国王也病得很重。尽管他在1580年12月身披全副甲胄、骑马进入自己的新王国,但"从他惨白的面色可以看出他的忧伤和疾病"。他不得不乘马车完成这趟旅程。不过在1581年4月,腓力二世在托马尔①出席了葡萄牙议会。议会宣布他是国王,他的新臣民向他宣誓效忠。这无疑是他最辉煌的时刻。据现场的见证者马特奥·巴斯克斯说,"国王陛下身穿锦缎华服,手持权杖,威风堂堂。堂迭戈·德·科尔多瓦说他看上去就像大卫王"。[21]

腓力二世不喜欢自己的加冕礼。他在给女儿的信中写道:"你们知道,他们想让我穿丝绸衣服,我非常不愿意"("非常不愿意"是因为他还在为安娜服丧)。但他努力赢得新臣民的好感。他已经废止了卡斯蒂利亚与葡萄牙边境上的海关哨卡(负责向出入境的商品征税),现在他说服托马尔的议会废止葡萄牙那一侧的海关哨卡。他还仔细地遵守规则。在边境,他让所有跟随他旅行的卡斯蒂利亚官员摘下他们的官位徽章。1581年,一名大使即将从里斯本前往巴塞罗那,国王签署了要求各级官僚为大使提供协助的令状,却划掉了自己的签名。他解释道:"这份令状说'从此地到马德里,从那里到巴塞罗那',这样不妥。应当改为:从葡萄牙王国与卡斯蒂利亚王国的边境到马德里,然后从马德里到卡斯蒂利亚王国与阿拉贡王国的边境。就这么改。"国王还确保大臣们在处理一切涉及葡萄牙的事务时都使用葡萄牙语,他自己还非常努力地学习葡萄

---

① 托马尔是葡萄牙中部的一座城镇。

牙语。有个西班牙人觉得"仿佛我们在土耳其",国王的新臣民"更多是通过百般纠缠来强迫国王学习葡萄牙语,而不是国王自愿学习的"。[22]

力量平衡的变化

尽管新的葡萄牙国王努力在内政方面维持原状,但在外交方面,他立刻想方设法地利用西葡联合对国际力量平衡造成的影响。1580年,他授权马利亚诺(仍在伊斯坦布尔)延长西班牙与苏丹的停战协定,从而保障地中海的和平,让他能够安稳地吞并葡萄牙;1581年,尽管法国和英格兰的代表竭力搞破坏,马利亚诺还是将停战协定延长了三年。这个消息令格列高利十三世大怒,他威胁要取消"三种恩典"税(西班牙王室向西班牙教会征收的税,见第十一章),"以惩罚西班牙的这项停战协定"。腓力二世的回应是使出他之前与好几位教宗打交道时惯用的"被动攻击型"策略。他问,教宗难道没有认识到,这项停战协定仅仅是"暂停战事,让我们有机会积攒作战力量"?法国国王"与土耳其人处于永久和平的状态",那么圣父为什么要给法王提供经济上的好处——

> 从而让法王在一段时间内与异端分子作战,而法王与异端分子最终达成的协议对圣座有害?圣父为什么拒绝向我提供相同的好处?要知道,为了保卫和维护我们神圣的罗马天主教信仰,我拿自己在尼德兰的祖产冒险;为了推动上帝的事业,我还花费和消耗了上帝赐给我的其他领地的大部分收入。

简而言之,"为什么圣父用一种标准衡量我,却用另一种标准衡量其他人"?这番牢骚话之后,国王发出了威胁:"如果得不到经济援助,我就不可能长时间维持下去,也不可能降服我的[尼德兰]逆民(他们不仅反叛我,还反叛上帝),迫使他们服从上帝、服从我,所以如果教宗不给我这些资金['三种恩典'税],并剥夺我需要的资源,那么教宗就没办法让我达成上述目标了。"两周后,国王发出了更直接的威胁。如果格列高利十三世剥夺腓力二世的"三种恩典"税收入,教宗"应当考虑到,这会迫使我做一些在其他情况下绝对不会想做的事情",也就是说,与尼德兰新教徒议和。"如果圣父不履行自己的责任,那么我无论做了什么,在上帝和世人面前都是良心坦荡的。"[23]

腓力二世的策略又一次奏效了。格列高利十三世允许西班牙朝廷继续征收"三种恩典"税,但有一个条件:腓力二世必须承诺入侵爱尔兰。阿尔瓦公爵在完好无损地占领里斯本之后兴高采烈地写道:"如果陛下想去北非作战"(公爵在尼德兰的时候始终反对这么做),"那么现在就是很好的时机"。腓力二世利用公爵的这个草率建议,在这封信的页边命令组建一个委员会"来决定,对于远征爱尔兰的计划,我们应当如何给公爵写信"。腓力二世后来向阿尔瓦公爵解释道:"一些日子以前,圣父写信给我,多次坚持说,他想征服英格兰……一个很好的办法就是在爱尔兰登陆。"腓力二世继续说,作为回报,教宗"不仅会允许我征收'三种恩典'税",还愿意"为此项事业背书,所以我不需要自己宣布"。他请阿尔瓦公爵"以你一贯的谨慎和热情来研究这个计划",然后"考虑怎样是最好的策略,拟订计划,送来给我看"。[24]9月,腓力二世提供了一支舰队,可以将教宗招募并出资维持的800名西班牙和意大利志愿者送到爱尔兰。但这支远征军抵达爱尔兰不久之后,伊丽莎白的军队就将他们包围,屠杀了绝大多数人。

现在,腓力二世将注意力转向亚速尔群岛,那里的各岛屿(除了最大的圣米格尔岛)都宣布支持堂安东尼奥,而堂安东尼奥在努力获取外国支持,巩固自己的地位。1582年,菲利波·斯特罗齐(十年前他曾率领一支法国舰队去荷兰,见第十一章)集结了一支远征军(包括英格兰和法国的部队),开始征服圣米格尔岛。腓力二世的军队在16世纪60年代曾成功救援奥兰和马耳他岛,在1573年收复突尼斯,在1580年占领里斯本,但征服亚速尔群岛是一种完全不同的挑战,因为它位于葡萄牙以西1000英里处。不过,对陆海军联合作战经验丰富的圣克鲁斯侯爵还是在里斯本集结了兵员、弹药和舰船,首次尝试驱逐这个得到大西洋保护的敌人。1582年6月26日(圣安娜瞻礼日),他与斯特罗齐交战。这是有史可查的风帆战舰之间的第一次海战。据一位参加过勒班陀海战的老兵说,此役的"激烈程度空前"。最终,斯特罗齐损失了10艘舰船和超过1000人,圣克鲁斯侯爵将大部分俘虏作为叛贼处死。[25]虽然此役让西班牙朝廷收复了圣米格尔岛,但群岛的其他岛屿仍在反抗。国王需要组织一次新的登陆作战。

让安东尼奥·佩雷斯和埃博利亲王夫人闭嘴

腓力二世于1580年离开马德里的时候,让格朗韦勒担当事实上的西班牙总督(但没有正式的法律地位),就像他父亲查理五世不在西班牙期间让枢机主教塔韦拉摄政一样(见

第一章)。格朗韦勒与每一个议事会的主席和秘书都将奏章发往里斯本,一周或更久之后得到国王的批复。很多通信都关系到安东尼奥·佩雷斯和埃博利亲王夫人,这两人仍然在狱中。

佩雷斯在加西亚·德·托莱多家中被关押了一个月之后,据说感到"十分抑郁,以至于负责监禁他的人担心他发疯或者死去"。一个敌视佩雷斯的人不客气地说,佩雷斯现在急于恢复自由,"哪怕国王命令他当马特奥·巴斯克斯的跟班",他也愿意。国王听了这样的报告,允许佩雷斯回到自己家中。他在那里庄严起誓,"他、他的仆人和支持者,都绝对不会伤害马特奥·巴斯克斯"。[26]佩雷斯就这样被软禁在家中。1580年12月,卡斯蒂利亚议事会主席安东尼奥·毛里尼奥·德·帕索斯(佩雷斯的坚定盟友)禀报国王,佩雷斯因为"被监禁,不能像过去习惯的那样锻炼身体",所以"精神状态很压抑,而且消化不良,医生担心后果会很严重"。国王不情愿地说:"如果〔佩雷斯〕为了健康需要锻炼,那就让他去他家〔拉卡西利亚〕附近的果园,但他不可以走进屋子或者去别的地方。他只能在室外,在他的果园附近锻炼。"四个月后,帕索斯又尝试了一次,说佩雷斯"只想要所有囚徒都渴望的东西,那就是自由"。他恳求国王"向佩雷斯展现出国王对所有人的仁慈"。腓力二世仍然不开恩:"我偶尔听到,佩雷斯和埃博利亲王夫人仍然在互通消息,这对他们可都不是好事。"他坚持要求帕索斯"严格保密、做好伪装"(这是国王的口头禅)地"查明这种说法是否真实,如果是的话,就要坚决杜绝"。[27]

国王收到了一些报告,说"安东尼奥·佩雷斯家中大搞牌局,有成千上万杜卡特转手",而且"他在一家剧院有包厢,那里有丝绸帐幕和座椅,他每天要为这个包厢付三十雷阿尔①的租金"。有一条传闻让国王特别恼火。"他们说安东尼奥·佩雷斯出门的时候有十六名侍从前呼后拥,有的佩着剑,还有其他一些人紧紧跟在他后面,好像是保镖,"国王向帕索斯抱怨道,"保护安东尼奥·佩雷斯的更好方式是把他关起来。"国王显然在批评佩雷斯的排场。帕索斯指出,佩雷斯的处境很不正常,这很引人注目:"如果安东尼奥·佩雷斯为陛下服务得极差,应当掉脑袋的话,那么有很多法官可以这么宣判,也愿意这么宣判。"但国王神秘莫测地答道:"如果这件事情能够用公开审判来解决,我一开始就那么办了。"[28]

主席显然还没有意识到,国王不可能对佩雷斯或埃博利亲王夫人进行"公开审判",因为那样做的话,就会泄露国王自己在埃斯科韦多谋杀案中扮演的角色。而且国王已经开始采取另一种法律手段。腓力二世在马德里的时候"亲笔"写了一封密信给一名亲信大臣,指示他"秘密、低调地搜集证据",调查国王的所有秘书"是否恪尽职守"。这位大臣于1581年6月去世后,腓力二世"亲笔"写了另一封密信,把这个任务托付给罗德里戈·巴斯克斯·德·阿尔塞(宗教裁判所最高议事会的成员,陪国王去了葡萄牙)和托马斯·德·萨拉萨尔(也是宗教裁判所最高议事会的成员,留在马德里)。但这一次,佩雷斯是唯一的调查对象,腓力二世给两名调查者提供了需要秘密讯问的证人的名单。[29]

托斯卡纳大使路易吉·多瓦拉是第一个受到传唤的证人。

---

① 雷阿尔是旧时西班牙、葡萄牙、巴西等国的货币单位。

1582年5月,他给出宣誓证词,说四年前,为了"获得安东尼奥·佩雷斯的友谊",他以托斯卡纳大公的名义向佩雷斯行贿4000杜卡特。法官问:"你还知道安东尼奥·佩雷斯的什么事情,或听说过什么事情?"多瓦拉列举了在西班牙宫廷的很多曾经向佩雷斯行贿的意大利人的名字,以及每一次行贿的具体情况。法官还拿到了其他一些认识佩雷斯已经有几十年(也恨了他几十年)的人的秘密证词。腓力二世在8月告诉法官,他需要"更多时间来证实和研究佩雷斯的罪状"。因此,"为了避免泄密,可以设立一个调查法庭,所以我决定暂时不动安东尼奥·佩雷斯,而是秘密调查他"。拐弯抹角地说了很多废话之后,腓力二世总结道:"这封信你们必须阅后即焚。"[30]

所以,佩雷斯不知道自己所处的危险,还在1582年9月再次要求公开审判。据帕索斯说,"即便公开审判的结果是佩雷斯要掉脑袋,他也心悦诚服"。国王继续对自己的前秘书的困境置之不理,但两个月后国王对埃博利亲王夫人采取了戏剧性的措施。在一封非常纡尊降贵的信里,国王写道:

> 埃博利亲王夫人,我的亲戚:我记得你的丈夫鲁伊·戈麦斯·德·席尔瓦长期忠心耿耿地为我服务。出于这个原因,我非常希望奖赏和照顾他的子女。为了保护他的声誉、产业和财富,有必要在他的事务和你的事务当中采取另一种策略,而不是目前为止使用的策略。你需要集中精力于自己的灵魂和心灵的安宁。但如果你肩负太多责任的话,就做不到这些,所以我决定解除你照料和监护[你的所有子女]的责任。

国王继续写道，出于上述原因，他已经任命一名官员"担任孩子们的监护人和教师，并担任他们的封地的管理者和主要法官。我以国王和宗主的身份授予此人全权，直到我另行通知"。埃博利亲王夫人此后将被软禁在位于帕斯特拉纳的宫殿中。国王的这些命令立即生效，国王命令她服从，"不要反驳，因为我不容许任何反驳"。这可以说是在社会层面宣判埃博利亲王夫人死亡，而且不准她上诉。[31]

"四海未够我纵横"

按照自己的想法裁决了佩雷斯和埃博利亲王夫人的命运之后，腓力二世在1583年春季离开里斯本，返回西班牙，在那里集中精力筹划一场军事行动，去收复亚速尔群岛当中的特塞拉岛。首先，他要处理圣克鲁斯侯爵的放肆要求。侯爵"想要大贵族的衔级、大洋总司令的官职和大片土地"。"尽管这些要求很过分"，国王还是都同意了。不过他在给侯爵的指示中（有些不客气地）强调："现在，对你我的声望来说最重要的事情是，你这次把活儿干好。"他还坚持要求对所有反对派"严惩不贷，以儆效尤"："如果任何人敢于反抗我并拿起武器敌对我，就绝不能让他们逃脱战争法则的审判。"也就是说，对这样的人要立即处死。[32]圣克鲁斯侯爵在他上一次海战取得胜利恰好一年之后，率领规模达到上一次两倍的陆海军联合部队（超过15000名士兵和将近100艘舰船）来到了特塞拉岛。他的西班牙老兵猛冲上岸，迅速占领了这个岛屿，掳掠了三天。群岛的其余部分投降了。腓力二世终于成为葡萄牙及其整个殖民帝国的主人。

圣克鲁斯侯爵的胜利在整个伊比利亚半岛引发了欣喜若

狂的浪潮，国王也不能免俗。得知最辉煌的胜利发生在圣安娜瞻礼日之后，腓力二世和马特奥·巴斯克斯立刻发现了其中的巧合。巴斯克斯写道，除了圣安娜的佑助之外，"我刚刚想到，一定是已故的安娜王后向上帝求来了这次胜利"。国王表示同意："尽管圣安娜一定在这些胜利当中发挥了重要的作用，但我始终相信，王后一定也有功劳。最让我高兴的是，这次胜利似乎表明你说得很正确。"不久之后，腓力二世让埃斯科里亚尔的宫廷画师为修道院祭坛创作一幅圣安娜画像，并在王室套房创作两幅壁画，庆祝圣克鲁斯侯爵的辉煌胜利。[33]

庆祝西葡联合的其他一些活动就显得咄咄逼人了。在马德里的一位外国大使报告称："一位御用雕塑家接到了命令，据说是国王陛下的直接命令，要制作一些奖章，显示他对葡萄牙和整个大西洋的主宰。"一位廷臣提议的箴言是"万物皆无处隐藏"，"从而让所有人都知道，如今在腓力二世统治下联合起来的诸王国是日不落帝国"，"因为在我们的半球日落的时候，另一个半球正是白天"。[34]1583年打造的一枚奖章的一面显示国王的头像，上面的铭文写道"腓力二世，西班牙与新大陆之王"；另一面的铭文是霸气十足的"四海未够我纵横"（NON SUFFICIT ORBIS）。这句话原本是说亚历山大大帝的。这种大胆的设计很快就得到广泛使用，成为腓力二世的全球帝国的标志。1586年一群英格兰人闯入圣多明各①的总督府时，看见地球仪上有西班牙王室的纹章，还有一个卷轴，"上书拉丁

---

① 圣多明各即今天多米尼加共和国的首都，位于伊斯帕尼奥拉岛上，当时是西班牙在美洲的重要据点。

文 NON SUFFICIT ORBIS"。英格兰人觉得这个"符号与象征非常显著地展现了西班牙国王及其民族的无穷无尽的野心"。[35]

大卫还是歌利亚？

这样的野心并不限于言辞和图像。1583年8月，因为在亚速尔群岛的两次大捷而欣喜若狂的圣克鲁斯侯爵敦促国王"感谢上帝，因为我们的事业如此正义，如此得到上帝的佑助"，并牢记——

> 上帝在这些岛屿赐予陛下的辉煌胜利，通常会鞭策君王从事其他的事业。既然上帝让您成为如此伟大的君王，您应当乘胜追击，准备在来年入侵英格兰……陛下在这个世界的时候，不应当容忍那个女异端分子［伊丽莎白女王］继续生存和统治，因为她给那个王国［英格兰］造成了太多的损害。

腓力二世赞同这种观点。他感谢了圣克鲁斯侯爵"在亲笔信中所写的一切。你还建议明年发动新的军事行动，由你指挥。这些暂时还不能确定，因为它们取决于时机和从现在到明年可能发生的事件"；但他承诺"加快葡萄牙和西班牙北部造船厂里远洋盖伦帆船①的建造进度"，并请侯爵起草征服英格兰的

---

① 盖伦帆船是至少有两层甲板的大型帆船，在16~18世纪被欧洲多国采用。它可以说是卡拉维尔帆船与克拉克帆船的改良版本，船身坚固，可用作远洋航行。最重要的是，它的生产成本比克拉克帆船便宜，生产三艘克拉克帆船的成本可以生产五艘盖伦帆船。盖伦帆船被制造出来的年代，正好是西欧各国争相建立海上强权的大航海时代。所以，盖伦帆船的面世对欧洲局势的发展亦有一定影响。

可行性报告。[36]

圣克鲁斯侯爵迅速起草了一套材料，主张以不可抵挡的强大兵力在伦敦附近登陆，因为伦敦是都铎王朝的大本营，从海上也比较容易接近。侯爵写道，此外，他的远征军在泰晤士河的入海口登陆之后，要从佛兰德军团抽调部队去增援。但腓力二世还没来得及认真研究这个方案，就收到了教宗格列高利十三世不寻常的提议：他应当娶玛丽·斯图亚特。西班牙驻罗马大使向一位在马德里的同僚解释道，教宗相信，"用这种方式，[腓力二世]可以又一次成为英格兰国王"，然后大使带着辩解的口吻补充道："教宗明确让我写信向国王陛下禀报，但因为尴尬，我选择通过你来汇报。"国王读到此信之后简直怒不可遏。他告诉大使："我听了教宗的想法之后并不感到尴尬，但我觉得这个想法太不合适了，尤其是因为我知道我没有办法履行统治那个王国[英格兰]的职责，也不能去那里。毕竟我在其他方面的职责太多了，就连那些我希望履行的职责也无法顺利完成。"[37]国王对迎娶玛丽·斯图亚特不感兴趣，就像二十五年前他对娶伊丽莎白·都铎没有兴趣一样。他请自己的外甥帕尔马公爵①考虑，是否愿意从尼德兰准备和发起一次远征，消灭伊丽莎白女王。

帕尔马公爵没有排除这个可能性，但因为法国有可能趁机支援尼德兰人，所以他敦促国王允许他先收复尼德兰全境，然后再考虑攻打英格兰。这给腓力二世留下了深刻印象，他在随

---

① 即亚历山德罗·法尔内塞。他是腓力二世的同父异母姐姐玛格丽特的儿子。他从1578年10月1日到1592年12月3日担任西属尼德兰总督；于1586年接替去世的父亲，成为帕尔马公爵。所以严格来讲，此时他还没有成为公爵。

后三年里就暂时搁置了其他几乎所有计划，以便集中力量于尼德兰。例如，在将近一年的时间里，他的谋臣讨论了将摩里斯科人从卡斯蒂利亚驱逐出去的措施，比如"发动一次大规模驱逐，就像一个世纪以前驱逐犹太人那样"，"应当在1583年秋季等舰队从特塞拉岛返回后立即执行"。但因为"此事需要许多士兵，并且需要心无旁骛地执行"，所以等舰队凯旋之后，"这个计划被放弃了。国王决定将舰队运载的部队送往尼德兰"。[38] 此外，国王还积攒了规模惊人的战争专用资金。1584年，一群参观马德里王宫的访客对一个房间表达了惊叹："那里藏着国王的私人财富，有六个庞大的钱箱，据说每个箱子里都有40万杜卡特。此外我们还看见六个箱子，装有数额惊人的黄金。这些资金都被保存起来，以备不时之需。"[39] 国王不打算把这些资产浪费掉。1582年春季，他（似乎是第一次）命令财政部官员准备整整一年（1582年6月~1583年6月）的预算。该预算所需的资金极多：240万杜卡特给尼德兰，180万给亚速尔群岛。但财政议事会主席堂埃尔南多·德·维加预测，这一年国库会有一笔不多的盈余。腓力二世不相信：

> 让我们度过1583年显然需要更多资金，因为预算的总数还不够我们度过上半年，尽管我们在1583年下半年也许能预支1584年的一些收入。但说到底，如果我们找不到足够的资金，一切都会完蛋。请仔细看看，秘密讨论，因为你明白，此事必须保密。[40]

1583年6月，也就是维加预测的时间下限，国王做了进一步的财政规划。他告诉维加,在尼德兰,"当前的需求极大","所以必须立刻给那里提供40万或50万杜卡特,这是至关重要的;将来最好还能[定期地]按月支付,每个月15万到20万杜卡特不等"。维加承诺"满足陛下的需求,由我亲自操办,让陛下几乎完全不需要其他的财政官员"。但如果维加以为自己的信心满怀能让国王停止唠叨,他就错了。腓力二世在回信的开头写道:"筹集这笔钱真的非常重要,所以我命令你尽快办理,因为时间紧迫,否则我们的努力就付之东流了。"然后他的语气柔和了一些:"你已经开始讨论筹措这么一大笔[资金],这很好。请继续推进,千万不要忘了,因为这将是未来两年,即1584年和1585年的救星。"[41]

帕尔马公爵从西班牙收到了很多钱,但并没有都用到军队上。他把25000杜卡特花在了完全不同的用途上:奖赏巴尔塔扎尔·热拉尔的亲属。热拉尔是国王的一个勃艮第臣民,在1584年7月10日刺杀了奥兰治亲王威廉。腓力二世此前宣布奥兰治亲王是不法之徒,人人皆可诛之。热拉尔行刺成功的消息让西班牙朝廷欣喜若狂。"今天黎明传来了奥兰治亲王遇刺的消息,"格朗韦勒(在马德里)喜滋滋地禀报国王,"我们的上帝一定希望在尼德兰成就一番事业,因为他除掉了叛乱的主心骨。"消息传到埃斯科里亚尔之后,马特奥·巴斯克斯也喜上眉梢:"奥兰治亲王的死真是好消息,我希望仁慈的上帝现在会让战争结束,因为陛下理应得到这样的奖赏;如果非打仗不可的话,就在国外打吧,不要在国内。"腓力二世答道:"你说得一点不错。这真是个奇妙的良机,我相信上帝一定会让尼德兰的事情有一个圆满结局。"次日,格朗韦勒注意到一个有趣的巧合:奥兰治亲王的死发生在(尼德兰起义的名义领袖）阿朗松与安茹公爵①死亡的整整一个月之后："阿朗松公爵死于6月10日,奥兰治亲王死于7月10日;如果本月[8月]10日,即圣洛伦索瞻礼日,阿朗松公爵的母亲[卡特琳·德·美第奇]能死掉的话,这个世界不会有什么损失。"[42]

这些喜悦都为时过早。阿朗松公爵是瓦卢瓦王朝的最后一位男性成员。因为萨利克法②规定只有男性成员及其后代才能

---

① 埃居尔-弗朗索瓦,即阿朗松与安茹公爵(1555~1584),法王亨利二世与卡特琳·德·美第奇最小的儿子。他与兄长亨利三世发生冲突后离开宫廷,加入了胡格诺派军队,不过他本人仍然是天主教徒。安茹公爵曾追求英格兰女王伊丽莎白一世,但两人出于政治和宗教原因没能结婚。奥兰治亲王威廉邀请安茹公爵去担任尼德兰的世袭君主,但安茹公爵不满足于自己得到的有限权力,与安特卫普民兵发生武装冲突,被打败。随后他失意地离开尼德兰,不久之后病死。

② 萨利克法(拉丁语:lex Salica),中世纪西欧通行的法典。萨利克法发源于萨利克部族(法兰克人的一支)通行的习惯法,因此得名。6世纪初,这些习惯法被法兰克国王克洛维一世汇编为法律。萨利克法是查理曼帝国法律的基础。

萨利克法包括女性后裔不得继承土地的条款。在欧洲的大多数国家,女性无权继承土地的规定逐渐演变为对女性继承权的剥夺,并对中世纪和近代欧洲历史产生了很大的影响。西班牙的历次王位继承战争,起源都是旁系男性继承人不认可直系女性继承人的权利。

英法百年战争的诱因之一,就是法兰西卡佩王朝查理四世死后没有男性继承人,英格兰国王爱德华三世因是查理四世妹妹伊莎贝拉的儿子,要求得到法兰西国王宝座,法兰西方面则认定萨利克法不支持女性后裔的继承权,查理四世的堂兄腓力六世随之加冕,开创法兰西的瓦卢瓦王朝。爱德华三世虽然妥协,但冲突的火种已经埋下。

英国君主允许女性继承,但汉诺威实行萨利克法,因此汉诺威王朝的维多利亚女王在继承英国王位时,不得不把汉诺威王位转让给其叔父恩斯特。此外,在唯一仍由英国统治的原诺曼底公国领土——海峡群岛上,英国女王伊丽莎白二世的头衔是诺曼底公爵(Duke of Normandy),而非"女公爵"(Duchess)。

另外,为了回避萨利克法的不利影响,波兰女王雅德维加在1384年继承波兰王位时,宣布自己为国王(Hedvig Rex Poloniæa),而非女王(Hedvig Regina Poloniæa)。

继承王位，所以身为新教徒的纳瓦拉国王波旁的亨利成了法国王位的推定继承人。因此，巴黎可能出现一个敌视西班牙的政权。腓力二世必须对此做出反应。很多年来，他给吉斯公爵提供资金，让他维持一个准军事组织"天主教联盟"，致力于确保由天主教徒继承亨利三世[①]的王位。腓力二世得知阿朗松公爵的死讯后立刻给吉斯公爵追加资金，并承诺，如果法国发生内战，他将出兵，全力支持吉斯公爵。作为回报，吉斯公爵承诺继续支持腓力二世在欧洲其他地方的事业。

西班牙几乎马上就开始收获这些政策的好处。1585年3月，陷入孤立、受到恫吓的亨利三世与吉斯公爵签署了一项条约，将好几座重要城镇割让给"天主教联盟"，并承诺努力消灭法国的新教。与此同时，腓力二世同意让萨伏依公爵卡洛·埃马努埃莱娶他的女儿卡塔利娜。婚礼于1585年3月举行，一年后卡塔利娜生下了国王的第一个孙辈，是个男孩。因为这个婴儿的祖母和外祖母都是瓦卢瓦王朝的成员，所以他是法国王位的潜在继承人。与此同时，在尼德兰，帕尔马公爵运用从西班牙源源不断送来的军队和金钱，封锁了尼德兰南部的一些主要城镇，它们纷纷投降：布鲁塞尔、根特、布鲁日、梅赫伦，最后是安特卫普在1585年8月投降。

西班牙在军事和外交方面的一连串胜利让伊丽莎白女王非常警觉，因为如果腓力二世控制了法国、葡萄牙和整个尼德兰，那么信奉新教的英格兰的前途将非常不妙。她的国务秘书弗朗西斯·沃尔辛厄姆爵士起草了"骚扰西班牙国王的计

---

① 他是法王亨利二世与卡特琳·德·美第奇的第三子，在两个哥哥弗朗索瓦二世和查理九世短暂在位之后成为法国国王。

划"，包括对西属尼德兰实施贸易禁运；扣押纽芬兰外海的西班牙船只；派遣英格兰最成功的海军指挥官弗朗西斯·德雷克爵士袭击西印度群岛；以及向反对腓力二世的尼德兰人和葡萄牙人提供援助。女王犹豫了一段时间：尽管她给了德雷克资金去组建一支包括30多艘舰船和1600人的舰队，但她禁止这支舰队离港；她虽然欢迎葡萄牙王位的觊觎者堂安东尼奥到她的宫廷，但没有给他钱。她唯一明确的行动就是在1585年4月对英格兰与西属尼德兰的一切贸易实施禁运。腓力二世加以报复：5月，他颁布宣言，命令扣押在伊比利亚半岛各港口的所有外国船只，法国船只除外。这个决定酿成大祸，因为当一群西班牙官员企图扣押英格兰船只"报春花"号时，船长决定杀出一条血路，不仅把登船的西班牙官员一起带到了英格兰，还带去了腓力二世宣言的一个副本。

伊丽莎白及其大臣研究了宣言的具体措辞，立刻注意到，它只影响来自新教国家的船只。审讯"报春花"号上的西班牙俘虏后得到的信息也无法让人安心。其中一名俘虏告诉英格兰人，腓力二世国王"听说荷兰人向英格兰求援，所以担心英格兰会支援他们"，于是"企图用扣押船只来吓唬英格兰，让它不敢支援荷兰人"。另外，英格兰人截获了一名在安达卢西亚的西班牙商人写给他在鲁昂的商业伙伴的信，其中明确说"我们与英格兰处于战争状态"。[43]

在发现这些情况之前，伊丽莎白还发现了一起刺杀她并推举玛丽·斯图亚特为女王的阴谋。西班牙驻英格兰大使堂贝尔纳迪诺·德·门多萨显然参与了这起阴谋，所以伊丽莎白在1584年初驱逐了他。不久之后奥兰治亲王的遇刺也证明，腓力二世为了消灭他的敌人，什么事情都做得出来，于是伊丽莎白重启了沃尔辛厄姆的"计划"。1585年6月,也就是"报春花"号返回英格兰不久之后,她命令一支英格兰舰队驶向纽芬兰,攻击那里的西班牙和葡萄牙渔船队,并授权受到禁运影响的英格兰臣民掳掠腓力二世的船只,从而弥补自己的损失。8月,伊丽莎白正式与尼德兰起义者的使者签署条约,为其提供超过6000名正规军士兵,承担起义军防御预算的四分之一,并提供一名经验丰富的顾问去领导他们的军队。她还允许德雷克率领他的30艘舰船和1600名士兵从普利茅斯启航。

1585年10月,德雷克的部下蹂躏加利西亚的一些村庄十天之久,亵渎教堂,搜罗战利品,扣押人质。这远远不止是"骚扰西班牙国王的计划",这是向腓力二世公开宣战。在托马尔"看上去就像大卫王"的那位君主,如今更像是歌利亚了。①

---

① 歌利亚是《圣经》里被大卫王杀死的非利士巨人。《圣经·撒母耳记上》第17章记载:"大卫用机弦将石子击中歌利亚的额,歌利亚就扑倒,面伏于地。大卫将歌利亚的刀从鞘中拔出来,用刀割了他的头,将他杀死。"

第十六章 "基督教世界最强大的君主"

腓力二世的很多臣民为了西葡联合欢欣鼓舞，因为这让他成为"分布在四大洲，即便不能说是无限多，也可以算是不计其数的王国、领地、省份和各种领土的君王"，建立了"自创世以来最庞大的帝国"。如此之大的权力史无前例地集中到一个人手中，也让外国人肃然起敬。一个英格兰人畏惧地写道，西班牙国王是"基督教世界最强大的君主"，他"发号施令的领土如此广袤，以至于他的领土之上始终有阳光照耀"。据另一个英格兰人说，腓力二世已经成为"极其强大的帝王，他的帝国无比广袤，远远超过之前的任何一位皇帝，所以他的确可以说，太阳永远照耀我 [Sol mihi semper lucet]"。[1]

"医生很可怕"

那么，太阳永远照耀的"我"，是一个怎么样的人呢？1582年，尼德兰人菲利普·德·卡维莱尔在里斯本觐见国王之后对他做了绘声绘色的描述。"他不及中等身材"，卡维莱尔这样写道，"肩膀和胸膛宽阔，脸大而苍白"，鲜红的嘴唇突出，"尤其是下唇，这是哈布斯堡家族的特色。他的眼睛有点红，经常在夜间大量阅读和工作的人往往会这样"。他的胡须和头发已经全白，"似乎白得有点早"（这一年国王五十六岁）。腓力二世于次年返回马德里时，据法国大使说，"国王开始衰老","他的面庞不是很白皙，诸多的忧愁一定影响了他的精神状态，让他比以前忧郁了许多"。而枢机主教格朗韦勒注意到，他的主公"把胡须蓄得比大多数人长一些，并且像皇帝［查理五世］生前那样把胡须梳理得很圆润。因为他的胡须已经白了，所以他现在酷似皇帝"。[2]但父子俩的共同点仅此而已：腓力二世活到了七十一岁高寿，而他父亲五十八岁就去世了。

腓力二世在生活方式上的几个选择能够解释他的长寿。他大约在1562年停止参加骑士竞技之后，只发生过一些轻微的事故，比如他有一次登上船，"一条腿陷入了插桅杆的地方"，"我的胫部擦破了，疼了一阵子"。除了1580年染上流感差点丧命之外，他在1587年六十大寿之前很少得重病。当然，和其他所有人一样，他的健康出了很多小问题。最重要的是，因为在办公桌前久坐，而且膳食缺少纤维，所以他经常受到便秘和痔疮的折磨，这能解释在他驾崩后人们清点他的财产时发现了"骨头做成的圈，据说能缓解痔疮"。同一份史料还记载了"为国王陛下通便用的银杯"，而王宫药房的账簿显示国王经常使用催吐剂和灌肠剂。在给儿女的一封信中，他描述自己每天早晨喝一杯药酒，"它的味道很苦，因为里面有大黄"，并且每两天喝一杯含有龙牙草的药酒。[3]国王养生的办法还包括细嚼慢咽、有规律地锻炼，并格外注意个人卫生。他的贴身男仆后来说，腓力二世"天生是世上最干净、整洁和讲究卫生的人"。"先王个人财产清单"就包含了这方面的证据。他拥有一支黑檀木制成、镶金的牙刷，一个装牙刷和海绵的盒子，一个装牙粉和牙膏的碗，（如果上述预防措施都失败的话）还有"五支用来拔牙的器具"和"一根用来烧灼牙齿的圆顶金杖"。

他还拥有用来清洁耳朵和舌头的特殊器材,一把发刷和用来清洁梳子的刷子,指甲剪和成套的美甲工具,都是黄金或者白银的。[4]

虽然有这些预防措施,但"基督教世界最强大的君主"有时还是受到肠胃问题的折磨。1581年夏季,他告诉女儿们,"最近我身体不大好。我不知道是不是因为我前几天吃了很多甜瓜","我卧床两天了"。两年后,"我在听弥撒的时候,肚子突然翻江倒海起来";1588年,"我今天早晨起来的时候感到肠或胃一阵剧痛,我也不知道是肠还是胃,但疼得厉害"。[5] 国王在冬季也会生病。1576年2月的一个夜间,他向马特奥·巴斯克斯详细描述了自己的健康状况:"我的胸口还是堵得慌,让我非常痛苦;虽然我的关节炎不时引发疼痛,但它不会让我头疼。不过感冒了头就会疼!"1584年12月,他写道:"因为感冒,我没法把那些文件返还给你,尽管我非常想;现在我能做的就更少了,因为我的头疼得厉害。"1587年2月,他抱怨道:"我现在没办法处理公务,因为我的感冒很严重。我昨夜就感冒了。我肯定没有力气读或者写。"但还是有更多文件被送到国王桌上,国王发了脾气,在文件上潦草地写道:"我的感冒得到的治疗就是这个!"然后将文件退回。[6]

有时,他的抱怨似乎表明他有疑病症。1573年,腓力二世告诉阿尔瓦公爵:"我觉得,我这次发烧,部分是因为对〔尼德兰的〕事情感到焦虑。"1588年10月,他告诉马特奥·巴斯克斯:"我的咳嗽和感冒都很严重,我坚信这是因为那些文件,因为我刚拿起它们,就开始咳嗽了。"不过,过大的压力确实可能造成生理问题。[7]此外,国王在"右手的痛风发作"或者"国王陛下右腕的痛风还没有好"的时候就无法处理文书。因为他是右撇子，所以这让他没办法写字。[8]在晚年，每天早晨他会在床上躺半个钟头，让贴身男仆给他按摩腿和脚，减轻疼痛。腓力二世很可能患有与他父亲相同类型的关节炎，因为查理五世的"痛风"也时不时地发作，把他弄得精疲力竭。

一般来讲，尽管腓力二世雇用了好几位医生，但他往往不太愿意接受他们的建议，因为（他说）"医生很可怕"。[9] 1572年，他九岁的儿子和继承人病倒，御医责怪孩子的乳母，腓力二世对医生的（好几种）诊断表示轻蔑："医生们对药品和卫生条件的意见众说纷纭，没人知道该信哪一条。"不久之后，国王就坚信不疑，他自己最懂医学："最好避免灌肠和放血，这些手段有时非常糟糕。只要有稳定、规律的养生习惯，就可以不冒那么大的风险而得到同样的疗效。"（在建筑师、神学家与其他人面前，国王也相信自己最懂。）当医生坚持要用这些经典疗法时，国王反驳道："在给王子或其乳母灌肠之前，我们必须仔细考虑，因为这种办法可能对他们有坏处，而不是好处。"二十年后，国王在医学方面仍然满怀自信。1590年9月，埃斯科里亚尔的很多廷臣病倒了，一位廷臣请求给病人两份冰，这些冰来自国王在瓜达拉马山脉高处挖掘的"冰井"。腓力二世不同意："我觉得医生应当阻止某些病人吃水果和雪……我喝东西的时候都不加冰。在这个时节，冰对所有人的坏处都多于好处。"[10]

被公文淹没

国王的强健体魄使他能够"事必躬亲"（这是菲利普·德·卡维莱尔在访问里斯本期间说的）。国王也继续时不时地抱怨自己精疲力竭。他在1584年2月向巴斯克斯抱怨道："开了很多会,花费了我许多时间,所以我现在什么都做不了。时间已经很晚了。"他还说道:"我从未见过公文堆得这么高。"[11] 几个月后,这位忠心耿耿的秘书提出,如果让通常陪伴国王的一小群亲信谋臣先通读某个议事会发来的奏章,草拟建议,然后一起发给国王,国王的公文也许就不会这么快地"堆积如山"了。国王对这个想法很感兴趣:"如果在某些文件上你支持他们的建议,我就批准。如果你不赞同他们的建议,就拟一个回复。这些都要在我读文件之前完成。我签字的时候再看文件。"巴斯克斯谄媚地承诺:"为了替陛下分忧,我想不分昼夜地工作,因为我是您卑微的奴才。"现在他建议,每一位被选中的谋臣每天都花半个钟头和国王待在一起,从而处理待解决的问题。腓力二世听说要和谋臣开会,表达了忧虑:

> 即便这样还是要花大量时间,因为我要和你一起谈半个小时〔处理宗教裁判所和圣职任免的问题〕,和钦琼伯爵谈半个小时〔处理阿拉贡和意大利事务〕,和堂胡安·德·伊迪亚克斯谈半个小时〔处理内政事务〕,和安东尼奥·德·埃拉索谈半个小时〔处理美洲和财政事务〕,和堂克里斯托瓦尔〔·德·莫拉〕谈半个小时,处理葡萄牙事务。这样下来,我就没有多少时间了。不过,不需要我亲笔写下决定,这确实能减轻我的负担。[12]

次年,国王又做了一项改革:他将自己幼时教师的儿子堂胡安·德·苏尼加召唤回宫,让他领导这群高级大臣。这些人后来被称为"夜间委员会"(Junta de Noche),因为他们每晚开会，讨论当天上午每个议事会起草的奏章，并就如何行动给出建议，这样国王就能迅速判断哪些事务需要他亲自关注。

隐匿的国王

在这个时期，一位高级大臣很有洞察力地评论道："我们的主公热爱安稳和宁静，喜欢在沉默中治理和掌控世界，并依赖在这方面与他相同的人。""我们有充分的证据，在这些人当中，最讨他喜欢的就是那些最安静的人。"[13]为了"尽量保持安静"，腓力二世从葡萄牙返回之后比以前更少待在都城。现在几乎每个夏天和主要的宗教节日，他都在埃斯科里亚尔度过，春季在阿兰胡埃斯待很长时间，秋季去帕尔多宫。在马德里的时候，腓力二世对王宫建筑做了许多修改，建了一系列私密的房间。这样的话，除了主要的宫廷典礼和宗教节日之外，他很少在公开场合露面。1587年，一位观察者注意到，腓力二世"躲藏在新完工的套房里"，"他在那里可以比在帕尔多宫或者埃斯科里亚尔的时候更好地避开外臣"。历史学家路易斯·卡布雷拉·德·科尔多瓦表示同意："即便在复活节和圣诞节，国王也不去王家礼拜堂听弥撒，而是在自己的小礼拜堂里听，丝毫不搞排场，仿佛他不在宫中。"现在国王在各处宅邸之间旅行时"乘坐马车，拉上窗帘，秘密行动"，这样他就不用见到他的臣民，他们也见不到他。[14]

但国王躲不过公文。不过在这方面，部分要怪他自己，因为他和过去一样坚持亲自处理"琐屑末节"。例如在1586年，他花了好几天时间起草他的"礼节宣言"，这份文件极其详细而琐碎地规定了他的臣民应当使用的称呼方式，不仅有领主与其臣民之间的称呼方式，甚至还规定了父母与孩子之间的称呼，并且具体规定了，谁可以、谁不可以使用"您"这个称呼。"礼节宣言"还确定了对高级大臣、贵族、神职人员、王室每一位成员和国王本人的正确称呼方式。国王坚持要求所有人不要称他为"神圣的天主教国王陛下"（Sacra Católica Real Majestad），而是称他为"主"（Señor），就像称呼上帝一样。腓力二世把这份宣言的稿子修改了很多遍，直到他自己最后也不知道说什么好了。在决定"谁有权在自己的纹章之上画冠冕"的重大问题上，他最终放弃了，沮丧地对巴斯克斯说："你看措辞用 para 还是 por 更好？你决定吧，因为我拿不定主意。"这是 1586 年 9 月 11 日的事情，但国王在随后将近一个月里继续为了这些细枝末节而纠结，最后他在 10 月 8 日将定稿发给巴斯克斯的时候心里还是有一些疑虑："这是我签了字的版本。把稿子确定下来可真不容易，因为要做的事情太多。尽管还有一两个词拿不准，但我觉得我们可以停止修改了，因为那些都完全不重要。"[15]"那些都完全不重要"？修改了那么多次之后，就连耐心的巴斯克斯肯定也要发疯了。

也许，国王对细节的强迫症般的高度关注在这个例子里是有道理的，因为"礼节宣言"激怒了廷臣和外国大使们，而教宗将它列入了禁书目录，并威胁要把国王绝罚。但是这个时期的其他一些显然微不足道的小事，真的需要国王亲自来决定吗？比如枢机主教格朗韦勒去世后对空缺出来的教会职务的安排；在国王巡视萨拉戈萨期间，谁应当乘坐哪一辆马车，以及他在沿途每一座城镇应当受到怎样的欢迎；谁应当被选为国王的孩子们的厨师（这个职位吸引了二十名申请者），等等。

如此之多的"琐屑末节"转移了国王的注意力，消耗了他的精力，所以等待国王处理的奏章越堆越多。1588 年，巴斯克斯告诉腓力二世，国王有800份奏章要批阅和决定。腓力二世疲惫地答道，这还不算太糟糕：他桌上未读的奏章"仅有"300份。几天后，一名负责管理未读文件的贴身男仆恳求他的同事："在国王能够处理文件之前，先不要送文件过来了。我们当中的一些人需要不停地阅读从四面八方来的书信和其他文件，并不停地写、写、写！这对我们来说简直是酷刑。"[16] 次年，圣哲罗姆会的总会长（他的前任在埃斯科里亚尔施工期间享有直接面见国王的权利）向巴斯克斯抱怨，他之前给国王的一封信没有得到回复。腓力二世悲哀地告诉巴斯克斯："这件事情耽搁了，是我的错，因为公务压力太大，我还没有读那封信，也没有下令回复它。你最好这样告诉总会长：人生不如意事十之八九。" 1591年5月巴斯克斯去世后，公文积压的问题就更严重了。三个月后，接替巴斯克斯的新任御前秘书抱怨道，好几份重要的公文还没有得到国王的决定并返还。腓力二世又一次道歉："我很抱歉，公文压力太大，我没有时间看那些文件，也没有时间看其他许多我应当看的文件，但我实在做不了更多了。不过，我会尽力而为。"[17]

"缺乏领导者"

失去巴斯克斯这样的亲信大臣，是腓力二世最可怕的噩梦之一。1577年，巴斯克斯去巴拉哈斯朝圣三天，并请求国王允许他退隐到那里侍奉上帝。腓力二世吓坏了。他承认："乡村生活对健康非常有好处，但是对于你的灵魂，我相信，你还是在这里［宫廷］能够更好地侍奉上帝。做如此重要且必需的工作，就是帮助我，因为如果没有许多帮助，我简直不知道如何肩负这样的重担。"他最后尖刻地总结道："所以我坚信不疑,你一定非常乐意[继续]承担你那部分的重担。"三年后,一位议事会主席染上横扫卡斯蒂利亚的流感时,腓力二世又一次自私地抱怨:"如果他死了,那对我来说会是非常大的损失。太可怕了,那么多人在路边倒下,留下的人那么少。"[18]

国王之所以担心"那么多人在路边倒下",部分是因为"很难找到合适的人去填补空缺",或者(如他所说)"缺乏领导者"(falta de cabezas)。有人从那不勒斯写信给国王,谈道需要选拔更优秀的官员,因为"他们手中掌握着国王的荣誉和良心",腓力二世暴躁地答复道:"如果这些事情做起来和说起来一样容易,如果我是上帝、能够洞察每个人的内在本性,那就很容易了;但我只是凡人,不是上帝。"1572年,一名奉国王之命评估卡斯蒂利亚议事会主席职位候选人的高级官员以这样或者那样的原因剔掉了几乎所有候选人:马丁·德·贝拉斯科博士虽然是卓越的教会法律师和精明强干的大臣,但他"儿孙满堂";堂安东尼奥·德·帕迪利亚不够高("他身材矮小,不适合当公众人物,比如议事会主席,因为这样的公共人物要代表王室的权威");诸如此类。[19]至少腓力二世相信英雄不问出身。他的高级谋臣当中有很多人要么是私生子(安东尼奥·佩雷斯、马特奥·巴斯克斯、胡安·德·奥万多、安东尼奥·格拉西安),要么有犹太血统(贡萨洛·佩雷斯,也许还有迭戈·德·埃斯皮诺萨)。如果在别的领域,私生子或者有犹太血统的人是不可能攀升到那样的高位的。对于某些大臣,国王是通过父亲来了解儿子的才华的(格朗韦勒是查理五世在外交方面主要谋臣的儿子;堂胡安·德·伊迪亚克斯、佩德罗·德·埃斯科韦多和安东尼奥·佩雷斯都是御前秘书的儿子;堂路易斯·德·雷克森斯和堂胡安·德·

苏尼加是国王的内廷总管的儿子），或者通过叔伯舅舅一辈人发掘侄甥辈的才华（胡安·巴斯克斯·德·莫利纳是弗朗西斯科·德·洛斯·科沃斯的外甥，胡安·巴斯克斯·德·萨拉萨尔是莫利纳的外甥；堂弗朗西斯科·德·博瓦迪利亚是钦琼伯爵的侄子）。腓力二世任命高级神职人员为议事会主席（西印度议事会八任主席中的六任和每一任宗教裁判所主裁判官都是神职人员）甚至副王；他还任命了很多地位略低的神职人员为议事会秘书（加布里埃尔·德·萨亚斯、贡萨洛·佩雷斯和马特奥·巴斯克斯）和大使（阿尔瓦罗·德·拉·夸德拉和迭戈·古斯曼·德·席尔瓦都去信奉新教的英格兰担任大使）。

不过，腓力二世的绝大多数副王和大使出身于西班牙贵族，尽管这经常给国王带来麻烦。1575年，在寻找合适的人担任那不勒斯副王时，国王"在过去几年思考了很多，我觉得最合适的人，或者更准确地说，缺点最少的人（因为我找不到没有缺点的人）是蒙德哈尔侯爵……我在其他人身上发现了太多缺点"，国王叹息道，"我都不敢说出他们的名字"。四年后，为了给王后选拔一位宫廷大总管，国王审阅了巴斯克斯提议的一份长长的贵族名单，又抱怨道："我会考虑这些人，以及我想到的其他人选，因为我真的想选拔合适的人。"然后他疲惫地补充道："毫无疑问，我肯定找不到自己想要的人。所以我只能从矮子里面拔将军。"[20]

在他统治的前半段，腓力二世解决"缺乏领导者"的问题的办法，是增加贵族的数量：他设立了六个新的公爵爵位（都给了鲁伊·戈麦斯及其盟友）、十九个新的侯爵爵位和两个新的伯爵爵位（很多册封给了新公爵的家人，其他的给了老资格的贵族家族，比如苏尼加家族）。但在统治的后半段，他只设立了六个新的贵族头衔，而把王室内廷很多通常由贵族担任的职位空出来（例如，1579年之后不再有御厩总管，1582年之后不再委任宫廷大总管，等等）。促成这种变化的一个重要因素，似乎就是阿尔瓦公爵的欺君犯上（见第十四章），再加上某些大贵族企图抗议国王未经审判就逮捕和囚禁埃博利亲王夫人。卡斯蒂利亚议事会主席帕索斯向国王传递了一位大贵族发出的警示，即他的一些同僚（当时聚集在马德里，向新任阿斯图里亚斯亲王①宣誓效忠）"下定决心要在宣誓典礼结束后向陛下请愿，要求释放埃博利亲王夫人"。帕索斯告诉这位大贵族，"我不确定这种做法是明智的，并建议他三思"。国王的答复既坚定又轻蔑。"你给他的回复很好，"他告诉帕索斯，"他们的想法非常不明智……请确保采取恰当的措施，阻止他们。"[21]

很多贵族已经觉得，为国王服务是件苦差事。很多贵族断然拒绝腓力二世对他们的任命，而其他人经过漫长的讨价还价、索取重赏之后才肯接受。例如在1568年，腓力二世请他曾经的主要侍童堂路易斯·德·雷克森斯担任地中海舰队的副总司令，雷克森斯起初还索要西西里副王的位置。国王不同意，雷克森斯就索要（并得到了）国务议事会与战争议事会成员的位置，要求国王保证让他的儿子接替他成为圣地亚哥骑士团的大团长，索要15000杜卡特的现金和10000杜卡特的年薪，"再赏赐陪同他的绅士们1500杜卡特"。国王满足了所有这些要求之后，雷克森斯才接受了任命。五年后，雷克森斯拒

---

① 阿斯图里亚斯亲王是西班牙王储的头衔。

绝担任尼德兰总督,除非腓力二世给他更多的现金激励,并允许他的女儿嫁给一位大贵族。[22] 另一次对国王的放肆敲诈发生在 1588 年,当时国王任命梅迪纳-西多尼亚公爵为大洋总司令。梅迪纳-西多尼亚公爵是西班牙最富有的贵族,他在给马特奥·巴斯克斯的一封信中(正确地)预测腓力二世会讨论此事,于是说,如果他接受这个职位,"我的家族就会债台高筑,我有一个年轻的妻子和四个孩子,最大的孩子只有九岁"。公爵说,为了国王的事业而"牺牲我自己",会"给我造成巨大的痛苦",而为了缓解这种痛苦,他请求国王"在我登船之前"给他的两个儿子封赏大片土地。腓力二世对公爵的厚脸皮感到恼火,于是告诉巴斯克斯:"给他写一封客客气气的信,向他保证,不管他遇到什么(我希望上帝会佑护他),哪怕他死在此次战役中,我都会好好照料他的儿女。"国王补充道:"下面这句话是给你一个人看的:我打算等他回来之后,赐给他的两个儿子一些地产;如果他死了(但愿不至于),我也会赏赐地产给他的儿子。但我不希望你告诉他这一点,暂时也不要让任何人知道。"[23]

"国王的微笑与匕首之间只隔着一根头发丝"

即便有些贵族被提名之后愿意为国王效力,他们当中的有些人后来也会让国王大失所望,欺君罔上,偶尔还会背叛国王。如果发生这些情况,国王就会冷酷无情地惩罚对方,所以有句流行的话叫作"国王的微笑与匕首之间只隔着一根头发丝"。他囚禁了安东尼奥·佩雷斯,放逐了修道院长堂安东尼奥·德·托莱多。尽管这两位曾在御前工作许多年,国王却拒绝再见他们一面。1570 年,他批准谋杀蒙蒂尼男爵,尽管蒙蒂尼男爵从1548年起就为国王及其父亲服务,担任廷臣和外交官(见第八章);1578年,国王命令谋杀了胡安·德·埃斯科韦多,尽管这位显赫的大臣已经为他工作十二年(见第十四章)。六年后,国王逮捕了堂马丁·德·阿库尼亚,尽管他参与了第一次西班牙与奥斯曼停战协定的谈判。阿库尼亚受到严刑拷打之后承认曾出卖国家机密给土耳其人,国王命令将他秘密勒死在牢房里。不过腓力二世还是继续照顾这些罪人的家属。佩雷斯的妻儿在世时一直领取国家的年金;佩德罗·德·埃斯科韦多成为御前秘书;阿库尼亚的儿子继承了父亲的部分年金,他的兄弟成为西班牙驻萨伏依大使。这都是国王的典型做法。据迭戈·德·查韦斯修士(他可能比任何人都更了解腓力二世)说:"国王陛下从来不会罢免任何人,除非他们犯了错;用心服务的人,一定会得到国王的尊重和提携。"查韦斯补充道,国王"认为自身受到了自己的声望和荣誉的约束,所以尽力避免让别人觉得他选拔和任用人才时犯过错误,避免让别人觉得某位大臣配不上国王在过去对他的赏赐"。[24]

腓力二世运用三种机制来确保官员们对他诚实:国王的直接审视、行政监督和宗教裁判所。除了坚持要求大臣们直接给他写"国王亲启"的密奏(见第四章)之外,腓力二世还允许有冤情的臣民派代表团告御状,费用由他承担。例如,在1579年,国王提醒那不勒斯副王:"我从来没有,现在也不希望阻止我的臣民直接向我申诉,只要他们有正当的理由。"整个君主国各地的人们利用国王的许可,向他直接告御状。尽管美洲与西班牙之间的距离会造成很大的障碍,国王还是特地表示,美洲臣民如果有冤情,"我应当接收到相关的信息"。[25]另外,因为只要是以他的名义发出的信件和令状,他都坚持亲自签名，所以他有时能发现不公正或者滥用职权的行为。例如，1580 年，西印度议事会一名官员的儿子利用自己的人脉，从一艘美洲驶来的船上偷走了几百杜卡特的白银。东窗事发之后，议事会判他流放四年，并罚款五十杜卡特。犯人上诉之后，惩罚被减半。这样的惩罚已经格外宽大了，但犯人还是不明智地再次向议事会上诉。议事会无疑是出于对他父亲的尊重，向国王建议进一步减刑。尽管这份奏章是当天送到腓力二世办公桌上的数百份之一，他还是注意到了。他提醒议事会："此人的罪行很严重，应当严惩。我看到之前已经上诉并减刑一次，这根本就不应当发生，所以现在没有理由把刑期减少一天。"[26]

腓力二世用来确保官员诚实的第二种机制包括两种类型的行政监督。西班牙君主国的全体行政官员在任期结束后都要受到一段时间的审查（residencia）。在这个公开程序期间，一名法官（通常是该官员的继任者）将调查所有关于其不端行为的指控，随后向卡斯蒂利亚议事会的一个特殊委员会提交报告，该委员会将以此为基础起草一份奏章给国王。在腓力二世统治时期，这样的奏章（对于主要行政长官的表现的审查报告）有将近 600 份，其中大约 75 份建议国王惩罚涉事的官员。这就足以让其他官员规规矩矩。这种审查定期举行，覆盖全国，但每当国王怀疑某人有违法行为时，他就会命令开展一种更深度的调查（visita）。这种调查是秘密的，所以调查对象往往是受到正式起诉的时候才知道自己受到了调查。腓力二世用这种手段调查过几位主要的大臣（比如弗朗西斯科·德·埃拉索和安东尼奥·佩雷斯）和一大批被怀疑有贪腐罪行的地位较低的官员。卡布雷拉·德·科尔多瓦在他那部记载腓力二世统治时期历史的著作中记述了一名财政部官员的命运,他尽管是"非常能干的大臣",但建了一座远远超出他收入水平的豪宅。腓力二世"命令开展了一次严格的调查,将他停职,并罚款11000杜卡特。他彻底失去了国王的恩宠",所以当"财政议事会主席替他说情时,国王答道:'记住,那个人已经死了'"。[27]

如果这些监管手段还不够,或者不合适,腓力二世最终可以仰仗宗教裁判所。1559年,他允许宗教裁判所起诉巴尔托洛梅·卡兰萨修士,尽管他已经任命卡兰萨为西班牙摄政者,并且规定如果他去世了,由卡兰萨担任王子的监护人。随后三年里,在调查卡兰萨的过程中,国王允许宗教法官讯问他的大臣、妹妹,甚至还有他自己(见第七章)。20年后,宗教法官截获了阿拉贡副首相(所以是该王国的高级官员)堂贝尔纳多·德·博莱亚的一封信,其中的一些词句可能不符合宗教正统。国王急于"保持我的良心坦荡",所以让宗教裁判所主裁判官基罗加征询御前告解神父的意见,这两位神职人员建议让博莱亚"主动"向宗教法官自首,然后法官可以"责令他做恰当的赎罪。这应当秘密进行,不让任何人知道"。这样的话,国王就维护了博莱亚的官职的尊严,同时提醒这位显赫的大臣,他的思想和行为都必须保持检点。[28]例如,在1574年,腓力二世写信给基罗加的时候说的是心里话:"我会永远支持和推动宗教裁判所的事业,因为我完全理解这么做的原因和义务。我比任何人都更理解。"1592年,萨拉戈萨的宗教法官对安东尼奥·佩雷斯案件的干预引发了阿拉贡叛乱之后,国王宣布:"我如此严肃地对待此事的主要原因是"希望向所有臣民表明,他们必须"服从和尊重宗教裁判所"。[29]

最高立法者

虽然腓力二世对宗教裁判所如此恭顺，但他坚持在其他的司法工作中掌握最终决定权，因为，如马特奥·巴斯克斯所说："陛下就是法律的象征。"在四个不同的领域，国王是最高的立法者。首先是王室直属领地。当锡丰特斯伯爵在塔霍河上，即阿兰胡埃斯王宫上游不远处建造一座水磨之后，腓力二世抱怨它减少了御花园的供水，于是请求伯爵拆掉水磨。伯爵在1569年拒绝，于是国王在位于托莱多的当地法庭起诉了自己的臣民。两年后，法官宣判支持国王的主张，但锡丰特斯伯爵立刻向巴利亚多利德的高级法院上诉。这显然让国王很恼火（他心爱的花园仍然饱受缺水之苦），于是他写了一封语气专横的短信，通知法官们，"勤勉认真地处理此事，尽快解决，因为这是我私人的案件，影响到我的王室产业与财富"。1569年，国王还直接干预了另一起涉及他的直属领地的案件。帕尔多宫的一名卫兵将两名偷猎者抓获（偷猎者抓住了七只兔子）。偷猎者拔出剑，把卫兵打得半死，然后逃之夭夭。腓力二世亲自将两名偷猎者判处死刑（罪名不是偷猎，而是拒捕。国王承认"偷猎肯定不是死罪"），并将偷猎者的妻子们从她们的村庄流放两年。不过国王不是很愿意做这样的判决："对犯人的家属，必须宽大处理，因为她们在这样的事情里不得不服从丈夫"，并且"妻子不应当因为丈夫犯了罪而失去她自己的财产"。但这两名女子被人抓住和丈夫一起偷猎，所以她们必须付出代价。国王下定决心要保护自己的野味，并且（和其他地主一样）经常要求守卫猎场的人提高警惕、更多地起诉偷猎者并对其施加更严厉的惩罚。[30]

国王有时还会干预司法体系，行使君主的开恩特权。每个耶稣受难日，负责赈济穷人的官员都会呈送"许多死囚的案例，这些死囚得到了受害者家属的原谅，所以请国王赦免他们……于是他赦免了他们"。为了庆祝一些在腓力二世看来表明了上帝特殊恩典的事件，他也会赦免犯人。比如在1571年勒班陀大捷和费尔南多王子出生之后，"国王兴高采烈地大赦西班牙和美洲的所有不曾犯有侵害人身罪的犯人"。八年后，他以国王身份进入葡萄牙之后，释放了他经过的每一座城镇的在押犯人。[31]

其他国家的君主同样拥有赦免犯人的特权，但腓力二世还会以另外两种方式来发挥"法律的象征"的作用。每当法官发现法律有漏洞的时候，腓力二世都会规定一般性的原则，因为，如他所写："当经验揭示了某项法律的执行当中有重大障碍时，国王有权暂停，也必须暂停执行该法律，并将其废除。"1575年，他提醒卡斯蒂利亚议事会主席："尽管司法是我的主要职责，但司法的方式也很重要。"[32]此外，他有时会运用自己的"君主的绝对权力"去推翻现行的法律。例如在1559年，他给自己的遗嘱签署了一份附录，明确推翻了"七部法典"（Siete Partidas）的相关规定。"七部法典"是卡斯蒂利亚的一项根本法律，规定了如果他去世，他的"儿子和继承人"堂卡洛斯可以开始亲政的最低年龄。按照腓力二世的新规定，如果他去世时王子还没有结婚，那就遵循"七部法典"的规定，王子要到二十岁才算成年；但如果王子已经结婚，那么腓力二世就以"国王和君主的身份，不承认任何世俗权力比我更优越"，宣布"七部法典"的相关规定"失效"，堂卡洛斯可以立即开始亲政。[33]国王有时用类似的手段为值得商榷的行动辩护。1557年,他授权两名大臣缔结一项盟约,"凭借我自己的意志、知识与绝对王权,因为我是国王和君主,不承认任何世俗权力比我更优越";1582年,他以"国王和君主的身份"剥夺了埃博利亲王夫人对其子女的"照料与监护权",尽管这违背了她的亡夫鲁伊·戈麦斯的遗嘱的明确规定。[34]国王还发布了数百份令状,为被宗教裁判所定罪的人(或者其后裔)恢复名誉。例如在1589年,霍安·桑切斯(他的父亲被穆尔西亚的宗教法官"宣布犯有异端罪")向国王抗议道,"他被剥夺了在这些王国担任公职的权利"。桑切斯现在要求得到特殊豁免,让他能够"履行刑事司法权"。国王先咨询了"我们的宗教裁判所议事会,它批准了",然后国王"凭借我自己的意志、知识与绝对王权,因为我是国王和君主",签署了一份令状,允许桑切斯担任公职,"忽略与此相悖的任何法律和宣言"。[35]

腓力二世很少为自己的行动做这样复杂的解释。通常情况下,他不认为自己有必要解释为什么要违反他自己的法律,哪怕是命令对埃斯科韦多进行法外处决(见第十四章),或者命令刺杀奥兰治亲王威廉(见第十七章)。但这不是腓力二世的专利,他的一些敌人也会运用法外处决的手段。我们知道的第一起企图刺杀腓力二世的事件发生在1556年的伦敦,当时一群密谋者计划在一次骑士竞技期间将他和玛丽女王刺死。1580年,国王居住在巴达霍斯时,"一个年轻的葡萄牙女人请求与国王谈话。卫兵问她要做什么时,她回答,她是来喊冤的,于是卫兵让她进屋";但她走近国王时,"有人掀起了她的袖子,发现她携带了一把匕首。后来更仔细地搜身之后,发现她还带了一把刀子"。不久之后,在里斯本的时候,另一个"年轻女子"给腓力二世送去警报信,说他的敌人正在他通常做礼拜的教堂地下挖掘地道、安放炸药。他立刻派人去调查,果然发现了地道和炸药。1586年,腓力二世"接见了一名葡萄牙女子,后来发现"她"在朝圣者的手杖中藏了一把锋利的匕首,密谋刺杀国王"。[36]

国王是一个很显眼的行刺目标。阿尔瓦公爵多次警示他,"国王陛下到埃斯科里亚尔时几乎孤身前来,不带卫兵,这是个错误,因为他到这个偏僻地方的规律很容易被人发现"。埃斯科韦多的遇刺让一位廷臣想到,1492年"在巴塞罗那,有人行刺斐迪南国王,即陛下的外曾祖父"。这位廷臣看到腓力二世"独自一人待在埃斯科里亚尔的庭院,没有带任何能够对心怀叵意的人施加震慑的东西",不禁战栗。[37]但腓力二世毫无惧色。尽管(如他的批评者所说)他通常深居简出,但每当他正式巡视的时候,都会骑马走进每一座乡镇和城市,在熙熙攘攘的人群中显得孤零零的。1598年有人在葬礼演说中提醒大家,已故的腓力二世"曾在敞开的、面向大街的窗户下放心大胆地酣睡;他生前经常独自在田野中行走,不带卫兵;他独自接见外臣时不带武器"。[38]国王有时会和臣民一起做礼拜。在巡视时,他每天在当地教堂或修道院听弥撒。1585年的圣灰星期三,他走过萨拉戈萨的街道时,遇见了一支迎面而来的宗教游行队伍,于是立刻走到人群中,不戴帽子,双膝跪下,就这样在臣民当中沉默地向圣体致敬。1592年,在他最后一次大规模巡视期间,在巴利亚多利德大学,腓力二世和他的儿女一起坐在学生们当中,聆听公开讲座。

国王的"两个身体"

和所有君主一样，腓力二世有"两个身体"：公共的和私人的。尽管他仅有一次"身穿锦缎华服，手持权杖"出现在公众面前（那是他宣誓成为葡萄牙国王的那一天），但他经常以别的方式展现他的帝王威严。1570年他参观科尔多瓦大教堂的时候，发现他的祖先阿方索八世（卒于1214年）的遗体躺在敞开的石棺内，"于是脱帽致敬，态度虔诚"。当他注意到遗体没有佩剑时，"拿出了自己的剑，说给先王的剑必须是属于国王的剑"。三年后，得知秘鲁的官员开始"大摆排场，打着大旗，举着华盖，出席一些场合"时，他愤怒地写道："这些是只有国王才能使用的符号和仪式。"他命令秘鲁副王"从今往后不得僭越，绝无例外"。国王还坚持在所有"永久性的、将来继承他的国王们也要遵守的"立法中使用"尊严复数"①的说法，尤其是在"'我们命令和指令'这样的词句中，因为历来都是使用'我们'这个词的"。[39]

不过，通常情况下，腓力二世更喜欢卡斯蒂廖内那部颇有影响力的著作《廷臣之书》所推崇的"通过低调展现尊严"。1587年，也就是他的权力处于巅峰时（当时他已经六十岁了），他那幅"正式肖像"就是这种风格。尽管他每个月都要做一套新衣服，但设计和颜色（黑色）一成不变。有时国王的服饰甚至更加低调。1559年，英格兰大使报告称，腓力二世接见他时"穿着非常朴素"，仅仅"穿了一件朴素的黑色斗

---

① "尊严复数"（majestic plural 或 royal we）指的是欧洲等地的帝王或其他统治者用复数自称，比如英文中帝王不用 I（我），而用 We（我们）。

篷"；而埃斯科里亚尔的一名僧人后来写道，国王做礼拜时"穿得像个医生"（国王应当不会喜欢这种比喻，因为他蔑视医生），并补充道："他甚至没有佩剑。"1585年，腓力二世第一次见到自己的未来女婿萨伏依公爵时，"穿着朴素的黑色衣服，毫无排场，只戴着他的金羊毛骑士徽章"。在公主的订婚仪式上，除了国王之外的所有人都穿得珠光宝气，而"国王穿得很普通，就像普通国民一样穿了一件黑色布衣"。[40]

但是，即便在穿着"非常朴素"的时候，腓力二世还是有强大的气场。阿维拉的德兰来到国王面前的时候，"我开始向他讲话时感到脑子全糊涂了，因为他目光炯炯地盯着我，似乎要看透我的灵魂……于是我垂下眼帘，尽快把要说的话告诉他"。每当莱奥纳尔多·多纳大使预约觐见国王的时候，事先都要花好几个钟头"反复阅读"他收到的信件和指示，"超过十次"，以应对腓力二世可能提出的问题。在国王的葬礼布道当中，宫廷布道师说"国王的一瞥就足以让某些人魂飞魄散"，并问："有多少伟大的学者，多少勇敢的将领，在国王陛下面前慌乱、战栗、说不出话来？"[41]

国王的威严在一定程度上只是表象。他经常表现出缺乏自信，执着于"把事情办好"（"办好"，acertar是他的口头禅之一）。他向宗教裁判所主裁判官基罗加保证："我想把所有事情都办好，尤其是涉及宗教的事情。""我非常想把任命［卡斯蒂利亚议事会］主席的事情办好"，"我会一直考虑所有事务，确保把事情都办好"。这是1576年这一年里他与同一位大臣的通信中的三个例子。随着时间流逝，国王的焦虑仍然不减。1592年，他感谢宗教裁判所的最高议事会"如此认真地办理对上帝、我和宗教裁判所的权威（不可能区分这三者）

如此重要的事务，让我能把事情办好"。两年后，他宣称："我对宗教裁判所主裁判官的人选已经考虑了一些日子，非常想选出正确的人。"[42]

领导的失败

国王一心要"把事情办好"的焦虑促使他亲自决断所有的重要事务，这就制造出一种类似"圆形监狱"①的政府体制：只有一个人站在中央，只有他能够看到一切。这种体制显然对站在中央的那个人很有吸引力，但也会产生显而易见的危险。统治者就像企业的领导者，他的首要任务是为企业设定明确的目标，设计达成这些目标的计划，然后系统性地监控工作进展，如有需要就根据具体情况来调整计划。领导者的任务是提出"开放式问题"（什么、何时、为何），并设想企业在未来几年会如何演化；他们还必须挑选和培养下属来实现这些目标，并将权力下放。永远不要把制定政策与执行混淆：领导者设定目标、指引方向，而经理人负责执行。

根据现代的组织管理理论，最低效、最失败的企业体制就是"危机管理"模式。在这种模式里，领导者试图用独裁和机密的方式事必躬亲，把各级雇员都变成简单的执行人员；然后，被责任的重担压垮之后，领导者为了应对每一次新的挑战并避免犯错误，就会限制组织的目标。这种领导风格（有时

---

① 圆形监狱（Panopticon）是英国哲学家、法学家和社会改革家杰里米·边沁（1748~1832）设计的一种监狱形式。该建筑由一个中央塔楼和四周呈环形的监狱组成，其中间是检查室。这种设计允许一名警卫监视所有囚犯，而囚犯不知道自己是否受到监视。尽管单一警卫不可能在同一时刻观察所有囚犯的牢房，但囚犯不知何时会受到检查，只能假设自己无时无刻不被监视。这种体制有效地强迫囚犯规范自己的行为。

被称为"零缺陷心态"①),恰恰就是腓力二世采纳的领导风格。在批准任何主要行动之前,他都会等到自己相信万事俱备的时候。1571 年,威尼斯驻马德里大使焦急地等待西班牙桨帆船出海加入神圣联盟舰队(见第十一章)时,心急如焚地注意到,在国王的坚持下,"涉及海战的时候,任何细节都会占用很长时间,阻挠舰队航行,比如桨或帆还没有准备好,或者没有足够数量的炉子来烘焙饼干,或者仅仅缺少十棵树来制作桅杆,这些都会耽搁行程好几个月之久"。并且,等到最后一批桨、帆、炉子和桅杆都准备好的时候,国王又期望一切都像时钟一样顺利运转。[43]

这种期望当然是完全不切实际的,因为 16 世纪的技术与通信存在很多局限。但有三个因素让腓力二世看不到这种关键的缺陷。第一,国王维持着欧洲最庞大也最优秀的情报网络。1566 年,在西班牙宫廷的一名尼德兰使者向他在布鲁塞尔的主公警示道:"阁下知道,尼德兰发生的任何事情都会很快传到西班牙。"八年后,一位精明的意大利大使认为,腓力二世掌握了极多的信息,"所以他无所不知"。[44]腓力二世在罗马、威尼斯、法国、热那亚、维也纳、瑞士各州和萨伏依(在 1580 年之前还有里斯本,在 1584 年之前还有伦敦)都有常设大使,如果有需要的话还会向其他地方派遣临时性的使团。当时欧洲绝大多数国家的大使和公使通常一个月给本国政府发一份报告,腓力二世却要求他的驻外使节至少每周发一份报告,有时更多。1557 年,他得知一支法国军队可能试图为圣康坦

---

① 零缺陷心态指的是在军队、企业等的指挥结构中,领导者不容忍成员犯错。这种僵化的体制是非常低效的。

解围，就命令围攻该城的指挥官"派遣三到四名信使快马加鞭地到我这里，给我送来消息"，"为了达到这个目的，请确保随时备好驿马"。六年后，他通知西班牙驻特伦托大公会议的使节："会议做的任何事情，或者哪怕是考虑的任何事情，不管是大事还是小事，你都应当了如指掌。"1588年，在无敌舰队作战期间，国王指示他的间谍为他源源不断地送来消息，"因为现在必须把每一分钟的新进展都通知我"。[45]

大臣们努力满足国王对信息的需求。在1580年入侵葡萄牙期间，国王告诉阿尔瓦公爵："我希望你把每一天发生的事情都禀报我。"所以公爵每天向国王发出两三封，甚至四封信。与此同时，西班牙驻外大使和他们的间谍刺探了欧洲的几乎每一个秘密，将其禀报国王。例如在16世纪60年代，他在伦敦或巴黎的官员设法弄到了一份佛罗里达的法国人定居点的地图（这对腓力二世后来发动的消灭这些定居点的军事行动非常有帮助，见第七章）。70年代，他在英格兰的大使"付了90杜卡特给某人，派他登上汉弗莱·吉尔伯特爵士驶往美洲的船"，这个不知名的间谍提供了极其珍贵的情报，帮助腓力二世挫败了英格兰人发现西北航道①的所有企图。[46] 80年代，教廷的主要密码官员、英格兰驻巴黎大使和伊丽莎白女王内廷的审计官（这是最重要的几个例子）都收了西班牙的贿赂，为其提供了有价值的情报。

---

① 西北航道是一条穿越加拿大北极群岛，连接大西洋和太平洋的航道。1903年，挪威探险家罗尔德·阿蒙森乘小船从大西洋进入西北航道，三年后到达阿拉斯加，成为第一个乘船通过整个西北航道的人。在过去，因为西北航道的很大一部分被冰封住，所以对普通船只来说不安全，在经济上也不划算。但随着全球变暖，西北航道的冰雪部分融化，将来可能会有更多船只经过西北航道在大西洋和太平洋之间航行。

腓力二世的档案管理者在存储和分类所有这些信息时的高效,是使他们的主公错误地坚信自己有无限能力"把事情办好"的第二个因素。国王设立和维持了好几座档案馆:一座在巴塞罗那,负责与阿拉贡王国有关的文件;一座在那不勒斯,负责这个副王辖区的文件;一座在罗马的圣雅各教堂,负责管理对他有利的教宗诏书与圣谕;还有一座在西曼卡斯要塞,负责管理卡斯蒂利亚和中央政府的文件。这些都是"为调研服务的档案馆":1583~1593年,西曼卡斯的王家档案员收到了将近300份索取文件副本的指令,包括腓力二世本人发出的35份,其中一份索要的是能够证明王室有权任命格拉纳达王国所有教长的文件。档案员找到了一份1493年的教宗圣谕,能够证明这一点。腓力二世得意扬扬地将其副本发给他的驻罗马大使。[47]

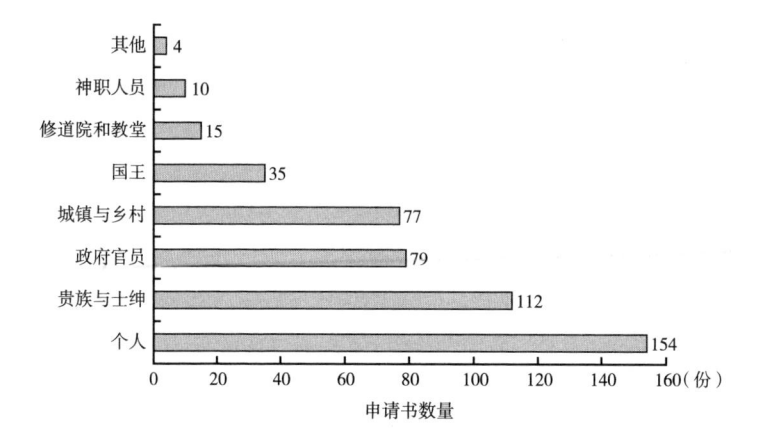

类别	申请书数量
其他	4
神职人员	10
修道院和教堂	15
国王	35
城镇与乡村	77
政府官员	79
贵族与士绅	112
个人	154

申请书数量

图12 西曼卡斯档案馆收到的索取文献副本的申请书,1548~1599年。西曼卡斯的王家档案馆在其存在的前50年里收到了大量索取文献的申请书,其中154份来自平民,112份来自贵族,79份来自王室官员,77份来自城镇与乡村,35份来自国王本人。超过三分之一的申请书涉及卡斯蒂利亚议事会发布的文件,有五分之一涉及美洲事务。将近一半的申请书是在1583~1593年发出的。

维持腓力二世的盲目自信（相信自己无所不知）的最后一个因素，是他拥有绝佳的邮政服务。他的父亲与塔克西斯家族签的契约建立了一个驿站网络，将西班牙与德意志、意大利和尼德兰连通起来。每周都有数十份官方信函通过这个网络安全地传输。如果有需要，这个网络还可以随时扩展。例如在1567年，阿尔瓦公爵在后来所谓的"西班牙大道"沿途建立了从米兰到布鲁塞尔的新邮路，每个驿站准备两匹马。于是，每当战争使得穿过法国的路线不安全的时候，就可以用这条新路线与西班牙保持联系。如乔万尼·乌戈利尼所说，在近代早期世界，信件的传输比其他任何东西都要快。[48] 1566年，尼德兰爆发起义的时候，一些信使仅用十一天、十天，或者仅用九天，就把消息从布鲁塞尔送到了国王手中（平均速度是每天骑马将近一百英里）。五年后，勒班陀大捷的喜讯仅用三周就传递了超过两千英里（平均速度也是每天将近一百英里）。次年，一艘桨帆船从腓力二世在墨西拿的舰队中出发，仅用八天就把信件送到了将近一千英里之外的巴塞罗那。

腓力二世的情报网络的优质和高效，经常让常驻西班牙的外国大使陷入不利的境地，因为腓力二世经常比他们更早知道局势的新发展。例如，1569年10月15日，腓力二世召见法国大使富尔科沃，"笑容可掬"地宣布，富尔科沃的主公的军队在普瓦捷附近的蒙孔图尔大败新教徒。腓力二世在里昂的代表派出的特别信使刚刚送来了这条消息。21日，西班牙驻法国大使的特别信使送来了对这份捷报的确认，但富尔科沃还要过些日子才从自己的政府那里得知了此事。[49] 威尼斯共和国的情报搜集能力令全欧洲艳羡，但腓力二世甚至能让威尼斯大使也感到尴尬。1571年6月6日，一名信使从罗马给腓力二世送来消息,说西班牙、威尼斯和教廷的代表在 18 天前签订了致力于打败奥斯曼人的盟约;10 日,教廷使者送来了同样的消息;而威尼斯大使莱奥纳尔多·多纳直到 28 日才收到他自己的政府发来的消息。这一年晚些时候,尽管多纳是第一位得到勒班陀大捷完整消息的大使,但他把这个消息与腓力二世分享的时候,发现国王在半个钟头以前就已经知道了。

当然,这个邮政体系并非始终能够运行得如此顺畅。腓力二世有一次抱怨:"信使要么在飞,要么在睡。"例如,1578 年从马德里发给西班牙驻巴黎大使的 32 封信中,最快的一封只花了 7 天就送到了;有一半花了 10 ~ 14 天;有一封花了 49 天。也就是说耗时 1 ~ 7 个星期不等。对腓力二世来说不幸的是,紧急的信不一定能够快速送达。1558 年,查理五世于 9 月 21 日在尤斯特去世的消息直到 12 月 1 日才送到当时在布鲁塞尔的腓力二世手中,而他的妻子玛丽女王于 11 月 17 日在伦敦去世的消息直到 12 月 7 日才送到。1566 年 3 月,国王决定向阿尔及尔发动奇袭,但他的包含作战计划的信送到地中海舰队总司令(按计划,这位总司令应当在此次行动中扮演关键角色)手中的时候,计划已经完全不切实际,因为送信的信使花了两个月才找到舰队。同样,1573 年 7 月腓力二世决定把针对尼德兰人的政策从"坚决武力镇压"改为寻求和解,但这个决定也流产了,因为国王的信花了 6 周才送到尼德兰。在 1566 年的圣像破坏运动期间,地理位置偏僻的弗里斯兰省的总督试图从布鲁塞尔的中央政府那里获得帮助时,发现"步行的信使反而更快"。而法国南部的道路长期处于不安全的状态,有时迫使西班牙驻巴黎大使把信件托付给徒步的旅行者,因为他们被拦截和搜身的可能性较小。这样的话,西班牙

君主国的情报与指令系统的速度就降到了步行的速度。⁵⁰

所有的政治家都很像内河船只的船长：只有船速比水流速度快的时候，他们才能维持舵效航速①。腓力二世坚持要求获取更多信息，这就维持了他的错觉，让他相信自己有能力、有资格对政策和行动都进行事无巨细的控制。这反而拖慢了他的"国家之船"的航速，削弱了他的控制力。国王在统治的早期似乎认识到了这个问题：他要么当面向主要副手解释，要么至少把自己的指示委托给一名有能力详细解释圣意的大臣。有时他把关键行动的最后定夺权下放给具体执行者。例如在1557年的圣康坦围城战中，他写信给一线指挥官："我在这里不可能及时地决定这些事情，而且机遇和局势瞬息万变"，所以"你可以自行决定，看怎样最有利于此役的成功"。十年后，关于在尼德兰要执行的政策，国王给阿尔瓦公爵提供了极其详细的指示，然后补充了关键的一句："我把这些事务都托付给你，因为你是具体执行者，对可能遇到的障碍或者优势会有更好的理解。"1574年，他给了阿尔瓦公爵的继任者堂路易斯·德·雷克森斯类似的自行决断的空间："我觉得这是最好的办法，但你是对这些事情负责的人，所以你可以自行判断，怎样对我的事业和推进你的工作最为有利。"⁵¹

1585年，马特奥·巴斯克斯建议一位同僚，在决策的时候，"应当按照大使接到的指示来办"，也就是说（此处，巴斯克斯厚脸皮地模仿国王的写法，用的是"您"）："您身处一线，直接处理事务，所以请您按照自己理解的最好的方式来处理。"但关键在于，愿意下放权力、给下属一定的自由空间，

---

① 舵效航速指能使船上的舵产生作用的最低速度。

是腓力二世统治早期的事情。在后期，他会起草关键的文件，向在马德里或埃斯科里亚尔的下属解释自己的政策，然后派信使将这些文件送到负责执行的人手中。国王写道，"不要浪费时间在发牢骚和提问上"，而是要"相信我，因为我掌握了关于当前所有方面形势的完整信息"。[52]这很荒唐。即便国王真的掌握了"关于当前所有方面形势的完整信息"，那也没什么用，因为等到他的指示送到目的地的时候，"当前形势"已经发生了变化。

腓力二世似乎始终没有认识到这些局限性，哪怕是在危机期间、他需要紧急做决定的情况大幅增加的时候。但是，用当下一位著名的战略分析家的话说：

> 在一定的时间之内，任何一个人能够吸收、消化并处理的信息总是有限的。压力越大，人就越容易忽略或误读数据，搞错和误解信息，造成混乱、迷失和意外的可能性就越大。

简而言之，"从更多源头比以往更快地获取更多信息，会造成系统过载"。16世纪和21世纪一样，"处理和传输技术远远领先于我们吸收、分类和传播信息的能力"。[53]堂胡安·德·席尔瓦在1589年曾放肆地猜测："国王陛下的大脑一定是全世界最强大的。"即便这是真的，事实也会证明，他的脑力仍然不足以对日不落帝国的方方面面进行微观操控。

第五部
失败的国王

第十七章 "英格兰大业"，1585~1588年

西班牙遭到攻击

1585年4月，西克斯图斯五世当选为教宗不久之后，向西班牙驻罗马大使表示了自己想为天主教会"做一番大事业"的热情，比如征服英格兰。大使尽忠职守地将此事汇报自己的主公，但腓力二世在这封信的背面恼火地潦草写道："[收复]尼德兰对他们来说还不算是大事业吗？他们从来不考虑尼德兰的事情要花多少钱吗？英格兰的事情很不靠谱。"[1]

在一段时间里，西克斯图斯五世服从国王的意思，将注意力转向其他方面。但在1585年8月，他又一次呼吁腓力二世入侵英格兰。腓力二世又一次拒绝，不过这一次不如之前那么坚定。国王强调，尼德兰战事"完全是为了避免在宗教问题上妥协"并"维持尼德兰对上帝和圣座的服从"，而且尼德兰战事开支极大，已经拖了很长时间。然后国王敦促大使向教宗强调他面临的战略困境。

> 请圣父自己判断，既然[尼德兰战事]处于当前的状态，我能不能再开辟新的战线……因为人在同一时间无法有效处理一件以上的事情；并请他考虑，为了其他事业而减轻[对尼德兰]施加的压力，是否正确，是否对上帝的事业有利……因为这场战争是

针对异端分子的，是教宗想要的战争。只要尼德兰战争还在继续，他就不应当认为我在闲荡。

但是，腓力二世承认："如果上帝愿意结束尼德兰战争（在上帝的佑助下，我们可以抱这样的期望），那么我们会有办法满足教宗在其他地区的神圣且热情的期望。"[2]

弗朗西斯·德雷克爵士及其英格兰远征军洗劫加利西亚（见第十五章）的消息让国王改变了立场。用神圣罗马帝国驻马德里大使的话说，"英格兰的此举揭开了他们的面具"。尽管起初腓力二世什么都做不了（他向加利西亚的官员道歉："你必须认识到，这件事情太出人意料，所以我没有办法从这里给你们提供帮助。"），但现在的问题已经不是他会不会发动反击，而是他将在何时、以何种方式发动反击。腓力二世指示他在外交方面的主要谋臣堂胡安·德·苏尼加起草一份文件，深入透彻地分析在遭受德雷克进攻之后西班牙需要优先考虑的安全问题。[3]

苏尼加的分析代表了西班牙战略筹划的最高水平。他首先判定，西班牙有四个主要敌人：土耳其人、法国人、尼德兰人和英格兰人。然后他推断，奥斯曼苏丹虽然曾经是西班牙的头号敌人，但苏丹投入了太多资源去对抗波斯，所以腓力二世在地中海只需要维持防御态势；而法国虽然曾经也是主要的威胁，但如今深陷于内乱，所以西班牙可能只需要在某个阶段施加干预，从而延长法国的内乱，这对西班牙来说代价估计不会很大。所以只剩下尼德兰人和英格兰人。尼德兰人自1572年起义以来就一直是腓力二世的眼中钉肉中刺，因为西班牙在尼德兰的每一次成功都被后来的挫折抵消。不过，尼德兰的问题虽然让西班牙付出了高昂的代价并且使其蒙羞，但至少问题被限制在尼德兰境内。英格兰的威胁就大不相同了，虽然是近期才出现的，但波及整个西班牙世界，因为伊丽莎白向尼德兰人和葡萄牙王位觊觎者堂安东尼奥以及德雷克提供了支持。苏尼加主张，既然英格兰现在已经与西班牙公开决裂，"如果我们打一场纯粹防御性的战争，就会造成长久的巨额开支，因为我们必须同时保卫西印度、西班牙和在这两地之间来往的船队"。因此他建议，以压倒性的兵力优势，向伊丽莎白的国度发动一次海陆并进的攻势，这不仅是最有效的防御，也是最便宜的。他还指出，尽管立即为"英格兰大业"（这次远征的代号）调拨资源可能会暂时影响收复尼德兰的作战，并使西属美洲蒙受更多风险，但这些风险是可以接受的，因为英格兰的侵略威胁到了整个西班牙君主国。[4]

苏尼加的分析很快就被事实证明是正确的。伊丽莎白出资派遣英格兰军队去了尼德兰，她的宠臣莱斯特伯爵成为起义省份的总督；与此同时，德雷克继续穿过加那利群岛和佛得角群岛，前往加勒比海，一路烧杀抢掠，后来洗劫了圣多明各。在马德里，枢机主教格朗韦勒担心"英格兰女王如此大胆而奸诈地向我们开战，而我们无法把自己人撤回来"。在里斯本，圣克鲁斯侯爵起草了一份文件，分析了防备德雷克更多进攻的各种方法。[5]而塞维利亚大主教堂罗德里戈·德·卡斯特罗（在16世纪50年代曾与国王一起努力将英格兰重新天主教化）直言不讳地谴责这些怯懦的、优柔寡断的对策。他说，德雷克是一位优秀的航海家，拥有一支强大的舰队，但西班牙人集中力量去对付他有什么用？结束英格兰之威胁的最好办法肯定是趁着它的最优秀海军将领远离本土海域的时候直接进攻英格兰。

"如果我们要对英格兰发动一次军事行动,"大主教咆哮道,"现在就是最好的时机。"国王同意了,在卡斯特罗的信的背面批示:"已经决定了。"[6]

国王的确已经做了决定。1585年10月24日,也就是德雷克的军队在加利西亚登陆仅仅两周之后,腓力二世就通知教宗:他将接受教宗的邀请,发动一场旨在征服英格兰的远征。国王只提出了两条谨慎的意见。首先,"尽管圣父和国王陛下对此事的意见完全一致,但因为准备这样一场远征需要代价昂贵的准备工作,而时间紧迫,所以我们不可能在1586年发动远征,必须推迟到1587年"。其次,因为远征的总开支可能超过300万杜卡特,而与此同时尼德兰的战争已经让西班牙财政吃紧,所以国王强调,尽管他"非常乐意尽其所能地出资,但他只能承担总开支的三分之一,或者顶多一半。剩余部分的军费必须[由罗马]承担"。[7]腓力二世在这方面得到教宗的保证之后,就在1585年12月邀请他的外甥,即刚刚成功收复佛兰德和布拉班特大部分土地的亚历山德罗·法尔内塞(帕尔马公子,后成为帕尔马公爵),前来设计入侵英格兰的策略。

"总体计划"

决定要消灭都铎政权是一回事,真正落实就是另一回事了。国王从幼年的历史课上,以及从他与玛丽·都铎的婚姻期间吸取的经验当中,对历史上每一个成功地从海上入侵英格兰的先例都耳熟能详。有的案例当中,需要一支足够强大的舰队打败英格兰海军,同时护送足够强大的陆军渡过海峡,就像诺曼底公爵威廉在1066年做的那样。有的案例是发动奇袭,就像亨利七世(伊丽莎白的祖父)在1485年做的那样,他也取得了惊人的胜利。还有一些入侵者在英吉利海峡附近秘密集结军队,同时在别的地方发动佯攻,以调虎离山之计将英格兰的大部分守军引开,让主力部队能够比较轻松地发动入侵。1586~1588年,腓力二世考虑了这三种可能的策略。这足以反映国王及其"国家安全顾问"的广阔视野和精明强干,但国王最终决定同时采纳三种策略,就很愚蠢了。

1586年2月,西班牙人开始手忙脚乱。圣克鲁斯侯爵发来一份很有说服力的文件,主张保卫伊比利亚世界的最好办法就是向英格兰发动登陆作战,他自告奋勇要指挥此次远征。腓力二世立刻指示侯爵起草一份"文件,解释如果条件许可的话,你打算如何实施",并让他将文件呈送国王。[8] 3月,圣克鲁斯侯爵呈送了一份详细探讨后勤事务的文件,题为《征服英格兰所需的陆海军》。该文件谨慎地暂时不提具体策略和明确的目标,因为"此事绝对不能以书面形式处理或讨论",但文件要求的大量装备(510艘舰船,运载55000名步兵和1600名骑兵,及其全部支援装备、弹药和火炮)让他的意图显露无遗。他的目标是效仿征服者威廉,以压倒性的兵力发动入侵。

与此同时,在布鲁塞尔,帕尔马公爵遵照国王在前一年的指示,完成并呈送了他自己的入侵英格兰的详细计划。这份28页的文件在开头对国王的意图很容易被敌人猜到表示遗憾,说现在就连尼德兰的普通士兵和百姓都在公开讨论英格兰大业。但是,他相信,只要采取三种基本的预防措施,就仍然能保证胜利。首先,腓力二世必须独自掌管远征,"不依赖英格兰天主教徒,也不仰仗其他盟友的帮助";其次,他必须确保法国不会干预,不会支援伊丽莎白或者干预尼德兰;最后,他必须有足够的军队和资源来保卫尼德兰,防止入侵英格兰的大军开拔之后，尼德兰被敌人乘虚而入。帕尔马公爵提议从佛兰德军团抽调3万名步兵和500名骑兵，由他率领，乘坐一支由驳船组成的小舰队渡过海峡，向英格兰发动奇袭。他相信，只要他的具体意图能够保密，成功的希望就相当大，"因为我们手中有相当强大的兵力，能够轻松地让部队集结和登船；我们能够随时查明伊丽莎白拥有的兵力和可能拥有的兵力；并且即便风向不利，渡海也只需要10~12个小时，如果风向有利，就只需要8个小时"。他总结道："最合适、最近也最便捷的登陆地点是多佛尔和马盖特之间的海岸。"在那里登陆之后，可以快速向伦敦进军。这份文件只有两段提到需要西班牙方面的海军支援，并且仅仅是在"最坏的情况"当中：假如计划泄露，失去了出其不意的奇袭效果，伊丽莎白就得以动员军队来阻止登陆。帕尔马公爵建议，在这种情况下，也许圣克鲁斯侯爵及其舰队可以"牵制敌人，将英格兰舰队从海峡引开"。这就相当于入侵英格兰的第三种策略：把海军当作诱饵，让大体上没有护航的陆军发动入侵。[9]

帕尔马公爵将自己的建议书托付给一名特别信使，但此人直到6月底才抵达宫廷。到那时，西班牙都城已经陷入混乱。马特奥·巴斯克斯向负责法律与秩序的卡斯蒂利亚议事会主席抱怨道：

> 马德里市民在非常公开、自由地讨论英格兰人弗朗西斯·德雷克造成的破坏，说了很多厚颜无耻和放肆的话，暗示我们没有采取恰当措施去阻止他。这让我们不禁怀疑，有人在企图蛊惑人心，而不是强调国王陛下处理此事时表现出的谨慎和睿智。

主席温文尔雅地（也颇能说明问题地）回答："每个地方都总会有一些奸佞小人和不甘寂寞的恶棍，但在这件事情上，我不认为那些发表议论的人是出于恶意。""每个人都可以看到，英格兰和英格兰人弗朗西斯·德雷克对此地的公共事务有多么大的影响"，所以人们自然而然地会谈论此事。因此，主席建议腓力二世设立一个特别委员会来讨论（并让民众知道他们在讨论）"所有涉及英格兰的国家大事和战争事务"。[10]但"开放透明的政府"不是国王的风格。他没有采纳上述意见，而是把帕尔马公爵的建议书发给了苏尼加。

经过深思熟虑之后，苏尼加建议国王采纳帕尔马公爵提出的另一个更雄心勃勃的策略：在里斯本集结一支拥有120艘盖伦帆船、加莱赛战船①、桨帆船、商船和轻型帆船的舰队，以及一支3万名步兵、2000名骑兵的陆军，进攻爱尔兰的沃特福德或者威尔士的米尔福德黑文。与此同时，腓力二世应当派兵增援佛兰德军团，表面上是为了牵制荷兰境内的尼德兰和英格兰军队，但实际上是为了趁伊丽莎白的军队忙着攻击在遥远的沃特福德或米尔福德黑文建立桥头堡的西班牙舰队时，乘小船渡过海峡，偷袭伦敦。因为直接吞并英格兰对西班牙没有好处（"防守它的开销太大"），所以苏尼加建议将新征服的国度赐给一位友好的天主教统治者。他建议的人选是玛丽·斯图亚

---

① 加莱赛战船是中世纪一种主要由威尼斯人制造、在地中海使用的大型战船，一度颇为流行。加莱赛战船的排水量可达600吨以上乃至接近1000吨，在当时可算真正的巨无霸；动力是划桨和风帆相结合，需要数百名桨手一同运作。较大的船体使它吃水较深，可以很稳定地航行，并可以搭载更多和更强大的火炮以及数量可观的水兵，因此战斗力很强，但搭载大量人员和使用划桨使其不适合远洋航行。随着风帆船的崛起以及火炮在海战中地位的提升，加莱赛战船逐渐被淘汰。

特，但要她先嫁给一位可靠的天主教王公，比如帕尔马公爵。[11]

这些建议构成了入侵英格兰的综合战略的基础，该战略此后（出于安全考虑）就被称为"总体计划"。1586年7月，腓力二世将计划发给在布鲁塞尔的帕尔马公爵和在里斯本的圣克鲁斯侯爵。虽然目前为止没有发现过这样的文献（说不定从来就没有形成过书面文献），但从随后的通信可以推断其内容。圣克鲁斯侯爵将于1587年夏季（也就是一年之后）率领一支庞大舰队（即所谓"无敌舰队"）从里斯本出发，运载进攻伦敦所需的全部可用兵力和重型装备（尤其是强大的攻城武器）。他将首先驶向爱尔兰，建立一个桥头堡来吸引伊丽莎白的海军力量，消灭其抵抗能力；然后，隔了大约两个月之后，他将突然离开爱尔兰，冲向英吉利海峡。此时，帕尔马公爵将率领入侵的主力部队（3万名老兵）乘坐在佛兰德预先秘密集结的小船，在无敌舰队掩护下渡海，前往肯特郡沿海的马盖特，无敌舰队在此时将掌控海峡的这个区域。帕尔马公爵的部下在得到无敌舰队运载的士兵和攻城武器的增援后，将进军伦敦，将其占领，最好能在伦敦俘虏伊丽莎白及其大臣。

这让人不禁要问，腓力二世有没有认识到这个计划当中内在的巨大风险。圣克鲁斯侯爵的最初建议有很多优点：1588年的作战证明，西班牙人只要能发动一支大舰队出海，即便英格兰人不断袭击，西班牙人也能把6万吨物资从英吉利海峡的一端运到另一端。类似地，1601年在金塞尔的成功登陆战①也

---

① 金塞尔是位于爱尔兰南部的港口城市。1601年，一支西班牙远征军在这里登陆，企图与爱尔兰叛军会师，然后通过爱尔兰进攻英格兰。英军挫败了西班牙人和爱尔兰人的企图。

证明，从西班牙出发的陆海军能够占领并守住爱尔兰南部的一个滩头阵地。帕尔马公爵的建议，即在肯特郡发动奇袭，也有很多优点：他的部队在他的指挥下多次表现出超强的战斗力，而伊丽莎白的陆军缺乏训练，所以一旦被打了个措手不及，就很难打退成功登陆的佛兰德军团。英格兰大业的失败，说到底是因为，腓力二世决定等到从西班牙出发的舰队与从尼德兰出发的陆军会师之后才发动入侵。

腓力二世为什么犯下这样的关键错误呢？他在统治的早期参加过两次胜利的战役（见第三章）；他在16世纪80年代初曾批准将一支大规模部队及其装备从塞图巴尔运往卡斯凯什（125英里的海路），还派遣一支陆海军联合部队从伊比利亚半岛远航超过1000英里去夺取一些岛屿（见第十五章）。他对入侵英格兰的部队将要走的路线也有亲身体验：1554年他从拉科鲁尼亚乘船前往南安普敦，只花了一周时间；在随后三年里，他三次穿过英吉利海峡。但他回到西班牙之后，就一直是"扶手椅上的战略家"：在技术、战术和作战层面，他一窍不通。并且，因为他不听一些谋臣的建议，不肯亲自去里斯本监督舰队的集结，所以圣克鲁斯侯爵每次向国王请求批准某个决定时，都要等待至少一周。而帕尔马公爵需要等待至少四周。此外，腓力二世没有向两位指挥官详细介绍情况。两人都是从信使那里收到"总体计划"的，所以没办法请腓力二世准确解释：两支互相独立、作战基地相隔超过600英里的庞大军队，如何能够准确地在时间和地点上做好配合；在佛兰德集结的那些脆弱的、轻武装的运兵船如何能避开停泊在外海、专门负责拦截和消灭它们的尼德兰与英格兰战舰。最后，因为苏尼加和格朗韦勒都在1586年秋季去世，而在马德里只有这两位大臣拥有足够的权威和知识来提出反对意见,所以没有人敢要求腓力二世制订预备方案。

国王没有制订预备方案,而是签署了潮水般的命令,动员他的君主国的资源以落实"总体计划"。所有港口的官员必须扣押所有能够运输兵员和弹药的商船,将其送往里斯本;军官们必须在西班牙招募士兵,为无敌舰队准备兵员;那不勒斯副王和西西里副王必须调动部队走西班牙大道去增援帕尔马公爵,并输送给养、船只和更多士兵给圣克鲁斯侯爵。

无敌舰队成形

英格兰大业的巨额开支迫使国王在其他方面想方设法地节约。1586年,在德雷克的袭击之后,西印度议事会提议加强加勒比海的防务,被国王拒绝。"没有人比我对那些损失更痛心,也没有人比我更渴望补救,不过我没有合适的实施手段,"他答复西印度议事会,"但你们的计划存在很多问题,最大的问题就是没钱。"他还否决了在东非的蒙巴萨建造一座要塞的提案,驳回了在菲律宾的西班牙殖民者请求入侵中国的呼吁。每一次的理由都是,朝廷需要集中全部资源去推翻都铎政权。[12]

国王还运用了其他一些手段去削弱伊丽莎白的力量并孤立她。他禁止英格兰人到西班牙和葡萄牙做生意。现在就连中立国船只运送的英格兰商品也被视为违禁品。他还鼓励了一些英格兰天主教徒酝酿的好几起阴谋,这些阴谋意在谋杀伊丽莎白、以玛丽·斯图亚特取而代之。他承诺,"只要他得知"安东尼·巴宾顿领导的密谋者"取得成功","他就会以最快的速度"从西班牙和尼德兰送去援助,坚信"上帝会很乐意准许他们谋划的事业成功,因为上帝推进自己事业的时机可能已经到了"。[13]但伊丽莎白已经知道了巴宾顿的阴谋,所以她搜集到足够证据之后就立即逮捕、刑讯和处决了阴谋分子。玛丽·斯图亚特也因为叛国的罪名受到审判,于1587年2月被处决。

腓力二世参与巴宾顿阴谋,这激怒了伊丽莎白。她命令德雷克返回伊比利亚半岛并尽可能地搞破坏,阻止(或至少拖慢)无敌舰队的集结。1587年4月,一支强大的英格兰舰队驶入加的斯港,缴获或摧毁了二十多艘舰船以及为无敌舰队准备的粮食与其他物资。16世纪欧洲的粮食来源有限,所以西班牙人几乎毫无办法在短时间内再获得大批粮食。因此腓力二世发现很难弥补这些损失。更糟糕的是,在"烧焦西班牙国王的胡须"(这是英格兰人的说法)之后,德雷克花了一个月时间,切断了地中海与大西洋之间的全部海上交通。然后他去了亚速尔群岛,宣布打算拦截从美洲和印度回来的运送财宝的西班牙船队。为了避免这样的灾祸,腓力二世命令圣克鲁斯侯爵前往亚速尔群岛,保护运送价值1600万杜卡特的财宝与商品的船队,将其安全护送回伊比利亚半岛。虽然侯爵完成了此项任务,但他直到1587年9月28日才返回里斯本。

沉重的压力严重损害了腓力二世的健康。1587年5月,一位努力协调无敌舰队后勤事务的大臣抱怨道:"征询国王陛下意见的过程浪费了太多时间,国王陛下的回复非常慢,所以我们损失了大量无法弥补的时间。"一个月后,国王的一名贴身男仆哀叹道:"国王陛下的眼睛还在不停流泪,他的双脚和双手都软弱无力,而全世界都在等待他的决断。"[14]国王坚持事必躬亲,这意味着在他患病期间,权力核心就出现了一个任何人都填补不了的空缺。9月他重新开始理政的时候,放弃了

"总体计划",签署了一些详细的指示,命令圣克鲁斯侯爵和帕尔马公爵遵循另一项与之前迥然不同(并且最终酿成大祸)的战略。

现在,腓力二世命令侯爵"以上帝的名义,径直驶向英吉利海峡,沿着海峡航行,直到在马盖特外海落锚,快到时通知帕尔马公爵"。然后是一个很关键的含糊之处:"公爵应当遵照他接到的命令,看到无敌舰队停泊在马盖特海岬或者驶入泰晤士河(如果时间允许的话),从而保障了海峡的安全之后,立即用小船将部队运过海峡。这样的小船仅用于渡过海峡,他应当有很多。"在帕尔马公爵及其部队渡过海峡之前,无敌舰队的"唯一任务是掩护他们渡海,并打退任何企图阻挠的敌船"。[15]国王的新命令没有回答几个关键问题。尤其是,为了掩护帕尔马公爵的部队,无敌舰队是否应当接近佛兰德的港口?或者帕尔马公爵部队乘坐的驳船队应当在公海与无敌舰队会合吗?如果无敌舰队要去佛兰德的港口接应驳船队,那么无敌舰队的吃水较深的大船如何通过佛兰德海岸的无数浅滩和沙洲?如果无敌舰队和驳船队在公海会合,那么脆弱的驳船在会合之前该如何应对虎视眈眈的尼德兰或英格兰战舰?

国王发给帕尔马公爵的新指示也回避了这些关键的问题。国王告诉外甥,"我已经决定"让圣克鲁斯侯爵"以上帝的名义,径直驶向英吉利海峡,沿着海峡航行,直到在马盖特外海落锚"。国王向帕尔马公爵承诺,舰队将会提前通知他,"你要做好充分准备,看到无敌舰队抵达马盖特外海、海峡得到保障之后……你就立即用之前准备的船只送全军渡过海峡"。国王又一次承诺,在陆军安全渡海之前,无敌舰队将集中力量保障海峡的安全。他命令帕尔马公爵在无敌舰队抵达之前不要从佛兰德海岸出发。但敦刻尔克和马盖特之间相隔四十英里的大海，帕尔马公爵该如何通过这段距离呢？国王对此只字未提。说得客气点，这也是一个不幸的疏漏。[16]

即便如此，既然国王已经拿定主意，他就不能容忍任何耽搁、质疑或者反对。他又一次通过信使将详细的、僵化的指示送到里斯本和布鲁塞尔，而不是派人向两位战区指挥官当面解释各自的任务，回答他们的问题，或者反馈他们的准备情况与斗志。国王命令帕尔马公爵停止抱怨：

> 我忍不住要提醒你，除了本次行动的最初想法和选择你来指挥是我的主意之外，与你那边计划相关的其他事项，包括准备的资源，都参照了你自己提出的方案。此外，关于本次行动的准备与执行，你向我请求的东西，我都给了你，而且给了很多。

国王命令，帕尔马公爵必须严格执行计划，不准再质疑或者耽搁。[17]圣克鲁斯侯爵率领他那支饱受风暴摧残的舰队返回里斯本之后，也受到了国王同样的敲打。国王命令他停止抱怨，立即启航前往佛兰德："不要在请求和答复上浪费时间了。赶紧行动起来，看能不能把启航提前几天。"日子一天天过去，国王哀叹道："已经浪费了那么多时间，每一个钟头的耽搁都会给我带来超出你想象的痛苦。所以我命令你务必在本月底之前出发。"[18]国王几乎每天都向里斯本发去劝诫的信（时而劝诱，时而威吓）。

圣克鲁斯侯爵在一封信中慎重且冷静地反驳了国王那些不切实际的想法。威尼斯驻马德里大使拿到了这封信的副本，对国王为什么不肯听最有经验的海军将领的意见做了一番揣摩。大使想出了三个原因，都与腓力二世的个性和统治风格有关。首先，"一旦他决定了某事，就说一不二"。其次，腓力二世对"他的好运气"无比自信，所以他相信，只要他尽力而为，上帝一定会奖赏他的努力。最后，国王对国际事务的了解让他把每个战区的行动都置于更广阔的国际背景之中，所以他急于在丧失外交优势之前开始行动。[19]

腓力二世从未读到威尼斯大使的分析，但他肯定会同意。不过他还有第四个理由要赶紧行动：耽搁的代价太大。无敌舰队无所事事的每一天，舰队都要花费30000杜卡特，帕尔马公爵的陆军要花费15000杜卡特。政府基本职能所需的经费也所剩无几，以至于腓力二世开始要求每周汇报国库里现金的金额，然后他亲自决定可以为哪些事项支出款项，哪些事项必须等等。现在他意识到，"除了筹钱之外，我必须搁置一切事务"。他不厌其烦地告诉谋臣们："筹款是当务之急，我们必须集中力量于筹款，暂时不管其他任何事情，因为不管我们会赢得怎样的胜利，如果没有钱的话，我不知道胜利能够结出什么样的果实（除非上帝创造奇迹）。"[20]

不过，接二连三的耽搁，再加上腓力二世筹划过程的惊人的前后不一致，却带来了一个重要的优势：不仅他的下属被搞得稀里糊涂、备感挫折，他的敌人也是这样。在不同的时间，国王曾认真考虑在苏格兰登陆的可能性，或者奇袭爱尔兰，或奇袭怀特岛，或者让帕尔马公爵的军队突袭肯特郡沿海地区，或者从里斯本向阿尔及尔或拉腊什（而不是英格兰）发动登陆作战。在西班牙宫廷的外国大使和间谍刺探到了国王的每一个提案，并将其汇报给自己的主人，这就造成了乱七八糟的背景"噪音",让人摸不清国王的真实意图。很少有人相信,基督教世界最强大的君主竟然如此优柔寡断;更少有人能想象,经过如此长时间的摇摆不定之后,他竟然会选择最容易被猜到的策略,也就是大家已经谈了好几个月的那种策略。他竟然选择了最显而易见的登陆地点,也就是古罗马人、撒克逊人和其他侵略者曾经登陆的地方。

腓力二世还取得了一项了不起的成就,即在外交上孤立了伊丽莎白。此项政策的关键在于法国的瘫痪。腓力二世的代表向吉斯公爵提供了更多经费,吉斯公爵则在得知无敌舰队离开里斯本之后,同意让天主教联盟发动一次普遍的反叛。1588年5月,巴黎的天主教徒开始接管城市。当法王亨利三世部署他的瑞士卫队去维持秩序的时候,巴黎市民建起了街垒,迫使他逃跑。"街垒之日"让吉斯公爵成为巴黎的主宰者,不久之后他成为"王国副总督"。神圣罗马帝国驻马德里大使敬佩地评论道:

> 目前,天主教国王[腓力二世]安全了:法国不能威胁他,土耳其人做不了什么;苏格兰国王也不会敌对他,因为苏格兰国王因伊丽莎白女王处死了他母亲[玛丽·斯图亚特]而愤怒……与此同时,西班牙可以放心,瑞士各州不会反对他,也不会允许别人反对他,因为瑞士现在是他的盟友。

简而言之,大使认为此时没有任何外国势力能阻止腓力二世完成他的英格兰大业。[21]

但是,新的问题还是不断涌现,包括国王自己的健康问题。腓力二世已经年过花甲，在1588年圣诞节又一次卧病在床。一连四周，他没有力气治理自己的帝国，也没有精力去管无敌舰队。但这段不得已为之的闲散时光，似乎让国王的传奇式的谨慎恢复了一些。现在他开始采取较为理性的措施来挽救无敌舰队和英格兰大业。1588年1月，为了摸清舰队的真实状况，他派了一名特使去里斯本。特使报告称，舰队的情况一团糟：圣克鲁斯侯爵病得很重，严重抑郁，只能在病榻上尝试管理一群适航性很差的舰船、腐烂的给养物资，以及士气低落、幻想破灭的士兵（最后一点最难解决却更为重要）。很显然，圣克鲁斯侯爵必须走人。

"自创世以来最庞大的舰队"

现在国王做了一个后来遭到严厉批评，但在当时显得非常有道理的决定。他认为，无敌舰队要想出航，需要的不是另一位战将，而是一个有决心、有行政管理才能、能够把里斯本的杂乱队伍打造成强有力的战斗力量的人。第七代梅迪纳-西多尼亚公爵堂阿隆索·佩雷斯·德·古斯曼就是这样一个人。

公爵的资质无可挑剔。无论是管理自己的庞大庄园，还是监管从安达卢西亚驶向美洲的庞大船队，他都淋漓尽致地展现了自己的管理才干。不久前，他还高效地监管了在安达卢西亚为无敌舰队装配和调拨船只与补给物资的工作。他虽然缺乏作战经验，但在1580年的葡萄牙战役期间也招募和领导过一支军队，在1587年指挥了一支救援部队，保护了加的斯城，使其避免被德雷克洗劫。他这一次的快速反应赢得了普遍的赞扬。威尼斯驻马德里大使认为公爵是在此次危机期间唯一一个保持冷静的人，而国务秘书加布里埃尔·德·萨亚斯告诉一位同僚："如果我的意见有分量的话，我会任命［梅迪纳－西多尼亚公爵］为西印度议事会主席和国务议事会成员。"[22]并且，公爵于1587年秋天在宫廷待了几周，与大臣们讨论过即将爆发的对英战争，所以他知道无敌舰队的战略目标。最后，也是非常重要的一点是，他是西班牙最显赫的贵族世家的族长：已经在无敌舰队服役的高级军官（其中有几位向腓力二世自荐，希望接替圣克鲁斯侯爵）都不会因为位居第七代梅迪纳－西多尼亚公爵之下而感到怨恨或委屈。

公爵在自己位于桑卢卡尔的城堡的时候，接到了国王于2月11日签发的那封出人意料而且令他不快的信。国王在信中宣布，因为圣克鲁斯侯爵病重，无法领导无敌舰队，所以梅迪纳－西多尼亚公爵必须立即动身前往里斯本，接过舰队的指挥权。舰队的状况很不理想（几乎没有人比公爵更了解真相），所以他想方设法地推辞。起初他说自己身体有恙、经济拮据、缺乏经验，所以没有当总司令的资格。国王认为这都是他的自谦。但如果国王读了公爵写的第二封信，也许会更加注意。在这封信里，梅迪纳公爵"恳求陛下注意我不应当接受此任命的诸多原因。我之所以谢绝，并非偷懒怕累，而是因为我认为，对英格兰这样拥有许多盟友的大国发动进攻，需要的兵力远远超过陛下集结的兵力"。公爵显然得出了与帕尔马公爵和圣克鲁斯侯爵相同的结论：目前设想的英格兰大业必败无疑。但他这份很中肯的信始终没有抵达国王手中。[23]

每天在御前侍奉的堂胡安·德·伊迪亚克斯和堂克里斯托瓦尔·德·莫拉处理了英格兰大业带来的海量文件。关系到无敌舰队的重要文件都要经过他们的手。他们在办公过程中拆阅了梅迪纳-西多尼亚公爵那封坦率的信之后，感到震惊。"我们不敢把您这封信拿给国王陛下看，"他们责备公爵，并说，"不要用对舰队命运的忧虑来破坏我们的心情，因为在这样的事业当中，上帝一定会确保我们取得胜利。"这是西班牙朝廷"团体迷思"的又一个突出例证：负责决策的人系统性地贬低或者排斥所有的不同意见，但这一次决策者还发出了显而易见的威胁。他们提醒公爵，所有人都知道国王已经把无敌舰队的指挥权给了他，所以如果他拒绝的话，大家就会指责公爵忘恩负义、自私自利，或者怯懦。"请谨记，如果您给我们的这封信被外人知道（我们当然会保密），您目前享有的勇敢且睿智的名声和得到的尊重就会全部烟消云散。"[24]梅迪纳-西多尼亚公爵遭到这样赤裸裸的敲诈，十分沮丧，请求觐见国王，但腓力二世像往常一样拒绝了。于是公爵努力从主公那里得到许多让步，然后才不情愿地去了里斯本。在那里，他收到了国王的一封信。国王在信中乐呵呵地安抚他："如果不是我需要留下，为它［英格兰大业］和其他许多事务提供必需的资源，我会非常乐意亲自到'无敌舰队'当中。我坚信不疑，这项事业一定会马到成功。"[25]

我们不知道公爵对国王的这封信有何反应，但无敌舰队的一位高级军官马丁·德·贝尔滕多纳尖刻地向腓力二世抱怨："我真的希望陛下能亲身到此"，来讨论如何最好地为远征做准备，"因为在陛下面前讨论，与［在宫廷］讨论肯定大不一样。在舰队这里，您一定能听到真相；而在宫廷，懂和不懂的人都能高谈阔论"。但贝尔滕多纳最后心平气和地（无疑也是挖苦地）说："既然陛下已经决定了一切，那么我们必须相信，这是上帝的意志。"[26]

不过，在梅迪纳－西多尼亚公爵高效且彬彬有礼的领导下（并且他不耻下问，愿意请教更有经验的下属），舰队在两个月内就做好了出航准备。已经在里斯本的舰船得到了修理，还增添了几艘新船，患病的士兵和水手得到很好的照料，恢复了健康。公爵上任时，舰队只有104艘舰船和不到10000名士兵；到了1588年5月，已经有了130艘舰船和将近19000名士兵。根据精心设计的轮换制度，官兵们在船上储存了给养和淡水，每艘船得到了一套印刷版的领航指南和标准化的英吉利海峡航海图。1588年5月28日，公爵率领庞大的舰队在塔霍河顺流而下，驶入公海，准备与帕尔马公爵在佛兰德集结的300艘小船和30000名老兵会师。此刻，腓力二世拥有的兵力远远超过了他的敌人。

国王及其大臣坚信不疑，无敌舰队一定会解决整个君主国面临的多重战略难题。在1588年1月给卡斯蒂利亚议会的一封亲笔信中，国王提醒议会代表："诸位都知道，我为了侍奉上帝和推进我们的神圣天主教信仰而发动的事业，也是为了这些王国的福祉，因为它也是这些王国的事业。"一个月后，伊迪亚克斯和莫拉向梅迪纳－西多尼亚公爵保证，"现在既然所有的战争和冒险都已经被纳入此项大业"，入侵和征服英格兰就一定能解决西班牙的所有问题。[27]

这些都是激动人心的豪言壮语，但腓力二世及其谋臣从理论转向实践的时候就语焉不详了。最重要的是，1588年4月1日给梅迪纳－西多尼亚公爵的指示没有明确解释，他应当如何达成那些雄心勃勃的目标。这份指示部分重复了前一年9月给圣克鲁斯侯爵的命令，即要求公爵率领舰队径直前往"约定地点"（几乎可以肯定是肯特郡外海的锚地），在那里与帕尔马公爵及其军队"会师"。但如何做到这一点呢？国王的指示没说，反倒花了大量篇幅规定如何在这样一项神圣的事业当中遏制官兵的不道德行为。国王列举了许多措施，要求确保他的船上不会发生亵渎神明、酗酒、赌博、私斗或鸡奸等罪行。然而他对战术只字不提。比如，两军的会师究竟如何实现，无敌舰队如何掌握局部制海权，从而掩护帕尔马公爵及其脆弱的运兵船渡过海峡？国王倒是用了几句话谈论第二个问题，但没有提出解决方案，反而让人更加摸不着头脑：

> 关于作战方式和对无敌舰队在作战日的指挥，我没什么要说的……但请记住，敌人的目标是在远距离交战，因为敌人的火炮有优势，并将装备大量炮火。而我们的目标必须是迫使敌人近战，你在执行这方面的时候务必小心。

国王总结道，对于这一切问题，"你必须按照自己的判断，采取预防措施"。我们也许可以钦佩国王在这个问题上的战术洞见，但与此同时我们必须批评他（那些倒霉的指挥官私下里肯定会批评他）竟然连一个解决方案都没有提出来。[28]

在随后三个月里，这些疏忽还都只是理论层面的，因为无敌舰队的进展十分缓慢。尽管公爵在里斯本做了大量准备工作，给养还是很快就要用完了。有些口粮腐败了，也许从一开始就是腐败的，而梅迪纳-西多尼亚公爵努力扩大了舰队的规模，这意味着粮食不够吃。公爵无奈之下，只得把每人每日的饼干配给份额削减为一磅，并减少发放肉食。无敌舰队的航行出乎意料地慢，这更是加剧了补给问题。6月20日，舰队仅仅前进到菲尼斯特雷角①，公爵别无选择，只能在拉科鲁尼亚停泊，补充物资。但突然刮起了猛烈的风暴，舰队在进入港口时部分舰船遭到风暴的打击，有些船只被吹到了远至锡利群岛（在康沃尔附近）的地方。

这次灾难让梅迪纳-西多尼亚公爵消沉起来。他给国王写了两份详细的长信，勇敢地重复了他在接受任命时提过的反对意见，即"对英格兰这样拥有许多盟友的大国发动进攻，需要的兵力远远超过陛下集结的兵力"。尽管他已经竭尽所能，但他还是担心"无敌舰队的兵力逊于敌人"，而整个君主国的命运"取决于此次战役的成败。陛下已经投入了全部资源，包括舰船、火炮和弹药"。如果这些资源损失掉了，就需要"很长时间"才能弥补。而且，梅迪纳-西多尼亚公爵出海之后发现，"士兵的训练远远不够"，而"我几乎找不到懂得如何履行职责的军官。我写这封信的时候参考了我个人的经验"，并补充道（也许是暗指伊迪亚克斯和莫拉）："所以，请不要让别人用相反的意见来蒙蔽陛下。"[29]

国王得知此次挫折的时候，正逢他又一次因为工作压力太大而病倒。他哀叹道："我在文件上花了太多时间，我相信就是文件让我生病……请告诉马德里的一些大臣，让他们少送点文件过来。"不过他明白自己该做什么。他告诉马特奥·巴斯克斯："我们已经花了很多钱，将来还要花更多钱。要弥补这些缺口，就需要大量时间和精力，所以我没有资源把已经开始的事情做完。"确保英格兰大业的成功"至关重要，以至于我

---

① 菲尼斯特雷角（Cape Finisterre，字面意思是"大地的尽头"）是西班牙西北部大西洋之滨的一处海岬。在古罗马时代，人们相信这里就是世界的尽头。

现在几乎没有时间去做或者考虑别的事情"。[30]因此，他立刻集中全部精力于梅迪纳-西多尼亚公爵的悲观评估。

公爵开始阅读国王的回信时，一定面色惨白：

> 公爵阁下，我的亲戚：我收到了你6月24日的亲笔信。根据我对你的了解，我相信你把这些事情告诉我，纯粹是因为你为我服务的热情，以及你渴望在此次任务中取得成功。我对此坚信不疑，所以我对你会比对其他人更坦率……

这封信的开头很吓人，其余部分虽然语气坚定，却相当体贴和温和。腓力二世重述了此次行动的最初原因，然后有条不紊地用自己的扭曲逻辑反驳了公爵的反对意见和疑虑："如果这是一场非正义的战争，这场风暴的确可以算是上帝的警告，要我们停止冒犯他；但这是一场正义的战争，所以我们无法相信上帝想要停止这场战争。上帝一定会赐予比我们能够期望的更多的恩典。"国王认为，英格兰没有盟友，英格兰军队也不如西班牙军队（尽管梅迪纳-西多尼亚公爵对此表示怀疑和担忧）。只要风向有利，舰队就能在一周之内抵达英吉利海峡；但如果舰队留在拉科鲁尼亚，就会成为瓮中之鳖，要么被敌人就地歼灭，要么被封锁在港内，与此同时英格兰人会蹂躏毫无防护的伊比利亚沿海，并俘虏下一批从美洲来的运宝船队。"我已经将此项事业献给上帝，"腓力二世总结道，然后以不容置疑的语气命令道，"所以请你振作起来，做好自己的工作。"[31]

国王这一次的固执肯定是正确的。如果舰队毫无建树就被解散,只会让已经投入的资源全部付之东流,还会损害西班牙的声誉。并且,英格兰舰队确实有可能袭击拉科鲁尼亚(就像前一年袭击加的斯一样),然后大肆攻击在港口内坐以待毙的无敌舰队。说到这里,国王的话都是有道理的。但不幸的是,舰队行程延误让腓力二世得到机会又一次对作战进行微观操控。他收到了梅迪纳-西多尼亚公爵离开里斯本不久前写给帕尔马公爵的一封信的副本,其中说"我已经把所有熟悉英格兰海岸的领航员和航海专家集中到舰队,并请他们决定,我们应当在哪一个港口暂时停留"并等待帕尔马公爵及其军队准备就绪的消息。事实会证明这个"预备方案"的明智,但腓力二世不准这么操作。他责备梅迪纳-西多尼亚公爵:"计划的关键是你继续前进,直到你与帕尔马公爵即我的外甥会师,然后前进到预定地点,掩护帕尔马公爵渡海。"[32]也就是说,在与帕尔马公爵的部队会师之前,无敌舰队不可以在任何港口逗留。所以,国王的作战策略的核心缺陷仍然没有得到解决。

不过,国王的训斥至少让梅迪纳-西多尼亚公爵恢复了自信。1588年7月21日,他率领无敌舰队再次出海。30日,他已经能看见英格兰海岸,于是命令自己麾下的130艘舰船排成半月阵型,从左翼到右翼的距离长三英里。西班牙的敌人现在懊恼地发现自己面对着"自创世以来这些海域最庞大的舰队"和"据我所知基督教世界曾集结的最庞大、最强劲的力量"。与此同时,腓力二世集中力量在祈祷上。据埃斯科里亚尔的修士们说,国王和他的亲人轮流在圣体前跪着祈祷,每一班三个小时,以确保远征的胜利。经历了上帝送来的所有危机和"考验"之后,国王心如止水,踌躇满志,相信"我这边能做的都做了"。他还告诉伊迪亚克斯:"不仅是[欧洲北部的]

事务，所有方面的事务都安危未定。"[33]

在一段时间里，似乎战局对他有利。伊丽莎白的海军多次尝试打乱无敌舰队的阵型，但都失败了。1588 年 8 月 6 日，无敌舰队在加来外海下锚，距离帕尔马公爵在敦刻尔克的部队仅有 25 英里，并且能够看见位于肯特郡锚地的预定登陆地点。舰队在这个地方停留了 36 个小时，梅迪纳-西多尼亚公爵也许确实可以良心坦荡地认为自己已经"尽力"了。但对他、无敌舰队的官兵和西班牙来说不幸的是，36 个小时还不够久。

梅迪纳-西多尼亚公爵和腓力二世似乎都期望无敌舰队在出海之后会与帕尔马公爵维持可靠的通信。这种想法说明他们都不熟悉海战的现实情况（我们无法想象圣克鲁斯侯爵会犯如此低级的错误）。公爵和国王似乎从来没想过，舰队派出的信使要么需要闯过在海峡潜伏的大量敌船所形成的封锁线，要么需要前往法国海岸，寄希望于在那里能够不断换马，走陆路去佛兰德。如果指望信使在舰队抵达"指定地点"之前能够抵达佛兰德（更不要说带着回复返回舰队），就太愚蠢了。事实上，奉命向帕尔马公爵报告梅迪纳-西多尼亚公爵进展的信使都没有及时抵达，所以没有发挥什么作用。7 月 31 日舰队接近普利茅斯时派出的信使在第二天上午才启航，直到 8 月 6 日早晨才抵达帕尔马公爵的司令部。当天晚些时候，舰队于 8 月 4 日从怀特岛外海派出的信使抵达了。但此时无敌舰队已经在距离帕尔马公爵相当近的加来外海落锚，而帕尔马公爵在一天之后才得知。尽管梅迪纳-西多尼亚公爵多次对自己的缓慢速度表示很抱歉，并努力像腓力二世告诫他的那样加快速度，但从帕尔马公爵的角度看，无敌舰队来得还是太早了。

由于通信的问题，帕尔马公爵不可能在 8 月 6 日之前让他的士兵都登上小船、与梅迪纳-西多尼亚公爵"会师",因为帕尔马公爵在8月6日才知道无敌舰队已经进入海峡,更不要说已经接近加来了。但是,帕尔马公爵精心准备了登船计划,并且在8月2日得知无敌舰队抵达利泽德半岛①外海的时候,就命令部队进入待命状态;6日,得知舰队继续接近时,帕尔马公爵的所有部队都开始向港口进发。在随后36个小时内,将近27000名官兵顺利登船。这在任何时代,对任何一支军队来说,都是了不起的成就。但到那时,用一位当代荷兰历史学家不客气的话说,无敌舰队已经"没了踪影"。[34]

8月7日夜间,英格兰人向停泊在加来外海的无敌舰队派遣了八艘火船。大多数西班牙舰长都切断缆绳,逃之夭夭,但是海峡内的强劲海流让他们无法回到原先的位置并重新下锚。无敌舰队一下子就从一支有凝聚力的、仍然令人生畏的战斗力量变成了一大群笼罩在惊慌失措气氛中的乌合之众。次日上午,英格兰战舰闯入了无敌舰队的阵型,对好几艘舰船施加了毁灭性打击。次日,梅迪纳-西多尼亚公爵命令舰队撤回西班牙。他的一名军官悲观地说,这是"我们已经开启的麦哲伦航行",因为舰队要绕过苏格兰和爱尔兰,(对幸存者来说)全程长约3000英里。[35]

计算损失

无敌舰队未能与佛兰德军团"会师"的第一批确切消息于8月31日送抵西班牙朝廷。腓力二世立刻开始试图用他的

---

① 利泽德半岛位于英格兰康沃尔郡西南,西临芒茨湾,东临英吉利海峡。最南端利泽德角也是大不列颠岛最南处。沿岸景色壮丽,有高达75米的悬崖和小海湾。

笔来恢复对局势的掌控。他写信告诉梅迪纳 – 西多尼亚公爵（国王此时不知道公爵在何处），"在加来外海战败的消息……令我无比担忧"。他命令伊迪亚克斯起草一份详细的备忘录，告诉公爵，如果无敌舰队在苏格兰或其他地方躲避，他该怎么办（整修舰船、讨论在次年再次入侵英格兰的办法）；以及如果舰队已经踏上返程，他该怎么办（派遣一些部队在爱尔兰登陆，建立一个桥头堡，准备来年再战）。9月15日，国王发出了更加不切实际的命令：梅迪纳 – 西多尼亚公爵必须首先在苏格兰登陆，与当地的天主教徒结盟，在那里过冬。腓力二世终于认识到了制订"预备方案"的重要性。他一反常态地愿意考虑替代策略，这比其他任何事情都更清楚地表明，国王的自信心遭到了毁灭性打击。当他阅读一份给帕尔马公爵的回信的草稿时，在这句话下面画了着重线："我们也许还能执行献给上帝的使命，并恢复目前岌岌可危的声望。"他告诉秘书："考虑一下，要不要把这句删掉，因为在我们为上帝做的事业当中，以及在上帝为我们做的事情当中，不存在获得或者损失声望的问题。最好不要谈这个。"[36]

9月3日，一名信使从法国送来了关于无敌舰队战败和北逃的更详细消息。郁郁寡欢的解码人员和大臣们争论应当派谁向国王禀报这些消息。最后这个重担落在了马特奥·巴斯克斯的肩上，即便是他，也是战战兢兢、拐弯抹角地禀报的。他引用了一名廷臣笨拙地提出的一个比喻："我们要想到法王路易九世的事业，他是一位圣徒，参加的是神圣的事业［1250年的第七次十字军东征］，然而他眼睁睁看着自己的官兵死于瘟疫，他自己被打败和俘虏。当我们想到这些时，我们肯定忍不住要"为英格兰大业的结局担忧。巴斯克斯建议做更多的祈祷，从而避免类似的灾难。国王读了他的这封信，简直不能自已。他在信纸上恼火地写道："我希望上帝没有允许如此邪恶的事情发生，因为我做的一切都是为了侍奉上帝。"[37]

10月，在阅读了一些无敌舰队幸存者的痛苦陈述之后，腓力二世写道："我都读了，但我觉得，如果我没读反而更好，因为这太让我受伤了。"11月，当他得知舰队蒙受更多损失时，预测道：

> 要不了多久，我们就会陷入绝境，希望自己从来没有来过这个世界……如果上帝不赐给我们一个奇迹（我希望他会），我希望自己早点死掉，免得看见那么多的不幸与耻辱。这就是我的祈祷。[38]

西班牙人在英格兰大业期间一共有大约15000人死亡，相当于无敌舰队运载的士兵和水手的将近一半。另外还损失了至少三分之一的舰船及武器装备，这些都是一去不复返的永久性损失。腓力二世失去了几乎全部有经验的海军指挥官；整个远征花费了1000万杜卡特，但毫无建树。

除了这些人员和物质损失之外，腓力二世在道德层面也遭遇了一次重大挫折。早在1588年6月，当风暴吹散了无敌舰队的时候，罗马教廷驻西班牙大使就在思考，"魔鬼制造的这些障碍"是否表明"上帝不赞成这项事业"。11月，大使写道，无谓地损失了这么多舰船和人员，这"让所有人深感不安，因为大家都几乎可以清楚地看到上帝之手在反对我们"。[39]就连埃斯科里亚尔的僧侣（通常情况下是腓力二世最铁杆的支持者）也认为无敌舰队远征是他的最大败笔。赫罗尼莫·

德·塞普尔韦达修士认为这是"值得永远哭泣的灾祸……因为它让我们失去了我们曾经享有的尊重和声望……它在整个西班牙造成了巨大的哀痛,几乎全国都在哀悼……人们除了这个没有别的话题"。据他的同僚何塞·德·西根萨修士说,"这是六百年来西班牙遭遇的最大灾难",因为除了损失生命、财产和声望之外,国王的政策还使西班牙与英格兰人、尼德兰人以及他们的其他盟友发生了公开战争,这场战争将持续到他去世很多年之后。[40]

第十八章　腓力二世进退维谷，1589～1592年

西班牙人得知无敌舰队的命运不久之后，英格兰大业的最坚决支持者之一、著名的耶稣会士佩德罗·德·里瓦德内拉"经过祈祷和深思熟虑"，写了一份值得注意的文件，分析了此次灾难的原因，并将文件发给国王最亲信的谋臣之一。里瓦德内拉承认"继续战争和主动寻找敌人的绝对必要性，除非我们希望他们来主动找我们，并向我们的本土开战"，但他主张，国王必须处理一下更广泛的紧急问题：

> 上帝的评判最为机密，所以我们不可能明确知道上帝为何给国王的强大舰队降下这样的命运。但是，我们的事业就是上帝的事业，我们的意图是神圣的，而且得到了整个天主教会的支持和帮助，所以上帝没有被如此之多的虔诚信徒的祷告与眼泪打动，这让我们不禁要担心，上帝给我们降下这场灾难，怕是有什么重大的原因。

"因此"，里瓦德内拉继续写道，"我们有必要寻找上帝以这种方式惩罚我们的原因"，看看上帝为什么允许"英格兰那些堕落之辈"对西班牙和腓力二世施加了如此"严重的灾祸和惩罚"。首要的原因是"公开的罪孽和丑闻，尤其是如果犯罪者是原本应当树立榜样的达官显贵"；而且，因为腓力二世"能

够树立榜样,轻松地改正和纠正这些过分行为,而如果他没有这么做的话,上帝可能会请他解释为什么"。[1]腓力二世立刻开始"树立榜样",去铲除"公开的罪孽和丑闻":他指示法官们起诉安东尼奥·佩雷斯,罪名就是后者谋杀了胡安·德·埃斯科韦多。

审判安东尼奥·佩雷斯

1582年,腓力二世将埃博利亲王夫人判处终身监禁(软禁在她位于帕斯特拉纳的宫殿),并授权两名法官搜集对佩雷斯不利的证据(见第十五章)。和所有针对高官的调查一样,法官的这次调查也是秘密进行的,直到1584年6月,他们向佩雷斯提出了四十一项罪名的指控,涉及1571年以来他的所有活动,并要求他立刻给出宣誓证词。其中三十九项指控要求他解释如何获得某些款项或财物,但最后两项指控涉及他在国务秘书任上的工作。佩雷斯首先表示,在"连续五年没有受到讯问"之后,他欢迎这个为自己洗清罪名的机会。然后他指出,其中一些指控涉及的是他被捕之后的事情,这些事情与他无关,因为他早就不再处理公务了。除了最后两项指控(涉及他在国务秘书任上的不端行为)之外,他对每一项指控都对答如流。这最后两项指控是:

> 安东尼奥·佩雷斯违背了自己的誓言,没有保守秘密,而是以各种方式向不同人泄露秘密,写了一些包含机密细节的书信;他在解码国王陛下收到的书信时,出于个人目的窜改了书信内容,对其做了增添、删减和改动。

在回应这些指控时，佩雷斯采纳了几十年前巴尔托洛梅·卡兰萨用过的策略（见第七章）。他否认一切指控，并请全国一些最显赫的人物来为他辩护，从国王开始。

> 他为自己传唤的辩护证人是我们的主公，即腓力二世国王陛下；堂加斯帕尔·德·基罗加，他是托莱多枢机主教、西班牙首席主教、首相、宗教裁判所主裁判官、国王陛下的国务议事会成员；尊敬的迭戈·德·查韦斯修士，他是国王陛下的告解神父和议事会成员。他［佩雷斯］请求遵照法律规定，在十五天内传唤并讯问这几位证人。[2]

在这个时刻（如果不是更早的话），"我们的主公，即腓力二世国王陛下"一定认识到了，佩雷斯为了驳斥那些非常严重的指控，企图把国王也拉下水。如果国王没有意识到这一点的话，不久之后刺客首领安东尼奥·恩里克斯给他写了一封信，解释了——

> 安东尼奥·佩雷斯如何奸诈地欺骗我，告诉我，是陛下命令我们杀死埃斯科韦多的。结果我们发现根本不是这样。他要我们杀了埃斯科韦多，是出于他私人的目的。若不是我受了欺骗，误以为这是陛下的命令，我是绝对不会同意的。[3]

就这样，第一次有人明确地把谋杀案与国王直接联系起来。但是腓力二世没有根据这份详细的检举信采取行动，而是签署了一份令状，授权向佩雷斯支付五百杜卡特的年金，作为"他身为国务秘书的薪水"；还给了他四百杜卡特的年金，作为"他候审期间的生活津贴"。[4] 此时的佩雷斯是倒台的大臣，遭到三十九项受贿指控、两项泄露国家机密的指控和一项组织谋杀并将其怪罪到国王头上的指控，然而腓力二世对他如此慷慨，真是令人目瞪口呆。但国王这么做，似乎是为了麻痹对手，让他误以为自己很安全。在签署上述令状一个月后，两名法官来到佩雷斯家，给他戴上手铐脚镣，将他灰溜溜地押送到图雷加诺要塞（在塞哥维亚）。现在腓力二世批准了法官对佩雷斯的判决：入狱两年、逐出宫廷十年、归还指控中提到的所有赃款、罚款两万杜卡特。

"核实和调查关于佩雷斯的指控"的第一阶段就这样结束了。第二阶段几乎立刻就开始了。罗德里戈·巴斯克斯·德·阿尔塞（卡斯蒂利亚议事会成员和国王任命的调查员之一）见到了恩里克斯。恩里克斯宣誓之后描述了佩雷斯在何时、以何种方式，自称遵照国王的命令，一手策划了对埃斯科韦多的谋杀。真相不可能隐藏很长时间了，所以佩雷斯和腓力二世都采取措施来自保。佩雷斯声称，逮捕他的官员之一"从国王陛下那里接到命令要毒死他"，于是佩雷斯试图从图雷加诺逃往阿拉贡，但失败了。这引发了各方面的不同反应。王室官员公开拍卖了佩雷斯的许多财物，逮捕并囚禁了他的妻子和家人（他们策划了佩雷斯的越狱），然后扣押了他的私人文件。[5] 腓力二世担心有些重要的文件已从自己指缝间溜走，于是授权卡斯蒂利亚议事会主席与佩雷斯的妻子胡安娜·科埃略夫人谈判，说如果她交出手中所有的国王亲笔信，就给她自由。胡安娜夫人立刻察觉到其中的危险。"先生，"她问卡斯蒂利亚议事会主席,"假如这些该死的文件里包含了我丈夫在埃斯科韦多案件中的不在场证明,也就是说,是国王陛下命令安东尼奥·佩雷斯做了我们现在知道的那件事情,那么如果没有这些文件,也没有国王陛下签署的保护我们的保证书,我们该如何是好?"御前告解神父迭戈·德·查韦斯修士是她的亲戚,所以施加干预,亲自向她保证,只要她交出文件,国王就会改善她和安东尼奥的境况。胡安娜夫人考虑了几天之后,交出了装满秘密文件的"两个密封的箱子"。[6]

腓力二世信守诺言,允许佩雷斯回到家人身边,并允许他在马德里相对自由地活动。1587年9月,国王甚至命令:"向安东尼奥·佩雷斯支付1584年底以来拖欠他的全部薪水。"看来国王仍然恩宠佩雷斯,这让胡安·德·埃斯科韦多的长子佩德罗怒不可遏,于是他自己想办法为父亲复仇,派了"一些人去抓获或杀死迭戈·马丁内斯〔另一名刺客〕和安东尼奥·佩雷斯的其他几个仆人,他们都是杀害他父亲的凶手"。[7]这一次,腓力二世的行动与他在1578年的无动于衷形成鲜明对照。国王立刻命令法官缉拿"违抗我的命令、大胆抗法、在我的这座城市和马德里宫廷奸诈地杀害胡安·德·埃斯科韦多"的人。他还授权巴斯克斯·德·阿尔塞运用"你在此事中已经搜集到的证据"(也就是在1582年获得的秘密证词)去审讯所有嫌疑人,"为了澄清事实,如果有必要的话,你可以在法律范围内对任何人动刑"。[8]

1588年8月30日,巴斯克斯·德·阿尔塞第一次要求佩雷斯在宣誓之后详细解释他在埃斯科韦多谋杀案中的角色。但审讯又一次中止了,或许是因为腓力二世此时仍然希望避免公开审判,因为那样的话他自己在此案中发挥的作用就可能暴露。如果是这样的话,国王的希望在1589年9月2日破灭了,因为佩德罗·德·埃斯科韦多在这一天正式指控佩雷斯与其他人密谋杀害了他父亲。有了这样的公开指控,就不得不举行公开审判了。

现在国王赤裸裸地给佩雷斯挖陷阱。当时在埃斯科里亚尔与国王在一起的查韦斯主动给佩雷斯写信,为他提供建议("我在深入地思考,为了澄清事实,我是否可以向别人主动提供建议,尽管对方并没有请我这么做")。"为了把你从严密监禁和其他无谓的麻烦当中解救出来,"查韦斯写道,"我觉得,对你来说,最好的办法就是说出他们询问的谋杀案的真相,以及是谁下的命令。"但是告解神父继续说,除了上述之外,佩雷斯不可以说更多;佩雷斯应当承认自己参与了谋杀,"但不能说出命令杀人的原因,绝不可以说出细节"。查韦斯在这封奇特的信的末尾谈到了佩雷斯特别关心的一个问题:佩雷斯是否应当与佩德罗·德·埃斯科韦多庭外和解。查韦斯赞同这么做,但条件是,"绝不能把国王陛下牵扯进去"。也许牢狱生涯让佩雷斯的头脑变得迟钝了,尽管查韦斯的建议显然是陷阱,他还是信了。几天后,佩雷斯签署了一份有约束力的协议,要支付佩德罗·德·埃斯科韦多两万杜卡特,佩德罗则将撤销谋杀指控,并确认"他原谅所有人,因为结束诉讼和纠纷会让上帝满意,也因为一些重要人物干预了此事,请他这么做"。[9]佩雷斯接受了原告的原谅,就等于是承认自己有罪。但他没有得到国王及其法官的宽恕。

佩雷斯很快就发现自己犯了错误。1589年12月,腓力二世命令佩雷斯"招供杀害埃斯科韦多的原因"(这恰恰就是查韦斯建议佩雷斯不要做的事情)。

巴斯克斯·德·阿尔塞宣称："安东尼奥·佩雷斯说，他是在国王陛下知情并且首肯之后才下令杀死胡安·德·埃斯科韦多的，所以安东尼奥·佩雷斯的辩护律师应当考虑国王的同意……因此［国王陛下］希望安东尼奥·佩雷斯说出，国王为什么会那么做，证据又是什么，因为佩雷斯知道事实，并将其禀报给了国王陛下。"看押佩雷斯的狱卒接到命令，"不准他与任何人谈话或交流。狱卒也不可以和他说话，违者处斩"。[10]

佩雷斯死死抱着查韦斯的建议，尽可能久地坚持说，尽管国王要求他讲出秘密，但他必须保守"他的行当的秘密"。但在1590年2月23日，胳膊遭受八次酷刑折磨之后，他证实了安东尼奥·恩里克斯的所有供词。三个月后，巴斯克斯·德·阿尔塞判决将佩雷斯"处以绞刑、开膛和肢解，并没收其全部财产"，罪名是谋杀、"泄露朝廷托付给他的国家机密、窜改发给国王陛下的密信"。[11]但这个宣判是白费功夫。1590年4月19日，佩雷斯意识到自己已经失去那些包含他的无罪证明的"该死的文件"，所以他是死路一条。于是他越狱并穿过边境，进入阿拉贡境内，卡斯蒂利亚的法官在那里没有管辖权。

佩雷斯的逃亡对埃博利亲王夫人的命运产生了重大影响。腓力二世担心她也可能逃跑，于是传旨到帕斯特拉纳，将她囚禁在一个单独套房内，并在所有窗户上加装坚固的铁栅栏。安娜抗议说："他们要把我关进宗教裁判所的牢房"，"国王陛下不可能会这样对我，也不可能允许别人这样对我"。但她错了。她一直待在帕斯特拉纳的这个"宗教裁判所的牢房"，直到她于1592年去世。[12]

腓力二世对1579年同一个夜间被捕的两人的待遇迥然不

同。这让当时的人们很困惑，也让后世的历史学家深感费解。国王既然明确知道是佩雷斯和六名刺客"奸诈地杀害了胡安·德·埃斯科韦多"，那么为什么不继续起诉他们？查韦斯在劝说佩雷斯承认参与谋杀埃斯科韦多的信中给出了一个非常能说明问题的解释。这位告解神父解释道：

> 根据我对法律的理解，世俗君主拥有对其臣民的生杀予夺大权，所以君主如果有正当的理由，可以通过正式的审判来剥夺某人的生命；如果有证人［能够证明某人有罪］的话，君主也可以不审判就处死某人……如果君主这样的非常规行为应当受到指责的话，那么奉君主之命去杀死另一名臣民的臣民不应当受到指责，因为我们认为君主的行为是有正当理由的，就像法律认为君主的一切行为都是正当的。[13]

根据这种逻辑，如果腓力二世同意对埃斯科韦多进行法外处决，那么他一定"是有正当理由的，就像法律认为君主的一切行为都是正当的"。但先决条件是，"证人"告诉国王的是真相。

国王显然早在1580年开始调查此案的时候就怀疑佩雷斯告诉他的可能不是真相；到了1581年，国王亲笔拟定需要审讯的证人名单时，他对佩雷斯的怀疑就更深了。但是，巴斯克斯·德·阿尔塞在次年禀报腓力二世，他已经查清了"埃博利亲王夫人和安东尼奥·佩雷斯的这桩事情"的时候，腓力二世尽管对亲王夫人施加了剥夺民事权利的惩罚，却禁止公开指控佩雷斯（见第十五章）。也许，腓力二世之所以轮流使出奖赏和惩罚，是因为（如埃纳尔·皮萨罗·略伦特在她那部非常有洞察力的枢机主教基罗加传记中所写的那样）"安东尼奥·佩雷斯身边的其他人知道刺杀埃斯科韦多的计划"，包括佩雷斯的妻子和"两大臣"，即贝莱斯侯爵和基罗加。[14]还不止这三人。六名刺客肯定从佩雷斯的管家那里听说了国王对此事的参与；我们几乎可以肯定，查韦斯从国王本人的告解当中了解了真相；埃博利亲王夫人可能也从佩雷斯那里听说过，因为佩雷斯似乎对她无话不谈。而且，因为所有的主要人物都有很多随从和仆人，这些人可能偶尔听到过不谨慎的言辞，并传播了相应的流言。知道真相的人越来越多，所以国王不能简单地像除掉埃斯科韦多一样杀死佩雷斯。

腓力二世也许希望这个令他尴尬的犯人能够死在狱中，那样的话国王的困境就迎刃而解了。毕竟很多犯人的命运就是死在狱中，所以如果佩雷斯死了，他就能把埃斯科韦多之死的真相带进坟墓。腓力二世即便抱过这样的希望，也在1588年放弃了，并最终命令巴斯克斯·德·阿尔塞开始常规的审判。但国王为什么在那个时间点这么做呢？尽管他没有留下解释，但英格兰大业的失败或许让他得出了与里瓦德内拉相同的结论：他必须"铲除公开的罪孽和丑闻，尤其是如果犯罪者是达官显贵"。1588年8月底，无敌舰队未能与在佛兰德等待的帕尔马公爵部队"会师"的坏消息传到宫廷的时候，恰恰也就是巴斯克斯开始就多年前的谋杀案审问佩雷斯的时候，这难道是巧合吗？1589年9月国王决定诱使佩雷斯承认罪行，这是不是因为国王未能阻止英格兰军队在西班牙和葡萄牙登陆而大丢颜面？

"我们处于公开战争的状态"

腓力二世想方设法去保护伊比利亚半岛。1588年11月他收到一份敦促他组建一支新远征军并"径直前往英格兰，设法征服它"的奏章时，表示自己——

> 很高兴读到这些文件。我对文件作者提出这些想法一点都不感到奇怪，因为正是出于这些想法，我才发动了英格兰大业，从而更好地侍奉上帝、保卫上帝的事业和这些王国的利益……我永远不会辜负上帝的事业和这些王国的福祉。

在这不久之前，腓力二世传唤卡斯蒂利亚议会的代表到埃斯科里亚尔，向他们发表了一次简短的演讲。"我发动此次战役，"他提醒他们，"是为了侍奉上帝，为了基督教世界的福祉和安全。"国王继续说，如今，"我们处于公开战争的状态"，"我们的敌人有很好的防御，我们还担心他们会侵犯西班牙本土"。他总结道："所以我们必须拿出大量经费，否则就有可能遭到严重的损害。"腓力二世把议员们送回马德里，他们带去了一份"完全由国王陛下亲笔书写的"备忘录，其中重复了上述细节。[15]1588年12月，议会收到了国王的又一份私人信函，其中说，"他希望告诉他们，为了达成我们的目标所需的具体数目。但我们不知道我们究竟需要多少钱"。不过，既然失败的远征花费了1000万杜卡特，"而我们需要填补空缺，并发动一次进攻性的战争"，所以腓力二世担心他现在需要的经费不会少于1000万杜卡特。[16]

国王决定与议员们"面谈并亲笔写信商谈"（这是非同寻常、前所未有的事情），给议会留下了好印象，他们同意给腓力二世提供相当于800万杜卡特的税款（不久之后被称为"百万税"），"用于保卫信仰和他的诸王国"。议会还相信，达成这些目标的最好办法就是入侵英格兰，因为"如果我们打败了这个敌人，对陛下和这些王国来说极其昂贵的尼德兰战争就能结束，因为英格兰人给尼德兰人提供援助，帮助他们把战争打下去"。因此，议员们希望"陛下此次派遣的陆海军将会攻击和征服敌人，达成目标，弥补过去的损失，恢复我国的声望"。[17]但在这之前，伊丽莎白就先发制人了。

1589年5月，弗朗西斯·德雷克爵士率领一支强大的英格兰-尼德兰联合舰队重返加利西亚。他把一支远征军送上岸（这是西班牙无敌舰队未能做到的），先是洗劫了拉科鲁尼亚，然后停泊在塔霍河入海口附近；与此同时，一支英格兰部队向里斯本进军。尽管这支英军很快就撤退了，但他们的大胆还是让腓力二世勃然大怒。6月23日，他向议会索要更多金钱，因为"惩罚敌人的放肆，对我的事业和上帝的事业极其重要"。但在同一天，腓力二世显露出他从之前的指挥与控制方面的失败当中没有吸取什么教训。从无敌舰队远征中幸存下来的西班牙海军高级将领马丁·德·贝尔滕多纳来到宫廷，表示"如果要打一场针对英格兰的战役的话"，他可以为君主出谋划策。但腓力二世很典型地回答他："你可以把想说的都以书面形式告诉我，因为我没有时间听你当面讲。"[18]

不久之后，法国国王亨利三世遇刺，于是战略形势发生了变化。在很多方面，亨利三世很合腓力二世的意。亨利三世虽然在根本上是敌视西班牙的，但他没有资源去伤害西班牙。他的臣民,无论是新教徒还是天主教徒,都几乎同等地鄙视和不信任他,王室的金库也空空如也。亨利三世和他的几个兄弟一样,没有合法的儿子,所以他在这年8月遇刺身亡之后,他的法国臣民和所有的新教邻国立即承认与他血缘最近的男性亲属——胡格诺派领袖波旁的亨利为国王(即亨利四世)。腓力二世不能接受这一点。"我的主要目标是确保天主教信仰在法国的福祉,确保天主教在法国能够生存,并消灭异端,"他提醒帕尔马公爵,"所以,如果要确保排除异端并帮助天主教徒取胜,就必须派遣我的军队公开进入法国境内。"也就是说西班牙军队必须入侵法国。腓力二世充分认识到了这个决定的战略影响:

> 法国事务让我们有了一些必须履行的职责,因为它们极端重要。因为我们不能同时做许多事情,也因为失败的风险很大(还因为我的财力不允许),所以我觉得我们必须对尼德兰战争采取一些措施,尽量减少投入,转入防御态势。[19]

至少马特奥·巴斯克斯认识到,在尼德兰光是节约经费是不够的。1589~1590年的冬天很漫长,也很严酷,随后又发生了农业歉收。1591年2月,巴斯克斯收到了国王的又一封顾影自怜的信,国王抱怨自己"很忧郁,这是非常糟糕的事情,尽管当前局势和世界上正在发生的事情都令人忧郁。我没办法完全避免忧郁,因为我看到基督教世界在今天的状况很令人痛心"。此时的巴斯克斯已经患有不治之症,也许就是因为这一点才更加直言不讳。他责备腓力二世,说国王不能继续忽视这样的事实:"我国人口在减少,情况很严重,以至于从王国不同地方来的许多可靠的人都说,在较小的村庄里能见到一个人都是奇迹。所以很快就没有人播种和收割了。"因此他主张,腓力二世必须停止如此大手大脚地把卡斯蒂利亚的资源花到海外战争上,而是要想办法寻找新的财源。"如果上帝想要陛下治愈所有前来求救的瘸子,那么他一定会给您治愈的神力;如果上帝希望陛下解决全世界的所有难题,他一定会给您需要的金钱和资源。"巴斯克斯继续不依不饶地说,如果国王继续执行之前的代价昂贵的政策,"一切都会因为缺钱而土崩瓦解"。面对巴斯克斯激情洋溢的抱怨,腓力二世却相当平静。不过,他当然不同意。他温和地批评巴斯克斯:

> 我知道,你说这些话,是因为你对我忠心耿耿,但你必须理解,像我这样认真负责的人(你知道我是这样的),是不可能放弃这些事务的,因为它们对我比对任何人都更重要,也让我比任何人都更抑郁。这些事务加起来,涉及的问题比人们想象的要多得多……并且,这些事务涉及宗教,而我们必须把宗教摆在其他一切的前面。[20]

腓力二世并不否认,有充分证据表明灾难迫在眉睫。但他那种以信仰为根基的政治思想让他对灾难视而不见。巴斯克斯曾预言"一切都会土崩瓦解",这在几个月后就成了现实,因为卡斯蒂利亚和阿拉贡都爆发了叛乱。

卡斯蒂利亚、西西里和阿拉贡的叛乱

麻烦是在 1591 年 3 月从马德里开始的,公安委员会(国王设立了这个机构,旨在"促进马德里城的福祉与发展,确保它的卫生、美丽和安全")发布了一条法令,对任何"将办公室、货物、设备或其他东西搬到大街上,或者离开自己的作坊、在大街上劳动"的工匠罚款三杜卡特。这对工匠阶层来说是一大笔钱,而且他们"没办法向任何法庭上诉",于是一群工匠直接向国王请愿,请求他停止执行该法令。国王当时在埃斯科里亚尔,"所以他们没办法告御状",于是数千名工匠走上都城的大街小巷,高呼"仁慈与正义"。其中一群人"举着一面旗帜,敲着鼓走向"王宫。直到堂克里斯托瓦尔·德·莫拉走出来,"说他会向国王禀报此事",人群才散去。行政长官趁机逮捕并囚禁了一些主要的示威者。四人被判两百下鞭笞,然后在国王的桨帆船上服四年苦役,其他人则被判流放六年。[21]

马德里街头的秩序恢复不久之后,托莱多、塞维利亚和阿维拉又发生了反对新税的抗议。与此同时在西西里,糟糕的农业收成让形势变得特别不稳,议会的贵族们拒绝批准征收新税,但因为他们得不到教士和各城镇的支持,所以经过一些谈判和威胁(包括把一个骑兵团调拨到西西里首府的郊区)后,抗税贵族集团的领导人遭到了孤立和逮捕。这次"反叛"在几周之内就结束了。与之相比,1591年5月在阿拉贡开始的反叛持续了将近一年,国王部署了14000名士兵,花费了将近150万杜卡特,才把阿拉贡叛乱镇压下去。

阿拉贡叛乱有两个互无联系的原因。首先是摩里斯科人(大多数是新到阿拉贡的农民)和生活在比利牛斯山麓丘陵地带、素来信奉基督教的牧羊场主之间的敌意。这两群人之间时不时地发生对抗,冲突在1588年达到高潮,里瓦戈萨伯爵领地（比亚尔莫萨公爵治下的一个具有战略意义且相当大的领地）的摩里斯科人遭到屠杀。凶手是基督徒牧羊场主，他们得到了颇具领袖魅力的卢佩西奥·拉特拉斯的支援。拉特拉斯是一个匪帮的头领，与朝廷对抗已经将近二十年了。腓力二世的回应是派遣军队开进里瓦戈萨，既是为了保护摩里斯科人，也是为了惩罚他们的敌人。拉特拉斯逃走了，但不久之后被卡斯蒂利亚王国的官员抓获。尽管他说自己是阿拉贡人，所以不接受卡斯蒂利亚法律的制裁，但国王还是把他囚禁在塞哥维亚城堡，经过秘密调查之后以叛国罪将他处决。

1589年，导致阿拉贡叛乱的第二种冲突愈演愈烈。这一年，腓力二世派遣阿尔梅纳拉侯爵作为他的特别代表，去劝说阿拉贡地方精英接受一名并非出生于阿拉贡的副王。国王希望一位与当地没有瓜葛的副王能够更有效地治理。很多阿拉贡人认为，国王企图任命一个"外国人"为副王，再加上里瓦戈萨的军事行动和法外处决拉特拉斯，是国王对阿拉贡当地法律的全面侵犯。阿拉贡王国最显赫的贵族比亚尔莫萨公爵起草了一份宣言，邀请同僚组成一个联盟，以保卫阿拉贡古老的宪法。[22]

腓力二世和他的阿拉贡臣民都坚信自己站在正义的一边，所以针锋相对。1590年4月，安东尼奥·佩雷斯从卡斯蒂利亚跨过边境，抵达阿拉贡王国都城萨拉戈萨。因为他的父亲贡萨洛是阿拉贡人，所以他知道，一种叫作"证明"（manifestación）的法律程序对他有一定程度的保护，可以帮助他对抗国王的权威。阿拉贡臣民如果能"证明"自己受到了国家的迫害，就可以要求在阿拉贡政法官的法庭上申诉（用特奥菲洛·鲁伊斯那句巧妙的话说，阿拉贡政法官"本质上是负责调查公职人员的监察使,他竭尽全力地保卫阿拉贡的自由与特权")。[23]佩雷斯知道,政法官在审案期间会保证被告的安全;被告还有权要求原告向政法官交出被没收的原属于被告的财物。所以佩雷斯现在既要求政法官胡安·德·拉努萨听取他的申诉,也要求归还他的妻子交给迭戈·德·查韦斯修士的装满文件的"两个密封的箱子",说其中的文件能够证明他的清白。

腓力二世命令他的律师在阿拉贡政法官面前起诉佩雷斯,罪名与他在卡斯蒂利亚被判定的罪名相同。国王还给政法官送去了判定佩雷斯有罪的主要文献证据的副本。但佩雷斯的回应是拿出了他自己的一套文件,证明国王参与了杀害埃斯科韦多的密谋;佩雷斯还寻求将这些文件印刷出版,从而为自己辩护。因为萨拉戈萨没有一个印刷商敢接这个活儿,佩雷斯就雇用了一群书记员,让他们抄写了大约三十份,将其送给西班牙和意大利各地的"许多法官、骑士和其他人"。[24]佩雷斯担心这还不足以让政法官相信他是无辜的,于是企图越境逃到贝阿恩,即腓力二世的不共戴天之敌波旁的亨利统治下的新教要塞。佩雷斯没逃成,但他的这个举动让宗教法官有理由指控他是异端分子,要求将佩雷斯从政法官的监狱转移到宗教裁判所的监狱。腓力二世指示阿尔梅纳拉侯爵协助。1591年5月24日,佩雷斯被转移到了宗教裁判所的监狱。

但随即萨拉戈萨就爆发了暴力冲突。暴动者"手持利剑,高呼'自由'",在大街小巷横冲直撞,要求将佩雷斯送回政法官手中;大约3000名愤怒的阿拉贡群众包围了宗教裁判所的大本营,威胁要把它烧掉;另一群暴民把阿尔梅纳拉侯爵打成重伤,以至于他在两周后伤重不治身亡。[25]根据阿拉贡的一个保王党人的说法,在1591年7月,比亚尔莫萨公爵组建的贵族联盟"高呼'自由',进一步煽动群众",而"那些熟悉尼德兰和意大利在过去和当今的历次叛乱的人运用自己的知识,报复国王对他们的不公"。这个保王党人总结道:"我坚信不疑,除非朝廷立即坚定不移并快速地施加惩罚,这次叛乱会变得像尼德兰的情况一样。这可不是我想象的。"另一个保王党人很快就表达了同样的意见:阿拉贡人"正在失去对上帝和国王陛下的尊重,如果国王陛下不立即干预的话,尼德兰叛乱就会在阿拉贡重演"。[26]

其他的保王党人警示道,阿拉贡的叛乱将会鼓励其他地方也起来反抗腓力二世。国王的亲戚甘迪亚公爵说,"如果阿拉贡的叛乱继续下去",就可能引发特别令人不安的多米诺骨牌效应:

> 我们如何能保证葡萄牙继续保持安宁?如果意大利人看到我们被本土的战争困住了手脚,意大利会发生什么?您已经知道尼德兰、法国和英格兰正在发生的事情,所有人都知道国王没有力量投入更多的战争,因为他的资源已经被过去和现在的战争消耗殆尽。

国王在马德里的谋臣也同意。他们提醒国王:"为了避免国内动乱,现在必须谨慎地治理。帝国之所以能够大幅度地扩张,就是因为国内安享太平,我们的战争都是在海外打的。"但所有人似乎都忽视了腓力二世最看重的问题:暴动者不"服从和尊重宗教裁判所"。所以他认为必须进行武力镇压。[27]

碰巧此时腓力二世手里拥有极强的兵力。他之前就在卡斯蒂利亚动员军队，准备入侵法国，所以他现在可以轻松地把那些正在向比利牛斯山脉开进的部队调去镇压阿拉贡的叛乱。于是，1591年7月，他通知大臣们，他已经决定以武力平定阿拉贡，"即便我需要御驾亲征"，"出于宗教原因，我在尼德兰打仗，近期还在法国打仗，尽管法国根本不属于我；所以你们能看到，平定我自己的领地更加需要我动手，何况它距离我这么近"。他命令阿拉贡政法官把佩雷斯在1591年9月24日或之前送回宗教裁判所；但这一次，宗教裁判所的官员企图转移犯人的时候，群众挤满了大街，"暴动者手持明晃晃的剑，奔来跑去，高呼'自由万岁'"。三十人死于这次暴乱，负伤的人更多。[28]

现在腓力二世给阿拉贡的各城市发去了威吓信，提醒他们："我为了上帝的事业和基督教世界的福祉而组建了一支军队，准备征讨法国。这支军队已经集结完毕，现在尽管我深感遗憾，但还是要放弃将军队派往国外，而是运用它来恢复国内的太平。"与此同时，政法官胡安·德·拉努萨援引1461年的一道法令："阿拉贡人民有权拿起武器反抗进入该王国的任何外国敌对力量。即便是他们自己的国王或王储以敌对方式进入阿拉贡，阿拉贡人民也有权反抗。"腓力二世的回应是安抚他的阿拉贡臣民："我的军队前来，不是为了推翻你们的法律，而是在去法国作战的途中短暂停留，支持和协助阿拉贡本地人民维护法律。"国王不知道，就在前一天，政法官宣布国王已经违反了上述的法令，并且召唤阿拉贡各城镇派遣军队于11月5日在萨拉戈萨集结，准备武装抵抗。[29]

但也有一些情况是拉努萨不知道的：腓力二世已经命令17000名卡斯蒂利亚官兵开往阿拉贡边境。11月6日，这支军队进入阿拉贡王国,向萨拉戈萨进发。因为只有少数城镇响应拉努萨的呼吁,所以拉努萨只有2000人。他犯了一个愚蠢的错误:没有用这些兵力准备防守萨拉戈萨城、等待援兵,而是决定与王军正面交锋。他的追随者看到敌众我寡之后,大多逃之夭夭。佩雷斯自9月的暴乱以来就躲藏在阿拉贡都城萨拉戈萨城内,现在决定再次尝试逃往贝阿恩。这一次他成功了。他很幸运,因为萨拉戈萨未做抵抗就向王军投降了。一小群反叛者,包括拉努萨和比亚尔莫萨公爵,躲在附近一座设防城镇内。但到11月底,他们看到王军的行为比较克制,于是也投降了。这是严重的失算:腓力二世命令逮捕政法官和他的主要同伙。12月20日,一队卡斯蒂利亚士兵将拉努萨押到萨拉戈萨主广场的绞刑架前,在那里将他斩首;另一队士兵将比亚尔莫萨公爵押解到卡斯蒂利亚的监狱。腓力二世还授权逮捕所有参与谋杀阿尔梅纳拉侯爵的人,以及那些被指控挑战宗教裁判所权威的人。

在马德里,一个特别的"阿拉贡委员会"(包括宗教法官与卡斯蒂利亚议事会和阿拉贡议事会的成员)提交了各种罪行、嫌疑人和相应惩罚的清单。腓力二世驳回了这种全方位报复的计划,而是施行宽大政策,从而"抚慰阿拉贡王国境内那些担心并害怕我的大臣和宗教法官会起诉他们的人"。[30]但是,和之前在尼德兰与葡萄牙一样,腓力二世对"宽大"的理解是比较狭隘的:1592年1月,他把将近150名臣民(包括佩雷斯)、曾参加暴乱的所有神职人员、曾建议反抗王军的所有律师、与拉努萨一起抵抗王军的部队的军官都定性为叛徒。腓力二世指派巴斯克斯·德·阿尔塞(佩雷斯的死对头)去惩罚所有企图在卡斯蒂利亚躲藏的反叛者;国王还从马德里派遣特别法官去萨拉戈萨审判那里的反叛者；专门设立了一个特别法庭去处置曾经支持拉努萨的城镇；还悬赏缉拿逃跑的"主要头领"，其中最重要的就是佩雷斯。

1592年3月，在宫廷负责阿拉贡事务的钦琼伯爵通知他的外甥，即占领阿拉贡的王军总司令堂弗朗西斯科·德·博瓦迪利亚：国王"说如果你能设法抓获或杀死安东尼奥·佩雷斯，就是对国王的极大贡献。你可以赏赐14000、16000甚至20000杜卡特给活捉他的人；如果谁能给你送来他的脑袋，你可以赏赐8000杜卡特"。[31] 尽管博瓦迪利亚很乐意追踪佩雷斯和其他几名反叛领袖，但他敦促腓力二世对其他人宽大处理，并援引了一个显而易见的例子："我不需要从古希腊和罗马历史当中引经据典，只需要举一个给陛下造成了很大麻烦的例子：尼德兰。"就连"阿尔瓦公爵那样的名将，指挥着一支强大的军队"也没有办法迫使"尼德兰人屈服，而他们原本是一个谦卑朴实的民族"。所以，博瓦迪利亚问国王，如果他刺激了"天性傲慢、易怒、胆大妄为、惯于用武力解决问题的阿拉贡人"，后果将会是什么。博瓦迪利亚给国王写了这封直言不讳的信，另外还给钦琼伯爵写了一封更直白的信："尼德兰人之所以造反，是因为他们憎恨'十分之一税'（腓力二世迫使阿尔瓦公爵征收这笔税，尽管公爵本人不同意，见第十一章），如果我们在阿拉贡走同样的路线，肯定立刻就会让尼德兰的事情在阿拉贡重演。"[32]

塔拉索纳之路

博瓦迪利亚的类比也许打动了国王，因为不久之后腓力二世就采纳了他在格拉纳达和葡萄牙走过，并且一度打算在尼德兰走的"路线"：他决心亲自视察已经平定的地区。但和往常一样，在他到达阿拉贡之前，他希望先惩罚有罪的反叛者；和往常一样，他坚持要对这个过程进行微观操控，尤其是"安东尼奥·佩雷斯的事情，因为国王陛下坚信一定能活捉他，所以想要暂停所有旨在杀死他的计划"。也就是说，国王只愿意和能够生擒佩雷斯的人打交道。[33] 国王又一次失算了。要杀死佩雷斯其实相对容易（好几个人表示愿意干），但腓力二世坚持要生擒自己的主要对手，这就让佩雷斯和之前的奥兰治亲王威廉与堂安东尼奥一样，得以溜之大吉。佩雷斯活了下去，后来还组织了从法国进攻阿拉贡的军事行动，并写了大量著作来攻击腓力二世，把他描绘成反复无常、满嘴谎言、心胸狭隘、睚眦必报并且愚蠢迟钝的暴君。

与此同时，萨拉戈萨的监狱挤满了犯人，所以宗教裁判所和王室法官都不得不将"罪行较轻者"假释，以便集中力量审讯重犯（往往会动刑），从而（用国王的话说）让"我们把事情办好，查明真相"。国王对某些审讯兴趣盎然。例如，在他的部下抓获米格尔·堂洛佩（叛军领袖之一，曾逃到贝阿恩，后来又冒失地回到了阿拉贡王国）之后，腓力二世写道："我得知抓住了他，很满意。"他坚持要求宗教法官"对堂洛佩严密看押，务必把他知道的一切都榨干"。两个月后，研究了堂洛佩的审讯笔录之后，国王还想知道更多："写信告诉宗教法官，好好榨一榨米格尔·堂洛佩，直到他招供，他［从贝阿恩］把那几箱书送给了谁，也就是对他的第十七条指控中提到的书；还要他招供，他与哪些人通信，因为第二十条指控中说他收到了一些原本发给其他人的信。"过了一段时间，腓力二世同样密切地关注了罗德里戈·德·穆尔（里瓦戈萨的一个派系的领导人）的案件。他得知托莱多宗教法官抓获了穆尔之后表示："这是非常好也非常重要的一次逮捕。"不久之后，穆尔向宗教裁判所的最高议事会请求改善待遇时，腓力二世决定："不准他写任何东西，这样最为安全。"[34]

国王还对能够证明比亚尔莫萨公爵罪责的证词非常感兴趣。公爵被囚禁在布尔戈斯城堡。腓力二世在前往阿拉贡的途中决定在布尔戈斯逗留。因为礼节不允许他和一名被贬的大贵族待在同一个地方，所以他把比亚尔莫萨公爵转移到埃布罗河畔米兰达的王家要塞。几天之后，比亚尔莫萨公爵就"在那里患急病死亡"。比亚尔莫萨公爵的兄弟卢纳伯爵尖锐地指出，"他的亲人都不知道他生病，他居然就病死了"。虽然卢纳伯爵没有指控腓力二世杀害了比亚尔莫萨公爵，但表示，"至少可以说"他兄弟的死"对国王很方便"。为国王辩护的人也没有消除这些疑心，而是强调公爵犯有叛国罪，并且"很显然，如果某人被公正地判处死刑，那么就没有理由掩饰"。[35]这恰恰就是查韦斯三年前提出的论点："世俗君主拥有对其臣民的生杀予夺大权，所以君主如果有正当的理由，可以通过正式的审判来剥夺某人的生命；如果有证人［能够证明某人有罪］的话，君主也可以不审判就处死某人……"到1592年夏季，很多证人给出了不利于比亚尔莫萨公爵的证词。尽管腓力二世坚持说公爵是病死的，而且没有相反的证据，但在二十年前，腓力二世同样坚持说蒙蒂尼男爵是"急病"之后正常死亡的，而蒙蒂尼男爵（穿着方济各会修士的僧衣）的脖子上有明显的勒痕，是国王明确下令将他处死的（见第十一章）。

宗教裁判所和王室法官一共处死了至少四十名阿拉贡反叛

者，并对另外六十人处以肉刑或者流放。其中很多人还蒙受了更多的羞辱：他们的房屋被拆毁，财产被没收。但当宗教裁判所的最高议事会请求允许对另外十一名嫌疑人进行缺席审判时，国王拒绝了。"尽管备忘录中提及的这十一人肯定都有罪，但我觉得我们应当推迟审判"，直到"我们明确了阿拉贡王国的局势，以及怎样最好地结束那里的麻烦，我希望这对我主上帝是很大的贡献"。[36]

腓力二世慢悠悠地经过老卡斯蒂利亚①和纳瓦拉，然后第六次视察了阿拉贡王国。1592年11月，他"下了马车，骑上一匹通体雪白、披挂华美的骏马，在富丽堂皇的华盖之下"正式进入塔拉索纳城，阿拉贡议会成员在那里等候他。这是他人生中最后一次到塔拉索纳。他威风凛凛的姿态让随行人员都感到惊愕：

> 我们都很高兴看到这样的入城式，因为我们很少看到国王骑马，毕竟他已经六十六岁高龄了。在他经历了所有疾病与挫折之后，在我们看来这次入城式是了不起的成就。他那颗伟大的、宽宏的心承受住了所有的辛劳与磨难，终于抚慰了前不久还敌视他的人民，重新赢得了他们的爱戴。[37]

国王抵达的时候，阿拉贡议会已经开会好几周了，并且已经做出了他想要的一些让步：同意今后的新立法只需要多数票即可

---

① 老卡斯蒂利亚是相对于新卡斯蒂利亚而言，两者都是西班牙的地区名，老卡斯蒂利亚在北，新卡斯蒂利亚在南，是比老卡斯蒂利亚更晚从穆斯林手中收复的。

通过，不需要全票通过；将里瓦戈萨伯爵领地纳入王室直属领地；修改法令，让叛国罪的嫌疑人更难利用它们来保护自己，就像佩雷斯做的那样。现在议会还认可国王有权任命"外国人"为阿拉贡副王，并向王子宣誓效忠，接受他为他们的下一任统治者。国王则宣布大赦，驳回了宗教裁判所最高议事会又一次提出的要求，即惩罚其他一些曾经挑战裁判所权威的人。他告诉宗教法官们：

> 为了避免更多的耽搁，我决定在萨拉戈萨以宗教裁判所的名义颁布一道大赦令，宣布不再传唤和审判任何人。我就这么做了。我已经对罪人施加了很多惩罚，并维护了阿拉贡王国的优秀法律，所以我相信，阿拉贡人民已经吸取了教训，将来会恭顺地服从和尊重宗教裁判所。

国王坚持说，维护宗教法官的权威是"我如此严肃对待此次叛乱的主要原因"。既然他已经认真处理了叛乱，那么现在大家应当抛下既往，继续过自己的生活了。[38]不过，王军在阿拉贡王国驻扎了一年，执行了其他一些旨在确保人民忠于朝廷的措施。军队对摩里斯科人做了一次人口普查，从他们手中没收了8000件火器和不计其数的其他武器；军队派兵保护工程师，让他们得以在比利牛斯山脉修建一系列要塞、城堡和瞭望塔，从而阻止佩雷斯的支持者从法国发动偷袭；军队还监督建造了一座庞大的要塞，来保护宗教裁判所的大本营。

国王从塔拉索纳返回马德里，尽管途中天寒地冻（让·莱尔米特写道："我敢说，尼德兰和德意志都没有过我们这次经历的严寒，冰雹和雪下个不停。"），国王还是有很好的理由感到欣慰。他迅速而坚定地处置阿拉贡的叛乱，结束了西班牙的一系列危险的叛乱。不仅在他统治的余下时间，在未来的几十年都不再会有叛乱。而且，1640年加泰罗尼亚反叛并向其邻居阿拉贡求助时，阿拉贡仍然保持对朝廷的忠诚。

根据莱尔米特的仔细计算，国王及其随从在此前的八个月里总行程达到500英里。12月30日，他们安全回到都城。腓力二世立刻去了"他们称为王家赤足女修院的修道院，去看望和拜访他的妹妹即皇后，以及她的女儿玛格丽塔公主"，然后他像往常一样在王宫度过冬季的余下时光。[39]尽管似乎一切正常，但这趟塔拉索纳之旅其实是腓力二世统治的分水岭。这趟旅程让国王精疲力竭。他不可能"骑上一匹通体雪白、披挂华美的骏马，在富丽堂皇的华盖之下"进入马德里，而是疲惫地半躺在马车座位上，窗帘紧闭，回到都城的。他再也不会亲自上阵来处理危机，也不会像以前那样一丝不苟、聚精会神地批阅公文。国王的六十七岁生日快到了，而他对权力的掌控开始松懈。

第十九章 坟墓与遗产，1593~1603 年

动脉硬化

1590 年，显赫的廷臣贝拉达侯爵提出批评，说日渐衰老的腓力二世的生活中"只有狩猎、建筑和园艺"。埃斯科里亚尔（国王"从复活节到万灵节的常规住宅"）的圣哲罗姆会僧侣也含蓄地表达了相同的看法。僧侣的编年史里写满了国王在何时并以何种方式狩猎、审阅建筑图纸和欣赏他的园林。但在修道院之外，人们对国王及其政策的批评就更严厉了。据御用编年史家安东尼奥·德·埃雷拉说，1591 年卡斯蒂利亚、西西里和阿拉贡的叛乱——

> 使西班牙人心惶惶，议论纷纷。善良的人们对那些辛劳与挫折感到遗憾；其他人因为痛恨糟糕的时局，所以责怪国王在国家风雨飘摇的时候浪费时间在轻浮无聊的事情上，并说如果他不在了，一切都会更好。

1595 年，有一种说法开始流传："如果国王不死，那么王国会死。"到这时，国王的健康状况越来越差，让人猜测，他可能时日无多了。[1]

长期在西班牙宫廷生活的法国使节隆利领主在 1586 年 7

月报告称，腓力二世"看上去更老了，也更忧郁"，因为"痛风病给他造成许多痛苦"，国王在这年夏季卧床不起好几个星期。次年，腓力二世告诉女儿卡塔利娜："我已经五六天不能走路了，不得不卧床，因为我扭伤了膝盖。最让我痛苦的是我的手，一连好几天不能写字，什么都不能做。所以我才没有给你写信。我的眼睛也不太好。"[2] 1588 年 3 月，腓力二世又一次向卡塔利娜道歉，说"没有给你写信"是因为"我的痛风病发作得比通常要早，已经发作了两个月"，"我走路时还是需要拐杖"。此外，"他们又给我放血了，还用了通便疗法，所以我非常疲惫，口渴得厉害。这都让我非常虚弱，做什么事情都需要很长时间"。隆利注意到"国王陛下比以往瘦了"，国王在该时期留下的肖像显示他双目疲乏无光，两腮凹陷，这可能是因为他的最后几颗牙掉了，大部分是拔掉的，"有一次拔牙的时候非常疼"。[3]

和他的同时代人一样，腓力二世也没有止痛药或抗生素。为了减轻四肢的持续疼痛，他从 1595 年开始使用"一种痛风病人专用的特制椅子"，这可以让他调整好几种姿态，可以笔直地坐着，也可以躺平。这椅子"让他可以在离开病床的时候休息，减轻四肢承受的重量"。在很多日子，腓力二世"从早晨起床到夜里上床睡觉，一直都坐在这张椅子上"，在睡袍外穿一些轻便衣服，他"躺在椅子上，仿佛躺在自己的床上，因为椅子非常宽，也非常深"（见彩图 11）。[4]

和他的身体一样，国王的头脑也大不如前了。现在他不仅抱怨自己没有时间做决定（他一贯是这样抱怨的），还说自己连考虑的时间都没有。马特奥·巴斯克斯提出了一个很好的建议，即卡斯蒂利亚议事会主席的任期应当像其他的高级官员一样,仅限三年,而国王疲惫地答道:"这很值得深思熟虑,我会考虑的,不过我现在有太多事情要考虑,所以我不知道我是怎样保持精神正常的。上帝保佑我们。"不过腓力二世仍然拒绝放弃权力。罗马教廷大使卡米洛·卡埃塔尼在1594年说,"尽管国王上了年纪,经常生病",但"他仍然事必躬亲",并且和他过去一贯做的那样,他"在开启漫长、困难且危险的事业之前,很少征询别人的意见"。[5]

卡埃塔尼是此时唯一还能得到国王接见的外国外交官。他的报告显示,腓力二世在人生最后几年的状态"时好时坏"。例如在1596年4月,罗马教廷大使报告称,在有些日子,腓力二世"批阅和书写文件的体量与通常情况相当",甚至"亲笔给圣父写了一封信";而在6月,国王观看了在他宫外广场上举行的斗牛,"全城人都看见他坐在高台上,无须搀扶和拐杖,自己行走,有时坐下,有时起身,穿着寻常衣服,佩着剑,活动了五个小时"。但在7月的一次觐见期间,卡埃塔尼发现"国王陛下比通常情况要委顿和虚弱得多,是我见过他最疲软的状态"。他"面黄肌瘦,双目无神",而且他"讲话和活动时显得非常虚弱"。[6]

放 手

"时好时坏"的状态正是理解腓力二世统治的最后几年的关键。在健康状况较好的时候,腓力二世能够掌控大臣们执行的政策。他知道自己随时可能病倒,所以对行政制度做了一些重要的革新,以确保中央政府在没有国王直接参与的情况下也能顺利运转。在马德里,一个由经验丰富的大臣组成的委员会(被称为"大委员会",Junta Grande)负责概括和评估每个议事会发给国王的奏章,然后将文件送到高级大臣组成的"夜间委员会",那里的大臣(和过去一样)陪在国王身边。在把每一份文件送到腓力二世办公桌之前,各委员会都会给出建议。这种工作程序能将许多页的奏章概括为一行字,将二十份奏章浓缩为一页。马特奥·巴斯克斯于1591年去世后,他的内弟赫罗尼莫·加索尔接替他成为"夜间委员会"的秘书,从此负责处理"夜间委员会"的建议和标注"国王亲启"的密奏(见第四章)。国王通常会口授自己的答复给加索尔,然后签上自己名字的首字母缩写,但国王在做出某些决定之前可能还会索取更多信息或建议。有一次,腓力二世为了一份奏章指示加索尔:"请在今晚或明天将此事告诉委员会的三位大臣,他们会对这事有更多了解。这样的话,我在起床之前,堂克里斯托瓦尔[·德·莫拉]就可以告诉我他们的建议是什么,我知道这些之后就可以拿定主意。"[7]

1593年9月,腓力二世决定把"夜间委员会"的规模翻倍(此后它就被称为"政府委员会",Junta de Gobierno),并让自己的外甥阿尔布雷希特加入该委员会。自国王在十年前离开葡萄牙以来,阿尔布雷希特一直担任葡萄牙副王。现在他返回马德里,以国王的名义接见外臣和外国大使;但他不会主持政府委员会,因为国王把这项荣誉保留给腓力王子,不过王子的教师贝拉达侯爵始终陪在他身旁。腓力二世指示政府委员会,在"你们大致知道我想做的事情当中,比如调查某人的过错、监督已经做出的决定的落实、分配重要性较低的赏赐与晋升、重要性较低的人事任免",委员会应当"直接将你们的决议发给我,要么写在文件的页边或背面,这样我就能签字";但如果是"更重要的事务,比如国库的管理、贷款"和国防，他本人则保留更大的控制权。在这些事务当中，"请在单独一张纸上写下你们的建议，这样我就可以写下或者口授恰当的决定。在那之后，我发出写了我的决定的文件之后，你们就可以把我的回复和决定抄录到每一份奏章上，然后发回给我，我会让我的儿子即王子签名"，接着让加索尔将每一份奏章发回相应的议事会去处理。[8]

后来腓力二世进一步改良了这种制度。迭戈·德·查韦斯修士于1592年去世后，大臣们恳求国王"任命一位新的告解神父，因为有很多关系到良心的问题，我们都不知道应当向谁请教"。最终，莫拉提名的迭戈·德·耶佩斯修士成为新任御前告解神父。国王从此之后就把一些特定的提案发给他，看它们是否"符合良心的要求"。此外，国王越来越多地通过莫拉来下达命令。起初他是秘密地这么做的。例如在1594年10月，他指示莫拉"让加索尔给这份奏章写一个回复，要符合你的建议，但要写得让大家觉得那是我的意见，而不是你的。然后让他们把文件送来给我签字"。[9]

这些行政改革达成了三个目标。首先，尽管腓力二世在大部分时间里都对"更重要的事务"保留最终决定权，但当他生病的时候，莫拉就代理他，所以莫拉成了有实无名的宠臣。其次，不管国王的健康状况如何，政府委员会都有条不紊地处理常规的政府工作；如果国王突然驾崩，政府委员会还会确保权力顺利地交接到他的继承人手中。最后，政府委员会发挥了王子的"集体教师"的作用：就像他父亲在这个年龄时一样，王储通过参加高级大臣的每天例会，来学习如何治理即将属于他的国家。

腓力二世在内政方面做了这些很明智的改革。与之形成鲜明对照的是,在外交方面他仍然坚持过去的灾难性的政策。1596年10月,他命令海军将领堂马丁·德·帕迪利亚率领大西洋舰队(是在无敌舰队战败之后费了九牛二虎之力才组建起来的)去攻击爱尔兰。帕迪利亚指出,在10月出航太晚,风险太大。腓力二世使出了曾经用来对付阿尔瓦公爵、圣克鲁斯侯爵和梅迪纳-西多尼亚公爵的宗教敲诈手段。

> 你必须以上帝的名义立即出发,在航行和整个战役当中完成我交给你的使命。我知道季节已经很晚,所以会有风险,但在这方面我们必须信赖上帝(他为我们做了那么多)。如果停止已经开始的事业,就等于是在侍奉上帝时显露出软弱。[10]

帕迪利亚服从了命令,但就像他预测的那样,他的舰队启航不久之后就遭遇风暴,损失了大量舰船和大约2000人。

腓力二世在1596年没能伤害到伊丽莎白,但女王又一次对他施加了沉重打击。在这年7月的两周里,一支英格兰-尼德兰联军占领了加的斯,将其焚毁,带走了大量人质和两艘西班牙王家的盖伦帆船,还摧毁了价值400万杜卡特的舰船和财产,然后挥师北上,似乎要进攻里斯本。负责葡萄牙国防的堂胡安·德·席尔瓦愤恨地评论道,"西班牙国王无须占领伦敦也能保住自己的声望",但"如果我们像丢失加的斯一样丢失里斯本,国王就要丢尽颜面了"。葡萄牙人拒绝接受国王任命的卡斯蒂利亚将领的指挥,不过好在英格兰人没有考验腓力二世的"声望"就返航回家,所以国王这次很幸运。[11]

国王与议会针锋相对

和往常一样，失败也没有撼动腓力二世"信赖上帝"的决心。他继续同时在多条战线与多个敌人对抗，尽管这些战争的开销差不多相当于他的总财政收入的两倍。所以他召开卡斯蒂利亚议会，要求议会批准征收更多赋税，从而给他的海外战争筹资。这一届议会于1592年5月开幕，延续的时间达到之前最长一次的两倍，主要是因为有些代表公然反对国王。一些高级大臣提醒议会，"国王陛下已经耗尽了他继承的全部财富，此外他还借了1300万杜卡特的无担保贷款"，"国王陛下保卫和防御这些王国所能够依赖的全部资源与手段"均已耗尽。但是，"几乎所有议员都无比急切地恳求陛下，首先要削减在尼德兰和其他地方的军费开支"。[12]一位议员直言不讳地表示："尽管我们与尼德兰人、英格兰人和法国人的战争是神圣和正义的，但我们恳求陛下停止这些战争。"另一位议员敦促"陛下放弃所有这些战争，以尽可能有利的条件议和"。[13]

腓力二世从来就不是能够虚心接受批评的人，现在他对这些提出质疑的议员发出了尖刻的斥责。他指示一名大臣："告诉他们，如果不想让西班牙像基督教世界的其他地方一样蒙受苦难，这些战争就非打下去不可。"国王还让这位大臣坚持要求——

> 他们信任我，信任我对这些王国的热爱，以及我长期统治它们的经验，[并相信]我始终会采取最符合它们利益的行动。你按照这种路数，详细和他们谈谈，建议他们永远不要以任何借口再向我提这样的

建议。[14]

此外，腓力二世为了让议会投票赞成征税，还贿赂了一些议员，同时威胁另一些议员，要逮捕他们、搜查他们的住宅。他甚至发了一封信，"预先提醒"在议会有代表的所有城镇的神学家，"如果议员向他们征询意见，他们可以完整地解释我的职责，以及我们为什么必须为当前的需求找到补救办法"（国王还偷偷要求神学家把他们发现的情况与他分享）。[15]但是，国王的举动（固执己见、干预议会）并没有把"寻衅滋事之徒"（los dificultosos，这是政府对批评政府之人的称呼）拉拢到他那边，反而导致议会出现了"一个有连贯政治目标的、有组织的反对派"。I. A. A. 汤普森把这个反对派的政治目标描述为"卡斯蒂利亚优先"。到1596年春季，反对派已经有了强有力的声音和坚定的立场，以至于一些大臣主张解散议会，从而让"我们能够召集其他一些不是那么支持他们立场的人，或者不那么聪明的人"来组成新的议会。[16]

然后，英格兰-尼德兰军队袭击了加的斯。据历史学家吉列尔莫·塞斯佩德斯·德·卡斯蒂略说："这个事件被西班牙人认为是国耻，也是无法洗去的耻辱，造成了一波悲观和哀痛的情绪。"腓力二世得知加的斯遇袭的消息后，给议会写了一封措辞强硬的"我早就告诉过你们"的信。

> 我们如今也在自己的祖国上受到攻击了，这表明，当我们有机会的时候把敌人牵制在他们自己的国土上，是多么优越的政策；以及，若我们不是耗尽了资源的话，让我们现在拥有那么做［把敌人牵制在

他们自己的国土上]的能力是多么重要……防御本土最好的办法就是在海外作战。所有人都能清楚地看到并理解，我在海外打的战争都是为了维持本土诸王国的安宁、太平与祥和，让它们避免战争带来的灾祸。[17]

议员们遭到这轮训斥之后，灰头土脸地投票批准征收新税，但附加了不计其数的条件：这笔钱只能用来保卫西班牙本土，不能用于海外战争；税金的征收和分配由议会监管；国王及其继承人必须"承诺，并代表他们的后继者承诺，严格遵守"议会提出的所有条件；如果国王及其继承人违反了任何一个条件，征税工作就立刻停止。国王拒绝接受："即便我和我的后继者愿意服从其中的某些意见，也是不可能办到的。"[18] 国王和议会讨价还价的同时，腓力二世的各项战争继续吞噬他的资源。甚至在加的斯遭洗劫之前，财政议事会主席波萨侯爵就像议会当中的"寻衅滋事之徒"一样，直言不讳地向莫拉描述了西班牙在财政和战略上的绝境：

> 国王陛下必须看到，像现在这样是不可能维持下去的，因为尽管我们已经花光了国王陛下一直到1599年的全部财政收入，他的开支还是在继续增长，甚至越来越多，所以即便他的财政没有负担，我们也支撑不下去。要想支撑下去，只需要知道这一点：国王陛下必须要么主动削减开支，直到局势好转，要么设法去办根本办不到的事情。

几天后，他绝望地补充道："即便我们逃脱了这样的困难，我们明天也会遇到新的困难，因为每一天的局势都比前一天更无以为继。"[19]

来自地狱的借款人

对经历过1574~1575年财政危机的人来说，上述的描述只能意味着一件事情：政府再次破产。因为"我们是一根绳子上拴着的蚂蚱，要淹死就会一起淹死"（这是莫拉的生动描述），也因为"如今很难找到贷款，我们欠银行家的全部债务已经"累计超过1400万杜卡特，所以腓力二世在1596年11月13日签署了又一份"违约法令"，暂停支付所有的债务利息，并没收所有未偿还贷款的资本。卡斯蒂利亚成了世界上第一个多次丧失主权债务还款能力的国家，腓力二世成了（用近期一本书里的话说）"来自地狱的借款人"。[20]

"违约法令"自然而然地引发了混乱。在西班牙，"全部贸易活动戛然而止，恐怕很多商人会破产"。而在尼德兰，腓力二世的指挥官们接到了这样的命令：

> 如果［尼德兰］叛军攻击你们，你们和你们麾下的官兵仍然应当做绅士应当做的事情；但如果你们在援军抵达之前受到了不堪忍受的压力，那么我命令你们不必牺牲自己，而应当争取最好的条件。[21]

议会对绝望的形势大发牢骚的时候，国王又一次回答："我早就告诉过你们。"

> 国王陛下的需求导致了这道"违约法令",我们完全没有办法避开它。国王陛下比任何人都更为此悲痛。如果国王陛下能够单单用自己的躯体来保卫这个王国,他一定甘愿赴汤蹈火;但因为没有钱就没办法保卫国家,而他一分钱都没有,所以"违约法令"是不可避免的。何况,议会也有责任,因为议会未能及时给他提供支持。[22]

这样的言辞无助于解决国家的内在问题,因为腓力二世的战争继续消耗资源,开销高达他的财政收入的两倍。如莫拉所说:"不管我们获取了多少资源,我们需要保卫的东西都会更多,敌人也更加渴望从我们手中夺走我们拥有的东西。"为了阻止纳瓦拉的亨利成为法国国王,腓力二世向法国投入大量资源,事实证明这是徒劳。与此同时,一支虽小却训练有素的尼德兰军队占领了西班牙军队据守的一座又一座要塞,于是尼德兰共和国的面积到1598年翻了一倍。[23]

腓力二世在其统治的最后十年里始终难以获得足够的陆海军及其所需的经费,这不完全是他一个人造成的。当时的全球降温造成了极端的气候。根据詹姆斯·凯西的研究,对西班牙来说,"16世纪90年代是天气极端恶劣的十年":巴伦西亚和穆尔西亚的编年史与什一税档案显示,"1589~1598年连续出现大范围降雨"。[24]安达卢西亚在1590~1593年和1595~1597年也出现了史无前例的多雨天气。在北方,问题不是雨水太多,而是太少:瓜达拉马山区(它将老卡斯蒂利亚和新卡斯蒂利亚分隔开)海拔较高的纳瓦塞拉达的一系列树木年轮显示,16世纪90年代出现了过去一千年里有记载的最低年降水量。与此同时,腺鼠疫从坎塔布里亚的各港口城市无情地向南推进。在马特奥·阿莱曼①那部悲伤的小说《古斯曼·德·阿尔法拉切》里,饥肠辘辘的叙述者在 1598 年从卡索拉②前往马德里的途中郁闷地观察到:

> 人们很少施舍,这也难怪,因为今年的收成普遍很差。如果说安达卢西亚的情况糟糕的话,进入托莱多之后就更差了,越往内陆走,就越穷困。在这个时候我听说:"瘟疫从卡斯蒂利亚南下,饥荒从安达卢西亚北上,上帝保佑你。"[25]

哀鸿遍野的惨状促使迭戈·德·耶佩斯修士给腓力二世写了一封分析时局的信,言辞十分尖锐,近似宗教层面的敲诈。告解神父这样开始写道:"因为陛下身体不适,所以我没办法与您面谈。但我忍不住要给您写信。"他详细描述了政府当中玩忽职守和滥用职权的一些实例之后,总结道:

> 上帝把保卫天主教信仰和传播基督教的使命托付给陛下。因为这两样都取决于西班牙诸王国的妥善治理、公平正义与繁荣昌盛,所以我希望您会妥善安排,将来您在审判日(已经不远了)来到上帝面前的时候,能够自信地说已经竭尽全力。

---

① 马特奥·阿莱曼(1547~1615?)是西班牙小说家,著有经典的流浪汉小说《古斯曼·德·阿尔法拉切》。他于 1608 年移民到美洲。
② 卡索拉是西班牙南部安达卢西亚自治区哈恩省的一个市镇。

局势没有任何好转，于是耶佩斯给莫拉写了一封信，发出了同样严正的警告，说在饥馑年代打仗和横征暴敛会"让我们的世界垮掉"。他对这位同僚也使出了精神敲诈的手段：

> 阁下能看到，这样下去的结果是什么。穷人号啕大哭，但国王陛下听不见他们，也不想听我。我完全不知道该怎么办。愿仁慈的上帝保佑阁下，因为全世界都怪罪阁下（还有我）……我恳求阁下仔细研究此事，并给国王陛下提供良策，因为我无论是写信给陛下还是与陛下面谈，都没有成功。[26]

退出策略

这样的失败主义情绪，再加上消息传来，说伊丽莎白、亨利四世和尼德兰领导人已经签署了三国盟约，共同反对西班牙，打算互相配合地群起而攻之，迫使腓力二世和他最信任的大臣决定，要不惜一切代价议和。尽管一个由神学家组成的委员会反对议和，说那会违背"良心的律法"，但朝廷还是与所有受到"违约法令"影响的人士达成普遍协议。根据该协议，朝廷继续支付旧贷款的利息，而一群银行家组成的财团给朝廷提供超过700万杜卡特的新贷款，作为最后一次军事行动的经费。[27] 腓力二世还授权新任尼德兰总督阿尔布雷希特与英格兰人进行间接的和谈。起初，国王束缚了外甥的手脚："在此事当中，你不应当关闭通往和平的大门，但也不能将其敞开。"但后来国王给了阿尔布雷希特更大的权力，类似于在他统治前半段给副手们的权力："因为你最了解一线的情况，所以你有能力获得最大的优势。我把一切工作都托付于你，所以我就没什么要说的了，只能等待消息。"²⁸教宗提议从中斡旋，促成西班牙与法王亨利四世达成协议，因为亨利四世认为与西班牙缔结和平是结束法国内战并巩固他自己在国内地位的最好办法。腓力二世接受了教宗的这个提议。《韦尔万和约》于1598年5月2日签订，大体上确认了三十九年前《勒卡托-康布雷西和约》的条件，所以腓力二世及其谋臣能够说这是一个成功的结局，因为西班牙几乎没有牺牲任何领土。

不久之后，在马德里，国王批准了他的女儿伊莎贝拉·克拉拉·欧亨妮亚与阿尔布雷希特的婚姻协议。然后，国王和她与腓力王子一起签署了一份法令，将尼德兰的有限主权转让给伊莎贝拉和阿尔布雷希特。西班牙对尼德兰的影响仅限于国防、外交政策和婚姻事务（如果伊莎贝拉在弟弟腓力之前去世并且没有留下继承人，那么腓力将继承她的地位；如果她有女儿，那么这个女儿将嫁给西班牙国王或王子，从而将尼德兰重新统一到西班牙君主国）。1598年8月，在布鲁塞尔，阿尔布雷希特以伊莎贝拉的名义接管了尼德兰的权力，然后去西班牙与她结婚，在途中与腓力王子的未婚妻会合。国王终于遵照了父亲的建议，将家产分割成几块。

国王在为儿子寻找新娘时，像往常一样只考虑哈布斯堡家族的候选人，最终将选择范围缩小到他的堂弟施泰尔马克大公卡尔①的三个只有十几岁的女儿。国王要求送来三个姑娘的肖像（她们的相貌几乎难以区分），但他的第一选择，即卡尔的长女，不久之后去世了。她的母亲很乐意帮忙，把两个较小的

---

① 他是斐迪南一世皇帝的儿子、马克西米利安二世皇帝的弟弟。

女儿都送到了西班牙，让腓力二世选择其一为自己的儿媳，把另一个留在王家赤足女修院作为预备。事实证明这位母亲很有先见之明。腓力二世请求教宗批准他的儿子迎娶年纪较长的女大公，尽管双方之间存在"多重近亲血缘关系"（他们在父母两边都是近亲）。但教宗刚刚批准，这个姑娘也去世了，于是腓力二世不得不再请求教宗批准他的儿子与最后一个姑娘玛格丽塔（刚刚十三岁）结婚。教宗又批准了。玛格丽塔和腓力王子于1599年5月结婚，她生下了五个儿女，并且他们都长大成人。西班牙哈布斯堡王朝的未来终于有了保证。[29]

"我的儿女和孙辈"

腓力二世在儿子结婚六个月之前就驾崩了，但他那时已经有了一些孙辈。1588年4月，他祝贺女儿卡塔利娜："你在三年之内就生了三个健康的孩子，这真是太好了。"他写道，前一天"是你的结婚纪念日，你在那一天开始了一项活动。从结果来看，你很擅长那种活动"。国王如此粗俗地谈到女儿的性生活，真是让人意外。次年，腓力二世不仅收到了对家庭新成员的描述，还收到了他们的肖像。"读到你对我的外孙们的描述，收到［萨伏依］公爵送来的那本包含你的肖像和孩子们肖像的小书，我非常开心，不过我更愿意直接见到你和孩子们，因为我相信我一定会喜欢他们的胡闹。"这句话令人惊讶，因为腓力二世对自己儿女的"胡闹"没有任何兴趣。但他对卡塔利娜的爱是真诚且深刻的。1597年她死于难产的噩耗传来后，他号啕大哭，悲痛了很长时间，以至于埃斯科里亚尔的一名僧人相信，此事"让国王折寿了许多天"。[30]

国王对他的长女的爱同样也是真诚和深刻的。卡塔利娜离开西班牙之后,伊莎贝拉"通常在父亲身边",每天晚饭后拜访他,与他一同旅行,有时国王因为关节炎而无法写字的时候,伊莎贝拉就以他的名义签署信件。[31]这就让国王为她安排的残酷命运("如果我死时她没有结婚")格外令人瞩目。在他于1594年立下的遗嘱的一个秘密条款中,他写道:"我宣布和命令,她在结婚之前可以选择住在塞哥维亚王宫或托尔德西利亚斯的宫殿。"尽管国王随后赞扬了"上帝赐予她的美德和高尚品质",并重申"我对这样一个女儿的挚爱",但他还是打算让她远离所剩无几的亲人(在宫廷的弟弟腓力王子与在王家赤足女修院的姑姑玛丽亚和表妹玛格丽塔),住到卢佩西奥·拉特拉斯(以及其他许多人)被囚禁和处死的要塞(塞哥维亚王宫),或者他的祖母胡安娜女王被单独囚禁的宫殿(托尔德西利亚斯的宫殿)。腓力二世又活了四年,所以伊莎贝拉躲过了上述的命运,但他的命令体现出他对女儿的麻木不仁,尽管他说"我非常爱她,因为她品德高尚,也因为她是我的好伙伴"。[32]

腓力二世对伊莎贝拉的弟弟阿斯图里亚斯亲王的计划就更常规了,也反映了他与第一个继承人堂卡洛斯之间的不愉快经历。1585年,国王为七岁的腓力王子设立单独的内廷时,这个内廷的新总管堂胡安·德·苏尼加(国王幼年教师的儿子,与父亲同名)提醒主公,"我看到了堂卡洛斯内廷的内部派系斗争所造成的损害",所以"为了避免这种威胁,最好让王子殿下的仆人都是他的内廷总管的盟友"。[33]国王显然听取了这条建议,在为王子选择其他仆人时主要考虑他们是否忠诚,而不是他们是否有才。王子的教师加西亚·德·洛艾萨·希龙就是一个典型的腓力二世任命的忠诚的庸才。一个自称是洛艾萨三十年的"亲信忠仆"的人听说洛艾萨被任命为王子的教师后哀叹道,尽管这位新教师精通"多种语言、数学、星相学、逻辑学、哲学、形而上学、神学……但他对其他许多东西极其无知。他从来没有学会与女人交流,无论是好女人还是坏女人;他不会打牌……也不知道阿尔卡拉除了连接他的住宅与教堂和大学的街道之外,还有其他许多街道"。[34] 这位作者很好地概括了腓力二世不希望自己的儿子学习的知识。与女人打情骂俏、打牌和在街头厮混(尤其是在阿尔卡拉),在国王看来,恰恰就是这些恶习毁掉了堂卡洛斯。

也许腓力二世的反应有些过激,在他儿子身边安排了太多虽然品德高尚但沉闷无趣并且最忠于国王的人。国王的安排恰恰让王子对一个忠心耿耿且年纪较大的廷臣产生了好感:莱尔马伯爵和德尼亚侯爵堂弗朗西斯科·德·桑多瓦尔·罗哈斯。不过这是后话。目前,洛艾萨的教育方法取得了很好的成绩。1594 年,腓力二世允许儿子在日常书信和令状上签署"我,王子",然后由一名御前秘书副署"王子殿下以国王陛下的名义发出"。据罗马教廷大使说,三年后,"王子已经全面参与政府工作","每天都越来越表现出谨慎和勇敢"。大使总结道,这一切"都预示着一个新的黄金时代"。不过,大使继续说,尽管王子在文件上签名,但"所有文件都是根据国王陛下的命令起草的,所以王子的签名和国王过去用的图章没有什么区别"。并且,每当国王生病的时候,莫拉会担当"所有王国的各项事务、各议事会、陆海军、诸大臣和国库的决策者"。[35]

腓力二世尽其所能地确保自己死后会有足够的延续性。"我对堂克里斯托瓦尔·德·莫拉非常满意,"他在最后患病期间给儿子的指示里写道，"对我身边的其他大臣（即政府委员会）也很满意。"但是，"作为统治者，你必须运用所有人的服务，而不能成为任何一个人的奴仆。你应当聆听许多人的意见，但对自己的看法保密，这样你就可以自由地选择最佳政策，成为主宰者和领导者。这会给你带来威望，而相反的做法会让你丧尽威望。国王理应发号施令，而不能被别人吆来喝去"。[36]腓力二世还给儿子写了两份更私密的建议书。其中一份是三百年前"法国国王圣路易在临终时给儿子留下的"。腓力二世亲手抄录了圣路易的遗言，交给告解神父，命令在他死后交给儿子。其中有很多关于信仰的陈词滥调（热爱上帝、避开罪孽；定期告解；推进天主教信仰，服从教宗；定期听弥撒和布道）和关于正义的老生常谈（王子不应当在背后说别人的坏话，也不应听这样的坏话；不应当允许亵渎神明；应当捍卫法律；应当爱护穷人）。圣路易的其他一些虔诚的教导与腓力二世自己的世界观相符："如果你考虑做某件重要的事情，应当与你的告解神父或其他堪称楷模的虔诚人士分享，这样你就会知道自己该怎么做。""当你遇到挫折时，应当勇敢地承受，并认为自己理应受到这样的折磨。唯有这样，你才能从中吸取教训。""如果没有很好的理由和策略，不要开战，尤其不要向其他基督徒开战。""尽可能地维护和平。"[37]

腓力二世把最后一份建议书藏在特制的箱子里。在他去世不久前，他命人取来箱子，拿出了"其中的文件，递给王子，说'这里有你治理王国的办法'"。这份文件实质上是企图束缚儿子的手脚，尽管他已经二十岁了。国王在文件中提醒他：

> 我是深爱你的父亲，希望你把事情都办好，并且我与将要侍奉你的所有人都有共事的经验，所以我已经与你谈了哪些人是我认为可以提拔的，哪些人是你为了这些王国的福祉可以信任和运用的。我提醒和建议你牢记我告诉你的东西。我相信你会觉得它很有用。[38]

腓力二世关于"如何治理你的王国"的建议书里完全没有半个世纪之前他自己的父亲为他提供的那种详细的建议。但这并不奇怪，因为在1543年和1548年，查理五世写下给儿子的指示时身在远方，担心自己来不及再次见到继承人就会死去。而腓力二世和儿子住在一起，所以明确提到"我已经与你谈了"的事情。他不需要把所有建议都写下来。

从马德里途经埃斯科里亚尔去炼狱

1597年5月，腓力二世七十岁了。就像很多高龄老人一样，他的大部分时间都在生病和睡觉。贝拉达侯爵写道："国王陛下每天午餐后起床，晚餐后就寝。"国王做任何事情都比以前慢了。例如，在过去，国王只需要一天就能骑马从马德里到埃斯科里亚尔，现在这趟旅程可能需要一星期。有时他抵达之后"不得不立即卧床"。[39]任何可能损害国王健康的磨难都会让廷臣们惊恐万状，因为（如其中一位廷臣所说），当腓力二世驾崩后，"我们就处在另一个舞台上，戏里所有的角色都会换掉"。这位廷臣伤心地继续说，当"老国王离开我们之后"，"另一个时代就开始了，我们不知道那将是怎样的时代"。即将改朝换代的迹象随处可见。在1598年6月的圣约翰瞻礼日，阿斯图里亚斯亲王把未来的莱尔马公爵①带去观看马德里大广场上的斗牛，他们非常招摇地一起从一扇窗户观看。所有人都看得出，莱尔马公爵坐在"距离王子殿下的椅子非常近的地方"，并且"王子对其他所有廷臣视若无睹"。[40]对于未来的不确定性让整个君主国的事务陷入停顿。据贝拉达侯爵说，"谋臣们觉得再也不能什么都告诉国王，于是他们拖延和推迟所有事务"；尽管"我们的主公即王子命令和决定需要做的事情，但只要父亲还在世，他就对父亲仍然非常尊重，做事很克制"。[41]

这种悬而未决的状态没有持续很久。圣约翰瞻礼日几天之后，尽管御医建议腓力二世休息，但他还是最后一次离开了马德里，"准备去他的圣洛伦索王家修道院，在那里死去"。据何塞·德·西根萨修士说，国王早就决定，这座修道院将成为"他光荣的坟墓"。国王去那里的时候"坐着人们通常抬着他在宫里行动的那张椅子，现在由四个男孩抬着"。为了避开酷热，他只在夜间行进。但这一次，抵达埃斯科里亚尔之后，国王没有休息，而是立刻"坐着椅子在建筑群的各处巡视，从顶楼到底楼，不遗漏一处。他的身体状况显得很好，令御医惊愕不已"。[42]1598年7月22日，腓力二世开始卧床，但在随后几周里仍然能够处理政事。他任命几位高级教士到教会的空缺职位上；慷慨赏赐了很多仆人；任命一些官员到他未来的儿媳玛格丽塔的内廷；赦免了一些囚犯，包括一些曾参加阿拉贡叛乱的人。他甚至向"安东尼奥·佩雷斯的妻子表现了宽宏大量：只要她退隐到一家女修院，她就可以出狱并收回属于她的

---

① 即前文提到的堂弗朗西斯科·德·桑多瓦尔·罗哈斯，他是腓力三世的宠臣。

财产,她的孩子也可以继承其中属于他们的份额"。[43]

8月17日,尽管疼痛难忍并且大小便失禁,腓力二世还是最后一次接见了卡埃塔尼。他看到国王"躺在床上,一动不动,极其虚弱,但耳聪目明,镇定自若"。罗马教廷大使首先请国王"恳求上帝的宽恕,因为他在恶毒与虚假谗言的欺骗下,犯了许多罪过、罪孽和错误"(也许指的是谋杀埃斯科韦多)。然后大使无耻地利用自己所处的优势,说如果国王将他领土上一些有争议的地区的司法管辖权(见第五章)交给教宗,他就可以代表教宗赋予国王相当大的精神上的好处:

> 为了除去国王陛下通往[天堂]之路的全部障碍,我只恳求陛下做一件事情:他应当明确地宣布,他希望解决他的诸王国与领地内的司法管辖权问题,他将把教会应得的东西都还给教会,他应当把自己的意图告诉王子。

尽管痛苦不堪、害怕炼狱,而且蒙受死在自己粪尿当中的耻辱,腓力二世还是坚决拒绝了对方赤裸裸的敲诈。

> 国王陛下笑容可掬、勇敢无畏地告诉我,我的到访让他很高兴;他病得很重,已经做好了死亡的准备;他将自己的生死都托付给上帝的评判;他最想要的,就是在上帝的恩典当中死去,并为他的罪孽恳求宽恕。

然后他说,"他下定决心要解决这些司法管辖权的问题,他的意图始终是让教会和圣座得到尊重和崇敬，王子也会这么做……一直到这里"，罗马教廷大使继续写道，"我都完全理解他的每一个字，因为他非常努力大声且清晰地讲话"，但在这之后，"尽管他还说了很多，我却听不懂，因为他有气无力，说得前言不搭后语、令人费解"。但国王并没有糊涂。两天后，他用颤抖的手签署了一份文件，表示他希望解决"教会与世俗权威在管辖权上的矛盾"，但他并没有像罗马教廷大使要求的那样单方面地让步，而是建议教宗和他"通过一些德高望重、渊博且正派之人的斡旋来解决所有问题。这些斡旋的人士应当客观公正地澄清，哪些东西属于教会，哪些属于世俗权威"。"如果在此事圆满完成之前上帝就把我招走，我命令我的儿子即王子继续跟进此事，但我要明确规定，只要是理应属于王室的东西，他就绝不可以放弃"。所以，腓力二世严格遵守了五十年前父亲给他的指示："以忠顺的教会之子的身份服从"教宗，"不要给他们对你不满的理由，但也不能损害你的诸王国的显赫地位、繁荣与太平"。[44] 即便在命悬一线的时候，腓力二世也仍然展现出钢铁般的意志。

9月1日，腓力二世签署一份文件，批准伊莎贝拉·克拉拉·欧亨妮亚结婚。这是他以国王的身份做的最后一件事情。此后他继续躺在埃斯科里亚尔小书房的床上，大小便失禁，动弹不得；因为骨瘦如柴的身体长满了脓疮，所以他不能忍受被触碰。有时医生给他治疗时把他弄得疼痛难忍，以至于"他喊道，他受不了了"。他有时请求医生"暂停一会儿，有时恳求他们的动作更轻柔一些"。有一次治疗时他特别痛苦，说"他肯定会死在医生手里"。据国王的贴身男仆让·莱尔米特说，"那些脓疮发出臭气"，被屎尿弄脏的床上也臭气熏天,这是"另一种类型的折磨,因为他一辈子都特别注重个人卫生"。[45]

国王虽然动弹不得,但还能观察和聆听。他在最后患病期间的祷告也颇能揭示他个人的信仰。在告解神父的指导下,腓力二世研读了《圣经》的某些段落(尤其是《诗篇》和"福音书"里强调宽恕的段落:抹大拉的马利亚的救赎、浪子回头;耶稣宽恕十字架上的窃贼[①])和他认识的两位臣民[西班牙的路易斯·德·格拉纳达和尼德兰的路易·德·布卢瓦(即布卢西乌斯)]的宗教著作。伊莎贝拉和耶佩斯轮流为他朗读布卢西乌斯著作的节选,国王重复那些句子,往往会重复好几遍,尤其是关于"人类的痛苦和基督的受难都能救赎悔过的罪人"的段落。布卢西乌斯指出,罪人在世间受的肉体痛苦能够减轻他在死后受的惩罚。也许国王不断重复思考这些段落,能够帮助他承受持续不断的痛苦。

腓力二世还从图像当中寻求精神的慰藉。他在埃斯科里亚尔的套房在今天几乎空无一物,但在他患病的最后一段时间里,国王的"床边环绕着十字架和圣物,每一面墙上也都有"。莱尔米特讲的一个故事能够体现国王的虔诚:"有一天,国王陛下卧病在床,突然需要小便。在拿尿壶之前,他让我先用帘子遮住他尊崇的一幅基督在彼拉多面前的像和一

---

① 根据《新约·路加福音》,耶稣受难时有两名囚犯与他一起被钉十字架,一个在左,一个在右,有一个开口侮辱他说:"你不是基督吗?救救你自己,也救救我们吧!"另外一个却责备那名囚犯:"你同样受刑,你就不怕上帝吗?我们受刑是活该;我们所受的不正是我们该得的报应吗?但是这人并没有做过一件坏事。"于是他对耶稣说:"耶稣啊,你作王临到的时候,求你记得我!"耶稣对他说:"我告诉你,今天你要跟我一起在乐园里。"

幅挂在他床边的圣母像。"这似乎表明，腓力二世相信这些圣像能够感知它们周围发生的事情。卡洛斯·艾尔①指出："对他来说，这些圣像是沉默的、超自然的见证者和伙伴。"[46] 国王在埃斯科里亚尔收藏的成千上万件圣物也是这样。僧侣们每天把不同的圣物拿到他床前，他崇敬地欣赏和亲吻它们，然后将其放在自己的脓疮上。一天，在"大规模展示这些圣物"之后，圣物的管理者"以为国王已经看完了，于是开始将其收走。这时国王说：'看，你忘了某某某圣徒的圣物，没有把它拿来给我亲吻'"。伊莎贝拉公主发现，腓力二世因为痛苦或者力竭而失去知觉时，唯一肯定能唤醒他的办法就是高呼"'不要动那些圣物！'假装某人在摆弄圣物，国王就会立刻睁开眼睛"。[47]

国王还继续做常规的礼拜。他在病榻上聆听宗座圣殿的大祭坛前举行的礼拜，还让人向他的面部和躯体洒圣水，相信这样可以洗去一些轻微的罪孽。他花了大量时间聆听一连串布道者的布道（他们累了的时候，国王会命令："神父，再讲一些！"），还经常做告解（有一次他花了三天时间，显然是在检视自己一辈子的所有罪孽）。他两次接受临终涂油礼，并领了圣餐，直到医生们警示，他会没有办法咽下圣饼。

腓力二世曾祈祷自己在临终时能够完全清醒。他的愿望实现了。9月12日夜间，他的身体发生猛烈的抽搐，以至于围在床边的人们"以为他已经死了，但他突然回光返照，睁开眼睛，精气神一下子很足"。他开始轻声地笑，意识到自己即

---

① 卡洛斯·艾尔是古巴裔的美国历史学家，是耶鲁大学的历史学和宗教学教授，专攻中世纪晚期和近代早期欧洲历史，著有《宗教改革：现代世界的黎明，1450~1650年》《在哈瓦那等雪》等。

将完全清醒地死去。他命人拿来他父母的十字架，"热情且虔诚地拿着它"，令所有人感到惊异。然后"他亲吻了十字架好几次，随后还拿着一支来自蒙塞拉特圣母教堂的经过祝福的蜡烛，上面有圣母的形象，并亲吻蜡烛"。一连两个钟头，他集中注意力于十字架和蜡烛，直到 1598 年 9 月 13 日，"东方破晓"，"神学院的唱诗班开始唱弥撒"。莱尔米特、西根萨和另外几人看着国王"喘了两三口气，然后他的圣洁灵魂离开了他的躯体，去享受永生"。[48]

国王驾崩！国王万岁！

西根萨在 1605 年回顾国王之死时，引用了当时已经很流行的说法，即腓力二世统治着"一个日不落帝国"。

> 新王登基的幸福日子是个星期天。他开始统治太阳之下最强大的帝国。如果他把宣布父王驾崩的书信从太阳升起的地方寄到太阳落下的地方，他会发现，普天之下都有他的臣民收到了这样的书信。[49]

在世界各地，先王的臣民开始哀悼。在布鲁塞尔，12 月 29 日举行了追悼会，这一天也是布鲁塞尔为查理五世举行追悼会的四十周年纪念日；在新西班牙和菲律宾，宗教裁判所组织了追悼活动，这很恰当，因为腓力二世毕生坚定地支持宗教裁判所。西班牙的许多盟友也安排了隆重的纪念活动。在佛罗伦萨，托斯卡纳大公命人安排了令人肃然起敬的图像展览，包括当地艺术家创作的二十四幅巨型油画，涉及腓力二世一生的不同时段。在罗马，教宗克雷芒八世赞扬"国王陛下从不希望授予人民宗教自由"。

因为他希望其他统治者的臣民也信奉天主教并服从圣座,所以他投入了自己继承的产业,花费了在他漫长统治期间从美洲来的全部财富和卡斯蒂利亚的全部财政收入。因此,我们可以说,国王一辈子都在与我们神圣信仰的敌人坚持不懈地斗争。[50]

先王的有些臣民对他"坚持不懈地斗争"就不是那么热情了,因为它也吞噬了他们的财产。马德里的一些臣民立刻开始为葬礼的开销发愁:"现在有了确切的消息,国王陛下已经驾崩,为他哀悼会让我们掏空腰包。"果然,马德里市议会在得知消息(国王驾崩仅仅六个小时后)之后立刻命令:

所有身份和等级的人都必须为我们的主公,已经在天堂享受荣光的国王陛下戴孝三天。女人应当戴黑色帽子,不准穿丝绸裙子。没有钱戴孝或戴"卡佩卢萨"帽[一种特殊的尖顶帽]的人应当戴没有装饰的帽子,以示哀悼。[51]

因为西班牙的所有王国都已经认可腓力王子为他们的下一任统治者,所以他自动继承了王位。10月11日,"马德里城升起了新王的旗帜"。一周后,年轻的腓力三世全身穿黑,戴着兜帽,在圣哲罗姆王家修道院主持了为期两天的葬礼,摆出了以埃斯科里亚尔修道院为原型的灵柩台,一千支巨大的蜡烛照耀着它,另外还有一千五百支蜡烛为教堂照明。

根据存世的四十多篇印刷版的葬礼布道文和对各地悼念活动的描述文字,历史学家卡洛斯·艾尔指出:"近代早期欧洲历史上,没有一位君主或公众人物的死亡像腓力二世这样引起了如此之多的关注。"大学城萨拉曼卡举办了一次诗歌竞赛,奖励歌颂先王成就的最好的拉丁文警句和西班牙文十四行诗。[52]但很少有城市负担得起这样隆重的活动。在帕伦西亚,市政长官宣布,所有人都应当像马德里人那样戴孝,"负担不起的人应当戴没有装饰的帽子";但因为市民普遍贫困,帕伦西亚市政长官补充道,买不起帽子的人"应当在头上戴一些黑色的东西"。此时的加的斯还没有从1596年"英格兰舰队的破坏和肆虐"当中恢复元气,那里的市政长官讨论了"我们从哪里能找到钱来戴孝和组织悼念活动"。就连制作"庆祝新王登基的王旗"所需的锦缎,他们也很难负担得起。为了省钱,他们试图"回收灵柩台的木材,用来搭建升起王旗所需的高台"。他们最终"尝试把木材拍卖掉,但没人来买"。绝望之下,"他们试图让一些木匠买"那些木料,但市民普遍一贫如洗,以至于"木匠连一个铜板也不想出"。[53]

只有塞维利亚举办了能够与马德里相提并论的哀悼活动。腓力二世驾崩的消息传到塞维利亚之后,市议会决定"组织史无前例的最大规模活动",于是全城都挂起了黑色布帘和旗帜,导致黑色布料的价格飙升,市政长官不得不对其限价。富丽堂皇的灵柩台(和马德里的灵柩台一样)是以埃斯科里亚尔修道院为原型的,在超过两千支蜡烛的照耀下,屹立在光线昏暗的大教堂的正中央,成为悼念活动的焦点。11月26日,城里的教士、市政长官、法官和宗教法官鱼贯而入,参加典礼。但当他们的眼睛适应教堂内的光线后,不同群体的达官贵人注意到，分配给他们的座位的数量和档次都不同。于是大家吵了起来，直到在葬礼弥撒举行了一半的时候，宗教法官将市政长官绝罚，因为他们不肯让出更好的座位。整个典礼以混乱告终。最终卡斯蒂利亚议事会解决了这些关于谁的地位更高的纠纷，塞维利亚在12月底重新举办了一次庄严肃穆的哀悼活动。这一次，一切顺利，直到"一名神气活现的诗人"朗诵了十四行诗《献给塞维利亚的腓力二世国王灵柩台》，令听众又惊又怒：

> 我向上帝起誓，这样的辉煌让我震惊，
> 如果我能描述它，我愿意拿出一个多布隆金币！
> 看到这样的璀璨光辉，这样宏伟的景观，
> 谁会不目瞪口呆，谁会不由衷赞叹？
>
> 基督作证！每个部分都价值
> 超过一百万。但它不能延续
> 一个世纪，岂不遗憾。哦，伟大的塞维利亚，
> 在精神和财富上都是胜利的罗马！
>
> 我敢打赌，那个死人的灵魂
> 今天会离开他永久安息的天堂，
> 来欣赏这里的景观。
>
> 一个吹牛大王偶然听到了这些话，说：
> "绅士军人，你说得一点没错，
> 谁不同意，就是在撒谎。"

> 然后，他立刻（incontinente）
> 戴上帽子，挥舞佩剑，
> 向四周望望，然后偷偷溜走。故事结束了。[54]

听众之所以又惊又怒，不仅是因为在教堂里发誓赌咒是一种亵渎神明的行为，而且因为诗人讽刺了在转瞬即逝的东西上花费太多金钱（"这样的辉煌让我震惊"；用木料和硬纸板做的临时性灵柩台的"每个部分都价值超过一百万"）。更糟糕的是，这首诗还包含屎尿屁笑话：incontinente 这个词在西班牙语里一语双关，除了"立刻"，还表示"大小便失禁"，这让所有人都想起了已故国王在生命末期的腹泻，因为对他最后的痛苦的每一份记录都描述了这一点。但这位"神气活现的诗人"从自身经历了解到，以"绅士军人"的身份为国王效力意味着什么。因为这位诗人的名字是米格尔·德·塞万提斯。

除了塞万提斯，还有很多西班牙人（男女都有）愤恨地批评已故的国王。国王驾崩两天后，虔诚的路易莎·德·卡瓦哈尔·门多萨向一位朋友表示，她希望"上帝会引导［腓力三世］做对教会有利的事情，从而避免王国的毁灭"。随后一个月，德尼亚侯爵（新王的宠臣，不久之后成为莱尔马公爵）的秘书伊尼戈·伊瓦涅斯·德·圣克鲁斯写了一份文件，详细分析了"我们的主公，已故的腓力二世国王在位期间政府的无知与混乱的原因"。伊瓦涅斯不仅严厉谴责腓力二世外交政策的高昂代价（"3000万杜卡特浪费在了佛兰德的沼泽"，在针对法国和英格兰的毫无建树的战争中也花了"差不多的数额"），还批评他对"琐屑末节"的执迷：腓力二世是"那种对微不足道的事情了如指掌，却对其他所有事情两眼摸黑的人"。伊瓦涅斯还嘲笑了已故国王的私人习惯（"喜好女人、油画、美丽的园林、大型建筑、精巧的套房"，还酷爱"香水、香氛和其他脂粉气的东西"），以及他对庸才（比如马特奥·巴斯克斯和堂克里斯托瓦尔·德·莫拉）的依赖。"哦，可怜的西班牙，"伊瓦涅斯总结道，"可怜的国家：迷失了，被毁了，浪费了。"[55]

同一个月，安东尼奥·佩雷斯的盟友巴尔塔扎尔·阿拉莫斯·德·巴里恩托斯写了一篇言辞尖刻的文章，题为《向我主国王陛下禀报国家的当前状况》，几乎可以说是戏仿了半个世纪前查理五世的"政治遗嘱"（见第二章）。阿拉莫斯·德·巴里恩托斯写道，西班牙君主国的几乎所有邻国都敌视它。法国现在有了一位强有力的国王，他统治着一个统一的国家，并且无时无刻不在寻找机会在意大利打仗，从而进一步削弱西班牙的力量。英格兰对西班牙的刻骨仇恨让它支持反抗西班牙的起义者，武装干预美洲，甚至直接攻击伊比利亚半岛。意大利的独立国家，甚至教廷，都怨恨西班牙对意大利的主宰，渴望把西班牙人从意大利赶走。阿拉莫斯还详细讨论了新王的臣民的不满情绪：尼德兰北部公开反叛，尼德兰南部也有激烈的反西班牙情绪，葡萄牙、西属意大利、阿拉贡和美洲都对朝廷不满。于是，只有卡斯蒂利亚来肩扛整个帝国的负担，但"这个王国的各城市缺少人口，较小的村庄几乎完全荒废，几乎无人种田"。阿拉莫斯写道，因此，"任何地方都逃脱不了这种凄惨境况，没有人像过去那样富足"。他把这一切都归咎于"苛捐杂税的负担，以及税金全部被用于海外战争"。[56]

批评腓力二世的人当中包括几位神职人员，其中有一些在为他举行的悼念活动上布道。1598年11月，在巴利亚多利德（已故国王的出生地）布道的洛伦索·德·阿亚拉修士指出：

> 我们的天主教国王是在一场持续将近九个月、滴雨未下的干旱之后去世的，这说明大地就像一个失败的商人，已经宣布破产。与此同时，因为所有商品都紧缺，卡斯蒂利亚的物价猛涨，再加上全国的公共卫生事业陷入瘫痪，很多地方暴发了瘟疫。

"这些灾难，"他语气阴森地总结道，"是自我们的始祖土巴，即挪亚的孙子在西班牙定居以来，西班牙遭受的最严重浩劫的前奏。"几个月后，耶稣会士胡安·德·马里亚纳发表了一篇政治论文，其中有一部分明确地把无敌舰队的战败归咎于它的创立者的罪孽：

> 若干年前，我们派遣了一支庞大的舰队去英格兰海岸。然后我们遭受了可耻的伤痛，这么多年过去了，伤痛仍然未能隐去。这是我们民族的罪孽所受到的惩罚，但（除非我们记错了）上帝也被某位君主的邪恶贪欲激怒了，这位君主如果不是老年痴呆的话也是老糊涂了，竟然忘记了神圣的上帝。当时有传闻说，舰队远征的时候，他正在纵欲。

1600年，为宗教裁判所工作的律师马丁·冈萨雷斯·德·塞略里戈发表了一份备忘录，认为"西班牙的衰败"（这是他发明的说法）是从腓力二世时期开始的，所以西班牙"今天处于我们所有人都相信比以往更糟的状态"。[57]

就连国王的一些最亲密的合作者也是这么想的。腓力二世驾崩两周后,威尼斯大使听到堂马丁·德·帕迪利亚(大洋总司令)"宣称,现在全世界都会看到西班牙人的能耐,因为他们如今自由了,不再臣服于一个自认为无所不知、把所有人都当傻瓜的人"。帕迪利亚在直接向新王讲话时,也是相当直言不讳:

> 我痛苦地看到,因为我们缺乏资金,我们用虚弱的力量发动了许多战役,不但起不到惩罚敌人的作用,反而只会更加激怒敌人。最糟糕的是,不管我们说什么,我们都只会把战争无限期地拖下去,于是战争成了永无止境的负担,从中产生的问题既严重又没完没了。[58]

从炼狱到天堂

不过,并非所有西班牙人都如此悲观。见证了国王驾崩的贝拉达侯爵心中没有任何疑问,"国王陛下在今天早晨像圣徒一样辞世了"。而另一位见证者说:"经历了这样的一生和这样的死亡之后,我们完全可以把国王陛下算作圣徒。"[59]过了一段时间,"形形色色的虔诚人士,通过神圣的启示,看见最谨慎的国王的灵魂经过炼狱,升上天堂"。但对于国王升天堂的时间,这些"形形色色的虔诚人士"众说纷纭。一位加尔默罗会修女说,那发生在国王驾崩仅仅八天之后;一位贞洁少女说在国王去世十四天后看见他的灵魂升天堂。五年后,在安达卢西亚的马切纳，玛丽亚·德·拉·安提瓜修女连续三个星期天看到同一个幻象，即空中出现"火球"。她说，"全世界都看到了"。但她直到听说了胡利安·德·圣奥古斯丁修士（或称胡利安·德·阿尔卡拉修士，是一位虔诚的方济各会修士，到那时已经见证了超过六百次神迹）的幻象之后，才理解了"火球"的意义。[60]胡利安·德·圣奥古斯丁修士说的幻象发生在哈拉马河畔帕拉库埃略斯村附近：

> 在1603年9月底的一天，[胡利安修士]当着五位见证人的面说，当天晚上9点，或者稍晚一些，天空中将出现两朵红云，一朵在东方，一朵在西方，它们将会融为一体；在它们融合的那一刹那，天主教国王腓力二世的灵魂就会离开炼狱，升上天堂。

据安东尼奥·德·达萨修士（也是方济各会修士，给胡利安修士写了一部较短的传记）说，胡利安修士做了上述预言之后就去单独祈祷。

> 上述见证人表示，胡利安修士说那些话的时候，天空还是万里无云，非常平静，一直持续到晚上9点或稍晚一些。这时果然在东西方分别出现一朵红云，极其明亮，让夜空仿佛变成白昼，人们可以把房屋和街道看得一清二楚，仿佛太阳就在云中。[61]

这个幻象后来闻名遐迩，以至于画家巴尔托洛梅·埃斯特班·穆里罗在17世纪40年代为塞维利亚的一座方济各会修道院创作了一幅油画来纪念它。画中可见胡利安修士、五名见证人和明亮得很诡异的哈拉马河畔帕拉库埃略斯的街道，以及腓力二世升上天堂。

但是有一个不正常现象让达萨很困扰。尽管已故国王"始终努力推行信仰、铲除异端"，他在最后患病期间还吃了很多苦头，但"从他去世到胡利安修士得到启示并做出预言，过去了四年。我们认为，考虑到国王的诸领地的人们为他的灵魂早日在炼狱得到净化然后永远在天堂享福做了那么多的祈祷和弥撒，应当用不了这么久才对"。达萨还记述过另一位方济各会修士见证的一个类似幻象，即查理五世的灵魂"在他去世四年后"升上天堂。达萨对耽搁了这么久没有疑问：这是"因为他有机会惩罚路德的时候却没有这么做"。[62]而查理五世的儿子素来是毫不犹豫地烧死异端分子，对异端思想从不妥协，那么为什么他也在炼狱耽搁了那么久呢？达萨回答不了自己提出的问题。很多人也解答不了。有成百上千人曾经努力评估腓力二世在历史和传说中的地位，有人认为他是有资格站在上帝右手边的圣徒和英雄，也有人认为他是该下地狱的罪人和恶棍。

尾 声

能动性与结构性

1598年10月,阿吉拉尔·德·特罗内斯博士在腓力二世的葬礼上发表布道文,其中他运用一个复杂的比喻来提醒听众,史上第一个全球帝国的统治者肩负的任务是多么艰巨。

国王的生活就像手工织布机工人的生活……你也许会觉得织工的生活很轻松,因为他在家里劳动,不必害怕风吹雨淋,只要待在自己的织布机旁边,但这种工作其实非常辛苦。他用双手劳动,同时双脚要踩踏板,眼睛要紧紧盯着布料,免得它被搅成一团。他的注意力要分散到许多条线上,有的线往这里去,有的往那里去;他必须全神贯注,如果有一根线断了,他必须立刻把它系好……国王的生活也是这样:用手写字,用脚旅行,心系千头万绪,一边是佛兰德,一边是意大利,一边是非洲,一边是秘鲁,一边是墨西哥,一边是英格兰天主教徒,一边要考虑维护基督教君主之间的和平,还有一边是神圣罗马帝国的问题。如此之多的国家和线索,都需要国王的关注!通往西印度的线索是不是断了?赶紧把它修复!通往佛兰德的线索是不是断了?赶紧把它修复!多么忙碌的一生,要分成这么多的线索。[我们的国王]怎么可能在这么短的时间里做这么多？哦，靠的是绝佳的帝王品质，在其他人身上都没有。[1]

也许因为他的听众里有新王腓力三世，所以阿吉拉尔·德·特罗内斯的布道文突出了积极的方面，只字不提消极的方面：已故的"织工"国王留下的帝国深陷于两场代价昂贵、悬而未决的海外战争，并且国内发生了严重的经济危机，同时有好几条"断裂的线索"（尼德兰的七个省份仍然在与西班牙对抗）。其他一些观察者认为，腓力二世留下的西班牙比他当初接手的那个西班牙要衰弱得多。他们对这一点给出了两种截然不同的解释：

一、困难重重的遗产。有些人责怪西班牙君主国的庞大规模和复杂构成。它太大了，所以无以为继，没法防守。因此问题在本质上是结构层面的：腓力二世或其他任何统治者都没有办法把他继承的国土完整地维持下去。

二、问题多多的国王。也有人认为，问题不是腓力二世缺乏足够的资源，而是他低效地运用资源去追寻不可能达成的目标。拥有更优秀政治才干的君主如果站在腓力二世的位置上，是有可能成功的。用现代人的话说，问题在于能动性，而不在于结构性。

第一种解释（腓力二世统治的是一个守不住的国家）在表面上看似乎有道理。当时的一句流行语是："让别人去打仗吧，你，幸福的奥地利，去结婚吧！"（Bella gerant alii; tu, felix Austria, nube.）哈布斯堡家族运用得非常成功的"婚姻帝国主义"策略逐渐制造了一个在政治和领土层面都不可持续的结果。先是奥地利和勃艮第通过婚姻联合起来，然后把卡斯蒂利亚（在北非和美洲还有一些前哨据点）和阿拉贡（在撒丁岛、西西里和那不勒斯还有一些前哨据点）也吸纳进来，最后把神圣罗马帝国也联合进来。于是，半个欧洲，不久之后还有中美洲与南美洲的很大一部分，都处于查理五世的控制之下。这些领地相距遥远、地理分散，并且没有共同语言和共同货币，没有共同的机构或法律，没有总体的防御计划，也没有整合起来的经济体系。能把它们维系起来的唯一纽带，就是皇帝及其弟弟和姊妹。期望单独一位君主能够有效地统治所有这些领土，似乎是不切实际的，何况"婚姻帝国主义"虽然创造了庞大的遗产，却缩小了哈布斯堡家族的基因库，损害了统治者生育出能干的继承人的能力（见第十章）。

查理五世经常考虑分割他的领土，把"德意志与尼德兰"和"西班牙与意大利"分开。但他一直没能办成此事，直到1555年他允许儿子腓力二世（当时是英格兰国王，不久之后成为西班牙国王）放弃对神圣罗马帝国的继承权，因为（查理五世相信）有了英格兰就足以保障尼德兰的安全。但玛丽·都铎于1558年去世，再加上查理五世在这一年把神圣罗马皇帝的位置让给弟弟斐迪南，导致佛兰德处于孤立的危险状态。1567年，法国驻马德里大使评论道："国王有太多方面要担忧，所以不可能面面俱到。"腓力二世在1580年成为葡萄牙国王之后，局势就更严重了。太多的领土集中到同一个人手里，这就打破了欧洲的均势，促使法国、英格兰和尼德兰共和国联合起来对抗腓力二世。[2]

腓力二世驾崩不久之后，他的一些谋臣对西班牙的战略局势表示绝望。1602年，西班牙最重要的外交官之一塞萨公爵向他的同僚堂巴尔塔扎尔·德·苏尼加透露：

> 先生，我相信我们逐渐成了众矢之的。你知道，没有一个帝国，不管它多么强大，能够长时间在不同地区多线作战……我也许是错的，但我怀疑，像我们这样分散的帝国能否维持下去。

所以，"日不落帝国"四面受敌。仅仅两年之后，塞萨公爵在另一封给苏尼加的密信里对西班牙君主国面临的潜在问题做了与之前截然不同的分析。"我最痛恨的一点是，我们快速地从一个地区飞到另一个，在前一个地区还没有取得重大成就就转移到下一个地区，"公爵哀叹道，"我不知道为什么我们要吃那么多的零食，却从来不真正吃顿饭。我希望能把所有方面都连接起来，这样我们也许可以做一番大事业，要么在爱尔兰，要么在北非。但我担心，和往常一样，我们会同时尝试做两件事，这样只会损失时间、人力、金钱和声望。"[3]

塞萨公爵的意思是，腓力二世的主要问题不是缺乏资源，而是不能有效地部署现有资源。持这种观点的人不止塞萨公爵一位。1588年，耶稣会士佩德罗·德·里瓦德内拉得知无敌舰队战败之后问，为什么"国王陛下拥有海量资源，却毫无建树"？三年后，马特奥·巴斯克斯试图让腓力二世相信，如果上帝"希望陛下为全世界的问题提供解决方案，那么上帝一定会给陛下这么做的力量和资源"。卡斯蒂利亚议会说得更直白："议会代表们急切地恳求陛下，在做其他事情之前，首先要削减尼德兰和其他地方的军费开支。"（见第十八章和第十九章）那么，为什么国王总是不肯听这样的建议呢？

弥赛亚式帝国主义

腓力二世早年的胜利（圣康坦大捷、格拉沃利讷大捷、条件有利的《勒卡托－康布雷西和约》）似乎让他相信，只要他从事的是上帝的事业，那么他就不可战胜。这种信念让他中断了与奥斯曼苏丹的停战谈判。在批准停战协定几天之后，他告诉大臣们："因为现在法国国王和我之间处于和平状态，所以我觉得目前[与土耳其人]谈判或者达成停战协定不符合我的利益。"理由是，上帝希望他讨伐异教徒（见第七章）。事实证明这是一个灾难性的误判：如果在1559年与奥斯曼帝国签订和约或停战协定，就能让地中海西部几乎成为"基督徒的内湖"；而腓力二世拒绝停战，导致到1577年腓力二世终于获得停战协定的时候苏丹已经征服了突尼斯，并把摩洛哥纳入自己的势力范围。同样，因为坚信自己在从事上帝的事业，腓力二世坚持要"杀死或抓捕"伊丽莎白·都铎，尽管她的军队每年都会俘虏或摧毁西班牙船只与商品，并洗劫了腓力二世的好几座城镇，高潮就是1596年英格兰人占领并洗劫加的斯，给西班牙造成奇耻大辱；与此同时，西班牙人对她和她的臣民没能造成什么损害。经过了十八年的磨难和牺牲，1603~1604年英格兰和西班牙终于签订和约时，伊丽莎白的继承者詹姆斯·斯图亚特拒绝同意腓力二世生前提出的三大目标：所有英格兰军队撤离尼德兰；英格兰朝廷宽容英格兰的天主教徒；认可西班牙独享美洲贸易权。腓力二世为了巩固天主教事业而干预法国的事务，在那里也没有取得永久性的成果，尽管一系列内战削弱了他的宿敌法国，让他得以享有他之前或之后任何一位西班牙统治者都没有的优势。1593年，纳瓦拉的亨利为了在国内外赢得更广泛的支持，皈依了天主教。但在1598年与西班牙签署和约几天之后，他就授予他的新教臣民宗教信仰的自由，并由法国中央政府出资，维持许多驻军来保障信仰自由。

腓力二世驾崩的那天，罗马教廷驻马德里大使为国王的成就做了一份"计分表"，特别赞扬了他"不顾自己的利益……支援天主教徒"。尽管大使赞扬国王在英格兰和法国取得的成就，但他特别看重尼德兰，因为已故国王在那里"为了镇压叛军和捍卫天主教信仰花费了巨额财富，因为他不愿为了与臣民议和而损害天主教信仰"。腓力二世同意这种看法。用他自己的话说，"我宁愿丢掉自己的全部领地，宁愿自己死掉十万次（如果我有那么多条性命的话），也不愿意让天主教信仰和上帝的事业受到一丁点的损害"。1575年在布雷达，与尼德兰起义者的谈判几乎已经解决了所有问题，但国王中断了谈判，因为他不肯同意对方要求的宗教宽容。两年后，他背弃了《永久协定》，重新点燃战火。1579年和1589年，他又中断了与起义者的和谈，都是为了完整地维护"国王陛下的信念与他花费了巨额财富、牺牲了许多人的生命才赢得的声望，即他绝不会在宗教问题上做丝毫让步"。[4]这句话说得恰如其分：当时有人估算，"自佩拉约国王［卒于737年］时代以来，西班牙打的所有内战与外战"的总开支都比不上腓力二世"在位四十年"的军费开支。[5]

腓力二世花费了那么多资源，经历了那么多挫折，却始终没有改变自己的政策，这似乎有点奇怪。1574年在尼德兰的英格兰人托马斯·威尔逊爵士认为有两个原因："西班牙政府的骄傲和宗教事业"。用腓力二世的话说，就是"宗教与声望"。[6]威尔逊说得对：没有一位政治领袖愿意承认失败，因为那样他们就会丧失"声望"；并且在一场斗争中投入的资源越多，就越难罢手。腓力二世也不例外。他在1575年评论道："我毫不怀疑，如果〔尼德兰〕战事的开销以当前的水平持续下去，我们就无以为继了。不过，如果在花费了那么多之后却因为不肯再花费一点点而错失取胜的机会，就太遗憾了。"[7]

而且，就像其他的政治领袖一样，腓力二世总是愿意为了保住已有的东西而冒险，却不太愿意为了获得新东西而冒险。1573年，尽管（他的妹妹玛丽亚提醒他）"该死的声望问题让我们失去理智，有时完全脱离实际"，但他还是比较容易地决定从神圣罗马帝国的附庸菲纳莱利古雷撤军，这是因为菲纳莱利古雷从来不属于腓力二世。[8]相比之下，如果涉及他从父亲那里继承的领土，"声望"就非常重要了，这不仅仅是因为在复合型的君主国里，如果对某个地区的臣民显露出软弱，那么其他地区的臣民可能会受到鼓励而兴风作浪。1566年，大臣们提醒他，如果朝廷不能恢复对尼德兰的控制，不仅"西班牙在全欧洲的声望会受损"，而且"如果尼德兰的麻烦继续发展下去，米兰和那不勒斯也不会安稳"。十年后，大臣们提出，如果向尼德兰人让步，"其他臣民就可能拒绝服从朝廷，我们担心他们会把尼德兰人当作榜样，自己也掀起叛乱。至少在我们征服的领土，比如那不勒斯和米兰是这样"。所以，要维护"陛下的荣誉与声望，即您与外国打交道时最重要的资产"，唯一的办法就是继续在尼德兰打仗。[9]

在失败之后执迷不悟

腓力二世不是唯一一个极其不愿意承认失败的统治者,但"宗教的原因"让他应对挫折的方式十分不寻常。纳粹大屠杀幸存者普里莫·莱维能够非常敏锐地观察人性,他说:"从失败中获得道德力量的人少之又少。"但腓力二世是其中之一。[10] 坚定不移的信仰让他一而再再而三地将挫折(或者哪怕是彻头彻尾的失败)仅仅视为上帝在考验他。国王坚信不疑,只要他坚定地在自己选择的正义道路上继续走下去,上帝一定会赐给他一个神迹,把他对天意的阐释与他手中资源之间存在的缺口弥合起来。他的这种信念从来没有动摇过。早在1559年他就宣称:"因为这完全取决于上帝的意志,所以我只能等待上帝的指示;因为他曾经从我的道路上铲除更严重的障碍,所以我希望他也会铲除当前的障碍,给我力量去掌控我的领地,不要让我因为缺乏手段而失去这些领地。"(见第七章)出乎意料的失败,比如无敌舰队的战败,可能会让他沮丧一段时间,但他很快就会觉得"塞翁失马,焉知非福"。例如,在1588年秋季,他告诉一名大臣:"我希望上帝没有允许如此邪恶的事情发生,因为我做的一切都是为了侍奉上帝。""我希望自己早点死掉,免得看见那么多的不幸与耻辱。"但他随即又说:"我永远不会辜负上帝的事业和这些王国的福祉。"并立即开始筹划再次入侵英格兰(见第十八章)。

腓力二世的信仰既让他采取不切实际的行动,也让他在失败之后拒绝放弃或修改计划。例如,腓力二世用长篇书信连续炮轰阿尔瓦公爵十八个月,敦促他推翻伊丽莎白·都铎,而阿尔瓦公爵以后勤跟不上为由拒绝。在1571年9月,国王终于对公爵让步，但他说，公爵的担忧即便是正确的，现在也无关紧要。

> 尽管你对我有非常大的影响力，尽管我一贯非常尊重你本人，尊重你在所有事务（尤其是你目前正在处理的事务）当中表现出的谨慎，尽管你向我提出的论点非常有说服力，但我还是热切希望将这项大业圆满完成。我对它非常热衷。我坚信不疑，我们的救主上帝一定会佑助它，将它视为自己的事业。所以我不能接受你的反对，也不能接受或者相信与我的信念相悖的东西。这使我理解事物的方式［与你］不同，也让我不那么畏惧困难和问题。因此，所有可能将我的注意力转移开或者阻挠我从事此项大业的障碍，在我看来都不是那么不可逾越。

腓力二世认为，后勤（阿尔瓦公爵的专业领域之一）仅仅是英格兰大业的众多元素之一：

> 在如此重大的事情上，我觉得不应当过多地去考虑假如我们犯了错误、失败了会怎么样，而是应当同时考虑，成功会给我们带来什么样的好处和优势。毫无疑问，在宗教和政治层面，以及声望和其他目标的层面，那些［好处和优势］会非常重大，非常显而易见，所以它们不仅会让我支持和赞成这项事业，我甚至可以说是非做不可。

简而言之，"尽管不可否认，我们肯定会遇到一些障碍和困难，但还有其他许多神圣的或凡俗的考虑更重要，所以我们必须去冒这些风险"。[11]

1588年6月，梅迪纳-西多尼亚公爵以无敌舰队被风暴吹散为理由主张放弃英格兰大业的时候，腓力二世对他施加了同样的精神勒索。国王咆哮道："如果这是一场非正义的战争，这场风暴的确可以算是上帝的警告，要我们停止冒犯他；但这是一场正义的战争，所以我们无法相信上帝想要停止这场战争。上帝一定会赐予比我们能够期望的更多的恩典。"于是公爵放弃了自己的反对意见，率领无敌舰队走向灾难。我们不知道梅迪纳-西多尼亚公爵后来有没有提醒腓力二世"我早就告诉过你"，但他的英格兰对手之一后来帮他说了这话。曾参与打败无敌舰队的沃尔特·雷利爵士说："在没有控制任何港口也得不到任何支援的情况下，从海上袭击危险的沿海地带，这是狂妄自负、缺乏理智的君主才做得出来的事情。"[12]

弗洛伊德博士登场

那么，腓力二世究竟为什么不仅"狂妄自负"，还在失败之后执迷不悟，导致他经常重蹈覆辙呢？他对上帝的信仰肯定发挥了作用，但国王顽固不化（还有一定程度的认知失调）的另一个原因是他的独特个性。历史学家一般避免对古人做精神分析，因为这么做的风险太大，但腓力二世是一个特别显著的"强迫症"或者"强迫型人格障碍"的案例，这是最容易识别的类型之一。有强迫症的人（这种人非常多）往往以不同程度表现出下列特点之一：

- 固执、倔强，但优柔寡断；
- 缺乏灵活性，情感上受控过多；
- 容易被细节吸引，但不肯把权力下放给别人；
- 勤奋肯干，但效率不一定高；
- 虔诚信教，性格严峻；
- 热爱公平正义，但往往是以僵化的方式；
- 缺乏幽默感，不接受改变。

本书给出了腓力二世表现出上述全部特点的不计其数的例子，这样的例子还能举出更多。这些特点都让国王面对失败更加顽固不化。

有强迫症的人还有另外一些较难记载下来的个人特点，通常包括：

- 讨厌污秽，极其注重个人卫生；
- 习惯性强，爱秩序，守时；
- 喜欢收藏东西，但往往很吝啬，不愿意与自己的财产分离；
- 性欲低，对异性不感兴趣。

腓力二世身上同样能够找到上述特点的大量证据。第一，国王的贴身男仆让·莱尔米特说，腓力二世"天生是世上最干净、整洁和讲究卫生的人，以至于他不能容忍自己套房的墙壁和地板上有一点污迹"。第二，莱尔米特评论道，钟表"完全掌控着我们的贤君的生活，因为它们管理和度量他的生活，把他的生活分成许多分钟，决定他每天的行动与工作"（见第六章）。

对于第三点，即吝啬，我们可以举1571年的一个例子。当时他需要找一件珠宝送给苏格兰女王玛丽，但他没有把自己收藏的宝石之一送给她，而是命令一名官员把属于"王子［堂卡洛斯］的宝石拿来"。腓力二世翻看了已故儿子的宝石藏品之后，挑中了一块镶嵌在戒指上的精美红宝石，将其送给玛丽·斯图亚特。[13]第四，尽管国王在青少年时代有过至少一次私情，但他在二十岁之后似乎对性爱只有很淡的兴趣。

这些强迫症人格的原因至今不明。西格蒙德·弗洛伊德认为强迫症的原因是过于严格的如厕训练（所以他称之为"肛门滞留人格"），不过更有可能是过于严格的教养。腓力二世的童年肯定受到了严格的管理：因为他是唯一的男性继承人，他的父母难免对他保护过度，尤其是在他的兄弟们都夭折之后。每当孩子们，尤其是腓力，染上最轻微的疾病时，皇后都会惊慌失措。尽管她于1539年去世，而且查理五世经常不在腓力身边，但他的内廷总管堂胡安·德·苏尼加事无巨细地操控了王子生活的每一个时刻，准确地决定他可以做什么，不可以做什么（包括他在什么时候可以、什么时候不可以与第一任妻子玛丽亚·曼努埃拉同床）。并且，尽管不在儿子身边，查理五世给他树立的榜样也不是常人能够企及的：皇帝似乎是一个雷厉风行的行动家，打赢过许多战役；他是天生的领导者和见多识广的旅行者，精通五种语言；他能言善辩，擅长巧妙的眼神和手势，无论在公共仪式期间世人的凝视之下还是在亲信簇拥的轻松环境里都如鱼得水。但这位英雄统治者只有一个合法的儿子来继承和治理他的庞大帝国。腓力漫长的学徒生涯（从1543年一直持续到查理五世于1558年去世）让这个年轻人更加敏锐地感到自己必须成功，如果失败就会丢脸。所以，极高的自我期望给他造成了沉重负担，同时他有严重的强迫症心态，一定要证明自己配得上父亲的期望且有能力完成他的使命。约翰·埃利奥特爵士说得对，腓力二世的"王朝背景给他造成沉重的负担，不仅是政治上的，还有心理和精神上的负担"。这就是他的性格的关键所在。[14]

不足为奇的是，腓力二世对自己能否扮演好社会、家族和他自己期望他扮演的公共角色，抱有深刻的不安全感。在父母去世多年之后，他的自卑心态还是能以出人意料的方式浮现。1563年，他三十五岁的时候，他为埃斯科里亚尔的圣洛伦索修道院奠基的计划遇到了一些困难，这时他竟然宣布"我完全糊涂了"，"我要把这件事情托付给罗马教廷大使，我自己不去"。不过他最终克服了不安全感，参加了奠基典礼。但三年后，他的第一个女儿出生不久后，他对于自己要抱着孩子去洗礼池十分焦虑，于是"抱着一个很大的玩偶，从房间的一侧走向另一侧，作为练习"。但最后他还是把这个任务委托给弟弟堂胡安。[15]

不管强迫症的原因是什么，有强迫症的人都不适合担当战时领袖，因为指挥作战需要付出极大的努力，让人很少有精力或洞察力去处理其他问题。在腓力二世身上，这种局限性就特别重要，因为他的整个统治时期中只有六个月的和平，此外他一直在与各路敌人交战，有时是多线作战。当然了，国王在早期还能给部下一定程度的自由空间。1557年，谈到佛罗里达定居点的时候，他告诉新西班牙副王："我已经决定把此事交给你办理，因为你在一线，知道怎样对上帝和我的事业更有利。"1571年，他甚至（尽管是不太情愿地）把是否入侵英格兰的决定权交给对此满腹疑虑的阿尔瓦公爵："你必须根据自己的想法,以对上帝和我的事业最有利的方式来引导和领导此事。我将它托付给你,相信你一定会以如此重大的事务所需的热忱、认真和谨慎来处理。"[16]但到了16世纪80年代,国王就没这么灵活了。他禁止经验极其丰富的一线海军将领圣克鲁斯侯爵偏离他为英格兰大业准备的详细指示。国王说,圣克鲁斯侯爵必须"相信我,因为我掌握了关于当前所有方面形势的完整信息",必须不打任何折扣地执行国王的命令。

国王这是自欺欺人。尽管他的情报网络是当时最优秀的,但每一条消息送到他的办公桌上的时候,"当前形势"已经发生了变化。国王的这种错觉让他没有办法理解任何一种大规模"联合行动"的复杂性;更糟糕的是,它让腓力二世更加顽固地执迷于他的"弥赛亚式帝国主义"。圣克鲁斯侯爵指出,"在冬季派遣大规模舰队穿过英吉利海峡,是风险很大的事情",而国王高高在上地答道:"这是为了上帝的事业,所以上帝一定会赐给我们好天气。"[17]如沃尔特·雷利爵士所说,这真的是"狂妄自负、缺乏理智的君主"的世界观。

偶然性与机会

没有一个霸权能够延续千秋万代。建立和保全一个全球帝国始终是很困难的事情,尤其是因为腓力二世的君主国在地理上极其分散、各部分相距遥远,再加上信息过载,缺乏共同的机构、语言、法律和目标。但并不是说完全不可能。在意大利,政治哲学家乔万尼·博泰罗在1590年左右指出,腓力二世的各领地虽然是分散的,但"不应当认为它们互相之间是断裂的",因为"大海把它们连接起来,没有一块领地遥远到不能用海军去保卫"。[18]尽管存在各种结构性问题,尽管腓力二世有强迫症，但他在自己的主要事业当中还是非常接近成功。如果历史的轨迹有一点点不同（或者用腓力二世的话说，就是只需要一个"小小的奇迹"），那么结局会大不相同。以英格兰为例：

- 如果玛丽·都铎的寿命和她父亲一样长（五十五岁），在1571年去世；更不要说如果和她妹妹伊丽莎白一样长寿（六十九岁），活到1585年，而不是在1558年死去，年仅四十二岁的话，英格兰肯定会继续忠于天主教信仰和哈布斯堡王朝。

- 如果腓力二世在1558年3月按计划从布鲁塞尔去了伦敦，并说服玛丽认可伊丽莎白为下一任君主，也许还安排伊丽莎白与萨伏依的埃马努埃莱·菲利贝托结婚，那么英格兰几乎肯定会继续忠于天主教信仰，并与哈布斯堡王朝交好。

- 最后，如果腓力二世在1588年远征英格兰时采纳了一种不需要无敌舰队与帕尔马公爵部队先会师的策略，或者让圣克鲁斯侯爵那样经验丰富的战将来指挥，那么就完全有可能在英格兰南部或爱尔兰建立桥头堡，并迫使伊丽莎白放弃支持尼德兰人。这样腓力二世的军队就可以征服整个尼德兰，同时在1589年亨利三世遇刺之后还有足够的兵力部署到法国。

类似地，在尼德兰方面：

- 如果腓力二世在1561年（他的各路反对者因

为设立新主教区的事情而团结起来的时候)和1571年(经济衰退和阿尔瓦公爵的暴政使尼德兰很可能发生新起义的时候)之间的任何一个时间点返回尼德兰,那么也许能完全避免战争。

· 如果阿尔瓦公爵在1572年底接受了哈勒姆提出的投降条件,而不是坚持要求对方无条件投降的话,其他的起义城镇也许会求和,从而结束尼德兰起义(就连奥兰治亲王威廉也觉得必然会是这样)。

在上述的每一种反事实情境当中,腓力二世都可以避免漫长的战争,节约大笔金钱,于是就能更有效地干预其他地方,或者运用他手中的海量资源去发展西班牙的经济和文化生活。

如果历史轨迹略有不同,腓力二世还有可能达成更多的目标。最重要的是,如果葡萄牙国王塞巴斯蒂昂和法国国王亨利三世不是没有留下子嗣就暴死的话,腓力二世可以继续从这两位的无能当中获益;或者,如果这两位死时留下了年幼的孩子,腓力二世就可以利用葡萄牙和法国幼主当政的局面来推动自己的利益。这几种情况都会改善腓力二世的君主国的整体安全局势,因为他的各路敌人会没有理由联合起来反对西班牙在欧洲称霸。

上述的每一种反事实情境都会造成重大的后果,因为腓力二世原本就掌握了极多的优势。在他统治期间,无论在欧洲还是美洲,他能够调拨的人力资源和物质资源都有了迅猛增长。国王动员资源的能力也有很大提高。而他的对手掌握的资源却在减少。英格兰的统治者是一个缺少明确继承人的女人(尽管她是一位精明强干的政治家),她能够调拨的资源有限,而且她必须与国内人数众多、心怀不满的天主教徒达成协议；德意志的新教和天主教统治者们拒绝合作，导致神圣罗马帝国出现了政体瘫痪的局面；法国在宗教战争当中浪费了大量资源；奥斯曼苏丹深陷于针对波斯的战争，不能自拔。并且，从埃斯科里亚尔看到的景象很少是完全昏暗的：失之东隅收之桑榆的事情时有发生，腓力二世在一项事业中失败，却同时在另一项当中获胜。例如在1571～1572年，虽然他"杀死或抓捕伊丽莎白"的计划失败了，他为了菲纳莱利古雷的事情蒙羞，而且尼德兰又爆发了起义，但腓力二世赢得了勒班陀海战的辉煌胜利，得到了一个健康的继承人，另外法国还发生了圣巴托罗缪大屠杀。他在尼德兰蒙受了损失，但吞并了葡萄牙，并在美洲和菲律宾迅速扩张。幸运女神（他会说是上帝）经常对腓力二世微笑，让他转败为胜。例如，在1565年，腓力二世得知法国胡格诺教徒在佛罗里达建立殖民地几个月之前，签署了一份协议，授权佩德罗·梅嫩德斯·德·阿维莱斯组建并武装一支舰队去加勒比海服役。于是，国王的军队得以在胡格诺定居者建立坚固的基地之前就将其消灭。类似地，在1577年和1584年之间，苏丹四次为两国在地中海的停战协定续约，于是腓力二世得以动员资源，吞并了葡萄牙和亚速尔群岛，并收复尼德兰南部，而不必担心背后被奥斯曼人捅刀子。最后，在1591年，阿拉贡叛乱爆发之时，腓力二世刚好组建了一支军队，准备进入法国南部，所以他能够迅速把这支军队部署到阿拉贡，一个星期之内就镇压了叛乱。

反事实的情境让我们能够了解到腓力二世之谜的核心。让我们回去审视阿吉拉尔·德·特罗内斯博士提出的比喻：如果国王的职责像是织工，那么腓力二世未能达成他在王朝政治和宗教上的许多目标，不是因为他的织布机的结构有问题，不是因为布料的材质，也不是因为每一根线多么脆弱，而是因为织工的能力有限。"多么忙碌的一生，要分成这么多的线索"的确需要国王"在这么短的时间里做如此之多"，而他疲于奔命，跟不上节奏。也许，我们再参观一次埃斯科里亚尔的圣洛伦索王家修道院，就能明白为什么。国王对这座修道院非常自豪，所以我们可以用它来评估他的成就，腓力二世本人一定会赞成这样的衡量标准。

首先，我们必须赞颂修道院惊人的总体成就：这是欧洲最大的建筑，设计和施工在一代人的时间里就完成了。但正如何塞·德·西根萨修士（第一部埃斯科里亚尔修道院建筑群历史著作的作者）吹嘘的那样，"这座建筑看上去不像是用不同元素组成的，而是从单独一块石头里开凿出来的，因为它的色彩、质感和石料的布置都高度统一"。就连外国人也认为这是"全欧洲最辉煌壮丽的宫殿"（约翰·埃利奥特，1593年）；"比世界现有的其他任何建筑都优秀"（威尼斯大使，1602年）；"欧洲最宏大、设计最奇妙的建筑"（卢卡大使，1618年）。[19]但是为了完美，就需要付出昂贵的代价。同一位威尼斯大使写道，修道院"需要35年的持续施工，耗资超过1000万金杜卡特"。但西根萨尖锐地问道：那么，那些杜卡特"都化为青烟了吗？或者流出西班牙了？都没有"。他写道，这些钱的大部分流到了"托莱多的官员手中，他们用这些钱来养家"；或者"流到了加拉帕加尔、罗夫莱多和巴尔德莫里略的工人手中"，他们"开采石料、搬运石头、制造砖块、挖掘土方，然后把这些建材都运到"埃斯科里亚尔。这样的"下渗"经济效益显然很重要，所以西根萨调皮地"希望我们的国王能够从事比这更宏大的工程"，而不是把钱花在国外。[20]

但是，西根萨的"原始凯恩斯主义"经济分析忽视了腓力二世在此项工程中投入大量时间而产生的机会成本。本书里有大量这样的例子：他亲自用剪刀剪掉一封信里对该修道院一名新僧的罪孽的描述；他亲自给每一位修士分配住房；他"亲自视察采石场，观看工人装载和卸载石料"，从而"能够观察一切工作"；他要求把"唱诗班座位的模型"送到巴达霍斯，让他能够亲自检查它是否严格遵守了他选定的设计方案。他始终不曾放弃这样的微观操控：1590年，他对宗座圣殿内"十字架的正确位置"无比纠结，以至于"国王陛下自己上下楼梯两千次"，这个过程花了六天时间。[21] 腓力二世坐在"织布机"前，在这样的细枝末节上花费的每一个钟头，都浪费了他的才干和精力，让他没有办法"赶紧修复"每一根断裂的线。

罗马教廷驻西班牙大使在1587年抱怨道："国王陛下事无巨细，一切事情都要自己看、自己做，即便他有十只手、十个头，这也是不可能办到的。"所以，国王未能达成其目标的原因除了他对信仰的执念之外，同样重要的还有他的幼年教养造成的强迫症，以及他（用堂胡安·德·席尔瓦的话说）不懂得"区分哪些事情是他可以自己处理的，哪些事情必须委托他人"。[22] 上述三方面原因累加起来，削弱了腓力二世处理如潮水般涌来的问题的能力，而他统治着一个拥有五千万臣民的全球帝国，并且几乎持续不断地处于战争状态，所以问题必然会如潮水般涌来。没有人可以同时当好埃斯科里亚尔的工程经理和世界舞台上的政治家。将腓力二世打造为优秀的工程经理的那些品质，让他创造了"世界第八大奇迹"，但同时也让他难以成为历史上第一个日不落帝国的优秀统治者。

缩略词

AA	Archivo de la Casa de los Duques de Alba, Biblioteca de Liria, Madrid, with *caja* and *folio*
ACA	Arxiu de la Corona de Aragó, Barcelona
CA	*Consell d' Aragó*
ACC	*Actas de las Cortes de Castilla*, 17 vols (Madrid, 1861-91)
ACP	Archivo de los Condes de Puñonrostro, Carmona
Bobadilla	*Papeles de Don Francisco de Bobadilla*
ADE	*Archivo Documental Español: Negociaciones con Francia*, ed. M. Gómez del Campillo, 11 vols (Madrid, 1950-64)
AGI	Archivo General de Índias, Seville
IG	*Indiferente General*
AGNM	Archivo General de la Nación, México
CRD	*Cédulas reales duplicadas*
AGPM	Archivo General del Palacio Real, Madrid, Sección histórica
CR	*Cédulas reales*
AGRB	Archives Générales du Royaume/Algemeen Rijksarchief, Brussels
Audience	*Papiers d'État et d'Audience*
Gachard	*Collection Gachard*
AGS	Archivo General de Simancas
CC	*Cámara de Castilla*
CJH	*Consejos y Juntas de Hacienda*
CSR	*Casas y Sitios Reales*
DGT Inv	*Dirección General del Tesoro, Inventario*
Estado	*Negociación de Estado*
GA	*Guerra Antigua*
PR	*Patronato Real*
AHN	Archivo Histórico Nacional, Madrid
AEESS	*Archivo de la Embajada Española cerca la Santa Sede*
Consejos	*Consejos Suprimidos*
Inq	*Inquisición* (with *legajo* or *libro* and folio)
OM	*Órdenes Militares*
AHPM	Archivo Histórico de Protocolos, Madrid
Álava	Don Francés de Álava y Beamonte. *Correspondencia inédita de Felipe II con su embajador en París (1564-1570)*, ed. P. and J. Rodríguez (San Sebastián, 1991)
AM	Archivo Municipal
AMAE (P)	Archive du Ministère des Affaires Etrangères, Paris
MDFDE	*Mémoires et documents: Fonds Divers, Espagne*
APC	*Acts of the Privy Council*
ARA	Algemene Rijksarchief, The Hague
ARSI	Archivum Romanum Societatis Iesu, Rome
ASC	Archivo de la Casa de los Marqueses de Santa Cruz, Madrid, with *caja* and *expediente*

ASF	Archivio di Stato, Florence
DU	Ducato di Urbino, Clase I
MP	Mediceo del Principato
ASG	Archivio di Stato, Genoa,
AS	Archivio Segreto
ASMa	Archivio di Stato, Mantua
AG	Archivio Gonzaga
ASMo	Archivio di Stato, Modena
CD	Cancellaria Ducale, Sezione Estero
ASN	Archivio di Stato, Naples
AST	Archivio di Stato, Turin
LM	Lettere Ministri
ASV	Archivio Segreto Vaticano, Rome
LP	Lettere principi
NS	Nunziatura Spagna
ASVe	Archivio di Stato, Venice
SDS	Senato: Dispacci Spagna
BAV	Biblioteca Apostolica Vaticana, Rome
UL	Urbinates Latini
VL	Vaticani Latini
BCR	Biblioteca Casanatense, Rome
BL	British Library, London, Department of Western Manuscripts
Addl.	Additional Manuscripts
Cott.	Cotton Manuscripts
Eg.	Egerton Manuscripts
BMB	Bibliothèque Municipale, Besançon
Ms Granvelle	Cabinet des Manuscrits, Collection de Granvelle
BMO	La batalla del Mar Océano, ed. J. Calvar Gross, J. I. González-Aller Hierro, M. de Dueñas Fontán and M. del C. Mérida Valverde, 3 vols (Madrid, 1988-93)
BNE Ms	Biblioteca Nacional de España, Madrid, Sección de Manuscritos
BNF	Bibliothèque Nationale de France, Paris, Section des Manuscrits
f. f.	Fonds français
Ms. Esp.	Manuscrit espagnol
Bouza, Cartas	Cartas de Felipe II a sus hijas, ed. F. J. Bouza Álvarez (2nd edn, Madrid, 1998)
BPU	Bibliothèque Publique et Universitaire, Geneva
Favre	Collection Manuscrite Édouard Favre
BR Ms	Biblioteca Real, Palacio de Oriente, Madrid, Sección de Manuscritos
BRB Ms	Bibliothèque Royale/Koninklijke Bibliotheek, Brussels, Section des Manuscrits/Afdeling Handschriften
BSLE Ms	Biblioteca del Real Monasterio de San Lorenzo de El Escorial, Manuscript Collection
BZ	Biblioteca de Zabálburu, Madrid, Manuscript Collection (with carpeta and folio)
Cahiers van der Essen	Notebooks ('Cahiers') of Léon van der Essen containing transcripts of materials in the Archivio di Stato, Naples, subsequently destroyed
CCG	Correspondance du Cardinal de Granvelle 1565-1586, ed. E. Poullet and C. Piot, 12 vols (Brussels, 1877-96)
CDCV	Corpus Documental Carlos V, ed. M. Fernández Álvarez, 5 vols (Salamanca, 1974-81)
CMPG	Correspondance de Marguerite d'Autriche, duchesse de Parme, avec Philippe II, ed. L. P. Gachard, 3 vols (Brussels, 1867-81)
CMPT	Correspondance française de Marguerite d'Autriche avec Philippe II, ed. J. S. Theissen and H. A. Enno van Gelder, 3 vols (Utrecht, 1925-42)
CODOIN	Colección de documentos inéditos para la historia de España, 112 vols (Madrid, 1842-95)
CODOIN América	Colección de documentos inéditos relativos al descubrimiento, conquista y organización de las antiguas posesiones españoles en América y Oceanía, 42 vols (Madrid, 1864-84)
CSPSp	Calendar of State Papers: Spanish, ed. J. A. Bergenroth and others, 19 vols (London, 1862-1954); and Calendar of Letters and State Papers relating to English affairs preserved in, or originally belonging to, the archives of Simancas: Elizabeth, ed. M. A. S. Hume, 4 vols (London, 1892-9)

CSPV	*Calendar of State Papers and Manuscripts relating to English Affairs existing in the archives and collections of Venice*, ed. H. F. Brown and others, 38 vols (London, 1864–1947)
DH	Fray Bartolomé Carranza. *Documentos históricos*, ed. J. I. Tellechea Idígoras, 7 vols (Madrid, 1962–94)
DHME	*Documentos para la historia del monasterio de San Lorenzo El Real de El Escorial*, ed. J. Zarco Cuevas, G. de Andrés and others, 8 vols (Madrid, 1917–62)
Donà	*La corrispondenza da Madrid dell' ambasciatore Leonardo Donà (1570–1573)*, ed. M. Brunetti and E. Vitale, 2 vols (Venice–Rome, 1963)
Douais	*Dépêches de M. de Fourquevaux, ambassadeur du roi Charles IX en Espagne, 1565–72*, ed. C. Douais, 3 vols (Paris, 1896–1904)
Encinas	*Cedulario Indiano recopilado por Diego de Encinas* (1596), ed. A. García Gallo, 4 vols (Madrid, 1945–6)
Epistolario	*Epistolario del III duque de Alba*, ed. duke of Berwick y Alba, 3 vols (Madrid, 1952)
FBD	*Felipe II. La biografía definitiva*, by G. Parker (Barcelona, 2010)
FCDM *AH*	Fundación Casa Ducal de Medinaceli, Toledo, *Archivo Histórico*
Gachard, *Voyages*	*Collection des voyages des souverains des Pays-Bas*, ed. L. P. Gachard, IV (Brussels, 1882)
GCP	*Correspondance de Philippe II sur les affaires des Pays-Bas*, ed. L. P. Gachard, 5 vols, (Brussels 1848–79)
GPGP	*Gonzalo Pérez, secretario de Felipe II*, by A. González Palencia, 2 vols (Madrid, 1946)
GRM	*Retraite et mort de Charles-Quint au monastère de Yuste. Lettres inédites*, ed. L. P. Gachard, 3 vols (Brussels, 1854–6)
Groen van Prinsterer	*Archives ou correspondance inédite de la maison d'Orange-Nassau*, ed. G. Groen van Prinsterer (1st series, 8 vols and supplement, Leiden 1835–47; 2nd series, I, Utrecht, 1857)
HHSTA	Haus-, Hof- und Staatsarchiv, Vienna
HSA *Altamira*	Hispanic Society of America, New York, Manuscript collection, *Altamira Papers*, with box, folder and document
IANTT	Instituto dos Arquivos Nacionais, Torre do Tombo, Lisbon
TSO: CG	*Tribunal do Santo Oficio: Conselho Geral*
IVdeDJ	Instituto de Valencia de Don Juan, Madrid, Manuscripts (with *envío, carpeta* and folio)
KB *HS*	Koninklijke Bibliotheek, The Hague, Afdeling Handschriften
KML	Karpeles Manuscript Library, Santa Barbara, California
MSP: *CR*	Medina Sidonia Papers: *Cartas de reyes*
Lhermite, *Passetemps*	Jehan Lhermite, *Le Passetemps*, ed. C. Ruelens, E. Ouverleaux and J. Petit, 2 vols (Antwerp, 1890–6, facsimile reprint, Geneva, 1971)
Longlée	*Dépêches diplomatiques de M. de Longlée, résident de France en Espagne, 1582–90*, ed. A. Mousset (Paris, 1912)
Maura	*El designio de Felipe II y el episodio de la Armada Invencible*, by G. Maura Gamazo, duke of Maura (Madrid, 1957)
MHSI	*Monumenta Historica Societatis Iesu*
NA	National Archives (formerly Public Record Office), Kew
SP	*State Papers*
NMM	National Maritime Museum, Greenwich, Manuscript Collection
OÖLA	Oberösterreichisches Landesarchiv, Linz
KB	*Khevenhüller Briefbücher*
Oria	*La Armada Invencible. Documentos procedentes del Archivo General de Simancas*, ed. E. Herrera Oria (Valladolid, 1929: Archivo Histórico Español, II)
PEG	*Papiers d'État du Cardinal de Granvelle*, ed. C. Weiss, 9 vols (Paris, 1841–52)
RAG *AB*	Rijksarchief Gelderland, *Archief van het Huis Berg*
RAH	Real Academia de la Historia, Madrid, Colección de Manuscritos
Riba	*Correspondencia privada de Felipe II con su secretario Mateo Vázquez 1567–91*, ed. C. Riba García (Madrid, 1959)
Serrano	*Correspondencia diplomática entre España y la Santa Sede durante el pontificado de San Pio V*, ed. L. Serrano, 4 vols (Madrid, 1914)

Sigüenza	José de Sigüenza, *La fundación del Monasterio de El Escorial*, vol. III of his *Historia del Order de San Gerónimo* (1605; Madrid, 1988)
TMLM *Ms*	The Morgan Library and Museum, New York, Manuscript Collection
TR	*El Arzobispo Carranza: 'Tiempos Recios'*, ed. J. I. Tellechea Idígoras, 4 vols (Salamanca, 2003-7)
UB Leiden *HS Pap*	Universiteitsbibliotheek, Leiden, *Afdeling Handschriften Papieren*

关于史料

本书运用了六种类型的原始史料，有的已经有了印刷版，但大部分只有手稿或手抄本形式。

1. 阿尔塔米拉藏品

到1860年，第十六代阿尔塔米拉伯爵何塞·马利亚·奥索里奥·德·莫斯科索（José María Osorio de Moscoso, sixteenth count of Altamira）已经继承了西班牙好几个贵族世家的档案。他拥有的或许是一套最丰富的腓力二世时代文献的藏品。其中包括腓力二世的几位私人秘书的文件：安东尼奥·格拉西安·唐蒂斯科（1571~1576年在任）、马特奥·巴斯克斯·德·莱卡（1573~1591年在任）和赫罗尼莫·加索尔（卒于1605年）。这几位私人秘书为国王处理三种类型的文件：他与高级大臣的通信，涉及各种事务；"国王亲启"的密奏和备忘录；其他高级大臣去世时留下的档案（从枢机主教埃斯皮诺萨的档案开始，巴斯克斯曾担任他的秘书）。在某个时间，奥利瓦雷斯伯爵兼公爵（腓力四世的宠臣和首相）认识到了这些文件的重要性，将其据为己有。这批文件后来到了阿尔塔米拉伯爵手中，与腓力二世的好几位大臣（包括堂路易斯·德·雷克森斯、堂胡安·德·苏尼加、贝拉达侯爵和塞萨公爵）的文件放在一起。

但在1869年发生了灾难。为了给最后一代阿尔塔米拉伯爵还债，他的遗嘱执行人将他收藏的画作、甲胄、圣物、书籍和档案拍卖了。幸运的是，马德里的藏书家何塞·桑丘·拉永（José Sancho Rayón）尽可能挽救了其中的档案。他说服巴斯克银行家马利亚诺和弗朗西斯科·德·萨瓦尔武鲁（Mariano and Francisco de Zabálburu）买下了成千上万份文献。弗朗西斯科·德·萨瓦尔武鲁图书馆（Biblioteca Francisco de Zabálburu）收藏的全部文献都已经数字化，所以我们可以在图书馆阅览室查阅、放大、修改这些文件，如果想要的话还可以打印。[1]吉列尔莫·德·奥斯玛（Guillermo de Osma）也买了好几千份阿尔塔米拉文献，将其存放在巴伦西亚堂胡安研究所（Instituto Valencia de Don Juan），这是他在马德里建立的机构。这套文献也被数字化了，所以现在可以以名字、主题和日期为关键词来"检索"整套文献。[2]另外两人在1870年买了阿尔塔米拉文献中相当多的部分，很快将其转移到海外。最后一代阿尔塔米拉伯爵的内弟弗雷德里克·迪斯迪耶（Frédéric Disdier）把超过200卷文献卖给了大英图书馆（当时叫大英博物馆图书馆），现在的编号是Additional Manuscripts 28，334 – 28，503和28，262 – 28，264。最后一代阿尔塔米拉伯爵的图书馆员保罗·沙皮（Paul Chapuys）将数千份文献带到了自己的家乡日内瓦，他去世后，这批文献到了他的一位朋友手中，此人将其捐献给日内瓦的公共与大学图书馆（Bibliothèque Publique et Universitaire）。[3]

一直到不久前，史学界都认为这四套藏品包含了阿尔塔米拉文献的绝大多数，但桑丘·拉永自己保留了大约3000份文献。他于1900年去世后，赫雷斯德洛斯卡瓦列罗斯（Jerez de los Caballeros）侯爵不仅得到了桑丘·拉永收藏的绝妙的珍本图书，还得到了"几包旧文件"。两年后，侯爵将他的图书和

"旧文件"卖给了美国的著名西班牙研究者阿彻·M. 亨廷顿（Archer M. Huntington），后者则将这些文件存放在美国西班牙学会（Hispanic Society of America）的私人地下室内。这个机构是他在纽约创办的。亨廷顿去世后，这些文件正式进入美国西班牙学会的馆藏，但一直没有编目，直到2012年安德鲁·W. 梅隆基金会提供了一大笔赞助，让贝萨妮·阿拉姆（Bethany Aram）、雷切尔·鲍尔（Rachael Ball）和我去分拣、识别和编目美国西班牙学会收藏的32箱阿尔塔米拉文献。[4]

阿尔塔米拉文献的分散意味着有些文献已经遗失了，也许是永久性消失了，而存世的文献分散在五个或者更多地方。这就造成了两个问题。首先，存世文献的数量仍然是很惊人的：卡洛斯·里瓦·加西亚（Carlos Riba García）整理出版了大英图书馆的200卷阿尔塔米拉文献当中腓力二世与马特奥·巴斯克斯之间备忘录的大约一半，让史学界能够接触到这些文献。但他出版的文献多达436页。所以，如果要把阿尔塔米拉文献全部出版，就需要几千卷。[5]其次，文献的分散意味着，腓力二世在同一天写给高级大臣的多份备忘录如今可能存放在至少五个档案馆里，而许多文献常常会指向藏在其他地方的文献。一份发给国王的书信或者奏章如今可能在日内瓦，而马特奥·巴斯克斯为它写的介绍短信可能在伦敦，腓力二世的回信在马德里或纽约。所以，今天研究腓力二世的历史学家面对的最紧迫任务，是为阿尔塔米拉文献编写一套现代化的语词索引（concordance）。

2. 政府档案

阿尔塔米拉藏品主要是腓力二世与他最信任的谋臣在对国

王来说重要的事情上交换的文件。如果要了解他在其他事务上的文件，历史学家必须到别处寻找。辅佐他的十四个中央议事会和委员会的绝大多数奏章，以及他在全世界的大臣发给他的信件和报告，如今按照主题，收藏情况如下：

＊国务议事会（AGS Estado）的档案是按照地域来存档的，国王统治的每个欧洲国家（阿拉贡、卡斯蒂利亚、尼德兰、米兰、那不勒斯、西西里等）都有自己的一套档案，每个外国（英格兰、法国、德意志、葡萄牙、罗马、萨伏依等）也有。还有"Armadas y Galeras"档案（涉及地中海舰队）和"Despachos diversos"（国务秘书发出信件的不计其数的登记信息）。

＊意大利议事会（涉及那不勒斯、西西里、米兰、撒丁岛）在1554～1555年的档案，葡萄牙从1582年开始的档案，以及尼德兰（佛兰德）从1588年开始的档案，都存放在AGS Secretarías Provinciales当中，包含了日常的行政通信。

＊战争议事会：AGS Guerra Antigua包含关于西班牙海陆防御的文件、北非驻军的文件，还有在1580年之后关于葡萄牙国防的文件。

＊财政议事会："财政部秘书亲笔"写给国王的书信和文件，以及相关的奏章，构成了AGS Consejos y Juntas de Hacienda套系。对负责分配政府资金或者提供政府贷款的人的账目审计，在四个AGS套系中：Contaduría Mayor de Cuentas、Contaduría del Sueldo、Contadurías Generales和Dirección General del Tesoro。

＊西印度议事会：AGI（塞维利亚）Indiferente General包含了该议事会发给国王的许多奏章。[6]该议事会与美洲几位副王和其他官员的通信是按照地域管理的（AGI México、Perú等）；

议事会的司法事务构成了 AGI Justicia 套系。

＊卡斯蒂利亚议事会（Consejo Real）的文献分成 AHN（马德里）Consejos Suprimidos、AGS Patronato Real、AGS Patronato Eclesiástico 和 AGS Cámara de Castilla（后三个套系包含许多与该议事会无关的重要文件，比如王室成员的遗嘱）。

＊阿拉贡议事会：ACA（巴塞罗那）Consejo de Aragón。

＊修会议事会：AHN Órdenes Militares。

＊宗教裁判所议事会：AHN Inquisición。[7]

＊公共工程与林业委员会：分为 AGS Casas y Sitios Reales 和 AGP Sección histórica（Cédulas reales, 2~9，有一万页，有 1548~1598 年该委员会发布的王室令状的登记副本）。AGS CSR 也包含王室成员的内廷的账目，从 1535 年腓力二世当王子时的账目开始：AGS CSR 36。

上述套系均不完整。1559 年，从尼德兰运载王家档案回西班牙的船只沉没，于是国王自 1554 年离开西班牙以来的全部行政档案都毁灭了。1559 年之后的很多重要文件被收入阿尔塔米拉藏品，还有一些文件被收入了错误的套系。[8]还有一些文件在 19 世纪遭法国人抢夺（不过，根据阿道夫·希特勒的特别命令，德国驻法占领当局在 1942 年将这些文件几乎全部归还到西曼卡斯）。[9]最后，尽管腓力二世和西曼卡斯的档案馆员试图收藏国王的每一位谋臣去世后留下的官方文件，但并不总是能成功（见下面的第四节）。

从 1992 年开始，Archivos Españoles en Red 把西班牙各个公共档案馆收藏的数万份来自腓力二世时代的文件数字化并放到网上，所以（比方说）生活在俄亥俄州哥伦布市的人无须借阅证就能免费找到、阅读和打印这些文献，即便保存其原件的档案馆已经关闭。[10]

腓力二世统治的每一个海外领地都有自己的机构，都产生了各自的档案，所以历史学家能够借此研究国王的政策在帝国边缘地区的执行情况。但遗憾的是，这些方面的文献也有大量损失。那不勒斯和米兰好几个机构的档案包含这些机构与腓力二世的通信，但在第二次世界大战期间要么全部损毁，要么部分损毁。而阿尔瓦公爵及其继任者在尼德兰建立的西班牙机构在1596年之前几乎没有什么档案留下来，除暴委员会除外（AGRB Raad van Beroerten）。在墨西哥，AGNM的两套文献能够显示王权在腓力二世君主国的这个主要的前哨据点是如何运作的。Mercedes系列（名字取得很好，为Libros de Gobierno，即"政府文献"）的前九卷包括1570年之前墨西哥副王发布的所有命令，其中很多引用了要求采取行动的国王信函或令状（cédula）。并且，Cédulas reales duplicadas套系的前三卷列举了腓力二世给他的官员（尤其是副王和检审庭官员）发出的数百道御旨，有时还记录了采取的行动。葡属印度的首府果阿的历史档案馆也收藏了16世纪80年代和90年代当地机构从腓力二世那里收到的几乎全部信函（存档为Livros das Monções），但那里的文件很少体现他的命令得到执行的情况，也很少体现在果阿进行的关于如何治理腓力二世时代葡萄牙的各个前哨据点（从索法拉到长崎）的政策辩论。

3. 国王与其家人的通信

从1543年腓力二世（用他后来自己的话说）"开始治理国家"到1558年查理五世去世，皇帝和儿子之间有许多通信，但绝大多数只谈公务。查理五世偶尔亲笔写信，而且经常亲笔添加附言，但涉及的话题很少包括个人生活的细节。CDCV 出版了这些通信的大部分，GRM 里还有更多 1556~1558 年的信。不过有一个重要的例外：查理五世在 1543 年 5 月给儿子的两份秘密指示。纽约的美国西班牙学会收藏的 Ms B 2955 包含这两份指示的原件，有 48 张对开纸，都是皇帝亲笔写的（有大量修改的痕迹），这是他写过的最长的一份文件。Ball and Parker, *Cómo ser rey* 是这两份指示的评注版。

腓力二世写给他的姑姑匈牙利王后玛丽、妹妹玛丽亚及其丈夫马克西米利安二世皇帝的亲笔信里有大量个人生活的细节。这些信都保存在维也纳。妹妹玛丽亚给腓力二世的亲笔信（有他的批注）保存在马德里的利里亚图书馆（Biblioteca de Liria），其中也有大量个人生活的细节；他与表兄弟萨伏依的埃马努埃莱·菲利贝托的通信，以及他与女婿萨伏依的卡洛·埃马努埃莱的通信同样有一些个人生活的细节。[11]腓力二世在与几任妻子通信时都会明确提到上述信件，但这些信件几乎都没有留存至今。我们只知道，在玛丽·都铎去世不久后，他感谢他在英格兰的代表"焚毁了我给女王的全部信件"。其他亲人死去之后，他可能也销毁了相应的信件。他的几任妻子写给他的信中只有两封留存至今，都是草稿形式，都是玛丽·都铎写的。腓力二世还经常给岳母葡萄牙的卡塔利娜和卡特琳·德·美第奇写信，但还没有人编纂过这些书信的清单以及他发给其他君主的书信的清单。雷恩·阿林森（Rayne Allinson）整理和分析了腓力二世给他的妻妹伊丽莎白·都铎的书信，其中两封是他亲笔写的。[12]

信息量最大的国王家信是他写给女儿伊莎贝拉·克拉拉·欧亨妮亚（生于 1566 年）和卡塔利娜·米卡埃拉（生于 1567

年）的。费尔南多·博萨（Fernando Bouza）整理出版了腓力二世与女儿们分开时写给她们的 133 封存世书信。尽管国王把他在葡萄牙期间收到的女儿的信烧掉了，但他小心保存了卡塔利娜于 1585 年离开西班牙之后写给他的信，还保存了他的很多回信的草稿。[13]

J. I. 特列切亚·伊迪戈拉斯（J. I. Tellechea Idígoras）整理出版了腓力二世与他"精神上的父亲"即教宗的全部私人通信，分成两个套系：Felipe Ⅱ y el Papado，包含国王在其统治时期给教宗写的将近 500 封信，其中很多是他亲笔写的；El papado y Felipe Ⅱ，包括教宗写给国王的将近 550 封信，绝大多数是拉丁文的，1566 年之后有一些是意大利文的亲笔信。

4. 主要大臣的文件

腓力二世的好几位大臣保存了他们与国王的通信。

* 堂胡安·德·苏尼加和堂路易斯·德·雷克森斯。尽管这兄弟俩的遗嘱执行人都遵照他们的命令，在他们死后焚毁了敏感文件，但仍然留下了腓力二世时代最大规模的"国家公文"私人收藏：超过 800 捆文件。这兄弟俩的绝大多数文件都成为阿尔塔米拉藏品的一部分（见上文）。[14]此外，他们的绝大多数家庭文件，包括他们的父亲（国王幼年的宫廷总管堂胡安·德·苏尼加·阿韦利亚内达）的文件，今天都保存在莫林斯-德雷伊市的雷克森斯宫档案馆（Arxiu del Palau-Requesens）。[15]

* 枢机主教格朗韦勒。他于 1586 年在马德里去世，留下了海量的档案。他的绝大多数文件今天存放在 BMB 和 BR Madrid，但其他很多档案（尤其是 AGS 和阿尔塔米拉藏品的多个部分）都保存了枢机主教的一些重要信件，而 AGRB

Manuscrits divers 5459 和 5460 保存了数百份格朗韦勒在 1579 ~ 1584 年写给国王和"夜间委员会"的备忘录。[16]

* 第三代阿尔瓦公爵。他的档案规模很大，只有部分得到了整理出版，大多数存放在他的后人的图书馆，位于马德里的利里亚宫（Palacio de Liria）。[17]

* 第七代梅迪纳-西多尼亚公爵。尽管他的绝大多数书信和文件都保存在桑卢卡尔-德·巴拉梅达市的公爵档案馆，但加利福尼亚州圣巴巴拉的卡珀利斯手稿图书馆（Karpeles Manuscript Library）保存了涉及 1587 ~ 1593 年的三卷 *Cartas Regias*（和那些年代的其他很多材料）。[18]

* 第一代费里亚公爵。1558 年 1 月到 1559 年 5 月腓力二世亲笔写给费里亚伯爵的 29 封信（这是腓力二世通过写信给亲信来"发泄"的已知最早的例子）今天保存在托莱多的梅迪纳塞利公爵家族基金会（Fundación Casa Ducal de Medinaceli），见 *Archivo Histórico* 166 R – 7。

* 帕尔马的玛格丽特和她的儿子亚历山德罗·法尔内塞。腓力二世的姐姐和外甥留下的文件经历了双重悲剧：很多通信最后被保存到那不勒斯的国家档案馆（Archivio di Stato），德军士兵在 1943 年烧毁了其中很大一部分，不过比利时历史学家路易-普罗斯佩·加沙尔（Louis-Prosper Gachard）和莱昂·范·德·埃森（Leon van der Essen）抄录的副本得以存世。其余的通信保存在帕尔马的国家档案馆，因为受潮而严重损坏，今天很难读懂。[19]

* 安德烈亚·多里亚和胡安·安德烈亚·多里亚。Vargas-Hidalgo, *Guerra y diplomacia* 整理出版了 1552 ~ 1598 年国王及其大臣写给他们在地中海的主要海军将领的数百封信

（Vargas-Hidalgo 还出版了两个多里亚写给国王的一些书信和其他文件，时间下限为 1573 年）。

*腓力二世明确命令他的遗嘱执行人烧毁他的两任告解神父迭戈·德·查韦斯修士和迭戈·德·耶佩斯修士"写给我的信，以及我写给他们的信"。这样的信似乎只有三份原件保存至今（一封是查韦斯写的，两封是耶佩斯写的）。但两位告解神父咄咄逼人的笔调颇能解释国王为什么急于将他们之间的通信烧毁。[20]

国王的三位高级谋臣还写了自传，都有印刷版，有助于我们了解为腓力二世工作是怎样的体验。

*安东尼奥·佩雷斯在 1591 年阿拉贡叛乱失败之后逃到国外，不久之后在亨利四世的大本营所在地波城发表了《萨拉戈萨发生的事件之历史》（*Un pedazo de historia de lo sucedido en Zaragoza*）。他在 1592 年再版该书，做了增补，书名改为《历史与报告》（*Pedazos de historia o relaciones*）；1598 年（也就是他得知腓力二世驾崩不久之后），他又在巴黎出版了一个比之前长很多的版本，书名为《安东尼奥·佩雷斯的报告》（*Relaciones de Antonio Pérez*），还发表了第二卷，书名为《安东尼奥·佩雷斯书信集》（*Cartas de Antonio Pérez*）。这两卷都很畅销，无疑是因为其中收录了他与腓力二世的一些通信，让国王显得心胸狭隘、满嘴谎言和蠢笨不堪。对历史学家来说遗憾的是，这几个版本都有同样的缺陷：佩雷斯"编辑"了他发表的许多文献（如果不是全部的话），从而佐证自己的说法，即腓力二世把胡安·德·埃斯科韦多谋杀案"栽赃"到他头上。佩雷斯发表的文字，如果没有旁证的话，都不值得信赖。[21]

* 堂路易斯·德·雷克森斯撰写或者口授了一部"自传",坦率地记述了自己的生活,从对早年生活(作为王子的玩伴和高级侍童)的回忆,一直写到1570年。[22]

* 迭戈·德·西曼卡斯的《我的生平与重要事件》(*Vida y cosas notables*)写于1577~1583年(他在1583年去世),此书能够在三方面帮助我们了解腓力二世的世界:首先,他无意中揭露了宫廷的虚荣、偏见与派系斗争;其次,他对一些会议提供了"内部人士"的叙述(甚至写了每一位谋臣坐的位置和他们如何投票);最后,他详细记录了他与国王的对话。[23]

此外,巴尔托洛梅·卡兰萨于1554~1558年在英格兰和尼德兰与腓力二世密切合作,直到1558年返回西班牙担任托莱多大主教。次年,宗教裁判所怀疑卡兰萨有异端罪,将他逮捕。从1559年到1567年,他完整的审讯记录流传下来。1567年,教宗庇护五世将这个案件转移到罗马审理。已故的特列切亚·伊迪戈拉斯教授出版了该记录中的334份文件,时间下限为1563年春。到那时,国王本人和他的大约六十名廷臣都给出了宣誓证词,不仅揭露了导致卡兰萨倒台的派系斗争,还显示了腓力二世在英格兰和尼德兰的宫廷生活(我们缺少这个时期的许多官方文献)的细节。[24]

5. 外交通信

在腓力二世统治时期,一共有十二个国家在西班牙宫廷有常驻大使:神圣罗马帝国、教廷国、费拉拉、法国、热那亚、卢卡、曼托瓦、帕尔马、萨伏依、托斯卡纳、乌尔比诺和威尼斯。此外,在1568年之前英格兰有常驻西班牙的使节,1580

年之前葡萄牙也有。这些外交官的信函和报告填补了存世政府档案的重要空白，也提供了关于决策者的生动细节。有几位大使的信函已经被完整地出版：法国大使洛贝潘（Laubespine，1559～1562 年在任）、圣叙尔比斯（St Sulpice，1562～1565 年在任）、富尔科沃（1565～1567 年在任）和隆利（1582～1591 年在任）；威尼斯大使多纳（1570～1573 年在任）。[25] 此外，1558 年之后英格兰派驻腓力二世宫廷代表的所有信函的概要，可见 *Calendar of State Papers Foreign：Elizabeth*（到 1585 年之前是 15 卷。1585 年战争爆发，于是伊丽莎白的外交官几乎完全无法接触伊比利亚半岛）。[26] 而涉及伊丽莎白时代英格兰的威尼斯驻外使节信函的摘要（以及威尼斯元老院的决议），可见 *Calendar of State Papers Venetian* 的第 6～9 卷。

还有其他许多外交史料已经有了印刷版。每一位威尼斯大使在完成出使、回国之后向元老院做的"述职报告"（有的长达百页甚至更多）已经两次出版，第一次是 19 世纪的一个凌乱且不完整的版本，第二次是路易吉·菲尔波（Luigi Firpo）整理出版的完整版，按照国别排列。菲尔波版本的第 8 卷包括 1557～1598 年所有驻腓力二世宫廷的威尼斯使节的述职报告。卢恰诺·塞拉诺（Luciano Serrano）出版了 1565～1572 年罗马与马德里之间的全部外交通信；安娜·玛丽亚·沃奇（Anna Maria Voci）出版了罗马教廷大使尼科洛·奥尔玛奈托（1572～1577 年在任）发出的许多涉及奥地利的堂胡安和英格兰大业的报告。纳塔莱·莫斯科尼（Natale Mosconi）出版了罗马教廷大使塞萨雷·斯佩恰诺（Cesare Speciano，1586～1588 年在任）发出的许多报告，特列切亚·伊迪戈拉斯出版了卡米洛·卡埃塔尼（1594～1598 年在任）的报告。[27]

长期在西班牙任职的神圣罗马帝国大使亚当·迪特里希施泰因（1563～1573年在任）的信函保存在维也纳"皇室、宫廷与国家档案馆"（Haus-, Hof-und Staatsarchiv）。这些信函，再加上布尔诺的摩拉维亚国家档案馆内的迪特里希施泰因家族档案（Rodinný Archiv Ditrichšteinu），都已经开始得到整理出版。Strohmayer, *Korrespondenz* 中刊载了1563～1565年迪特里希施泰因和帝国宫廷之间的126封存世信函（大多数是用德文写的，也有一些是西班牙文和拉丁文的）。因为迪特里希施泰因不仅担任大使，还担任鲁道夫大公和恩斯特大公在西班牙宫廷的教师（ayo），所以他的信函特别私密和有趣。他的继任者汉斯·克芬许勒（1574～1606年在任）的报告还没有出版（不过绝大多数原件都保存在维也纳，他自己对发出信函的登记簿保存在林茨的上奥地利州档案馆）。不过他的详细日记已经出版，有德文版和西班牙文译本。[28]

其他方面，佛罗伦萨（包括托斯卡纳的文件和乌尔比诺的部分文件）、热那亚、卢卡、曼托瓦、摩德纳（费拉拉的文件）、帕尔马、都灵（萨伏依的文件）、梵蒂冈（罗马教廷大使的文件和乌尔比诺的部分文件）、威尼斯的外交信函目前都还是手稿状态。法国大使圣古阿尔领主让·德·维沃讷（Jehan de Vivonne, seigneur de St Gouard, 1572～1582年在任）和葡萄牙大使弗朗西斯科·佩雷拉的信函也是手稿状态。佩雷拉是鲁伊·戈麦斯的舅舅，所以他可以算是常驻西班牙的外国外交官当中消息最灵通的一位。[29]

6. 目击者记述

腓力二世一直不肯写回忆录。1559年之后，他也不准别人给他写传记（与他相反，他父亲自己写过回忆录，也请人写过传记）。不过腓力二世允许出版了三份关于他早期旅行的目击者叙述：

＊1548～1549 年腓力从西班牙途经意大利和德意志去尼德兰的旅程，被比森特·阿尔瓦雷斯（首版于 1551 年）和胡安·克里斯托瓦尔·卡尔韦特·德·埃斯特雷利亚（首版于 1552 年）详细记录下来。Calvete de Estrella, *El felicíssimo viaje*, ed. P. Cuenca（马德里，2001 年）重版了这两份叙述，还添加了为了纪念这趟旅程而在安特卫普搭建的凯旋门和其他艺术品的彩图。

＊Andrés Muñoz, *Viaje de Felipe II a Inglaterra* 是一本较短的小册子，最初于 1554 年在萨拉戈萨出版，后来被帕斯夸尔·德·加扬戈斯（马德里，1877 年）再版，添加了关于腓力二世在英格兰统治的其他一些相关文献。

另外，有十一个认识腓力二世的人记录了他的相当多的私人生活细节和逸闻，不过这些文字在国王在世时都没有出版过。[30]其中七位是俗家人士：三位是专业历史学家，三位是宫廷官员，一位是外交官。另外四位是埃斯科里亚尔的僧侣。

1. 国王的历史教师胡安·希内斯·德·塞普尔韦达写了一部《西班牙国王腓力二世》（*Historia de Felipe II, rey de España*），涉及 1556～1564 年，首版于 1780 年。他的 *Obras Completas*, IV（波索布兰科，1998 年）收入了这部书的拉丁文原本和西班牙文译本。

2. 罗马的西班牙档案管理者胡安·德·贝尔索萨（Juan de Verzosa）写了《腓力二世时代编年史》（*Anales del reinado de*

Felipe II），涉及 1554~1565 年，由 J. M. Maestre Maestre 首次出版（马德里，2002 年）。

3. 在 1585 年，腓力二世请安东尼奥·埃雷拉·托尔德西利亚斯"研究一下，看看怎样记述他的光辉一生，但三思之后，觉得比较谦虚的做法是写一部从 1559 年开始的世界史"。埃雷拉的《谨慎的国王腓力二世时代的世界通史》（*Historia General del Mundo del tiempo del Rey Felipe II, el Prudente*）虽然是从 1559 年开始的，但花了超过 1000 页的篇幅来记载腓力二世统治的余下时间。该书于 1601~1606 年首次推出，为三卷本。"谨慎的"这个称号就是埃雷拉的建议。[31]

4. 国王的贴身男仆、来自安特卫普的让·莱尔米特写了一部《消遣之书》（*Passetemps*），涉及 1587~1602 年，配有好几幅引人注目的描绘宫廷生活的画作。

5. 路易斯·卡布雷拉·德·科尔多瓦在宫廷长大，他父亲也曾在宫廷服务。1585 年之后，科尔多瓦亲身参加了他在《腓力二世史》（*Historia de Felipe II*）中描写的一些事件。1619 年的马德里版涉及 1583 年之前的事件；1876 年在马德里出版的四卷本是全本，其中第二部分是从一个副本得来的；全书的三卷本再版见萨拉曼卡 1998 年的版本。

6. 御医之一克里斯托瓦尔·佩雷斯·德·埃雷拉（Cristóbal Pérez de Herrera）在 1604 年出版了一部《颂词》（*Eulogy*），有将近 300 页，包括好几首诗（包括洛佩·德·维加的一首十四行诗）。

唯一一部由认识腓力二世的外交官写的关于他的史书至今没有出版：

7. 1600 年，托斯卡纳驻马德里大使馆的秘书奥拉齐奥·德拉·雷纳（Orazio della Rena）写了一部歌功颂德的《腓力二世国王生平概略》（Compendium of the life of Philip II）。这部 700 页的手稿是"谨慎的国王"的第一部传记。但雷纳的主公，即托斯卡纳大公，禁止出版此书。[32]

留下书面记述的四名埃斯科里亚尔僧侣都在腓力二世身边待过：

8. 胡安·德·赫罗尼莫修士（Fray Juan de San Gerónimo）的 Memorias 涉及的时段是 1563~1592 年。该书的再版见 CODOIN VII，可惜没有收入原版的许多插图。

9. 安东尼奥·德·比亚利卡斯廷修士的 Memorias 涉及的时段是 1562~1594 年。这部作品不长，作者是埃斯科里亚尔的圣洛伦索修道院的工程主管，经常与国王面谈。见 DHME，I，11~96。

10. 胡安·德·塞普尔韦达的 Historia de varios sucesos y de las cosas notables que han acaecido en España, y otras naciones, desde el año de 1584 hasta él de 1603'，见 DHME，IV。因为存世的手稿很凌乱，而且错误极多，所以编者胡利安·萨尔科·奎瓦斯（Julián Zarco Cuevas）将其按照时间顺序重新排列。即便这样，该书还是有一些重复。与其他目击者（也许莱尔米特除外）相比，塞普尔韦达把腓力二世描绘得更有血有肉。在他的叙述中，国王狩猎、欢笑、看戏、与僧侣一起吃饭，对各种人和事总是表现得"颇为好奇"。

11. 何塞·德·西根萨的 La fundación del Monasterio de El Escorial（是他的《圣哲罗姆修道会史》的第三卷，1605 年）

谈到了国王在整个统治期间与埃斯科里亚尔的关系，但直到1575年之后，西根萨才是他所描述的事件的目击者。西根萨肯定能读到他的三位同僚写的材料，有时还会引用（而没有给出资料来源）。

希望得到更多信息的人可以查阅 Geoffrey Parker, *Felipe II. La biografia definitive*（巴塞罗那，2010年版），其中包含腓力二世及其世界的方方面面的更多信息，但不包括美国西班牙学会收藏的阿尔塔米拉文献，因为它们直到2012年才被发现和编目。不过，本书包含了这些文献。

注　释

引言

1. Rodríguez-Salgado, 'Felipe II en su aniversario', 9: 'Confieso que he pasado más tiempo con Felipe II que con ningún otro hombre, y puede decirse que le he dedicado los mejores años de mi vida.'
2. IVdeDJ 61/306, 339 and 360, and BL *Addl*. 28,350/315–26, all undated billetes exchanged between Philip and Hoyo written over the winter of 1562-3 about the 'zahorí'; García Tapia, 'El Escorial', 420–1, about the 'necesarias'(with more examples in chapter 6).
3. Gardiner, 'Prescott's most indispensable aide', 99, Gayangos to Prescott in 1843; Prescott, *History*, I, iv; Riba, 36, Philip to Vázquez, 30 May 1576; ASVe *SDS* 20/68, Lippomano to Venice, 14 Apr. 1587.
4. Ball and Parker, *Cómo ser rey*, 158, Charles to Philip, Palamos, 6 May 1543, holograph.参见第四章和第十六章，某些决策几乎或根本未留下文字记录。
5. AGS *Estado* 153/68, 72 and 77, Velasco to Gabriel de Zayas, 27 July 1571 and 1 and 9 Aug. 1571; BL *Addl*. 28,336/76, Velasco to Cardinal Espinosa, 9 Aug. 1571.第十一章可见更多详细内容。
6. Voltaire, *Essai*, II, 431–2 (published in 1756); Watson, *History*, II, 408 (published in 1777).
7. Bouza, 'Felipe II sube a los cielos', 301 n. 2; Cohen, *Supreme Command*, 113.
8. Kamen, *Philip*, 320 (citing Fernand Braudel, *Mediterranean*, II, 1244). 公正地讲，卡门到2004年已经不再坚持这种极端的观点，他在评论詹姆斯·特雷西的查理五世传记时写道："历史学家很容易相信，面对极其艰巨的挑战，皇帝取得的成绩很少。但现在……我们可以同意特雷西的观点，即皇帝实际上取得了相当大的成就：'查理五世确实对历史有很大影响。'" [Renaissance Quarterly, LVII (2004), 242]本书的观点是，腓力二世也"对历史有很大影响"。
9. AGS *Estado K* 1490/44, Philip to Emmanuel Philibert of Savoy, 22 July 1557; AGS *Estado* 146/147, Pérez to Philip and reply, and [10] Apr. 1565; IVdeDJ 44/127, Philip to Mateo Vázquez and reply, 16 Apr. 1575; Bouza, *Cartas*, 85, Philip to his daughters, 1583.
10. AHN *Consejos* 4416/101, Herrera to Don Luis de Salazar, 15 Dec. 1599, letter and image.

第一章

1. Vilar Sánchez, *1526*, 42–3, 引述自陪同新娘前往塞维利亚的葡萄牙使者。
2. Brewer et al., *Letters and papers*, IV.2, 1127, Dr Edward Lee to Henry VIII, 30 Sep. 1526.
3. Gonzalo Sánchez-Molero, 'El príncipe', 886.
4. Zúñiga, *Crónica burlesca*, 141 ('El emperador y Felipito su hijo están buenos'); Rodríguez Villa, *El Emperador*, 359, Salinas to Ferdinand, Valladolid, 28 May 1527.
5. Rodríguez Villa, *El Emperador*, 363, Salinas to Ferdinand, Valladolid, 19 Aug. 1527.
6. March, *Niñez*, I, 122–3, Leonor de Castro to Charles, 15 Nov. 1530; and 46, Pedro González de Mendoza to Charles, undated but spring 1531.
7. *Ibid.*, I, 47, González de Mendoza to Charles, 15 and 30 Apr. and 20 May 1531.
8. Gonzalo Sánchez-Molero, *Aprendizaje*, 182, quoting Francisco de Encinas.
9. Rodríguez Villa, *El Emperador*, 499–500, Martín de Salinas to Ferdinand, Madrid, 14 Sep. 1530.
10. Alonso Acero and Gonzalo Sánchez-Molero, 'Alá', 119 ('Mucho me aprietas, Hulano; cras me besaría la mano', based on an exchange in *La Jura de Santa Gadea*).
11. Fernández de Oviedo, *Libro de la Cámara Real del Prínçipe Don Juan*, 1–3; March, *Niñez*, I, 230, Zúñiga to Charles, Madrid, 11 Feb. 1536.

12. Gonzalo Sánchez-Molero, *Aprendizaje*, 77, quoting Francisco de Monzón, *Libro primero del espejo del prínçipe christiano* (Lisbon, 1544).
13. March, *Niñez*, I, 68-70, 72, Silíceo to Charles, 26 Nov. 1535, 25 Feb. 1536 and 19 Mar. 1540.
14. *Ibid.*, I, 227 and 230, Zúñiga to Charles, 25 Aug. 1535 and 9 Feb. 1536.
15. AGS *CSR* 36 fo. 7, 'Memoria de las cosas de oro y plata'; and Gonzalo Sánchez-Molero, *Aprendizaje*, 101-2; March, *Niñez*, II, 344, Doña Estefanía de Requesens to her mother, 28 Oct. 1537.
16. BL *Addl.* 28,354/51-2, 113, 176, marquis of Ladrada to Philip, and rescript, 25 Oct. and 23 Dec. 1570, and 5 Apr. 1571; AHN *Inq. libro* 101/695-7, Hernando Arenillas de Reynoso to Philip, 4 Dec. 1594, with rescript.
17. Gachard, 'Charles-Quint', 625n: Mary of Hungary to Charles, 9 June 1538.
18. *CDCV*, II, 32-43, Charles's Instructions to Philip, 5 Nov. 1539. 所有引用出自这一材料。
19. March, *Niñez*, I, 249, Zúñiga to Charles, 25 June 1541.
20. *Ibid.*, I, 237, 241, 247, 259 and 261, Zúñiga to Charles, 25 Feb. and 19 May 1540, 24 Mar. 1541, 10 Sep. 1543 and 4 Feb. 1544; AGS *CSR* 36 fo. 8, unfol., payments of 23 Dec. 1540.
21. March, *Niñez*, I, 248-9, Zúñiga to Charles, 25 June 1541.
22. AGS *CSR* 106/470-1, warrant in favour of 'el bachiller Christobal de Estrella', 4 Feb. 1541.
23. AGS *CSR* 36 fo. 8/237v, records the purchase.
24. Gonzalo Sánchez-Molero, *Felipe II: la educación*, 605, report by the prince's tutor Vargas Mexía.
25. March, *Niñez*, I, 248-9, Zúñiga to Charles, 25 June 1541; Ball and Parker, *Cómo ser rey*, 151-2, Charles to Philip, 4 May 1543.
26. AGS *Estado* 393/36, Zayas to Philip and rescript, 'Good Friday' [= 17 Apr.] 1576.
27. Alonso Acero and Gonzalo Sánchez-Molero. 'Alá', 118; Gonzalo Sánchez-Molero, *Aprendizaje*, 147-9; AGS *CSR* 36 fo 8, unfol., payment of 30 June 1544.
28. AGS *CSR* 35/22, list of musicians in the prince's chapel, 11 Sep. 1543.
29. AGS *CSR* 36 fo. 8, entry for 23 June 1540.
30. Gonzalo Sánchez-Molero, *Aprendizaje*, 154-6, on the heraldic innovations; March, *Niñez*, I, 247 and 249, Zúñiga to Charles, 24 Mar. and 25 Aug. 1541.
31. March, *Niñez*, II, 285 and 335, Doña Estefanía de Requesens to her mother, Madrid, 9 Sep. 1535.
32. BL *Cott. Ms Vespasian* C VII/171-4, 'Poder para Castilla', 1 May 1543.
33. *CDCV*, II, 86-7, 'Instrucción General', and AGS *PR* 26/83, 'La restricción del poder del príncipe', both signed by Charles in Barcelona, 1 May 1543.
34. Ball and Parker, *Cómo ser rey*, 149-53, Charles to Philip, Palamos, 4 May 1543, holograph, 所有引用出自这一文件。
35. *CDCV*, II, 179, 'Bodas de Felipe'; Bouza, *Locos*, 196, quoting the chronicler Alonso de Santa Cruz; March, *Niñez*, I, 262-3, Zúñiga to Charles, 4 Feb. 1544; and Bouza, *Locos*, pp. 78-9, Don Luis Hurtado de Mendoza, Spanish ambassador in Portugal, to Carlos, 21 Nov. 1544.
36. Ball and Parker, *Cómo ser sey*, 154-9, Charles to Philip, Palamos, 6 May 1543, holograph, 所有引用出自这一文件。
37. Fernández Álvarez, 'Las instrucciones políticas', 175, Francisco de Eraso to Philip and reply, 20 Feb. 1559; *DH*, I, 319-22, testimony given under oath by Philip, 11 Jan. 1560; BZ 144/39, Mateo Vázquez to Philip II and reply, 28 Dec. 1574.
38. March, *Niñez*, I, 255, Zúñiga to Charles, 8 June 1543; Fernández Álvarez, *Felipe II*, 675, Tavera to Charles, 8 June 1543; March, *Niñez*, I, 304, Charles to Zúñiga, 1 May 1543; *CDCV*, II, 157, Cobos to Charles, 7 Aug. 1543 (Charles agreed on 27 Oct. 1543: Martínez Millán, *La corte*, II, 102).

第二章

1. *CDCV*, II, 172-3 and 183, Charles to Philip, 27 Oct. and 15 Nov. 1543.
2. *Ibid.*, II, 189-93, Philip to Charles, 4 Feb. 1544, minute. 王子当时只有十六岁，似乎不大可能写得出这样咄咄逼人的信，但既然他签署了这封信，肯定就认可其内容。
3. BNE *Ms* 10,300/116-33, Los Cobos to Charles, Aranjuez, mid-July 1544, copy.
4. Chabod, '¿Milán o los Países Bajos?', 336, Philip to Charles, 14 Dec. 1544.
5. *CDCV*, II, 300-1, Philip to Charles, 14 Dec. 1544 [misdated 24 Dec.].
6. March, *Niñez*, I, 74-5, Silíceo to Charles, 6 Aug. 1543.
7. AGS *CSR* 36 fo. 1/28v-29, various cédulas of July 1544; Édouard, *L'empire*, 29-32; Frieder, *Chivalry*, 42-8; AGS *CSR* 36 fo. 1/85-6, cédulas of 18 July and 7 Aug. 1546; Fallows, *Jousting*, 392, quoting Luis Zapata de Chaves.
8. Gonzalo Sánchez-Molero, *La 'Librería Rica'*, 74-5.
9. March, *Niñez*, I, 321-2, Charles to Zúñiga, 24 Dec. 1544.
10. *Ibid.*, I, 323-6, Charles to Zúñiga, 17 Feb. 1545.
11. Gonzalo Sánchez-Molero, *Felipe II, la mirada*, chap. 7, on Philip's 'rebeldía juvenil'.

12. Cabrera de Córdoba, *Historia*, III, 1270; BR *Ms* II-587/43, from the *Tratado del príncipe instruido*, composed by Don Francisco de Gurrea y Aragón, duke of Villahermosa, around 1615.
13. *CDCV*, II, 408, Philip to Charles, Valladolid, 13 Aug. 1545.
14. Gonzalo Sánchez-Molero, *Aprentizaje*, 166, prints part of the document, 在1546年9月16日的私人授职仪式上交给腓力。
15. Kamen, *Philip*, 29, Philip to Charles, 20 Dec. 1546.
16. Calvete de Estrella, *Felicíssimo Viaje*, 607 (*Relación* of Vicente Álvarez).
17. All quotations from *CDCV*, II, 612–15, Charles to Philip, Augsburg, 9 Apr. 1548.
18. Martínez Millán and Carlos Morales, *Felipe II*, 387, quoting Antonio Pérez and García de Loaysa.
19. Calvete de Estrella, *Felicíssimo Viaje*, 45 (Calvete), 610 and 619 (*Relación* of Álvarez); Álvarez-Ossorio Alvariño, 'Ver y conocer', 55, 72 and 77, Ludovico Strozzi to duke of Mantua, Genoa, 1 and 9 Dec. 1548.
20. Calvete de Estrella, *Felicíssimo viaje*, 630 (Álvarez).
21. Morel-Fatio, 'La vie', 285. 40页有关于腓力比武技术的评价。
22. Calvete de Estrella, *Felicíssimo viaje*, 424 (Antwerp).
23. Lanz, *Correspondenz*, III, 17, Charles to Mary of Hungary, 16 Dec. 1550.
24. IVdeDJ 55/IX/97-8, Mateo Vázquez to Philip, and reply, 17 June 1586.
25. HHStA *Spanien: Hofkorrespondenz*, Karton 1, mappe 4/23 and 27, Philip to Maximilian, 16 and 25 Sep. 1551.

第三章

1. *CDCV*, III, 359–69, 377–90 and 617, Philip to Charles, Toro, 27 Sep. 1551, Madrid 24 Nov. 1551 and Valladolid, 2 Sep. 1553; Fernández Álvarez, *Felipe II y su tiempo*, 761, count of Buendía to Philip, 2 Sep. 1552.
2. *CDCV*, III, 420, Charles to Philip, 9 Apr. 1552.
3. *Ibid.*, 423–35, Philip to Charles, undated.
4. RAH *Salazar y Castro Ms* A-51/107v-108, Philip to Don Luis de Ávila, Monzón, 6 Oct. 1552.
5. *CDCV*, III, 579–80, Charles to Philip, 2 Apr. 1553.
6. AGS *Estado* 807/29, Charles to Philip, 30 July 1553.
7. *CDCV*, III, 636–9, and *CODOIN*, III, 451–3, Charles to Philip, 16 and 26 Dec. 1553, and 21 Jan. 1554.
8. Adams and Stephens, *Select Documents*, No. 264, 'Act for the Marriage of Queen Mary to Philip of Spain, 1554' (*1 Mary, sess. 3, c. 2. 4*).
9. AGS *Estado* 807/36-2, 'Escriptura ad cautelam', 4 Jan. 1554.
10. *CODOIN*, III, 473–7, Mary of Hungary to Philip, 4 Feb. 1554.
11. *CDCV*, IV, 109–10, Philip's Instructions to Juana, 12 July 1554.
12. Fernández y Fernández de Retana, *España*, 344, Philip to Antonio de Rojas, *c.* 20 July 1554.
13. Malfatti, *The accession*, 141 and 144, Barahona to his uncle Antonio, in the form of a diary. 很多历史学家讨论过，这对夫妇交流时用什么语言。巴拉奥纳的目击者证词解答了这个问题。其他细节来自 Elder, *Copie*, sigs Aiv and Bi。
14. Muñoz, *Viaje*, 97.
15. *Ibid.*, 77–8 (Muñoz's account) and 118 (letter of Oct. 1554).
16. *CSPSp*, XIII, 2, 6, Ruy Gómez to Francisco de Eraso, 26 and 29 July 1554; BR *MS* II-2257, Francisco de Ibarra to Granvelle, 13 Apr. 1559.
17. *CSPSp*, XIII, 102, Renard to Charles, 23 Nov. 1554; and *ibid.*, 124, Mary the Queen to Charles, 20 Dec. 1554, holograph; Gachard, *Voyages*, IV, 20–1.
18. *CSPV*, VI part 1, 147–9 and 177–9, Giovanni Michiel to Venice, London, 5 Aug. and 3 Sep. 1555.
19. *APC*, V, 53, Order of 27 July 1554 – the first act of the new regime: 'Anno primo et secundo Philippi et Mariae Regis et Regine'.
20. *CSPV*, VI part 1, 176 and 190, Pole to Philip, Richmond, 2 and 16 Sep. 1555, register copies. (Mary and Martha appear in St Luke's Gospel, 10: 38–42, 11: 20 and 12: 1–8.)
21. Tytler, *England*, II, 485, Memorandum of early Sep. 1555. 关于"专责委员会"服从腓力二世的命令，见*APC*, V, 219–20 and 257–8, 命令海军将领霍华德调研舰队的状况并修理受损船只（1556年1月6日），并将海军调往朴次茅斯，建造新舰船（1556年3月30日）。
22. *DH*, III, 29–30 (question 63) and 186 (answer); Redworth, 'Matters impertinent', 606, citing Lord Pembroke to Lord Shrewsbury, Jan. 1556.
23. *DH*, II, p. 568, testimony of Carranza, 4 Sep. 1559 ('hizo él encarcelar e quemar más de 450' heretics); Duffy, *Fires of faith*, 7.
24. *DH*, III, 23, testimony of Carranza; and 185, sworn testimony of Philip in the Carranza trial, 14 Oct. 1562.

25. GRM *Introduction*, 87, n. 1, 'Sommaire description' of the ceremony. Antoine Perrenot de Granvelle (1517-86) is referred to as 'Granvelle' throughout this book.
26. GRM *Introduction*, 98.
27. *Epistolario*, I, 258, Alba to Ruy Gómez, Milan, 11 July 1555.
28. *CODOIN*, II, 430-1, Philip II to Ferdinand, 20 Nov. 1556.
29. Fernández Álvarez, *Felipe II*, 764, Philip to Juana, 17 Sep. 1556; AGS *Estado*, 112/226-9, Juana to Philip, 21 Nov. 1556; GRM, II, 184-5, royal cédula of 28 Apr. 1557.
30. Kervijn de Lettenhove, *Relations politiques*, I, 54-9, Instructions to Ruy Gómez, 2 Feb. 1557.
31. BL *Addl.* 28,264/10-12v, Philip to Emmanuel Philibert, Brussels, 27 July 1557, cyphered but with a holograph postcript by the king.
32. BL *Addl.* 28,264/17-19 and 26-7, Philip to Emmanuel Philibert, Cambrai, 6, 7 and 9 Aug. 1557, cyphered but with holograph postcripts by the king.
33. Tellechea Idígoras, *Carranza y Pole*, 263, Carranza to Villagarcía, 28 Aug. 1557; AGS *Estado* 153/103, Feria to Zayas, 9 Aug. 1571, the eve of the fourteenth anniversary of the battle, written at San Lorenzo de El Escorial.
34. Sigüenza, 8. See also chapter 7.
35. HSA *Altamira*, 7/VI/36, 'Traslado de una carta que Christóbal Vázquez de Ávila escribió', 30 Aug. 1557; *CODOIN*, II, 496, 'Relación' sent by Philip to Ferdinand, 29 Aug. 1557; Kamen, *Philip*, 70, Philip to Juana 2 Sep. 1557.
36. Cabrera de Córdoba, *Historia*, I, 144; Verzosa, *Annales*, pp. 62-3.
37. AGS *Estado K* 1490/78, Philip to Charles, 28 Aug. 1557.
38. AGS *Estado K* 1490/98, Philip to Emmanuel Philibert, Brussels, 21 Oct. 1557.
39. AGS *Estado* 128/326 Charles to Philip, Yuste, 15 Nov. 1558, with a holograph postscript; and 317, 'Relación de cartas del emperador a Su Magestad.' Eraso endorsed both documents
40. Kervijn de Lettenhove, *Relations politiques*, I, 116-17, Philip to Lord Wentworth, Brussels, 2 Jan. 1558.
41. Tellechea Idígoras, *Carranza y Pole*, 268-9, Carranza to Villagarcía, 20 Jan 1558. The 'engraved on my heart' story first appeared in Foxe's *Actes and Monuments* of 1563 - a hostile source, to be sure, but it has a ring of truth about it.
42. Kervijn de Lettenhove, *Relations politiques*, I, 120-1, Philip to Pole, 21 Jan. 1558, and Instruction to Feria, 28 Jan.; *ibid.*, 153, Feria to Philip, 10 Mar. 1558; and 191-4, Feria to Philip, 18 May 1558.
43. FCDM *AH* R7-5, 9 and 10, Philip to Feria, 18 Feb., 17 Mar. and 5 Apr. 1558, all holographs.
44. FCDM *AH* R7-4 and 6, Philip to Feria, 30 Jan. and 27 Feb. 1558, both holograph.
45. *CODOIN*, LXXXVII, 40-3, Feria to Philip, Greenwich, 1 May 1558; FCDM, *AH* R7-12 and 13, Philip to Feria, 7 and 14 May 1558, both holograph.
46. Brunelli, *Emanuele Filiberto*, 46-7 (Philip 'very happy') and 72-3 (council debate).
47. Kervijn de Lettenhove, *Relations politiques*, I, 269, Philip to the English commissioners, 30 Oct. 1558; Brunelli, *Emanuele Filiberto*, 101-3 (entry for 26 Oct. 1558).
48. Rodríguez Salgado and Adams. 'The count of Feria's dispatch', 319-20, Feria to Philip, 14 Nov. 1558; Kervijn de Lettenhove, *Relations politiques*, I, 277, Assonleville to Philip, Westminster, 7 Nov. 1558.
49. Malfatti, *The accession*, 149, Juan de Barahona to his uncle, 25 Oct. 1554; Hegarty, 'Carranza and the English universities', 160, John Jewel to Heinrich Bullinger, 20 Mar. 1559.
50. Brunelli, *Emanuele Filiberto*, 109 (entry for 12 Nov. 1558); FCDM *AH* R7-19, Philip to Feria, 25 Nov. 1558, holograph; GRM, I, 447-8, Philip to Juana, 4 Dec. 1558. Mary of Hungary died on 18 Oct. 1558.
51. *TR*, II, p. 523, Fresneda to Cardinal Caraffa, 11 Dec. 1558; FCDM *AH* R7-27, Philip to Feria, 27 Dec. 1558, holograph.
52. AGS *Estado* 128/340, Philip's comment to Francisco de Eraso on the dorse of a letter from Mary of Hungary dated 10 May 1558.
53. AGS 29/35 Codicil signed by Philip, Ghent, 5 Aug. 1559.

第四章

1. 尽管本章包含的例子来自腓力二世的整个统治时期，但本章聚焦于1580年之前。在1580年之后，国王的行政风格有所改变。第十六章讨论了他统治时期的后半部分。
2. Paris, *Négociations*, 49, bishop of Limoges to the cardinal of Lorraine and the duke of Guise, Ghent, 27 July 1559; Firpo, *Relazioni*, VIII, 670, Notes by Donà, 1574; Iñiguez de Lequerica, *Sermones funerales*, fo. 15, sermon by Dr Aguilar de Terrones, 19 Oct. 1598.
3. FCDM *AH*, R7-10, Philip to Feria, 5 Apr. 1558, holograph; AGS, *Estado* 527/5, Philip to Gonzalo Pérez, with replies, 24-25 Mar. 1565; IVdeD 53/VI/51, and BZ 142/9, Philip to Mateo Vázquez, with replies, 15 May 1577 and 29 Nov. 1578.
4. Álvarez-Nogal and Chamley, 'Debt policy', 192.

586 / 腓力二世传

5. McNamara, *In retrospect*, xvii.
6. HSA *Altamira* 1/I/4, Vázquez to Philip, and reply, undated but 1578.
7. NA *SP* 70/136/38, Henry Cobham to Lord Burghley, Madrid, 14 Nov. 1575; ASVe *SDS* 20/68, Lippomano to the Doge of Venice, 14 Apr. 1587; Birch, *Memoirs*, 82, Anthony Standen to Lord Burghley, 8 Sep. 1592.
8. RAH *Salazar y Castro* Ms A–1/107v–108, Philip to Don Luis de Ávila, Monzón, 6 Oct. 1552; HSA *Altamira* 1/I/40, Bernardo de Bolea, vice-chancellor of Aragon, to Philip, undated but 1572; BL *Addl.* 28.262/599–601, Antonio Pérez to Philip and reply (undated, but 1577); Muro, *La princesa*, Appendix 36, Pazos to Philip, with rescript, 12 May 1579; AHN *Inq. libro* 249/534v–535, Philip to the bishop of Cartagena, 9 Mar. 1588, register copy.
9. BL *Addl.* 28,399/20, Philip to viceroy of Sicily, 20 Jan. 1559.
10. Escudero, *Felipe II*, 459–60; TMLM *Ms* 12,9960, Antonio Pérez to Philip, and reply, 30 Nov. 1574; BL *Eg.* 1506/92-4, Quiroga to Philip, and replies, 15 and 19 Nov. 1578.
11. IVdeDJ 55/XI/ 149–150, Vázquez to Philip, and reply, 4 Aug. 1588; BL *Addl.* 28,262/137, Philip to Antonio Pérez, 12 Feb. 1577.
12. BL *Addl.* 28,263/7, undated Philip memorandum (first two examples); Escudero, *Felipe II*, 477; and IVdeDJ 55/X/181, Philip to the duke of Albuquerque, Oct. 1587, draft; AHN *Inq. libro* 284/107, Quiroga to Philip, and reply, 21 Apr. 1577.
13. *DH*, III, 404–5, testimony by Philip, 13 Oct. 1562 (Carranza case); BL *Addl.* 28,263/432, Vázquez to Philip and reply, 11 Aug. 1587 (Miguel de Piedrola, a Plaza Prophet).
14. IVdeDJ 53/3/65 and 51/170, Philip to Vázquez, with rescripts, 8 June 1574 and 20 July 1575; IVdeDJ 56, paquete 6–2, unfol., Hernando de Ávalos to Vázquez, with royal apostil, 25 Mar. 1576.
15. HSA *Altamira* 1/III/7, Philip to Vázquez, Madrid, 18 Nov. 1573. 腓力二世搞不懂这个主题，一点都不奇怪。就连今天的学家和经济史学家对他的财政状况都没有一致意见，例如，比较2014年的两篇互相矛盾的分析论文：Álvarez-Nogal and Chamley, 'Debt policy', 和 Drelichman and Voth, *Lending* 。
16. IVdeDJ 53/4/169 and 53/3/76, BL *Addl.* 28,699/103, and Riba, 105–6, Philip to Vázquez, and replies, 12 Sep. 1575, 26 July 1574, and 22 and 23 Apr. 1577.
17. BZ 144/11, Vázquez to Philip, 20 May 1574. HSA *Altamira* 5/I/13 'Señor Maximiliano' of Austria to Jerónimo Gassol, 27 Dec. 1586.
18. HSA *Altamira* 5/III/17, Vázquez to Juan Fernández de Espinosa, 12 Jan. 1586; BNF *Ms. Esp.* 132/179–80, Pérez to Juan de Vargas Mexía, 26 Jan. 1579; Oria, 152, Idiáquez and Moura to Medina Sidonia, 22 Feb. 1588; BL *Addl.* 28,377/110v, Poza to Moura, 7 Sep. 1595.
19. TMLM *Ms* 129961, Philip to Vázquez, 3 Oct. 1578; Tellechea Idígoras, *El ocaso*, 105–7 and 286–8, 'Juicio sobre Felipe II' by Caetani, Madrid, 13 Sep. 1598.
20. Paris, *Négocations*, 558–60, Memorial of the French ambassador in Spain, 26 Sep. 1560.
21. Serrano y Sanz, *Autobiografías*, 199–201, 'Vida y cosas notables' of Dr Diego de Simancas. 西曼卡斯说得对，基罗加确实提携了帕索斯，而国王当时对帕索斯几乎一无所知。AHN *Inq. libro* 284/71–2, Quiroga to Philip, and reply, 4 Mar. 1577.
22. BL *Addl.* 28,399/20, Philip to the viceroy of Sicily, 20 Jan. 1559, copy (apparently the first use of the technique); BZ 141/108, Philip to Mateo Vázquez, 1 May 1586 (the 'offender' was the viceroy of Navarre).
23. Escudero, *Felipe II*, 531–2, Gassol to Philip and rescript, 14 Nov. 1594.
24. BZ, 144/33, Vázquez to Philip and reply, 6 Dec. 1574; IVdeDJ, 51/17, Philip to Vázquez, 17 July 1573; IVdeDJ, 21/716, royal apostil on a letter of Fray Antonio de San Pablo to Vázquez, 17 Nov. 1581.
25. Donà, 350, letter to Venice, 23 Aug. 1571; Firpo, *Relazioni*, VIII, 669.
26. GCP I, 358, Pérez to Tomás de Armenteros, 30 May 1565; AA 56/63, Zayas to Alba, 30 June 1567.
27. Paris, *Négociations*, 66, bishop of Limoges to Francis II, 4 Aug. 1559.
28. MHSI, *Borgia*, III, 482, Borja to Philip, 5 May 1559; AGS *Estado*, 148/181, count of Chinchón to the governor of Lombardy, 12 Dec. 1566; AA 44/81–3, Dr Juan Milio to Juan de Albornoz, 12 June 1571; Douais, II, 88, Fourquevaux to Catherine de Médici, 6 July 1569.
29. IVdeDJ 81/1251, Requesens to Zúñiga, Nov. 1572. See Janis, *Groupthink*, on the costs of administrative practices like those fostered by Espinosa.
30. AMAE (P) *MDFDE* 239/126–35, Philip to Don Diego de Covarrubias (undated but Oct. 1572), copy; Secret Instruction of Charles to Philip, 6 May 1543 (chapter 1).
31. BZ 144/1, Vázquez to Philip, undated but Mar. 1573.
32. *DHME*, V, 57 and 81 ('Diurnal' entries for 7 Oct. 1572 and 5 Mar. 1573); Poole, 'The politics of Limpieza de Sangre', 382.
33. BZ 144/16 and 141/9, and BL *Addl.* 28,263/222, Philip to Mateo Vázquez, 6 Nov. 1574, 24 July 1577 and 14 Apr. 1579.
34. Calculations by Rodríguez Salgado, 'The Court', 226, from the 'Diurnal' kept by Antonio Gracián.

35. BZ 44/116-17, and HSA *Altamira* 1/I/4, Vázquez to Philip, and replies, 28 Feb., 3 Mar. 1575 and undated but 1578.
36. *DHME*, V, 42, 81 and 89 ('Diurnal' entries for 11 July 1572, 5 Mar. and 5 Apr. 1573 respectively; BZ 141/11, Philip to Vázquez, 25 June 1577.
37. *CCG*, IV, 558, Granvelle to Morillon, 11 May 1573; AA *Montijo caja* 34-1/72, Granvelle to duke of Villahermosa, 13 July 1576.
38. BR *Ms*. II-2291, unfol., Pérez to Granvelle, 16 Apr. 1560; Groen van Prinsterer, *Archives*, 1st series I, 426, Chantonnay, Spanish ambassador in Vienna, to Granvelle, 6 Oct. 1565.
39. Paris, *Négociations*, 562, mémoire of 26 Sep. 1560; Douais, II, 338, Fourquevaux to Charles IX, 31 Mar. 1571; and Binchy, 'An Irish ambassador', 371, quoting the cardinal of Como to Nuncio Ormanetto, 2 July 1577.
40. BR *Ms* II-2291/224-5, Córdoba to Granvelle, 3 Sep. 1560; Berwick y Alba, *Documentos escogidos*, 100-1, Córdoba to Alba, 1 Feb. 1571; AA 32/42, Córdoba to Prior Don Hernando de Toledo, 4 Aug. 1574.
41. BL *Addl.* 28,350/233, and IVdeDJ 61/130, Philip to Hoyo, secretary of the Junta de Obras y Bosques, Dec. 1565 and Apr. 1567.
42. *DHME*, V, 100.
43. AHN *Inq. libro* 100/242, Philip to Quiroga, 1 Sep. 1574, holograph; IVdeDJ, 51/49, Philip to Vázquez, 30 Aug. 1575.
44. IVdeDJ 61/19, Hoyo to Philip and reply, 22 May 1562; BZ 144/34, Philip to Vázquez, 10 Dec. 1574.
45. Firpo, *Relazioni*, VIII, 669 (Donà); *CCG*, XI, 272, Granvelle to Margaret of Parma, 21 Sep. 1584; ASV *NS* 19/192, Novara to Rusticucci, 3 May 1587.
46. BCR *Ms* 2417/39, Silva to Esteban de Ibarra, 13 Aug. 1589.
47. Sánchez, *El monasterio de El Escorial*, 207-9, letters from the prior of El Escorial, 27 Aug. and 8 Sep. 1572.
48. Escudero, *Felipe II*, 457 n. 1051, quoting a 'Relación' of Baron Dietrichstein, ambassador at Philip's court 1563-72; Donà, 319, letter to Venice, 3 July 1571.
49. Riba, 105-6, Vázquez to Philip, and reply, 23 Apr. 1577; IVdeDJ 68/286, Vega to Philip II and rescript, 22 Aug. 1583.
50. BL *Addl.* 28,263/34, IVdeDJ 51/ 178, and Escudero, *Felipe II*, 574, Philip to Vázquez, 23 May 1576, 6 May 1578, and 3 Apr. 1574.
51. ARSI *Epistolae Hispaniae* 143/293-294v, holograph report by Acosta, 16 Sep. 1588.
52. Donà, 39-40 and 198, letters to Venice, 6 June 1570 and 4 Feb. 1571.
53. NA *SP* 70/143/29, Sir John Smythe to Walsingham, 5 Feb. 1577; IVdeDJ 53/5/15, Vázquez to Philip and reply, 27 Jan. 1576; Donà, 677-81, letter to Venice, 17 Apr. 1573; IVdeDJ 60/96, Philip to Pérez, undated but also 17 Apr. 1573.
54. Serrano y Sanz, *Autobiografías*, 198; Mosconi, *La nunziatura*, 16-17, Novara to Rusticucci, 18 Oct. 1586.
55. Douais, II, 18 and 21, letters to Charles IX and Catherine de Medici, 18 Nov. 1568; Donà, 393-4, letter to Venice, 26 Nov. 1571.
56. Firpo, *Relazioni*, VIII, 257, Lorenzo Priuli in 1576; Sigüenza, 57.

第五章

1. TMLM *Ms* 129978, Secret Instructions for Don John of Austria, 23 May 1568, draft corrected by Philip (slightly different from the text in Van der Hammen, *Don Juan de Austria*, fos 4-44).
2. Lhermite, *Passetemps*, II, 130.
3. *DHME*, II, p. 47, Codicil of 23 Aug. 1597.
4. *DHME*, V, 37-8, Gracián's 'Diurnal' for 10 June 1572.
5. BL *Addl.* 28,263/105-6, Vázquez to Philip and rescript, San Lorenzo, 6 Apr. 1577; Sigüenza, 71.
6. IVdeDJ 55/IX/111, Philip to Mateo Vázquez, 26 July 1586; BZ 143/6 and 141/84, same to same, 4 Jan. 1588 and 19 Feb. 1586.
7. ASVe *SDS* 12/44 and 74, Giovanfrancesco Morosini to the Doge of Venice, Madrid, 12 Aug. 1579 and 8 Feb. 1580; Sigüenza, 92 and 158. 逮捕堂卡洛斯，见第十章；逮捕佩雷斯，见第十四章。
8. AGS *Estado* 153/54, Gracián to Zayas, 9 Aug. 1571; IVdeDJ 67/287a, Vázquez to Philip and reply, 28 June 1574; Bouza, *Cartas*, 65, letter to his daughters [30 Mar.] 1584.
9. *CODOIN*, VII, 366 (Memorias de San Gerónimo).
10. AGS *CC Libros de cédulas* 321/248-9, 272-5, 184-186v, 299-301, 303 ('plegarías' between 1560 and 1568); Sigüenza, 69 (Moriscos); Bouza, *Imagen y propaganda*, 144-6 (prayer chain); BL *Eg.* 1506/16-17, Philip to Gaspar de Quiroga, bishop of Cuenca (and Inquisitor-General), 8 Mar. 1574.
11. HSA *Altamira* 1/I/46, Diego de Covarrubias, president of the council of Castile, to Philip and rescript, 11 Sep. 1577. 关于在尼德兰开战的决定，见第十三章。

12. IVdeDJ 56/6/19, Vázquez to Chaves and reply, 24 June 1581; HSA *Altamira* 1/III/8, Chaves to Philip, 20 May 1587.
13. Martínez Millán and Carlos Morales, *Felipe II*, 268-9, Chaves to Philip, 24 Oct. 1588 (about the need to investigate irregularities among the Jesuits of Spain); and Fernández, *Historia*, 278-9, same to same, 19 Mar. 1592.
14. Calvete de Estrella, *Felicíssimo viaje*, 663 (Vicente Álvarez); HSA *Altamira* 7/VI/36, 'Traslado de una carta que Christóbal Vázquez de Ávila escribió', 30 Aug. 1557.
15. Sigüenza, 367; Estal, *Personalidad religiosa*, 159, 提到 "据称属于圣洛伦索的牙齿上附有腓力二世亲笔写下的标签"。第十九章可见腓力二世临终患病时对圣物的尊崇。
16. *PEG*, V, 643, and VI, 149, Philip to Granvelle, 24 Aug. 1559 and 7 Sep. 1560; AGS *Estado* 527/5, Philip to Gonzalo Pérez, undated [Mar. 1565].
17. BZ 166/92 and 100, rescripts on Hernando de Vega to Philip, 9 and 11 Nov. 1586 (rejoicing); chapter 10 on Fray Diego; AHN *Inq. libro* 284/107 (old fos. 96-7), Quiroga to Philip and rescript, 21 Apr. 1578; BL *Addl.* 28,262/558-9, Antonio Pérez to Philip, and rescript, undated but Oct. 1578.
18. IVdeDJ 53/3/56 and BZ 144/36, Vázquez to Philip and reply, 13 May and 11 Dec. 1574.
19. BPU *Ms Favre* 30/73v, Philip to Requesens, 20 Oct. 1573, copy of holograph original; IVdeDJ 37/155, Vázquez to Philip and reply, 22 Jan. 1576; AHN *Inq. libro* 101/325, Philip rescript to a consulta from the Suprema, 11 Jan. 1592.
20. AHN *Inq. libro* 284/81 [modern fo. 85], and BL *Eg.* 1506/94, Quiroga to Philip and rescripts, 20 Oct. 1577 and 19 Nov. 1578. 第十三和十四章可见腓力二世在制定荷兰相关政策时，基罗加扮演了什么样的角色。
21. AGS *Estado K* 1530/53bis, Philip to Don Diego de Zúñiga, his ambassador in Paris, 18 Sep. 1572; Gachard, *La Bibliothèque Nationale à Paris*, II, 395-6, St Gouard to Charles IX, 12 Sep.1572.
22. AGS CC *Libros de cédulas* 321/248v-9, 272-5, 284-286v; González Novalín, *Historia de la Iglesia*, III-2, 21, Philip to Pius IV and his ambassador in Rome, 30 Nov. 1562; AGS *PR* 21/133, Philip's Instructions to the count of Luna, his envoy to the council, 26 Oct. 1562, holograph addition, copy.
23. Fernández Terricabras, *Felipe II*, 105, Philip to the count of Luna.
24. *Novísima Recopilación de las leyes*, I.i.13, pragmática of 12 July 1564 for Castile.
25. Fernández Terricabras, 'Philippe II', 222-3 and 230, Dr Velasco to the vice-chancellor of Aragon, 25 July 1564, and Philip II to all cathedral chapters, 4 Dec. 1564.
26. Fernández Terricabras, *Felipe II*, 123-31, Philip's instructions to his commissaries; Fernández Collado, 'Felipe II y su mentalidad reformadora', 463, Don Francisco de Toledo (the future viceroy of Peru) to Philip.
27. AGS *Estado* 897/3, Philip to Cardinal Pacheco, 1 Jan. 1565; Fernández Terricabras, 'La reforma de las Ordenes', 193, Philip to Requesens, May 1569.
28. Berwick y Alba, *Documentos escogidos*, 284-6, Philip to Granvelle, 10 July 1581, holograph.
29. Hinojosa, *Felipe II*, 106-7, Ambassador Vargas to Philip, 29 Dec. 1559; Astraín, *Historia*, III, 703-8, Philip to Ambassador Olivares, 9 Dec. 1588.
30. Philip's letters to Rome in favour of his nominees for benefices in Castile are registered in AHN *Consejos suprimidos: Libros de Iglesia*, 1-4.
31. AMAE (P), *MDFDE* 237/59, Philip to Olivares, 30 Sep. 1585; Cloulas, 'La monarchie catholique', provides a list of pensioners.
32. Serrano, II, 515, Requesens to Philip, 10 Dec. 1568; BCR *Ms* 2174/76v-77, Philip to Ambassador Zúñiga, 17 July 1569; and Serrano, I, 444, 'Memorial de los agravios'.
33. Tellechea Idígoras, *Felipe II y el Papado*, II, 112, Philip to Gregory XIII, 10 Aug. 1580, holograph.
34. Berwick y Alba, *Documentos escogidos*, 284-6, Philip to Granvelle, 10 July 1581, holograph.
35. *BMO*, I, 42, Philip to Alba, 22 Jan. 1570; and 43-7, Alba to Philip, 23 and 24 Feb. 1570.
36. AA 7/58, Philip to Alba, 14 July 1571, cyphered with decrypt, received in record time on 30 July.
37. AGS *Estado* 153/68 and BL *Addl.* 28,336/70, Velasco to Zayas and to Espinosa, both on 27 July 1571; AGS *Estado* 153/72, Velasco to Zayas, 1 Aug. 1571; and *idem*, fo. 103, Feria to Zayas, 9 Aug. 1571.
38. *BMO*, 1, 57-62, Philip to Alba, 4 Aug. 1571, and reply 27 Aug. 1571.
39. CCG, XII, 339-41, Philip to Parma, 17 Aug. 1585; AGS *Estado* 165/2-3, Philip to Archduke Albert, 14 Sep. 1587 (message for the marquis of Santa Cruz); Oria, 210-14, Philip to the duke of Medina Sidonia, 1 July 1588.
40. BZ 145/76, Mateo Vázquez to Philip and reply, 10 Nov. 1588; KML *MSP: CR* 6/174, Philip to Medina Sidonia, 15 Dec. 1590; IVdeDJ 51/1, Vázquez to Philip and reply, 8 Feb. 1591.
41. Abad, 'Dos inéditos del siglo XVI', 332 (Bartolomé Torres).
42. Márquez Villanueva, 'Giovan Giorgio Trission y el soneto de Hernando de Acuña'.
43. The texts of the Masses by Escobedo and Rogier, and of Infantas's *Quasi stella matutina*, may be found in Sierra, *Música*.
44. Porreño, *Historia*, 346-7, Don John to Margaret, 26 Oct. 1576.

45. *MHSI, LX: Ribadeneira*, II, 492-3, Ruy Gómez to Pedro de Ribadeneira, SJ, 13 Apr. 1559; Fernández Álvarez, *La princesa*, 102-5, based on chap. XVII of Teresa's *Libro de las Fundaciones*.
46. Rodríguez, *Álava*, 97, Álava to Alba, 17 Mar. 1568; AGRB *Audience* 1728/2/77, Alba to Count Bossu, 29 Aug. 1572.
47. BZ 136/19, Pérez to Mateo Vázquez, 13 Nov. 1575 ('Yo me parto hoy ... a mi romería'); IVdeDJ 60/209-10, Pérez to Philip, 1 Jan. 1576; HSA *Altamira*, 1/II/52 (iv), Barajas to Mateo Vázquez, 15 Dec. 1584; TMLM *Ms* 660, 'Ciertas minutas de principio del año de 1587 sobre cosas de Inglaterra', by Idiáquez.
48. IVdeDJ 51/31 and HSA *Altamira* 1/I/24, Vázquez to Philip, 31 May 1574 and 13 Aug. 1578.
49. IVdeDJ 24/38, Ovando to Philip, 16 Jan. 1574, holograph; CCG, X, 331-2, Granvelle to Idiáquez, 21 Aug. 1583.
50. Campanella, *Monarchie d'Espagne* (original Italian version written 1598-1605), 10-13.
51. Clausewitz, *On War*, 119, 139.

第六章

1. HSA *Altamira* 5/III/14, Vázquez marginal response, 8 Dec. 1585, to a letter from Juan Fernández de Espinosa.
2. Ruiz, *A king travels*, 7.
3. Firpo, *Relazione*, VIII, 438 and 507 (Soranzo and Cavalli).
4. Brantôme, *Oeuvres complètes*, I, 126.
5. *DHME*, V, 58-60, from the 'Diurnal' of Antonio Gracián.
6. AGPM CR 2/142v-3, patent for Juan Bautista de Toledo, 12 Aug. 1561 (noting the earlier order of 15 July 1559); Gachard, *La Bibliothèque Nationale à Paris*, II, 170, St Sulpice to Charles IX, 12 June 1564.
7. IVdeDJ 61/386, Philip to Hoyo, with rescript, undated but Apr. 1565.
8. IVdeDJ 61/85-6, Philip to Hoyo, Aug. 1565; AGS CSR 247/1 fo. 126, Juan Bautista de Toledo to Hoyo, 13 Aug. 1565, with royal rescript.
9. AGS CSR 133/83, Philip to the executors of the emperor's testament, Brussels, 27 July 1559.
10. AGPM CR 2/99 and 125v-126, Philip to the General of the Jeronimite Order, 16 Apr. and 20 June 1561; AGS CSR 258/265, Jeronimite general to Philip, 1 Jan. 1562 (San Lorenzo de la Victoria became San Lorenzo el Real).
11. *DHME*, I, p. 12 (Villacastín, 'Memorias'); BL *Addl*. 28,350/169, Philip to Hoyo, Sep. 1564.
12. *DHME*, III, prints the 1569 'Cédula por la cual Su Majestad altera algunos capítulos de los de la instrucción de los que tiene dada para la obra del monasterio de Sant Lorenzo' and 'Instrucción para el gobierno y prosecución de la fábrica y obra de Sanct Lorenzo'.
13. *CODOIN*, VII, 163-4, 'Memorias' of San Gerónimo; *DHME*, I, 20; Sigüenza, 452.
14. Wilkinson Zerner, *Juan de Herrera*, 54.
15. AGS *Estado* 153/54 and 77, Antonio Gracián and Dr Velasco to Zayas, both on 9 Aug. 1571.
16. Mulcahy, *Philip II*, 50.
17. [Eliot,] *Ortho-epia Gallica*, 44-5; Howell, *Epistolae*, section III, 115-17, to Sir T. S., undated but 9 Mar. 1623.
18. Lhermite, *Passetemps*, II, 86-91, Villacastín to Lhermite, 4 Mar. 1600, followed by Lhermite's calculations.
19. AGS CC 409/26, Fray Hernando de Ciudad Real to Philip, 9 Nov. 1571, with royal apostils.
20. *CODOIN*, VII, 141 (San Gerónimo).
21. Aguiló Alonso, *Orden y decoro*, 123-202; García Tapia, 'El Escorial', 420-1.
22. *CODOIN*, VII, 20, observation by Fray Marcos de Cardona; IVdeDJ 61/1, Philip to Hoyo, undated but probably May 1563; BZ 146/69, Philip to Hoyo, undated but May 1567.
23. AGPM CR 2/254, Philip cédula, 8 Nov. 1562; IVdeDJ 61/7, Philip to Hoyo, 26 Dec. 1561.
24. Wilkinson Zerner, 'Construcción de una imagen', 332.
25. IVdeDJ 61/105, Philip to Hoyo, 10 Feb. 1566; *CODOIN*, VII, 157, 'Memorias' of San Gerónimo.
26. IVdeDJ 7/113, Don Luis Osorio to Mateo Vázquez, 13 Dec. 1584, and reply; AGP CR 7/66v, order of 19 Mar. 1588.
27. Sigüenza, 102; Lhermite, *Passetemps*, I, 82-3.
28. López Piñero, *Historia de la ciencia*, 91-2, citing Laguna, *Pedacio Dioscorides* (Antwerp, 1555) and Franco, *Libro de enfermedades* (Seville, 1569).
29. Puerto Sarmiento, 'Los "destilatorios" ', 434-6, quoting royal cédulas; Sigüenza, 392.
30. IVdeDJ 61/306, 339 and 360, and BL *Addl*. 28,350/315-26, all undated billetes exchanged between Philip and Hoyo written over the winter of 1562-3.
31. López Piñero, *Historia de la ciencia*, 47-48 (Ondériz), 289-91 (Zúñiga).
32. See chapter 5 on the *Biblia regia*; and Marías Franco, 'Felipe II y los artistas' and Ramirez, *Dios arquitecto*, 215-41 and 249-51 on Philip's sponsorship of *In Ezechielem explanationes*.

33. Royal order printed by van 't Hoff, *Jacob van Deventer*, 36.
34. BNE *Ms*. 5589/64, 'Ynterrogatorio'.
35. Rodríguez, *Álava*, 181, Philip to Don Francés de Álava, 28 May 1567.
36. Herrera, *Institución de la Academia Real Mathemática*, 1, 4 and 19.
37. IVdeDJ, 61/131, Pedro de Hoyo to Philip, and rescript, undated but 1561; Riba, 207, Philip to Vázquez, 21 June 1579.
38. Bouza, *Cartas*, 14 n. 27, prints the *Orden* submitted by Mendoza.
39. Escudero, *Felipe II*, 576, and IVdeDJ 51/172, Philip to Vázquez, 10 Aug. and 21 and 26 May 1578.
40. NA *SP* 94/1/19, Zayas to Antonio de Guaras, 7 Oct. 1577; IVdeDJ 55/IX/155, Philip to Vázquez, 8 Nov. 1586.
41. Lhermite, *Passetemps*, II, 173–8.
42. BL *Addl*. 28, 699/114, Vázquez to Philip, with rescript, 2 May 1577.
43. FCDM *AH* R7-5, Philip to Feria, 18 Feb. 1558; *PEG*, V, 491, Philip to Granvelle and Ruy Gómez, Brussels, 19 Feb. 1559.
44. IVdeDJ 53/5/140 and 53/6/39, Vázquez to Philip, with rescripts, 14 July 1576 and 13 July 1577.
45. *CODOIN*, VII, 385; Martínez Hernández, *El marqués de Velada*, 334–6; Bouza, *Cartas*, 91, Philip to his daughters, 17 Sep. 1582, and note 196.
46. IVdeDJ 51/189, Vázquez to Philip, 20 Apr. 1586, and reply; Bouza, *Cartas*, 181, Philip to Catalina, 10 June 1591.
47. Bouza, *Cartas*, 51, 61 and 113, Philip to his daughters, 10 July and 23 Oct. 1581, and Easter 1584.
48. Riba, 179, Philip to Vázquez, undated but 1578; IVdeDJ 55/XI/121-2 Vázquez to Philip and reply, 27 July 1588.
49. AGS *Estado* 946/141a, Philip to the count of Olivares, ambassador in Rome, 31 Mar. 1585.
50. *DHME*, V, 27; IVdeDJ 55/IX/93, Philip to Vázquez, 8 Dec. 1586; Bouza, *Cartas*, 85, Philip to his daughters, 1583.
51. Bustamante García, 'La arquitectura de Felipe II', 492.
52. Kamen, *Philip*, 55, 90, 222.
53. Smith, *The life*, 19（给蒙泰古子爵夫人马格达伦的葬礼悼词, 作者为她的告解神父, 她曾向其透露这些细节）。因为马格达伦在1556年结婚, 所以这个事件应当发生在1554~1555年。"淫荡的事情"可能实际上更严重。拉丁文原文是 vbi *faciem* suam forte ipsa lauabat": *facies* 这个词的意思是 "脸" 或 "身体"。Smith, *Vita*, 38-9.
54. Firpo, *Relazioni*, VIII, 438–9, Soranzo, Jan. 1565, repeated in William of Orange's *Apology*: Duke, 'William of Orange', 29; Gachard, *Bibliothèque Nationale de Paris*, II, 177, St Sulpice to Charles IX, 7 Oct. 1564. 鲁伊·戈麦斯说的可能是伊莎贝拉·奥索里奥。
55. Belda, 'Carta', 474–5, Zúñiga to Philip, 3 Dec. 1578. 苏尼加是腓力二世那位严厉教师的儿子, 与父亲同名, 曾在尼德兰和西班牙侍奉国王, 直到1567年去罗马。
56. Valente, *Un dramma*, 7–8, Cavaliere Bondi to Cardinal Farnese, 8 Feb. 1586.
57. BL 192.f.17 (i); Lord Burghley's annotated copy of *Relación de la Felicíssima Armada*; Yale University, Beinecke Library, *Osborn Shelves*, fo. 20, [João de Teixiera], 'The Anatomie of Spayne', 65: see *FBD*, 969–70, on the Portuguese original of this translation, written in 1598.

第七章

1. AGS *Estado* 128/378, Philip to Juan Vázquez de Molina, 9 Dec, 1558, holograph postscript; FCDM *AH* R7-19, Philip to Feria, 25 Nov. 1558, holograph; Fernández Álvarez, *Tres embajadores*, 215–19, same to same, 28 Dec. 1558.
2. *CODOIN*, LXXXVII, 80–5, Feria to Philip, 21 Nov 1558 (Feria encoded much of this letter).
3. NA *SP* 70/1, fo. 23, Elizabeth to Cobham, 23 Nov. 1558.
4. FCDM *AH*, R7-19, Philip to Feria, 25 Nov 1558, holograph; *CODOIN*, LXXXVII, 83 and 93, Feria to Philip, 21 Nov. and 14 Dec. 1558.
5. Fernández Álvarez, *Tres embajadores*, 215–19, Philip to Feria, 28 Dec. 1558; Hatfield House, Cecil Papers, 133/188, Philip to Elizabeth, 27 Dec. 1558, holograph
6. See, for example, NA *SP* 70/2 fo. 49, Philip to Elizabeth, 20 Jan. 1559.
7. *CODOIN*, LXXXVII, 111, Feria to Philip, 29 Dec. 1558.
8. González, 'Apuntamientos', 157–9, Philip to Feria, 10 Jan. 1559.
9. FCDM *AH* R7-1 and 21, Philip to Feria, 10 and 28 Jan. 1559, both holographs.
10. *CODOIN*, LXXXVII, 133–4, 'Puntos' by Feria for Philip.
11. *Ibid.*, 141, Philip to Feria, 23 Mar. 1559.
12. Brunelli, *Emanuele Filiberto*, 101–3, 玛丽去世三周前, 即1558年10月26日, 腓力的议事会做出了这个决定。
13. *PEG*, V, 585–7, Granvelle to Feria, 3 Apr. 1559.
14. FCDM *AH* R7-23, Philip to Feria, 21 Mar. 1559, holograph.

15. Tellechea Idígoras, *El Papado y Felipe II*, I, 85-6, Paul IV to Philip, 6 May 1559.
16. FCDM *AH* R7-22, Philip to Feria, 11 Feb. 1559, holograph; *PEG*, V, 606, Philip to Granvelle, 24 June 1559.
17. BR *Ms* II-2320/124, Granvelle to Juan Vázquez de Molina, 21 July 1559; NA *SP* 70/6/32v-33, Challoner to Elizabeth, 3 Aug. 1559, holograph.
18. AGS *Estado* 137/227, Juana to Philip, 14 July 1559, decoded with the king's holograph comments.
19. AGS *PR* 26/169-70, Philip's Instruction to Ruy Gómez and Dr Velasco and letter to Juana, both 23 July 1559.
20. GRM, I, 444-6, Quijada to Philip, 28 Nov. 1558.
21. *PEG*, V, 628-30, Philip to Granvelle, [29] July 1559.
22. *Ibid.*, 643, Philip to Granvelle, 24 Aug. 1559.
23. *TR*, IV, 318-23, Valdés to Philip, 14 May 1558.
24. *Ibid.*, 434-6, Philip to Valdés and the Suprema, and GRM, I, 302 n. 1, Philip to Juana, both 'del Campo', 6 Sep. 1558.
25. González Novalín, *Inquisidor General*, II, 214-21, Valdés to Paul IV, 9 Sep. 1558, together with the 'Relación'.
26. AGS *PR* 29/33, Testament of Philip, London, 2 July 1557, naming 'la persona que yo oviere proveído por arzobispo de Toledo' to take over 'la administración y gobierno general' of Spain and 'regir y gobernar la persona del dicho príncipe' Don Carlos.
27. *TR*, IV, 589-90, Philip to Juana, undated but Nov. 1558, copy.
28. *Ibid.*, 687-91, Fray Hernando de San Ambrosio to Carranza, Brussels, 5 Apr. 1559; *DH*, V, 183, Philip to Carranza, Brussels, 4 Apr. 1559.
29. *TR*, IV, 680-3, Carranza to Philip, holograph draft, undated (but written shortly before his letter to the king dated 5 Apr. 1559, *ibid.*, 692-4).
30. *Ibid.*, 600-1, Paul IV to Valdés, 7 Jan. 1559; and 763-5, Suprema to Philip, 16 May 1559.
31. *Ibid.*, 831-2, Philip to the Suprema, 26 June 1559.
32. *Ibid.*, 889, Juana to Carranza, 3 Aug. 1559. For the arrest, with its undertones of *Monty Python's* 'No one expects the Spanish Inquisition', see *DH*, II, 327-32 and *TR*, IV, 196-9.
33. *TR*, IV, 696-7, 'Mandamiento' of Valdés to the university of Alcalá, 11 Apr. 1559.
34. Serrano y Sanz, *Autobiografías*, 157, account by Diego de Simancas; Cabrera de Córdoba, *Historia*, I, 202.
35. *TR*, IV, 969-72, Pragmática of 22 Nov. 1559.
36. *Ibid.*, 953-4 and 995-6, Feria to Bishop Quadra (his successor as Spanish ambassador in England), Mechelen, 4 Oct. 1559 and 21 Jan. 1560.
37. *DH*, II, 358, Carranza's accusations against Valdés, 4 Sep. 1559.
38. *DH*, V, 336-8, Carranza's response to new charges by Fiscal, 8 Jan. 1563.
39. RAH *Proceso Carranza* 9/1804, fo. 83v, Philip's testimony on 12 Jan. 1560.
40. *DH*, III, 404-5, Philip's testimony, 13 Oct. 1562.
41. Tellechea Idígoras, *Felipe II y el Papado*, II, 44-5, 48 and 80, Philip to Gregory XIII, undated, but spring 1574 (holograph), 21 July 1574, holograph, and 11 June 1576.
42. Cabrera de Córdoba, *Historia*, I, 204; *GRM*, II, 465-9, Juana to Charles, 8 Aug. 1558.
43. *GRM*, I, 449-50, Quijada to Felipe, 13 Dec. 1558; AGS *Estado* 128/28, Philip to Quijada, undated minute apparently dictated to, and amended by, Francisco de Eraso. Italics added.
44. Gachard, *Don Juan*, 51-2.
45. Fernández y Fernandez de Retana, *España*, I, 602; Alvar Ezquerra, *Felipe II, la corte y Madrid*, 12, quoting Horozco.
46. *PEG*, V, 673, Philip to Granvelle, 27 Dec. 1559; Alvar Ezquerra, *Felipe II, la corte y Madrid*, 19, royal cédula of 8 May 1561.
47. AGPM *CR* 1/242 and 2/36-38v, royal cédulas of 14 Feb. 1556 and 22 June 1557; and 2/52v-55, Philip to Gaspar de Vega, 15 Feb. 1559; Gérard, *De castillo a palacio*, 12 and 73.
48. *CODOIN*, XCVIII, 53-4, 'Las condiciones con que verná Su Majestad en la tregua', 5 Mar. 1559; *ibid.*, 57-9, Philip to count of Luna, his ambassador at the Imperial court, undated (but Apr. 1559); AGS *Estado* 1210/91, Philip to the governor of Milan, 8 Apr. 1559; and AGS *Estado* 1124/278-302, Instructions of Philip to his ministers in Italy, 15 June 1559.
49. BNE *Ms* 5938/440-441v, 'Divisa' by Gabriel Rincón; Mameranus, *Carmen Gratulatorium*, an item still in the Escorial library.
50. AGS *Estado* 1124/257, Don Bernat de Guimaran to Philip, 21 July 1559.
51. BR *Ms* II-2319/16, Pérez to Granvelle, 6 June 1560.
52. Paris, *Négociations*, 555, Laubespine to Catherine de Medici, 26 Sep. 1560.
53. *CMPG*, II, lxii-xiii, Philip to Margaret of Parma, 15 July 1562.
54. AGRB *Audience* 475/84, Josse de Courteville, in Madrid, to Viglius, in Brussels, 24 May 1563.
55. BMB *Ms Granvelle* 8/189, Pérez to Granvelle, 19 Feb. 1564.
56. IVdeDJ 61/1, Hoyo to Philip, undated (but probably May 1562).

第八章

1. *PEG*, V, 674, Philip to Granvelle, 27 Dec. 1559; BR *Ms* II-2249, unfol., Gonzalo Pérez to Granvelle, 19 Nov. 1560; *PEG*, VI, 166, Granvelle to Philip, 12 Sep. 1560.
2. Japikse, *Correspondentie*, I, 143-4, Egmont to Orange, 1 July 1559.
3. Tellechea Idígoras, *Felipe II y el Papado*, I, 44, Philip to Paul IV, Brussels, 24 Apr. 1559, holograph.
4. [Strada], *Supplément*, II, 267-8, Hornes to Eraso, 19 Dec. 1561. AGRB *Audience* 478/3, Philip to Hornes, 9 Feb. 1562, 提到了这封信，证明埃拉索曾把这封信拿给国王看。
5. AGRB *Audience* 475/84, Josse de Courtewille to Viglius, Madrid, 24 May 1563; BNF *Ms f.f.*, 15,587/3-7, Memorial of Limoges, citing the analysis of François Baudouin, 1563.
6. *CODOIN*, IV, 307, Philip to Margaret, 23 Apr. 1564.
7. AGRB *Audience* 779/30, minutes of the council of State, Brussels, 24 Mar. 1564.
8. *CCG*, I, 27, Secretary Bave to Granvelle, 4 Dec. 1565.
9. AGRB *Audience* 779/120, minutes of council of State, Brussels, 26 Jan. 1565, reporting news from Venice dated 14 Dec. 1565 that included 'nouvelles venues de Constantinople du 3e de decembre passé'.
10. *CMPT*, II, 51-3, Memorial of Egmont to Philip, and AGS *Estado* 527/5, Philip to Pérez, both 24 Mar. 1565.
11. AGS *Estado* 527/5, exchanges between Philip and Pérez, 24-25 Mar. 1565.
12. AGS *Estado* 527/4, 'Instrucción al conde de Egmont', 2 Apr. 1565.
13. *PEG*, IX, 275, Granvelle to Polweiler, 12 June 1565; *GCP*, I, 349, Egmont to Philip, 9 Apr. 1565.
14. *GPGP*, II, 474, and AGS *Estado* 146/147, Pérez to Philip and reply 4 and [10] Apr. 1565.
15. Wauters, *Mémoirs*, 268, account by Hopperus of Egmont's report to the council of State, 5 May 1565.
16. *CMPT*, I, 59, Margaret to Philip, 22 July 1565; *Cahier van der Essen* X/19, Armenteros to Pérez, 10 Oct. 1565.
17. *GPGP*, II, 536, Pérez to Philip, 3 Sep. 1565, with rescript.
18. Rodríguez-Salgado, 'Amor, menosprecio y motines', 218, Guzmán de Silva to Ruy Gómez, 24 Nov. 1565.
19. *CMPT*, II, 258, Margaret to Philip, 19 July 1566.
20. UB Leiden *Hs Pap* 3/2, Alonso de Laloo to count of Hornes, Segovia, 3 Aug. 1566.
21. *CMPT*, II, 269-74, Philip to Margaret, 31 July 1566; AGS *Estado* 531/52-3, 'Registro de la scriptura que Su Magestad otorgó en el Bosque de Segouia a 9 de agosto 1566'; Serrano, I, 316-17, Philip to don Luis de Requesens, his ambassador in Rome, 12 Aug. 1566; *CMPT*, II, 313-15, Philip to Margaret, 9 Aug. 1566.
22. Gilles de Pélichy, 'Contribution', 105-6, Egmont to Philip, 29 Aug. 1566; AGS *Estado* 530, unfol., Margaret to Philip, 27 Aug. 1566 (précis in *GCP*, I, 452-4); and *CMPT*, II, 326-32, same to same, 27 and 29 Aug. 1566.
23. UB Leiden *Hs Pap* 3/4, Alonso de Laloo to count of Hornes, Segovia, 20 and 26 Sep. 1566.
24. IANTT *TSO: CG*, livro 210/14-14v, Pereira to King Sebastian, 23 Sep. 1566; *Cahier van der Essen* XXXIV/18-19, Miguel de Mendivil to Margaret of Parma, 22 Sep. 1566.
25. Cabrera de Córdoba, *Historia*, I, 358-63, and Osorio, *Vida y hazañas*, 331-42, 描述了1566年10月22日的关键辩论。
26. La Roca, *Resultas*, 85-7.
27. HSA *Ms* B 2010, Alba to 'Vuestra Señoría Ilustrísima' (Espinosa), 'Aranjuez, miércoles a las 8 de la noche' [= 16 Apr. 1567], holograph.
28. All quotations that follow from AA 5/59, Philip to Alba, Madrid, 7 Aug. 1567, holograph original with the passages coded by Philip transcribed *en clair* by Alba's secretary – the only reason we now know the king's plans.
29. Berwick y Alba, *Documentos escogidos*, 81, Alba to the bishop of Orihuela, 18 Sep. 1567, minute; *Epistolario*, I, 694, Alba to Philip, 24 Oct. 1567.
30. *Epistolario*, I, 694, holograph royal apostil on Alba to Philip, 24 Oct. 1567; Serrano, II, 204, Philip to Pius V, 22 Sep. 1567.
31. *ADE*, VII, 235-7, 'Parecer' of Alba, 11 Apr. 1565.
32. AGS *Estado libro* 16/213-16, 'Coniuración del Marqués del Valle'; AGI *Justicia* 997, no. 4, r. 3, investigation of Don Gonzalo de Zúñiga, Madrid, 12 Sep. 1562: AGI *Patronato* 29 r. 13, 'Relación muy verdadera de todo lo sucedido', and r. 18, Juan de Vargas Zapata to Diego de Vargas, Puerto Rico, 1 Aug. 1562; *CODOIN América*, IV, 191-282, 'Relaciones' of the Aguirre rebellion.
33. IANTT *TSO: CG*, livro 210/51v-53, Pereira to King Sebastian, 23 Mar. 1567; Douais, I, 204, Fourquevaux to Charles IX, 15 Apr. 1567.
34. AGI *Patronato* 208, r. 4, Philip's Instrucción to his commissioners, copy, May 1567; AGS *Cámara de Castilla, Diversos* 6/50, 'Las personas que están pressos en la cárcel real' (s. f., but 1569); Flint, 'Treason or travesty', 42-4.
35. *CODOIN*, CI, 357-8, Philip to Luis Vanegas de Figueroa, his special envoy to the emperor, 28 Jan. 1568, minute.

第九章

1. HHStA *Spanien Hofkorrespondenz*, Karton 1, Mappe 3/161 and 4/27 and 129, and Kamen, *Philip*, 62, Philip to Maximilian, 12 June 1550, 25 Sep. 1551, 24 Apr. and 17 July 1555.
2. *CODOIN*, CIII, 251 and 257, Philip to Luis Vanegas and Baron Chantonnay, 31 July 1569, and to Vanegas, 2 Aug. 1569.
3. *CODOIN*, XXVI, 563-4, Vanegas to Philip, 30 Sep. 1567; *CODOIN*, CX, 78, Philip to Monteagudo, 29 Sep. 1570.
4. Galende Díaz and Salamanca López, *Epistolario*, 246-7 and 263-5, María to Philip, 3 Sep. and 29 Nov. 1573. 玛丽亚把自己的兄弟称为"殿下"，是因为查理五世的儿女只把他们的父亲称作"陛下"。
5. *CDCV*, IV, 40, Charles to Philip, 30 Apr. 1554.
6. *DH*, III, 407-8, sworn deposition of Juana, 26 Oct. 1562.
7. IANTT *TSO: CG* 210/136-8, Pereira to Sebastian, Juana's son, 19 and 21 Jan. 1568; González de Amezúa, *Isabel*, III, 412, Juana to Catherine de Medici, 2 May 1569.
8. BL *Addl*. 28,354/542, Philip to Ladrada, 20 Dec. 1572; *CODOIN*, VII, 89, account of Fray Juan de San Jerónimo.
9. González de Amezúa, *Isabel*, I, 229-37 and III, 515-20, 描述了王后的各种娱乐活动。
10. Paris, *Négociations*, 807-8, Mme de Vineux to Catherine de Medici, 31 Jan. 1562; Firpo, *Relazioni*, VIII, 396, 'Final Relation' of Paolo Tiepolo, 19 Jan. 1563.
11. Rodríguez Salgado, ' "Una perfecta princesa" ', II, 85, quoting Pereira to Sebastian, 21 June and 7 Aug. 1563. 佩雷拉消息的源头准确无误，即他的外甥鲁伊·戈麦斯。
12. González de Amezúa, *Isabel*, III, 231-3, St Sulpice to Catherine, Monzón, 25 Nov. 1563.
13. AGS PR 30/28, Isabel's holograph testament, dated 27 June 1566.
14. Douais, I, 6, Fourquevaux to Catherine, 3 Nov. 1565; González de Amezúa, *Isabel*, II, 346 n. 31, Fourquevaux to Charles IX, 26 Aug. 1566.
15. Douais, I, 51, Fourquevaux to Catherine, 4 Feb. 1566.
16. Cabié, *Ambassade*, 432-3, 'Notes diverses', Sep.-Oct. 1566; Douais, I, 110-12 and 117-18, Fourquevaux to Catherine, 18 and 26 Aug. 1566.
17. González de Amezúa, *Isabel*, III, 378-90, 描述了王后的疾病和去世。
18. *Ibid.*, II, 533 n., Philip to Catherine, 28 June 1569.
19. Tellechea Idígoras, *El Papado y Felipe II*, I, 199-202, Pius V to Philip, 20 Dec. 1568, holograph.
20. AA 7/75, Philip to Alba, 14 Apr. 1569, holograph.
21. Berwick y Alba, *Documentos escogidos*, 99-103, Don Diego de Córdoba to Alba, 1 Feb. 1571; *CODOIN*, XLI, 245, Zayas to Arias Montano, 21 Apr. 1571; BL *Addl*. 28,354/230, 240 and 294, Philip to Ladrada, 10 June, 12 July and 24 Nov. 1571; AA 44/84, Dr Milio to Juan de Albornoz, Madrid, 4 Dec. 1571.
22. AGPM 3/360v-361, royal cédulas dated 12 July 1572.
23. Firpo, *Relazioni*, VIII, 721, 'Final Relation' of Alberto Badoero, late 1578.
24. BL *Addl*. 28,354/422, Philip to Ladrada, 10 July 1572. 这些信都没有保存至今，我们只能通过国王与拉德拉达侯爵的通信的内容来了解。
25. BL *Addl*. 28,354/314, 476 and 542, Philip to Ladrada, 17 Dec. 1571, 26 Sep. 1572 and 20 Dec. 1572.
26. BL *Addl*. 28,354/490 and 492, Philip to Ladrada, 2 and 4 Oct. 1572.
27. BL *Addl*. 28,354/25-6, Espinosa to Ladrada, n.d. Apr. 1570; and 394-5, Philip to Ladrada, 17 May 1572; BL *Addl*. 28,342/322, Philip to Fray Buenaventura de Santibañez, chaplain of the infantas, 27 May 1581.
28. IVdeDJ 51/170 and 21/576, Mateo Vázquez to Philip and rescript, 20 and 21 July 1575.
29. *El oro y la plata*, 663, Philip to Francisco de Garnica, undated but 1575.
30. IVdeDJ 22D No.30, Don Pedro Niño to Mateo Vázquez, 11 Oct. 1577.
31. Bouza, *Cartas*, 88, Philip to the Infantas, 30 July 1582. 相比之下，卡塔利娜于1585年离开之后，国王收藏了她给他的全部亲笔信。这些信如今存放在BL *Addl*. 28,419。
32. Bouza, *Cartas*, 77 and 85, Philip to the Infantas, 19 Mar. and 4 June 1582.
33. *Ibid.*, 116-17, Philip to Catalina, 18 June 1585. Cock, *Relación del viaje*, 145，写道，卡塔利娜几天前向父亲道别时大哭了一场。
34. Bouza, *Cartas*, 120-1 and 157, Philip to Catalina, 17 July 1585 and 14 June 1588.
35. *Ibid.*, 99 and 109, Philip to the Infantas, 25 Oct. 1582 and 26 Oct. 1583.
36. *Ibid.*, 75 and 40-1, Philip to the Infantas, 5 Mar. 1582 and 1 May 1581.
37. *Ibid.*, 64 and 94, Philip to the Infantas, 20 Nov. and 25 Dec. 1581 and 1 Oct. 1582.
38. Grierson, *King of two worlds*, 166, Philip to Granvelle.
39. Khevenhüller, *Diario*, 286; *CODOIN*, VII, 364, 367 and 370; Sigüenza, 100-1.
40. Bouza, *Cartas*, 68, 71 and 81-2, letter to the Infantas, 29 Jan., 19 Feb. and 7 May 1582. 腓力二世对日期的记忆力肯定很强；他在1548年离开西班牙时向妹妹道别，后来只于1551年在萨拉戈萨、1556年在布鲁塞尔短暂见过她。

41. Khevenhüller, *Diario*, 286-7.
42. Tormo y Monzó, *En las Descalzas Reales*, 186-7, Margarita to Philip, undated.
43. Khevenhüller, *Diario*, 287; Tormo y Monzó, *En las Descalzas Reales*, I, 187-90.
44. Khevenhüller, *Diario*, 287-8. 查理五世也担心腓力娶了太年轻的女子之后会丧命，见第一章。
45. Khevenhüller, *Diario*, 271.
46. Tellechea Idígoras, 'La mesa' (2002), 186-7 and 201-2, 'Serva Tadea' to Philip, Rome, 8 Dec. 1560.
47. *BMO*, II, 378, Philip to Parma, 19 Oct. 1586.
48. MacKay, *The baker*, 154, Ana de Austria to Philip, Nov. 1594.
49. Gachard, *Don Juan*, 192-3, Granvelle to Margaret of Parma, 13 Oct. 1579.
50. AGS CSR 133/108 (total debts), 129 (cédula of July 1559) and 113, 'consulta de descargos' and rescript, 11 Feb. 1579.
51. AGS DGT *Inv.* 24 903 No. 1, Inventory of the goods of Don Carlos, 9 Feb. 1568, audited on 6 Sep. 1586; *CODOIN*, XXVIII, 567-9, cédula to Diego de Olarte, 2 Apr. 1577.

第十章

1. NA *SP* 70/101/10, Dr Man to William Cecil, San Sebastián, 6 Aug. 1568, italics added.
2. Duke, 'William of Orange', 28; Anon., *Diogenes*, first published at Liège. Lieder, *The Don Carlos theme* 列举了一直到1930年对于堂卡洛斯倒台的各种叙述。席勒的《堂卡洛斯》甚至可能为乔治·卢卡斯的1977年电影《星球大战》的"情节"提供了灵感，见High, *Who is this Schiller now?*, 13-14。
3. IANTT *TSO: CG* 210/136-7, Pereira to Sebastian, 19 Jan. 1568 ('ffoy ouvir missa a capella, e o principe con ele').
4. 我关于逮捕的叙述源自四份材料，前两份与鲁伊·戈麦斯有关：IANTT *TSO: CG* 210/136-7, Pereira to Sebastian, 19 Jan. 1568; Gachard, *Don Carlos*, 689-90, 'Avviso d'un Italiano plático y familiar de Ruy Gómez'; *ibid.*, 674-8, Nobili to Duke Cosimo, 25 Jan. 1568, and *ibid.*, 684-7, 'Relación histórica' by a gentleman of the prince's household。
5. IANTT *TSO: CG* 210/136-7 and 148v-150, Pereira to Sebastian, 19 Jan. 1568 and 11 Feb. 1568; Gachard, *Don Carlos*, 395, Charles de Tisnacq to Viglius, 31 Jan. 1568; Douais, I, 314, Fourquevaux to Charles IX, 22 Jan. 1568.
6. Gachard, *Don Carlos*, 677, Nobili to Duke Cosimo de Medici, 25 Jan. 1568; IANTT *TSO: CG* 210/137-8, Pereira to Sebastian, 21 Jan. 1568.
7. ASMa *AG* 583/164, Philip to duke of Mantua, 22 Jan. 1568; Douais, I, 318, Fourquevaux to Catherine de Medici, 22 Jan. 1568.
8. AGS Estado libro 16/191, Philip to Queen Catherine, 20 Jan. 1568, copy by Juan de Verzosa (slightly different copy in IANTT *Miscelaneas Manuscritas*, 964/187-8). Cabrera de Córdoba, *Historia*, I, 409-10 刊登了这封信，但错误地说它是写给玛丽亚和马克西米利安二世的，日期为1568年1月21日。
9. Koch, *Quellen*, Dietrichstein to Maximilian, 7 Feb. 1568; ASF *MP* 4898/226v-228, Nobili to Duke Cosimo, 13 Apr. 1568.
10. IANTT *TSO: CG* 210/146-50, Pereira to Catherine, 7 Feb. 1568 and to Sebastian, 16 Feb. 1568.
11. AGS *Estado* 150/11-12, Philip to María, heavily corrected minute and fair copy, [19] May 1568.
12. Rodríguez Ramos, 'Los comienzos', and personal comunications from Dr Rodríguez Ramos.
13. AGS PR 29/35, Codicil signed by Philip, Ghent, 5 Aug. 1559.
14. *CODOIN*, XXVII, 207-10, Felipe to the corregidor of Gibraltar, 13 Sep. 1561, and reply.
15. BAV *VL* 7,008/351 'Proceso de la beatificación y canonización de San Diego de Alcalá', testimony of Dr Diego López. 感谢安德鲁·比利亚隆提供并翻译了这份资料。
16. Gachard, *Don Carlos*, 110, Paolo Tiepolo to Doge of Venice, Madrid, 20 June 1562; *CODOIN*, XVIII, 557.
17. HSA *Altamira* 13/I/10, Philip to Don García de Toledo, undated but summer 1563.
18. Strohmayer, *Korrespondenz*, I, 203 and 231, Dietrichstein to Maximilian, 22 Apr. and 29 June 1564.
19. Pérez Mínguez, *Psicología de Felipe II*, 106, quoting Philip to Alba, undated; Gachard, *Don Carlos*, 229 n. 1, Philip to Chantonnay, his ambassador in Vienna, 12 Sep. 1564.
20. Douais, I, 321, Fourquevaux to Charles IX, Madrid, 5 Feb. 1568, 报告了与鲁伊·戈麦斯在1月27日的对话。
21. Firpo, *Relazioni*, VIII, 443-5; Álvarez de Toledo, *Alonso Pérez*, II, 279, Prior Don Antonio to Don García de Toledo, 'early 1566'; Douais, I, 200, Fourquevaux to Charles IX, Madrid, 15 Apr. 1567.
22. Douais, I, 220, Mémoire dated 30 June 1567; AGS *Estado* 657/39-40, 51 and 64, Chantonnay to Philip, 17 Apr. 67 (received in Madrid 16 May); 9 July 1567 (endorsed by the king on 4 Aug.); and 30 Aug. 1567 (received 10 Nov. and endorsed by Pérez 'to be seen while His Highness is present') – the latest example I have found.

23. BL *Addl.* 28,262/329, Pérez to Philip, undated, but spring 1567; *Cahier van der Essen* XXVI, fos. 20-21, Margaret of Parma to Don Carlos, 20 Apr. and 6 July 1567; AGS *CC* 387/2, Josse de Courtewille to Don Carlos, 16 June 1567.
24. Gachard, *Don Carlos*, 672-3, Cavalli to the Doge of Venice, 11 Feb. 1568.
25. Douais, I, 165-6, Fourquevaux to Charles IX, 4 Jan. 1567.
26. AGS *DGT Inv 24*, leg. 903 No. 1, Inventory of 9 Feb. 1568; Gonzalo Sánchez-Molero, 'Lectura y bibliofilia' (Morisot), and a personal communication dated 26 Mar. 2009 on *Theuerdank*. On the artefacts, see Cervera Vera, 'Juan de Herrera'.
27. *CODOIN*, XXVII, 138, testimony of Juan de Espinosa, who 'was present and saw this happen', as part of an audit of Lobón's accounts in 1583.
28. Douais, I, 257, Fourquevaux to Catherine de Medici, 24 Aug. 1567; van der Hammen, *Don Juan*, fos. 39-40, writing in 1627 (partly published in Gachard, *Don Carlos*, 321-2 and 335-6).
29. *CODOIN*, XXVII, 82, 'Cuentas fenescidas'; AGS *DGT Inv.* 24, leg 903 No. 1, 'Cuentas con Antonio Fúcar'.
30. Gachard, *Don Carlos*, 676-7, Nobili to Duke Cosimo, 25 Jan. 1568; ASMa *AG* 594, unfol., Roberti to duke of Mantua, 13 Apr. 1568.
31. Gachard, *Don Carlos*, 684-6, 'Relación histórica'; van der Hammen, *Don Juan*, 40; ASMa *AG* 594, unfol., Roberti to duke of Mantua, 3 Mar. 1568, decoded folio.
32. Douais, I, 322, Fourquevaux to Charles IX, 5 Feb. 1568; IANTT *TSO: CG* 210/137-8, Pereira to Sebastian, 21 Jan. 1568.
33. All the letters in AGS *CC* 387中的所有书信都是1567年写的，只有一个例外，即Miguel López de Legazpi 那封以 "我于1564年底离开新西班牙" 开始的信。这封信是从菲律宾的宿务发出的，里面竟然有这样一个油腔滑调的短语，说明它在他离开之前就已经流行了。
34. Martínez Hernández, *El marqués de Velada*, 75-99, 作者进行了非常精彩的历史 "侦探" 工作，复原了 "学院" 的成员、关注点和影响力。
35. Serrano, II, 299, Castagna to Alejandrino, 4 Feb. 1568, cyphered; Gachard, *Don Carlos*, 366, quoting a letter from Fourquevaux dated 8 Feb. 1568.
36. Herrera y Tordesillas, *Historia general*, 681 (book I, xv. 2).
37. Gachard, *Don Carlos*, 387, Philip to Alba, 6 Apr. 1568, holograph.
38. IANTT *TSO: CG* 210/155v-156v, Pereira to Catherine, 25 Feb. 1568.
39. *MHSI Borgia*, IV, 649, Lerma to Francisco de Borja, 1 Oct. 1568.
40. Fernández Álvarez, *Felipe II*, 423, Philip to the university of Salamanca, 27 July 1568.
41. Douais, I, 371, Fourquevaux to Charles IX, 26 July 1568; *MHSI Borgia*, IV, 649, Lerma to Borja, 1 Oct. 1568; Berwick y Alba, *Documentos escogidos*, 412, Dr Milio to Alba, 16 Aug. 1568; *CODOIN*, XCVII, 460, Zúñiga to Don Rodrigo Manuel, 28 Apr. 1568. 最后三封信都是写给密友的私人信件，因此可信度更高。
42. González de Amezúa, *Isabel*, III, 54, Isabel to Fourquevaux, [19] Jan 1568; Douais, I, 319, Fourquevaux to Catherine de Medici, 22 Jan. 1568.

第十一章

1. IVdeDJ 38/70, Espinosa to Philip, with rescript, undated but Nov. 1569.
2. BL *Addl.* 28,704/270v, Espinosa to Alba, 4 Dec. 1571, register copy; AA 44/84, Dr Milio to Juan de Albornoz, Alba's secretary, Madrid, 4 Dec. 1571.
3. *CODOIN*, XXXVII, 84, and *CODOIN*, IV, 497-506, Alba to Philip, 6 Jan. and 9 June 1568. 除了特殊说明，以下两段的所有引用都出自第二份文件。
4. *CODOIN*, IV, 506-13, Alba to Felipe, 23 Nov. 1568.
5. AA 6/75, Philip to Alba, 14 Apr. 1569.
6. *CODOIN*, IV, 521-5, Philip to Alba, Córdoba, 4 Apr. 1570, minute, corrected by the king.
7. *Ibid.*, 533-8, Alba to Philip, Brussels, 18 Mar. 1570, with death sentence dated 4 Apr.
8. Gachard, *Etudes*, 85.
9. *CODOIN*, IV, 560-6 and 539-40, Philip to Alba, 3 Nov. 1570, and to Peralta, 17 Aug. 1570.
10. 此处及下段的描述基于 *CODOIN*, IV, 542-9, Instruction of Dr Velasco to Alcalde Arellano, 1 Oct. 1570; *idem*, 550-1 and 559-60, Peralta to Philip, Simancas, 10 and 17 Aug. 1570; *idem*, 554-9, Fray Hernando del Castillo to Dr Velasco, 16 Oct. 1570; and *idem*, 560-6, 'Relación de la muerte de Montigni' drawn up by Philip for Alba 2 Nov 1570 and his covering letter dated 3 Nov.
11. AGS *Estado* 542/88, holograph memorial written by Montigny, Simancas, 15 Oct. 1570; Gachard, 'Floris de Montmorency', 61-2; *CODOIN*, IV, 565-6, Philip to Alba, 3 Nov. 1570.
12. Ramos, 'La crisis indiana', 11, quoting Dr Francisco Hernández de Liébana.
13. *Ibid.*, 8-9, opinion of Fresneda, and 25, Toledo's summary of the junta's discussions, Nov. 1568.

14. *Ibid.*, 52–3, quoting Toledo; AGNM *CRD* 1bis/20, registered the fifty or so royal cédulas issued between 30 Nov. 1568 and 11 Sep. 1569. Abril Castelló and Abril Stoffels, *Francisco de la Cruz*, II, 130–94, print the full text of the recommendations sent by the Junta Magna to Philip. See also Brendecke, *Imperium*, chap. 7 on the Junta's goals and achievements.
15. Martínez Millán and Carlos Morales, *Felipe II*, 119, quoting the royal cédula of 18 Nov. 1566. Fuchs, *Exotic nation*, 23, lists the prohibited practices.
16. IVdeDJ 38/70, Espinosa to Philip and rescript, undated but Apr. 1569.
17. BL *Addl.* 28,354/45–6, Martín de Gaztelu to marquis of Ladrada, Córdoba, 26 May 1570. Édouard, *L'empire imaginaire*, 140, describes the royal entry into Córdoba on 22 Feb. 1570.
18. Domínguez Ortiz and Vincent, *Historia*, 51, Instruction to Alonso de Carvajal, commissioner of Baza; Alcalá-Zamora, 'El problema', 342.
19. Adams 'The genetic legacy', 732.
20. Serrano, III, 251, Don Juan de Zúñiga to Philip, 7 Mar. 1570.
21. IVdeDJ 21/43, Espinosa to Philip, with rescript, undated but Jan. 1571.
22. Serrano, IV, 445, Philip to Don Juan de Zúñiga, his ambassador in Rome, 28 Sep. 1571, minute; Vargas-Hidalgo, *Guerra y diplomacia*, 767, Don John to Ruy Gómez, 16 Sep. 1571, holograph.
23. Cervantes, *Novelas Exemplares*, prologue; García Hernán and García Hernán, *Lepanto*, 44, Doria on 9 Oct. 1571; BL *Addl.* 28,704/270v, Espinosa to Alba, 4 Dec. 1571, register copy; Lesure, *Lépante*, 151–2, orders from the Council of Ten to Admiral Venier, Venice, 22 Oct. 1571.
24. Serrano, II, 360, Philip to Don Juan de Zúñiga, 8 Mar. 1568.
25. Serrano, IV, 382, Castagna to Rusticucci, 9 July 1571.
26. AA 7/58, Philip to Alba, 14 July 1571, cyphered with decrypt; BL *Addl.* 28,336/76, Dr Velasco to Espinosa, 9 Aug. 1571. 第五章可见此时其他大臣的类似怀疑之言。
27. Cabrera de Córdoba, *Historia*, II, 602; IVdeDJ 67/1, Don Luis de Requesens to Andrés Ponce de León, a prominent minister in Madrid, Jan 1574, copy, relating Alba's 'exit interview'.
28. Galende Díaz and Salamanca López, *Epistolario*, 238–41, María to Philip, two letters dated 13 Feb. 1572.
29. Groen van Prinsterer, *Archives*, 1st series III, 362, Orange to Count John of Nassau, 20 Feb. 1570.
30. *CCG*, IV, 594–5 and AGS *Estado* 553/4–2, Philip to Alba, Feb. and 16 Mar. 1572, minutes.
31. *CCG*, IV, 146–52, Morillon to Granvelle, 24 Mar. 1572.
32. AGS *Estado* 553/94 and 99, Philip to Alba, 20 Apr. and 17 May 1572, minutes corrected by king.
33. *CCG*, IV, 428, Morillon to Granvelle, 16 Sep. 1572; Groen van Prinsterer, *Archives*, 1st series III, 505, and IV, cii, Orange to John of Nassau, 21 Sep. 1572.
34. *Epistolario*, III, 251 and 261, Alba to Philip, 28 Nov. and 19 Dec. 1572.

第十二章

1. BPU *Ms. Favre* 30/30, Philip to Requesens, 30 Jan. 1573, copy of the holograph original.
2. AA 8/45, Philip to Alba, 8 July 1573, received 19 Aug.
3. AGS *Estado* 8340/242, Alba to Don John of Austria, 18 Sep. 1573.
4. BPU *Ms. Favre* 30/71–4, Philip to Requesens, 20 Oct. 1573, copy of the holograph original.
5. *CODOIN*, CII, 277–306, Philip's Instructions for Requesens, undated but 21 Oct. 1573.
6. AGS *Estado* 554/146, Requesens to Philip, 30 Dec. 1573.
7. AGS *Estado* 561/25, 'Consulta de negocios de Flandes' by Gabriel de Zayas, 24 Feb. 1574.
8. AGS *Estado* 561/77, Philip to Requesens, 12 May 1574, minute; BRB *Réserve précieuse/Kostbare werken*, Hs. 1678A, General Pardon, signed 8 Mar. and promulgated 6 June 1574, original.
9. HSA *Altamira* 3/II/12 Granvelle to Don Juan de Zúñiga, 6 Dec. 1573, copy; AGS *Estado* 561/25, vote of the count of Chinchón; *CODOIN*, LXXV, 236–40, Alba to Zayas, 8 July 1573.
10. AGS *Estado* 554/89, Philip to Alba, 18 Mar. 1573.
11. Gachard, *Don Juan*, 126–8, Don John to Margaret of Parma, Genoa, 4 May 1574.
12. AA 33/156, Hernando Delgadillo to Juan de Albornoz, 9 July 1574; AGS *Estado* 559/104, Requesens to Philip, 12 Dec. 1574; HSA *Altamira* 3/V/15, Granvelle to Don Juan de Zúñiga, 23 Sep. 1574.
13. AA 28/3, Alonso de Laloo to Juan de Albornoz, 9 Oct. 1574.
14. AGS *Estado* 560/74 and 91, Requesens to Philip, 16 Sep. 1574, and Francisco de Valdés to Requesens, 18 Sep. 1574.
15. AGS *Estado* 561/122, Philip to Requesens, 22 Oct. 1574, minute, with holograph corrections by Philip, based on the translation in Waxman, 'Strategic Terror', 344–7.
16. AGS *Estado* 560/8, Requesens to Philip, 6 Nov. 1574; Pi Corrales, *España*, 89, 103 and 181–4, and 191–6.
17. IVdeDJ 53/3/64, Philip to Vázquez, 17 May 1574 (on Menéndez's pessimism); Pi Corrales, *España*, 214–17, Menéndez to Pedro Menéndez Márquez, 8 Sep. 1574.

18. AA 131/167, Philip to Covarrubias, holograph, undated, but apparently written just before IVdeDJ 21/233, 'Para las juntas de los presidentes', 19 June 1573, Vázquez draft of Philip's charge to the junta; IVdeDJ 76/530, and Carlos Morales, *Felipe II*, 131, Minutes of the Junta of Presidents, 24 June 1573.
19. Martínez Millán and Carlos Morales, *Felipe II*, 168-9, Philip to Covarrubias, 4 and 23 Jan. 1574.
20. IVdeDJ 76/491-503 and 507-9, Ovando's 'Relación' to Philip, 11 Apr. 1574, Easter Day. Drelichman and Voth, *Lending*, 110-11 及其他地方认为1575年国王欠银行家的债务不到1500万杜卡特，这个数字只包括被称为"普遍解决方案"（*Medio General*，见第十三章）的债务重组行动涉及的债务，不包括其他债务。而且他们认为腓力二世自己的财政官员对债务的较高估计是"严重夸大"（*ibid.*,14)。Álvarez-Nogal and Chamley, 'Debt policy',195 ,认为"Drelichman 和Voth 给出的债务总额也夸大了"，1575年的债务总额应为1040万杜卡特。我相信腓力二世自己的财政官员的说法。
21. BL *Eg.* 1506/18-19, Quiroga to Philip and rescript, 16 Mar. 1574.
22. IVdeDJ 53/3/56, 51/30, 53/3/43, and 51/31, Philip to Vázquez, 13, 15, 24 and 31 May 1574. See chapter 5 for yet more complaints to the same minister during these desperate weeks.
23. IVdeDJ 51/33, 53/3/87, and 53/3/77, Philip to Vázquez, 20 June, 4 and 18 July 1574.
24. Pizarro Llorente, *Un gran patrón*, 352-4, citing consultas of the council of State and of the Suprema in Nov. 1575; BL *Eg.* 1506/54, Quiroga to Philip, 6 May 1577, with rescript.
25. BZ 144/34, Vázquez to Philip and rescript, 10 Dec. 1574.
26. Gachard, *Don Juan*, 128-30, Don John to Margaret of Parma, Trapani, 3 Oct. 1574.
27. IVdeDJ 38/69, Philip to Vázquez, 19 Jan. 1575.
28. IVdeDJ 24/103, Ovando to Philip, 25 Mar. 1575.
29. Gachard, *Don Juan*, 131, Don John to Margaret of Parma, 19 June 1575; IVdeDJ, 44/119, Vázquez to Philip, and rescript, 10 May 1575.
30. IVdeDJ 67/271 and 106, Requesens to the count of Monteagudo, Spanish ambassador at the Imperial Court, 6 Mar. 1575, and to Don Juan de Zúñiga, 9 July 1575.
31. BZ 144/61, Vázquez to Philip, and reply, 31 May 1575.
32. Carlos Morales, *Felipe II*, 154-5, Philip to Don Juan de Idiáquez, 8 Sep. 1575; and 191, Philip to all corregidors and judges of Castile.
33. *Ibid.*, 193, Martín de Gaztelu to Don Juan de Zúñiga, 9 Nov. 1575; HSA Altamira 7/III/29 Domingo de Zavala to Philip, Madrid, 17 Nov. 1575, copy; IVdeDJ, 37/72, Requesens to Zúñiga, 12 Nov. 1575.
34. IVdeDJ 60/138-43, Pérez to Philip and rescript, 23 Mar. 1576.
35. Carlos Morales, *Felipe II*, 264, Juan Fernández de Espinosa to Philip, 1577; IVdeDJ, 53/5/35, Philip to Vázquez, 22 Feb. 1576.

第十三章

1. AGS *Estado* 489, unfol., 'Lo que se platicó y paresçió en consejo destado a ix de mayo 1578' with royal apostils; *GCP*, IV, 426-7, Philip's notes for his final interview with Don John of Austria, Oct. 1576; AGS *Estado* 556/5, Alba to Philip, 8 Jan. 1573.
2. Riba, 25-26, Vázquez to Philip, 21 Mar. 1576.
3. Marañón, *Antonio Pérez*, 6; González Palencia, *Fragmentos*, 7.
4. BL *Addl.* 28,262/568-70, Pérez to Philip, and rescript, undated but July 1573.
5. Marañón, *Los Procesos*, 56, testimony of Jerónimo Díaz, 11 Aug. 1585; AGS *Estado* 1134/123, Don John to Pérez, Messina, 11 Nov. 1571; TMLM, *Ms.* 129960, Pérez to Philip, 30 Nov. 1574.
6. IVdeDJ 38/62-75 (unfoliated carpeta), Vázquez to Philip and rescript, 25 June 1575; Vargas-Hidalgo, *Guerra y diplomacia*, 1002-3, Philip to Juan Andrea Doria, 29 July 1575.
7. AGS *Estado* 570/133, Philip to Don John, 8 Apr. 1576, minute; *idem*, fos 140 and 150, Pérez to Escobedo, 8 Apr, 1576, minutes heavily corrected by the king.
8. AGS *Estado* 570/149, Pérez to Escobedo, 8 Apr. 1576, minute, and fo. 133, Philip to Don John, 8 Apr. 1576.
9. IVdeDJ 60/225-6 Pérez to Philip, undated but May or June 1576; and 36/38, same to same, 16 June 1576, with rescripts.
10. BL *Addl.* 28,262/207, Antonio Pérez to Philip with rescript, 1 July 1576.
11. ASF *MP* 2860/115-16 and 297-316, 'Avisos' from Genoa, 10 and 15 June 1576, and from Milan, 12-29 July 1576.
12. *CODOIN*, XV, 547-53, Pérez to Escobedo, 16 Apr. 1576.
13. AGRB *Gachard* 666/187, Don John to duke of Urbino, Milan, 8 Aug. 1576, copy.
14. Belda, 'Carta', 475, Zúñiga to Philip, 3 Dec. 1578.
15. *GCP*, IV, 346-7, patent for Don John and letters for Netherlands ministers, and NA *SP* 70/139 fo. 123, Philip to Queen Elizabeth, all signed by Philip on 26 Aug. even though dated 1 Sep. 1576 (see FBD, 1263, n 43).

16. *GCP*, IV, 321–2, Don John to Philip, Barcelona Roads, 22 Aug. 1576, and the king's reply, undated but 29 Aug.
17. BL *Eg.* 1506/38–42 and 44–5, Quiroga to Philip, 24 Aug. (with rescript dated 29th) and 31 Aug. 1576 (with a rescript on the following day).
18. Gachard, *Don Juan*, 92, Margaret to Don John, 22 Aug. 1576.
19. BL *Addl.* 28,263/62–3 and 53, Philip to Vázquez, 27 Oct. 1576, and 19 Sep. 1576.
20. BL *Eg.* 1506/42 and 46–47v, Quiroga to Philip, 29 and 30 Sep. 1576, with rescripts.
21. *GCP*, IV, 426–7, copies of two sets of notes in the king's hand, undated but Oct. 1576.
22. Porreño, *Historia*, 427–8, Don John to Philip, Irún, 24 Oct. 1576, holograph.
23. Kervijn de Lettenhove, *Relations politiques*, IX, 15–21, and *GCP*, V, 27–8, Instructions of Philip to Don John, 11 Nov. 1576, drafts.
24. *CODOIN*, L, 298–9 and 303–4, Escobedo to Philip, St Dié in Lorrraine, 28 Nov. 1576, and Luxemburg, 8 Dec. 1576.
25. AGRB 666/297, Don John to the duke of Savoy, Bastogne, 19 Dec. 1576, copy.
26. BL *Eg.* 1506/42 and 50, Quiroga to Philip, 29 Sep. and 3 Oct. 1576, with rescripts.
27. Luna, *Comentarios*, 35 ('el oficio de espía doble').
28. AHN *Inq.* libro 284/94 (new foliation 103), Quiroga to Philip, and rescript, 18 Mar. 1578; AGS *Estado* 569/150bis, Don John to Philip, 21 Nov. 1576, with apostils presumably written at least two weeks later. Ungerer, 'La defensa', 133, notes that Pérez and Los Vélez both studied at Alcalá in 1558–9.
29. AGS *Estado* 569/133–4, Don John to Philip, 6 Dec. 76, 'visto por los dos'; ASF *MP* 4910/178, Luigi Dovara to the Grand Duke of Tuscany, 25 Feb. 1579.
30. BL *Addl.* 28,262/599–601, Pérez to Philip, with rescript (undated, but probably Apr. 1577); Morel-Fatio, *L'Espagne*, 111, Don John of Austria to Don Rodrigo de Mendoza, 9 Dec. 1576.
31. Gachard, *Don Juan*, 74, Don John to Margaret of Parma, 8 Nov. 1573; Fórmica, *Doña María*, 19, Octavio Gonzaga to Pérez, 20 Oct. 1578.
32. BL *Addl.* 28,262/219–21 and 225–6, Pérez to Philip, 1 Jan. and 8 Feb. 1577.
33. Porreño, *Historia*, 454, Don John to Philip, 22 Dec. 1576; *CODOIN*, L, 300–1, Escobedo to Philip, 10 Jan. 1577.
34. AGS *Estado* 2843/3, Philip to Don John, 31 Jan. 1577.
35. BL *Addl.* 28,262/236–237v, Pérez to Philip, with rescript, 12 Feb. 1577.
36. BL *Addl.* 28,262/236–237v, *ut supra*.
37. AGS *Estado* 570/65, Philip to Don John, 12 Feb. 1577.
38. Gachard, *Don Juan*, 140–2, Don John to Margaret of Parma, Marche, 17 Feb. 1577.
39. Voci, 'L'impresa', 381, cardinal of Como to Don John, 2 Apr. 1577; and 423, same to Ormanetto, 12 Apr. 1577.
40. *Ibid.*, 424–5, Ormanetto to Como, 26 Apr. 1577.
41. BL *Addl.* 28,262/256–7, Philip to Pérez, 4 Apr. 1577; Voci, 'L'impresa', 424–5, Ormanetto to Como, 26 Apr. 1577.
42. BL *Addl.* 28,262/243–4 and 250–3, Pérez to Philip and rescript, 28 and 29 Mar. 1577; *GCP*, V, 282–8, Philip to Don John, 6 Apr. 1577.
43. Griffiths, *Representative government*, 460, 'Vraye narration des propos . . . à Gheertrudenberghe', an Orangist account of the conference held 13–23 May 1577.
44. Porreño, *Historia*, 477–80, Don John to Philip, 26 May 1577. ARA *Staten Generaal* 11,915 包含埃斯科韦多和堂胡安从1577年起发出的关于英格兰的海量信件抄本，已被截获和破译。See also BL *Cott. Cal. C.* V/97v–98, Escobedo to Philip, 9 Apr. 1577, coded original with decrypt and English translation.
45. BPU *Ms. Favre* 28/185–7, Philip to Sessa, 28 Aug. 1577 (two letters, both originals); AGS *Estado* 1247/133, Philip to marquis of Ayamonte, 28 Aug. 1577, minute; AGS *Estado* 571/56, Philip to Don John, minute apparently drafted by Zayas on 27 Aug. and corrected by the king the following day (fo. 53), and sent 1 Sep. 1577.
46. BL *Eg.* 1506/207–9, Quiroga to Philip, 'Thursday' [= 12 Sep. 1577], describing the council meeting of the day before, and AGS *Estado* 2843/1, 'Parecer de los V del Consejo de Estado', 11 Sep. 1577, both with rescripts.
47. BPU *Ms. Favre* 28/195–6, Philip to Sessa; AGS *Estado* 571/88, Philip to Don John; and HSA *Altamira* 1/I/46), Diego de Covarrubias to Philip, with rescript, all dated 11 Sep. 1577.
48. IVdeDJ 36/21, Don John to Zúñiga, 30 Sep. 1577.
49. González Palencia, *Fragmentos*, 77–9, Pérez to Doña Juana Coello, 23 Feb. 1590. Mignet, *Antonio Pérez*, 280–5，明确否认堂胡安在1577年曾与吉斯公爵接触；但 AGRB *Audience* 1685/3, 1686/1 and 1779/2 都包含他俩在这个时期关于提供粮食和兵员的通信。
50. AGS *Estado* 572/142, Don John to Philip, 20 Nov. 1577; AHN *Inq.* libro 284/83 (new foliation 87), Quiroga to Philip, with rescript, 1 Oct. 1577.
51. BNF *Ms. Esp.* 132/11, Philip to Juan de Vargas Mexía, 24 Jan. 1578.

第十四章

1. Marañón, *Los Procesos*, 186, testimony of Don Pedro de Mendoza, 25 Sep. 1589; ASVe *SDS* 11/65, Badoer to the Doge and Senate of Venice, 3 Apr. 1578; Valente, *Un dramma*, 55, Juan de Samaniego to the prince of Parma, 4 Apr. 1578; ASMo *CD Ambasciatori Spagna* 11, 1578, No. IX, Orazio Maleguzzi to the duke of Ferrara, 4 Apr. 1578. 所有的意大利外交官在报告中都使用"意大利时间", 也就是说, 每一天从日落半个小时之后开始算起。所以他们说埃斯科韦多在 " a un' hora di notte"遇害, 实际上指的是日落九十分钟之后, 这在马德里的3月大概是晚上9点。
2. IVdeDJ 51/161, Philip to Vázquez, the Escorial, 1 Apr. 1578 (also in Muro, *Vida*, appendix 12); ASF *MP* 4910/57, Baccio Orlandini to Grand Duke of Tuscany, 2 Apr. 1578.
3. ASMo *CD Ambasciatori Spagna* 11, 1578, No. X, Maleguzzi to duke of Ferrara, 12 Apr. 1578, minute.
4. Marañón, *Los Procesos*, 23 and 201-2, Auto by Antonio Márquez, secretary of the tribunal, 29 Dec. 1589; and 207, 'Traslado del papel de Su Magestad que está escrito de su real mano', 4 Jan. 1590.
5. *Ibid.*, 217-18, 'Diligençia en el tormento con el secretario Antonio Pérez', 23 Feb. 1590; KB *Hs*. 128.b.3/12v-16, Escobedo to Pérez, 7 Feb. 1577, copy presented by Pérez to the Justicia of Aragon.
6. Marañón, *Los Procesos*, 217-18, 'Diligençia en el tormento con el secretario Antonio Pérez', 23 Feb. 1590. 几个小时后, 佩雷斯给他妻子一份与他受刑后供认几乎完全一致的陈述。González Palencia, *Fragmentos*, 77-9, Pérez to Doña Juana Coello, 23 Feb. 1590.
7. HSA *Ms* B 1252/4, Alba billete, almost certainly addressed to Zayas, undated but probably 11 or 12 Sep. 1577.
8. 关于将奥兰治亲王带来 (无论死活) 的命令, 见第十五章; 关于悬赏杀死佩雷斯, 见第十八章。其他法外处决的例子, 见第十六章。
9. Marañón, *Los procesos*, 220, 'Declaración de Diego Martínez', 24 Feb. 1590.
10. *Ibid.*, 220, 'Declaración de Diego Martínez'; 116-21, 'Declaración de Antonio Enríquez', 30 June 1585; and 97, supplementary question to Enríquez on 1 Feb. 1590.
11. *Ibid.*, 121-2 (Enríquez), 221 (Martínez) and 65, 'Declaraçión de Martín Gutiérrez', 20 Dec. 85.
12. Pérez, *Relaciones y cartas*, I, 272-3, 'Memorial que Antonio Pérez presentó'.
13. Marañón, *Los procesos*, 161-8, Pérez to Philip, 3, 16, 23 Feb. and 17 and 26 Mar. 1589.
14. *Ibid.*, 46, testimonio of Castro, Lisbon, 5 June 1582.
15. ASF *MP* 4910/177-8, Dovara to Grand Duke, 25 Feb. 1579.
16. AGS *Estado* 574/66 and 79, Don John to Philip, 17 Feb. 1577, two holograph letters; BL *Addl*. 28,262/263-4, 266-9 and 546, Pérez to Philip, 5 and 6 Apr. 1577, and undated (but July 1577); AHN *Inq. libro* 284/83 (new foliation 87), Quiroga to Philip, with rescript, 1 Oct. 1577.
17. Marañón, *Los procesos*, 227, 'Declaraçión del Licenciado Bartolomé de la Hera', 2 Mar. 1590; and 172, 'Declaración de Doña Beatriz de Frías', 18 Sep. 1589 ('era un suçio'). Dadson and Reed, *Epistolario*, 77-84, 161, 210-11, 217-18, 233-4, 234-9 (the princess's longest surviving letter), 241-2, 269-70, 271-3 and 278-9 print all of Ana's known letters and commissions to Escobedo, starting in 1558.
18. Marañón, *Los procesos*, 251-2, 'Declaraçión' of Favara, 22 Oct. 1590.
19. *Ibid.*, 215 and 217, 'Diligençia en el tormento con el secretario Antonio Pérez', 23 Feb. 1590.
20. AGS *Estado* 570/139, Pérez to Escobedo, Apr. 1576, minute. 同样的事情也发生在下个月, 当时国王大幅修改了据说是佩雷斯写给埃斯科韦多的信件, 见第十三章。
21. BNF *Ms. Esp.* 132/ 179-80 and 66, Pérez to Vargas Mexía, 26 Jan. 1579 and 15 June 1578.
22. Cabrera de Córdoba, *Felipe II*, III, 1392, 引用了圭邪加在1590年的评论。
23. Pérez Mínguez, *Psicología*, 37-8, Pérez to Andrés de Prada, 15 Oct. 1578.
24. Dadson and Reed, *Epistolario*, 403-4, Ana's warrant appointing Antonio Enríquez 'mi criado' as her 'contador', 20 Mar. 1581, backdated to 6 June 1580 'because that is when he began to serve me', and 530-1, salary increase from 1 Jan. 1583; BZ 142/7 bis, Vázquez to Philip II and rescript, 28 July 1578 (printed with some alternative readings in Muro, *Vida*, appendix 165).
25. Riba, 177-8, Vázquez to Philip, 24 May 1578.
26. Muro, *Vida*, appendix 14, Pedro Núñez to Vázquez, 26 Dec. 1578, and appendix 17, Dr Milio to Vázquez, 6 Jan. 1579, both referring to the anger of the princess.
27. BZ 144/224, Philip to Vázquez, 15 Nov. 1578.
28. IVdeDJ 51/181, Philip to Vázquez, the Escorial, 28 Dec. 1578.
29. IVdeDJ 44/57-8, Vázquez to Philip and rescripts, 11 and 15 Apr. 1574.
30. Martínez Hernández, 'El desafío', published these love letters, undated but from 1566, for the first time.
31. *CODOIN*, VIII, 487-8, Alba cédula to Don Fadrique, Madrid, 2 Oct. 1578.
32. Riba, 192-3, Vázquez to Philip, 30 Nov. 1578.
33. HSA *Altamira* 1/I/101, Pérez to Philip with rescript, 2 Jan. 1579.
34. *CODOIN*, VIII, 509-11, Pazos to Philip with rescript, 6 July 1579; Martínez Hernández, 'El desafío', and *idem*, *El marqués de Velada*, 163-78.

35. Valente, *Un dramma*, 53, Bologna to Cardinal Farnese, 4 Aug. 1579; Muro, *Vida*, appendix 18, Vázquez to Dr Milio, Jan. 1579 (Milio 在秘书们之间扮演了中间人的角色）。
36. Muro, *Vida*, appendix 30, Pazos to Philip, with rescript, 7 Mar. 1579. This appears to be the first time Philip referred to the Pérez affair as something that affected his conscience.
37. *Ibid.*, appendix 31, Vázquez to Philip, with rescript, 16 Mar. 1579; ASF *MP* 4910/216, Dovara to the Grand Duke, 25 Mar. 1579; AST *LM*, 2, unfol., Carlo Pallavicini to the duke of Savoy, 29 Mar. 1579.
38. *CCG*, VII, 352-3, and Mignet, *Antonio Pérez*, 104, Philip to Granvelle, 30 Mar. 1579; ASG *AS* 2416, unfol., Passano to Doge of Genoa, 6 June 1579.
39. Sigüenza, 92-3.
40. ASV *NS* 22/170, Sega to the papal secretary of state, 11 May 1579, reporting on his audience; BL *Addl*. 28,263/225-6, Vázquez to Philip with rescript, 21 June 1579.
41. BZ 143/207-8, Vázquez to Philip, the Escorial, 24 June 1579; Muro, *Vida*, appendix 47, Instructions of Vázquez to the count of Barajas, 9 July 1579.
42. The only known text of the princess's note appeared in Pérez, *Relaciones*, I, 113-15, a tainted source; but since many ambassadors summarized it in similar terms - see, for example: Valente, *Un dramma*, 53, Samaniego to Parma, 1 Aug. 1579; ASMo, *CD AS* 11, 1579, No. XXIII, Malaguzzi to Ferrara, 4 Aug. 1579 - I accept it as genuine. So do Dadson and Reed, *Epistolario*, 381-3.
43. BZ 162/6 bis, Philip to duke of Infantado, 29 July 1579; *CCG* VII, 443, Granvelle to Margaret of Parma, 12 Sep. 1579.
44. BZ 143/212, Vázquez to Philip, 26 July 1579.
45. BZ 143/212, rescript of Philip to Vázquez, 26 July 1579; Marañón, *Antonio Pérez*, 445, citing Jerónimo Zurita; BZ 143/211, Vázquez to Philip with rescript, 26-27 July 1579.
46. *CODOIN*, LVI, 212-14, Philip to Pazos, undated but 28 July 1579, holograph, 帕索斯第二天气急败坏地回复："今天早晨7点，我的一个仆人给我送来了国王的信……"
47. Muro, *Vida*, appendix 53, Pedro Núñez to Vázquez, 1 Aug. 1579; Valente, *Un dramma*, 53, Bologna to Cardinal Farnese, 4 Aug. 1579
48. ASMo *CD AS* 11, 1579 No. XXII, Maleguzzi to duke of Ferrara, 29 Aug. 1579, minute.

第十五章

1. BL *Addl*. 28,262/ 632-5v, Pérez to Philip, and rescript, 13 Aug.1578; Sigüenza, 86; *CODOIN*, VII, 229.
2. AGS *Estado* 489, unfol., 'Lo que se platicó y paresçió en consejo destado a ix de mayo 1578'.
3. ASVe *SDS* 11/51, Alberto Badoer to Doge, 6 Jan. 1578, quoting a letter 'di pugno di Sua Maiestà'; AGS *Estado* 395/197, Philip to Silva, 31 May 1578, copy; *CODOIN*, XL, 87-8, Silva to Philip, 4 Oct. 1578.
4. HSA *Altamira* 1/I/24, Vázquez to Philip and reply; AGS *GA* 88/244, Philip to Delgado; and BL *Addl*. 28,262/285-6, Philip to Pérez, and rescript, all dated 13 Aug. 1578.
5. BL *Addl*. 28,262/632-5v, Pérez to Philip, and rescript, undated [= 13 Aug. 1578].
6. BL *Addl*. 28,262/632-5v, *ut supra*.
7. *CODOIN*, XL, 137-8, 160 and 169-70, Moura to Philip, Lisbon, 26 Aug., 25 Sep. and 23 Oct. 1578.
8. Fernández Conti, 'La Junta Militar', 292 n. 24, rescript of Philip on a consulta from Delgado, 26 Oct. 1578, enclosing plans from Alba and Santa Cruz; AGS *GA* 88/317, 362 and 353, Delgado to Philip, 30 Oct. and 1 and 13 Dec. 1578, each with a long royal rescript.
9. *CODOIN*, XL, 143 and 196, Moura to Philip, 26 Aug. and 25 Nov. 1578; Fernández Collado, *Gregorio XIII*, 53-4, quoting Nuncio Sega's account of Philip's denial at an audience early in 1579.
10. AGS *GA* 89/196, Delgado to Philip, undated but July-August 1579, with a long royal rescript; ASF *Urbino* I/185/19, Bernardo Maschi to duke of Urbino, 10 Jan. 1580.
11. BSLE *Ms* &III.12, San Pedro, *Diálogo llamado Philippino*, fo. 5v (expertly discussed by Bouza, *Imagen y propaganda*, 75-83); *CODOIN*, XL, 198, Moura to Philip, Lisbon, 25 Nov. 1578.
12. *CODOIN*, VI, 30-2, 78 and 350, Moura to Philip, 29 Nov. 1578, and Philip to Moura, 26 Jan. and 14 Apr. 1579.
13. *CODOIN*, VI., 661, Philip to the duke of Osuna, his special envoy to King Henry, 24 Aug. 1579.
14. AGS *GA* 94/26 and 28, Philip to Delgado, 30 Jan. 1580.
15. Suárez Inclán, *Guerra*, 222, Moura to Philip, 4 June 1580; ASVe *SDS* 12/74, Morosini to Doge, 8 Feb. 1580; Kamen, *Philip*, 173, Philip to Don Juan de Zúñiga, 13 Feb. 1580; *CODOIN*, VIII, 516-19, Pazos to Philip, 15 Feb. 1580.
16. Suárez Inclán, *Guerra*, 96-7 and notes, Philip to Moura, 16 Feb. 1580, with a copy of Delgado's billete.
17. Porreño, *Dichos y hechos*, 29.
18. *CODOIN*, XXXV, 61-2, Philip to Alba, Badajoz, 5 Aug. 1580, holograph.

19. *CODOIN*, XXXII, 482 and 489, Alba to Philip, 28 and 30 Aug. 1580.
20. *CODOIN*, XXXIII, 234, Philip apostil on a letter from Arceo to Zayas, Lisbon, 4 Nov. 1580.
21. Velázquez, *La entrada*, fo. 69; IVdeDJ 56 carpeta 21, unfol., Vázquez to [Hernando de Vega], 17 Apr. 1581.
22. Bouza, *Cartas*, 35, Philip to his daughters, 3 Apr. 1581; BL *Addl*. 28,357/498, cédula of Aug. 1581; Bouza, *Cartas*, 89 n. 192, letter of Gaspar de los Arcos, Tomar, 20 Mar. 1581.
23. Rodríguez Salgado, *Felipe II*, 171, Don Juan de Zúñiga to Philip, 19 July 1581; AGS *Estado* 939/128 and 143, Philip to Zúñiga, Lisbon, 8 and 23 Oct. 1581.
24. *CODOIN*, XXXII, 480-3 and 507-10, Alba to Philip, 28 Aug. 1580, with apostil, and Philip to Alba, 31 Aug. 1580.
25. Freitas de Meneses, *Os Açores*, I, 82-4, and II, 66, Figueroa to Philip, 3 Aug. 1582.
26. Muro, *Vida*, appendices 66 and 73, Hernando de Vega to Vázquez, 25 Aug. and 17 Sep. 1579; *ibid*., appendix 64, Pedro Núñez to Vázquez, 25 Aug 1579; Pérez, *Relaciones y Cartas*, I, 122.
27. Muro, *Vida*, appendices 104 and 116, Pazos to Philip, 19 Dec. 1580 and 17 Apr. 1581, with rescripts.
28. Marañón, *Los procesos*, 46-51, testimony of Don Rodrigo de Castro and Don Fernando de Solís, 5 and 9 June 1582; *CODOIN*, LVI, 397-406, Pazos to Philip, 4 and 18 Nov. 1581, with rescripts; HSA *Altamira* 1/I/6, Mateo Vázquez to Philip, with rescript, 7 Sep. 1581.
29. Riba, 217, Philip to Sancho Bustos de Villegas, 12 Feb. 1580, holograph; Bratli, *Philippe II*, 235, Philip to Salazar, 8 June 1581, also holograph.
30. Marañón, *Los procesos*, 35-7, testimony of 'Luis de Overa' [= Luigi Dovara], Lisbon, 30 May 1582; Muro, *Vida*, 196-8, Philip to Rodrigo Vázquez, 27 Aug. 1582, minute（解释了尽管国王命令焚毁原件，为何它还能留存下来）。
31. *CODOIN*, LVI, 419-20, Pazos to Philip, 8 Sep. 1582, with rescript; Muro, *Vida*, 196-200, Philip to the princess of Éboli, 8 Nov. 1582
32. HSA *Altamira* 1/I/6, fos. 189 and 191, Mateo Vázquez to Philip and rescript, 7 Sep. 1582; Fernández Duro, *Conquista de los Azores*, 396-9, Instruction for Santa Cruz, for the Escorial, 6 June 1583.
33. IVdeDJ 51/105, Mateo Vázquez to Philip and reply, 22 Aug. 1583.
34. ASMa AG 598, unfol., Lepido Agnello to duke of Mantua, Madrid, 6 June 1579; Bouza, *Imagen y propaganda*, 85-6.
35. Keeler, *Sir Francis Drake's West Indian Voyage*, 245-6 and 315, 'A summarie and true discourse of Sir Francis Drake's West Indian Voyage' (1589).
36. ASC 48/3, Santa Cruz to Philip, Angra, 9 Aug. 1583, draft, and Philip to Santa Cruz, 23 Sep. 1583 (partially printed in *BMO*, I, 406).
37. NMM *Ms PH* 1B/435, Olivares to Don Juan de Zúñiga, 24 Sep. 1583, deciphered with royal holograph apostil.
38. Benítez Sánchez-Blanco, 'De moriscos, papeles y archivos', 116-17, 1581~1583年、议事会就"摩里斯科问题"审议时，堂胡安·德·伊迪亚克斯如此叙述。
39. Massarella, *Japanese travellers*, 250.
40. IVdeDJ 76/161-2, Vega to Philip and reply, 24 Mar. 1582, copy.
41. IVdeDJ 68/306 and 286, Vega to Philip and rescripts, 8 June and 22 Aug. 1583.
42. CCG, XI, 58-9 and 64, Granvelle to Philip, 3 Aug. 1584, and to Idiáquez, 4 Aug. 1584 (Anjou was also duke of Alençon); and HSA *Altamira* 5/V/3, Vázquez to Philip, with reply, 3 Aug. 1584.
43. NA SP12/179/36-8, Examination of Pedro de Villareal, 13 June 1585 OS; and NA *SP* 12/180/59A, captured letter from Juan del Hoyo, merchant, 5 July 1585 NS.

第十六章

1. Salazar, *Política española*, 24; González Dávila, *Teatro*, 1; Feltham, *A brief character*, 84-5; Camden, *Historie*, book IV, 131.
2. Bratli, *Philippe II*, 222, Relation of Philippe de Caverel, Lisbon, 1582; Longlée, 48, to Henry III, 20 June 1584; *CCG*, X, 126, Granvelle to Bellefontaine, Madrid, 3 Apr. 1583.
3. Sánchez Cantón, *Inventarios reales*, II, 41, 77, 115-21, 145 and so on; Bouza, *Cartas*, 57 and 88-9, Philip to his daughters, 2 Oct. 1581 and 30 July 1582.
4. Lhermite, *Passetemps*, II, 116; AGPM 237, *Inventarios reales*, 3/278r-279v, 'Las dibersas pieças de plata para servicio de la barbería'.
5. Bouza, *Cartas*, 53-4 and 103, Philip to his daughters, 21 Aug. 1581 and 14 Feb. 1583; BZ 143/46 and 50, Vázquez to Philip, and reply, 16 and 20 Mar. 1588.
6. IVdeDJ 53/5/35, HSA *Altamira* 1/I/19, HSA *Ms* B 228, and BL *Addl*. 28,700/151 and 155, Vázquez to Philip, and replies, 22 Feb. 1576, 17 Dec. 1584, 13 Jan. and 7 and 9 Feb. 1587.
7. BL *Addl*. 28,357/13, Philip to Alba, 28 July 1573; IVdeDJ, 55/IX/ 217, Vázquez to Philip and reply, 17 Oct. 1588.
8. *DHME*, V, 111; AHN *Inq*. Libro 100/551, Juan Ruiz de Velasco to Mateo Vázquez, 23 Aug. 1588.

9. BL *Addl.* 28,354/490, marquis of Ladrada to Philip, and rescript, 2 Oct. 1572 ('Terrible gente son los físicos').
10. BL *Addl.* 28,354/479-80 and 506, Ladrada to Philip, and rescripts, 27 Sep. and 16 Oct. 1572; IVdeDJ 7/95, Vázquez to Philip, and rescript, 24 Sep. 1590.
11. Bratli, *Philippe II*, 222, 'Relation' by Philippe de Caverel; BZ 142/67, Philip to Vázquez, 3 Feb. 1584.
12. HSA *Altamira* 1/II/52 (i) and 53, Vázquez to Philip, with replies, both dated 4 July 1584.
13. BL *Addl.* 28,362/1, count of Barajas to Vázquez, 1 Jan. 1584.
14. BAV *UL* 1115/108-9, 'Aviso' from Madrid, 10 Jan. 1587; Cabrera de Córdoba, *Historia*, III, 1172; Martínez Millán and Fernández Conti, *La Monarquía*, 318, quoting contemporary accounts.
15. BL *Addl.* 28,361/110, corrected draft of the *Pragmática*, 11 Sep. 1586, returned to Mateo Vázquez who (sarcastically?) endorsed the file 'Coronets and courtesies'. Numerous drafts of the *Pragmática*, each one festooned with royal apostils, fill fos 31-145 of the same volume, even though (in retrospect) 'no importa nada'.
16. IVdeDJ 55/XI/153, Vázquez to Philip and reply, 10 Aug. 1588; AHN *Inq. Libro* 100/551, Juan Ruiz de Velasco to Vázquez, 23 Aug. 1588.
17. IVdeDJ 21/740 and 374, notes by Philip and Mateo Vázquez on a letter from the general of the Jeronimite Order, 12 Sep. 1589, and Jerónimo Gassol to Philip, and reply, 8 July 1591.
18. IVdeDJ 51/175, and BZ 142/6, Vázquez to Philip, 29 Dec. 1577 and 4 Nov. 1580 (concerning Don Antonio de Padilla).
19. Escudero, *Felipe II*, 536, Vázquez to Philip, and rescript, undated but 1577; BZ 80/540, Memorial from Francisco de Mendoza to Philip with rescript, Naples, 22 Dec. 1588; González Dávila, *Teatro*, 369-70, Dr Hernández de Liévana to Philip, autumn 1572.
20. IVdeDJ 62/853, Philip to Vázquez, 23 Mar. 1575; BL *Addl.* 28,263/213-14, Vázquez to Philip, and rescript, 20 Feb. 1579.
21. *CODOIN*, LVI, 293-4, Pazos to Philip, with rescript, 29 Feb. 1580.
22. Morel-Fatio, 'La Vie', VII, 235 and 251.
23. HSA *Altamira*, 1/I/44, Medina Sidonia to Vázquez, 29 Feb. 1588, and *idem*, 1/I/46, Vázquez to Philip, 8 Mar. 1588, with rescript.
24. Martínez Millán and Carlos Morales, *Felipe II*, 227, Chaves to Mateo Vázquez, Mar. 1586.
25. Hernando Sánchez, 'Estar en nuestro lugar', 286 n. 230, Philip to viceroy of Naples, 4 Oct. 1579; Encinas, II, 311-15 (an order reissued five times during the reign).
26. Schäfer, *El consejo real*, I, 149-50, consulta of the council of the Indies, with rescript, 7 July 1583, concerning licenciado Salcedo.
27. Cabrera de Córdoba, *Historia*, III, 1397.
28. BL *Eg.* 1506/92-3 and 94, Quiroga to Philip and rescript, 15 and 19 Nov. 1578
29. BL *Eg.* 1506/20, Quiroga to Philip and rescript, 17 Mar. 1574; AHN *Inq. libro* 101/226 and 208, consultas of the Suprema, 23 and 24 Nov. 1592, with rescripts.
30. AGPM CR 3/164v-166 and 274, cédulas of 22 Dec. 1569 and 18 Oct. 1571; AGS *CSR* 275/2 fos 60, 74 and 87-8 (cédulas from 1569 about disciplining the Pardo poachers).
31. Herrera y Tordesillas, *Historia general*, II, 46-7; Las Heras, 'Indultos', 129-30; Velázquez, *La entrada*, fos 79-81.
32. BZ 142/201, Vázquez to Philip, 22 Jan. 1587; Arrieta Alberdi, 'Gobernar rescribiendo', 93, consulta of the council of Aragon, and rescript, 16 July 1588; IVdeDJ 21/586, Philip to Don Diego de Covarrubias, 14 Dec. 1575.
33. AGS *PR* 29/35 codicil signed by Philip, Ghent, 5 Aug. 1559.
34. AGS *PR* 26/143, Instruction to Ruy Gómez and the duke of Alburquerque, London, 13 Apr. 1557; Muro, *Vida*, 198-200, Philip to the princess of Éboli, 8 Nov. 1582.
35. AHN *Inq. libro* 249/550v-551, royal cédula to Joan Sánchez, 30 May 1589, register copy. This volume contains hundreds of similar cédulas.
36. ASMa AG 598 unfol., Lepido Agnello to duke of Mantua, 8 June 1580; IVdeDJ 21/148-57, correspondence of Vázquez with Philip, Jan.-Mar. 1583; *CSPV*, VIII, 174, Gradenigo and Lippomano to Doge and Senate, 25 June 1586. *FBD*, 790-2, lists the known attempts to assassinate the king.
37. Sigüenza, 76; Muro, *Vida*, appendix 12, Esteban de Ibarra to Mateo Vázquez, undated but Apr. 1578.
38. Iñiguez de Lequerica, *Sermones funerales*, sermon of Dr Aguilar de Terrones, fo. 7.
39. Porreño, *Dichos y hechos*, 74; Jorzick, *Herrschaftssymbolik*, 47-8, Philip to the viceroy of Peru, 1573, and 62 n. 39, memorial to Philip, 2 Nov. 1593.
40. NA *SP* 70/6 fo. 15, Challoner to Elizabeth, Ghent, 3 Aug. 1559, draft; *DHME*, IV, 4 (Sepúlveda, 'Historia'); Cock, *Relación*, 47, 52.
41. Santullano, *Obras completas de Teresa de Jesús*, 1394, Teresa to Doña Inés Nieto [1576-7]; Donà, 75-8, letter to the Doge of Venice, 1 Oct. 1570; Iñiguez de Lequerica, *Sermones funerales*, sermon by Dr Terrones, fo. 12.

42. AHN *Inq. libro* 100/242, 243, and 294, Philip to Quiroga, 26 July, 16 Feb. and Oct. 1576, all holograph; AHN *Inq. Libro* 101/325, consulta of the Suprema and rescript, 11 Jan. 1592; *ibid.*, fo. 695, Philip rescript to Licenciado Arenillas, 4 Dec. 1594.
43. Donà, 340, letter to Venice, 1 Aug. 1571
44. UB Leiden *Hs Pap* 3/3, Alonso de Laloo to the count of Hornes, 31 Aug. 1566; Firpo, *Relazioni*, VIII, 670, Final Relation of Donà, Jan. 1574.
45. BL *Addl*. 28,264/26-7, Philip to Emmanuel Philibert, 9 Aug. 1557, holograph postscript; *CODOIN*, XCVIII, 483, Philip to the count of Luna, 8 Aug. 1563; AGS *Estado K* 1448/197, Philip to Don Bernardino de Mendoza, 28 July 1588.
46. *CODOIN*, XXXV, 61, Philip to Alba, 2 Aug. 1580, holograph postscript; AGS *CJH* 324/27, 'Gastos Secretos' of Don Bernardino de Mendoza while ambassador in England, payment in Aug. 1578.
47. AHN *AEESS* 11/28, Philip to the duke of Sessa, 5 Feb. 1592.
48. Ugolini, 'Le comunicazioni postali', 321.
49. Douais, II, 127-8 and 142, Fourquevaux to Charles IX and report attached, 31 Oct. 1569.
50. Woltjer, *Friesland*, 3, count of Aremberg to Margaret of Parma, 15 Sep. 1566.
51. AGS *Estado K* 1490/50, Philip to Emmanuel Philibert, 26 July 1557, holograph; AA 5/69, Philip to Alba, 7 Aug. 1567, holograph; AGS, *Estado* 561/122, Philip to Requesens, 22 Oct. 1574, minute.
52. HSA Altamira 5/III/14, Vázquez to Juan Fernández, 8 Dec. 1585; *BMO*, III, 1274 and 1225, Philip to Santa Cruz, 21 and 10 Oct. 1587.
53. Watts, 'Friction in future war', 91; and Jablonsky, *The owl of Minerva*, 33-6.

第十七章

1. *BMO*, I, 478, royal apostil on a letter from the count of Olivares to Philip, 4 June 1585, with rescript.
2. *BMO*, I, 496 and AGS *Estado* 946/229, Philip to Olivares, 2 and 22 Aug. 1585.
3. OÖLA *KB* 4/137, Khevenhüller to Rudolf II, 13 Oct. 1585; BR *Ms* II-1670/180, Philip to Licenciado Antolinez, 31 Oct. 1585.
4. Villari and Parker, *La política de Felipe II*, 110-15, Zúñiga to Philip, undated but late 1585.
5. *CCG*, XII, 133-5, Granvelle to Charles de Maximen, 29 Nov. 1585.
6. IVdeDJ 23/385, Castro to Hernando de Vega, president of the council of the Indies, Seville, 15 Nov. 1585, together with the council's consulta to Philip dated 30 Nov. 1585, with royal rescript.
7. *BMO*, I, 536-7, 'Lo que se responde a Su Santidad', undated but 24 Oct. 1585.
8. *BMO*, 564-7, Santa Cruz to Philip, 13 Feb. 1586, and Philip and Idiáquez to Santa Cruz, 26 Feb. 1586 (February is the correct month, not 'January' as the volume states).
9. *BMO*, II, 108-11, Parma to Philip, 20 Apr. 1586, and 195-6, 'Lo que dixo Juan Bautista Piata'.
10. HSA *Altamira* 7/II/24 'Memoria de algunas de las cosas que se han avisado passan estos días en Madrid', Mateo Vázquez, at the Escorial, to the count of Barajas, in Madrid [18 July 1586].
11. *BMO*, II, 212, 'Parecer' of Don Juan de Zúñiga (June/July 1586). 在他父亲于1586年9月去世后，帕尔马公子亚历山德罗·法尔内塞成为帕尔马公爵。
12. Heredia Herrera, *Catálogo*, I, 597, consulta of the council of the Indies, and rescript, 3 Sep. 1586.
13. *BMO*, II, 305-7, Don Bernardino de Mendoza to Philip, 13 Aug. 1586 (with copious royal apostils) and 338-9, Philip's reply, 5 Sep. 1586.
14. BL *Addl*. 28,376/336, Andrés de Prada to Don Juan de Idiáquez, 17 May 1587; BL *Addl*. 28,363/116, Juan Ruiz de Velasco to Mateo Vázquez, 20 June 1587.
15. *BMO*, III, 1967-8, Philip to Santa Cruz, 14 Sep. 1587.
16. *BMO*, III, 1006-7, Philip to Parma, 4 Sep. 1587.
17. *BMO*, III, 1069-70, Philip to Parma, 14 Sep. 1587.
18. *BMO*, III, 1225 and 1274, Philip to Santa Cruz, 10 and 21 Nov. 1587.
19. ASVe *SDS* 20, unfol., Lippomano to Venice, 14 Sep. 1587, enclosing a copy of Santa Cruz's letter of the 4th.
20. BZ 143/87, memorandum by Philip, 7 June 1588; BZ 141/160, Philip to the count of Barajas, 18 June 1588, copy.
21. OÖLA *KB* 4/311-12, Khevenhüller to Rudolf II, 13 July 1588.
22. *CSPV*, VIII, 273, Lippomano to doge and Senate, 9 May 1587; BL *Addl*. 28,363/50, Zayas to Vázquez, 10 May 1587.
23. Maura, 258-61, Medina Sidonia to Philip, 24 June 1588, 重述了他在2月写过的内容（在一封未被找到的信中）。
24. Oria, 152, Idiáquez and Moura to Medina Sidonia, 22 Feb. 1588.
25. KML *MSP: CR* 5/82, Philip to Medina Sidonia, 11 Mar. 1588. 434页可见公爵试图通过敲诈国王来获取好处。
26. *BMO*, III, 1964, Bertendona to Philip, 15 Feb. 1588.
27. BZ 142/171[a], Philip's address to the Cortes, Jan. 1588, holograph; Oria, 152, Idiáquez and Moura to Medina Sidonia, 22 Feb. 1588.

28. Fernández Duro, II, 9-10, Philip's Instruction to Medina Sidonia, 1 Apr 1588, minute.
29. Maura, 258-61, Medina Sidonia to Philip, 21 and 24 June 1588.
30. BZ 143/97 and 111, Philip to Vázquez, 18 and 28 June 1588.
31. Oria, 210-14, Philip to Medina Sidonia, 1 July 1588.
32. AGS *Estado* 455/320-1, Medina Sidonia to Parma, 10 June 1588, copy sent to Philip (with his comments).
33. Canestrini and Desjardins, *Négociations*, IV, 737, Filippo Cavriana to the Tuscan government, Paris, 22 Nov. 1587; Laughton, *State Papers*, I, 358-62, Hawkins to Walsingham, 10 Aug. 1588 NS; AGS *Estado* 595/32, Idiáquez to Philip and reply, Aug. 1588.
34. Van Meteren, *Historie*, book 15.
35. Parker, 'Anatomy of defeat', 321, Don Alonso de Leyva to Juan Martínez de Recalde, 12 Aug. 1588. 麦哲伦舰队花了三年时间环游地球，于1522年回到西班牙的幸存者不多。
36. AGS *Estado* 2219/84 and 87, Philip to Parma and Medina Sidonia, 31 Aug. 1588; *idem*, fos 85-6 'Apuntamiento en materia de armada que Su Magestad mandó hazer para que se considere y resuelva entre el duque de Parma, su sobrino, y el duque de Medina Sidonia'; and *idem*, fo. 91, notes by Idiáquez dated 15 Sep. 1588.
37. IVdeDJ 51/190, Vázquez to Philip, 4 Sep. 1588, enclosing a note from Pedro Nuñez written the previous day.
38. Parker, 'Anatomy of defeat', 319, royal apostil on a note from Martín de Idiáquez, Oct. 1588; BZ 145/76, Mateo Vázquez to Philip, and rescript, 10 Nov. 1588.
39. ASV *NS* 34/415-18 and 583-5, Novara to Montalto, 6 July and 8 Nov. 1588.
40. *DHME*, IV, 59, 'Historia'; Sigüenza, 120.

第十八章

1. *MHSI, LX: Ribadeneira*, II, 105-11, Ribadeneira to Don Juan de Idiáquez, undated but autumn 1588.
2. Ungerer, 'La defensa' 刊载了佩雷斯于1584年6月12日在马德里受到的指控（并做了注释），以及他于六天后签署的回应书。引文见 pp. 100-4 and 148-9。
3. Marañón, *Los procesos*, 57-9, Enríquez to Philip, Lérida, 16 Aug. 1584.
4. AGS *CJH* 248/21/2, petition of Pérez to Philip, 25 Aug. 1587, with cédula of 8 Dec. 1584 on dorse.
5. Marañón, *Los procesos*, 116-26, declaration of Enríquez, Monzón, 30 June 1585; AHPM *tomo* 1104/1364-1414, 'escriptura' dated 20 May 1588 concerning the auction in 1585.
6. Marañón, *Los procesos*, 185, 卡斯蒂利亚议事会主席巴拉哈斯伯爵的证词，1589年9月21日。
7. AGS *CJH* 248/21/2, petition of Pérez to Philip, 25 Aug. 1587; Marañón, *Los procesos*, 148-51, suit by Pedro de Escobedo against Pérez and Martínez for murder, presented to them 2 Sep. 1587.
8. Marañón, *Los procesos*, 32-4, commission to Rodrigo Vázquez, undated but Aug. 1588.
9. *Ibid.*, 195-8, Chaves to Pérez, the Escorial, 5 and 18 Sep. 1589, notarized copies; González Palencia, *Fragmentos*, 71, 'Escrituras de concierto entre Antonio Pérez y Pedro [de] Escobedo', 29 Sep. 1589. 关于查韦斯的作用和可能的动机，见 Martínez Peñas, *El confesor*, 327-41。
10. Marañón, *Los procesos*, 199-200, 腓力二世命令罗德里戈·巴斯克斯从安东尼奥·佩雷斯那里获取此信息，以及巴斯克给狱卒的命令，还有对佩雷斯的审判，都发生在1589年12月21日。
11. *Ibid.*, 258-9, Auto by Pérez's judges, 14 May 1590.
12. *CODOIN*, LVI, 454 and 466, part of the notarized account of the princess's confinement.
13. Marañón, *Los procesos*, 197-8, Chaves to Pérez, 18 Sep. 1589, notarized copy.
14. Pizarro Llorente, *Un gran patrón*, 362.
15. AGS *Estado* 2851, unfol., 'Lo que se platicó en el Consejo de Estado a 12 de noviembre 1588', and consulta of 26 Nov. 1588 with Philip's holograph response; *ACC*, X, 233-43, Actas of 22, 23 and 30 Aug. 1588.
16. *ACC*, X, 348-9, Acta of 7 Dec. 1588.
17. *ACC*, X, 397-8 and 422-3, Acta of 8 Feb. 1589.
18. BZ 143/203, Vázquez's proposal to the Junta de Cortes, 23 June 1589; Lilly Library, Bloomington, Indiana, *Bertendona Papers*, no. 21, Philip to Bertendona, 23 June 1589.
19. AGS *Estado* 2219/197, Philip to Parma, 7 Sep. 1589.
20. IVdeDJ 51/1, Vázquez to Philip, and rescript, 8 Feb. 1591.
21. Bouza, 'Corte y protesta', 21-2, Proclamation of 29 Jan. 1591; and 30-1, quoting the confession of Juan de Soria.
22. Luna, *Comentarios*, 29-30, prints the manifesto.
23. Ruiz, *A king travels*, 156.
24. *CODOIN*, XV, 464-5, 'Declaración de Diego de Bustamente', Jan. 1591. KB *Hs* 128.c.3 似乎是这三十个抄本之一，或许是存世的唯一一份。

25. BL *Eg.* 1508/215-18, 'Relación de las causas y procesos de las personas que fueron condenadas', evidence against Tomás de Rueda and Nicolás Blanco, burned for their role in the riots of 24 May 1591.
26. *CODOIN*, XII, 269, Fray Agustín Labata to Fray Andrés de Sanmillán, 20 July 1591; *CODOIN*, XV, 499, count of Morata to count of Chinchón, Zaragoza, 21 Aug. 1591.
27. Luna, *Comentarios*, 178, Gandía to Idiáquez, undated but summer 1591; Lovett, 'Philip II, Antonio Pérez', 141, Junta Grande on 25 July 1591; AHN *Inq. libro* 101/226 and 208, consultas of the Suprema, 23 and 24 Nov. 1592, with royal rescripts dated 7 Dec.
28. Lovett, 'Philip II, Antonio Pérez', 152, Junta Grande on 31 July 1591, and rescript; BL *Eg.* 1508/215-18, 'Relación de las causas y procesos de las personas que fueron condenadas en auto público de fee', evidence against Andrés de Naya, burned at the stake for his role in the riots of 24 Sep. 1591.
29. Pidal, *Historia*, II, 201, Philip to the 'universidades' of Aragon, 15 Oct. 1591, and 233, to the deputies of the kingdom, 2 Nov. 1591.
30. AHN *Inq. libro* 101/339 and 324-5, consultas of 2, 9 and 11 Jan. 1592, with royal rescripts.
31. ACP *Bobadilla* B-7a, Bobadilla to Chinchón 1 Mar. 1592, with reply on the 10th.
32. Gracia Rivas, *La 'invasión'*, 157-8 and 165, Bobadilla to Philip and Chinchón, both 18 Mar. 1592.
33. ACP *Bobadilla* B-7a, Bobadilla to Chinchón, 9 May 1592.
34. AHN *Inq. libro* 101/283 and 264, consulta of the Junta of Aragon, 18 June and 9 Aug. 1592, with royal rescripts; BL *Eg.* 1506/180 and 186, Suprema to Philip, with rescripts, 31 Oct. and 7 Nov. 1592.
35. Marañón, *Antonio Pérez*, 666-70, narrates the arrest, imprisonment and death of Villahermosa and the count of Aranda; quotations from the count of Luna's *Comentarios*, and Céspedes y Meneses, *Historia apologética*.
36. AHN *Inq. libro* 101/233, consulta of the Suprema, 7 Nov. 1592, and royal rescript.
37. Lhermite, *Passetemps*, I, 200-1.
38. AHN *Inq. libro* 101/226 and 208, consultas of the Suprema, 23 and 24 Nov. 1592, with royal rescripts dated 7 Dec.
39. Lhermite, *Passetemps*, II, 206-8 ('183 leagues').

第十九章

1. Herrera, *Historia General*, III, 291; Bouza, 'Servidumbres', 166 (Velada on 25 July 1590) and 174.
2. Longlée, 272, to Henry III, 19 July 1586; Bouza, *Cartas*, 152, Philip to Catalina, 2 July 1587.
3. Bouza, *Cartas*, 154-5, Philip to Catalina, 12 Mar. 1588; Longlée, 367, to Henry III, 30 Apr. 1588; BAV *UL* 1115/112, 'Aviso' from Madrid, 7 Feb. 1587.
4. Lhermite, *Passetemps*, I, 257-8.
5. BL *Addl.* 28,263/560-1, Vázquez to Philip, 6 Apr. 1591, and rescript; Tellechea Idígoras, *El ocaso*, 139, Caetani to Aldobrandini, 20 Oct. 1594.
6. Tellechea Idígoras, *El ocaso*, 44-5 and 168-9, Caetani to Aldobrandini, 8 and 16 July 1596.
7. Pérez Mínguez, *Psicología*, pp. 356-7, Gassol to Philip and rescript, 29 Sep. 1593.
8. Cabrera de Córdoba, *Historia*, III, 1486-8, 'La orden que se ha de guardar en la Junta que ahora he ordenado', the Escorial, 26 Sep. 1593; Martínez Hernández, *El marqués de Velada*, 320-4.
9. IVdeDJ 21/404, Philip to Moura, 29 Oct. 1594.
10. AGS *Estado* 176, unfol., Philip to Don Martín de Padilla, count of Santa Gadea, 3 Oct. 1596.
11. BL *Addl.* 20,929/104, Silva to Philip III, Apr. 1599.
12. *ACC*, XII, 372-7, 'Discurso' of Rodrigo Vázquez de Arce, 23 Feb. 1593; *ibid.*, XVI, 166-7, Juan Vázquez de Salazar to Philip, 28 Apr. 1593.
13. *ACC*, XII, 456, procurador of Seville, 19 May 1593; *ibid.*, XVI, 170, procurador of Burgos, summarized by Juan Vázquez de Salazar, 6 May 1593.
14. *ACC*, XVI, 169 and 173, Philip to Vázquez de Salazar, 28 Apr. and 6 May 1593.
15. *ACC*, XVI, 195-7, Philip to Vázquez de Salazar, 23 July 1593; Jago, 'Taxation and political culture', 52.
16. Thompson, 'Oposición política', 45, Poza to Moura, 4 Apr. 1596.
17. Céspedes del Castillo, 'La defensa', 403; *ACC*, XVI, 415-17, and XV, pp. 45-6, Philip to the Cortes, 5 July 1596.
18. Thompson, 'Oposición política', 56, Philip to the Cortes, 27 Aug. 1596.
19. BL *Addl.* 28,378/69-73v and 125-6, Poza to Moura, 9 and 13 June 1596.
20. BL, *Addl.* 28,378/128-31, Poza to Moura, and rescript, 28/31 July 1596; Martínez Millán and Carlos Morales, *Felipe II*, 285, 'Relaçión y tanteo de lo que Su Magestad deve'; Drelichman and Voth, *Lending*.
21. Tellechea Idígoras, *El ocaso*, 183, Caetani to Aldobrandino, 30 Nov. 1596; RAG *AB* 604, 阿尔布雷希特给弗雷德里克·范·登·贝赫伯爵的信, 写于阿拉斯, 1597年10月21日。比较1575年"违约法令"对尼德兰战争的负面影响：见第十二章与第十三章。

22. Tellechea Idígoras, *El ocaso*, 183, Caetani to Aldobrandino, 30 Nov. 1596; *ACC*, XV, 272-3, Philip to Cortes, 28 Nov. 1596.
23. BL *Addl.* 28,378/41-48v, rescript of Moura to Poza, 15 May 1596.
24. Casey, 'Spain: a failed transition', 214 and 211.
25. Alemán, *De la Vida del Pícaro Guzmán de Alfarache*, II, ii.
26. HSA *Altamira* 18/IV/3c, Yepes to Philip, 1 July 1597; and 12/I/1, No. 13, Yepes to Moura, 27 May 1598.
27. Carlos Morales, *Felipe II*, 291-310, 描述了达成"普遍解决方案"的曲折过程。该协议于1597年11月14日达成，1598年2月14日颁布。Drelichman and Voth, *Lending*, 运用 AGS *Contadurías Generales*, legajos 84-93 中的贷款契约计算得出，受到1596年"违约法令"影响的主权债务总额为7048000杜卡特。而腓力二世和波萨（财政部大臣）估计得出，1596年初的债务总额为1400万杜卡特，并说："我们已经花光了国王陛下一直到1599年的全部财政收入。"（见516页）这种说法与1400万的数字是对得上的，与700万对不上。卡斯蒂利亚财政部的存世档案（波萨和Drelichman与Voth一样，只谈了卡斯蒂利亚的的情况）如同迷宫，我们没办法把这些情况完全弄清。但 AGS *Contadurías Generales*, legajos 84-93 似乎只包含了那些愿意按照"普遍解决方案"再次贷款给国王的银行家的情况，没有包含所有受到"违约法令"影响的银行家的情况。Drelichman 与 Voth 说财政部对"普遍解决方案"涉及的700万杜卡特进行了20%的"雁过拔毛"，这一点似乎是正确的。但他们忽视了国王对另外700万杜卡特也违约的可能性。对于1575年"违约法令"的类似疑问，见第十二章注释20。
28. Rodríguez Salgado, ' "Ni cerrando ni abriendo la puerta" ', 645 and 656, Philip to Albert, 29 July 1596 and 13 Apr. 1598.
29. Tellechea Idígoras, *El Papado*, II, 258-64, Clement VIII to Prince Philip and to Albert and Isabella, 12 Apr. 1597.
30. Bouza, *Cartas*, 154-5 and 165, Philip to Catalina, 12 Mar. 1588 (she married on 11 Mar. 1585), and 6 July 1589; *DHME*, IV, 181-3 (Sepúlveda's account).
31. AGS *Estado K* 1567/64, Don Bernardino de Mendoza to Don Martín de Idiáquez, 14 Apr. 1588.
32. AGS *PR* 29/47, 'Papel de Su Magestad Católica, que aya gloria, declarando que es su voluntad', undated but Mar. 1594.
33. González Dávila, *Historia*, 17-18, Zúñiga to Philip, 1585.
34. Martínez Millán and Carlos Morales, *Felipe II*, 224, bishop of Guadix to Mateo Vázquez, 15 Mar. 1586.
35. ACA *CA* 36/325, consulta of the council of Aragon, 25 Mar. 1594; Tellechea Idígoras, *El ocaso*, 221 and 213, Caetani to Aldobrandini, 10 Sep. and 22 Jan. 1597; Danvila y Burguero, *Don Cristóbal*, 701, Don Juan de Silva to Moura, Jan. 1599.
36. González Dávila, *Historia*, 26-30; Atarés, 'Consejos instructivos', 170-2.
37. Cervera, *Testamento auténtico*, 109-16.
38. AGS *PR* 29/37, 'Papel de Su Magestad Cathólica, que aya gloria, hecho a 5 de agosto de 1598'. *FBD*, Appendix II, 解释了为什么我认为这是腓力二世给儿子的"另一份建议书"。
39. Martínez Hernández, *El marqués de Velada*, 344 n. 126, Velada to Archduke Albert, 6 July 1597; Lhermite, *Passetemps*, II, 1.
40. Feros, *Kingship*, 48, duke of Feria to Thomas Fitzherbert, 28 Feb. 1597 and 1 June 1598; Tellechea Idígoras, *El ocaso*, 256, 'Aviso' from Madrid, 11 July 1598.
41. Martínez Hernández, *El marqués de Velada*, 354-5, Velada to Juan de Sosa, the Escorial, 10 Sep. 1598 - three days before Philip's death.
42. Eire, *From Madrid*, 269, quoting Pérez de Herrera, *Elogio*; Sigüenza, 167; Tellechea Idígoras, *El ocaso*, 255-6, 'Aviso' from Madrid, 11 July 1598.
43. Vargas-Hidalgo, 'Documentos', 410, from a Relation apparently sent by Moura to Archduke Albert.
44. Tellechea Idígoras, *El ocaso*, 97 and 264-7, Caetani to Aldobrandini, the Escorial, 17 Aug. 1598, the same day as the audience; AGS *PR* 29/39, 'Papel de Su Magestad', 19 Aug. 1598（关于查理五世在1548年的指示，见第二章）。
45. Lhermite, *Passetemps*, II, 115-19.
46. Sigüenza, 177; Lhermite, *Passetemps*, II, 123; Eire, *From Madrid*, 322-47.
47. Sigüenza, 180.
48. Lhermite, *Passetemps*, II, 145-7; Sigüenza, 189.
49. Sigüenza, 189.
50. Cervera de la Torre, *Testimonio auténtico*, 134; *Glorias efímeras* reproduces the thirteen surviving funeral canvases displayed in Florence.
51. BR *Ms* II-2214/68, Juan Ramírez Freile to Don Diego Sarmiento de Acuña, 12 Sep. 1598; Fernández Álvarez, *Madrid bajo Felipe II*, 31, resolution of the Madrid city council, 13 Sep. 1598.

52. Eire, *From Madrid*, 257 and 300–1; BR *Ms* II/2459, 'Justas poéticas celebradas en Salamanca'.
53. AM Palencia *Libro de Acuerdos, 1595–1600*, fos 362–3, resolution of 25 Sep. 1598; AM Cádiz *Ms*. 10.001, 'Libro de Acuerdos' 1596–9, fos 127–135v and 142–144v, resolutions of 22 Sep., 8, 19 and 26 Oct., and 23 and 27 Nov. 1598.
54. García Bernal, 'Las exequias', 117–18, resolution of 17 Sep. 1598; Cervantes Saavedra, 'Al túmulo del Rey Felipe II en Sevilla', based on the translation in Laskia Martin, *Cervantes*, 210.
55. Carvajal y Mendoza, *Epistolario*, 98, to Isabel de Velasco, 15 Sep. 1598; AMAE (P) *MDFDE* 239/49–93v and 417–39, Ibañez de Santa Cruz, 'Las causas de que resultó el ignorante y confuso gobierno que hubo en el tiempo del Rey nuestro señor, que sea en gloria'. See the discussion on this work in Feros, *Kingship*, 61–2.
56. Álamos de Barrientos, *Discurso político*, 27–8, 31（这篇文章虽然直到19世纪才出版，但其手抄本已广泛流传）。
57. Iñiguez de Lequerica, *Sermones funerales*, fos 85v–86, Ayala sermon on 15 Nov. 1598; Mariana, *De rege*, 359; González de Cellorigo, *Memorial*, 94.
58. *CSPV*, IX, 346, Soranzo to Doge and Senate, 27 Sep. 1598; AGS *Estado* 840/166, Padilla to Felipe III, 10 Dec. 1601.
59. Martínez Hernández, *El marqués de Veleda*, 357, Velada to Juan de Sosa, 13 Sep. 1598; Cervera de la Torre, *Testimonio*, 130.
60. González Dávila, *Historia*, 48; Quevedo, *Obras*, II, 438b; Bouza, 'Felipe II sube', 305; Antigua, *Desengaño*, 82–3 and 116–17.
61. Daza, *Quarta parte*, 266–7.
62. *Ibid*., 267（达萨的算数不太行：从国王于1598年9月驾崩到1603年的幻象，过去了五年，不是四年）; dedication and pp. 137–8（关于查理五世）。

尾声

1. Iñiguez de Lequerica, *Sermones funerales*, sermon of Terrones, fos 16–17. (Porreño, *Dichos*, 21, quoted part of this sermon, with variations, but attributed it to Fray Antonio de León.)
2. Douais, I, 204, Fourquevaux to Charles IX, 15 Apr. 1567.
3. IVdeDJ 82/444 and 419, Sessa to Zúñiga, 28 Sep. 1600 and 9 Nov. 1602, minutes.
4. Tellechea Idígoras, *El ocaso*, 105–7 and 286–8, 'Juicio sobre Felipe II' by Camillo Caetani, Madrid, 13 Sep. 1598; Serrano, I, 316–17, Philip to Requesens, 12 Aug. 1566; AGS *Estado* 2855, unfol., 'Sumario de los quatro papeles principales que dio el presidente Richardot' and 'Lo que Su Magestad es servido que se responda a los quatro papeles' (11 Sep. 1589).
5. Diego Pérez de Mesa, *Política o razón de Estado*, quoted by Carlos Morales, *Felipe II*, 336.
6. Kervijn de Lettenhove, *Relations politiques*, VII, 397, Thomas Wilson to Walsingham, 27 Dec. 1574.
7. BZ 144/61, Vázquez to Philip, and reply, 31 May 1575.
8. Galende Díaz and Salamanca López, *Epistolario*, 238–41, Empress María to Philip, 13 Feb. 1572.
9. *CCG*, I, 314–18, Granvelle to Philip, 19 May 1566; AGS *Estado* 2843/7, consulta of the council of State, 5 Sep. 1577, opinions of the duke of Alba and Cardinal Quiroga.
10. Levi, *The drowned and the saved*, 48.
11. *BMO*, I, 62–4, Philip to Alba, 14 Sep. 1571.
12. Herrera Oria, *La Armada*, 210–14, Philip to Medina Sidonia, 1 July 1588; Raleigh, *A history of the world*, 407. 另见1587年威尼斯大使对腓力二世为何不听一线将领意见的类似分析，见468页。
13. BL *Addl. Ms* 28,336/76, Dr Velasco to Espinosa, 9 Aug. 1571.
14. Elliott, 'Felipe II y la monarquía española', 43–4.
15. IVdeDJ 61/325, Philip rescript to Pedro de Hoyo, undated (but early Aug. 1563); Cabié, *Ambassade*, 432–3, 'Notes diverses' by the French ambassador, Oct. 1566.
16. AGNM Mercedes V/248–249v, Philip to Don Martin de Velasco, 2 Feb. 1561; *BMO*, I, 64, Philip to Alba, 14 Sep. 1571.
17. *BMO*, III, 1274, Philip to Santa Cruz, 21 Oct. 1587. Brendecke, *Imperium*, 提供了更多自欺欺人的例子，尤其见第七章。
18. Botero's *Dalla Ragion di Stato* (1589) and *Relationi universali* (1591) quoted by Gil, 'Visión europea', 79.
19. Sigüenza, 99; [Eliot,] *Ortho-epia Gallica*, 44–5; ambassadors quoted by Hillgarth, *The mirror*, 96.
20. Sigüenza, 408–11, an impressive analysis of the economic impact of 'El dinero que se ha gastado en esta fábrica'.
21. Mulcahy, *Philip II*, 312 n. 2, marquis of Velada to count of Benavente, the Escorial, 25 Nov. 1590.
22. ASV *NS* 19/192, Novara to Rusticucci, 3 May 1587; BCR *Ms* 2417/39, Silva to Esteban de Ibarra, 13 Aug. 1589.

关于史料

1. 该图书馆的管理天才 Mercedes Noviembre 出版了一部简史: *La Biblioteca de Francisco de Zabálburu*。更多细节可见 Llera Llorente, *La Biblioteca Francisco de Zabálburu*。
2. Osma, *Instituto de Valencia de Don Juan*. 奥斯玛的研究所以美国西班牙学会为模板。阿彻·M. 亨廷顿在1904年创办了美国西班牙学会,奥斯玛与亨廷顿在获取材料方面有"友好的竞争关系",见 Proske, *Archer Milton Huntington*, 16-17。所以奥斯玛和亨廷顿分别获得了阿尔塔米拉文献的一个重要部分,却对这种情况一无所知,这真是惊人的巧合。
3. Gayangos, *Catalogue*; Micheli, *Inventaire*(一份目录,以加扬戈斯为大英博物馆藏品所做的目录为模板)。关于该藏品在欧洲流转的故事,见 Andrés, 'La dispersión'。
4. 我感谢美国西班牙学会的 Mitchell Codding、John O'Neill 和 Patrick 提供了这些信息,帮助编目并鼓励我从事"阿尔塔米拉项目"。See also Rodríguez-Moñino and Brey Mariño, *Catálogo*, III, 12–52(关于桑丘·拉及),53–106(关于赫雷斯德洛斯卡瓦列罗斯侯爵),以及158(关于1902年1月15日侯爵"全部藏书"的销售合同)。另外,BR、AHN、爱丁堡的苏格兰国家图书馆和桑坦德的梅嫩德斯·佩拉约图书馆都拥有阿尔塔米拉藏品的一部分。
5. Riba, *Correspondencia privada*, printed 刊载于 BL Addl. 28,263 的一半。尽管 Riba 将其标为"第一卷",但他抄录文献不久之后就去世了,也不再有第二卷。
6. Heredia Herrera, *Catálogo* 刊载了对超过4000份奏章的分析和腓力二世批示的全文(第一卷覆盖1529~1591年,第二卷覆盖1592~1599年),但仅限于AGI中的奏章,没有其他套系的。
7. BL *Eg*.1506是1856年购得的七卷宗教裁判所文献之一,包含1574~1595年宗教裁判所主裁判官加斯帕尔·德·基罗加给腓力二世的奏章,涉及范围极广,还有国王的亲笔批示。
8. AHN *OM* 3509-3512, entitled 'Papeles curiosos', 满是腓力二世干预英格兰和法国的计划。它们应当放到 AGS *Estado* 里。
9. AGS *Estado K* 是涉及法国的国务会议档案,于1942年从巴黎运回西班牙,之前得到了广泛运用。相比之下,从其他套系偷走的文献(如今存放于 AGS *Estado* 8334-8343)都很少得到运用,尽管它们还在巴黎的时候就有人编制了详细的目录: Daumet, 'Inventaire'; and Paz, *Catálogo*. AMAE (P) 还有归还西班牙的所有文献的复印件,只及少量原件。
10. 要体验一下这套绝妙的史料,在浏览器中输入 PARES(Portal de Archivos Españoles "西班牙档案门户"),选择 Búsqueda Sencilla(简单搜索)。在 Buscar(搜索)栏内输入 Felipe II(腓力二世),日期(fechas)选择为1597年和1598年,然后选择 registros digitizados。下一屏会提供不同的 archivos y fondos,可以在其中选择 Archivo de Simancas, Patronato Real(西曼卡斯综合档案馆)。显示的66份文献中有8份是腓力二世签署的最后几份文件,时间是1598年8月,见第十九章。不管你居住在何方,不管在什么时间,你都能在线阅读你有兴趣的部分。
11. HHSTA *Hofkorrespondenz*, Kartons 1 and 2 包含腓力二世与他的妹妹胡安娜给他们的哈布斯堡亲戚写的信。Galende Díaz and Salamanca López, *Epistolario* 刊载了玛丽亚给兄长的亲笔信,见AA; BL *Addl*. 28,264 and AGS *Estado K* 1490 包含腓力二世在1557~1558年给萨伏依公爵的亲笔信。Giovanna Altadonna, 'Cartas', 刊载了腓力二世给萨伏依公爵卡洛·埃马努埃莱的117封信。
12. FCDM *AH* 166 R7-20, Philip to Feria, 7 Dec. 1558; Allinson, *A monarchy*, chaps 3 and 4. Rayne Allinson 和 Geoffrey Parker 正在准备玛丽·都铎给腓力二世的所有信件的草稿。
13. Bouza, *Cartas* 刊载了腓力二世在1581~1585年写的39封信(绝大多数是写给他的两个女儿的),以及1585~1586年写给卡塔利娜的94封信。卡塔利娜的信存于 BL Addl. 28,419, 尚未整理出版。
14. Bouza Álvarez, 'Guardar papeles', 探讨了他们的档案的历史及规模,并发表了苏尼加于1586年去世前留下的766捆(legajo)与54卷文献的目录。
15. March, *Niñez*, 刊载了关于雷克森斯档案馆收藏的许多关于教育"腓力皮托"的文献。
16. 两套 'Recueils de la correspondance de Granvelle', 包含枢机主教与腓力二世和他的最亲密谋臣在1579~1584年的通信,在1979年之前存放于 BRB MS 9471-2 and 9473, 但在那一年被划更名为 AGRB *Manuscrits Divers* 5459 和 5460。*CCG*, XII刊载了另一些文献,但抄录时有很多错误。*PEG* 和 *CCG* 刊载了 BRB 中腓力二世的大多数通信,不过在1564~1565年有一个重要的中断。
17. 精彩的 *Epistolario del III duque de Alba* 刊载了阿尔瓦公爵写的绝大多数书信,但没有刊载他收到的信。*CODOIN* IV 和 XXXVII 包含阿尔瓦公爵在尼德兰期间从国王那里收到的许多信; *CODOIN* XXXII, XXXIII 和 XXXV 包含葡萄牙战役期间的更多书信。AA *cajas* 5-8 包含阿尔瓦公爵与腓力二世的通信, *cajas* 26-56 是他与其他人的通信,特别是在他担任尼德兰总督期间的通信。这些书信按照写信人的姓名字母顺序排列。

18. Maura Gamazo, *El designo* 刊载了如今藏于圣巴巴拉的的国王书信的节选。
19. 详见 Dierickx, 'Les "Carte Farnesiane" de Naples'。好在帕尔马的文献当中幸存的数量比 Dierickx 担心的要多得多,可查阅 ASN（不过有些文件的边缘烧焦了）。加沙尔从 ASN 抄录的抄本如今在 AGRB *Collection Gachard* 565, 572 和 666。埃森在他的 Cahiers 里抄录了腓力二世写的很多信,以及关于腓力二世的很多信。其中有些如今在新鲁汶的大学档案馆,不过其他部分在私人手中。
20. Fernández Álvarez, *Testamento*, 92-3. 本书第五章和第十九章讨论了存世的三封信 (Fernández, *Historia*, 278-9; HSA *Altamira* 18/IV/3c and 12/I/1, No. 13)。
21. Marañón, *Antonio Pérez*, 1040-2, 列举了佩雷斯作品的各版本,并在第三十章中进行了讨论。Alfredo Alvar Ezquerra 出版了 *Relaciones y Cartas* 的1598年版的注疏版。*FBD* Appendix I 讨论了为什么这个资料来源不可靠。
22. Morel-Fatio, 'La vie'.
23. Serrano y Sanz, *Autobiografía y memorias*, 151-210. See also Lynn, *Between court and confessional*, chap. 2.
24. Tellechea Idígoras, *Fray Bartolomé Carranza. Documentos históricos*.
25. Paris, *Négociations*; Cabié, *Ambassade*; Douais, *Dépêches*; Mousset, *Dépêches*; Brunetti and Vitale, *Corrispondenza*.
26. *State Papers Online: the Tudors, 1509-1603, Part II* 不仅提供了概要的可搜索版本,而且给出了概要所指的文献的电子本。
27. Firpo, *Relazioni*, VIII, 232-938; Serrano, *Correspondencia*; Voci, 'L'impresa'; Mosconi, *La nunziatura di Spagna*; Tellechea Idígoras, *El ocaso*.
28. Khevenhüller, *Diario*; Khevenhüller-Metsch and Probst-Ohstorff, *Hans Khevenhüller*.
29. BNF *Ms f.f.* 16,104-16,108 包含圣古阿尔的信函; IANTT TSO *CG livros* 209 和210 是佩雷拉本人对自己通信的记录。*CSPV* 包含威尼斯驻西班牙大使发出的涉及英格兰的书信的长篇英文概述。
30. 详情见, Kagan, *El rey recatado*。
31. Kagan, 'La Historia', 105-6, 引用了埃雷拉自己对那次觐见的记述（写于1599年）。
32. Orazio della Rena, *Compendio della vita di Filippe secondo re di Spagna* (BNF *Ms Italien* 446): see Volpini, 'D'un silence'.

参考书目

在欧洲的所有统治者当中，关于腓力二世的著作的数量仅次于关于拿破仑·波拿巴和阿道夫·希特勒的著作。因此，如果要列出关于腓力二世的所有参考书目，就会达到一本书的篇幅。下面的参考书目仅限于本书注释中引用的已出版材料。

A. 已出版资料

Abril Castelló, V., and M. J. Abril Stoffels, *Francisco de la Cruz. Inquisición: Actas*, 3 vols (Madrid, 1992-7)
Actas de las Cortes de Castilla, 17 vols (Madrid, 1861-91)
Adams, G. B. and H. M. Stephens, eds, *Select Documents of English Constitutional History* (London, 1930)
Álamos de Barrientos, B., *Discurso político al rey Felipe III al comienzo de su reinado* (1998; ed. M. Sánchez, Madrid, 1990)
Álava, see Rodríguez, P.
Alemán, Mateo, *De la Vida del Pícaro Guzmán de Alfarache, atalaya de la vida humana*, 2 parts (Madrid, 1599-1604)
Altadonna, G., 'Cartas de Felipe II a Carlos Manuel II Duque de Saboya (1583-1596)', *Cuadernos de investigación histórica*, IX (1986), 137-90
Álvarez, Vicente, *Relación del camino y buen biaje que hizo el príncipe de España don Phelipe* (1552; reprinted in Calvete de Estrella, *El felicíssimo viaje* (2001 edn), 595-681
Andrés, G. de, 'Diurnal de Antonio Gracián', in *DHME*, V, 19-127 (1572-1573) and VIII, 11-63 (1571 and 1574)
Anonymous, *Diogenes, ou du moyen d'establir après tant de misères et calamitez une bonne et asseurée paix en France, et la rendre plus florissante qu'elle ne fust jamais* (Liège, 1581)
Anonymous, 'Memorial al rey don Felipe II sobre la formación de una librería, por el doctor Juan Páez de Castro', *Revista de archivos, bibliotecas y museos*, 2nd series IX (1883), 165-78
Antigua, Sor María de la, *Desengaño de religiosos, y de almas que tratan de virtud* (1678; 3rd impression, Barcelona, 1697)
Atarés, conde de, 'Consejos de Felipe II a Felipe III', *Boletín de la Real Academia de la Historia*, CXLI (1957), 659-719
Ball, R. and G. Parker, *Cómo ser rey. Instrucciones hológrafas de Carlos V a su hijo Felipe de mayo de 1543. Edición crítica* (Madrid, 2014)
Belda y Pérez de Nuera, F., 'Carta de don Juan de Zúñiga, embajador en Roma, al rey don Felipe II, fechada a 3 de diciembre de 1578', *Boletín de la Real Academia de la Historia*, LXXXI (1923), 474-8
Berwick y Alba, duchess of, *Documentos escogidos del Archivo de la Casa de Alba* (Madrid, 1891)
Berwick y Alba, duke of, *Epistolario del III duque de Alba*, 3 vols (Madrid, 1952)
Birch, T., *Memoirs of the reign of Queen Elizabeth from the year 1581 till her death*, I (London, 1754)
Bouza Álvarez, F. J., 'Guardar papeles y quemarlos – en tiempos de Felipe II. La documentación de Juan de Zúñiga', *Reales Sitios*, CXXIX (1996), 2-15 and CXXX (1997), 18-33
Bouza Álvarez, F. J., *Cartas de Felipe II a sus hijas* (2nd edn, Madrid, 1998)
Brantôme, *Oeuvres complètes de Pierre de la Bourdeille, abbé séculier de Brantôme*, ed. J. A. C. Buchon, I (Paris, 1848)

Brewer, J. S., J. Gairdner and R. H. Brodie, *Letters and papers, foreign and domestic, of the reign of Henry VIII*, 21 vols (London, 1872-1920)
Brunelli, E., *Emanuele Filiberto, duca di Savoia*. *I Diari delle campagne di Fiandra* (Turin, 1928: Biblioteca della Società Storica Subalpina, CXII)
Brunetti, M. and E. Vitale, *La corrispondenza da Madrid dell' ambasciatore Leonardo Donà (1570-1573)*, 2 vols (Venice-Rome, 1963)
Cabié, E., *Ambassade en Espagne de Jean Ebrard, seigneur de Saint-Sulpice de 1562 à 1565, et mission de ce diplomate dans le même pays en 1566* (Albi, 1903)
Cabrera de Córdoba, Luis, *Historia de Felipe II, rey de España*, 3 vols (Salamanca, 1998)
Calendar of Letters and State Papers relating to English affairs preserved in, or originally belonging to, the archives of Simancas: Elizabeth, ed. M. A. S. Hume, 4 vols (London, 1892-9)
Calendar of State Papers and manuscripts relating to English Affairs existing in the archives and collections of Venice, ed. H. F. Brown and others, 38 vols (London, 1864-1947)
Calendar of State Papers: Spanish, 19 vols, ed. J. A. Bergenroth and others (London, 1862-1954)
Calvar Gross, J., J. I. González-Aller Hierro, M. de Dueñas Fontán and M. del C. Mérida Valverde, *La batalla del Mar Océano*, 3 vols (Madrid, 1988-1993)
Calvete de Estrella, Juan Cristóbal, *El felicíssimo viaje del muy alto y muy poderoso Príncipe don Phelippe* (Antwerp, 1552; ed. P. Cuenca, Madrid, 2001)
Camden, William, *The historie of the most renowned and victorious Princesse Elizabeth* (Latin original of Part I, London, 1615; English translation, London 1630)
Campanella, Tommaso, *Monarchie d'Espagne; Monarchie de France*, ed. G. Ernst (Paris, 1997)
Canestrini, G. and A. Desjardins, *Négociations diplomatiques de la France avec la Toscane*, IV (Paris 1872)
Carvajal y Mendoza, Luisa, *Epistolario y poesías*, ed. C. M Abad (Madrid, 1965)
Cervantes Saavedra, Miguel de, *Novelas Exemplares* (Madrid, 1613)
Cervera de la Torre, Antonio, *Testimonio auténtico y verdadero de las cosas notables que passaron en la dichosa muerte del rey nuestro señor don Phelipe II* (Valencia, 1599)
Céspedes y Meneses, Gonzalo de, *Historia apologética en los svcessos del Reyno de Aragon, y su ciudad de Çaragoça, años de 91 y 92* (Zaragoza, 1622)
Cock, Enrique, *Relación del viaje hecho por Felipe II en 1585 a Zaragoza, Barcelona y Valencia*, ed. A. Morel-Fatio and A. Rodríguez Villa (Madrid, 1876)
Cock, Enrique, *Jornada de Tarazona hecha por Felipe II en 1592*, ed. A. Morel-Fatio and A. Rodríguez Villa (Madrid, 1879)
Colección de documentos inéditos para la historia de España, 112 vols (Madrid, 1842-95)
Colección de documentos inéditos relativos al descubrimiento, conquista y organización de las antiguas posesiones españoles en América y Oceanía (42 vols, Madrid, 1864-84)
Dadson, T. J. and H. H. Reed, *Epistolario e Historia documental de Ana de Mendoza y de la Cerda, princesa de Éboli* (Madrid, 2013)
Daumet, G., 'Inventaire de la Collection Tirán', *Bulletin Hispanique*, XIX (1917), 189-99, XX (1918), 36-42 and 233-48, and XXI (1919), 218-30 and 282-95
Daza, Antonio, *Quarta parte de la chrónica general de nuestro padre San Francisco y su apostólica orden* (Valladolid, 1611)
Dierickx, M., 'Les "Carte Farnesiane" de Naples par rapport à l'histoire des anciens Pays-Bas, d'après l'incendie du 30 septembre 1943', *Bulletin de la Commission Royale d'Histoire*, CXII (1947), 111-26
Documentos para la historia del monasterio de San Lorenzo El Real de El Escorial, ed. J. Zarco Cuevas, G. De Andrés and others, 8 vols (Madrid, 1917-62)
Douais, C., *Dépêches de M. de Fourquevaux, ambassadeur du roi Charles IX en Espagne, 1565-72*, 3 vols (Paris, 1896-1904)
Duke, A. C., 'William of Orange's *Apologie*', *Dutch crossing*, XXII/1 (1998), 3-96
Elder, John, *Copie of a letter sent into Scotland* (1555; Amsterdam, 1971)
[Eliot, John] *Ortho-epia Gallica: Eliot's fruits for the French* (London, 1593)
Encinas, Diego de, *Cedulario Indiano recopilado por Diego de Encinas* (1596: ed. A. García Gallo, 4 vols, Madrid, 1945-6)
Enno van Gelder, H. A., *Correspondance française de Marguerite d'Autriche duchesse de Parme. Supplément*, 2 vols (Utrecht, 1942)
Epistolario, see Berwick y Alba
Feltham, O., *A brief character of the Low-Countries under the States* (London, 1652, 2nd edn, 1660)
Fernández, A., *Historia y anales de la ciudad y obispado de Plasencia* (Madrid, 1627)
Fernández Álvarez, M., *Corpus Documental Carlos V*, 5 vols (Salamanca, 1974-81)
Fernández Álvarez, M. *Testamento de Felipe II* (Madrid, 1982)
Fernández de Oviedo, Gonzalo, *Libro de la Cámara Real del Prínçipe Don Juan e offiçios de su casa y serviçio ordinario* (ed. S. Fabregat Barrios, Valencia, 2006)
Firpo, L., *Relazioni di ambasciatori veneti al Senato. VIII. Spagna* (Turin, 1981)

Foxe, John, *Actes and Monuments of these Latter and Perillous Days, Touching Matters of the Church* (London, 1563) [online edn: http://www.hrionline.shef.ac.uk/foxe/]
Gachard, L. P., *Correspondance de Philippe II sur les affaires des Pays-Bas*, 5 vols (Brussels 1848-79)
Gachard, L. P., *Correspondance de Guillaume le Taciturne*, 6 vols (Brussels, 1849-57)
Gachard, L. P., *Retraite et mort de Charles-Quint au monastère de Yuste. Lettres inédites*, 3 vols (Brussels, 1854-6)
Gachard, L. P., *Correspondance de Marguerite d'Autriche, duchesse de Parme, avec Philippe II*, 3 vols (Brussels, 1867-81)
Gachard, L. P., *La Bibliothèque Nationale à Paris. Notice et extraits des manuscrits qui concernent l'histoire de la Belgique*, 2 vols (Brussels, 1877)
Gachard, L. P., *Collection des voyages des souverains des Pays-Bas*, IV (Brussels, 1882)
Galende Díaz, J. C. and M. Salamanca López, *Epistolario de la Emperatriz María de Austria. Textos inéditos de la Casa de Alba* (Madrid, 2004)
Gayangos, Pascual de, *Catalogue of the manuscripts in the Spanish language in the British Museum*, 4 vols (London, 1875-93)
Gilles de Pélichy, C., 'Contribution à l'histoire des troubles politiques-religieuses des Pays-Bas au XVIe siècle', *Bulletin de l'Association de la Société d'Émulation de Bruges*, LXXXVI (1949), 90-144
Glorias efímeras. Las exequias florentinas por Felipe II y Margarita de Austria (Valladolid, 1999)
González, T., 'Apuntamientos para la historia del rey D. Felipe II, por lo tocante a sus relaciones con le Reina Isabel de Inglaterra', *Memorias de la Real Academia de la Historia*, VII (1832), 249-467
González Dávila, Gil, *Teatro de las grandezas de la villa de Madrid* (Madrid, 1623)
González Dávila, Gil, *Historia de la vida y hechos del ínclito monarca, amado y santo, Don Felipe III* (Madrid, 1771)
González de Cellorigo, Martín, *Memorial de la política necessaria y útil restauración a la República de España* (Valladolid, 1600; ed J. Pérez de Ayala, Madrid, 1991)
González Palencia, A., *Fragmentos del archivo particular de Antonio Pérez, secretario de Felipe II* (Madrid, 1922)
González Palencia, A., *Gonzalo Pérez, secretario de Felipe II*, 2 vols (Madrid, 1946)
Gonzalo Sánchez-Molero, J. L., *La 'Librería rica' de Felipe II. Estudio histórico y catalogación* (San Lorenzo de El Escorial, 1998)
Heredia Herrera, A., *Catálogo de las consultas del consejo de Indias*, vols 1-2 (Madrid, 1972)
Herrera, Juan de, *Institución de la Academia Real Mathemática* (Madrid, 1584; facsimile edn, Madrid, 1995)
Herrera y Tordesillas, Antonio, *Historia General del Mundo del tiempo del Rey Felipe II, el Prudente*, (1601-6; 2nd edn, 3 vols, Valladolid, 1606-12)
Howell, James, *Epistolae Ho-elianae. Familiar Letters, Domestic & Forren* (London, 1645)
Hughes P. L. and J. F. Larkin, eds, *Tudor Royal Proclamations. II. The later Tudors, 1535-87* (London and New Haven, 1969)
Iñiguez de Lequerica, Juan, *Sermones funerales, en las honras del rey nuestro señor don Felipe II* (Madrid, 1599)
Japikse, N., *Correspondentie van Willem van Oranje* (Haarlem, 1933)
Keeler, M. F., *Sir Francis Drake's West Indian Voyage, 1585-1586* (London, 1981: Hakluyt Society, 2nd series CXLVIII)
Kervijn de Lettenhove, B., *Relations politiques des Pays-Bas et de l'Angleterre sous le règne de Philippe II*, 11 vols (Brussels, 1882-1900)
Khevenhüller, Hans, *Diario de Hans Khevenhüller, embajador imperial en la corte de Felipe II*, ed. Sara Veronelli and Félix Labrador Arroyo (Madrid, 2001)
Khevenhüller-Metsch, H. and G. Probst-Ohstorff, *Hans Khevenhüller: kaiserliche Botschafter bei Philipp II. Geheimes Tagebuch, 1548-1605* (Graz, 1971)
Koch, M., *Quellen zur Geschichte des Kaisers Maximilian II. in Archiven gesammelt und erläutert* (Leipzig, 1857)
La Roca, Juan Antonio de Vera y Figueroa, count of, *Resultas de la vida de don Fernando Álvarez de Toledo, tercero duque de Alva* (Milan, 1643)
Lanz, K., *Correspondenz des Kaisers Karl V*, 3 vols (Leipzig, 1846)
Laughton, J. K., *State Papers concerning the Defeat of the Spanish Armada*, 2 vols (London, 1895-1900)
Luna, Francisco de Gurrea y Aragón, Count of, *Comentarios de los sucesos de Aragón en los años 1591 y 1592* (Madrid, 1888)
Malfatti, C. V., *The accession, coronation and marriage of Mary Tudor as related in four manuscripts of the Escorial* (Barcelona, 1956)
Marañón, G., *Los procesos de Castilla contra Antonio Pérez* (Madrid, 1947)
March, J. M., *Niñez y juventud de Felipe II: documentos inéditos sobre su educación civil, literaria y religiosa y su iniciación al gobierno (1527-1547)*, 2 vols (Madrid, 1941-2)

Mariana, Juan de, *De rege et regis instructione, libri III* (Toledo, 1599)
Massarella, D., *Japanese travellers in sixteenth-century Europe. A dialogue concerning the mission of the Japanese ambassadors to the Roman Curia (1590)* (London, 2012: Hakluyt Society, 3rd series, XXV)
Maura Gamazo, G., duke of Maura, *El designio de Felipe II y el episodio de la Armada Invencible* (Madrid, 1957)
Mayer, T. F., and others, eds, *The Correspondence of Reginald Pole. A Calendar*, 4 vols (Aldershot, 2002-7)
Micheli, L., *Inventaire de la Collection Édouard Favre (Archives de la Maison d'Altamira)* (Paris 1914)
Monumenta historica societatis Iesu, XXXV: *Sanctus Franciscus Borgia*, III (Madrid, 1908)
Monumenta historica societatis Iesu, XXXVIII: *Sanctus Franciscus Borgia*, IV (Madrid, 1910)
Monumenta historica societatis Iesu, LX: *Ribadeneira*, 2 vols (Madrid, 1923)
Monzón, Francisco de, *Libro primero del espejo del príncipe christiano* (Lisbon, 1544)
Morel-Fatio, A., *L'Espagne au XVIe et au XVIIe siècle* (Heilbronn, 1878)
Morel-Fatio, A., 'La vie de D. Luis de Requesens y Zúñiga, Grand Commandeur de Castille (1528-1576)', *Bulletin hispanique*, VI (1904), 195-233 and 276-308; and VII (1905), 235-73
Mosconi, N., *La nunziatura di Spagna di Cesare Speciano, 1586-1588* (Brescia, 1961)
Muñoz, Alonso, *Viaje de Felipe II a Inglaterra* (ed. P. de Gayangos, Madrid, 1877)
Negociaciones con Francia, 11 vols, ed. M. Gómez del Campillo (Madrid, 1950-64: *Archivo Documental Español*, I-XI)
Novísima Recopilación de las leyes de España (Madrid, 1805)
Orange, William of Nassau, prince of, see Duke, A. C.
Ossorio, A., *Vida y hazañas de Don Fernando Álvarez de Toledo, duque de Alba* (Madrid 1669; reprinted 1945)
Paris, L., *Négociations, lettres et pièces diverses relatives au règne de François II, tirées du portfeuille de Sébastien de L'Aubespine* (Paris, 1841)
Parker, G., 'Anatomy of defeat. The testimony of Juan Martínez de Recalde and Don Alonso Martínez de Leyva on the failure of the Spanish Armada', *Mariner's Mirror*, XC (2004), 314-47
Paz, J., *Catálogo de documentos españoles existentes en el Archivo del Ministerio de Asuntos Extranjeros de París* (Madrid, 1932)
Pérez, Antonio, *Relaciones y Cartas* (1598; 2 vols, ed. A. Alvar Ezquerra, Madrid, 1986)
Pérez de Herrera, Cristóbal, *Elogio a las esclarecidas virtudes del Católica Real Magestad del Rey Nuestro Señor Felipe II* (Valladolid, 1604; reprinted as an appendix to Cabrera de Córdoba, *Felipe II*, IV [Madrid, 1877])
Porreño, B., *Dichos y hechos del Rey Don Felipe II* (Madrid, 1628)
Porreño, B., *Historia del serenissimo Señor D. Juan de Austria, hijo del invictíssimo emperador Cárlos V, rey de España, dirigida a la excellentíssima Señora Doña Ana de Austria* (ed. A. Rodríguez Villa, Madrid, 1899)
Poullet, E. and C. Piot, *Correspondance du Cardinal de Granvelle 1565-1586*, 12 vols (Brussels, 1877-96)
Prado, Hierónimo and Juan Bautista Villalpando, *In Ezechielem explanationes et apparatus urbis ac Templi Hierosolymitiani* (3 vols, each with a slightly different title, Rome, 1596-1605; Spanish edn, Madrid, 1991)
Quevedo, Francisco de, *Obras de don Francisco de Quevedo Villegas. Colección Completa*, 2 vols (ed. A. Fernández-Guerra y Orbe, 1859: *Biblioteca de Autores Españoles*, XXVII and XLVIII)
Raleigh, Walter, *A history of the world* (London, 1614)
Rodríguez, P. and J., *Don Francés de Álava y Beamonte. Correspondencia inédita de Felipe II con su embajador en Paris (1564-1570)* (San Sebastián, 1991)
Rodríguez-Salgado, M. J. and S. Adams, 'The count of Feria's dispatch to Philip II of 14 November 1558', *Camden Miscellany*, XXVIII (1984), 302-44
Rodríguez Villa, A., *El Emperador Carlos V y su corte según las cartas de don Martín de Salinas, embajador del Infante don Fernando, 1522-1539* (Madrid, 1903)
Salazar, Juan de, *Política española* (Logroño, 1619; reprinted Madrid, 1945)
San Gerónimo, Fray Juan de, 'Memorias', in *CODOIN*, VII (Madrid, 1845)
Sánchez, G., *El monasterio de El Escorial en la 'Cámara de Castilla'. Cartas y otros documentos (1566-1579)* (El Escorial, 2007)
Sánchez Cantón, F. J., *Inventarios reales, Bienes y muebles que pertenecieron a Felipe II*, 2 vols (Madrid, 1956-9: *Archivo Documental Español*, X-XI)
Santullano, J., *Obras completas de Teresa de Jesús* (Madrid 1930)
Sepúlveda, Fray Juan de, 'Historia de varios sucesos y de las cosas notables que han acaecido en España', in *Documentos para la historia del monasterio de San Lorenzo El Real de El Escorial*, IV (Madrid, 1924)
Sepúlveda, Juan Ginés de, *Historia de Felipe II, rey de España*, in Sepúlveda, *Obras Completas*, IV (Pozoblanco, 1998).

Serrano y Sanz, M., 'Vida y cosas notables de ... Diego de Simancas', *Autobiografías y memorias* (Madrid, 1905), 151-210
Simancas, Diego de, *see* Serrano y Sanz, *Autobiografías*
Smith, Richard, *Vita illvstrissimae ac piisimae dominae Magdalena Montis-Acuti* (Rome, 1609; English translation: *The life of the most honourable and vertuous lady the Lady Magdalen Viscountesse Montague*, St Omer, 1627)
Strada, F., *Supplement à l'Histoire des guerres civiles de Flandre sous Philippe II*, II (Amsterdam, 1729)
Strohmayer, A., *Korrespondenz der Kaiser mit ihren Gesandten in Spanien. I. Briefwechsel 1563-1565* (Vienna and Munich, 1997)
Tellechea Idígoras, J. I., *Fray Bartolomé Carranza. Documentos históricos*, 7 vols (Madrid, 1962-94)
Tellechea Idígoras, J. I., *El Papado y Felipe II. Colección de Breves Pontificios*, 3 vols (Madrid, 1999-2002)
Tellechea Idígoras, J. I., *El ocaso de un rey. Felipe II visto desde la nunciatura de Madrid, 1594-1598* (Madrid, 2001)
Tellechea Idígoras, J. I., *Felipe II y el Papado*, 2 vols (Madrid, 2004-6)
Tellechea Idígoras, J. I., 'La mesa de Felipe II', *Ciudad de Dios*, CCXV (2002), pp. 182-215, 605-40 and 771-94; CCXVI (2003), pp. 127-50; CCXVII (2004), pp. 527-49; CCXVIII (2005), pp. 199-224 and 771-90; CCXIX (2006), pp. 745-53; and CCXX (2007), pp. 417-28
Teresa de Jesús, *Obras*, *see* Santullano
Theissen, J. S. and H. A. Enno van Gelder, *Correspondance française de Marguerite d'Autriche avec Philippe II, 1565-7*, 3 vols (Utrecht, 1925-42)
Ungerer, G., 'La defensa de Antonio Pérez contra los cargos que se le imputaron en el Proceso de Visita (1584)', *Revista de Historia Jerónimo Zurita*, XXVII-XXVIII (1974-75), 63-149
van der Hammen y León, Lorenzo, *Don Felipe el Prudente, segundo deste nombre, rey de las Españas y Nuevo Mundo* (Madrid, 1625)
van der Hammen y León, Lorenzo, *Don Juan de Austria. Historia* (Madrid, 1627)
van Meteren, Emanuel, *Historie van de oorlogen en geschiedenissen der Nederlanden* (1593, Gorinchem, 1752)
Vargas-Hidalgo, R., 'Documentos inéditos sobre la muerte de Felipe II y la literatura fúnebre de los siglos XVI y XVII', *Boletín de la Real Academia de la Historia*, CXCII (1995), 377-460
Vargas-Hidalgo, R., *Guerra y diplomacia en el Mediterráneo: correspondencia inédita de Felipe II con Andrea Doria y Juan Andrea Doria* (Madrid, 2002)
Velázquez, Isidro, *La entrada que en el reino de Portugal hizo la S. C. R. M. de Don Philippe* (Lisbon, 1583)
Verzosa, Juan de, *Anales del reinado de Felipe II*, ed. J. M. Maestre Maestre (Madrid, 2002)
Villacastín, Fray Antonio de, 'Memorias', *Documentos para la historia del monasterio de San Lorenzo El Real de El Escorial*, I (Madrid, 1916), 11-96
Villahermosa, Francisco de Gurrea y Aragón, duke of, *Tratado del príncipe instruido* (BR Ms II-587)
Voltaire, F. M. A. de, *Essai sur l'histoire génerale et sur les moeurs et l'ésprit des nations* (1756; reprinted in 2 vols, Paris, 1963)
Watson, Robert, *The history of the reign of Philip the Second, king of Spain*, 2 vols (London, 1777)
Wauters, A., *Mémoires de Viglius et d'Hopperus sur le commencement des troubles des Pays-Bas* (Brussels, 1858)
Weiss, C., *Papiers d'État du Cardinal de Granvelle*, 9 vols (Paris, 1841-52)
Zapata, Luis, 'Miscellanea', in *Memorial Histórico Español*, XI (Madrid, 1859)
Zúñiga, Don Francés de, *Crónica burlesca del emperador Carlos V*, ed. J. A. Sánchez Paso (Salamanca, 1989)

B. 注释中引用的二手资料

Abad, C., 'Dos inéditos del siglo XVI sobre provisión de beneficios eclesiásticos y oficios de justicia', *Miscelánea Comillas*, XV (1951), 269-372
Adams. S. M., et al., 'The genetic legacy of religious diversity and intolerance: paternal lineages of Christians, Jews and Muslims in the Iberian peninsula', *American Journal of Human Genetics*, LXXXIII (2008), 725-36
Aguiló Alonso, M. P., *Orden y decoro. Felipe II y el amueblamiento del monasterio de El Escorial* (Madrid, 2001)
Alcalá-Zamora y Queipo de Llano, 'El problema morisco bajo Felipe II, en la reflexión y crítica de Calderón', in F. Ruiz Martín, *La monarquía de Felipe II* (Madrid, 2003), 333-80
Allinson, R., *A monarchy of letters. Royal correspondence and English diplomacy in the reign of Elizabeth I* (Houndsmill, 2012)
Alonso Acero, B. and J. L. Gonzalo Sánchez-Molero, 'Alá en la corte de un príncipe cristiano: el horizonte musulmán en la formación de Felipe II (1532-1557)', *Torre de los Lujanes*, XXXV (1998), 109-40

Alvar Ezquerra, A., *Felipe II, la corte y Madrid en 1561* (Madrid, 1985)
Álvarez, G., F. C. Ceballos y C. Quinteiro, 'The role of inbreeding in the extinction of a European royal dynasty', PLoS ONE 4(4): e5174. doi:10.1371/journal.pone.0005174 [published 15 April 2009]
Álvarez de Toledo, Luisa Isabel, duchess of Medina Sidonia, *Alonso Pérez de Guzmán, General de la Invencible*, 2 vols (Cádiz, 1994)
Álvarez-Nogal, C. and C. Chamley, 'Debt policy under constraints: Philip II, the Cortes, and Genoese bankers', *Economic History Review*, LXVII (2014), 192–213
Álvarez-Ossorio Alvariño, A., 'Ver y conocer. El viaje del príncipe Felipe (1548–1549)', in J. Martínez Millán, *La Corte de Carlos V*, II (Madrid, 2000), 53–106
Andrés, G. de, 'La dispersión de la valiosa colección bibliográfica y documental de la Casa de Altamira', *Hispania*, XLVI (1986), 587–635
Arrieta Alberdi, J., 'Gobernar rescribiendo. Felipe II y el consejo de Aragón', in Belenguer Cebrià, *Felipe II y el Mediterráneo*, III/1, 65–96
Astraín, A., *Historia de la Compañía de Jesús en la asistencia de España*, III (Madrid, 1909)
Belenguer Cebrià, E., ed., *Felipe II y el Mediterráneo*, 4 vols (Madrid, 1999)
Benítez Sánchez-Blanco R., 'De moriscos, papeles y archivos: el gran memorándum de 1607', in Marcos Martín, *Hacer historia desde Simancas*, 107–28
Binchy, D. A., 'An Irish ambassador at the Spanish Court 1569–1574', *Studies*, X (1921), 353–74 and 573–84
Bouza Álvarez, F. J., *Locos, enanos y hombres de placer en la corte de los Austrias. Oficio de burlas* (Madrid, 1991)
Bouza Álvarez, F. J., *Imagen y propaganda. Capítulos de historia cultural del reinado de Felipe II* (Madrid, 1998)
Bouza Álvarez, F. J., 'Servidumbres de la soberana grandeza. Criticar al rey en la Corte de Felipe II', in A. Alvar Ezquerra, *Imágenes históricas de Felipe II* (Madrid, 2000), 141–79
Bouza Álvarez, F. J., 'Corte y protesta. El Condestable de Castilla y el *insulto* de los maestros y oficiales de Madrid en 1591', in Martínez Ruiz, *Madrid, Felipe II y las ciudades*, II, 17–31
Bouza Álvarez, F. J., 'Felipe II sube a los cielos. Cartapacios, pliegos, papeles y visiones', en M. Rodríguez Cancho, ed., *Historia y perspectivas de investigación. Estudios en memoria del profesor Ángel Rodríguez Sánchez* (Mérida, 2002), 301–7
Bratli, C., *Philippe II, roi d'Espagne* (Paris, 1912)
Braudel, F., *The Mediterranean and the Mediterranean world in the age of Philip II*, 2 vols (London, 1973)
Brendecke, A., *Imperium und Empirie. Funktionen des Wissens in der spanischen Kolonialherrschaft* (Cologne, 2009).
Bustamante García, A., 'La arquitectura de Felipe II', in *Felipe II y el arte de su tiempo* (Madrid, 1998), 491–512
Carlos Morales, C. J. de, *Felipe II: el imperio en Bancarrota. La Hacienda Real de Castilla y los negocios financieros del Rey Prudente* (Madrid, 2008)
Casey, J. G., 'Spain: a failed transition', in P. Clark, ed., *The European crisis of the 1590s. Essays in comparative history* (London, 1985), 209–28
Cervera Vera, L., 'Juan de Herrera, custodia de artefactos del príncipe don Carlos por orden de Felipe II', *Boletín de la Real Academia de la Historia*, CXCIV (1997), 183–90
Céspedes del Castillo, G., 'La defensa de América', in Ruiz Martín, *La monarquía de Felipe II*, 381–412
Chabod, F., 'Milán o los Países Bajos? Las discusiones sobre la Alternativa de 1544', in *Carlos V (1500–1558). Homenaje de la Universidad de Granada* (Granada, 1958), 331–72
Checa, F., *Felipe II: Mecenas de las Artes* (2nd edn, Madrid, 1993)
Clausewitz, Carl von, *On War*, ed. and trans. M. Howard and P. Paret (Princeton, 1976)
Cloulas, I., 'La monarchie catholique et les revenus épiscopaux: les pensions sur les "mitres" de Castille pendant le règne de Philippe II', *Mélanges de la Casa de Velázquez*, IV (1968), 107–42
Cloulas, I., *Philippe II* (Paris, 1992)
Cohen, E., *Supreme Command. Soldiers, statesmen and leadership in wartime* (New York, 2002)
Danvila y Burguero, A., *Don Cristóbal de Moura* (Madrid, 1900)
Domínguez, María Pau, *Una diosa para el rey* (Madrid, 2011)
Domínguez Ortiz, A. and B. Vincent, *Historia de los moriscos. Vida y tragedia de una minoría* (Madrid, 1979)
Drelichman, M. and H.-J. Voth, *Lending to the borrower from hell. Debt, taxes and default in the reign of Philip II* (Princeton, 2014)
Duffy, E., *Fires of faith. Catholic England under Mary Tudor* (New Haven and London, 2009)
Édouard, S., *L'empire imaginaire de Philippe II. Pouvoir des images et discours du pouvoir sous les Habsbourg d'Espagne au XVIe siècle* (Paris, 2005)
Eire, C. M. N., *From Madrid to purgatory: the art and craft of dying in sixteenth-century Spain* (Cambridge, 1995)
El oro y la plata de las Indias en la época de los Austrias (Madrid, 1999)

Elliott, J. H., *El Conde-Duque de Olivares y la herencia de Felipe II* (Valladolid, 1977)
Elliott, J. H., 'Felipe II y la monarquía española: temas de un reinado', in N. Jiménez Hernández and others, eds, *Felipe II y el oficio de rey: la fragua de un imperio* (Madrid, 2006), 43-59
Escudero, J. A., *Felipe II: el rey en su despacho* (Madrid, 2002)
Estal, J. M. de, *Personalidad religioso de Felipe II. Estudio histórico y edición de dos manuscritos inéditos* (Oviedo, 2004)
Fallows, N., *Jousting in medieval and Renaissance Iberia* (Woodbridge, 2010)
Fernández Álvarez, M., *Felipe II y su tiempo* (Madrid, 1998)
Fernández Álvarez, M., *Tres embajadores de Felipe II en Inglaterra* (Madrid, 1951)
Fernández Álvarez, M., *Madrid bajo Felipe II* (Madrid, 1966)
Fernández Álvarez, M., 'Las instrucciones políticas de los Austrias mayores. Problemas e interpretaciones', *Gesammelte Aufsätze zur Kulturgeschichte Spaniens*, XXIII (1967), 171-88
Fernández Collado, A., *Gregorio XIII y Felipe II en la nunciatura de Felipe Sega (1577-1581). Aspectos político, jurisdiccional y de reforma* (Toledo, 1981)
Fernández Collado, A., 'Felipe II y su mentalidad reformadora en el concilio provincial toledano de 1565', *Hispania Sacra*, L (1998), 447-66
Fernández Conti, S., 'La Junta Militar de Portugal, 1578-1580', in P. Fernández Albaladejo, J. Martínez Millán and V. Pinto Crespo, eds, *Política, religión e inquisición en la España moderna. Homenaje a Joaquín Pérez Villanueva* (Madrid, 1996), 287-307
Fernández Duro, C., *La Armada Invencible*, 2 vols (Madrid, 1884-5)
Fernández Duro, C., *La conquista de los Azores en 1583* (Madrid, 1886)
Fernández Terricabras, I., 'La reforma de las Órdenes religiosas en tiempos de Felipe II. Aproximación cronológica', in Belenguer Cebrià, *Felipe II y el Mediterráneo* (Madrid, 1999), II, 181-204
Fernández Terricabras, I., 'Philippe II et la Contre Réforme. L'église espagnole à l'heure du Concile de Trente' (Doctoral thesis, University of Toulouse-Le Mirail, 1999)
Fernández Terricabras, I., *Felipe II y el clero secular. La aplicación del Concilio de Trento* (Madrid, 2000)
Fernández y Fernández de Retana, L., *España en tiempo de Felipe II*, 2 vols (Madrid, 1958: *Historia de España*, XIX)
Feros, A., *Kingship and favouritism in the Spain of Philip III, 1598-1621* (Cambridge, 2000)
Flint, S. C., 'Treason or travesty: the Martín Cortés conspiracy re-examined', *Sixteenth-Century Journal*, XXXIX (2008), 23-44
Fórmica, M., *Doña María de Mendoza. La solución a un enigma amoroso* (Madrid, 1979)
Freitas de Meneses, A. de, *Os Açores e o domínio filipino (1580-1590)*, 2 vols (Angra do Heroismo, 1987)
Frieder, B., *Chivalry and the perfect prince. Tournaments, art and armor at the Spanish Habsburg court* (Kirksville, Mo., 2007)
Fuchs, B., *Exotic nation. Maurophilia and the construction of early modern Spain* (Philadelphia, 2009)
Gachard, L. P., 'Charles Quint', *Biographie Nationale Belge*, III, cols 525-959
Gachard, L. P., *Don Carlos et Philippe II*, 2 vols (2nd edn, Brussels, 1863)
Gachard, L. P., 'Floris de Montmorency, baron de Montigny', in Gachard, *Études et notices historiques concernant l'histoire des Pays-Bas*, 3 vols (Brussels, 1890), III, 59-94
Gachard, L. P., *Don Juan d'Austriche. Études historiques* (Brussels, 1869)
García Bernal, J. J., 'Las exequias a Felipe II en la Catedral de Sevilla: el juicio de dios, la inmolación del rey y la salvación del reino', in C. A. González Sánchez, ed., *Sevilla, Felipe II y la Monarquía hispánica* (Seville, 1999), 109-29
García Hernán, D. and E. García Hernán, *Lepanto: el día después* (Madrid, 1999)
García Tapia, N. 'El Escorial y la ingeniería', in Martínez Ruiz, *Felipe II, la ciencia y la técnica*, 417-28
Gardiner, C. H., 'Prescott's most indispensable aide: Pascual de Gayangos', *Hispanic-American Historical Review*, XXXIX (1959), 81-115
Gerard, V., *De castillo a palacio. El alcázar de Madrid en el siglo XVI* (Bilbao, 1984)
Gil, X., 'Visión europea de la monarquía española como monarquía compuesta', in C. Russell and J. Andrés Gallego, eds, *Las monarquías compuestas, siglos XVII-XVIII* (Madrid, 1996), 65-95
Gómez Urdáñez, J. L., 'La imagen de Felipe II en manuales de los siglos XIX y XX', in L. Ribot García and E. Belenguer Cebrià, eds, *Las sociedades ibéricas y el mar a finales del siglo XVI*, I (Madrid, 1998), 199-229
González de Amezúa y Mayo, A., *Isabel de Valois, reina de España, 1546-1568*, 3 vols (Madrid, 1949)
González Novalín, J. L., *El Inquisidor General Fernando de Valdés (1483-1568)*, 2 vols (Oviedo, 1968-71)
González Novalín, J. L., ed., *Historia de la Iglesia en España*, III.2 (Madrid, 1980)
Gonzalo Sánchez-Molero, J. L., *El aprendizaje cortesano de Felipe II (1527-1546). La formación de un príncipe del Renacimiento* (Madrid, 1999)
Gonzalo Sánchez-Molero, J. L., 'El príncipe Juan de Trastámara, un *exemplum vitae* para Felipe II en su infancia y juventud', *Hispania*, CCIII (1999), 871-996

Gonzalo Sánchez-Molero, J. L., 'Lectura y bibliofilia en el príncipe don Carlos (1545-1568), o la alucinada búsqueda de "sabiduria"', in P. M. Cátedra García and others, eds, *La memoria de los libros: estudios sobre la historia del escrito y de la lectura en Europa y América*, I (Madrid, 2004), 705-34
Gonzalo Sánchez-Molero, J. L., *Felipe II. La educación de un 'felicísimo príncipe' (1527-1545)* (Madrid, 2014)
Gonzalo Sánchez-Molero, J. L., *Felipe II. La mirada de un rey* (Madrid, 2014)
Gracia Rivas, M., *La 'invasión' de Aragón en 1591. Una solución militar a las alteraciones del reino* (Zaragoza, 1992)
Grierson, E., *King of two worlds: Philip II of Spain* (London, 1974)
Hegarty, A., 'Carranza and the English universities', in J. Edwards and R. Truman, eds, *Reforming Catholicism in the England of Mary Tudor. The achievement of Friar Bartolomé Carranza* (Aldershot, 2005), 153-72
Hernando Sánchez, C. J., 'Estar en nuestro lugar, representando nuestra propia persona. El gobierno virreinal en Italia y la Corona de Aragón bajo Felipe II', en Belenguer Cebrià, *Felipe II y el Mediterráneo*, III/1 (Madrid, 1999), 215-338
High, J. L., et al., eds, *Who is this Schiller now?: Essays on his reception and significance* (Woodbridge, 2011)
Hillgarth, J. N., *The mirror of Spain, 1500-1700. The formation of a myth* (Ann Arbor, 2000)
Hinojosa, R., *Felipe II y el cónclave de 1559* (Madrid, 1889)
Jablonsky, B., *The owl of Minerva flies at twilight: doctrinal change and continuity in the revolution in military affairs* (Carlisle, Pa., 1994)
Jago, C. J., 'Taxation and political culture in Castile 1590-1640', in R. L. Kagan and G. Parker, eds, *Spain, Europe and the Atlantic world. Essays in honour of John H. Elliott* (Cambridge, 1995), 48-72
Janis, I. L., *Groupthink: psychological studies of policy decisions and fiascos* (New York, 1983)
Jorzick, R., *Herrschaftssymbolik und Staat. Die Vermittlung königlicher Herrschaft im Spanien der frühen Neuzeit (1556-1598)* (Munich, 1998)
Kagan, R. L., 'La historia y los cronistas del rey', in P. Navascués Palacio, *Philippus II Rex* (Madrid, 1998), 87-119
Kagan, R. L., *El rey recatado. Felipe II, la historia y los cronistas del Rey* (Valladolid, 2004).
Kamen, H., *Philip of Spain* (New Haven and London, 1997)
Las Heras, J. de, 'Indultos concedidos por la cámara de Castilla en tiempos de los Austrias', *Studia Historica, Historia moderna*, I (1983), 115-41
Laskia Martín, A., *Cervantes and the Burlesque Sonnet* (Berkeley, 1991)
Lesure, M., *Lépante. La crise de l'empire ottomane* (Paris, 1972)
Levi, Primo, *The drowned and the saved* (New York, 1989)
Lieder, F. W. C., *The Don Carlos theme* (Cambridge, Mass., 1930: *Harvard studies and notes in philology and literature*, XII), 1-73
Llera Llorente, M. T., *La Biblioteca Francisco de Zabálburu. Adquisición de fondos y estudio catalográfico*, 2 vols (Madrid, 2007)
López Piñero, J. M., ed., *Historia de la ciencia y de la técnica en la corona de Castilla*, III, *Siglos XVI y XVII* (Salamanca, 2002)
Lovett, A. W., 'Philip II, Antonio Pérez and the kingdom of Aragon', *European Historical Quarterly*, XVIII (1988), 131-53
Lynn, K., *Between court and confessional. The politics of Spanish Inquisitors* (Cambridge, 2013)
Mackay, R., *The baker who pretended to be king of Portugal* (Chicago, 2012)
McNamara, R., with B. VanDeMark, *In retrospect* (New York, 1995)
Marañón, G., *Antonio Pérez: el hombre, el drama, la época*, 2 vols (Madrid, 1947; revised edn, Madrid, 1998)
Marcos Martín, A., ed., *Hacer historia desde Simancas. Homenaje a José Luis Rodríguez de Diego* (Valladolid, 2011)
Marías Franco, F., 'Felipe II y los artistas', in W. Rincón García, ed., *El arte en las Cortes de Carlos V y Felipe II. IX Jornadas del Arte* (Madrid, 1999), 239-49
Márquez Villanueva, F., 'Giovan Giorgio Trission y el soneto de Hernando de Acuña', in *Studia hispánica in honorem R. Lapesa*, II (Madrid, 1974), 355-71
Martínez Hernández, S., *El marqués de Velada y la corte en los reinados de Felipe II y Felipe III. Nobleza cortesana y cultura política en la España del Siglo de Oro* (Madrid, 2004)
Martínez Hernández, S., 'El desafío de la Casa de Toledo: Felipe II y el proceso contra don Fadrique de Toledo, IV duque de Alba (1566-1585)', *Mediterranea: ricerche storiche*, X (2013), 473-512
Martínez Millán, J. ed., *La corte de Felipe II* (Madrid, 1994)
Martínez Millán, J. ed., *Felipe II (1527-1598). Europa y la Monarquía Católica*, 5 vols (Madrid, 1998)
Martínez Millán, J. and C. J. de Carlos Morales, eds, *Felipe II (1527-1598). La configuración de la Monarquía Hispana* (Salamanca, 1998)

Martínez Millán, J. and S. Fernández Conti, eds, *La Monarquía de Felipe II: la casa del rey*, 2 vols (Madrid, 2005)
Martínez Peñas, L., *El confesor del rey en el antiguo régimen* (Madrid, 2007)
Martínez Ruiz, E., ed., *Felipe II, la ciencia y la técnica* (Madrid, 1999)
Martínez Ruiz, E., ed., *Madrid, Felipe II y las ciudades de la Monarquía*, 3 vols (Madrid, 2000)
Mignet, F. A. M., *Antonio Pérez y Felipe II* (Madrid, 2001)
Mulcahy, R., *Philip II of Spain. Patron of the arts* (Dublin, 2004)
Muro, G., *La vida de la princesa de Eboli* (Madrid, 1877)
Navascués Palacio, P., ed., *Philippus II Rex* (Madrid, 1998)
Noviembre Martínez, M., *La Biblioteca de Francisco de Zabálburu* (Madrid, 1993)
Osma, Guillermo de, *Instituto de Valencia de Don Juan. Memoria 1916* (Madrid, 1916)
Parker, G., *Felipe II. La biografía definitiva* (Barcelona, 2010)
Pérez Mínguez, F., *Psicología de Felipe II* (Madrid, 1925)
Pi Corrales, M., *España y las potencias nórdicas. 'La otra invencible' 1574* (Madrid, 1983)
Pidal, marquis of, *Historia de las Alteraciones de Aragón en el reinado de Felipe II*, 3 vols (Madrid 1862-3)
Pizarro Llorente, H., *Un gran patrón en la corte de Felipe II. Don Gaspar de Quiroga* (Madrid, 2004)
Poole, S. M, 'The politics of Limpieza de Sangre: Juan de Ovando and his circle in the reign of Philip II', *Americas*, LV (1999), 359-89
Prescott, W. H., *History of Philip the Second, king of Spain*, 3 vols (London, 1855-9)
Proske, B. G., *Archer Milton Huntington* (New York, 1963)
Puerto Sarmiento, F. J., 'Los "destilatorios" del monasterio de El Escorial: alquimia y Paracelsismo en la corte de Felipe II', in Martínez Ruiz, *Felipe II, la ciencia y la técnica* (Madrid, 1999), 429-46
Ramírez, J. A., *Dios arquitecto. Juan Bautista Villalpando y el Templo de Salomón* (Madrid, 1991)
Ramos, D., 'La crisis indiana y la Junta Magna de 1568', *Jahrbuch für Geschichte von . . . Lateinamerikas*, XXIII (1986), 1-61
Redworth, G., ' "Matters impertinent to women": male and female monarchy under Philip and Mary', *English Historical Review*, CXII (1997), 597-613
Rodríguez-Moñino, A. and M. Brey Mariño, *Catálogo de los manuscritos poéticos castellanos existentes en la Biblioteca de The Hispanic Society of America (siglos XV, XVI y XVII)*, 3 vols (New York, 1966)
Rodríguez Ramos, P., 'Los comienzos de la "locura" del príncipe don Carlos', *Historia* XVI/221 (1994), 23-32
Rodríguez-Salgado, M. J., *The changing face of empire. Charles V, Philip II and Habsburg authority* (Cambridge, 1988)
Rodríguez-Salgado, M. J., 'The court of Philip II of Spain', in R. G. Asch and A. M. Birke, eds, *Princes, patronage and the nobility. The court at the beginning of the modern age* (Oxford, 1991), 205-44
Rodríguez-Salgado, M. J., 'Felipe II en su aniversario: La absolución de un enigma', *Revista de Libros*, XIII (1998): http://www.revistadelibros.com/articulo_completo.php?art=3527
Rodríguez-Salgado, M. J., ' "Una perfecta princesa." Casa y vida de la reina Isabel de Valois (1559-1568)', *Cuadernos de historia moderna*, 2003, anexo II, 39-91 and XXVIII (2003), 71-98
Rodríguez-Salgado, M. J., *Felipe II. El 'paladín de la Cristiandad' y la paz con el Turco* (Valladolid, 2004)
Rodríguez-Salgado, M. J., 'Amor, menosprecio y motines: Felipe II y las ciudades de los Países Bajos antes de la Revolución', in J. I. Fortea Pérez and J. E. Gelabert González, eds, *Ciudades en Conflicto (siglos XVI-XVIII)* (Madrid, 2008), 181-219
Rodríguez-Salgado, M. J., ' "Ni cerrando ni abriendo la puerta." Las negociaciones de paz entre Felipe II y Isabel I, 1594-98', in Marcos Martín, *Hacer historia desde Simancas* (Valladolid, 2011), 633-60
Ruiz, T. F., *A king travels. Festive traditions in late medieval and early modern Spain* (Princeton, 2012)
Ruiz Martín, F., ed., *La monarquía de Felipe II* (Madrid, 2003)
Schäfer, E., *El consejo real y supremo de las Indias. Su historia, organización y labor administrativa hasta la terminación de la Casa de Austria*, 2 vols (Seville, 1935-47)
Sierra Pérez, J., *Música para Felipe II, rey de España* (El Escorial, 1998)
Suárez Inclán, J., *Guerra de anexión en Portugal, durante el reinado de Felipe II*, 2 vols (Madrid 1897-8)
Talbot, M., 'Ore italiane: the reckoning of the time of day in pre-Napoleonic Italy', *Italian Studies*, XL (1985), 51-62
Tellechea Idígoras, J. I., *Fray Bartolomé Carranza y el Cardenal Pole. Un Navarro en la restauración de Inglaterra (1554-1558)* (Pamplona, 1977)
Tellechea Idígoras, J. I., *El Arzobispo Carranza. 'Tiempos Recios'*, 4 vols (Salamanca, 2003-7)
Thompson, I. A. A., 'Oposición política y juicio del gobierno en las Cortes de 1592-98', *Studia Historica, Historia moderna*, XVII (1997), 37-62
Tormo y Monzó, E., *En las Descalzas Reales: estudios historiográficos, iconográficos y artísticos*, 3 vols (Madrid, 1915-44)

Torrijos, J. M., 'Felipe II, personaje del teatro español', in F. J. Campos y Fernández de Sevilla, eds, *Felipe II y su época. Actas del Simposium*, I (El Escorial, 1998), 373–413

Tytler, P. F., *England under the reigns of Edward VI and Mary*, II (London, 1839)

Ugolini, G., 'Le comunicazioni postali spagnole nell'Italia del XVI secolo', *Ricerche storiche*, XXIII (1993), 283–373

Valente, A., *Un dramma politico alla corte di Filippo II* (Milan, 1924: *Nuova Rivista Storica*, VIII)

van 't Hoff, B., *Jacob van Deventer: Keizerlijk-koninklijk geograaf* (The Hague, 1953)

Vilar Sánchez, J. A., *1526. Boda y luna de miel del emperador Carlos V* (Granada, 2000)

Villari, R. and G. Parker, *La política de Felipe II. Dos estudios* (Valladolid, 1996)

Voci, A. M., 'L'impresa d'Inghilterra nei dispacci del nunzio a Madrid, Nicolò Ormanetto (1572–1577)', *Annuario dell'Istituto storico italiano per l'età moderna e contemporanea*, XXXV-XXXVI (1983–4), 337–425

Volpini, P., 'D'un silence à l'autre. Sur la biographie de Philippe II écrite par Orazio della Rena', in A. Merle and A. Guillaume-Alonso, eds, *Les voies du silence dans l'Espagne des Habsbourg* (Paris, 2013), 193–212.

von Clausewitz, Carl, *On War*, ed. M. Howard and P. Paret (Princeton, 1976)

Watts, B., 'Friction in future war', in A. R. Millett and W. A. Murray, eds, *Brassey's Mershon American Defense Annual 1996-7* (Washington, DC, 1996), 58–94

Waxman, M. C., 'Strategic terror: Philip II and sixteenth-century warfare', *War in History*, IV (1997), 339–47

Wilkinson Zerner, C., *Juan de Herrera. Arquitecto de Felipe II* (Madrid, 1996)

Wilkinson Zerner, C., 'Construcción de una imagen de la Monarquía Española', in Navascués Palacio, *Philippus II Rex* (Madrid, 1998), 325–53

Woltjer, J. J., *Friesland in hervormingstijd* (Leiden, 1962)

鸣　谢

1966 年 7 月，我在西曼卡斯总档案馆（Archivo General de Simancas）第一次看到了腓力二世的手迹，对有人能读懂他的笔迹感到惊异。当时的研究生要"边做边学"古文手稿辨识。我在这方面虽然从来没有受过正式训练，但经过将近半个世纪的相关工作，我已经取得了一些进展，我还要感谢那些帮助我辨认某个词或短语的档案馆员。和所有研究哈布斯堡时代西班牙的历史学家一样，我最感激的是西曼卡斯学识渊博的档案馆员。1592 年，腓力二世视察了西曼卡斯，并在这座要塞暂住。他的贴身男仆、来自安特卫普的让·莱尔米特参观了这里的档案馆，报告称，这里的文献"被整理得井井有条，所以不管想找什么，几乎立刻都可以找到"。[①] 1966 年，馆长 Ricardo Magdaleno 和阅览室主任 Asunción de la Plaza 第一次接待我的时候，情况仍然是这样。2010 年，我向馆长 José Luis Rodríguez de Diego 和阅览室主任 Isabel Aguirre Landa 告辞时，情况仍然是这样。若没有这些兢兢业业的档案馆员、他们的同事以及西曼卡斯那种对研究者非常友好且独特的档案管理方法，本书是永远不可能写成的。

1966 年，离开西曼卡斯之后，我去了马德里，在西班牙国家图书馆（Biblioteca Nacional de España）、国家历史档案馆（Archivo Histórico Nacional）和巴伦西亚堂胡安研究所做研究。

---

① Lhermite, *Passetemps*, I, 143. ——原注

后来我又去过这几家机构很多次，还在西班牙外交部档案馆（Archivo del Ministerio de Asuntos Exteriores）、西班牙王家图书馆（Biblioteca Real）、西班牙王家历史学院（Real Academia de la Historia）、阿尔瓦公爵家族档案馆（Archivo de la Casa de los Duques de Alba）、圣克鲁斯侯爵家族档案馆（Archivo de la Casa de los Marqueses de Santa Cruz）和萨瓦尔武鲁图书馆（曾用名是 Archivo de la Casa de la Condesa Viuda de Heredia Spinola）工作。在每一家机构，我不仅找到了有意思的文献，还找到了专业的档案馆员和图书馆员。我特别感激巴伦西亚堂胡安研究所的 Pedro Longás Bartibas、Gregorio de Andrés 和 María Angeles Santos Quer，阿尔瓦公爵家族档案馆的 Juan Manuel Calderón，以及萨瓦尔武鲁图书馆的 Mercedes Noviembre。

为了做研究，我还参考了下列国家的馆藏文献：奥地利（维也纳的"皇室、宫廷与国家档案馆"和林茨的上奥地利州档案馆）、比利时（主要是布鲁塞尔的比利时国家档案馆和比利时王家图书馆）、法国（尤其是巴黎的法国国家图书馆和法国外交部外交档案中心，以及贝桑松市立研究与保护图书馆）、英国（尤其是大英图书馆、剑桥大学图书馆和博德利图书馆）、意大利（佛罗伦萨、热那亚、卢卡、曼托瓦、米兰、摩德纳、帕尔马、都灵和威尼斯的国立档案馆，以及梵蒂冈宗座图书馆和罗马的梵蒂冈宗座档案馆）、荷兰（海牙的荷兰王家图书馆和国家档案馆，以及莱顿大学图书馆）、瑞士（日内瓦的公共与大学图书馆）、美国（纽约的美国西班牙学会、加州圣巴巴拉的卡珀利斯手稿图书馆、印第安纳州布卢明顿的李利图书馆）。在上述的所有机构，以及欧洲和美国的其他许多机构，我不仅找到了有意思的文献，还找到了专业的档案馆员和图书馆员。我特别感激布鲁塞尔国家档案馆的 Lucienne van Meerbeeck、Hugo de Schepper 和 Ernst Persoons，圣巴巴拉卡珀利斯手稿图书馆的 David 和 Marsha Karpeles，马德里和卡尔莫纳的 Puñonrostro 伯爵们，美国西班牙学会的 Mitchell Codding、John O'Neill 和 Patrick Lenaghan。他们都允许我在不受监管的情况下自由使用他们的馆藏文献，我对此十分感激。

档案研究工作的花费很大。剑桥大学基督学院、英国学术院、圣安德鲁斯大学、利弗休姆基金会（Leverhulme Trust）、苏格兰大学卡内基基金会（Carnegie Trust for the Universities of Scotland）和法国国家科研中心（Centre Nationale de la Recherche Scientifique，感谢费尔南·布罗代尔）资助了我在 1986 年之前对腓力二世的研究；伊利诺伊大学、耶鲁大学、安德鲁·W. 梅隆基金会和俄亥俄州立大学历史系与梅尔尚中心（Mershon Center）资助了我在那之后的研究工作。我对这些机构都非常感激。

我还感谢在我研究的后勤方面提供帮助的朋友们，尤其是在 1987 年之后，我不良于行，所以旅行和去书架前浏览的能力受限。Bethany Aram、Fernando Bouza、José Luis Gonzalo Sánchez-Molero 和 Santiago Martínez Hernández 帮助我在西班牙和葡萄牙的各档案馆找到并复制了大量文献。Maurizio Arfaioli 帮助我找到并概括了意大利各国驻腓力二世宫廷大使的报告。Alison Anderson 帮助我找到并翻译了帝国大使汉斯·克芬许勒的那些很有洞察力的报告（混用德文、拉丁文和西班牙文，很有挑战性）。Clara García Ayluardo 帮助我透过墨西哥视角来看腓力二世，并引导我找到一些重要文献。我自己是永远不可能找到那些文献的。我的很多博士生帮助我管理关于腓力二世的海量信息：伊利诺伊大学的 David Coleman 和 Edward Tenace；耶鲁大学的 Paul Allen、Tonio Andrade、Martha Hoffman-Strock、Michael Levin 和 Frank Rocca；俄亥俄州立大学的 Rachael Ball、Robert Clemm、Cameron Jones、Andrew Mitchell、Andrea Smidt 和 Leif Torkelsen。俄亥俄州立大学的校友 Sandy Bolzenius 慷慨地帮我校对了稿子。

我还要感谢其他许多为我提供了关键指引和建议的学者，以及多年来读过本书全文或部分章节的学者：Cristina Borreguero Beltrán、Fernand Braudel、John B. Bury、Fernando Jesús Bouza Álvarez、James S. Coonan、María Pau Domínguez、Simon Groenveld、Juan M. Hernández、Ricardo de la Huerta、Henry Kamen、Helli Koenigsberger、Alberto Marcos Martín、RoseMarie Mulcahy、Tristan Mostert、Giovanni Muto、Angela Parker、Peter Pierson、Glyn Redworth、Luis Ribot García、Christopher Riley、Mario Rizzo、María José Rodríguez-Salgado、Felipe Ruiz Martín 和 Nancy van Deusen。我还要感谢我在约翰·埃利奥特爵士门下的同学们的启迪和支持：James Amelang、Peter Bakewell、Peter Brightwell、James Casey、Edward Cooper、Robert Evans、Xavier Gil、Charles Jago、Richard Kagan、David Lagomarsino、Albert Lovett、Linda Martz 和 Tony Thompson。还要感谢 Richard Kagan 的六名学生（可以说是"埃利奥特的徒孙"）：Antonio Feros、Fernando González de León、Guy Lazure、Kimberly Lynn、Maria Portuondo 和 Magdalena Sánchez。我很幸运地在耶鲁大学出版社找到了优秀的编辑团队：Robert Baldock 是我结交三十七年的朋友，也是我的出版人；还有 Candida Brazil、Tami Halliday、Steve Kent、Rachael Lonsdale 和 Beth Humphries。虽

然我的四个孩子 Susie、Ed、Richard 和 Jamie 不像他们的父亲一样,在"腓力二世那里度过的时间,超过了我与其他任何一个人相伴的时间",但我很感谢他们的爱、支持和耐心。

最后,我想感谢六位人士,如果没有他们,这本书就不可能写成:Sir John Plumb、Ana Bustelo、Robert Baldock、Cameron Jones、Ruth MacKay 和约翰·埃利奥特爵士。

J. H. Plumb(这是他当时的名字)邀请我写了本书的前身。我在 1961 年第一次见到他,当时我在申请进入剑桥大学基督学院,他面试了我。当时我还不知道,他将对我的学术生涯产生怎样的影响。他是我本科阶段的老师,用他自己的写作和教学设定了标杆,我至今仍然在努力达到他的标准。他绝不会对自己的学生"放任不管",后来说服基督学院的研究员们给了我一笔奖学金,资助我去欧洲各档案馆做研究,为我的博士学位论文做准备。后来他选拔我成为为期四年的研究员,这就给了我更多时间回到档案馆去积累数据,把我的论文改写成一本书,并开始为后来的书做研究。其中三本是他邀请我写的:The Dutch Revolt、Europe in Crisis 1598 – 1648,还有《腓力二世》,利特尔与布朗出版社在 1978 年将最后一本放在"世界传记文库"中出版。如果没有他的邀请,我可能永远不会写一本腓力二世的传记,即便写了也肯定会大不一样。

尽管利特尔与布朗出版社版本的《腓力二世》最终绝版,但其他出版社再版过。每次再版,我都写一份新的前言,并更新参考书目,不过正文大体上没有变化。2007 年,行星出版社(Editorial Planeta)的 Ana Bustelo 邀请我写一个全面修订版,吸纳 1978 年之后出现的所有新的一手资料和二手资料。我们估计新版的篇幅会达到旧版的两倍,但我最终写出来的文本达到了旧版的五倍，就是 2010 年的 *Felipe II. La biografía definitiva*。因为西班牙读者对腓力二世的兴趣几乎无穷无尽，于是次年 Ana 问我，是否可以写一本较短的书，削减注释和索引等学术资料（apparatus criticus）的规模，正文也缩短一半。耶鲁大学出版社的 Robert Baldock 也请我写一个英文版。我发现削减学术资料的规模相对容易，但要把正文删掉一半是不可能的。好在俄亥俄州立大学的 Cameron Jones 和斯坦福大学的 Ruth MacKay 接受了这项艰巨任务，对我的稿子毫不留情。没有他们的帮助，我是写不出这本书的。我对他们的编辑技能感到惊异。

最后，像所有研究西班牙近代早期历史的学者一样，我要感谢 J. H. 埃利奥特。我最早于 1964 年见到他，当时他在剑桥大学的一门本科生课程当中讲课。其中一节课谈到了一个我觉得特别有意思的话题，就是腓力二世如何利用所谓的"西班牙大道"去武力镇压尼德兰起义。他帮助我把这个话题转变为我的博士学位论文。在过去五十年里，他始终给我提供启迪、智慧和良策，也经常从许多愚蠢的错误当中挽救我。我把这部新传记献给约翰·埃利奥特爵士，就像我在 1978 年把它的前身献给他一样，并表达我的感激、仰慕和爱戴。

杰弗里·帕克

剑桥—圣安德鲁斯—厄巴纳—纽黑文—哥伦布

1966～2015

译名对照表

'Academy' of the duke of Alba 阿尔瓦公爵的"学院"
Acosta, José de 何塞·德·阿科斯塔
Acuña, Hernando de 埃尔南多·德·阿库尼亚
Acuña, Don Martín de 堂马丁·德·阿库尼亚
Africa 非洲
Aguirre, Lope de 洛佩·德·阿吉雷
Álamos de Barrientos, Balthasar 巴尔塔扎尔·阿拉莫斯·德·巴里恩托斯
Álava, Don Francés de 堂弗兰塞斯·德·阿拉瓦
Alba, Don Fernando Álvarez de Toledo, third duke of 堂费尔南多·阿尔瓦雷斯·德·托莱多，第三代阿尔瓦公爵
Alba, Don Fadrique Álvarez de Toledo, fourth duke of 堂费德里科·阿尔瓦雷斯·德·托莱多，第四代阿尔瓦公爵
Albania 阿尔巴尼亚
Albert, archduke (Philip II's nephew) 阿尔布雷希特大公（腓力二世的外甥）
Alcalá, Fray Diego de 迭戈·德·阿尔卡拉修士
Alcalá, Fray Julián de 胡利安·德·阿尔卡拉修士
Alcalá de Henares 埃纳雷斯堡
Alcalá, university in, see Complutense University 阿尔卡拉大学，见康普顿斯大学
Alcalá-Zamora y Queipo de Llano, José 何塞·阿尔卡拉-萨莫拉·凯波·利亚诺
Alcázar, Madrid, see Madrid Alcázar 马德里王宫
Alcazarquivir, battle of 凯比尔堡战役
Alemán, Mateo 马特奥·阿莱曼

Alençon and Anjou, François Hercules duke of 埃居尔-弗朗索瓦，阿朗松与安茹公爵

Algiers 阿尔及尔

Alkmaar 阿尔克马尔

Almenara, Iñigo López de Mendoza, marquis of 伊尼戈·洛佩斯·德·门多萨，阿尔梅纳拉侯爵

Alpujarras, revolt of 阿普哈拉斯叛乱

Altamira archive 阿尔塔米拉档案

Álvarez, Vicente 比森特·阿尔瓦雷斯

America 美洲

Ana of Austria (Don John's illegitimate daughter) 奥地利的安娜（堂胡安的私生女）

Anguissola, Sofonisba 索福尼斯巴·安圭索拉

Anjou, duke of see Alençon and Anjou 安茹公爵，见阿朗松与安茹公爵

Anne of Austria (Philip II's fourth wife) 奥地利的安娜（腓力二世的第四任妻子）

Antigua, Sor María de la 玛丽亚·德·拉·安提瓜修女

Antonio, Don, Pretender to the Portuguese throne 堂安东尼奥，葡萄牙王位觊觎者

Antwerp 安特卫普

Aragon 阿拉贡

Aragón, Hernando de, archbishop of Zaragoza and viceroy of Aragon 阿拉贡的埃尔南多，萨拉戈萨大主教，阿拉贡副王

Aramaic 阿拉米语

Aranjuez 阿兰胡埃斯

Arévalo 阿雷瓦洛

Arias Montano, Benito 贝尼托·阿里亚斯·蒙塔诺

Armada, Spanis 西班牙无敌舰队

Armenteros, Judge (alcalde de Casa y Corte) 阿尔门特罗斯法官

Army of Flanders, Spanish 佛兰德军团（西班牙）

Arras, bishop of, see Perrenot de Granvelle 阿拉斯主教，即安托万·佩勒诺·德·格朗韦勒

Artois 阿图瓦

Asculi, prince of 阿斯库里亲王

Asturias 阿斯图里亚斯

Atlantic 大西洋

Augsburg 奥格斯堡

Augustine, Saint 圣奥古斯丁

Augustus, Roman emperor 奥古斯都，罗马皇帝

Ávila 阿维拉

Ávila, Juan de 阿维拉的胡安

Ávila, Teresa de 阿维拉的德兰

Ayala, Fray Lorenzo de 洛伦索·德·阿亚拉修士

Azore 亚速尔群岛

Aztec empire 阿兹特克帝国

Babington, Anthony 安东尼·巴宾顿

Badajoz 巴达霍斯

Bahamas 巴哈马

Barahona, Juan de 胡安·德·巴拉奥纳

Barajas 巴拉哈斯

Barajas, Don Francisco Zapata y Cisneros, count of, president of the council of Castile 堂弗朗西斯科·萨帕塔·西斯内罗斯，巴拉哈斯伯爵，卡斯蒂利亚议事会主席

Barcelona 巴塞罗那

Bayonne, conference at 巴约讷会议

Béarn 贝阿恩

Berg, Count William van den 威廉·范·登·贝赫伯爵

Bergen, Jean de Glymes, marquis of 让·德·格利姆，贝亨侯爵

Bergerac, peace of《贝尔热拉克和约》

Bertendona, Martin de 马丁·德·贝尔滕多纳

Bible《圣经》

Bilbao 毕尔巴鄂

Binche 班什

Bío Bío river 比奥比奥河

Bizerta 比塞大

Blois (Blosius), Louis de 路易·德·布卢瓦（布卢西乌斯）

Blomberg, Barbara (Don John's mother) 芭芭拉·布隆贝格，堂胡安的母亲

Bobadilla, Don Francisco de 堂弗朗西斯科·德·博瓦迪利亚

Bolea, Bernardo de 堂贝尔纳多·德·博莱亚

Borja, Francisco de, fourth duke of Gandía and later Jesuit General 弗朗西斯科·德·博吉亚，第四代甘迪亚公爵，后成为耶稣会总会长

Bosque de Segovia, El 塞哥维亚森林

Botero, Giovanni 乔万尼·博泰罗

Brabant, duchy of 布拉班特公国

Braganza, duke of 布拉干萨公爵

Breda 布雷达

Brussels 布鲁塞尔

Burghley, Lord, see Cecil, William 伯利勋爵，即威廉·塞西尔

Burgos 布尔戈斯

Burgundy, duchy of 勃艮第公国

Burgundy, county of, see Franche Comté of Burgundy 勃艮第伯国，即勃艮第弗朗什-孔泰

Cabezón, Antonio 安东尼奥·卡韦松

Cabrera de Córdoba, Luis 路易斯·卡布雷拉·德·科尔多瓦

Cádiz 加的斯

Caesar, Julius 尤利乌斯·恺撒

Caetani, Camillo 卡米洛·卡埃塔尼

Calais 加来

Calvete de Estrella, Juan Cristóbal 胡安·克里斯托瓦尔·卡尔韦特·德·埃斯特雷利亚

Cambrai 康布雷

Campanella, Tommaso 托马索·康帕内拉修士

Canaries 加那利群岛

Cantabria 坎塔布里亚

Canto del mío Cid, see Song of El Cid 《熙德之歌》

Cape Finisterre 菲尼斯特雷角

Cape Verde Islands 佛得角群岛

Caraffa, Gian Pietro, see Paul IV 吉安·彼得罗·卡拉法，即保罗四世

Carlos Lorenzo (son of Philip II and Anne) 卡洛斯·洛伦索（腓力二世与安娜的儿子）

Carranza de Miranda, Fray Bartolomé 巴尔托洛梅·德·卡兰萨修士（又称巴尔托洛梅·卡兰萨·德·米兰达）

Carlos, Don (son of Philip II and María Manuela) 堂卡洛斯（腓力二世与玛丽亚·曼努埃拉的儿子）

Caribbean 加勒比海

Carvajal y Mendoza, Luisa de 路易莎·德·卡瓦哈尔·门多萨

Casa de Campo 田园之家

Cascais 卡斯凯什

Casey, James 詹姆斯·凯西

Castiglione, Baldassare 巴尔达萨雷·卡斯蒂廖内

Castile, kingdom of 卡斯蒂利亚王国

Castro, Fray Alonso de 阿隆索·德·卡斯特罗修士

Castro, Don Rodrigo de, archbishop of Seville 堂罗德里戈·德·卡斯特罗，塞维利亚大主教

Catalina Michaela, infanta (daughter of Philip II and Isabel) 卡塔利娜·米卡埃拉，西班牙公主（腓力二世与伊莎贝拉的女儿）

Catalonia 加泰罗尼亚

Cateau-Cambrésis, peace of 《勒卡托–康布雷西和约》

Catherine de' Medici, queen regent of France 卡特琳·德·美第奇，法国摄政太后

Catherine, queen of Portugal (Philip II's aunt) 卡塔利娜，葡萄牙王后（腓力二世的姑姑）

Catholic monarchs, see Ferdinand the Catholic and Isabella the Catholic 天主教双王，即斐迪南与伊莎贝拉

Caverel, Philippe de 菲利普·德·卡维莱尔

Cazorla 卡索拉

Cebu, Philippines 宿务，菲律宾

Cecil, William, Lord Burghley 威廉·塞西尔，伯利勋爵

Cellorigo, see González de Cellorigo 冈萨雷斯·德·塞略里戈

Cervantes, Miguel de 米格尔·德·塞万提斯

Céspedes del Castillo, Guillermo 吉列尔莫·塞斯佩德斯·德·卡斯蒂略

Channel, English 英吉利海峡

Charles V, Holy Roman Emperor (Philip II's father) 查理五世，神圣罗马皇帝（腓力二世的父亲）

Charles IX, king of France 查理九世，法国国王

Charles, Archduke of Styria 施泰尔马克大公卡尔

Chaves, Fray Diego de 迭戈·德·查韦斯修士

Chichimecas 奇奇梅克人

Chile 智利

China 中国

Chinchón, Don Pedro de Cabrera, second count of 堂佩德罗·德·卡布雷拉，第二代钦琼伯爵

Chinchón, Don Diego Fernández de Cabrera, third count of 堂迭戈·费尔南德斯·德·卡布雷拉，第三代钦琼伯爵

Cicero 西塞罗

Cifuentes, Don Juan Baltazar de Silva, sixth count 堂胡安·巴尔塔扎尔·德·席尔瓦，第六代锡丰特斯伯爵

Clausewitz, Carl von 卡尔·冯·克劳塞维茨

Clement Ⅷ, pope 克雷芒八世，教宗

Coello, Doña Juana 胡安娜·科埃略

Cohen, Eliot 埃利奥特·科恩

Coimbra 科英布拉

Coligny, Gaspard de 加斯帕尔·德·科利尼

Como, cardinal of 科莫枢机主教

Complutense University 康普顿斯大学

Compromise, the 妥协书

Comunero rebellion 公社起义

Constantinople 君士坦丁堡

Córdoba 科尔多瓦

Córdoba, Don Diego de 堂迭戈·德·科尔多瓦

Corfu 科孚岛

Cornwall 康沃尔

Corsica 科西嘉岛

Cortes of Castile 卡斯蒂利亚议会

Cortés, Don Martín, marquis del Valle 堂马丁·科尔特斯，瓦哈卡山谷侯爵

Corunna 拉科鲁尼亚

council of Trent, see Trent, council of 特伦托大公会议

council of Troubles 除暴委员会

council of War 战争议事会

Covarrubias, Don Diego de 堂迭戈·德·科瓦鲁维亚斯

Cranmer, Thomas 托马斯·克兰麦

Crete 克里特岛

Cyprus 塞浦路斯岛

Dacre, Lady Magdalen 马格达伦·戴克女士

Danube river 多瑙河

David, king of Israel 以色列的大卫王

Daza, Fray Antonio de 安东尼奥·德·达萨修士

Default Decrees (Decretos de Suspensión) 违约法令

Delgado, Juan 胡安·德尔加多

Den Brielle 布里勒

Denmark 丹麦

Descalzas Reales, convent of the 王家赤足女修院

Deventer, Jacob van 雅各布·范·德芬特

Diego, prince (son of Philip II and Anne) 迭戈王子 (腓力二世与安娜的儿子)

Dietrichstein, Baron Adam von 亚当·冯·迪特里希施泰因男爵

Djerba (island of, also called Los Gelves) 杰尔巴岛 (也称洛斯赫尔韦斯岛)

Dominican Order 多明我会

Donà, Leonardo 莱奥纳尔多·多纳

Donlope, Miguel 米格尔·堂洛佩

Doria, Gian (Juan) Andrea 吉安 (胡安) ·安德烈亚·多里亚

Dovara, Luigi 路易吉·多瓦拉

Dover 多佛尔

Drake, Sir Francis 弗朗西斯·德雷克爵士

Dudley, Lord Robert, later earl of Leicester 罗伯特·达德利勋爵, 后成为莱斯特伯爵

Duffy, Eamon 埃蒙·达菲

Dunkirk 敦刻尔克

Dutch Revolt 尼德兰起义

Éboli, Ana de Mendoza y de la Cerda, princess of (widow of Ruy Gómez de Silva) 埃博利亲王夫人, 安娜·德·门多萨·德·拉·塞尔达 (鲁伊·戈麦斯·德·席尔瓦的遗孀)

Edward VI, king of England and Ireland 爱德华六世, 英格兰与爱尔兰国王

Egmont, Lamoral, count of 拉莫拉尔, 埃格蒙特伯爵

Eire, Carlos 卡洛斯·艾尔

Eleanor, queen of France (Philip II's aunt) 埃莉诺, 法国王后 (腓力二世

的姑姑）

El Greco（Domenikos Theotokopoulos）格列柯（多米尼柯·狄奥托科普洛）

Eliot, John 约翰·埃利奥特

Elizabeth I, queen of England（Philip's sister-in-law）伊丽莎白一世，英格兰女王（腓力二世的妻妹）

Elliott, Sir John 约翰·埃利奥特爵士

England, kingdom of 英格兰王国

Enríquez, Antonio 安东尼奥·恩里克斯

Enriquez, Don Martín 堂马丁·恩里克斯

Enterprise of England 英格兰大业

Erasmus, Desiderius 德西德里乌斯·伊拉斯谟

Eraso, Francisco de 弗朗西斯科·德·埃拉索

Ernest（Philip II's nephew）恩斯特（腓力二世的外甥）

Escobedo, Bartolomé de 巴尔托洛梅·德·埃斯科韦多

Escobedo, Juan de 胡安·德·埃斯科韦多

Escobedo, Pedro de 佩德罗·德·埃斯科韦多

El Escorial, see San Lorenzo de El Escorial 埃斯科里亚尔，见埃斯科里亚尔的圣洛伦索修道院

Espinosa, Cardinal Diego de 迭戈·德·埃斯皮诺萨，枢机主教

Espinosa, Gabriel de 加布里埃尔·德·埃斯皮诺萨

Espinosa, Juan Fernández, see Fernández de Espinosa 胡安·费尔南德斯·德·埃斯皮诺萨

Esquivel, Pedro de 佩德罗·德·埃斯基韦尔

Essex, Robert Devereux, earl of 罗伯特·德弗罗，埃塞克斯伯爵

Extremadura 埃斯特雷马杜拉

Farnese, Alexander, prince of Parma see Parma, Alexander Farnese 亚历山德罗·法尔内塞，帕尔马公子

Ferdinand I, (Charles V's brother) 斐迪南一世（查理五世的弟弟）

Ferdinand the Catholic, king of Aragon（Philip's great-grandfather）天主教国

王斐迪南，阿拉贡国王（腓力二世的外曾祖父）

Fernando, prince of Spain (first son of Philip and Anne of Austria) 费尔南多，西班牙王子（腓力二世与奥地利的安娜的长子）

Fernando, Philip II's brother 费尔南多，腓力二世的兄弟

Feria, Don Gómez Suárez de Figueroa, count and later duke of 堂戈麦斯·苏亚雷斯·德·菲格罗瓦，费里亚伯爵，后成为费里亚公爵

Ficino, Marsilio 马尔西利奥·费奇诺

Finale Ligure 菲纳莱利古雷

Flanders, province 佛兰德省

Florida 佛罗里达

Flower, William 威廉·弗劳尔

Flushing 弗利辛恩

Fonseca, Don Alonso de 堂阿隆索·德·丰塞卡

Fourquevaux, Raymond de Pavie, Baron 雷蒙·德·帕维，富尔科沃男爵

France, kingdom of 法兰西王国

Francis I, king of France 弗朗索瓦一世，法国国王

Francis II, king of France and Scotland 弗朗索瓦二世，法国和苏格兰国王

Franco, Francisco 弗朗西斯科·佛朗哥

Fresneda, Fray Bernardo de 贝尔纳多·德·弗雷斯内达修士

Freud, Sigmund 西格蒙德·弗洛伊德

Friesland, province of 弗里斯兰省

Fugger, Anton 安东·富格尔

Galapagar 加拉帕加尔

Galicia 加利西亚

Gandía, Francisco de Borja, fourth duke of, see Borja, Francisco de 弗朗西斯科·德·博吉亚，第四代甘迪亚公爵

Gandía, Carlos de Borja, fifth duke of 卡洛斯·德·博吉亚，第五代甘迪亚公爵

García de Toledo, Álvaro 阿尔瓦罗·加西亚·德·托莱多

Gassol, Jerónimo 赫罗尼莫·加索尔

Gayangos, Pascual de 帕斯夸尔·德·加扬戈斯

Gaztelu, Martín de 马丁·德·加斯特卢

Geertruidenberg 海特勒伊登贝赫

Gelderland 海尔德

Gelves, Los, see Djerba 洛斯赫尔韦斯岛，即杰尔巴岛

Genoa, republic of 热那亚共和国

Gérard, Balthasar 巴尔塔扎尔·热拉尔

Gérard, Véronique 韦罗妮克·热拉尔

Germany 德意志

Ghent 根特

Ghent, Pacification of《根特协定》

Gilbert, Sir Humphrey 汉弗莱·吉尔伯特爵士

Golden Fleece, Order of the 金羊毛骑士团

Gómez de Silva, Ruy 鲁伊·戈麦斯·德·席尔瓦

González de Cellorigo, Martín 马丁·冈萨雷斯·德·塞略里戈

Gonzalo Sánchez-Molero, José Luis 何塞·路易斯·贡萨洛·桑切斯－莫莱罗

Gouda 豪达

Gracián y Dantisco, Antonio 安东尼奥·格拉西安·唐蒂斯科

Granada 格拉纳达

Granada, Fray Luis of 格拉纳达的路易斯修士

Granvelle, Cardinal, see Perrenot de Granvelle, Antoine 安托万·佩勒诺·德·格朗韦勒，枢机主教

Gravelines, battle of 格拉沃利讷战役

Greece 希腊

Gregory XIII, pope 格列高利十三世，教宗

Groenendaal, convent of 格勒嫩达尔修道院

Guadalajara 瓜达拉哈拉

Guadalupe 瓜达卢佩

Guadarrama mountains 瓜达拉马山脉

Guatemala 危地马拉

Guise, François of Lorraine, duke of 洛林的弗朗索瓦，吉斯公爵

Guzmán el Bueno, Don Alonso Pérez de, see Medina Sidonia 堂阿隆索·佩雷斯·德·古斯曼，"好人"，即梅迪纳-西多尼亚公爵

Guzmán, Doña Eufrasia de 欧弗拉西娅·德·古斯曼

Guzmán, Doña Magdalena de 玛格达莱娜·德·古斯曼

Guzmán de Alfarache (De la vida del picaro), novel《古斯曼·德·阿尔法拉切》(一个流浪汉的生平)，小说

Guzmán de Silva, Diego 迭戈·古斯曼·德·席尔瓦

Haarlem 哈勒姆

Hainaut 埃诺

Henry II, king of France 亨利二世，法国国王

Henry III, king of France 亨利三世，法国国王

Henry IV, king of Castile 恩里克四世，卡斯蒂利亚国王

Henry IV, king of France and Navarre 亨利四世，法国与纳瓦拉国王

Henry VII, king of England 亨利七世，英格兰国王

Henry VIII, king of England 亨利八世，英格兰国王

Henry, cardinal, regent and later king of Portugal 恩里克，枢机主教，葡萄牙摄政王，后成为葡萄牙国王

Henry of Navarre, see Henry IV, king of France 纳瓦拉的亨利，即法国国王亨利四世

Hernández, Francisco 弗朗西斯科·埃尔南德斯

Herrera, Fernando de 费尔南多·德·埃雷拉

Herrera, Juan de 胡安·德·埃雷拉

Herrera y Tordesillas, Antonio de 安东尼奥·德·埃雷拉·托尔德西利亚斯

Holbeek, Francis 弗朗西斯·霍尔贝克

Holland, province of 荷兰省

Holy League 神圣联盟

Holy Roman Empire 神圣罗马帝国

Hornes, Philippe de Montmorency, count of 菲利普·德·蒙莫朗西，霍恩伯爵

Howell, James 詹姆斯·豪厄尔

Hoyo, Pedro de 佩德罗·德·奥约

Hungary 匈牙利

Ibáñez de Santa Cruz, Iñigo 伊尼戈·伊瓦涅斯·德·圣克鲁斯

Iconoclastic Fury 破坏圣像运动

Idiáquez, Don Juan de 堂胡安·德·伊迪亚克斯

Imperial Vicar (in Italy) 帝国摄政者（在意大利）

Inca 印加

Inquisition, Spanish 西班牙宗教裁判所

Inquisitor-General 西班牙宗教裁判所主裁判官

Insausti, assassin of Escobedo 因绍斯蒂，刺杀埃斯科韦多的刺客

Ireland 爱尔兰

Isabel of France, queen of Castile (Philip Ⅱ's third wife) 法兰西的伊莎贝拉，卡斯蒂利亚王后（腓力二世的第三任妻子）

Isabella, Empress (Philip Ⅱ's mother) 伊莎贝拉，皇后（腓力二世的母亲）

Isabella the Catholic, queen of Castile 天主教女王伊莎贝拉，卡斯蒂利亚女王

Isabella Clara Eugenia, infanta (daughter of Philip Ⅱ and Isabel) 伊莎贝拉·克拉拉·欧亨妮亚，西班牙公主（腓力二世与伊莎贝拉的女儿）

Isle of Wight 怀特岛

Istanbul, see Constantinople 伊斯坦布尔，即君士坦丁堡

Italy 意大利

Jeronimite Order 圣哲罗姆会

Jerusalem 耶路撒冷

Jesuit Order 耶稣会

Jesús, Teresa de, see Ávila, Teresa de 耶稣的德兰，即阿维拉的德兰

John II, king of Castile 胡安二世，卡斯蒂利亚国王

John of Austria, Don (Philip II's half-brother) 奥地利的堂胡安（腓力二世的异母弟）

John, prince of Portugal 若昂，葡萄牙王子

Juan, Honorato 奥诺拉托·胡安

Juana, princess of Portugal (Philip's sister) 胡安娜，葡萄牙王妃（腓力二世的妹妹）

Juana, queen of Castile (Philip II's grandmother) 胡安娜，卡斯蒂利亚女王（腓力二世的祖母）

Juana of Austria (Don John's illegitimate daughter) 奥地利的胡安娜（堂胡安的私生女）

Junta de Gobierno 政府委员会

Junta de Noche 夜间委员会

Junta de Obras y Bosques 公共工程与林业委员会

Junta de Policía 公安委员会

Junta Grande 大委员会

Junta Magna 大委员会

Junta of Presidents 主席委员会

Justiciar of Aragon 阿拉贡政法官

Kamen, Henry 亨利·卡门

Kent 肯特

Khevenhüller, Hans 汉斯·克芬许勒

La Casilla 拉卡西利亚

La Fresneda 拉弗雷斯内达

La Mancha 拉曼查

La Rochelle 拉罗歇尔

Ladrada, Don Alonso de la Cueva, marquis of 堂阿隆索·德·拉·奎瓦，拉

德拉达侯爵

Laloo, Alonso de 阿隆索·德·拉卢

Lanuza, Juan de, Justiciar of Aragon 胡安·德·拉努萨, 阿拉贡政法官

Larache 拉腊什

Laredo 拉雷多

Las Casas, Fray Bartolomé de 巴尔托洛梅·德·拉斯·卡萨斯修士

Las Infantas, Fernando de 费尔南多·德·拉斯·因凡塔斯

Latin 拉丁文

Latrás, Lupercio 卢佩西奥·拉特拉斯

Lavaña, Juan Bautista 胡安·包蒂斯塔·拉瓦尼亚

Leicester, earl of, see Dudley 莱斯特伯爵, 即达德利

León, kingdom of 莱昂王国

Leone, Pompeo 蓬佩奥·莱昂尼

Lepanto, battle of 勒班陀海战

Lerma, Don Francisco Gómez de Sandoval y Zúñiga, third count of 堂弗朗西斯科·戈麦斯·德·桑多瓦尔, 第三代莱尔马伯爵

Lerma, Don Francisco Gómez de Sandoval y Rojas, marquis of Denia and first duke of 堂弗朗西斯科·戈麦斯·德·桑多瓦尔·罗哈斯, 德尼亚侯爵, 第一代莱尔马公爵

Levi, Primo 普里莫·莱维

Lhermite, Jehan 让·莱尔米特

Lima, Peru 利马, 秘鲁

Lisbon 里斯本

Liverpool 利物浦

Llull, Ramon 拉蒙·柳利

Lombardy 伦巴第

London 伦敦

Longlée, Pierre de Ségusson, lord of 皮埃尔·德·塞居松, 隆利领主

López de Velasco, Juan 胡安·洛佩斯·德·贝拉斯科

Loreto 罗雷托

Lorraine 洛林

Los Cobos, Francisco de 弗朗西斯科·德·洛斯·科沃斯

Los Vélez, Don Pedro Fajardo, marquis of 堂佩德罗·法哈多，贝莱斯侯爵

Louis Ⅸ, king of France 路易九世，法国国王

Low Countries, see Netherlands 低地国家，即尼德兰

Loaysa Girón, García de 加西亚·德·洛艾萨·希龙

Lucca, republic of 卢卡共和国

Ludolf of Saxony, 'The Carthusian' 萨克森的鲁道夫，"加尔都西会士"

Luna, Álvaro de 阿尔瓦罗·德·卢纳

Luna, Don Francisco de Gurrea y Aragón, count of 堂弗朗西斯科·德·古雷亚·阿拉贡，卢纳伯爵

Luther, Martin 马丁·路德

Lutherans 路德派教徒

Luxemburg 卢森堡

Lyons 里昂

Machiavelli, Niccolò 尼科洛·马基雅维里

Madrid 马德里

Madrid Alcázar 马德里王宫

Magellan, Fernando 费尔南·麦哲伦

Maleguzzi, Orazio 奥拉齐奥·马莱古齐

Mallorca 马略卡岛

Malta 马耳他岛

Man, Dr John 约翰·曼博士

Manrique de Lara, Doña Inés 伊内丝·曼里克·德·拉腊

Mantua, duchy of 曼托瓦公国

Manuel, king of Portugal 曼努埃尔一世，葡萄牙国王

Manuel, Don Rodrigo 堂罗德里戈·曼努埃尔

Marchena 马切纳

Margaret of Parma, see Parma, Margaret 帕尔马的玛格丽特

Margarita, archduchess (Philip Ⅱ's niece) 玛格丽塔，女大公（腓力二世的外甥女）

Margarita, archduchess (Philip Ⅱ's daughterin-law) 玛格丽塔，女大公（腓力二世的儿媳）

Margarita island 玛格丽塔岛

Margate 马盖特

Margot of Valois, princess of France 瓦卢瓦的玛戈，法国公主

María, princess (daughter of Philip Ⅱ and Anne) 玛丽亚，西班牙公主（腓力二世和安娜的女儿）

María Manuela of Portugal, princess (Philip Ⅱ's first wife) 玛丽亚·曼努埃拉，葡萄牙公主（腓力二世的第一任妻子）

María, Holy Roman Empress (Philip Ⅱ's sister) 玛丽亚，神圣罗马皇后（腓力二世的妹妹）

Mariana, Juan de 胡安·德·马里亚纳

Marliano, Giovanni 乔万尼·马利亚诺

Martínez del Guijo, Juan, see Silíceo 胡安·马丁内斯·德·吉哈罗，即西利塞奥

Martínez, Diego 迭戈·马丁内斯

Mary, duchess of Burgundy (Philip Ⅱ's great-grandmother) 勃艮第女公爵玛丽（腓力二世的曾祖母）

Mary, queen of Hungary (Philip Ⅱ's aunt) 匈牙利王后玛丽（腓力二世的姑姑）

Mary Stuart, queen of Scotland 玛丽·斯图亚特，苏格兰女王

Mary Tudor, queen of England and Ireland (Philip Ⅱ's second wife) 玛丽·都铎，英格兰与爱尔兰女王（腓力二世的第二任妻子）

Mascarenhas, Doña Leonor 莱昂诺尔·德·马斯卡伦尼亚斯

Mauriño de Pazos, Don Antonio 堂安东尼奥·毛里尼奥·德·帕索斯

Maximilian I, Holy Roman Emperor (Philip Ⅱ's great-grandfather) 马克西米利安一世，神圣罗马皇帝（腓力二世的曾祖父）

Maximilian Ⅱ, Holy Roman Emperor (Philip Ⅱ's brother-in-law) 马克西米利

安二世，神圣罗马皇帝（腓力二世的妹夫）

Maximilian of Austria 奥地利的马克西米利安

McNamara, Robert 罗伯特·麦克纳马拉

Mechelen 梅赫伦

Medina Sidonia, Don Alonso Pérez de Guzmán el Bueno, seventh duke of 堂阿隆索·佩雷斯·德·古斯曼，第七代梅迪纳-西多尼亚公爵

Medinaceli, Don Juan de la Cerda, duke of 堂胡安·德·拉·塞尔达，梅迪纳塞利公爵

Mediterranean 地中海

Melanchthon, Philip 菲利普·梅兰希通

Mendoza, House of 门多萨家族

Mendoza, Doña Ana de, see Éboli 安娜·德·门多萨，即埃博利亲王夫人

Mendoza, Don Bernardino de 堂贝尔纳迪诺·德·门多萨

Mendoza, Don Diego de 堂迭戈·德·门多萨

Mendoza, Francisco de 弗朗西斯科·德·门多萨

Mendoza, Pablo de 巴勃罗·德·门多萨

Menéndez de Avilés, Pedro 佩德罗·梅嫩德斯·德·阿维莱斯

Mérida 梅里达

Messianic Imperialism 弥赛亚式帝国主义

Messina 墨西拿

Metz 梅斯

Mexico, viceroyalty of 墨西哥副王领地

Michelangelo di Lodovico Buonarroti 米开朗琪罗·迪·洛多维科·博纳罗蒂

Milan 米兰

Milford Haven 米尔福德黑文

Miranda de Ebro 埃布罗河畔米兰达

Mirandola, Pico de la 皮科·德拉·米兰多拉

Moderation, the 缓和诏书

Mombasa 蒙巴萨

Moncontour, battle of 蒙孔图尔战役

Mondéjar, Don Luis Hurtado de Mendoza, marquis of 堂路易斯·乌尔塔多·德·门多萨，蒙德哈尔侯爵

Mons 蒙斯

Montague, viscountess, see Dacre 蒙泰古子爵夫人，即戴克

Montigny, Floris de Montmorency, baron of 弗洛里斯·德·蒙莫朗西，蒙蒂尼男爵

Montmorency, Philippe de, see Hornes 菲利普·德·蒙莫朗西，霍恩伯爵

Montserrat 蒙塞拉特

Mook, battle of 莫克战役

Mor, Antonis 安东尼斯·莫尔

Morillon, Maximilian 马克西米利安·莫里永

Moriscos (Spanish Christians of Moorish descent) 摩里斯科人

Morisote, Luis de 路易斯·德·莫里索特

Morosini, Giovanfrancesco 詹弗朗切斯科·莫罗西尼

Moura, Don Cristóbal de 堂克里斯托瓦尔·德·莫拉

Mulcahy, Rosemarie 罗斯玛丽·马尔卡希

Muñoz, Andrés 安德烈斯·穆尼奥斯

Muntanyeses of Aragon 阿拉贡的基督徒牧羊场主

Mur, Rodrigo de 罗德里戈·德·穆尔

Murcia 穆尔西亚

Murillo, Bartolomé Esteban 巴尔托洛梅·埃斯特班·穆里罗

Naarden 纳尔登

Naples 那不勒斯

Narváez, Luis de 路易斯·德·纳瓦埃斯

Nassau, Count Louis of 拿骚伯爵路德维希

Nassau, William of, see Orange 拿骚的威廉，即奥兰治亲王威廉

Navacerrada 纳瓦塞拉达

Navarre 纳瓦拉

Navarre, Henry king of, see Henry Ⅳ of France 纳瓦拉国王亨利，即法国国

王亨利四世

Netherlands 尼德兰

'New France', see Florida 新法兰西，即佛罗里达

New Spain, see Mexico 新西班牙，即墨西哥

Newfoundland 纽芬兰

Norfolk, Thomas Howard, duke of 托马斯·霍华德，诺福克公爵

North Sea 北海

Northwest Passage 西北航道

Olivares, Don Enrique de Guzmán, count of 堂恩里克·德·古斯曼，奥利瓦雷斯伯爵

Olivares, Don Gaspar de Guzmán, count-duke of 堂加斯帕尔·德·古斯曼，奥利瓦雷斯伯爵兼公爵

Oosterweel, battle of 奥斯特维尔战役

Oporto 波尔图

Oran 奥兰

Orange, William of Nassau, prince of 奥兰治亲王威廉

Orléans, Charles of Valois, duke of 奥尔良公爵，瓦卢瓦的查理

Ormanetto, Nicholas 尼科洛·奥尔玛奈托

Osorio, Doña Isabel 伊莎贝拉·奥索里奥

Ottoman empire 奥斯曼帝国

Ovando, Juan de 胡安·德·奥万多

Overijssel 上艾瑟尔

Oxford University 牛津大学

Padilla, Don Antonio de 堂安东尼奥·德·帕迪利亚

Padilla, Don Martín de 堂马丁·德·帕迪利亚

Palencia 帕伦西亚

Paracuellos de Járama 哈拉马河畔帕拉库埃略斯

Pardo, El 帕尔多宫

Paris 巴黎

Parma, Margaret, duchess of (Philip II's half-sister) 帕尔马的玛格丽特（腓力二世的同父异母姐姐）

Parma, Alexander Farnese, prince and duke of (Philip II's nephew) 亚历山德罗·法尔内塞，帕尔马公子，后成为帕尔马公爵（腓力二世的外甥）

Pastrana, duchy of 帕斯特拉纳公国

Paul IV, pope 保罗四世，教宗

Pazos, Antonio Mauriño de, see Mauriño de Pazos 安东尼奥·毛里尼奥·德·帕索斯

Perejón 佩雷洪

Perrenot de Granvelle, Antoine (bishop of Arras and later cardinal Granvelle) 安托万·佩勒诺·德·格朗韦勒，阿拉斯主教，后成为枢机主教

Penna, Doña Tadea de la (Philip II's half-sister) 塔代娅·德·拉·潘纳（腓力二世的同父异母姐姐）

Pelayo, king of Spain 佩拉约，西班牙国王

Peralta, Don Eugenio de 堂欧亨尼奥·德·佩拉尔塔

Pereira, Francisco 弗朗西斯科·佩雷拉

Pérez, Antonio 安东尼奥·佩雷斯

Pérez, Gonzalo 贡萨洛·佩雷斯

Perpetual Edict《永久协定》

Perpignan 佩皮尼昂

Persia 波斯

Peru 秘鲁

Philip I, king of Spain 腓力一世，西班牙国王

Philip II, king of Spain 腓力二世，西班牙国王

Philip III of Spain (son of Philip II and Anne) 腓力三世（腓力二世和安娜的儿子），西班牙国王

Philippines 菲律宾

Picardy 皮卡第

Pisuerga, river 皮苏埃加河

Pius Ⅳ, pope 庇护四世，教宗

Pius Ⅴ, pope 庇护五世，教宗

Pizarro Llorente, Henar 埃纳尔·皮萨罗·略伦特

Plantin Press (Antwerp) 普朗坦印刷所（安特卫普）

Plautus 普劳图斯

Poitiers 普瓦捷

Pole, Reginald, cardinal 雷金纳德·波尔，枢机主教

Portsmouth 朴次茅斯

Portugal 葡萄牙

Poza, Don Francisco de Rojas, marquis of 堂弗朗西斯科·德·罗哈斯，波萨侯爵

Prescott, William Hickling 威廉·希克林·普雷斯科特

Proclamation on Etiquette 礼节宣言

Pyrenees 比利牛斯山

Quadra, Bishop Alvaro de la 阿尔瓦罗·德·拉·夸德拉主教

Quijada, Luis 路易斯·基哈达

Quiroga, Gaspar de 加斯帕尔·德·基罗加

Qu'ran《古兰经》

Raleigh, Sir Walter 沃尔特·雷利爵士

Red Sea 红海

Regensburg 雷根斯堡

Relaciones topográficas 地形学报告

Renard, Simon 西蒙·勒纳尔

Requesens, Doña Estefania 埃斯特法尼娅·德·雷克森斯夫人

Requesens, Don Luis de 堂路易斯·德·雷克森斯

Reuchlin, Johannes 约翰内斯·罗伊希林

Ribadeneira, Pedro de 佩德罗·德·里瓦德内拉

Ribagorza, county of 里瓦戈萨伯爵领地

Ridolfi, Roberto 罗伯托·里多尔菲

Rio Grande 格兰德河

Rhine river 莱茵河

Roberti, Emilio 埃米利奥·罗贝蒂

Robledo 罗夫莱多

Rodríguez Ramos, Dr Prudencio 普鲁登希奥·罗德里格斯·拉莫斯医生

Rodríguez Salgado, María José 玛丽亚·何塞·罗德里格斯-萨尔加多

Rogier, Philippe 菲利普·罗希尔

Rome 罗马

Rotterdam 鹿特丹

Royal Navy 英格兰皇家海军

Rudolf II, Holy Roman Emperor (Philip II's nephew) 鲁道夫二世,神圣罗马皇帝(腓力二世的外甥)

Rueda, Lope de 洛佩·德·鲁埃达

Rufo, Juan 胡安·鲁福

Ruiz, Magdalena 玛格达莱娜·鲁伊斯

Ruiz, Teofilo 特奥菲洛·鲁伊斯

Ruiz de Velasco, Juan 胡安·鲁伊斯·德·贝拉斯科

Saint-Réal, César d 塞萨尔·德·圣雷亚尔

Salamanca 萨拉曼卡

Salamanca, university of 萨拉曼卡大学

Salazar, Tomás de 托马斯·德·萨拉萨尔

Salic Law 萨利克法

San Ambrosio, Fray Hernando de 埃尔南多·德·圣安布罗西奥修士

San Augustín, Fray Julián de, see Alcalá, Fray Julián de 胡利安·德·圣奥古斯丁修士,即胡利安·德·阿尔卡拉修士

San Jerónimo, convent of 圣哲罗姆修道院

San Lorenzo de El Escorial 埃斯科里亚尔的圣洛伦索修道院

Sánchez, Joan 霍安·桑切斯

Sánchez Coello, Alonso 阿隆索·桑切斯·科埃略

Sandoval y Rojas, Don Francisco de, see Lerma, Don Francisco Gómez de Sandoval y Rojas 堂弗朗西斯科·戈麦斯·德·桑多瓦尔·罗哈斯，莱尔马公爵

Sanlúcar de Barrameda 桑卢卡尔-德·巴拉梅达

Santa Cruz, Don Álvaro de Bazán, marquis of 堂阿尔瓦罗·德·巴桑，圣克鲁斯侯爵

Santo Domingo 圣多明各

São Miguel, Azores 圣米格尔岛，属于亚速尔群岛

Sardinia 撒丁岛

Savoy, duchy of 萨伏依公国

Savoy, Charles Emmanuel duke of (Philip II's son-in-law) 萨伏依公爵卡洛·埃马努埃莱（腓力二世的女婿）

Savoy, Emmanuel Philibert duke of (Philip II's cousin) 萨伏依公爵埃马努埃莱·菲利贝托（腓力二世的表兄弟）

Saxony 萨克森

Schiller, Friedrich 弗里德里希·席勒

Scilly Isles 锡利群岛

Scotland 苏格兰

Sea Beggars 海上丐军

Sebastian, king of Portugal 塞巴斯蒂昂，葡萄牙国王

Segovia 塞哥维亚

Seneca 塞内卡

Sepúlveda, Juan Ginés de 胡安·希内斯·德·塞普尔韦达

Serlio, Sebastian 塞巴斯蒂亚诺·塞利奥

Sessa, Don Gonzalo Fernández de Córdoba, 3rd duke of 堂冈萨洛·费尔南德斯·德·科尔多瓦，第三代塞萨公爵

Sessa, Don Antonio Fernández de Córdoba, 5th duke of 堂安东尼奥·费尔南德斯·德·科尔多瓦，第五代塞萨公爵

Setúbal 塞图巴尔

Seville 塞维利亚

Sicily 西西里岛

Sigüenza, Fray José de 何塞·德·西根萨修士

Silíceo, Juan Martínez de Guijo 胡安·马丁内斯·德·吉哈罗，西利塞奥

Silva, Don Juan de 堂胡安·德·席尔瓦

Simancas 西曼卡斯

Simancas, Diego de 迭戈·德·西曼卡斯

Sixtus V, pope 西克斯图斯五世，教宗

Solomon, king of Israel 所罗门，以色列国王

Song of El Cid《熙德之歌》

Soranzo, Giovanni 乔万尼·索兰佐

Southampton 南安普敦

Spain 西班牙

Spanish Road 西班牙大道

Spes, Don Guerau de 堂格劳·德·埃斯佩斯

St Anne 圣安娜

St Augustine 圣奥古斯丁

St Bartholomew, massacre 圣巴托罗缪大屠杀

St Lawrence 圣洛伦索

St Quentin, battle of 圣康坦战役

Star Wars《星球大战》

Strozzi, Filippo 菲利波·斯特罗齐

Stukeley, Thomas 托马斯·斯蒂克利

Suleiman the Magnificent, Ottoman sultan 苏莱曼大帝，奥斯曼苏丹

Suprema (Supreme council of the Inquisition) 宗教裁判所最高议事会

Sweden 瑞典

Swiss Cantons 瑞士各州

Tagus river 塔霍河

Tarazona 塔拉索纳

Tavera, Cardinal Juan Pardo de 胡安·德·塔韦拉，枢机主教

Tenth Penny tax 十分之一税

Terceira island 特塞拉岛

Terence 泰伦提乌斯

Terrones, Dr Aguilar de 阿吉拉尔·德·特罗内斯博士

Thames river 泰晤士河

Theuerdank, autobiography of Emperor 《陶伊尔丹克》，马克西米利安一世皇帝的自传

Thompson, I. A. A. I. A. A. 汤普森

'Three Graces' (taxes on the church in Castile) "三种恩典"税（对卡斯蒂利亚教会征收的税）

Tisnacq, Charles de 夏尔·德·蒂纳克

Titian 提香

Toledo 托莱多

Toledo, House of 托莱多家族

Toledo, Juan Bautista de 胡安·包蒂斯塔·德·托莱多

Toledo, Doña María de 玛丽亚·德·托莱多

Tomar 托马尔

Tordesillas 托尔德西利亚斯

Toro 托罗

Toul 图勒

Tracy, James 詹姆斯·特雷西

Trastámara, Prince Juan of 特拉斯塔马拉的胡安王子

Trent, council of 特伦托大公会议

Tridentine Reforms 特伦托改革

Tripoli 的黎波里

Tunis 突尼斯城

Tunisia 突尼斯

Turégano 图雷加诺

Turks 土耳其人

Tuscany, grand dukes 托斯卡纳大公

Ugolini, Giovanni 乔万尼·乌戈利尼
Ulloa, Doña Magdalena de 玛格达莱娜·德·乌略亚夫人
Utrecht 乌得勒支

Valdemorillo 巴尔德莫里略
Valdés, Don Fernando de 堂费尔南多·德·巴尔德斯
Valdés, Francisco de 弗朗西斯科·德·巴尔德斯
Valencia 巴伦西亚
Valladolid 巴利亚多利德
Vallés, Dr. 巴列斯医生
Valsaín, see Bosque de Segovia 瓦尔萨因, 即塞哥维亚森林
Vargas, Diego de 迭戈·德·巴尔加斯
Vargas Mexía, Juan de 胡安·德·巴尔加斯·梅西亚
Vargas Mexía, Francisco de, tutor of Philip II 弗朗西斯科·德·巴尔加斯·梅西亚, 腓力二世的教师
Vargas Mexía, Francisco de, ambassador 弗朗西斯科·德·巴尔加斯·梅西亚, 大使
Vaucelles, truce of《沃塞勒停战协定》
Vázquez, Mateo 马特奥·巴斯克斯
Vázquez de Arce, Rodrigo 罗德里戈·巴斯克斯·德·阿尔塞
Vázquez de Molina, Juan 胡安·巴斯克斯·德·莫利纳
Vázquez de Salazar, Juan 胡安·巴斯克斯·德·萨拉萨尔
Vega, Hernando de 埃尔南多·德·维加
Velada, Don Gómez Dávila, marquis of 堂戈麦斯·达维拉, 贝拉达侯爵
Velasco, Isabel de 伊莎贝拉·德·贝拉斯科
Velasco, Don Luis de 堂路易斯·德·贝拉斯科
Velasco, Dr Martín de 马丁·德·贝拉斯科博士
Venice, Venetian Republic 威尼斯共和国

Verdi, Giuseppe 朱塞佩·威尔第

Verdun 凡尔登

Vervins, peace of《韦尔万和约》

Vienna 维也纳

Villacastín, Fray Antonio de 安东尼奥·德·比利亚卡斯廷修士

Villahermosa, Don Fernando de Aragón y Borja, duke of 费尔南多·德·阿拉贡·博吉亚，比亚尔莫萨公爵

Viñas, Antonio de las, see Wyngaerde 安东尼奥·德·拉斯·比尼亚斯，即安东·范·登·韦恩加德

Virgil 维吉尔

Vitruvius 维特鲁威

Vives, Juan Luis 胡安·路易斯·比韦斯

Walcheren 瓦尔赫伦岛

Wales 威尔士

Walsingham, Francis 弗朗西斯·沃尔辛厄姆

Waterford 沃特福德

Watson, Robert 罗伯特·沃森

Wenceslas (Philip Ⅱ's nephew) 文策尔（腓力二世的外甥）

West Indies 西印度

Wilkinson Zerner, Catherine 凯瑟琳·威尔金森·泽纳

William the Conqueror, duke of Normandy and king of England 征服者威廉，诺曼底公爵，英格兰国王

Wilson, Thomas 托马斯·威尔逊

Wittenberg, university of 维滕贝格大学

Wyngaerde, Anton van den 安东·范·登·韦恩加德

Yepes, Fray Diego de 迭戈·德·耶佩斯修士

Yuste 尤斯特

Zaragoza 萨拉戈萨

Zavala, Domingo de 多明各·德·萨瓦拉

Zayas, Gabriel de 加布里埃尔·德·萨亚斯

Zúñiga, Don Baltasar de 堂巴尔塔扎尔·德·苏尼加

Zúñiga, Don Diego de 堂迭戈·德·苏尼加

Zúñiga, Don Francés de 堂弗兰塞斯·德·苏尼加

Zúñiga y Avellaneda, Don Juan de 堂胡安·德·苏尼加·阿韦利亚内达

Zúñiga y Requesens, Don Juan de 堂路易斯·德·苏尼加·雷克森斯

Zealand 泽兰

Zutphen 聚特芬

图书在版编目(CIP)数据

腓力二世传 /（英）杰弗里·帕克
（Geoffrey Parker）著；陆大鹏，刘晓晖译 . — 北京：
社会科学文献出版社，2022.8
书名原文：Imprudent King: A New Life of Philip Ⅱ
ISBN 978-7-5201-9039-8

Ⅰ.①腓… Ⅱ.①杰… ②陆… ③刘… Ⅲ.①腓力二世（Philip Ⅱ 1527-1598）-传记 Ⅳ.①K835.517=331

中国版本图书馆 CIP 数据核字（2021）第 191895 号

地图审图号：GS（2021）7831 号（书中地图系原文插附地图）

腓力二世传

著　　者 /〔英〕杰弗里·帕克（Geoffrey Parker）
译　　者 / 陆大鹏　刘晓晖

出 版 人 / 王利民
组稿编辑 / 董风云
责任编辑 / 张　骋　成　琳
责任印制 / 王京美

出　　版 / 社会科学文献出版社·甲骨文工作室（分社）（010）59366527
　　　　　　地址：北京市北三环中路甲 29 号院华龙大厦　邮编：100029
　　　　　　网址：www.ssap.com.cn
发　　行 / 社会科学文献出版社（010）59367028
印　　装 / 北京盛通印刷股份有限公司
规　　格 / 开　本：889mm×1194mm　1/32
　　　　　　印　张：22.625　插页：1.5　字　数：501 千字
版　　次 / 2022 年 8 月第 1 版　2022 年 8 月第 1 次印刷
书　　号 / ISBN 978-7-5201-9039-8
著作权合同
登 记 号 / 图字 01-2020-2539 号
定　　价 / 128.00 元

读者服务电话：4008918866

版权所有 翻印必究